登山の運動生理学と
トレーニング学

Exercise Physiology &
Training for Mountaineering and Climbing

山本正嘉
Masayoshi Yamamoto

東京新聞

はじめに

　大多数の登山者は、登山をより安全、快適、健康的に行いたいと願っているだろう。しかし願いとは裏腹に、それが実現できていない人は多い。山での事故が年々増え続けているのはその象徴といってよい。

　山で怪我や病気をした時の対処法については重要性を理解しやすい。このため登山の医学は古くから発達してきた。一方で、事故を未然に防ぐという方面の取り組みは後回しとなり、現在でも学問的な基盤は十分とはいえない。

　本書は後者の立場で、事故防止をはじめ、より快適、より健康的、あるいはより高度な登山など、様々な意味でよりよい登山を実現するためにはどうすればよいかを、身体面から考えようとしたものである。

　そのためには、1）自分の身体の仕組みを知ること、2）その知識に基づいて山では身体に適切な対策（歩行ペースの調節、エネルギーや水分の補給など）を講じること、3）下界では目的の山に通用するような体力トレーニングを行うこと、が必要となる。

　運動時や生活時の身体の仕組みを知ることが「運動生理学」である。その知識を生かし、自身の身体に積極的に働きかけ、よりよい方向に変えていくことが「トレーニング学」である。本書ではこの両者、つまり理論と実践とを体系づけて考えた。

　山によく出かける人ならば、難しいことは考えなくても、ある程度までは登山に適した身体になる。ことさらに意図しなくても、私たちの身体は「変わる」のである。ただし、初心者、あまり山に行けない人、体力が未発達の子供、体力が低下してきた中高年、そしてより高度な登山をしようとする人の場合には、ただ山に行っているだけでは不十分である。

　本書では、自分の意思で身体をよい方向に「変える」方法を考えよう

した。上にあげたような登山者に加えて、登山の指導者に読んで頂ければ幸いである。指導者には、他人の身体をよりよく動かしたり、よりよく変えていくことが求められるからである。

　本書の前身は16年前に上梓した『登山の運動生理学百科』である。著者らが行った実験や調査のデータをもとによりよいあり方を提案したものだったが、予想した以上に好評を頂いた。ハウツーではなく、身体の仕組みの段階から知りたいと望んでいる登山者が多いことを実感した。

　この方針を踏襲し、その後に得たデータを増補したり、古くなった部分を改訂したものが本書である。

　前著からの最大の進歩は、運動生理学の根幹をなす「エネルギー」という観点で、全体の内容を関連づけたことである。たとえば、ある山を登るために必要な体力、それを身につけるためのトレーニング、その山に行った際のエネルギーや水分の補給量などを、数値も使って一元的に考えることができるようになった。

　山に行く時には、その山を知るためにガイドブックを参考にする。本書は、山に行く自分の身体を知るためのガイドブックである。本書に挿入した図や表は、ガイドブックの中に挿入された地図に相当する。見方に慣れれば、文章よりもずっと多くの情報をくみ取ることができ、新たな啓発ももたらしてくれるだろう。

　30年以上にわたる著者の研究の歩みをまとめた本書が、よりよい登山を実現するための案内書として、少しでも役に立つことを願っている。

山本正嘉

『登山の運動生理学とトレーニング学』
Exercise Physiology & Training for Mountaineering and Climbing

CONTENTS 目次

●山本正嘉

はじめに

第1章 登山と健康 ……………………………… 9
■登山が健康と体力を増進させる仕組み、心肺・筋・骨に対する効果、体脂肪の減量効果、登山はエアロビクス（有酸素性運動）の最高傑作、生涯スポーツに最適な登山、など

[コラム] 1-1 登山者は膝と腰に要注意 ………………………… 15
[コラム] 1-2 なぜ山に登るのか? ………………………………… 16
[コラム] 1-3 登山は「カメ型」のスポーツ …………………… 19
[コラム] 1-4 ジョギングからウォーキング、そして登山の時代へ … 22
[コラム] 1-5 スキーも長寿型のスポーツ ……………………… 28
[コラム] 1-6 長寿村の話と「その後」 ………………………… 30
[コラム] 1-7 山登りで大往生を …………………………………… 35

第2章 登山界の現状と課題 ……………… 37

A どのような現状か ……………………………………………… 38
■現代の登山事故の特徴、経験者の事故も多発、身体トラブルの発生状況、体力への過信、行きたい山と行ける山との乖離、役立っていない普段のトレーニング、など

[コラム] 2-1 山岳遭難の時代変化 ……………………………… 41
[コラム] 2-2 ウォーキングの見直し方 ………………………… 46
[コラム] 2-3 階段トレーニングの見直し方 …………………… 48

B 現状をどう見直すか …………………………………………… 53
■体力に見合った登山コースを選ぶために、登山コースごとの体力度の可視化、登山者ごとの体力レベルの可視化、山のグレーディング、トレーニングの見直し方、など

第3章 登山の疲労とその対策 …………… 63

1. 登山とはどのような運動か ……………………………… 64
■登山とウォーキングとは歩き方が正反対、登山の運動強度はジョギングなみ、山での安全・安心な運動強度とは、疲労には様々な種類がある、疲労ごとに対策は異なる、など

[コラム] 3-1-1 メッツで登山を考えることの意義 …………… 68
[コラム] 3-1-2 登山でメタボリックシンドロームを防ぐための計算方法 … 72

2. 上りで起こる疲労 ………………………………………… 75
■速く上るとなぜ疲労するのか、初心者が疲労しやすい理由、マイペースとは何か、ペースの自己管理に役立つ3つの指標、上りの能力を改善するトレーニング方法、など

[コラム] 3-2-1 上りでは心臓疾患に要注意 …………………… 83
[コラム] 3-2-2 登山の運動強度は垂直方向への移動速度で決まる … 91
[コラム] 3-2-3 ザックが10kg重くなったときの負担の増加は? … 93
[コラム] 3-2-4 マッターホルン登山のための体力テスト …… 94

3. 下りで起こる疲労 ……………………………………………… 98
■ゆっくり歩いても防げない疲労、転ぶ事故にも直結、要因は筋線維の損傷と強い着地衝撃、歩き方の工夫、ストックの利用、下りの能力を改善するトレーニング方法、など
　　［コラム］　3-3-1　上りも下りも休めない脚の筋 ………………………………… 101
　　［コラム］　3-3-2　脚筋力が弱い人ほど下りでのダメージは大きい …………… 107
　　［コラム］　3-3-3　下りでのバランス能力の低下 ………………………………… 112

4. エネルギー不足による疲労 …………………………………… 119
■食べずに運動するとどうなるか、山でのエネルギー消費量を計算する式、どれくらい食べればよいか、食べ物の選び方、1日の中での食べ方、炭水化物の補給を最優先に、など
　　［コラム］　3-4-1　食べるといくらでも運動できる ……………………………… 123
　　［コラム］　3-4-2　アミノ酸サプリメントの効果 ………………………………… 127
　　［コラム］　3-4-3　ガイドブックの「体力度」とコース定数との関係 ………… 130
　　［コラム］　3-4-4　昔の山人のエネルギー補給 …………………………………… 135
　　［コラム］　3-4-5　何も食べられないときの心構え―3の法則 ………………… 140

5. 脱水による疲労 ………………………………………………… 142
■飲まずに運動するとどうなるか、山での脱水量を計算する式、どれくらい飲めばよいか、飲み物の選び方、1日の中での飲み方、水分は塩分とセットで補給する、など
　　［コラム］　3-5-1　登山者はどれくらいの水を飲んでいるのか？ ……………… 145
　　［コラム］　3-5-2　飲み過ぎの害―水中毒 ………………………………………… 147
　　［コラム］　3-5-3　酒は理想的な飲み物？ ………………………………………… 150
　　［コラム］　3-5-4　エキスパートと初心者は一緒にできない …………………… 161
　　［コラム］　3-5-5　何も飲めないときの心構え …………………………………… 165

6. 暑さによる疲労と障害 ………………………………………… 167
■暑さと人間、膨大な体熱が発生する登山、熱中症とその対策、熱中症の予防指針、暑い時期の登山対策、暑さに弱い人、暑さに慣れたトレーニング、など
　　［コラム］　3-6-1　熱中症の起こりやすいスポーツ種目とは？ ………………… 169
　　［コラム］　3-6-2　4種類の放熱手段とその限界 ………………………………… 172
　　［コラム］　3-6-3　著者の熱中症体験 ……………………………………………… 176
　　［コラム］　3-6-4　生理適応と行動適応 …………………………………………… 183

7. 寒さ・風・濡れによる疲労と障害 …………………………… 191
■寒さと人間、夏山での低体温症遭難、寒さ・濡れ・風による身体の冷却、強風による運動強度の増加、低体温症とその対策、寒さに弱い人、冷水中での溺水、凍傷、など
　　［コラム］　3-7-1　疲労凍死と低体温症 …………………………………………… 193
　　［コラム］　3-7-2　トムラウシ山での遭難者の行動適応 ………………………… 198
　　［コラム］　3-7-3　冷水に浸かった時の3つの危険 ……………………………… 205
　　［コラム］　3-7-4　英仏海峡横断泳者の寒さ対策 ………………………………… 209
　　［コラム］　3-7-5　探検家・登山家の耐寒トレーニング ………………………… 215

8. 高度による疲労と障害 ………………………………………… 217
■高度と人間、高度の分類、高山病とその対策、酸素欠乏は睡眠時に強まる、低酸素に対する行動適応、意識呼吸の重要性、高所に弱い人、登山計画の留意点、など
　　［コラム］　3-8-1　労働衛生から見た酸素欠乏 …………………………………… 222
　　［コラム］　3-8-2　高所への完全順化には何万年もかかる ……………………… 230
　　［コラム］　3-8-3　学校登山と高山病 ……………………………………………… 238

9. 富士山に登る ……………………………………………………… 241
■日本一厳しい登山、行動中と生活中の酸素欠乏の様子、高山病の現れ方、負担の少ない登山をするための登山計画・事前のトレーニング・現地での対策、など
　　［コラム］　3-9-1　昔のガイドブックに見る富士登山 …………………………… 243
　　［コラム］　3-9-2　富士山測候所 …………………………………………………… 245
　　［コラム］　3-9-3　富士登山のための低酸素トレーニング ……………………… 257
　　［コラム］　3-9-4　夏の富士登山と低体温症 ……………………………………… 259

第4章 登山のための体力トレーニング ……… 261

1. トレーニングの考え方 ……………………………………… 262
■登山自体が最良のトレーニング、下界での運動はその補助と考える、山でのトラブル防止をトレーニング目標にする、トラブルごとにトレーニング方法は異なる、など
　　［コラム］4-1-1　トレーニングの4原則 ……………………………… 265
　　［コラム］4-1-2　三浦雄一郎さんのトレーニング ……………………… 271
　　［コラム］4-1-3　トレーニングとしての低山歩きのすすめ ……………… 276
　　［コラム］4-1-4　運動が違えば使う筋も違う ………………………… 278

2. 筋力のトレーニング ………………………………………… 283
■登山で使われる筋の種類、筋力アップがもたらす様々な波及効果、自分でできる筋力テスト、下半身・体幹・上半身のトレーニング方法、実施時の留意点、など
　　［コラム］4-2-1　登山で重要な筋ほど加齢により衰えやすい …………… 289
　　［コラム］4-2-2　大腿部の筋とその役割 ……………………………… 294
　　［コラム］4-2-3　大学山岳部時代のトレーニング ……………………… 298

3. 持久力のトレーニング ……………………………………… 305
■持久力が生み出される仕組み、持久力には3種類ある、自分でできる持久力テスト、山でのトレーニング方法、下界でのトレーニング方法、トレーニング量の目安、など
　　［コラム］4-3-1　最大酸素摂取量（$\dot{V}O_2max$）とは？ ………………… 311
　　［コラム］4-3-2　全国に体力テスト兼トレーニングコースの設定を …… 315
　　［コラム］4-3-3　マイペース登高能力テストの実施結果 ……………… 317
　　［コラム］4-3-4　エンパイアステートビルの早上り競争 ……………… 320
　　［コラム］4-3-5　登高能力テストの分類 ……………………………… 322
　　［コラム］4-3-6　大きな山を目指すための12週間プログラム ………… 333

4. 柔軟性、平衡性、敏捷性、減量、防衛体力 …………………… 335
■登山におけるそれぞれの体力の役割とトレーニング方法、防衛体力は生理／行動適応の両面から考える、ストレッチング、ウォーミングアップ、メンタルトレーニング、など
　　［コラム］4-4-1　スキーとバランス能力 ……………………………… 346
　　［コラム］4-4-2　著者の減量体験 …………………………………… 354
　　［コラム］4-4-3　メンタルトレーニングの第一歩 ─ 目標設定技法 …… 359

5. 身体トラブルへの対策 ……………………………………… 361
■各種トラブルの要因と対策（膝関節痛、腰痛、筋の痙攣、筋肉痛、肩こり、足首の捻挫、むくみ）、トラブルの解決は基礎体力と登山技術との両面から考える、など
　　［コラム］4-5-1　エキスパート登山家の身体トラブル ………………… 363
　　［コラム］4-5-2　サポートタイツの効果 ……………………………… 367
　　［コラム］4-5-3　著者の膝関節痛体験 ……………………………… 369
　　［コラム］4-5-4　腹部圧迫ベルトの効果 ……………………………… 373

6. 子供、中高年、男女の登山とトレーニング ……………………… 384
A. 子供の登山 ……………………………………………… 385
■子供の成長のしかた、子供の体力特性、小・中・高校生期の登山と留意点、高校生山岳部員の身体トラブルとヒヤリハット状況、男女別に見たトラブルの特徴、など
　　［コラム］4-6-1　手本は二宮金次郎 ………………………………… 386
　　［コラム］4-6-2　高校生期の体力の個人差 …………………………… 391

B. 中高年の登山 …………………………………………… 394
■加齢による体力の低下様相、登山能力は年齢よりも登山状況の影響を受ける、安全な登山のための留意点、疾患を持つ人の登山、三浦敬三・雄一郎父子のトレーニング、など
　　［コラム］4-6-3　ハードな登山はいつまでできるのか ………………… 397
　　［コラム］4-6-4　「筋パワー」の低下に要注意 ………………………… 400
　　［コラム］4-6-5　超高齢者、重症患者、一流スポーツ選手の共通点 …… 415

C．男女の登山 **416**
　　■男女の身体特性、質的な能力は男女とも同じ、女性に有利な点もある、登山能力は性別よりも登山状況の影響を受ける、男女別に見た登山の留意点、など

7．トレーニングの自己管理 **421**
　　■トレーニングとは間違うもの、PDCAサイクルの導入、山のカルテと自分のカルテをつくる、QCシートによる振り返りと修正、科学的なトレーニングは自分でできる、など
　　　［コラム］　4-7-1　PDCAの先駆者・西堀榮三郎 425
　　　［コラム］　4-7-2　ジョハリの窓 429
　　　［コラム］　4-7-3　猪谷六合雄・千春親子のQCシート 437
　　　［コラム］　4-7-4　オーバートレーニングを回避する 439

第5章　海外での高所登山・トレッキング **441**

1．トレーニングの考え方 **442**
　　■基礎体力と高所順応とに分けて考える、キリマンジャロ登山の場合、期分けトレーニングの方法、高所登山のランク分け、基礎体力の目標値、8000m峰登頂者の経験知、など
　　　［コラム］　5-1-1　基礎体力は高所順応を助ける 447
　　　［コラム］　5-1-2　エベレスト「ターボ」実験登山 449
　　　［コラム］　5-1-3　高所順応研究の先駆者・E.ウインパー 455

2．日本での高所順応トレーニング **463**
　　■出発前の事前順応トレーニングは不可欠、日本でどの程度の順応が可能か、富士山などの山を利用したトレーニング、低酸素室の活用、高所に弱い人のトレーニング、など
　　　［コラム］　5-2-1　＋2000m仮説 466
　　　［コラム］　5-2-2　富士山測候所員の順応の進み方と脱順応 471
　　　［コラム］　5-2-3　低酸素吸入器によるトレーニング 479
　　　［コラム］　5-2-4　生理高度（SpO2）に着目してトレーニングしよう 486

3．現地での体調管理 **489**
　　■4000m以上の世界とは、行動中と生活中の留意点、栄養補給、物理高度と生理高度、順応状況の測定方法とデータの読み取り方、高度の上げ下げをする際の判断基準、など
　　　［コラム］　5-3-1　頂上アタック時の歩き方 496
　　　［コラム］　5-3-2　酸素吸入、意識呼吸、ダイアモックスの関係 506
　　　［コラム］　5-3-3　パルスオキシメーターを活用するために 512
　　　［コラム］　5-3-4　パルスオキシメーターは人体の晴雨計 514

4．タクティクス **517**
　　■山のランク別に見たタクティクス、目標とする高度に到達するのに必要な日数、頂上アタックが可能かの判断基準、頂上アタック時の様々な身体負担、酸素吸入の効果、など
　　　［コラム］　5-4-1　日本人の8000m峰の無酸素登頂率 520
　　　［コラム］　5-4-2　8000m峰登頂者のVO2max 525
　　　［コラム］　5-4-3　エベレスト無酸素登山の難しさ 528
　　　［コラム］　5-4-4　エベレスト初登頂時の酸素補給 535

5．高所登山の方法論を再考する **539**
　　■現代のタクティクスの特徴、80歳でのエベレスト登頂を分析する、上下行動の意味を再考する、疲労と超回復の理論、適度な高度の上げ下げとは、生理高度を下げる手段、など
　　　［コラム］　5-5-1　欧米の公募登山隊のタクティクスの変遷 541
　　　［コラム］　5-5-2　荒山孝郎さんの登山とトレーニング 544
　　　［コラム］　5-5-3　合理的なタクティクスの落とし穴 547
　　　［コラム］　5-5-4　低酸素・高酸素発生装置を用いた未来型の高所登山 561

第6章 登山における人間の可能性と限界 …… 563

1. ウルトラマラソン …………………………………………………… 564
■ウルトラランナーの身体特性、トレーニング状況、パフォーマンスの制限要因、走距離の長短による制限要因の違い、レースによるダメージ、トレーニングの考え方、など
- ［コラム］6-1-1　フルマラソンの場合 (1) ― 成績を決める要因　568
- ［コラム］6-1-2　フルマラソンの場合 (2) ― 初心者のブレーキ要因　572
- ［コラム］6-1-3　ウルトラランナーと健康・不健康　577
- ［コラム］6-1-4　ウルトラランニングの可能性と限界　578

2. トレイルランニング ………………………………………………… 581
■日本山岳耐久レースでの調査結果から、タイム別に見た制限要因、リタイアの要因、エネルギーと水分の補給、身体へのダメージとその回復、レース計画のあり方、など
- ［コラム］6-2-1　トレイルランニングの今昔　584
- ［コラム］6-2-2　レース中の心拍数　589
- ［コラム］6-2-3　レース中の体力低下　592
- ［コラム］6-2-4　胃腸の疲労の原因と対策　596
- ［コラム］6-2-5　著者のPDCAサイクル　601

3. トランスジャパンアルプスレース ………………………………… 603
■選手の身体特性、トレーニング状況、ロードランニングの能力、上位者・下位者・リタイア者の比較、エネルギー不足との戦い、ヒヤリハット体験、身体へのダメージ、など
- ［コラム］6-3-1　上位者の行動パターン　608
- ［コラム］6-3-2　下界での6日間走の作戦　612
- ［コラム］6-3-3　エネルギー不足と幻覚・幻聴の関係　617
- ［コラム］6-3-4　血液・尿性状から見たレースの負担　620
- ［コラム］6-3-5　むくみの原因と対策　623
- ［コラム］6-3-6　山岳レースの可能性と限界　625

4. 耐乏的な登山・クライミング ……………………………………… 627
■様々な事例（断食登山、日高山脈全山縦走、積雪期の黒部横断、高所での耐乏的な登山・クライミング）、許容限界の性質、行動の可能性を広げるための方策、など
- ［コラム］6-4-1　食料の軽量化の限界　631
- ［コラム］6-4-2　高所登山時のエネルギーと水分の消費量　637
- ［コラム］6-4-3　欠乏に対する2つの態度　644
- ［コラム］6-4-4　非常時のエネルギーと水の自己調達　648
- ［コラム］6-4-5　飲まない／食べないトレーニング　651

5. アルパインクライミング …………………………………………… 653
■現代のスポーツトレーニング理論をあてはめて考える、主トレーニングと補助トレーニング、量と質、期分け、トレーニングの組み立て方、基礎体力の目標値、など
- ［コラム］6-5-1　登山のトレーニングを現代化したR.メスナー　657
- ［コラム］6-5-2　長距離走選手のトレーニングの組み立て方　663
- ［コラム］6-5-3　優れた耐久系ランナーの持久力　672

巻末資料1. 山のグレーディング表とその見方　674
〃　　　2. 登山者カルテ　676
〃　　　3. 登山者カルテ（診断の手引き）　678
〃　　　4. 登山用QCシート　680
〃　　　5. 高所での体調記録表　681

引用文献・参考文献　682
索　引　698
おわりに　712

第1章 登山と健康

Exercise Physiology &
Training for Mountaineering and Climbing

モンブラン山群にて。山は様々な意味で私たちの心身を健康にしてくれる。(和泉純氏撮影)

　登山が心身の健康によいということは、登山に親しむ人にとっては当たり前で、それ以上のことをとりたてて考える人は少ないだろう。だがこのようなことを、自分の身体の仕組みとも関連づけながら、改めて考えてみることにも意味がある。また、それが本書全体を通しての目的でもある。
　そこでまず、登山が健康によい運動であることについて、様々なデータを紹介しつつ、運動生理学の視点から考えてみたい。そうすることは初心者・ベテランを問わず、より安全、快適、健康的な登山をすることにつながる。また、より高度な登山をするための第一歩にもなるだろう。

◆健康によい登山

　山が好きな理由は人によって違うだろう。だがどんな理由にせよ、山へ行くと心身が爽快になる、つまり健康になるという点は共通しているのではないだろうか。

　日本では1980年代以降、中高年の登山ブームが長く続いてきた。しかし最近では、若い人たちの間でも登山人気が復活し、国民的なスポーツの様相を呈している。

　彼らに山に登る理由を尋ねると、年齢によらず、健康の維持増進、自然への回帰、仲間を求めて、という答えが返ってくる。これらはいずれも現代社会で失われつつあるものである。登山という行為はそれを回復させてくれるのである。

　西洋の登山の古典にも、同じ言葉がある。19世紀、ヨーロッパアルプスの黄金時代に、難攻不落といわれたマッターホルンを初登攀したE.ウィンパーは、『アルプス登攀記』の最終章に「アルプスでの登山は私に、人生にとって大切な二つのもの－健康と友情を与えてくれた」と記している。

　イギリスの詩人W.ブレイクは「人と山とが出会うとき、偉大な何かが起こる」という言葉を残している。

西上州の名山・御荷鉾山にて。山頂には江戸時代に奉納された祠がある。
日本各地の山で、古い歴史を偲ぶことができる。

第1章 登山と健康

その何かとは人それぞれだろうが、ともかく登山の素晴らしさを一言に凝縮した箴言である。

西洋で登山の楽しみが発見されたのはルネサンス期で、14世紀以降のことである。だが日本人は、それよりもはるか以前から山に親しんでいた。

奈良時代、つまり8世紀頃から、仏教や神道の修行者が山を神とあがめ、宗教登山を始めた。室町時代以降になると、富士山、立山、御嶽、大峰山など、各地の山で講中登山が広まった。これは宗教の要素に行楽の要素も加わった、大衆登山のはしりともいえる。

今日でも、全国各地の山の頂には古い神仏が祀られ、往時をしのぶことができる。健康のための運動、という西洋流の概念が生まれるずっと以前から、日本人は登山が心身に健康をもたらしてくれることを知っていたのである。

『論語』は、紀元前に生きた孔子の言葉を記録した東洋の古典である。その中には、「仁者は山を楽しむ……仁者はいのち長し」と記されている。

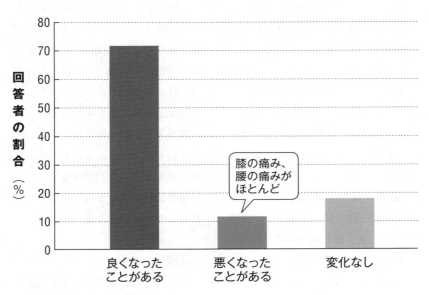

図1-1：登山を始めてから心身の健康でよくなったこと・悪くなったこと（山本、2004）
中高年登山者256名へのアンケート調査結果。約7割の人が、何らかの意味で健康によいことがあったと答えている。

◆どんな健康によいのか

　図1-1は、256人の中高年登山者に、「登山を始めてから、心身の健康でよくなったことや、悪くなったことがあれば、自由に書いて下さい」というアンケート調査をした結果である。回答者の多くは、中高年になってから登山を始めた人である。

　図を見ると、健康によい変化が起こったと答えた人が7割にも達している。一方、健康を害したという人も約1割いたが、その大部分は膝と腰の痛みだった。つまり、膝と腰の故障に注意しながら行えば、登山は健康のために非常によい運動ということになる。

　表1-1は、これらの自由記述を整理して、身体面に関して具体的に何が改善したかを示したものである。

　「病気」の項目を見ると、風邪、胃腸病、血圧、糖尿病の改善など、さまざまある。風邪をひきにくくなったと答えた人は特に多く、登山の励行が免疫能力を改善させることをうかがわせる。

　「体力・健康」の項目では、体力がついた、疲れにくくなった、食欲が出た、よく眠れるようになった、などがあげられている。

　「意識改革」という項目で、「体調の自己管理をする（できる）ようになった」という回答があることに注目して頂きたい。

　初めての登山では疲労してしまった。だが山の素晴らしさを知り、もっと快適に歩けるようになりたいと思うようになった。そして、普段から体調管理を心がけているうちに、自身の体調管理ができるようになっていった、という様子が思い浮かぶ。

　人から言われて体調管理をするのではなく、自主的に管理しようという態度の変化を、専門用語で行動変容と呼ぶ。健康のために運動をしようとしても、長続きしないことが多い。しかし、登山を楽しむために健康になろうと考えれば、意欲がわいてくる。

　「健康のための登山から登山のための健康へ」、このような意識の変化が起これば、生涯にわたり自分で自分の健康を管理していけるだろう。登山はそのきっかけを作る上でも大きな働きをしているのである。

　表1-2は、精神面で起こった、プラスの変化を示したものである。これらの項目は、説明するまでもなく、登山を励行している人ならば思い当たることが多いだろう。

◆高校生の場合

　若い人の意見も見てみよう。表1-3は、全国の700名あまりの高校山岳部員に「山岳部に入ってよかっ

表1-1：身体面の健康でよくなったこと（山本、2004）

病　　気		体力・健康	
風　邪	**39**人（15%）	体力がついた	**39**人（15%）
胃　腸	**7**人（3%）	体が軽くなった	**23**人（9%）
腰　痛	**6**人（2%）	疲れにくくなった	**19**人（7%）
病気全般	**4**人（2%）	健康になった	**12**人（5%）
血　圧	**4**人（2%）	食欲が出た	**5**人（2%）
糖尿病	**3**人（1%）	体重の減少・安定	**5**人（2%）
膝関節痛	**3**人（1%）	よく眠れる	**4**人（2%）
検診データの改善	**3**人（1%）	意識改革	
ぜん息	**2**人（1%）	体調の自己管理をする（できる）ようになった	**17**人（7%）
その他	**7**人（3%）		

表1-2：精神面の健康でよくなったこと（山本、2004）

ストレスの解消 （ストレスがなくなった、リフレッシュした、など）	**42**人（16%）
生活の充実 （生活にはりが出た、楽しくなった、生きがいができた、など）	**43**人（17%）
性格の変化 （生き方が前向きになった、明るくなった、自信がわいた、など）	**29**人（11%）
対人関係の変化 （友人ができた、交際が楽しくなった、人に優しくなった、など）	**7**人（3%）

第1章　登山と健康

たと思うこと」を尋ねた結果である。

最も多い回答は「山の魅力」や「登山をすることの魅力」の発見で、5割を超えている。これは他の運動部では得られない、山岳部ならではの効果といえる。

続いて「人との交流」「体力の向上」「精神面での充実や成長」がほぼ3割ずつを占めている。これらの効果は山岳部以外の部活動でも得られることだが、「普段の生活のありがたみがわかった」「苦手だった運動が好きになった」など、山岳部ならではの回答もある。「有事のサバイバル能力が身についた」という答えもある。

このように高校生でも、登山をすることで身体的、精神的、さらには社会的にも様々な好影響を受けていることがわかる。

世界保健機関（WHO）は、「健康とは、単に病気ではないとか、虚弱ではないということではなく、身体的、精神的、そして社会的に良好な状態のことである」と定義している。登山は人間をトータルな意味で健康にする、すばらしい運動だと言えるだろう。

表1-3：高校生に尋ねた「山岳部に入ってよかったこと」(山本ら、2015)
全国（44県）の高校山岳部員727人からの回答。登山は高校生期の心身に、さまざまなよい効果を及ぼしている。男女別に見ると、男子では「山や登山の魅力」、女子では「人との交流」と答えた人が多い。

項　目	具体的な内容	回答者の割合
山の魅力 登山の魅力	美しい景色や自然と出会えた、山が大好きになった、登山が楽しい、クライミング、沢登り、スキーを知ることができた、など	52%
人との交流	よい友人（同級生、先輩、後輩）や先生と巡り会えた、登山を通して様々な人と出会うことができた、など	31%
体力や健康の改善	体力がついた、健康になった、など	29%
精神面での 充実や成長	学校生活全体が充実した、自主性、協調性、忍耐力、精神力が向上した、自己発見ができた、生活習慣が改善した、普段の生活のありがたみがわかった、苦手だった運動が好きになった、など	26%
知識や技能の習得	炊事ができるようになった、有事のサバイバル能力が身についた、など	10%

第1章 登山と健康

column 1-1
登山者は膝と腰に要注意

　図1-1を見ると、登山を始めてから健康面で悪くなったことがある、と答えた人が1割ほどいる。その具体的な内容と人数を下の表に示した。最も多いのは膝関節痛で14人、次に多いのが腰痛で6人だった。

　これらの症状がよくなったと答えた人もいるが、膝関節痛については悪くなった人の方が多い。腰痛についても、よくなった人と悪くなった人が半々である。したがって登山をする人は膝と腰には注意が必要ということになる。

　「疲れやすさ」については、疲れやすくなった人が3人、疲れにくくなった人が19人と、後者の方がはるかに多い。前者は無理な登山をしているか、登山のしすぎだろう。自分の体力に見合った登山を適度な頻度で行えば、疲れにくい身体になるはずである。

　膝関節痛や腰痛、肩こりや捻挫の対策については、4章-5で考える。

① 膝関節痛：14人（よくなった人は3人）
② 腰痛：6人（よくなった人は6人）
③ 肩こり：4人
④ 疲れやすさ：3人（よくなった人は19人）
⑤ 歯の痛み：2人
⑥ 捻挫：1人

◆健康によい運動の条件とは

　次に、登山をすると心身の健康に好ましい変化が起こる理由について、身体の仕組みの面から考えてみよう。

　現代人の健康を脅かす疾病の多くは、運動の不足と栄養の過剰から起こる。このような状態はまず肥満をもたらす。次に、高血圧症、高脂血症、動脈硬化、糖尿病などの病気に発展する。そして最後には、心臓病や脳卒中、運動不足が関係する癌などによる死亡へとつながっていく。

　このような病気は過去、運動不足病、成人病、生活習慣病という名前で呼ばれてきた。2006年からはメタボリックシンドロームという用語

column 1-2
なぜ山に登るのか？

　これは昔から、下界の人が登山者に投げかけてきた素朴な質問である。その裏には、なぜ役に立たない、しかも危険なことをするのか、という含みがある。

　エベレストに命を捧げた英国の登山家G.マロリーは、「そこに山（エベレスト）があるからだ」と答えた。だがこれは、わかるような、わからないような言葉である。

　私の好きな答えは、古い日本の登山家・木暮理太郎の言葉である。

　「私達が山に登るのは、つまり山が好きだから登るのである、登らないでは居られないから登るのである、（中略）なぜ山に登るか、好きだら登る。答は簡単である、しかしそれで充分ではあるまいか。登山は志を大にするといふ、さうであらう。登山は剛健の気象を養ふといふ。さうであらう。其他の曰く何、曰く何、皆さうであらう。唯私などは好きだから山に登るといふだけで満足する者である」

　これを、現代のスポーツ心理学の理論（自己決定理論）で説明してみよう。

　現代の登山者に山に登る理由を尋ねると、「健康のため」という答えが多く返ってくる。健康という報酬を得るために山に行くのであれば、登山は目的ではなく手段ということになる。他の運動で代替がきくともいえるので、登山をする動機づけとしては十分に強いとはいえない。これを外発的な動機づけと呼ぶ。

　これに対して、とにかく山が好きだから登る、という態度を内発的な動機づけと呼ぶ。何の報酬がなくても山に行きたい、山以外の運動では満足できないという状況であり、登山をする動機づけとして非常に強い。この内発的な動機づけを力強く表現しているのが木暮理太郎の言葉なのである。

　著者の恩師である宮下充正・東大名誉教授は、「健康のために運動をするのではなく、好きだから運動をし、その結果として健康になることが理想である」と説いている。登山の場合も好きだから夢中になって登り、気がついたら身体も心も健康になっていた、ということでありたい。

　最初のうちは健康のため、あるいは友人と一緒に運動することが楽しいから、といった外発的な動機づけでもよい。だが登山を重ねるに従って「とにかく山が好き」という内発的な動機づけに移行することができれば、素晴らしいことだと思う。

　本書がそのための手助けになれば、というのが著者の願いである。

第1章 登山と健康

が当てられるようになり、国をあげてその解消に取り組むようになった。

メタボリックシンドロームを予防・改善するために「1に運動、2に食事、しっかり禁煙、最後にクスリ」という標語が作られた。健康改善にとって、薬に頼るのは最後の手段であり、まずは運動をすることが大事だと釘を刺しているのである。

ところで、運動にはたくさんの種類がある。そして上手に行えば、ほとんどの運動は健康にとってプラスの働きをすると考えてよい。

ただし、中高年、子供、運動の苦手な人、体力の弱い人も含めて考えた場合には、限定されてくる。たとえば、子供に重量挙げをさせたり、中高年にダッシュやジャンプをさせたりすることは危険である。

誰にとっても安全性が高く、運動の苦手な人でも取り組め、しかも健康にとって効果の高い運動とは、①強度が高すぎないこと、②長時間行えること、③運動のリズムが規則的でゆっくりしていること、の3条件を備えたものである。

代表的な種目としては、ウォーキング（早歩き）、ジョギング（ゆっくり走る）、水中運動（泳ぐ、水中歩行）、自転車こぎなどがある。登山も、自分の体力に合わせて行えば、この3条件を満たす運動となる。

◆**有酸素性運動と無酸素性運動**

人間の身体が動く仕組みは、自動車が動く仕組みとよく似ている。図1-2に示したように、自動車の場合はエンジンの中で、ガソリンを酸素で燃やしてエネルギーを生み出している。

人間の場合は筋の中で、食物栄養素を酸素で燃やしてエネルギーを生み出し、身体を動かす。このような運動を総称して、日本語では有酸素性運動、英語ではエアロビクスと呼んでいる。

筋がエネルギー源としているのは、食物栄養素のうちの炭水化物と脂肪である。登山のような長時間の運動では、脂肪の燃焼率が高まる。

燃料を燃やすために必要な酸素は、呼吸によって肺から血液に取り入れられ、心臓を使って筋肉に送られる。その過程で、肺、心臓、血管の機能も改善していく。つまりエアロビクスを行うと、身体の様々な部分が健康になっていく。

一方、短距離走、重量挙げ、相撲などの瞬発的な運動は、呼吸循環系を十分に使わずに行われる。このため、無酸素性運動（アネロビクス）と呼ばれる（注）。

このタイプの運動は、筋力や敏捷性や神経系の能力を高めるので、よい面もある。しかし一般人（特に中

高年）にとっては、身体に与えるストレスが大きすぎて、身体を壊してしまう危険性もある。

　サッカー、バレーボール、バスケットボールのような球技スポーツはどうだろうか。これらは有酸素性運動と無酸素性運動の両方の性質を持っている。瞬発力にも持久力にも刺激を与えることができ、若い人にとってはバランスのとれたよい運動になる。しかし中高年にとっては、負担が大きすぎる場合も出てくる。

　また瞬発的な運動や球技スポーツでは、いわゆる運動神経のよさや、強靱な体力が要求されるので、運動の苦手な人や体力のない人では楽しめない。これに対して登山は、動きがゆっくりした歩行運動なので、誰にでも楽しめるという長所もある。

注）筋は有酸素系とは別に、無酸素系という酸素を使わずにエネルギーを生み出す機構を備えている。これは短時間の激しい運動時に使われる。車でいうと有酸素系はガソリンエンジン、無酸素系はバッテリーモーターに相当する。

図1-2：自動車が動く仕組みと人体が動く仕組み
登山をすると、たくさんの酸素を身体に取り入れるため、呼吸循環系が活発に利用され、身体の様々な機能が改善していく．体脂肪もたくさん燃やされる。

column 1-3
登山は「カメ型」のスポーツ

第1章 登山と健康

「もしもしカメよカメさんよ。世界のうちにおまえほど、歩みののろいものはない」という童謡がある。登山はこのカメのような運動である。

図は、様々な運動の移動スピードを比べたものだが、登山の動きがいかに遅いかがわかる。これならば、運動が苦手な人でもできる。また歳をとって、素早い動きが苦手になっても続けられる。実際に、70代はもちろん、80歳を超えても登山を楽しんでいる人は多い。

そのような人は年齢よりもはるかに若く見える。以前、私の出身大学で、様々な運動部が創立70周年あるいは80周年を迎え、部ごとに記念式典が開催された年があった。そのほとんどの集まりに出席した教授から次のように言われた。

「山本君、僕は立場上、色々な運動部の式典に出た。ほとんどの部の長老たちはよぼよぼの人が多かった。しかし山岳部の長老たちだけはかくしゃくとして、色つやもよく、異常なほど元気でびっくりした。何か秘密でもあるのかね？」

多くのスポーツでは、力やスピー

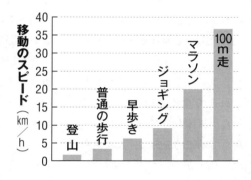

ド、そして敏捷性や巧緻性も要求される「ウサギ型」の運動である。このようなスポーツは歳をとるとできなくなってしまう。チームで行うスポーツにも同じことがいえる。

登山はこの点、カメのように一人で黙々と歩けばよい運動である。私の山岳部の先輩たちも皆、国内外にある無数の山の中から、自分の体力に相応の山を選んで楽しんでいる。これが、登山を続けている人が元気でいられる秘密だと思うのである。

ただし、普段から何の努力をしなくても登山はできるという意味ではない。登山の体力は年齢や性別ではなく、普段から登山やトレーニングをどれだけしているかで決まる（図1-10）。カメがウサギに勝てたのは、休まずに努力をしたからである。その努力を続けて「カメは万年」という言葉にもあやかりたいものである。

◆ウォーキングの短所を
カバーできる登山

　エアロビクスの中でも、現在最も多くの人に親しまれているのがウォーキングである（図1-3a）。特別な技術も体力も用具もいらず、自分の能力に応じて歩けるという利点がある。

　ただしウォーキングも万能ではない。これまで全く運動をしてこなかった人や、体力の弱い人には安全性が高くて効果的である。だが運動に慣れ、体力がついてきた人には、心肺能力や脚筋力などの強化にとって十分な運動とはいえなくなる。

　一方、登山も歩く運動だが、荷物を背負って坂道を歩く。したがって、平地でのウォーキングと比べると心肺により大きな刺激を与え、その能力を改善する効果も大きい。また長時間歩くので、その分だけ効果も大きい（図1-3b）。

　また現代社会では、高齢者の転倒事故が大きな問題となっている。歳をとると、脚の筋力が衰えて、日常生活の中でも転びやすくなる。転ぶと、もろくなっている骨が折れ、それがもとで寝たきりになってしまう。

　最近の研究で、このような脚力の低下は、ウォーキングを行っている

鹿児島県・大隅半島の岩場にて。岩登りや沢登りのような「よじ登り」は、上半身を含めた全身の筋力に刺激を与えるだけでなく、バランス能力の改善にもよい。歩く登山とともに積極的に行うとよい。

だけでは食い止められないことがわかってきた。そこでウォーキングと並行して筋力トレーニングもしよう、といわれるようになった。

登山はどうだろうか。荷物を背負って不整地面の坂道を上り下りするので、脚をはじめとする全身の筋力を鍛える刺激となる。それ以外にも、骨を丈夫にしたり、バランス能力の改善にもよい。登山はウォーキングの短所をカバーし、長所をさらに大きくした運動なのである。

次ページからは、その証拠となるいくつかのデータを見てみよう。

第1章　登山と健康

a
- 平地を歩く
- 空身で歩く
- 整地面を歩く
- 1時間程度歩く

b
- 坂道を歩く
- 荷物を背負って歩く
- 不整地面を歩く
- 数時間以上歩く

図1-3：平地ウォーキングと山歩きの比較（山本、2011）
登山は、運動の強度が大きく時間も長いので、エアロビクスとしての効果がより大きい。坂道を荷物を背負って歩くので、筋力を鍛え、骨を丈夫にする効果もある。不整地面を歩くことでバランス能力の改善にもつながる。これらの刺激は平地ウォーキングでは得られにくい。

column 1-4
ジョギングからウォーキング、そして登山の時代へ

「エアロビクス」という言葉を作ったのは、アメリカの医師K.クーパーで、1960年代後半のことである。運動を薬にたとえた「運動処方」という用語も同じ時期に普及した。それを受けて、1970年代にはアメリカでジョギングブームが起こり、日本にも波及した。

だが1984年に、ジョギングの教祖と言われたJ.フィックスが、皮肉にもジョギング中に心筋梗塞で死亡するという事故が起こった。日本でも同様な事故が相次ぎ、ジョギング人気は下火になった。

かわって1990年代以降には、より安全性の高いウォーキングがブームとなり、その人気は今でも続いている。だが最近では、ある程度の体力がついた人にとって、歩くだけでは強度が不十分だという指摘もされるようになった。

つまり、ジョギングでは運動強度が強すぎるが、ウォーキングでは弱すぎる、というのが多くの人の抱える問題である。現代社会ではその中間に位置する、ほどよい運動が求められている。その1つの答えが坂道でのウォーキング、つまり山歩きなのである。

エアロビクスの発展過程の中で、最初はジョギング、次にウォーキングの意義が試された。現代では、登山の意義が試される時代が到来している。本書では、その手がかりを示すことができればと思っている。

エアロビクスに関連する時代の流れ

1960年代初頭	ケネディ大統領による'Soft American'（軟弱なアメリカ人）発言
1960年代後半	アメリカ陸軍の医師であったクーパーによる'Aerobics'の提唱
1972年	『エアロビクス』（クーパー著）が日本で翻訳刊行され、日本でもジョギングがブームとなる
1984年	ジョギングの教祖フィックスがジョギング中に心筋梗塞で急死
1990年代以降	ジョギングに代わりウォーキングがブームとなる
2000年代以降	ウォーキングの短所が指摘され始める

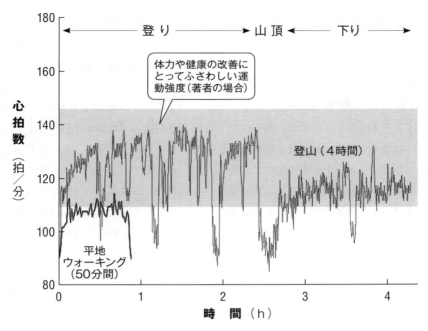

図1-4：平地ウォーキングと登山の心拍数 (山本、2007)
登山はウォーキングに比べて、心肺能力の改善に対してより大きな効果が期待できる。
ただし、心肺能力が低い人が急に行えば、負担が大きすぎることにも注意する。

◆心肺能力を改善する効果

図1-4は、著者が下界でウォーキングをした時と、登山をした時の心拍数を比べたものである。前者は平らな舗装道路で1時間の早歩きを、後者は山道を4時間歩いている。ウォーキングでは心拍数があまり上がらず運動時間も短い。これに対して山歩きでは、心拍数がかなり上がり、運動時間も長い。

心拍数は運動の強度にほぼ比例して変動するので、運動の強度を示すメーターがわりになる。健康のためには、心拍数が低すぎては効果が小さく、高すぎては安全性が保てなくなる。そこで、心拍数の下限と上限を設定し、健康の増進に適した領域で行う。

その目標値とは、その人の最高心拍数の65～85％くらいである。著者の場合には110～145拍となる。これを頭に置いて図1-4を見ると、ウォーキングでは推奨される運動強度の下限近くで行われているが、登山ではその全域にまたがって運動が行われている。

運動時間に関しては、登山の方がずっと長い。ウォーキングの場合、長くても2時間程度だろう。だが登山の場合は、初心者コースでも3〜4時間くらい、健脚コースともなれば7〜8時間くらい歩く。泊まりがけの登山ではそれを何日も繰り返す。

登山はウォーキングに比べて、運動強度×運動時間という二重の意味で、心肺機能を改善する効果が大きくなるのである。

◆脂肪を減らす効果

図1-5は、ウォーキングと登山とで、体脂肪の減量効果を比べた実験である。

ウォーキングをするグループは、毎日1時間の平地歩きを行うとともに、食事指導（ダイエット）も行った。登山をするグループは、週末に1回だけ、5時間のハイキングコースを歩き、あわせて毎日のダイエットも行った。運動をしないグループ

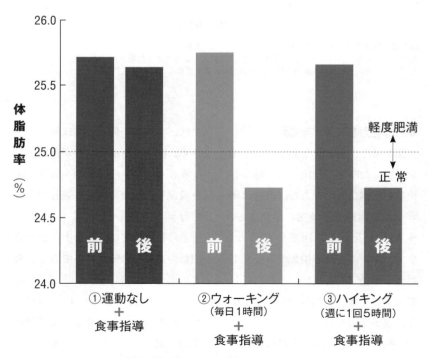

図1-5：平地ウォーキングと登山による体脂肪の減量効果　（山本ら、2009）
①群は10名、②群は9名、③群は10名が参加した。週に1回、5時間程度のハイキングをすると、毎日1時間の平地ウォーキングをするのと同等の効果がある。

は、ダイエットだけを毎日行った。実験期間はいずれも1カ月間だった。

その結果、ダイエット組では体脂肪率は変化しなかった。一方、ウォーキング組と登山組では、ほぼ同じだけ減少し、両者とも肥満から脱却できた。毎日1時間のウォーキングと、週末に1回だけ行う登山とは、脂肪の減量、つまりメタボリックシンドロームを防ぐ上で同等の効果を持つのである。

どちらを選んでもよいわけだが、平日は仕事が忙しくて運動する時間を確保しにくい人には、登山はうってつけの選択肢になるだろう。

◆筋と骨を強くする効果

脂肪を減らすのであれば、毎日1時間のウォーキングと、週1回の登山のどちらを選んでもよい（図1-5）。だが、筋や骨の健康のことも考えた場合には、登山に軍配が上がる。

図1-6は、筋電図（注）という方法を使って、平地歩行と登山の上り歩行とで、脚筋の活動状況を比べたものである。平地歩行では筋電図の波形は小さいが、登山ではかなり大きい。登山の方がより大きな筋力を発揮しているのである。

「老化は脚から」と言われるように、歳をとると脚の筋力が低下してしまう。このような脚力の衰えに対抗する上で、平地ウォーキングではその抑止効果が小さい。ところが登山をすると、これらの筋肉を鍛える効果も高いのである。

大きな筋力を発揮することは、骨を硬くする刺激にもなる。図1-7は、男女の中高年登山者の骨密度を調べた結果である。同年代の標準値に対して、男性では16%、女性でも6%骨が硬い。登山は骨を硬くし、骨粗鬆症を予防する上でも役立つのである。

◆健康への効果は上りと下りで違う

登山とは、坂道を上る運動と、下る運動とによって成り立っている。これを健康増進という目から見ると、それぞれ異なる効果を及ぼしていることがわかってきた。

オーストリアで行われた面白い研究がある。片道だけロープウエーを使って、毎日500m上るだけのグループと、逆に毎日500m下るだけ

注）筋肉を活動させるために脳からは電気信号が送られてくる。これを筋の上の皮膚に電極を貼ることで捉えたものが筋電図である。波形が大きいほど筋が大きな力を発揮していることがわかる（P286）。

第1章 登山と健康

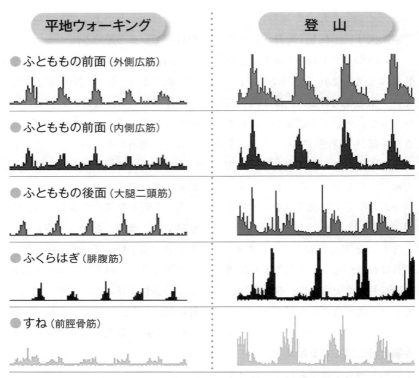

図1-6：筋電図からみた平地ウォーキングと登山の比較（山本、2006）
登山は平地ウォーキングに比べて、脚筋での筋力発揮が大きい。これは脚筋力を鍛える効果が高いことを意味する。ただし、脚筋力が弱い人が急に行えば、負担が大きすぎることにも注意する。

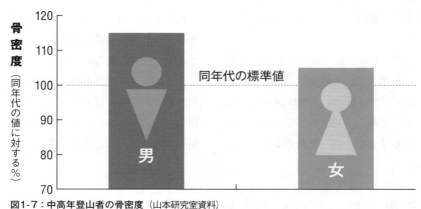

図1-7：中高年登山者の骨密度（山本研究室資料）
男性は35名、女性は52名（男女とも平均年齢は59歳）の平均値を示している。年間の登山日数は、男性では37日、女性では33日。男女とも、同年代の基準値と比べると骨が硬いことがわかる。

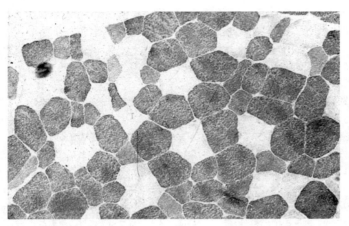

図1-8：速筋線維と遅筋線維
顕微鏡で見た、著者の大腿四頭筋の断面。筋は、細い筋線維が束ねられてできている。染色剤で染め分けてみると、遅筋線維（黒）と速筋線維（白）とが混じりあっている。登山の場合、上りでは遅筋が、下りでは速筋が中心的に働く。

のグループとを比較したのである。

このトレーニングの結果、前者では脂肪の代謝が改善した。後者では炭水化物の代謝が改善した。つまり、上りの運動は高脂血症への、下りの運動は糖尿病への効果が期待できる。なぜこのような違いが起こるのだろうか。

図1-8は、筋の断面を顕微鏡で見たものである。筋は細い線維がたくさん束ねられてできている。その線維には、持久力に優れる遅筋線維と、瞬発力に優れる速筋線維との2種類がある。

山道を上る時には遅筋線維が、下る時には速筋線維が優先的に使われる。このとき、前者は脂肪（脂質）を、後者は炭水化物（糖質）をエネルギー源として使う。その結果、上りのトレーニングを行うと脂質の代謝が、下りのトレーニングを行うと糖質の代謝が改善するのである。

また筋線維は加齢により萎縮していくが、特に速筋線維は萎縮しやすい。歳をとると、力強い運動や素早い運動が苦手になるのはこのためである。ところが登山の下りを行えば、若さの象徴である速筋線維を活発に使うので、その萎縮を予防することも期待できるのである。

column 1-5
スキーも長寿型のスポーツ

　スキーに親しむ人もまた、高齢になってもかくしゃくとした人が多い。リフトを使って登るゲレンデスキーの場合、運動は下りだけとなる。だが、それだけでも多くの効果が期待できる。たとえば、
- 全身の筋を使うので、筋力（特に下りで優先的に動員される速筋線維の能力）や骨密度が改善する
- 登山では改善しにくい素早い動きやバランス能力が向上する
- 滑り方にもよるが心肺もほどほどに使う

　高齢になると、どうしても心肺機能は低下する。このため山道を上ることがきつくなり、登山も敬遠しがちとなる。だが、そこで登山をやめてしまえば衰えは加速する。その点、下るだけのスキーならば取り組みやすい。しかも心拍数はほどよく上がる。

　図は著者がゲレンデでスキーをした時の心拍数である。登山（図1-4）のように心肺に持続的に負担がかかるわけではなく、ほどよいインターバル運動となる。斜面選びや滑り方の調節は必要だが、高齢者にとって心肺に負担がかかりすぎる心配は少ない。

　また高齢になると、雪のある時期には山から遠ざかりがちとなるため、冬の間に体力が落ちてしまう。春になって落ちた体力を元に戻すのはたいへんである。冬季の体力維持のために、スキーはうってつけの運動となる。

　歩く登山に加えてスキーにも親しむことで、よりオールラウンドな体力が身につく。これに上肢の筋力や全身のバランス能力も要求されるクライミングもあわせて行えば、理想的な体力が身につくというのが著者の考えである。

　スキーもクライミングも、よい指導者がいれば、高齢になってからでも始められるし、上達もできる。積極的にチャレンジしてみてはいかがだろうか。

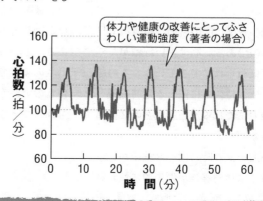

◆気候療法と地形療法の効果

転地療養という言葉がある。海や山、あるいは温泉地に行き、病気や健康の改善を図ることを言う。正式には気候療法と呼ぶ。

その歴史は古い。13世紀に著されたマルコ・ポーロの『東方見聞録』の中に、中央アジアの山の話が出てくる。そこには「大気は澄んで健康によいので、町や渓谷、平野の住民で、熱病などの病気になったものは、すぐに山に出かける。そして、そこで二、三日過ごすと、健康をとりもどす」と書かれている。

19世紀の後半になると、J.エルテルという医師が現れた。山岳リゾート地として有名なチロル地方に呼吸器・循環器の患者や肥満者を連れて行き、そこで歩行、登山、階段昇降、筋力トレーニングなどを行わせ、これを地形療法と名付けた。

山地に行くと、気圧、気温、湿度、風、雨、日照、森林など、私たちをとりまく環境要因が変化する。「坂道を歩く」ことを基盤とし、加えてこれらの環境による刺激を上手に負荷することで健康の改善がより進む、というのが地形療法の考え方である。

気候療法や地形療法はドイツを中心に発達し、現代ではその指導をする気候療法士という職業もある。登山やハイキングも、これら二つの療法に関する知識を持って行えば、より多くの恩恵を受けられるだろう。

山スキーの古典ルート・志賀～草津コースで。不活発になりがちな冬にはスキーを使って身体を動かすとよい。（安田典夫氏撮影）

column 1-6
長寿村の話と「その後」

南米の街角で。(阿万忠司氏撮影)

　ハーバード大学医学部のA.リーフ教授は、世界の長寿村を尋ね歩いて、そこで暮らしている人々がなぜ健康なのかを調査した。そして1975年に『世界の長寿村』という本を著した。

　長寿村には3つの共通点があるという。①ヒマラヤ、アンデス、コーカサスなど標高の高い地方（およそ1000〜2000m）にあること、②人々はそこで農業や牧畜など長時間の肉体労働をしていること、③栄養の摂取量が少ないこと、である。

　この3条件は登山とよく似ている。長寿村の住民とは、毎日登山をしているような人たちなのである。高地住民には動脈硬化、高血圧、心臓病などの生活習慣病患者が少ない、という調査報告も多い。

　ところでアンデスの長寿村・ビルカバンバでは、長寿村として有名になった結果、次第に観光地化し、古くから受け継がれてきた生活習慣が崩れてしまった。現在ではかつてのような桃源郷の様相は失われてしまったという。痛ましい話である。

　リーフ教授も後年、「彼らが長寿でいられることの最も簡単な説明は、毎日たくさんの運動をするからである」と、運動の重要性を強調している。受け身で環境の効果を期待するだけではだめで、あくまでも運動をしっかり行うことが大切なのである。

図1-9：健康や体力に及ぼす登山の効果（山本、2008）
登山を上手に行えば、様々な意味で健康によい効果をもたらす。ただし不適切に行うと、ダメージもまた大きい。健康によい登山をするためには運動処方に関する知識が不可欠となる。

◆登山はエアロビクスの最高峰

　図1-9は、登山が健康に及ぼすメリットについて、概念図にまとめたものである。登山を上手に行えば、様々なエアロビクスの中でも、最も効果の高い運動になるというのが著者の仮説である。「登山はエアロビクスの最高峰」と言ってもよい。

　ただし薬の処方と同様、登山も正しく行わなければ、逆に健康を損ねてしまう。登山は運動の負荷が大きいだけに、誤って行えばダメージもまた大きい。そして残念ながら、登山中の事故は増加しているのが現状である。

　たとえば図1-4から、登山はウォーキングに比べて、心臓に対してより大きな負荷を、より長時間かけられることがわかる。これは、一面では健康への効果が大きいことを意味する。しかし体力不足の人が登山をすれば、心臓を壊す刺激にもなりうる。

同じことが図1-6にも言える。登山はウォーキングに比べて、脚の筋に対してより大きな負荷を、より長時間かけられる。したがって、加齢による筋力低下を防止する上で効果を発揮する。しかし体力不足の人がいきなりハードな登山をすれば、転ぶ事故にもつながりかねない。

ウォーキングやジョギング、水中運動など、下界で行われるエアロビクスの場合には、安全かつ効果的に行うために「運動処方」という概念にもとづいて、適切なプログラムを作って行われる。登山でもこれにならい「登山処方」を確立する必要がある。本書でも、全体を通してこの問題を考えていきたい。

◆生涯スポーツに最適な登山

最後に、登山が生涯スポーツとしても最適の運動だというデータを紹介する。

図1-10は、4000人あまりの登山者にアンケート調査を行って、「登山中の疲労しやすさ」にどのような要因が関係するかを調べた結果である。

まず年齢（a）や性別（b）は、

高校山岳部でのビバーク訓練の様子。登山とは大自然の中で、限られた装備と食料で生活や運動をする行為である。その知識や技術は、日本でしばしば起こる自然災害時にも役立つだろう。（大西浩氏撮影）

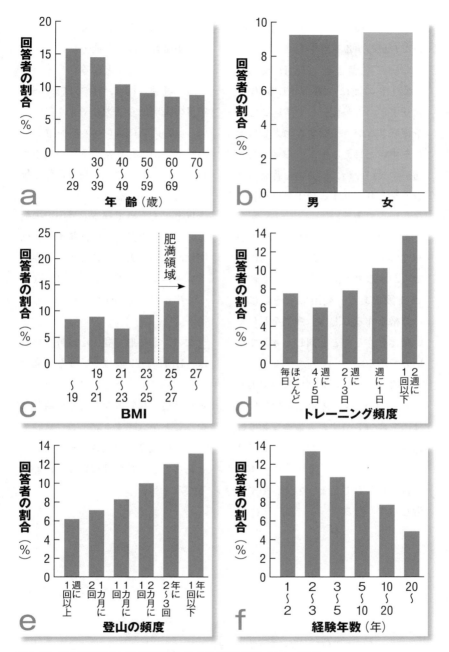

図1-10：登山時の疲労しやすさに関わるさまざまな要因（山本、2001）
登山での疲労のしやすさにとって年齢や性別は関係がない。一方で、普段のトレーニングや登山の頻度、そして登山経験との間には関連が見られることから、優れた生涯スポーツとして活用できる。

山での疲労のしやすさには関係しないことがわかる（注1）。

　一方、肥満指数（BMI）（注2）と疲労との間には関係がある（c）。太りすぎの人が疲労しやすいことは予想できるが、やせすぎの人も疲労しやすいと答える率がやや多くなる。筋が少ないために、荷物を背負って坂道を上り下りする登山では不利になるからである。

　最も疲労する率の少ない値は21〜23のところである。ちなみに病気にかかる率が最も小さくなる値も22前後である。登山で疲労しにくい体格を作ることは、病気をしにくい身体を作ることと同じと考えてよいのである。

　普段のトレーニングは大事である（d）。トレーニング頻度が少ない人は山で疲労しやすい。最適な頻度は週4〜5回である。ただし、毎日運動をしている人は、その疲労が本番に持ち越されてしまうので、やや疲労しやすくなる。

登山の励行も重要である（e）。これは山に行く人ほど疲労しにくいというきれいな関係となる。

登山経験（f）については、2〜3年目の人が最も疲労しやすくなっている。この頃にはレベルアップして、ハードな山に行き始めるためだろう。しかしそれ以後は、年数を重ねるほど疲労しにくくなる。

　以上をまとめてみる。登山での疲労にとって年齢や性別は基本的には関係がない。大事なことは、下界でトレーニングを励行し、山にもなるべく出かけ、経験年数を積むことである。

　このような形で登山を続けていれば、BMIは22前後という登山向けの引き締まった身体になっていく。それは最も病気になりにくい身体になることを意味する。

　登山は最高の生涯スポーツである、と言っても過言ではないことがわかるだろう。

注1）aを見ると、歳をとっている人の方が疲労しにくいように見えるが、これは登山経験の影響を受けた見かけの関係である。
注2）体重（kg）を身長（m）の2乗で割った値。日本人の標準値は男女ともほぼ22.0で、この値の人が最も有病率が低いとされる。25以上になると肥満傾向と見なされる。

第1章 登山と健康

column 1-7
山登りで大往生を

年齢	山登りの間隔	年間回数
40歳以下	3カ月に1回	4回
41歳以上45歳未満	2カ月に1回	6回
45歳以上50歳未満	1カ月に1回	12回
50歳以上60歳未満	2週間に1回	24回
60歳以上65歳未満	10日に1回	36回
65歳以上70歳未満	7日に1回	51回
70歳以上80歳未満	5日に1回	年齢と同回数
80歳以上	4日に1回	年齢と同回数

芳村宗雄『あるサラリーマンの山』(白山書房)より
70歳以上の数値は本人により改訂されている。

　北海道在住の芳村宗雄さんは、「体力維持のための山登りの最低間隔」という、ユニークな仮説(表)を立て、自ら実行している。

　彼は「統計を用いた品質管理」という、製造業で用いられている考え方を自分の身体にあてはめて、長年、登山やトレーニングの状況と自分の体力との関係を調べている。そして次のことに気づいた。

　歳を取るほど体力は低下する。ここで少しでも運動をすれば体力は維持できるが、しないでいると低下してしまう。そして低下した体力を元に戻すことは歳をとるほど大変になる。その解決方法を色々と模索した結果、体力を最も効率よく維持するには、山に登る間隔を短くしていけばよい、という結論に達したという。

　表を見ると、50代のところでは日常のトレーニングに加えて2週間に1回の登山を行うことで体力が維持できる。だが65～70歳になると1週間に1回の登山が必要となる。70歳を超えたら、1年間に自分の年齢と同じ日数だけ山に行く必要がある。

　人間である以上、いつかは山に登れなくなる日が来るだろう。しかし歳をとるほど山三昧に生き、最後に大往生ができればすばらしいことである。

　統計を用いた品質管理を日本に普及させたのは、登山家であり初代の南極越冬隊隊長であった西堀榮三郎である(P425)。彼がつくったいろはカルタの中に「人生は実験なり」という言葉がある。読者も、いつまで山に登れるのか、そうするためには何をすればよいのか、自分なりに仮説を立てて実験してみてはどうだろうか。

平標山にて。楽しい仲間との登山はいつまでも思い出に残る。
(小林正彦氏撮影)

SUMMARY
まとめ

■ 登山は、身体的、精神的、社会的という三つの意味で、健康によい効果をもたらす。

■ 登山を上手に行えば、平地ウォーキングの短所を補い、かつ長所を伸ばした理想的な有酸素性運動（エアロビクス）となりうる。

■ 登山をすると、心肺能力、筋力、骨などをバランスよく鍛えることができる。脂肪の減量効果も大きい。

■ 登山は動きのゆっくりした運動なので、年齢や性別にかかわらず、また運動の苦手な人にも楽しめる最良の生涯スポーツの一つである。

■ 体力に不相応な登山は、身体を壊すような刺激ともなりうる。健康的に行うには、身体の仕組みを知って行うことが不可欠である。

Exercise Physiology &
Training for Mountaineering and Climbing

第2章 登山界の現状と課題

北海道警察航空隊による遭難救助訓練（大城和恵氏撮影）

　登山が健康によい理由は、運動の強度がある程度高く、時間も長いからである（1章）。だが逆の見方をすれば、身体への負担が大きな運動だということでもある。
　自分の体力に見合った登山をすれば健康によいが、体力不相応の山に行けば疲労や故障を招いて健康的とはいえなくなる。そればかりか事故につながる可能性もある。
　残念なことに、登山中の事故は年々増加している。そして、体力不相応の登山がその原因となっているケースは多い。本章ではこの点に注目し、前章と同様にデータを見ながら、現代の登山者が抱えている問題点について考えてみたい。

A どのような現状か

◆現代の登山事故の特徴

　まず、図2-1を見て頂きたい。これは、代表的な山岳県である長野県の、過去17年間の登山事故の状況である。長野県には、北・中央・南アルプス、八ヶ岳といった高峻な山が多い。このため日本での典型的な山岳事故の様相が観察できる。

　事故者の年代は、登山者の絶対数が多いことにもよるが、中高年層が多い。最も多く事故を起こしているのは60代である。男女比では7対3で男性が多い。

　この図を見ると、転落、滑落、転倒という「転ぶ」ことに関係した事故が過半数を占めている。それらは、難しい岩場などではなく、一般登山道でつまずく、浮き石に乗る、踏み外す、スリップする、バランスを失うなど簡単な場所で起きたものが多い。そして下り道で多発している。

　現代の登山事故の特徴を3つのキーワードで表すと、「中高年」「下り道」「転ぶ」となる。このような事故は、体力面から見ると脚筋力の不足が原因で起こりやすい。

　転ぶ事故の次には「病気」「疲労・凍死傷」「道迷い」がそれぞれ1割ずつで続いている。病気に関して、最近目立つのは心臓疾患による死亡

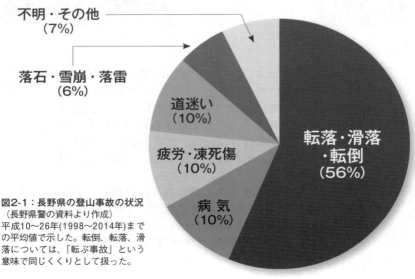

図2-1：長野県の登山事故の状況
（長野県警の資料より作成）
平成10～26年(1998～2014年)までの平均値で示した。転倒、転落、滑落については、「転ぶ事故」という意味で同じくくりとして扱った。

事故である。直接の原因は、登山によって心臓に過度の負荷がかかったためだが、体力的には心肺能力の不足が関係している。「疲労・凍死傷」についても、やはり体力不足が関わっている。

このように、体力不足が関わる事故を合計すると、全体の7割以上にも達する。したがって、普段から筋力や心肺能力を十分に強化して登山に臨めば、事故は大幅に減らすことができるはずである。

◆いわゆるベテランの事故が多い

長野県の山岳総合センターと山岳遭難防止対策協会では、県内の登山事故の様子を詳しく調査している。その報告を抜粋してみる。

「遭難者数はこの20年間で3倍になった。1980年代までは若い登山者の事故が多かったが、次第に中高年の事故数が増え、1990年代後半には50〜60代の事故が多くなった。現在では60代の事故が突出して多い。各年代の登山者数に対する事故者数の割合（遭難しやすさ）は、年齢が高くなるほど大きくなる」

「登山者数は2010年頃から増加しているが、遭難者数はそれ以上のペースで増加し続けている。4年間で登山者は40％増加したが、遭難者は73％増加した。2013年の事故件数は300件で、うち死者・行方不明者は74名である」

「事故内容は、転ぶことに関係する事故（転落・滑落・転倒）が最も多く、下山時に多発している」

「心臓疾患による事故も目立つ。2013年には14人が亡くなり、うち12人は男性である。日帰り登山時の登山開始から3時間以内の、上り区間で多発している。家族からの聞き取り調査では、心臓病の既往歴を持った人は一人もいなかった」

図2-2は、2014年の長野県での事故者数を、年齢と登山経験の関係で見たものである。中高年層に多いことがわかるが、驚くべきことに10年以上の登山経験を持つ人の事故が突出している。登山事故は初心者が起こすものと考えがちだが、現実はそうではないのである。

表2-1は、図2-2から10年以上の登山経験を持つ60〜70代の事故者を抜き出し、その特性を示したものである。彼らの多くは健康だという自覚があり、トレーニングもしており、体力や登山の力量にも自信を持っていることがわかる。

ただし事故後の反省として、6割近い人が「体調や体力が不十分だった」と回答している。つまり事故を起こすまでは、自分は大丈夫だと考えていた人が多いように見える。

第2章　登山界の現状と課題

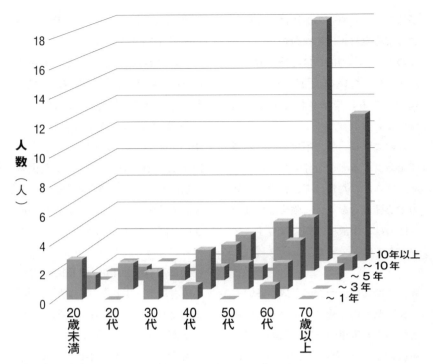

図2-2：年齢と登山経験から見た長野県での事故様相 （杉田、2016）
2014年夏に長野県内で遭難救助された83名のうち、92％にあたる76名からの回答。
登山経験が10年以上の中高年登山者の事故が突出して多い。

表2-1：10年以上の登山経験を持つ中高年の事故者の特性 （杉田、2016）
図2-2の遭難者のうち、60歳以上で登山経験が10年以上の32名の回答を整理した。
一見したところでは問題がなさそうに見えるが、この中に盲点が潜んでいる。

男性が59％、女性が41％
「健康は良好」が83％
「トレーニングをしている」は94％、種目は「ウォーキング」が多く63％
「年間登山日数」は約25日
「コースタイム通りに歩ける」は66％
「同世代より体力があると思う」は75％
選んだコースに対して「力量は妥当」が78％
事故後の反省として、「体調・体力が足りなかった」が58％

column 2-1
山岳遭難の時代変化

第2章 登山界の現状と課題

　図は、過去50年間の長野県の山岳遭難者数について、総数と年代別人数の推移を示したものである。1980年代までは若者の事故が多かったが、1990年代以降は多様な年代に分散している。最近では60〜70代の事故者が増加しているが、若者の登山ブームを反映して若年層の事故も増えつつある。

　この図をまとめた長野県山岳総合センター所長の杉田浩康氏は、現代の登山界が抱える問題点を次のように整理している。

　1）かつては大学の山岳部や社会人の山岳会が有効に機能して、知識や技術がしっかりと伝えられていた。しかし近年ではこれらの組織が衰退し、その伝承が難しくなっている。

　2）登山者の価値観が多様化し、頂上を目指さない人や、山岳部や山岳会での拘束を好まない人など、以前とは異なるタイプの登山者が増えている。このため正しい知識や技術の伝承がいっそう困難になっている。

　3）昔の登山者は若者が中心だったが、現代では中高年が多い。このため、加齢による体力の低下や、健康の問題についても考えなければならなくなっている。

　今後は、山岳部や山岳会に代わり、講習会や登山ガイドの役割が重要になるだろう。そこでは登山そのものの知識や技術のほかに、従来は重視されなかった体力や健康管理の知識・方法を伝えることも重要になる。

　加えて登山者自身の自己学習も不可欠となる。本書がそのために役立つことを願っている。

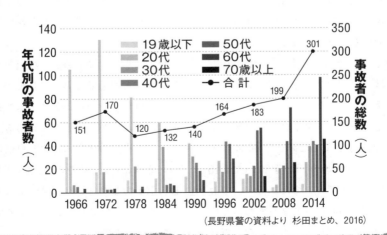

（長野県警の資料より 杉田まとめ、2016）

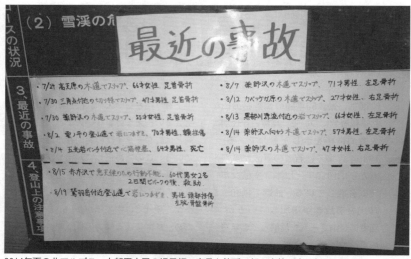

2014年夏の北アルプス・太郎平小屋の掲示板。容易な箇所で転ぶ事故が多く起こっている。
（貫田宗男氏撮影）

◆中高年登山者の実態調査

次に、現代の中高年登山者の体力レベルや、普段のトレーニング状況について、著者らが全国規模で行った調査結果を紹介する。

1997年から3年間、NHKの教育番組で、岩崎元郎さんの『中高年のための登山学』が放映され、人気を博した。その2年目に当たる1998年は「日本百名山をめざすⅡ」というテーマだった。

この番組テキストにアンケート用紙を添付したところ、7000人以上もの登山者から回答を頂いた。15年以上前のデータではあるが、事故の様相は当時からあまり変わっていないので、現在でも参考になる点は多い。

まず、トレーニングをしていますか？という問いには、図2-3の円グラフのように、約7割の人が「している」と答えた。その内容を見ると、ウォーキングが圧倒的に多く約8割、次に階段昇降が3割と続いている。

登山は歩く運動である。坂道を上り下りする運動でもある。したがって、それにふさわしいトレーニングをしている人が多いように見える。

次に、自分の体力に対する自信について尋ねると、図2-4のように「少し自信がある」という回答が最も多かった。全体的に見て自信のある側に偏っている。

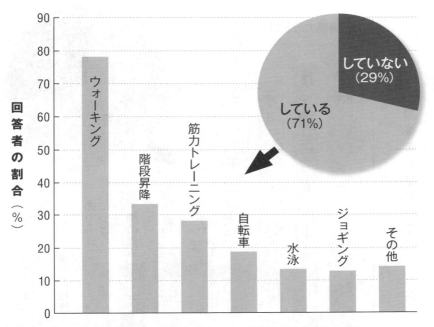

図2-3:中高年登山者の日常でのトレーニング状況（山本と山﨑、2000）
行っている種目は複数回答で尋ねている。ウォーキングをしている人が圧倒的に多い。

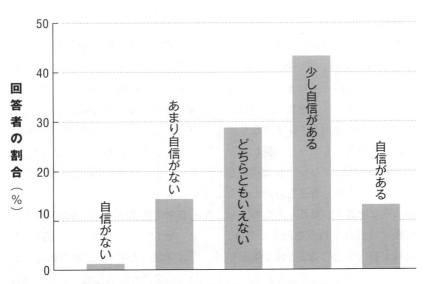

図2-4:中高年登山者の体力に対する自信度（山本と山﨑、2000）
自信があると自己評価する人が多い。

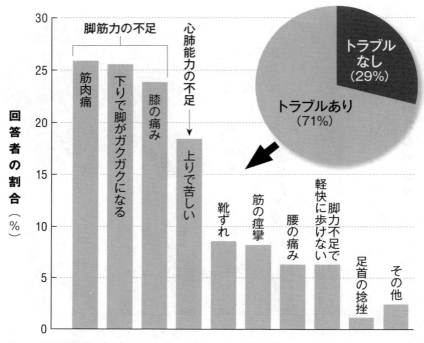

図2-5：中高年登山者の身体トラブル状況（山本と山﨑、2000）
上位3位までは脚筋力の不足により、4位は心肺能力の不足により起こりやすいトラブルである。

まとめると、登山に役立ちそうなトレーニングをしている人が多く、体力に自信を持っている人も多いことになる。テキストを購入し、教育テレビを見て登山を学ぶような意欲のある人たちでもあり、一見したところ非の打ち所がないように見える。

だがデータの分析を進めると、このような模範生に見える人たちでも、実際には弱点や盲点を抱えており、それが登山事故の発生と深く関係していることがわかってくる。次にその問題点を見ていくことにしよう。

◆山でのトラブル発生状況

図2-5は、前記の人たちに、登山中によく経験する身体トラブルを複数回答で尋ねた結果である。円グラフを見ると、トラブルが起こらない人は3割で、残りの7割の人は、何らかのトラブルが起こると答えていた。

日常生活では7割の人がトレーニングをしているのに（図2-3）、山では7割の人がトラブルを起こしているのである。具体的には「筋肉痛」「下りで脚がガクガクになる」「膝の

表2-2：日常のトレーニング種目と登山中のトラブル発生との関係（山本、2004）
ウォーキング、階段昇降、自転車こぎ、水泳にはトラブルの防止効果が見られない。

	ウォーキング（歩く）	階段の昇降	筋力トレーニング	サイクリング（自転車こぎ）	水泳	ジョギング（走る）
筋肉痛			++			+
下りで脚がガクガクになる			+			++
膝の痛み						++
上りで苦しい			++			++
靴ずれ						
筋の痙攣						+
腰の痛み						
脚力不足で軽快に歩けない						++
足首の捻挫						

痛み」の発生率が、ほぼ同程度で最も多い。

この３つのトラブルには共通点がある。脚筋力の弱い人が下り道で起こしやすい、という点である。図2-1で、現代の日本では下り道で転ぶ事故が非常に多く、原因として脚筋力不足が考えられると述べた。それがこのデータにもはっきり現れている。

4番目に多いトラブルは「上りで苦しい」である。このトラブルは心肺能力が弱い人に起こる。この結果も、図2-1で転ぶ事故に続いては病気（特に心臓疾患）による事故が多い、と述べたことと一致する。

このように、山でよく起こるトラブルと、登山事故の様相との間には対応関係がある。したがって、普段から脚筋力や心肺能力を鍛えるトレーニングを行って、上位4つのトラブルを駆逐することが、事故を減らすための第一歩となるだろう。

◆役立っていない
普段のトレーニング

このアンケート調査から、もう一つ重要なことがわかった。表2-2は、これらの人たちの普段のトレーニング内容と、山でのトラブル状況との関係を調べた結果である。

横の列は日常で行っているトレーニング種目を、縦の列は山で起こる

column 2-2
ウォーキングの見直し方

　平地でのウォーキングを励行しても、実際の登山で役立に立たないのはなぜだろうか？

　図の①は、著者が平地を普通の速さで歩いた時、②は早歩きをした時の心拍数である。一方、影をつけた部分は登山をしている時の心拍数である。

　①も②も登山時の心拍数には達していない。つまり平地ウォーキングでは、運動強度が弱すぎて登山のトレーニングにはならないのである。

　これを改善するために、③では坂道の多い道路で早歩きをしてみた。上り下りに応じて心拍数は上下するが、全体としては登山中の心拍レベルと似てくるので、トレーニングとして有効になる。

　ただ歩くのではなく、ひと工夫して「登山仕様」にすることで、はじめて登山に役立つトレーニングになるのである。

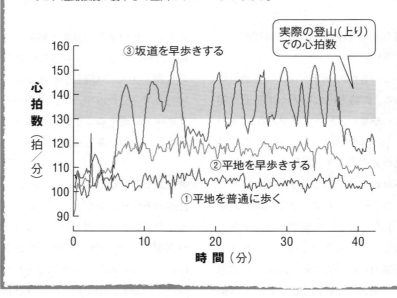

平地ウォーキングに
効果がない訳は？
↓
運動時間はよいが
強度が弱すぎる

階段昇降に
効果がない訳は？
↓
運動強度はよいが
時間が短すぎる

図2-6：なぜ日常でのトレーニングは山で役立っていないのか？
一般人が「健康のため」に行っている方法では、健康にはよいが、登山には通用しない。登山をする人は「登山仕様」のやり方を工夫する必要がある。

第2章 登山界の現状と課題

トラブルを示している。そして統計処理の結果、あるトレーニングをしていると、あるトラブルの発生率が小さい、という関係がある場合には「＋」の記号を付けた。

たとえば筋力トレーニングをしている人は、筋肉痛、下りで脚がガクガクになる、上りで苦しい、というトラブルの発生率が小さい。いいかえると筋力トレーニングは、これらのトラブル防止に効果があると予想できる。ジョギングをしている人ではもっと多くのトラブル防止に効果があることがわかる。

このように見ていくと、ショッキングな事がわかる。8割近い人が行っているウォーキングには、トラブルを防止する効果が見られないのである。階段昇降、サイクリング、水泳も同様である。

数千人の回答を統計処理した結果なので、すべての人にとってこれらの運動が役立たないという意味ではない。しかし、登山に関係のありそうな運動に見え、たくさんの人が行っているウォーキングや階段昇降が、多くの人にとって役立っていないという事実は、反省しなければならない。

図2-6はウォーキングと階段昇降の様子である。なぜこれらが登山に役立っていないのかを、実際の登

column 2-3
階段トレーニングの見直し方

　階段昇降は、山道の上り下りとよく似た運動なのに、実際の登山で役立っていないのはなぜだろうか？その理由は、運動の強度は十分だが、量が少なすぎることによる。

　図は、3つのやり方で建物の階段昇降をした時の心拍数である。

　①1階から3階まで上がっても（標高差8m）、心拍数はあまり上がらない。駅の階段でも、1階分だけ上っても5〜6mしかないので、健康にはよいが登山のトレーニングにはならないのである。

　②1階から8階まで上がれば（標高差27m）、心拍数は登山なみの値になる。だがそこでやめてしまうと、時間が短すぎて心肺には十分な負荷がかからない。8階まで歩いて上ればよい運動をしたと思いがちだが、それでも足りない。登山はそれほど大変な運動なのである。

　③1階から5階までの間（標高差17m）を16往復してみると、合計272mの上り下りをすることになり、はじめて実際の登山をしている時のような負荷がかかる。

　ただし、階段でこのような運動をするのも単調で面白みがない。近郊の低山に出かけて坂道を上り下りすれば、もっと長時間にわたり楽しくトレーニングできるだろう（P276）。

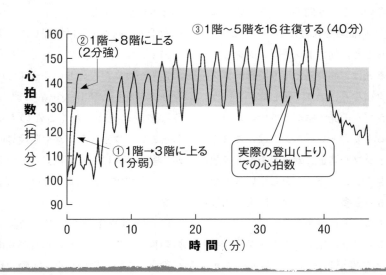

山をイメージしながら考えてみるとよい。

ウォーキングの場合は空身で平地を歩くだけなので、運動の強度が弱すぎることに思い当たるだろう。一方、階段昇降の場合は、運動の強度はよいが、時間が短すぎることに気づくだろう。これらを「登山仕様」のやり方に変えて行うことが必要なのである。

◆体力年齢は若いが

現代の中高年登山者が、どの程度の体力を持っているのかについても調べてみた。

国立登山研修所が主催する中高年安全登山指導者講習会に参加した164人の登山者を対象として、登山に関連がありそうな体力テストを行った（図2-7）。男女とも平均年齢は59歳、登山経験は20年で、リーダーを務めるような登山者たちである。

表2-3は、体力テストの結果である。測定値とあわせて、その体力がどの年代の標準値に該当するかという「体力年齢」でも表した。

脚筋力の指標とした30秒間椅子立ち上がりテストの値は、男女とも20歳の一般人よりも優れるという結果だった。また腹筋力は35〜37

図2-7：中高年登山者の体力測定
上は、脚筋力を見るための30秒間椅子立ち上がりテスト、下は腹筋力を見るための30秒間上体起こしテスト。

表2-3：中高年のリーダー層の体力測定結果 （山本と西谷、2009、2010）
体力年齢で見ると、脚筋力をはじめ各テスト項目ともかなり優れている。だが
健脚コースでは、この程度の体力ではトラブルを防ぎきれない。

測定項目	男性（88名）		女性（76名）	
	測定値	体力年齢	測定値	体力年齢
脚筋力（30秒間椅子立ち上がり）	33回	20歳＋	32回	20歳＋
腹筋力（30秒間上体起こし）	21回	35歳	14回	37歳
バランス能力（開眼片足立ち）	58秒	49歳	60秒	46歳
柔軟性（長座体前屈）	37cm	50歳	40cm	48歳

歳、バランス能力は46〜49歳、柔軟性は48〜50歳と、いずれも実際の年齢よりは若かった。つまりこの人たちの体力は、同年代の一般人と比べればかなり優れている。

だが次のデータを見ると、喜ぶのはまだ早いことがわかる。

図2-8は、この人たちに、初心者コース、一般コース、健脚コースでのトラブル発生状況を尋ねた結果である（注）。これを見ると、初心者コースではトラブル発生率はほぼゼロで、一般コースでもやや増加するだけである。だが健脚コースになるとトラブル発生率は一気に増え、項目によっては4割前後にも達している。

健脚コースでのトラブルを見ると、ワースト3は「筋肉痛」「膝の痛み」「下りで脚がガクガクになる」で、4位が「上りでの息切れ」である。この傾向は、P44で紹介した百名山を目指す人が抱えているトラブルと同じである。

この人たちの平均の登山経験は20年であり、山での歩行技術が悪いためにトラブルが起きているとは考えにくい。脚筋力や心肺能力といった体力の不足でトラブルが起こっていると考えざるをえないのである。

注）本書ではおおよその目安として、①初心者コース：上り下りとも累積高低差が500m以下で、歩行時間が4時間以下、②一般コース：上り下りとも累積高低差が500〜1000mで、歩行時間が5〜6時間くらい、③健脚コース：上り下りとも累積高低差が1000m以上で、歩行時間が7時間以上、と考える。

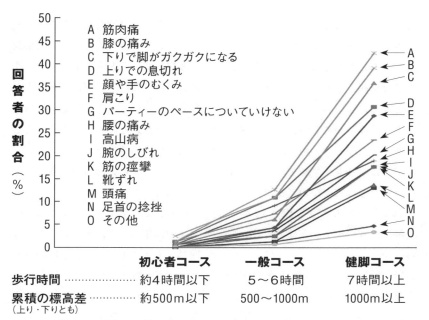

図2-8：中高年のリーダー層の身体トラブル状況（山本と西谷、2009、2010）
対象者は表2-3と同じ。健脚コースになるとトラブルの発生率が急増している。健脚コースでの上位3位までのトラブルは脚筋力の不足により、4位は心肺能力の不足により起こりやすい。

◆ベテランでも体力を過信している

ここまでの話を整理してみよう。

現代の中高年登山者は、同年代の一般人と比べれば、確かに体力はある（表2-3）。

だが、山に登るために必要な体力は予想以上に大きい。特に、健脚コースで要求される体力水準は非常に大きい。そして、そのレベルに体力が追いついていない人が、リーダー層でも4割に達する（図2-8）。

普段からトレーニングをしている人は多く（図2-3）、体力に自信を持っている人も多い（図2-4）。だがそのトレーニングは、登山に対して役立つものにはなっていない（表2-2）。その結果、山では体力不足によるトラブルが多発している（図2-5、図2-8）。

厳しい言葉になるが、自分の体力を過信している人や、役立たないトレーニングをして自己満足をしている人が多いのである。

この傾向は、登山経験の長い人や、リーダー層のような、いわゆるベテランと呼ばれる人でも例外ではない（図2-8）。実際に、最も事故を起こしているのは登山経験が10年以

上の人なのである（図2-2）。

ベテランとは本来、事故を起こしにくい人のことである。少しのことで事故を起こしてしまう人はベテランとは言えない。

上りで心肺が苦しい、下りで脚がガクガクになる、といった基礎体力の不足によるトラブルを起こす人もベテランとは言えない。また、人に連れて行ってもらう登山を10年以上続けてもベテランとは言えないだろう。

「ベテランとは何か？」を明確に定義すること、そして「そうなるためには何を身につけるべきなのか？」という具体的な目標像を示すことも、今後の重要な課題である。

◆若い登山者にもあてはまる問題

これまで、登山事故が起こるたびに「気をつけよう」「無理をしないようにしよう」「体力をつけよう」「トレーニングをしよう」などといわれてきた。だが実際には、トレーニングをしている人は多く、体力も同世代の人に比べれば優れている。また、気をつけずに山を歩く人や、わざと無理をしようとする人はいないだろう。

つまり、典型的な無謀登山者がどこかにいて、彼らのせいで登山事故が多発していると考えていては、問題は解決しない。一部にはそのような登山者もいるだろう。しかし同時に、ベテランと呼ばれる人や、まじめに登山の勉強やトレーニングをしようとしている人の事故も多いのである（注）。

なお、ここまでに示してきたデータは中高年のものだが、若い人にも同じことがあてはまる。登山の体力は、年齢や性別ではなく、普段のトレーニングや登山状況によって決まるからである（P33）。

たとえば、若いが全く運動をしていない女性と、中高年だが運動を励行している女性とを比べると、後者の方が体力に優れるというデータがある。つまり、若くても運動不足の人が山に行けば、中高年と同様なトラブルが起こるのである。

年齢や登山経験に関わらず、全ての登山者が「危ない登山者とは自分のことかもしれない」と考えるところから再スタートしなければならない。これが本章で紹介したデータを分析しながら著者が考えたことである。

注）ここまでに紹介してきたデータは、教育テレビを見てアンケートに答えたり、数日間の指導者講習会に参加するような、意識の高い登山者のものである。自己流で登山をしている人たちの状況はもっと危うい可能性がある。

B 現状をどう見直すか

◆「行きたい山」と「行ける山」を一致させるためには?

図2-9を見ていただきたい。現状では行こうとする山に必要な体力水準(A)に対して、自分の体力水準(B)が追いつかず、体力不相応の登山をしている人が多い。つまり「行きたい山」と「行ける山」との間にギャップがある人が多いのである。

これを解決するには二つの方向性がある。行きたい山の体力度を下げること(A′)、行きたい山に通用する体力をトレーニングによって身につけること(B′)、である。

だがこれは、言うは易く行うは難しである。以前からこのようなことは言われ続けてきたにもかかわらず、事故は減らないからである。

著者の目から見ると、問題点は次のような所にある。

登山は想像以上に大変な運動である。だが、どれくらい大変なのかが

第2章 登山界の現状と課題

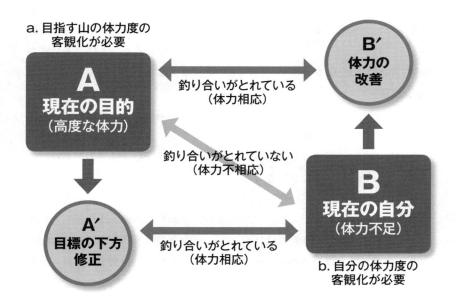

図2-9:「行きたい山」と「行ける山」を一致させるための考え方
まず、目指す登山コースの体力度(A)と、現在の自分の体力度(B)とを「客観的」に評価する。両者のバランスがとれていない場合には、目指す山の体力度を下げる(A′)、または、自分の体力度をトレーニングで上げ(B′)、両者の釣り合いをとる。

客観的に示されているわけではない。このため「無理をしないようにしよう」と言われても、何が無理で何が無理でないのかがわからず、結局は体力不相応の山に行ってしまう。

また、登山者が自分の体力を客観的に把握する手段もなかった。このため「体力をつけよう」と言われても、どのような体力を、どの程度身につければよいかがわからない。その結果、トレーニングをしてはいるが、山で役立つものにはならない。

目的とする山の体力度や、登山者の体力レベルを、もっと具体的に示すことが必要である。詳しくは3章と4章で考えるが、本章ではその要点をトピックス的に紹介する。

◆**体力に見合った山を選ぶ**
（ランク制）

登山のガイドブックには、コースごとに初心者向け、健脚向けといった体力度のランクがつけられている。ほとんどの登山者はそれを参考にしながら、自分の体力レベルにふさわしい山に行っている「つもり」だろう。だが自己評価というものは甘くなりがちで、実力以上の山に出かけてしまうケースが多い。

兵庫県の西宮明昭山の会（原水章行会長）では、事故防止のために「ランク制」を行っている。リーダー層が各会員の登山中の様子を観察し、体力や技術にランクをつける。同時に、行く山にもランクをつけておき、両者が合致する山に行くのである。

図2-10は、一般の山岳会と西宮明昭山の会の、山でのトラブル状況である。前者の山岳会で上位を占めるトラブルは、図2-5や図2-8と同様、脚力不足によるものが多い。一方、後者では平均年齢が6歳も高いのに、これらのトラブル発生率は低い。

また図には示していないが、前者の山岳会で普段からトレーニングをしている人と、後者でトレーニングをしていない人とを比べると、後者の方がトラブル発生率は少ない。体力相応の山に行くことは、トレーニングをすること以上に重要なのである。

一般の山岳会でもお互いの実力をチェックし合い、体力にふさわしい山に行っている「はず」である。それなのにトラブル発生率が高いということは、主観に頼った実力評価がいかに頼りないものかを示している。

ランク制は効果の高い方法だが、しっかりした山岳会でなければ運用できないため、利用できる登山者は限られてしまう。このような作業を、個人レベルで実行できる方法はないだろうか。

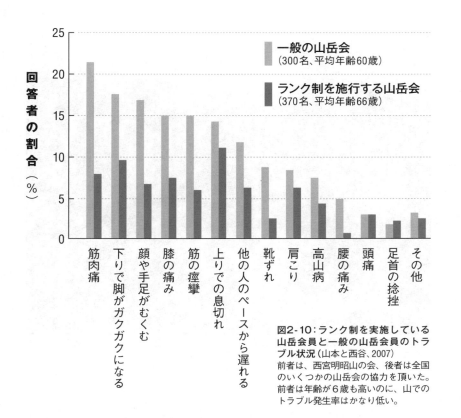

図2-10：ランク制を実施している山岳会員と一般の山岳会員のトラブル状況（山本と西谷、2007）
前者は、西宮明昭山の会、後者は全国のいくつかの山岳会の協力を頂いた。前者は年齢が6歳も高いのに、山でのトラブル発生率はかなり低い。

注）現在（2016年）では長野県に加え、新潟・山梨・静岡・岐阜の各県でも、同一基準でこのような表が公表されている。

◆登山コースの体力度を数値化する（信州・山のグレーディング）

長野県では、一人一人の登山者が、自分の体力や技術に合った登山コースを選ぶための目安として、2014年度から「信州・山のグレーディング」を公表している（注）。

表2-4のように、山の困難さを体力度と技術的な難易度の2要素で表し、県内の主なコースをランク付けした。左下のコースほど容易で、右上に行くほど困難なコースということになる。

初心者であれば、一番左下の、最も無理のないコースから選んで行けばよい。そして、同じグレードのコー

北アルプス・裏銀座の縦走。歩行距離や累積の高低差が大きく、日数がかかる。長野県のグレーディング表では、最も高い体力度が付されている。（三宅岳氏撮影）

スに何度か出かけて慣れてきたら、1ランクずつ体力度や難易度を上げていけば、飛躍することなく段階的に実力の向上を図ることができる。

縦軸の体力度とは、そのコースを歩くのに必要なエネルギーの大きさを意味する。これは、歩行時間、歩行距離（水平、上り、下りの3種類）との関係から求められる値で、著者らが開発した方程式（P129）を用いている。

現行のガイドブックでも体力度が3〜5段階で示されている。だが執筆者の感覚を元につけているので、山域によってタイムが辛い・甘いといった食い違いが起こる。

一方、エネルギー消費量から体力度を決めれば、このような格差は生じない。またグレードもより細かく割り振ることができる。長野県の場合は10段階で表示している。

このような統一基準にもとづいたグレードが、全国の主な登山コースで示されれば、違う山域の山に登る時でも、それまで親しんできた山域でのグレードから類推ができ、実力相応の山を選ぶ助けになる。

表2-4：長野県が示した山のグレーディング表

体力度（縦軸）は10段階、技術的な難易度（横軸）は5段階で、長野県の各登山コースの困難度を段階的に表示している。見方については巻末の資料1（P674〜675）を参照。

第2章 登山界の現状と課題

57

◆自分の体力度を数値化する
（六甲タイムトライアル）

　自分にどの程度の山を登れる体力があるのかを、自分でテストする方法があれば安全登山に役立つ。その好例として、関西山岳ガイド協会（三輪文一会長）が毎年秋に六甲山で行っている「六甲タイムトライアル」を紹介する。

　図2-11のように、六甲山麓の芦屋川駅から山頂まで、累積の標高差がほぼ1000m、標準タイムが3時間のコースを、自分の体力に無理のない範囲内でなるべく速く上る。そのタイムから、自分がどのレベルの山に行ける基礎体力があるかを評価するのである。

　この試みを10年以上続け、数百人の体力を観察した結果、タイムトライアルの成績と登山能力との間には、図2-11の下段に示すような対応関係があることがわかった。たとえば無雪期の日本アルプス縦走をこなすためには、3時間以内、つまり標準タイムを切って上れる体力が必要である。

　比較的安全な低山をマイペースで上る能力から、どの程度ハードな山に行けるかを予測できることは、画期的な発見である。「私に北アルプスの〇〇コースは行けるでしょうか？」と聞かれた場合、このテストをしてみて下さいと答えることができる。

　このテストには次のような意義もある。テストの結果、体力不足だということがわかれば、同じコースで目標タイムに達するまでトレーニン

六甲タイムトライアルをヒントに、著者らは「マイペース登高能力テスト」を開発した（P314）。2015年10月に長野県山岳総合センターの主催で、美ヶ原・ダテ河原コースでこのテストが行われた。（笹子悠歩氏撮影）

グを積めばよい。つまり、トレーニングの効果も測れるのである。

長野県のような山のグレーディングが全国の山で示されるとともに、六甲タイムトライアルのようなコースが全国にでき、両者の対応づけをすることができれば、「ランク制」と同じ作業が自分一人でもできることになり、安全登山に大きく寄与できるだろう。

◆トレーニングの見直し方

本章の前半で見てきたように、トレーニングをしている人は多いが、それが山で役立っていないケースが多い。トレーニングをしていることと、それが山で役立つこととは別問題なのである。

役立つトレーニングをするにはどうすればよいだろうか？ よく「何をどれだけやればよいのか教えてほ

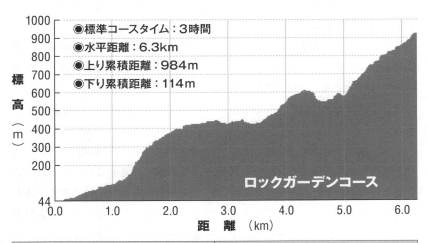

図2-11：六甲タイムトライアルのコースと体力評価基準（宮﨑と山本、2012；三輪、2013）
低山での登高能力から、どの程度の登山ができる基礎体力があるかを予測できる。このようなコースがあれば、自分で体力テストやトレーニングができる。「メッツ」の意味についてはP66を参照。

しい」と質問する人がいる。だがこれに答えることは不可能である。

なぜならば、目標とする山が違えば必要とされる体力レベルも異なるので、行うべきトレーニングは違ったものになるからである。たとえ同じ山を目ざす場合でも、各人の体力レベルは異なるので、トレーニングの課題は一人一人で違うものになる。

様々な山を、様々な人が目指すことを考えれば、トレーニングのやり方は百人百様となる。したがって、トレーニングを考える時のスタートラインとは、①万能薬のような方法は存在しないこと、②自分のトレーニングは自分で考えなければならないこと、の2つを自覚することである。

フランスの登山ガイド、G.レビュファは「まず頭で考えろ。自分が何をしたいのか。そして何ができるのか。アルピニズムとは何よりも自覚の問題である」という言葉を残している。単に身体を動かすだけではよいトレーニングはできない。その前に、今の自分にとってどんなトレーニングが必要なのかを、自分で考えることが大切なのである。

◆トレーニングの方法

図2-12は一つの例として、開聞岳に登る場合のトレーニングの考え方を示した。まずガイドブックや地図を調べて、この山に登るのに必要な体力（行動時間や歩行距離など）を書き出してみる（a）。

次に、現在のトレーニング内容を書く（b）。この人の場合、平地でのウォーキングを毎日30分行っているとしよう。

両者の内容を比べると、開聞岳登山で要求される負荷に対して、普段のトレーニングの負荷は全く足りないことがわかる。特に垂直方向（上り下り）の運動量はゼロである。このままでは、上りでは心肺能力不足の、下りでは脚筋力不足のトラブルが起こるのは当然である。

そこで、このギャップを解消するためにはどうすればよいのかを考え、書き出す（c）。運動時間を増やす、上下方向への運動に対応するために坂道や階段を取り入れて歩く、筋力トレーニングや実際の登山も励行する、といった具合である。

このように、目的とする山で身体が受ける負荷を明確にした上で、それに似た負荷をあらかじめ体験しておくことがトレーニングなのである。トレーニングとは「シミュレーション」または「予行練習」と言いかえてもよい。

（a）〜（c）までの作業がうまくできているか否かは、登山中の身体

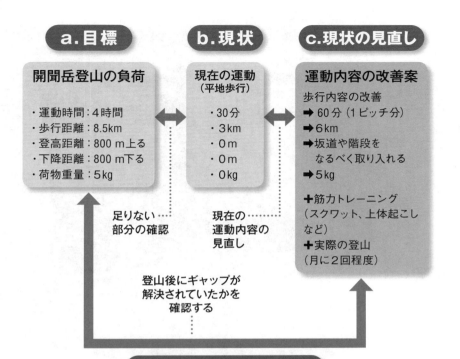

図2-12：体力トレーニングの考え方（山本、2011）
まず、目的とする山でどのような体力が必要になるのかを明確にする（a）。次に、現在のトレーニング状況（b）と照らし合わせて、足りない部分を確認する。そして、そのギャップを埋めるために、現在の運動をどのように改善すればよいかを考える（c）。登山後には、そのギャップが解決されていたかを確認し、次の登山に向けてトレーニングの修正を行う（d）。

トラブルを観察すればわかる。トラブルが起こるようであれば、原因はどこにあるのかを突き止める。そして、現在のトレーニングを修正したり、次に行く山のレベルを見直したりする（d）。

万能なトレーニングは存在せず、自分のトレーニングは自分で考えなければならないというと、難しいこ とのように思うかもしれない。だが図2-12のような作業は、誰にでもできることである。

むしろ、これから行こうとする山を研究したり、自分の現状を見つめ直したり、本番の山で自分がしてきた準備が正しかったかを確認することは、登山の楽しみの一つだといってもよいだろう。

北岳から間ノ岳に向かう。日本百名山の過半数は健脚コースであり、経験者でもトラブルを起こしている人が多い。(三宅岳氏撮影)

SUMMARY
まとめ

- 現代の登山事故は、体力不足により起こるケースが多い。特に多いのは「下り」で転ぶ事故で、これには脚の筋力不足が関係している。

- 「上り」での心臓疾患による事故も増えている。これには心肺能力の不足が関係している。

- 「健脚コース」では、ベテランでも約4割の人が、脚筋力や心肺能力の不足によるトラブルを起こしている。

- 普段のトレーニングをしている人は多いが、山で役立っていない場合が多い。たとえば平地でウォーキングをするだけでは強度が不十分である。

- 安全な登山を行うためには、目的とする山の体力度と、現在の自分の体力度とを客観的に評価し、それを釣り合わせる必要がある。

第3章 登山の疲労とその対策

Exercise Physiology & Training for Mountaineering and Climbing

奥秩父・甲武信岳にて。登山で疲労を起こす要因にはたくさんの種類がある。

　　登山は、下界で健康のために行われるウォーキングなどに比べて、運動の強度が高く、時間も長い。このため、上手に行えば大きな健康増進の効果が生まれる（1章）。しかしまた、それゆえに、やり方が悪ければ身体に大きな負担をかけ、トラブルや事故につながる可能性もある（2章）。
　　安全、快適、健康的な登山をするためには、身体への負担を小さくし、疲労を防ぐ工夫が必要になる。本章では、登山中に起こるさまざまな疲労について、それがなぜ起こるのか、またどうすれば防げるのかを、身体の仕組みとも関連づけながら考えてみたい。

第3章-1

登山は歩く運動の一種だが、荷物を背負って坂道を上り下りしなければならない。心肺や筋にかかる負担は、平地での運動におきかえるとウォーキングよりもジョギングに近い。しかも、そのような運動を何時間も続けなければならない。

つまり登山は、多くの人が想像する以上に負担の大きな運動である。たくさんのエネルギーや水分を消費したり、暑さ、寒さ、低酸素といった環境の影響も受ける。本章では、登山がどの程度きつい運動なのか、またどのような疲労が起こるのかを考えてみる。

登山とはどのような運動か

高千穂峰にて。登山は荷物を背負って坂道を歩くので、平地での早歩きよりも1〜2ランク以上きつい運動となる。(安藤隼人氏撮影)

- ・速く歩く
- ・大またで歩く
- ・一直線上を歩く意識で
- ・膝を伸ばして踵から着地
- ・後ろ足で蹴り出す
- ・腕を振る
- ・上体を起こす

- ・ゆっくり歩く
- ・小またで歩く
- ・二本のレールの上を歩く意識で
- ・膝は曲げたまま足裏をフラットに着地
- ・後ろ足は蹴らない
- ・腕は振らない
- ・斜面やザックとのバランスで上体をやや前傾する

図3-1-1：平地ウォーキングと登山の歩き方の違い（山本、2007）
両者の歩き方はあらゆる点で正反対となる。初心者は、平地ウォーキングの感覚で山を歩こうとしてバテてしまうことが多い。

第3章 登山の疲労とその対策

◆ウォーキングとは
正反対の歩き方をする登山

登山の疲労を考えるにあたって、まず登山と平地ウォーキングの歩き方を対比してみよう。図3-1-1に示したように、両者の歩き方はことごとくといってもよいほど正反対である。なぜこんなにも違うのだろうか。

私たちがふだん平地で行っている歩行は、非常に効率のよい運動である。いいかえると、エネルギーをあまり使わない。心肺や筋にかかる負担も小さい。したがって健康のために歩く場合、普通に歩いているだけでは効果が小さい。

そこで、速く歩く、歩幅を広げる、後ろ足で蹴り出す、腕を振るなど、いろいろな工夫をする。いわば運動の強度をわざと上げ、効率もわざと悪くして歩くのが、健康のための

ウォーキングなのである。

これに対して登山は、坂道を上り下りする、荷物を背負う、長時間歩くなど、日常での歩行よりもはるかに負担が大きい。そこでウォーキングとは逆に、ゆっくり歩く、歩幅を狭くする、足は蹴らない、腕も振らない、などの工夫をする。つまり運動の強度を抑え、効率のよさを追求し、疲労を防ごうとするのが山での歩行なのである。

初心者が山に行くと、歩く速さが速すぎたり、歩幅が大きすぎたりしてバテてしまう。特に、それまで平地でウォーキングをしていた人ではその傾向が強い。山では、日常とは逆の歩き方をしなければならないのである。

◆登山はジョギングなみの運動

登山が負担の大きな運動だということを、別の角度から考えてみる。登山の運動強度は、日常での生活活動や他のスポーツと比べてどのような位置にあるのだろうか。

表3-1-1は、さまざまな運動の強度を、メッツ（Mets）という単位で表したものである。メッツとは、ある運動をしている時に使うエネルギーが、安静時の何倍にあたるかを意味する。簡単にいえば、運動のきつさ（強度）を表す指標である。

この用語はメタボリックシンドロームの予防改善との関係で、一般にも知られるようになった。様々な利用価値があり、本書でもたびたび登場するので覚えておいて頂きたい。

たとえば、平地でゆっくり歩けば2メッツ、早歩きをすれば4メッツの運動となる。これはそれぞれ、安静時の2倍と4倍のエネルギーを消費する運動という意味になる。

登山に関しては、ハイキング（注）が6メッツ、一般的な登山が7メッツ、バリエーション登山（雪山、岩山、沢登りなど）が8メッツ、トレイルランニングが9メッツ、ロッククライミングが11メッツ程度となる。

これを下界で歩く運動と比べてみよう。ゆっくり歩くが2メッツ、普通に歩くが3メッツ、早歩きは4メッツ、かなり速く歩くが5メッツである。つまり平地を歩いている限り、速く歩いても6メッツには達し

注）ハイキングと登山とを明確に区別することは難しいが、本書では傾斜の緩いコースを軽装でゆっくり歩く場合を「ハイキング」、それ以外を「登山」と考えることにする。ガイドブックでいうと、初心者向けコースはハイキングに近いが、一般向けコースや健脚向けコースは登山に相当すると考えて頂きたい。

ない。

これに対して山歩きの場合、ハイキングでも6メッツの強度がある。したがって普段の生活で平地歩きしかしていない人は、ハイキングでもバテてしまう可能性が高い。

表を見ると、ハイキングとはジョギングと歩きとを交互に行う運動に相当する。無雪期の一般的な登山になるとジョギング相当の運動となる。バリエーション登山ともなればランニングに相当する。ロッククライミングではさらに数段、強度が高い。

つまり登山とは、ウォーキングというよりも、ジョギングやランニングの仲間であり、しかもそれを何時間も続けるもの、という認識が必要なのである。

表3-1-1：メッツの単位で表した様々な運動の強度 (Ainsworthら、2000より抜粋)
平地ウォーキングが5メッツ以下であるのに対し、ハイキングでも6メッツの強度がある。また一般的な登山は、心臓突然死のリスクが高まる7メッツの運動領域にあることにも注意する。

運動の強さ	スポーツ・運動・生活活動の種類
1メッツ台	寝る、座る、立つ、食事、入浴、デスクワーク、車に乗る
2メッツ台	ゆっくり歩く、立ち仕事、ストレッチング、ヨガ、キャッチボール
3メッツ台	普通に歩く〜やや速く歩く、階段を下りる、掃除、軽い筋力トレーニング、ボウリング、バレーボール、室内で行う軽い体操
4メッツ台	早歩き、水中運動、バドミントン、ゴルフ、バレエ、庭仕事
5メッツ台	かなり速く歩く、野球、ソフトボール、子供と遊ぶ
6メッツ台	ジョギングと歩行の組み合わせ、バスケットボール、水泳（ゆっくり）、エアロビクス
7メッツ台	ジョギング、サッカー、テニス、スケート、スキー
8メッツ台	ランニング（分速130m）、サイクリング（時速20km）、水泳（中くらいの速さ）、階段を上がる
9メッツ台	荷物を上の階に運ぶ
10メッツ台	ランニング（分速160m）、柔道、空手、ラグビー
11メッツ以上	速く泳ぐ、階段を駆け上がる

安全圏内：ハイキング
安全圏外：一般的な登山／バリエーション登山／トレイルランニング／ロッククライミング

第3章　登山の疲労とその対策

column 3-1-1
メッツで登山を考えることの意義

登山者にとってメッツの概念は、安全性の確保、健康の維持増進、体力の評価、トレーニング処方といった様々な面で役に立つ。以後の節や章で述べることも含め、簡単にまとめておく。

1）運動の強度を表す

メッツは運動の強度を表す指標となる。ハイキングはおおよそ6メッツ、通常の登山は7メッツ、バリエーション的な登山は8メッツ以上となる（本節）。

2）心臓への負担を表す

メッツは心臓にかかる負担度の指標にもなる。6メッツの運動までは多くの人にとって安全だが、7メッツ以上になると心臓突然死のリスクが高まる（本節）。

3）エネルギー消費量や脱水量がわかる

メッツの値に運動時間をかけるとエネルギー消費量が推定できる。登山の場合、「行動中のエネルギー消費量（kcal）＝体重（kg）×行動時間（h）×メッツ」となる。またkcalをmlに読み替えれば脱水量の推定も可能である（3章-4）。

4）体力の指標となる

マイペースでの登高時に、1時間で何m上れるかを調べれば、自分の登山体力をメッツで表すことができる。これを1）と照合することで、体力的にどの程度の登山が可能かを予測できる（3章-2、4章-3）。

5）トレーニングの目安となる

一般的な登山をしたければ7メッツの体力が必要である。そこで表3-1-1から7メッツに相当する種目を選んで行う。バリエーション登山をしたい人は8メッツの種目を行う（本節、3章-2、4章-3）。

メッツ
(metabolic equivalents)

登山中の運動強度や心臓への負担度を表す

登山中のエネルギー消費量や脱水量が推定できる

登山に必要な体力やトレーニング強度の目安となる

高尾山で、心拍計を使って健康登山の方法を研究する。

第3章 登山の疲労とその対策

◆メッツからみた登山の安全限界

登山は思ったよりも強度の高い運動であり、疲労への配慮が重要だと述べた。中高年の場合はこれに加えて、心臓疾患による事故への配慮も必要となる。

運動処方の権威とされるアメリカスポーツ医学会では、「健康のために運動をする場合、6メッツ以下の運動であれば安全性は高い。だが7メッツ以上の運動になると、心臓に問題を抱えている人（既往症のない人も含めて）では心臓突然死のリスクが大きく高まる」という見解を示している。

表3-1-1と対照させると次のことがいえる。下界でのウォーキングの場合、かなり速く歩いても5メッツなので安全性は高い。ジョギングと歩行を交互に行うとしても、6メッツなので安全圏内といえる。

一方、ジョギングは7メッツの運動となるので、安全性を保てない人も出てくる。ジョギングの教祖と言われたアメリカのJ.フィックスが、ジョギング中に心臓疾患で死亡してしまった事故が有名だが（P22）、その後もこのような事故はあとを絶たない。

登山はどうだろうか。ハイキング

は6メッツなので安全圏内の運動といえる。だが登山になると7メッツの運動となるので、安全性を保てない人も出てくる。実際に、本格的な登山コースの多い長野県の山で、心臓疾患による事故が多発していることは2章（P39）で述べたとおりである。

◆ 7メッツの体力をつけよう

表3-1-1に示すように、山歩きで安全性が保証されるのは6メッツのハイキングまでである。ガイドブックでいえば初心者向けコースまでといってよい。健脚向けコースはもとよりだが、一般向けコースでも7メッツの運動が要求される場面が多い。

日本では、標高によらず地形が急な山が多い。冬季には多量の降雪をみる山もある。このため低山でも、部分的に急坂、悪路、岩場、雪などが出てくることがよくある。一つのコースの中に、ハイキング、登山、バリエーション登山の要素が同居していることが多いのである。

したがって日本の山に安心して登るためには、7メッツの運動を余裕を持って行える体力が必要である。若者ならば余裕を見て8メッツの体力を目標にするとよい。一方、6メッ

表妙義の連山。左から金鶏山、金洞山、白雲山。標高は低くても、岩場や鎖場が出てくる山では8メッツの運動が要求される。（打田鍈一氏撮影）

ツの運動しかこなせないとすると、安心して行ける山は大きく限定されてしまう。

日本百名山を目指す人は多いが、これらの過半数は7メッツもしくはそれ以上のきつさの登山となる（たとえば剱岳の登山は8メッツ程度となる）。百名山を完登したければ少なくとも「7メッツ仕様」の身体づくりは不可欠なのである。

表3-1-1を見ると、7メッツ仕様の身体とは、ジョギングを余裕を持ってできる身体ということになる。2章の表2-2（P45）からも、日常的にジョギングをしている人は、山で起こりうる多くのトラブルを防げていることがわかる。

「その基準は厳しすぎる」という声も聞こえてきそうである。しかし本書の4章で述べるようなトレーニングをすれば、少なくとも60代までは難しいことではない。このことは、下界でも60代でジョギングを楽しんでいる人が多いことからもわかるだろう。

◆ 7メッツの体力がない人はどうするか

日本の山を幅広く楽しむためには、前記のように7メッツの体力が必要である。そのためには登山の励行や（1カ月に2回程度が望ましい）、日常での定期的なトレーニングが必要である。

ただし、それまで下界でウォーキングをしていた人が登山を始める場合、最初から7メッツの運動をすることは無理である。また70歳を過ぎれば、登山やトレーニングはしていても体力は落ちてくる。さらに、登山やトレーニングの重要性は理解しつつも、十分な時間を割けない人もいるだろう。

このような人が疲労せずに歩くには、登高速度を6メッツ以下に落とすしかない。たとえばそれまで平地ウォーキング（4〜5メッツ）しかしてこなかった人は、山でも4〜5メッツの速度で歩かなければバテてしまう。このような人では、コースタイムの1.5倍くらいの時間をかければ疲労せずに歩けるだろう。

ただしこのような歩き方をすれば行動時間は延びる。好天が保証されている日を選び、時間をかけても支障のない短めのコースを選ぶなど、安全面への配慮が必要になる。

なお、4〜5メッツの体力しか持たない人が、日本アルプスのような大きな山に行くことは避けるべきである。このような山で天候が急変したり道に迷ったりすれば危機に陥る。現代の日本ではこのようなタイプの遭難が多いのである。

第3章 登山の疲労とその対策

column 3-1-2
登山でメタボリックシンドロームを防ぐための計算方法

　メタボリックシンドロームを予防・改善するために、厚生労働省が示している指針がある。「3メッツ以上の活発な身体活動によって、1週間に少なくとも23メッツ時の運動をしよう」である。メッツ時とは、メッツに運動時間（h）をかけた値である。

　表3-1-1を使えば自分でこの計算ができる。たとえば4メッツのウォーキングを30分行えば、4メッツ×0.5時間＝2メッツ時となる。毎日行えば1週間（7日間）で14メッツ時となる。だがこれでは23メッツ時という目標値には届かない。これを達成するには、毎日1時間近く歩く必要がある。

　ハイキングの場合はどうだろうか。ハイキングは6メッツの運動なので、これを正味4時間行えば、6メッツ×4時間＝24メッツ時となり、1日やっただけで目標値を超えてしまう。登山による健康増進の刺激がいかに大きいかがわかる。

　だが次のようにも考える必要がある。毎日1時間の早歩きを1週間行うのと同じ運動量を、登山の場合は1日でこなしてしまう。つまり、それだけ身体への負担は大きい。

　山に行きさえすれば健康になれると短絡的に考えてしまうと、逆に身体を壊す刺激にもなりかねない。これは肝に銘じておかなければならないことである。

メッツ時 ＝ メッツ × 運動時間（h）
＊1週間の合計で最低23メッツ時の運動量が必要（厚生労働省、2006）

◆疲労にはたくさんの種類がある

疲労のことに話を戻そう。一口に疲労といっても、登山の場合は一種類ではなく、たくさんの種類がある。図3-1-2は、それらを分類したものである。

まず、上り・下りという、歩き方の違いに関係した２種類の疲労がある。次に、エネルギー（栄養）と水分が不足して起こる疲労がある。さらに、暑さ、寒さ、雨、風、高度といった環境の影響による疲労がある。

これらの疲労が起こる仕組み（メカニズム）は皆違う。したがって、登山中に疲労を感じた時、どんな原因で起きたのかがわからなければ、有効な対処はできない。

疲労を予防する場合にも同じことがいえる。たとえば、上りで起こる疲労と下りで起こる疲労とでは、そのメカニズムは全く異なる。したがって、上りでの疲労対策を下りにあてはめても下りでの疲労は防げない。逆もまた同様である。

次の節からは、登山で起こりうる様々な疲労の原因と対策について、一つずつ見ていくことにしよう。

第3章　登山の疲労とその対策

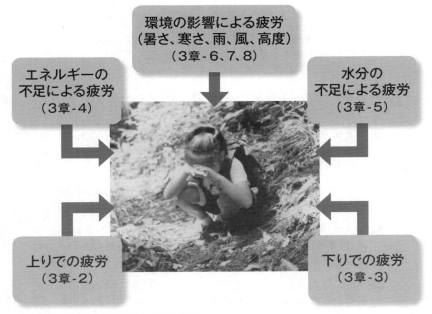

図3-1-2：山で起こりうるさまざまな疲労
疲労の種類はたくさんある。したがって、その予防対策も、また疲労した場合の対処法も、疲労の内容に応じて異なることに注意する。

谷川連峰にて。日本の山で幅広い登山を楽しむためには、7メッツの運動を楽にこなせる体力が必要になる。

SUMMARY
まとめ

- 登山の運動強度は多くの人が想像する以上に高い。平地での早歩きが4～5メッツの強度であるのに対し、ハイキングでさえ6メッツあり、1ランク以上高い。

- 無雪期の一般的な登山の運動強度は7メッツであり、ジョギングに匹敵する。

- 運動処方の考え方では、6メッツ以下の運動は安全性が高いが、7メッツ以上の運動になると、人によっては心臓疾患のリスクが高まるとされる。

- 日本の山で安全な登山をするためには、7メッツの運動を余裕を持ってできる体力を身につける必要がある。

- 7メッツの体力がない人は、標準タイムよりも時間をかけ、運動強度を6メッツ以下に落として歩く必要がある。ただしこれを大きな山で行うとリスクが増大する。

- 疲労にはたくさんの種類があり、その原因はそれぞれ異なる。したがって、疲労の種類ごとに、その予防や回復の方策は違う。

第3章-2

山での疲労と聞いて、多くの人がまず思い浮かべるのは上りでの疲労だろう。山道を上る時、ゆっくり歩けば快適に歩き続けられるが、速く歩けばたちまちバテてしまう。登山者にとっては当然すぎて、深く考えることもない現象である。

本章では、このような疲労がなぜ起こるのか、またどうすれば快適に上れるのかについて、運動生理学の視点から改めて考えてみる。初心者からエキスパートまで、あらゆる登山の場面で、身体をよりよく動かすための基礎知識として役立ってくれるだろう。

第3章 登山の疲労とその対策

上りで起こる疲労

霧島連山・新燃岳にて。上りで身体にかかる負担の大きさは、水平方向ではなく垂直方向への移動速度によって決まる。

◆初心者はなぜバテやすいのか

　初心者が山道を上ると、必ずといっていいほど速く歩きすぎてバテてしまう。これは、平地と同じ速さで歩こうとするからである。図3-2-1のような、人間の歩行用に作られたベルトコンベアー（トレッドミル）を使ってそれを再現してみよう。

　下界で健康のために行う平地ウォーキングの速さを時速6km（分速100m）とする。この速さで、空身での平地歩行、空身での坂道歩行、荷物を背負った登山歩行をし、きつさの感じかたや心拍数を比べてみた。

　図3-2-2に示すように、平地歩行（a）の場合には「かなり楽」〜「楽」、心拍数は100拍程度と、負担の小さな運動となる。ところが、この速さで空身の坂道歩行（b）をすると「きつい」〜「かなりきつい」となり、心拍数は一挙に170拍にまで上がる。

　さらに、ザックを背負って登山歩行（c）をすると「かなりきつい」〜「非常にきつい」と感じ、心拍数は190拍となる。これは心臓の能力のほぼ限界である。つまり平地ウォーキングと同じ速さで登山をすると、心臓には全力疾走をするのと

図3-2-1：トレッドミルを使った登山の模擬実験
野外では把握できない身体の反応を実験室の中で再現し、くわしく観察できる。

同じ負担がかかってしまう。

この実験データから、平地ウォーキングと同じ負担で山道を上るための速さを逆算すると、50％以下に減速しなければならないことがわかる。山ではゆっくり歩こうと言われるが、それは「平地歩行の半分以下の速さ」なのである。

a.平地歩行
（時速6km、傾斜0％、ザックなし）

・主観強度：かなり楽〜楽
・心拍数：100拍程度
　（最高心拍数の約50％）

b.坂道歩行
（時速6km、傾斜14％、ザックなし）

・主観強度：きつい〜かなりきつい
・心拍数：170拍程度
　（最高心拍数の約90％）

c.登山歩行
（時速6km、傾斜14％、10kgのザック）

・主観強度：かなりきつい〜
　　　　　　非常にきつい
・心拍数：190拍程度
　（最高心拍数のほぼ100％）

図3-2-2：平地ウォーキングと同じ速さで登山をするとどうなるか（前川ら、2005）
被験者は平均年齢25歳の男女8名。平地の早歩きと同じ速さで山道を上ると、心肺への負担は全力疾走をした時と同じになってしまう。

図3-2-3：駅の階段の登高
ゆっくり上っているように見えても、1時間あたりの登高率に換算すると700〜900m/hにもなる。やや急ぎ足の人では1000m/hを超える。下りの場合は、ゆっくり下っている人でも、1時間あたりで1000m/h程度の下降率となる。

◆階段上りと登山の違い

　同じことが階段歩行との比較からも言える。初心者が山に行くと、普段の生活で行う階段上りと同じ感覚で登高してバテてしまう人が多い。

　図3-2-3のような駅の階段上りで考えてみよう。公共施設の階段は1段の高さが約16cm、足を置く面の幅は30cmに統一されている。傾斜はおよそ50〜60％（30度）、登山道でいうと最も傾斜のきつい部類となる。

　駅の階段はふつう30〜40段で、標高差は5〜6mくらいとなる。これを急がずに上っている人のタイムを計ってみると20〜30秒程度である。1時間あたりの登高ペースに換算すると、700〜900mも上昇していることになる。

　一方、山での標準的な登高ペースは、1時間当たり300〜400mである。つまり、私たちが日常生活の中で無意識に階段を上る時には、最も傾斜のきつい登山道を、通常の登山の2倍以上の速さで上っていることになる（注）。

　このようなことが平気でできるのは、階段の標高差が数mしかないか

らである。だが標高差が何百mもある実際の山では通用しない。先に、山では平地歩行の半分の速さで歩かなければバテてしまうと述べたが、階段歩行にも同じことがいえる。

もう一つ、この図で階段を上っている人たちの足の置き方にも注意してみよう。多くの人はつま先をかけ、かかとは空中に浮かせている。登山は逆で、かかとに体重をかけて上るのが基本である。初心者が山に行くとつま先立ちで歩いて、ふくらはぎが疲労したり痙攣してしまうのはこのためである。

初心者は、駅の階段を上る時に、登山のシミュレーションをしてみるとよい。かかとで踏みしめ、10段を上がるのに15〜20秒をかけると、山での標準的な登高ペース（1時間で300〜400mの上昇）となる。登山の歩き方がいかにゆっくりかがわかるだろう。

第3章 登山の疲労とその対策

注）急がずに階段を下っている人の下降スピードは1時間当たりで1000mくらいである。これも山での下りの約2倍のスピードに相当する。

山でバテてしまうと、せっかくの楽しみが減じてしまう。疲労が起こる前に対策を講じよう。

◆速く歩くとなぜバテるのか

次に、ゆっくり上ればバテないが、速く上ればすぐにバテてしまうという現象を、トレッドミルで再現してみよう。表3-2-1は30代の頃の著者のデータである。

トレッドミルの傾斜は14％（8度）、ザックは10kgとした。歩行速度は、分速15m（1時間で125mの登高率）という非常に遅いペースから始め、5分ごとに少しずつ増速する。そして分速120m（1000mの登高率）という非常に速いペースまで、8段階の運動を行った。

調べた項目は、きつさの感覚や、心拍数、血圧、血液中の乳酸値といった生理応答である。このような手法は漸増負荷運動と呼ばれ、運動生理学の代表的な実験方法である。

表を見ると、歩行速度が上がるほどきつさの感覚は増している。心拍数、乳酸値、最高血圧、ダブルプロダクト（注）の値も大きくなり、生理的な負担度も増大する。

運動の終盤となり「非常にきつい」と感じるようになると、心拍数は195拍、血圧も200mmHgを超える。そして数分後には疲労困憊に達して歩けなくなってしまう。

注）心拍数と最高血圧とを掛け合わせた値で、二重積とも呼ぶ。心臓にかかる負担を表す。

表3-2-1：トレッドミルを使った模擬登山時の生理応答 （山本、1993）
著者自身が被験者となり、歩く速さ（登高速度）を徐々に速くしていった時の変化を示している。

	歩く速さ (m/分)	15	30	45	60	75	90	105	120
	1時間あたりの登高率 (m/h)	125	250	375	500	625	750	875	1000
	きつさの感覚	非常に楽	非常に楽	かなり楽	楽	ややきつい	きつい	かなりきつい	非常にきつい
生理応答	心拍数 (拍/分)	97	100	110	121	144	165	185	195
	乳酸値 (ミリモル/ℓ)	0.9	0.7	0.7	0.9	1.4	2.8	7.5	9.2
	最高-最低血圧 (mmHg)	149-94	146-98	160-90	173-80	175-83	192-70	214-79	データなし
	ダブルプロダクト ($\times 10^2$)	145	146	176	209	252	317	396	データなし

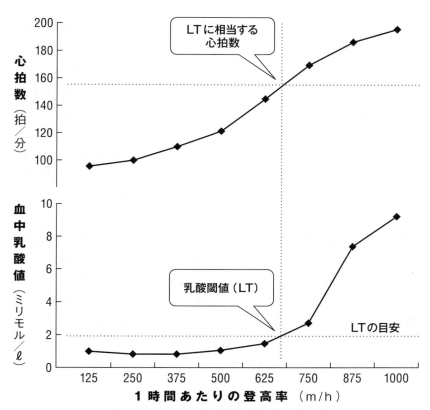

図3-2-4：登高速度の増加に伴う心拍数と血中乳酸値の変化（山本、1993）
心拍数は歩行ペースの増加に対してほぼ直線的に増加する。一方、乳酸値はあるところから急激に増加する。乳酸値が増加する地点を乳酸閾値（LT）と呼ぶ。LTはマイペースの上限とも表現できる。

注）乳酸そのものは疲労物質ではないが、乳酸の発生と比例して増加する水素イオンが筋の疲労を起こす原因となる。このため乳酸値の上昇度合いから間接的に疲労の進み具合がわかる。

◆バテが始まるポイント―乳酸閾値

　図3-2-4は、表3-2-1から心拍数と乳酸値のデータを抜き出してグラフにしたものである。心拍数は登高率の増加に対して直線的に増える。一方、乳酸値は登高率が600mくらいまではほとんど変化しないが、それを超えると急に増加する。

　乳酸値が増加するようになると、筋では疲労が起こる（注）。つまり著者が10kgのザックを背負って歩く場合、1時間で600m以下の登高ペースであれば疲労せずに歩き続けられる。だがそれを上回る速さで

歩こうとすれば、すぐに疲労してしまうのである。

乳酸値はこのように、ある運動強度を境に急増する性質があり、疲労もそれに連動して起こる。そこで、この地点をしきい（閾）に見立て、乳酸閾値（LT）と呼ぶ（注）。疲労せずに歩けるペースをマイペースと呼ぶが、乳酸閾値とはその上限のことと考えるとよい。

表3-2-2は、乳酸閾値を超える強度で運動をしたときに、身体が受けるストレスを枚挙したものである。単に疲労するというだけではなく様々な悪影響が生じる。

たとえば、②は心臓疾患のリスクを高める。③は高山病を起こしやすくする。⑤は道迷いや注意力不足による事故につながる。⑥は風邪などの感染に対する抵抗力を弱める。

表3-2-1を見ると、乳酸閾値の手前（60m／分）では「楽」、乳酸閾値を超えた所（90m／分）では「きつい」と感じていることがわかる。このように、きつさを感じ始めるところと、乳酸が増加し始めるところとは、ほぼ一致する。

登高中にきつさを感じる時には、身体には①〜⑥のような好ましくない負担がかかっていることになる。健康のために登山をする人は、きつさを感じないペースで歩くことが必要なのである。

注）乳酸閾値の目安として、血中の乳酸値が2ミリモルのラインを横切るところがよく用いられる。本書でもこの基準を用いる。

表3-2-2：乳酸が蓄積するような運動をした時に身体が受けるストレス
単なる疲労にとどまらず、身体の様々な機能を低下させたり、ダメージを与える。

①筋が疲労する
②心拍数と最高血圧の両方が上昇するため、心臓への負担が加速度的に増大する
③呼吸量が急激に増大し、息切れが起こる
④エネルギー源として脂肪が使えなくなり、燃料切れによる疲労が起こりやすくなる
⑤注意力、集中力、近い過去の記憶力など、認知能力が低下する
⑥免疫能力が低下する

column 3-2-1
上りでは心臓疾患に要注意

上りで注意しなければならない事故として、心筋梗塞による突然死がある。長野県で「病気」に分類される登山事故の多くはこれに該当する（P38）。この事故は中高年の男性に多い。特に、登山初日の午前中、上りはじめから3時間以内に起こることが多い。

上りの運動をすると心拍数も血圧も上昇し、心臓に負担をかける（表3-2-1）。酸素が少なくなることや、寒さ・暑さも血圧を上昇させる。山の空気は乾燥しているので、水分補給が足りないと血液の粘度が上がり、血管が詰まりやすくなる。これらのストレス反応は、特に登山の初日に著しく起こる。

心臓疾患に造詣の深い大城和恵医師によると、リスクを高める原因として、睡眠不足、前夜の深酒、風邪・虫歯・下痢などの体調不良、心配や不安がある時、朝食や行動食を食べていない時（炭水化物の不足）、水分の不足など、様々な要因が考えられるという。

予防対策としては、上記のような要因を排除した上で、本節で述べたようなマイペースを守る。なお、1年に2週間以上の登山をしている人

長野県の山岳総合センターと山岳遭難防止対策協会が、特に60歳以上の登山者向けの注意点をまとめたテキスト。同センターのホームページ（P674）で閲覧できる。

ではこの事故を起こしにくいという。登山の励行や、日常での定期的なトレーニングも重要である。

心臓病の危険因子として、一般的には遺伝、男性、高年齢、喫煙、高血圧症、高脂血症、糖尿病、肥満などがあげられる。これらに該当する人は要注意ということになる。不安のある人、また不安はなくても中高年の人は、事前に運動負荷試験（P404）を受けておくとよい。

第3章 登山の疲労とその対策

◆マイペースの個人差

　山道を速いスピードで上ってもバテない人もいれば、少し速く歩いてもバテてしまう人がいる。このような能力差を決定づけているのが乳酸閾値である。

　図3-2-5は、何人かの登山者に上り坂のトレッドミルで漸増負荷歩行をしてもらった時の乳酸値の変化である。人によって大きく違うことがわかる。

　ハードなトレーニングを積んでいるヒマラヤ登山家（A、B）の乳酸閾値はかなり高い。15kgのザックを背負っているのに800m/hの登高率までは乳酸が蓄積せず、マイペース歩行ができている。

　CとDは著者のデータである。Cはトレーニングを積んでいるとき、Dは体力が落ちているときで、乳酸閾値はトレーニング状況によって変動することがわかる。

　Eはあまり運動をしていない若い女性である。AやBと比べて半分以下の能力しかない。

　速く上れる人は、疲労に耐えて歩ける能力に優れるというよりは、疲労せずに歩けるスピードが速いので

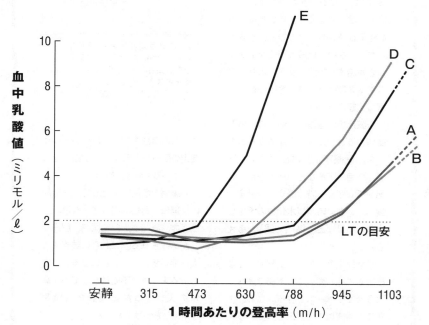

図3-2-5：マイペースの個人差（山本、1999）
4人の人（CとDは同じ人物）がトレッドミル上で漸増負荷登高を行った時の乳酸値の変化。傾斜は17.5％、ザックは15kgとした。

白馬岳の大雪渓を登る。山での登高速度は、その人の乳酸閾値（LT）によって決まる。このため、パーティーを組んで歩く時の行動能力は、体力の最も低い人のLTによって規定される。（石森孝一氏撮影）

第3章 登山の疲労とその対策

ある。「バテないためには乳酸閾値のペースを守ることが必要」「速いペースで歩きたければトレーニングで乳酸閾値を改善することが必要」と表現できる。

◆バテずに上るためのペース管理

ここまで、上りでの疲労の様子について様々な角度から見てきた。次に、実際の山で疲労せずに歩くための対策を考えてみよう。

健康な人が平らな道を歩く限り、速く歩いても乳酸が蓄積することはまずない。一方、坂道を上る場合には、速く歩けば強度はいくらでも上がり、全力疾走なみにもなる（図3-2-2）。このため山では歩行ペースを自己管理することが重要になる。

山道の傾斜は絶えず変化する。高度が上がれば酸素の量が減る。ザックの重さも登山の内容により異なる。これらの条件に対応して歩行速度を変化させる必要がある。

ベテランの登山者であれば、このようなペースの調整は無意識のうちにできる。だが初心者には難しい作業である。以下は、初心者が乳酸閾値を超えないペースで登高するための簡便な方法である。

1）心拍数

心拍数（HR）は運動の強度にほぼ比例して変化する（図3-2-4）。つまり運動強度を表す人体のメーターと見なすことができ、ペース管理に使える。

個人差もあるが、その人の最高心拍数の75％くらいが乳酸閾値に相当する。したがってそれ以下の心拍数を保って登高すれば、疲労せずに歩ける。

最高心拍数は、数分間で疲労困憊に達するような全力運動をした時の心拍数を測れば正確にわかる（P661）。だが中高年や体力のない人にとっては危険を伴うので、普通は推定式を使って求める。

よく使われるのは「最高心拍数＝220－年齢」という式（①）である。しかしこの式は、中高年に対しては誤差が大きくなる。「最高心拍数＝208－（0.7×年齢）」という式（②）の方がより正確とされる。

表3-2-3は、②式で年代別の最高心拍数を計算し、さらにその75％に相当する値を求め、登高中の目標心拍数としたものである。年齢が上がるほど目標心拍数が低くなるのは、加齢に伴い心臓の機能が低下し、最高心拍数が低下するためであ

表3-2-3：疲労せずに山道を上るための目標心拍数
年齢別に見た標準的な最高心拍数と、登高中の目標心拍数（最高心拍数の75％）。この値は男女によらず適用できるが、個人差も大きいので、P89の主観強度（表3-2-4）とも併用しながら自分に適した値を見つけていくことが必要である。

年　齢	最高心拍数 （拍／分）	登山中の目標 心拍数（拍／分）
20代（並みの人）	188～194	140～145
30代（並みの人）	181～187	135～140
40代（並みの人）	174～180	130～135
50代（並みの人）	167～173	125～130
60代（並みの人）	160～166	120～125
70代（並みの人）	153～159	115～120
80代（並みの人）	146～152	110～115

る。

　ただし実際には、図3-2-6に示すように、同じ年齢でも最高心拍数には大きな個人差がある。この図を見れば、①式にしても②式にしても最大公約数的なものであって、全ての人に機械的に当てはめてしまうことには問題があることがわかる。

　普段からよく山に行ったり、下界でトレーニングをしている中高年では、心臓の機能が高く保たれ、若者なみの最高心拍数を持つ人もいる。このような人が表3-2-3の基準で歩こうとすると、ペースが遅すぎると感じるだろう。そこで、この表に示した年齢とは、実年齢ではなく体力年齢と考えておくとよい（注）。

　心拍数の測り方は、手首や首すじに指を当てて脈を数えるか、心臓に手を当てて鼓動を数える。運動をやめると心拍数はすぐに下がるので、歩行中に立ち止まって直ちに15秒間の拍数を数え、それを4倍するとよい。

　最近では図3-2-7のような時計式の心拍計が市販されている。これを使えば歩行中の心拍数の変化が刻々とわかる。心臓に不安のある人は、これを利用すると安全管理がしやすくなる。

注）ただし心臓の体力年齢を簡単に知る方法があるわけではない。心拍数の最もよい活用方法とは、きつさを感じないペース（表3-2-4の「12」のペース）で登高している時の心拍数を自分で測っておき、これを基準として登山やトレーニングを考えることである。

心拍数の測定。立ち止まってすぐに15秒間の脈拍数を数え、それを4倍して1分あたりの値に換算する。

第3章　登山の疲労とその対策

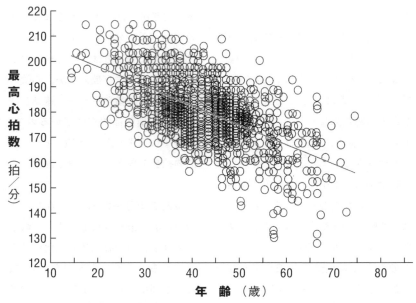

図3-2-6：最高心拍数の個人差（Whaleyら、1992）
14～75歳の男性1256名の最高心拍数。たとえば60歳の付近を見ると、低い人では130拍、高い人は190拍程度と、60拍くらいの差がある。女性の場合もこれと同様の関係が見られる。

図3-2-7：心拍数や登高ペースのわかる時計
胸に巻いたベルトで心拍数を捉え、その値が時計に刻々と表示される。あわせて1時間当たりの登高速度も表示してくれるので、両者を併用すればペース管理がしやすくなる。

2）主観的運動強度（主観強度）

山道を上る時、ゆっくり上れば楽に感じるし、速く上ればきつく感じる。表3-2-1を見ると、このような「きつさ」の度合いも、心拍数と同様、運動強度の増加に伴って段階的に増えていることがわかる。

この性質に着目し、運動中のきつさを言葉と数値で尺度化したものが、表3-2-4に示す主観的運動強度（RPE）の表である。本書では以下、主観強度と呼ぶ。「主観」という言葉からは曖昧な印象を受けるが、使い慣れるとかなり正確に運動強度を把握できる。

きついという感覚は、自分の身体に過大な負担がかかっていることを、脳が警告していることを意味する。ベテランの登山者であれば、このようなきつさの感覚を無意識のうちに捉えてペース管理ができる。

だが初心者では、この表を使ってきつさの感覚を絶えず自問自答した方が疲労を防ぎやすい。またそれを繰り返しているうちに、ベテランのように無意識のペース管理ができるようにもなる。

図3-2-8は、初心者が5種類の主観強度で実際の山道を上った時の乳酸値である。13（ややきつい）で歩くと、乳酸値がかなり高くなってしまう人もいる。一方、12（きつさを

表3-2-4：主観的運動強度
（小野寺と宮下、1976）

使い慣れると、運動強度をかなり正確に把握できるようになる。心肺のきつさ（息切れや動悸）と、脚のきつさ（筋の疲労感）とに分けて使う場合もある。左側の数値は6～20となっているが、その値を10倍すると心拍数にほぼ等しくなるという意味が込められている。たとえば13（ややきつい）の運動時には、心拍数はおおよそ130拍程度になるという意味である。ただし若い一般人を想定した数値で、中高年には当てはまらない。また若い人の間でも実際には大きな個人差がある。

20	
19	非常にきつい
18	
17	かなりきつい
16	
15	きつい
14	
13	ややきつい
12	（きつさを感じる手前）
11	楽
10	
9	かなり楽
8	
7	非常に楽
6	

第3章 登山の疲労とその対策

感じる手前）で歩くと、ほとんどの人は乳酸閾値を超えずに歩ける。マイペースの上限とは、主観強度が12のところと考えておくとよい。

主観強度は、心肺のきつさ（息切れ・動悸）と、脚のきつさ（筋の疲労感）という、2通りに区別して使う場合もある。登山の場合、上りで

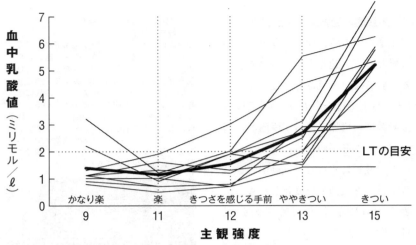

図3-2-8：初心者が山道を登高した時のきつさと乳酸値の関係（宮﨑と山本、2013）
被験者は10名の大学生男女で登山の初心者。細い線は個人の値、太い線は平均値を示す。13（ややきつい）の感覚で歩くと、乳酸閾値を超えてしまう人が多い。12（きつさを感じる手前）の感覚で歩けば、ほとんどの人は乳酸閾値を超えずに歩くことができる。

は両者の値はほぼ一致するが、下りでは心肺は楽で脚だけがきつくなる。したがって下りの疲労を考える場合には、脚のきつさの方が重要な指標となる（P101）。

3）登高ペース

上りで身体にかかる負担は、水平方向ではなく垂直方向への移動速度、つまり1時間あたりの登高率にほぼ比例して大きくなる（コラム3-2-2）。この性質を利用し、登高率を用いてペース管理ができる。

登高率を直感で言い当てることはベテランでも難しい。だが最近では、気圧計やGPSを利用して登高速度を表示する機器が開発されている（図3-2-7）。初心者の場合、心拍数や主観強度とも並用すると、より確実にペース管理ができる。

ガイドブックの上りの標準コースタイムを見ると、1時間当たりの登高速度は300〜400mくらいである。そこでまず、350mのペースで上ってみる。心拍数や主観強度とも照らし合わせて無理がなければ、以後はそのペースで歩けばよい。

350mの登高速度では苦しいという人は、300mくらいに落として様子を見る。楽すぎる人は、400mくらいまで上げてみる。このようにして、自分に最適なペースを見つけていく。ただし荷物が重くなるほど、登高速度は落とす必要がある。

column 3-2-2
登山の運動強度は垂直方向への移動速度で決まる

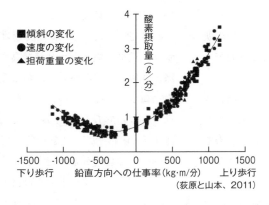

(荻原と山本、2011)

登山の運動強度は、①歩く速さ、②登山道の傾斜、③ザックの重さ（衣服や靴などの重さも含む）の3要素で決まる。図は、10名の体育大学生がこれらの条件を様々に変え、一人あたり40種類の条件で、上りと下りのトレッドミル歩行をし、それらの関係を調べたものである。

横軸は鉛直方向への仕事率を表している。これは被験者の体重＋ザック重量に、上下方向への移動速度をかけて求めた。縦軸は1分間当たりの酸素摂取量を表す。これはエネルギーの消費量を意味している。

①～③の条件が変化しても、400個のデータは一つの2次関数の曲線上に乗っている。これは、登山で使うエネルギーは①～③の条件によらず、自分の体重とザック重量とを垂直方向にどれだけの速さで移動させたかで決まることを意味する。

この曲線の形から、上りでは速度が速くなるとエネルギー消費量が急激に増える、下りでは速度が早くなってもあまり増えない、などの性質があることもわかる。

この2次関数を使うと「体重○kgの人が○kgのザックを背負い、○m/hの登高（下降）速度で歩くと、○メッツの運動強度になる」ことや、「その状態で○時間歩くと、○kcalのエネルギーを使う」といった計算もできる。

一見複雑に見える登山だが、エネルギーの観点で捉えると数学的に扱える。そして、安全性の確保、快適さの向上、健康の増進、体力の評価、トレーニングの指針など、多様な方面に活用できる。これらのことは本書の各所で折々に説明していく。

◆どれくらいの登高能力を身につけるべきか

　登山は、年齢や体力に応じて楽しめる生涯スポーツである。高齢者や体力のない人は、体力相応に登高速度を落としていけば、どこかで疲労せずに歩けるペースが見つかるだろう。里山のような安全性の高い場所であれば、このような楽しみ方でもよい。

　だが本格的な山に行くのであれば、いざという時のためにも一定レベルの登高能力を備えておく必要がある。その目標値はどれくらいだろうか。

　3章-1（P66）で述べたように、ハイキングをする人は6メッツ、一般的な登山をする人は7メッツ、ハードな縦走やバリエーション登山（雪山・岩山・沢登りなど）をする人では8メッツの運動を、余裕を持って行える必要がある。

　表3-2-5は、様々な登高速度とザック重量の組み合わせで登高する際に、何メッツの運動強度になるかを、コラム3-2-2のデータを元に求めたものである（注1）。たとえば、体重の10％のザックを背負ってマイペースで登高をした時、1時間に標高差で450m上れる人は7.2メッツの運動ができる体力があり、一般的な登山をする上では十分な能力があると見なせる。

　一方、この条件で350m上れた人の体力は6メッツとなる。

1時間当たりの登高率 (m/h)	荷物の重さ（衣類や靴も含む）		
	空身	体重の10%	体重の20%
100	2.7	2.8	3.0
150	3.3	3.5	3.6
200	3.9	4.1	4.3
250	4.4	4.7	5.0
300	5.0	5.4	5.7
350	5.6	6.0	6.4
400	6.2	6.6	7.1
450	6.7	7.2	7.8
500	7.3	7.9	8.4
550	7.9	8.5	9.1
600	8.4	9.1	9.8
650	9.0	9.8	10.5
700	9.6	10.4	11.2
750	10.2	11.0	11.9
800	10.7	11.6	12.6
850	11.3	12.3	13.2
900	11.9	12.9	13.9
950	12.4	13.5	14.6
1000	13.0	14.2	15.3

表3-2-5：メッツで表した様々な登高時の運動強度（萩原と山本、2011）
様々な荷物の重さと速度で坂道を登高した時の運動強度（メッツ）。ハイキングをする人には6メッツ、一般的な登山をする人には7メッツ、バリエーション登山をする人には8メッツ程度の能力が必要である。

column 3-2-3
ザックが10kg重くなったときの負担の増加は？

表は、歩行速度を変えずにザックの重さが10kg増えた場合に、身体への負担がどれくらい増えるかを示したものである。体重60kg台の人が、標準的な傾斜（16～18％）の登山道を登下降すると想定し、P91とP285で紹介した資料をもとに計算した。

上りの場合、心拍数は17拍増える。心肺の主観強度は2増える。それまで11（楽）の感覚で歩いていたとすれば、13（ややきつい）まで上がることになる。メッツはほぼ1増える。

脚筋（大腿直筋）の発揮筋力は、74％増加する。脚の主観強度は心肺と同じく2だけ上昇する。

下りについて見ると、上りとは様相が異なる。心肺への負担やメッツは上りほど大きくは増えないが、脚筋への負担は下りの方が大きな割合で増える。

なお、ザックの重さが1kg増えた場合については、表の値の10分の1の増加と考えればよい。また20kg増えた場合には、表の値を2倍して当てはめればよい。

項目		上り	下り
心肺	心拍数	17拍	8拍
心肺	主観強度（心肺）	2.0	1.6
脚筋	脚での筋力発揮	74%	80%
脚筋	主観強度（脚筋）	2.0	2.2
メッツ		1.1	0.4

第3章 登山の疲労とその対策

注1）正確にいうと、この値はその人の体重に応じて少しずつ変わる。この表では体重60kgの人の値を示しているが、それよりも体重が軽い人では表中のメッツ値はやや高くなり、体重が重い人ではやや低くなる。体重が10kg変化するとメッツ値は0.3くらい変化する。
注2）この表の値はトレッドミル、つまり非常に歩きやすい坂道歩行での実験から求めている。一方、実際の山では岩場やぬかるみなどの歩きにくい箇所や、傾斜が緩くて思うように高度が稼げない区間など、タイムロスが生じる事も多いので、その状況に応じて値を下方修正する必要がある。この表の値は一つの目安と考えて頂きたい。

column 3-2-4
マッターホルン登山のための体力テスト

（西村志津氏撮影）

　マッターホルンの麓町ツエルマットには写真のような看板がある。マッターホルン登山を目指す人に、事前に近くのハイキングコースでどれだけの登高能力があるかを試すことを勧めており、3つの目標タイムが書いてある。

　スネガという展望台までの標高差608mを、45分で登れればOK、55分で登れればまずまず、60分かかるようだとやや体力不足と読み取れる。

　3つの目標値を1時間当たりの登高率に直すと810m、663m、608mとなる。空身で上ると考えて、これらの値を表3-2-5と照合すると、それぞれ10メッツ台、9メッツ台、8メッツ台の体力となる。

　マッターホルンは険しい岩山で、ロッククライミングの要素も入ってくる。安全性を高めるためにスピードも要求される。そのためには8メッツ台の体力では心もとなく、9～10メッツ台の体力が必要なのである。

　この体力テストで目標値に届かなかった人は、トレーニングを積んでから再びこのコースでテストをすれば、どれだけ体力がついたかがわかる。つまりこのようなコースがあれば、体力テストだけではなくトレーニングの効果を評価することもできる。

　日本でも六甲山ではこのような体力テストが行われている（P58）。このような「体力テスト兼トレーニングコース」が全国各地の身近な低山に設定されれば、登山者が自分で体力テストやトレーニングに取り組むことができ、安全登山に大きく寄与できるだろう。このことは4章-3で改めて考えることにする。

この人はハイキングならば問題ないが、登山をする上ではやや体力不足と評価できる。また250mしか上れなかった人の体力は4.7メッツとなり、ハイキングをする上でも不安があることになる。

この表を目安として使うことで、自分の体力をメッツの単位で評価でき、どの程度の登山がこなせるかを予想できる（注2）。この性質を利用した体力テストやトレーニングのことは、4章-3でもう一度詳しく考える。

◆登高能力を改善するトレーニング

次に登高能力を高める方法について考えてみる。このためには、乳酸閾値を改善する必要がある。詳細は4章-3で述べるので、ここでは要点だけを説明する。

表3-2-6はその原則である。本番の山でマイペース歩行をするためには、心拍数、主観強度、登高ペース（メッツ）の3つが指標になると述べたが、トレーニングをする場合にもこれらが活用できる。

1) 下界でのトレーニング

登山では数時間以上歩くのが普通だが、下界でのトレーニング時間は30分から1時間程度だろう。そこで時間が短い分、運動の強度を高めることを意識する。最低でも本番の登山と同等の強度にし、時にはより

表3-2-6：上りの体力を改善するためのトレーニング指針

	基本方針	下界で	山で
メッツ	ハイキングは6メッツ、登山は7メッツ、バリエーション登山は8メッツの運動であることを頭に置いて、それと同等か、それよりも高い強度の運動をする	表3-1-1（P67）を参照し、目標とする登山と同等か、1〜2メッツ強度の高い種目を選ぶ	表3-2-5（P92）を参照し、自分が目指す登山と同等か、1メッツくらい速いペースで登高する
心拍数	山でのマイペース登高時の心拍数を測っておき、それと同等か、それよりも高いレベルで運動する	最高心拍数の75〜90%程度を目安とする。本番の登山よりも運動時間が短い分、強度を上げることを意識する	最高心拍数の75〜80%程度を目安とする。下界でのトレーニングよりも運動時間が長くなる分、やや低めに設定する
主観強度	山でのマイペース登高時（11〜12）と同等か、それよりも高いレベルで運動する	最低でも11〜12、ときには13〜17まで上げる	11〜13を目安とする

高く設定して行う。

　山でマイペース歩行をするときの目標心拍数は、その人の最高心拍数の75％程度である（P86）。下界でのトレーニング時にも、少なくともこの強度は確保する。そして時々は、自分の体力とも相談しながら80〜90％くらいまで上げる。主観強度でいうと「ややきつい」〜「かなりきつい」まで上げるとよい。

　種目選びには表3-1-1（P67）が参考になる。平地歩行では負荷が弱すぎるので、坂道や階段での早歩き、ジョギング、水泳など、心拍数が登山なみに上がるものを選ぶ。

2）低山でのトレーニング

　下界（平地）で6メッツ以上の運動をしようとすると、走る運動を取り入れる必要がある。若い人にはよいが、膝や腰への負担が大きいので、中高年に対しては誰にでも勧められるとは言い難い。

　この点、坂道歩行は歩く運動でありながら高いメッツにできるので、優れた選択肢といえる。神戸市民が裏山として親しんでいる六甲山のような低山、裏山、里山が近くにあれば、さらによいトレーニングができる。

　低山で歩くとすれば、下界に比べて運動時間は長くなる。少なくとも1〜2時間は運動をするだろう。そこで心拍数や主観強度は下界での運動よりも低く設定し、負担が過度にならないようにする。

　まず表3-2-5を見て、自分が目指す登山のメッツに相当する登高ペースを確認する。そして少なくともそれと同等か、それよりも少し速めに歩く。本番の山でコースタイム通りに歩けない人は、そのタイムに近づけるように歩く。このようなトレーニングを重ねることで、登高能力は次第に高まっていく。

3）本番の山でのトレーニング

　本番の登山自体を、トレーニングと位置づけて行うこともできる。ただし医療機関から遠いことや、運動時間もかなり長くなることを考えると、高い負荷をかけることにはリスクも伴う。過度な負荷をかけて事故を起こしてしまっては本末転倒である。

　低山でのトレーニングよりも強度を落とし、自分の体力や体調と相談しながら、安全性に注意して行う。全行程で運動強度を上げようとすると負荷がかかりすぎる場合には、1ピッチか2ピッチ分を「トレーニング区間」として、その部分だけやや速く歩くのもよいだろう。

妙義山にて。岩場や鎖場の上りでは、8メッツ以上の負荷が心肺にかかる。全身の強い筋力やバランス能力も要求される。（打田鍈一氏撮影）

SUMMARY
まとめ

■ 上りでの疲労は、乳酸閾値（LT）を超える登高速度で歩いた時に起こる。

■ LTを超える速度で歩くと、筋が疲労するばかりではなく、心臓や肺にも負担をかける。そして心臓疾患や高山病などを起こしやすくする。

■ LTを超えない速度で歩くには、心拍数、主観強度（きつさの感覚）、登高速度の3つが指標となる

■ LTの能力をトレーニングによって改善するには、下界でも山でも、本番の登山での運動強度と同等か、それよりもやや強い強度で行うことが要点となる。

第3章　登山の疲労とその対策

第3章-3

登山の疲労というとき、まず思い浮かぶのは上りでの疲労であって、下りでの疲労を想像する人は少ないだろう。初心者であれば、頂上に着いてしまえばあとは楽、と思う人もいるかもしれない。だが、下りでもやはり疲労は起こってくる。

その疲労は、上りで起こる疲労とは全く性質が違う。そしてより深刻な場合が多い。現代の日本の山で目立って多いのは転倒、転落、滑落といった転ぶ事故だが、それらの多くは下り道で起こっている（2章）。これには下りでの疲労が関わっているのである。

下りで起こる疲労

浅間山にて。下りでは、上りとは全く違うメカニズムで疲労が起こる。

◆心肺は楽だが

上りはつらいが下りが楽だと思い込みやすいのは、心臓や肺が苦しくないからである。運動生理学の言葉で説明すると次のようになる。

上りでは自分の身体とザックを上に持ち上げていく。位置エネルギーを大きくする作業なので、エンジンに相当する筋ではたくさんのエネルギーを生み出さなければならない。

これには多量の酸素が必要である。このため、肺（酸素を体内に取りこみ血液に溶かす）、心臓（血液を筋へ送る）、筋（エネルギー源を酸素で燃やし身体を持ち上げる仕事をする）のいずれにも大きな負担がかかる。

これに対して下りでは、位置エネルギーが解放されて運動エネルギーに変わるので、それを利用すればエネルギーはあまり使わない。酸素もあまり必要としないので心肺は楽である。

たとえば、雪面をスキーで直滑降する場合には、じっと立っているだけでも加速しながら斜面を下っていく。自転車で坂道を下る場合も同じである。

図3-3-1は、同じ傾斜をつけた上り坂と下り坂のトレッドミルで、それぞれ速度を漸増させて歩いた時の生理応答を比べている。肺（a）、心臓（b）、筋（c）にかかる負担

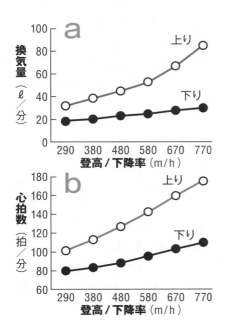

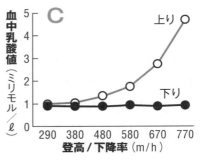

図3-3-1：上りと下りでの生理応答
（萩原と山本、2011）
同じ傾斜（16％）をつけた上りと下りのトレッドミルを、体重の20％（約12kg）のザックを背負って、さまざまな速度で歩いた時の生理応答。被験者は10名の男子体育大学生。換気量（a）は肺、心拍数（b）は心臓、乳酸値（c）は筋にかかる負担を表す。どの指標を見ても、下りでの負担はかなり小さい。

はいずれも、上りよりも下りの方がはるかに小さい。

cの乳酸値を見ると、上りではスピードを上げていくと急激に上昇するが、下りでは全く変化しない。上りでの疲労には乳酸の蓄積が関係するが（P81）、下りでの疲労には乳酸は関係がないのである。

◆**下りの疲労の正体**

下りの疲労を起こす原因についてスキーの場合で考えてみよう。直滑降をすれば身体は楽だが、どんどんスピードが出て危険である。このためターンを繰り返してブレーキをかけ、一定のスピードを保とうとする。そうすれば安全に下ることはできるが、その代償として脚の筋は疲労してくる。

山道の下りでも同じことがいえる。ほうっておけばどんどんスピードが出てしまうので、脚の筋（特にふとももの前面にある大腿四頭筋）で踏ん張ることによってブレーキをかけ、一定の速度で下る必要がある。

下りでのブレーキのかけ方には、図3-3-2のように2つの要素がある。一つは、体重をゆっくり降ろすために、後脚をゆっくり曲げていくというブレーキ操作（①）、もう一つは、前脚が着地する時に、体重とザックの重さに負けて転んでしまわ

① 後脚
体重をゆっくり降ろすために、大腿四頭筋が伸張性収縮をすることで、筋の細胞が壊れ、疲労が起こる

② 前脚
着地衝撃を受け止めるために、大腿四頭筋が大きな筋力発揮をすることで、筋が疲労する

図3-3-2：下りで脚の筋が疲労しやすい2つの理由（山本、1997）
体重の落下にブレーキをかけるため、大腿四頭筋を中心とした脚の筋に大きな負担がかかり、筋疲労が起こる。前脚と後脚で違うタイプのブレーキをかけており、どちらもが筋にダメージを与える。

ないように、衝撃力を受け止めるというブレーキ操作（②）である。

①を行うと、筋の細胞が少しずつ壊れていく。また②を行うと、筋は瞬時に強い力の発揮を強いられる。両者の繰り返しによって起こる筋力の低下が、下りでの疲労の正体なのである。以下、それらをもう少し詳しく見てみよう。

column 3-3-1
上りも下りも休めない脚の筋

心臓や肺は、上りでは酷使されるが、下りでは休むことができる。一方、脚の筋は、上りでも下りでも休めないという宿命を負っている。

この図は6名の男女が標高差440mの登山コース（往復約2時間）を4往復し、計8時間歩いた時の心拍数と主観強度（きつさ）を、上りと下りに分けて調べた結果である。主観強度は、心肺と脚とに分けて尋ねた。

心拍数は、上りでは増加、下りでは低下を繰り返しながら、最後までほぼ同じ値で推移した。心肺のきつさも同様の変化を示している。つまり、心肺には上りでは負担がかかるが、下りでは休めるのである。

一方、脚のきつさは心肺とは違う変化を示している。上りから下りに転じても低下せず、むしろ増加している。その結果、登山の後半になるほどきつさは増し、終了間際に最高

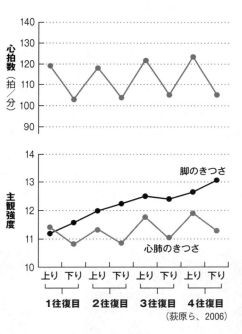

（荻原ら、2006）

値を示している。

麓に近いところまで下山してきた時が、脚筋の疲労のピークなのである。実際に、もう少しで麓という時に転んで事故を起こした、という話はよくある。

鎌倉時代に吉田兼好が著した『徒然草』の中に「高名の木登り」という話がある。人間は最後の最後でミスをしやすいという説話だが、登山にも同じことが当てはまるのである。

第3章 登山の疲労とその対策

◆伸張性の筋収縮による疲労

まず図3-3-2の①による疲労について考えてみよう。図3-3-3のような階段の上り・下りを登山に見立てて説明する。

登山で最も重要な働きをする筋肉の一つに、ふとももの前面にある大腿四頭筋がある。この筋は、上るときには長さが縮みながら力を発揮し（a）、下るときには引き伸ばされながら力を発揮する（b）。前者は短縮性収縮、後者は伸張性収縮と呼ばれる。

前者は筋にとって自然な運動様式だが、後者は不自然な運動様式である。その不自然さは、「伸張」「収縮」という反対の意味の用語を組みあわせていることからも想像できる。このような運動を行うと筋細胞が壊れ、その結果、筋力も低下してしまう。

図3-3-4は、著者がトレッドミルを使って、ある日は標高差1000mの上りだけを、別の日には1000mの下りだけを行い、生理応答を調べたものである。心拍数を見ると、上りでは平均154拍、下りでは120拍で、下りで心臓にかかる負担は小さいことがわかる。

だが棒グラフの方を見ると、違う結果が見えてくる。こちらは、筋肉

短縮性の筋収縮
（コンセントリック収縮）

伸張性の筋収縮
（エキセントリック収縮）

図3-3-3：上りと下りでの大腿四頭筋の使われ方の違い（山本、1997）
下り（b）では、後脚の大腿四頭筋は引き伸ばされながら力を発揮するという、不自然な活動様式（伸張性収縮）を要求される。英語では「エキセントリック」という用語が当てられている。これを行うと筋の細胞が壊れ、筋疲労が起こる。

の細胞が壊れたときに増加する血液中のクレアチン燐酸キナーゼ（CK）を、運動の前後で測った結果である。CKは、上る運動をしても変化しないが、下る運動をした後には大きく増加している。

筋の細胞は、上りではほとんど壊れないが、下りではたくさん壊れたことになる。下り道で自転車のブレーキをかければ、ブレーキのゴムはすり減っていく。人間の筋細胞も同じで、下りでブレーキをかける時に少しずつ壊れていくのである。

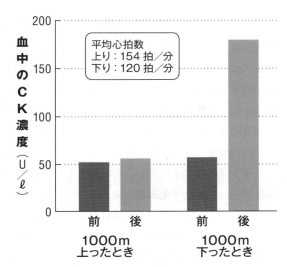

図3-3-4：上りと下りで心臓と筋にかかる負担（山本、1997）
トレッドミルを使って、別々の日に1000mの上りと下りを行った時の生理応答。被験者は著者。上り歩行では心拍数は高くなるがCKはほとんど変化しない。一方、下り歩行では心拍数は低いが、CKは大きく増加する。CKの増加は、筋細胞が壊れたことを意味する。

◆下りの疲労は気づきにくい

心肺系にかかる負担は、息切れや動悸などを通じて、その場でただちに「きつさ」として大脳が感じとることができる。一方、筋肉中の小さな細胞が壊れたことは、登山中にはわかりにくい。

このため、上りはきついが下りは楽、という錯覚を起こしやすい。だが本当はきつさの質が違うだけで、下りも楽な運動ではないのである。

筋細胞が壊れたことは登山中ではなく、登山後しばらくしてある症状が現れて初めてわかる。ある症状とは筋肉痛のことである。これは、筋の細胞が壊れたときに起こる炎症の痛みだと考えられている。

筋肉痛は、登山者が経験するトラブルの最上位を占めている（P44）。ありふれたトラブルと考えがちだが、下り用の筋力が不足していることを意味するので、軽視すべきではない。端的に言えば、筋肉痛が起こりやすい人は脚筋力が弱く、下りで転ぶ事故を起こしやすい人、ということになる。

筋が壊れると、その老廃物（窒素

化合物）を処理するために、腎臓にも大きな負担をかける。少しの筋肉痛ならば問題はないが、ひどい筋肉痛が出るような歩き方をすると、腎不全を起こす危険性もある。

ある山岳ガイドから聞いた話である。毎日ウォーキングを励行し、イベントがあると20～30kmもの距離を歩く人を、槍・穂高岳の縦走に連れて行った。ところが下山時になると、急に歩く速度が落ちてしまい、槍平小屋から新穂高温泉まで3時間程度で行けるところを10時間もかかった。

下山後、この人が病院で検査をしたところ、急性の腎不全を起こしていたという。山を下る時に要求される体力は特殊なもので、平地歩行のエキスパートでも通用しないことがあるのである。

◆強い着地衝撃による筋疲労

次に、図3-3-2の②による疲労について考えてみる。

図3-3-5のaのように、圧力板という装置を使って、平地を歩く、平地をジョギングする、段差30cmの階段を上る（登山の上りを想定）、30cmの階段を下る（下りを想定）、という4種類の運動をし、足が着地する時に地面から受ける衝撃力を測ってみた。

bはその結果である。平地の歩行では体重と同程度の力が緩やかにかかるだけである。しかし、ジョギングでは体重の2倍近い力が着地した瞬間にかかる。

次に、階段の昇降について見てみよう。上りでは体重とほぼ同程度の力が緩やかにかかるだけだが、下りでは上りの2倍（つまり体重の2倍）もの力がかかる。しかもそれは着地した瞬間に、片脚に一気にかかる。

段差30cmの階段昇降で受ける衝撃力は、平地での運動に置きかえると、上りは歩きに、下りはジョギングに匹敵する。つまり登山の下りでは、見かけは歩きでも、段差の大きな所では走る運動なみに大きな衝撃を受ける。

私たちの筋は、小さな力しか発揮できないが疲労しにくい遅筋線維と、大きな力を発揮できるが疲労しやすい速筋線維の2種類でできている。そして登山の場合、上りでは前者、下りでは後者が主として使われる（P27）。

下りでは強い踏ん張り力が必要なので、速筋線維を中心に使うことは一面で合理的である。だがこの線維は疲労もしやすい。最初のうちはよくても、下りの運動を続けていると疲労が起こりやすいことを覚えておく必要がある。

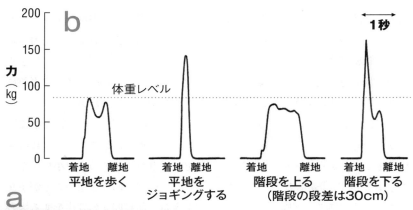

図3-3-5：着地衝撃力を測る実験
（山本、1997）
a：圧力板を使って、下りでの着地衝撃力を測っているところ。
b：平地歩行と階段の上りでは着地衝撃力は小さい。一方、ジョギングと階段の下りでは大きな衝撃力を受ける。段差30cmの下りでは、片脚に体重の2倍の力が瞬間的にかかっている。

◆下ると脚筋力が低下する

下り道を歩くと脚の筋が疲労すると述べたが、筋力はどの程度低下するのだろうか。

登山経験のほとんどない体育大学生に、トレッドミルを使って40分間で900m下るというハードな下り坂歩行をしてもらった。図3-3-6はその後3日間にわたり、脚の筋力、柔軟性、筋肉痛の程度を調べた結果である。

aは大腿四頭筋の筋力の変化である。下り歩行をした直後には30%近くも低下し、1日経っても元には戻らない。3日後にようやく元のレベルに近づいてはいるが、完全には戻っていない。

bは膝関節の柔軟性の変化である。これも筋力と同じような変化を示している。

cは筋肉痛の程度である。これはaやbとは違う変化を示した。運動の直後にはほとんど痛みを感じておらず、1〜2日後に強い筋肉痛を感じている。aやbとの共通点は、3日後になっても完全には回復していないことである。

これを実際の登山にあてはめて考えてみよう。上っているうちは短縮性収縮が行われているので、脚筋力

はあまり低下しない。だが下りにかかると、伸張性収縮が繰り返されるため、急激に筋力が低下する。登山者が、脚に力が入らない、脚がガクガクになる、膝が笑うなどと表現する症状は、これが原因である。

筋力が低下してくると、後ろ脚で体重を支えながらゆっくり「降ろす」ことができず、「落ちる」になってしまう。その結果、前脚が受ける着地衝撃はさらに増し、それを受け止める大腿四頭筋の疲労も加速する。

こうなると、筋力の低下→強い着地衝撃→さらに筋力が低下する、という悪循環を繰り返して脚筋力は急速に低下し、踏ん張りがきかなくなっていく。最終的には転ぶ事故にもつながる可能性がある。

図3-3-6を見ると、登山中にこのような疲労が起こったときにはすでに手遅れで、その場で小休止をしたくらいでは回復しないことが予想できる。何日間もの登山をする場合には、1日目の疲労が2日目以降に累積して影響を及ぼすことになる。

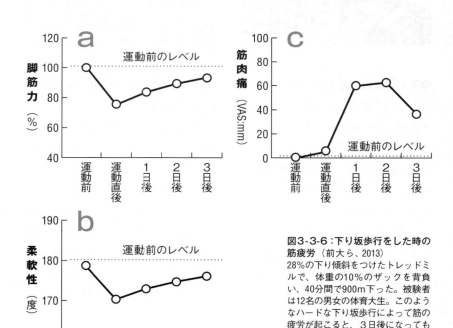

図3-3-6：下り坂歩行をした時の筋疲労（前大ら、2013）
28%の下り傾斜をつけたトレッドミルで、体重の10%のザックを背負い、40分間で900m下った。被験者は12名の男女の体育大生。このようなハードな下り坂歩行によって筋の疲労が起こると、3日後になっても完全には回復しない。

column 3-3-2
脚筋力が弱い人ほど下りでのダメージは大きい

　体育大学生に「高齢者体験装具」を身につけてもらい、30cmの段差を下る時の着地衝撃力を測ってみた。この装具をつけると筋力や柔軟性が奪われ、体力のある若者でも高齢者なみの体力しか発揮できなくなってしまう。

　この装具をつけた時とつけない時とで、下りの着地衝撃力を比べると、つけた時の方が着地衝撃が大きくなる（図）。筋力や柔軟性が奪われ、後脚で体重を支えながらゆっくり降ろすことができなくなり、ドスンと落ちるような着地になってしまうからである。

　つまり、脚力が弱い人ほど強い脚力が要求されるという、皮肉な現象が生じてしまう。この結果を登山に当てはめると、次のような人や場合に要注意ということになる。

1）加齢により脚の筋力が衰えた人
2）若くても、運動不足で脚の筋力が弱い人
3）若くて体力がある人でも、疲労して脚の筋力が低下してきた場合

　つまり、どんな人でも山の下りで危機に瀕する可能性はあると認識し、その対策を考えておかなければならないのである。

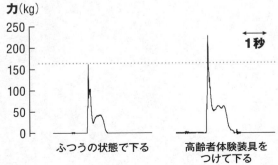

（山本ら、2006）

◆下りの疲労は
「ゆっくり歩く」では防げない

　ここからは、下りでの疲労対策について考えてみる。

　登山の指導者から、「体力がない人でも、ゆっくり歩けば上りでは何とかなる。しかし、下りではどうしようもなくなってしまう場合が多い」という話をよく聞く。下りでの疲労は、単にゆっくり歩くだけでは防げないのである。

　これは次のように考えると理解できる。上りは、重力に逆らって体重を持ち上げていく能動的な運動である。したがって、疲労すれば自然にスピードも落ちて、身体への負担は減る方向に向かう。

　ところが下りでは正反対の状況となる。下りでは、重力の影響で落ちようとする身体を、一定の速さで下れるよう、脚の筋でブレーキをかける受動的な運動となる。

　筋が疲労してブレーキの利きが甘くなると、身体はよりスピードを増して落ちようとする。つまり疲労するほどゆっくり下れなくなり、身体への負担は増す方向に向かう。

　ゆっくり下るためには、一定水準の脚筋力を身につけていることが不可欠である。それを持っていない人

歳をとると、とくに下りの動作がぎこちなくなって転びやすくなる。(松本勝行氏撮影)

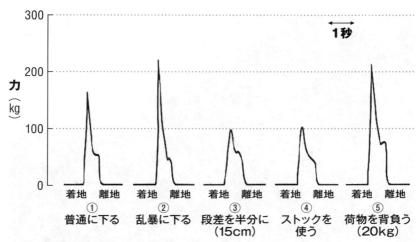

図3-3-7：下り方の違いによる着地衝撃力の違い（山本、1997）
下り方によって衝撃力は大きく変わる。筋疲労を抑制するためには、衝撃力を小さくする歩き方の工夫が重要となる。

や、持っていても疲労によってその能力を失った人では、手も足も出なくなってしまう。

現代の登山事故の特徴として、中高年が下りで転ぶというケースが目立って多い（P38）。「老化は脚から」といわれるように、加齢によりまず衰えるのが脚筋力である。そして皮肉なことに、脚筋の中でも最も衰えやすいのが、下りでブレーキをかけるための大腿四頭筋なのである。

「ゆっくり歩こう」という注意だけでは、下りでの疲労は防げない。もう一歩踏み込んで、下り用の歩行技術の習得や、下り用の脚筋力強化のトレーニングが必要になる。それらを次に考えてみよう。

◆歩き方の工夫

明治時代、日本アルプスの開拓期に活躍し名案内人と呼ばれた上条嘉門次は、登山家の槇有恒に「山を歩くときは猫のように歩け」と教えた。その意味の一つは、着地衝撃を小さくするような歩き方をせよ、ということだろう。

図3-3-7は、段差30cmの階段を使って、さまざまな下り方をしたときの着地衝撃力を比べたものである。下り方が違うと着地衝撃も大きく変わる。これを見ながら下りでの疲労対策を考えてみよう。

1）歩幅を狭める

着地衝撃を小さくするための最も

冬の富士山の下りで。歩幅を狭くすると、衝撃力が小さくなるだけでなく、伸張性収縮の程度も小さくなり、筋の疲労を抑制できる。

簡単な方法とは、歩幅を狭くして下ることである。30cmの段差を一歩で下るのではなく（①）、15cmずつ２回に分けて下れば（③）、１回あたりの衝撃力は半減する。かわりに歩数は２倍に増えるが、それを考慮しても③の方がダメージははるかに小さくなる。

２）ストックを使う

ストックを上手に使えば、着地衝撃を小さくできる（④）。私たちは二足歩行をするので、下りで前脚を降ろす時には、後脚だけで身体を支える「１点支持」の状態となる。バランスをとりづらい動きなので、筋力を無駄遣いしたり、着地衝撃もかかりやすい。

一方、ストックを１本使えば支点が１つ増えて２点支持、２本使えば３点支持で歩行ができる。上手に使えば、四つ足歩行をする猫のようなスムーズな歩きもでき、筋力の消耗を防げる。特に、段差が大きな箇所では効果的である。

ただしストックは、前足が着地する前に突いておかなければ意味がない。前足を着地した後にストックを突いている人をよく見かける。これでは１点支持で歩行をしているのと変わらず、効果は半減してしまう。

なお、ストックを持っていない時

でも両腕を前方に出し、ストック操作をしているイメージをしながら下ってみるとよい。何もしない時よりもバランスよく下れるだろう。

3）歩き方の工夫

斜面が急になったり、段差が大きくなるほど、大腿四頭筋には大きな負担がかかる。このような箇所では、歩き方そのものも工夫する必要がある。

図3-3-8はその一例である。aのように正面を向いて下りるよりも、bのように横向きで降りる方が楽になる。こうすると、大腿四頭筋にかかる負担を殿部や太ももの裏側の筋（ハムストリングス）にも分散できるからである。

スクワット運動をする際、「膝は足のつま先よりも前に出さず、椅子に腰をかけるようにして、おしりから下ろす」と指導される。膝を前に出すほど大腿四頭筋への負担は大きくなり、この筋が弱い人では膝を痛めやすくなるからである。

段差を下る時も同じである。正面向きで下りると膝が前に出てしまい、大腿四頭筋への負担が大きくなる（a）。だが横向きに下れば膝が前に出ず、より楽になる（b）。この時、下ろす足を前方ではなく、やや後方に下ろすようにすればもっと楽になる。

a

b

図3-3-8：大腿四頭筋の負担を減らすための下り方
a：正面向きで下ると、後ろ脚の膝関節はつま先よりもかなり前に出るため、大腿四頭筋や膝関節に大きな負担がかかる。
b：横向きで下ると、後ろ脚の膝関節は前に出なくなるので、大腿の裏側や殿部の筋にも負担が分散し、大腿四頭筋への負担が小さくなる。この体勢でストックも使えば、さらに負担を軽減できる。

column 3-3-3
下りでのバランス能力の低下

下りで転ぶ事故が起こりやすい理由として、筋力の低下だけではなく、バランス能力の低下も考えられる。そこで男子の体育大学生11名に、閉眼片足立ちテスト（目をつぶって片足で何秒立っていられるかを計る）を3種類の条件でやってもらった。

下界の平らな固い地面でテストをすると、ほぼ全員が2分以上立っていられる（a）。ところが登山の下りを模擬して、低酸素室内で下り坂をつけた柔らかい台の上に立ってもらうと、成績はその3割以下となる（b）。同じことを高齢者体験装具をつけた状態で行うと、2割以下の成績となってしまう（c）。

下界の生活でバランス能力に支障を感じる人は少ないだろう（aの状態）。だが山に行くと、斜面、不整地面、低酸素など、バランスを崩す要因がたくさんあるので、能力は大きく低下する（bの状態）。高齢者であればもっと低下してしまう（cの状態）。体力のある若年者でも、疲労すればcと同じような状況になるだろう。

現代社会では、高齢者の転倒事故が問題となっている。加齢によって脚筋力やバランス能力が衰え、日常生活の中でも転んでしまう。その結果、骨折して寝たきりになってしまう、という問題である。

登山者の転倒事故も、これと本質は同じである。登山者の脚筋力やバランス能力は、普通の人よりは高い（P50）。しかし山では、下界生活とは比較にならないほど大きな負担がかかる。その負荷に耐えかねて転ぶ事故が多発していると見ることができるのである。

a
・平らな地面
・固い地面
・高度0m

2分以上

b
・下り斜面
・柔らかい地面
・高度2000m

37秒
（aの30%以下）

c
・bの条件
＋高齢者体験装具

21秒
（aの20%以下）

(山本ら、2006)

常念岳にて。大きな山では急で長い下りが出てくる。下りで足腰が受ける強い衝撃力に耐えるためには、普段から脚や体幹の筋力を鍛えておくことが不可欠となる。(三宅岳氏撮影)

第3章 登山の疲労とその対策

◆脚筋力強化のトレーニング

ここまでは山での歩き方の工夫を紹介した。しかし脚筋力が弱すぎる人では、その歩き方さえも満足にできず、疲労を防ぎきれない。危なげなく下るためには、トレーニングにより一定レベルの脚筋力を身につけておく必要がある。

1) 下界でのトレーニング

下界でトレーニングをする場合には種目選びに留意する。まず脚筋力を鍛えられる種目を選ぶ必要がある。たとえば水泳は、脚の筋をあまり使わないので適さない。

脚筋を使う運動の中でも大腿四頭筋を主働筋とするものがよい。たとえば平地ウォーキングは、ふくらはぎを主に使い、大腿四頭筋はあまり使わない運動なので適さない。

さらには、下り用の筋力(伸張性の筋力)を鍛えられる種目を選ぶ。たとえば自転車こぎは、大腿四頭筋は使うものの、短縮性の動作しか行わない。このため、上り用の筋力は身につくが、下り用の筋力は身につかない。

このように見てくると、下界で行うエアロビクスの中で、下り用の能力を身につけられる運動はあまりない。

ジョギングやランニングのように、着地衝撃を受け止めるタイプの運動であれば、ある程度の効果は期待できる。しかし万全とはいえない。

最もよいのは、坂道や階段の下りを積極的に取り入れた歩行または走行である。図3-3-9は、下界でできる下り用のトレーニングの例である。これらはいずれも、脚筋が伸張性の収縮を行う運動である。

伸張性の運動をすると、筋細胞の損傷を伴ったり強い衝撃力を受けることも多い。そこで強度や量は少しずつ慎重に増やす。aやbはやり過ぎれば膝関節を痛める危険性がある。cもフォームを誤ると同様の危険がある。詳しくは4章-2で述べる。

2）山でのトレーニング

陸上競技やサッカーの選手と山に行ったことがある。彼らは普段から、スクワット運動はもとより、それ以上にきつい脚筋力のトレーニングもしている。だが山の下りでは、意外にも脚がガクガクになってしまう人が多かった。

図3-3-9：下界で下りの能力を鍛えるための運動

a：階段下り：一階分の高度差を単発で下るだけでは効果は小さいので、何回も繰り返して行う。上りがしんどい人は、エレベーターやエスカレーターを使って上り、下りだけ歩いてもよい。一段ずつ下ることに慣れて楽になったら、一段飛ばしで下るとよい。

b：踏み台昇降：20cm前後の台を使って20〜40分程度の昇降運動をする。この写真は登山用に制作され、「山台」と名付けられた2段式の踏み台。

c：スクワット運動：大腿四頭筋をはじめ、殿筋などを短時間（5〜10分程度）で効果的に鍛えることができる。

山では不整地面を下るので、高度な歩行技術が必要である。その能力は実際の山に行かなければ身につかないのである。

図3-3-10は、7000人あまりの中高年登山者へのアンケート結果をもとに、「下りで脚がガクガクになる」というトラブルと、登山頻度との関係を見たものである。山にたくさん行く人ほどトラブルは少ない、というきれいな関係がある。

戦後の名クライマー、故・吉尾弘氏と山に行った帰りに「山での下り方を見れば現役かそうでないかがわかる」と伺ったことがある。本節の内容を簡潔にいい表した名言である。

ただしこの図をよく見ると、毎週のように山に行っている人でも10％あまりの人にはトラブルが起こっている。このような人では歩き方の見直しや、日常での筋力トレーニングが必要である。

下りの能力を強化するためには、なるべく山に行くことに加え、日常生活でも脚筋力のトレーニングをするという、二重の対策が必要と考え

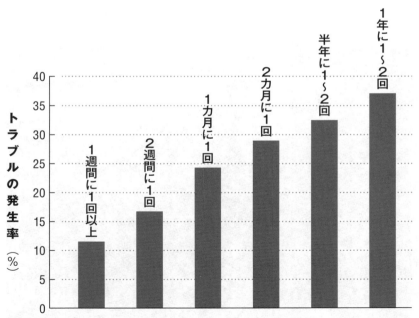

図3-3-10：登山頻度と「下りで脚がガクガクになる」の発生率との関係（山本と山﨑、2000）
登山頻度が高い人ほど、このトラブルの発生率は低くなる。ただし、よく山に行っているのにこのトラブルが起こる人では、山での歩き方の見直しや、下界での筋力トレーニングの導入が必要となる。

るべきだろう。

3）下りの予行演習の効果

下り用の筋力を身につけるには、山になるべく行くことが効果的である（図3-3-10）。一方で、正反対のことを言うようだが、1回だけの登山でも、それをするのとしないのとでは大きく違う、ということも知っておくとよい。

伸張性の筋力発揮をする運動を1回だけでも体験しておくと、その後かなりの期間にわたり、筋肉が壊れにくくなる（残存効果）。この現象を上手に利用するのである。

図3-3-11はこのことに関する実験である。トレッドミルを使って40分間で900m下るという、ハードな下り歩行を本番の運動と見立て、それを、ぶっつけ本番で行った時と、事前にその半分の運動（20分間で450m下る）を体験してから行った時とで、本番時の疲労を比べてみた。

予行演習の時期は、本番の1週間前と1カ月前の2通りとした。図を見ると、予行演習をした時には、本番での筋力低下や筋肉痛をかなり抑制できている。予行演習自体がもたらす筋力低下や筋肉痛は軽微だったので、エビでタイを釣るような効果

下りでの疲労を調べるための実験。下りでは、上りとは全く違う仕組みで疲労が起こる。

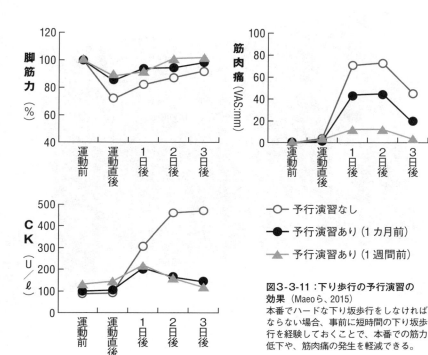

図3-3-11：下り歩行の予行演習の効果（Maeoら、2015）
本番でハードな下り坂歩行をしなければならない場合、事前に短時間の下り坂歩行を経験しておくことで、本番での筋力低下や、筋肉痛の発生を軽減できる。

である。

つまり、本番の大きな登山の1カ月〜1週間前くらいに、短時間だがハードな下り歩行を経験しておくと効果が期待できる。なお、筋力低下を抑制する効果は1カ月前でも1週間前でもほぼ同じだが、筋肉痛の抑制効果については1週間前の方が高かった。

昔の山岳部や山岳会では、夏山や冬山で合宿をする前に、近郊の低山でボッカ訓練を行っていた。これはよい予行演習となるのである。

最近の研究では、本番の1週間前に、予行運動として5分間のトレッドミルの下り運動を行う（標高差にして100mあまり下る）だけでも、筋力低下を抑制する効果があることがわかった。

また、階段で100m程度の下りを行っても、筋肉痛を抑制する効果があるとも報告されている。その場合、後脚をできるだけゆっくり曲げていく（伸張性の動作を意識する）と、より効果的だという。

今後、このような短期的なトレーニングの効果を研究していくと面白いだろう。

陣馬山にて。低山に定期的に出かけて下りの運動を行うと、下り用の体力を効果的に鍛えられる。(三宅岳氏撮影)

SUMMARY
まとめ

■ 下りでの疲労は、脚の筋(特に大腿四頭筋)が伸張性の収縮を強いられ、筋細胞が壊れて筋力が低下することにより起こる。

■ 下りでの疲労は、現代の登山事故で最も多い、下りで転ぶ事故の引き金になる。

■ 登山者がよく経験する「筋肉痛」は筋の細胞が壊れたことを、また「下りで脚がガクガクになる」は脚筋力が低下していることを意味する。

■ 下りでの疲労はゆっくり歩くことでは解決できない。山の中では歩き方の工夫が、下界では脚筋力の強化が必要である。

■ 下り用の筋力は伸張性の筋収縮を行わなければ強化できない。このため、下りに類似した動作様式(階段下りやスクワット)を用いてトレーニングする。

第3章-4

第3章 登山の疲労とその対策

上りでは心肺への負担に、下りでは筋へのダメージに配慮した歩き方をすることが疲労防止につながる。自動車でいえば、経済速度でていねいな運転をすることに相当する。だがこのような配慮をしていても、やがてはエンジンが止まってしまう時がくる。それは燃料であるガソリンがなくなった時である。

人間の運動にとって、ガソリンに相当するのは食事である。登山の世界でもシャリバテという言葉があり、食べなければバテることは知られている。食べないと筋だけではなく脳も疲労する。健康にも悪影響をおよぼす。本節では登山のエネルギー消費量を求める式を紹介し、安全、快適、健康的に歩くための食べ方を考える。

エネルギー不足による疲労

房総丘陵のハイキング。山での食事は、自動車のガソリン補給に相当する。

◆食べずに運動するとどうなるか

まず、人間にとってのガス欠とはどのようなものかを実験データで見てみよう。

図3-4-1は、1名の距離スキー選手が朝食を食べた日と食べない日に、同じ運動をしたときの疲労の様子を比べたものである。固定式自転車を使って、登山とほぼ同じ運動強度で休みなしにこぎ続けた。

疲労の指標とした血糖値(注)は、自動車でいえば燃料計に相当する。

朝食を食べた日には運動を2時間続けても変化せず、主観強度も「楽」から変化しなかったので、そこで運動を打ち切った。

一方、食べない日には1時間半を経過すると血糖値が低下し、主観強度も「楽」から「ややきつい」となった。運動を続けるとさらにきつさは増し、2時間あまりで「非常にきつい」と訴え、運動を続けられなくなった。朝食を食べるか食べないかで運動能力がこんなにも違うものかと、

注)血液中のブドウ糖の量を表す。ブドウ糖は炭水化物の一種である砂糖の構成成分で、最も素早くエネルギーとなる。平常時には脳神経系が利用できる唯一のエネルギー源でもある。

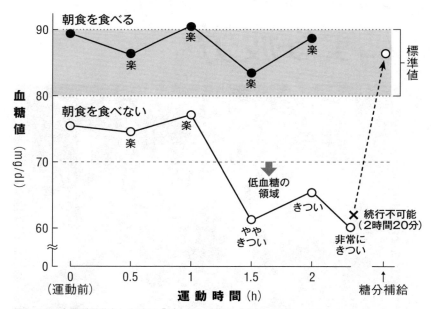

図3-4-1:人間が運動をした時の「ガス欠」の様子（山本、1994）
炭水化物を補給せずに運動を続けると、血糖値が低下して疲労困憊を招く。ただし、疲労時に炭水化物の補給をすれば血糖値は上昇し、再び運動を続けられるようにもなる。

協力してくれた選手とともに驚いたことを覚えている。

印象的だったのは、筋だけではなく脳の働きも著しく低下してしまったことである。著者が「大丈夫？」と尋ねると、選手は「大丈夫です」と答える。だが実際には目はうつろで、受け答えもはっきりしない。登山でいうと遭難寸前のような姿だった。

食べなくても1〜2時間は楽に運動できる。運動中には空腹感が抑制されるという性質もある。このため食べることの重要性は忘れがちである。

だが忘れた頃に突然、エネルギー不足（低血糖）で身体が動かなくなる。登山界ではシャリバテ、英語ではハンガーノックと呼ばれる。

この実験ではもう一つ印象的な体験をした。疲労しきった選手に糖分の入ったジュースを飲ませると、血糖値は急速に回復し、再び運動もできるようになった（図の右側の破線）。バテたときにはアメなどの糖分を口にいれるとよいと言われるが、生理的にはこのような仕組みがあるのである。

◆2種類の燃料－炭水化物と脂肪

登山で使われる燃料について、栄養素の面からもう少し詳しく見ておこう。栄養素は、炭水化物（糖質）、脂肪（脂質）、蛋白質、ビタミン、

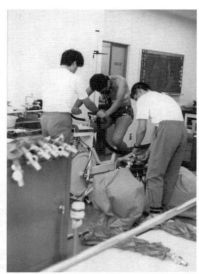

固定式自転車を使った疲労実験。トレッドミルと同様、長時間運動による生理応答の変化を、実験室の中でくわしく観察できる。

第3章 登山の疲労とその対策

ミネラルの5種類に大別される。登山のような有酸素性運動では、炭水化物と脂肪の2つが中心的なエネルギー源となる（P17）。ただし両者はかなり違った性質を持っている。

図3-4-2は両者の体内での貯蔵量を示している。脂肪は莫大にあるが、炭水化物はわずかしかない。炭水化物は食いだめができず、余った分は脂肪に転換して貯蔵されるため、このようなアンバランスな関係になるのである（注）。

登山のような中強度の運動をする時に脂肪だけを使うとすると、昼夜休みなしに運動を続けたとしても1週間以上はエネルギーを出せる。一

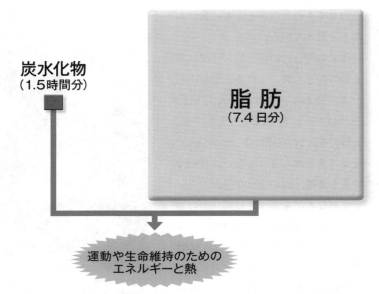

図3-4-2：人体のエネルギー貯蔵量（Sahlin,1986の試算値をもとに作図）
炭水化物と脂肪の貯蔵量を面積比で表している。登山のような有酸素性運動では、炭水化物と脂肪を混ぜて燃やし、エネルギーを生み出している。脂肪は炭水化物と一緒でなければ燃えないので、貯蔵量の少ない炭水化物が枯渇した時点で、脂肪は多量に余っているのに疲労が起こる。

方、炭水化物だけを使うと、1時間半くらいで枯渇してしまう。炭水化物と脂肪を半分ずつ混ぜて燃やすとしても、3時間もすれば炭水化物の方が先になくなってしまう。

ここで、覚えておかなければならない大事なことがある。炭水化物は枯渇しても、脂肪がまだたくさん残っている。したがって運動には支障がなく、脂肪もそれまで以上に燃えて減量にも好都合と考えてしまいそうである。だがそうはいかないのである。

脂肪は炭水化物と一緒でなければ燃えない。このため炭水化物が枯渇してくると、脂肪はまだ莫大に残っているのに筋の動きは鈍ってしまう。これがシャリバテである。

フルマラソンの世界でも、35kmくらいの地点で急激に失速することがよくある。これにも炭水化物の枯渇が関わっている。

注）蛋白質や脂肪についても、食べ過ぎた分はすべて脂肪となって貯蔵される。

column 3-4-1
食べるといくらでも運動できる

今から80年ほど前、運動生理学の創始者の一人であるアメリカのD.B.ディル博士が興味深い実験をした。食物、水、空気（酸素）の3つを十分に与えてやれば、いつまでも運動を続けられるだろうという仮説を立て、それを証明する実験を行ったのである。

被験者はジョーという名のフォックステリア犬だった。彼は18％の上り傾斜をつけたトレッドミル上を、30分につき5分の休憩をはさんで17時間走り続けた。走行距離は132km、登高距離は23000mにも達したが、それでも疲労はしなかった（図の⬇印）。

この実験に触発されて、著者も自分の身体で同様の実験をしたことがある。毎年秋に東京の奥多摩で、72kmの山道（上り下りの累積距離はそれぞれ約4800m）を24時間以内に踏破する日本山岳耐久レースが行われている。このコースは、標準タイム通りに歩けばちょうど24時間で完歩できる。

そこで、エネルギーと水分の必要量を計算式で求めて定期的に補給し、標準タイム通りに歩いてみた。その結果、夜ふけに強い眠気を感じた以外は順調に歩くことができた。

食べればいくらでも運動できると書いたが、現実には別の疲労が起こってくる。筋自体は疲労していないのに、膝関節痛、靴ずれ、足裏の痛み、胃腸の疲労、眠気といったトラブルでスピードが落ちてしまう。

これらを予防するためのトレーニング法や、現場での対処法が開発できれば、人間はもっと高い能力を発揮できるはずである。このような「耐久力」については6章で考える。

第3章 登山の疲労とその対策

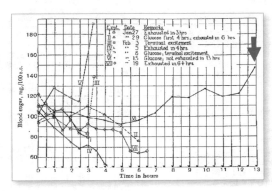

Dill博士が示した実験データ。横軸は時間、縦軸は血糖値を表している。
（Dillら、1932）

◆炭水化物の補給が鍵

　この性質をロウソクにたとえた人がいる。ロウ（脂肪）だけでは火をつけても燃えない。一方、芯（炭水化物）だけを燃やせばすぐ燃え尽きてしまう。両者が一体となって燃えることで初めて、長時間にわたり安定して光と熱を出し続けられる。

ロウソクは、ロウ（脂肪）と芯（炭水化物）との共同作業で長時間燃え続ける。登山の場合も、脂肪と炭水化物の共同作業をうまく行わせることで、長時間の快適な歩行が可能になる。

　炭水化物は脂肪を燃やすための燃焼促進剤だと考えるとよい。登山の場合、ロウソクの芯に相当する炭水化物を少しずつ補給してやれば、ロウに相当する体脂肪を燃やしながら、長時間歩き続けられる。

　健康のために脂肪を燃やしたい場合も同じである。何も食べずに歩く方が脂肪がたくさん燃えそうだが、実際には疲労する上に脂肪も燃えず、くたびれもうけとなる。脂肪を効率よく燃やすには、炭水化物を少しずつ補給しながら歩かなければならないのである。

　表3-4-1は燃料という観点で、炭水化物と脂肪の性質を比べたものである。色々な意味で炭水化物の方が性能がよい。唯一の欠点は貯蔵量

表3-4-1：燃料としての炭水化物と脂肪の性能
貯蔵量がわずかという点を除き、炭水化物の方が様々な点で優れている。

性能	炭水化物	脂肪
パワー*	大きい（脂肪の約2倍）	小さい（炭水化物の約半分）
容量**	非常に小さい（脂肪の約100分の1）	非常に大きい（炭水化物の約100倍）
酸素の必要性	・酸素があってもなくても燃えるので、有酸素性運動にも無酸素性運動にも利用できる。 ・同じ量のエネルギーを生み出すのに、脂肪よりも約10%少ない酸素ですますことができるので、高所では有利とされる。	・酸素がなければ燃えないので、有酸素性運動でしか利用できない。 ・同じ量のエネルギーを生み出すのに、炭水化物よりも約10%多くの酸素を必要とする。
利用できる器官	・筋でも脳神経系でも利用できる。	・平常時には、筋では利用できるが、脳神経系では利用できない。 ・絶食時には、脂肪由来のケトン体が、筋や脳神経系のエネルギー源として利用できるようになる。
燃えやすさ	・脂肪と一緒でなくても燃える。 ・運動の開始時からでもよく燃える。 ・高強度の運動でもよく燃える。 ・乳酸が蓄積しても燃える。	・炭水化物と一緒でなければ燃えない。 ・十分に燃えるまでに時間がかかる（30分程度）。 ・高強度の運動ではあまり燃えない。 ・乳酸が蓄積するとあまり燃えない。

＊：単位時間当たりに出せるエネルギーのこと　　＊＊：保有するエネルギーの総量のこと

が少ないことである。脂肪の方は貯蔵量は莫大だが、利用条件には様々な制限があり、性能もやや劣る。

　莫大なエネルギーを使う登山では、気むずかしい燃料である脂肪をいかにうまく燃やせるかが要点となる。その鍵は炭水化物の定期的な補給が握っているのである。

◆食べないと脳の働きも低下する

　コンピューターを動かすのと同じで、脳神経系を働かせるにはエネルギーが必要となる。脳は重さの割にエネルギーを消費する器官でもある。

　脳神経系は、平常時には炭水化物（ブドウ糖）しか使えない（注）。したがって炭水化物が枯渇すると、脳や神経が関わる能力がすべて低下してしまう。

　脳神経系は身体の司令塔である。運動能力（動きの協調性、バランス、敏捷性など）、感覚能力（視覚、聴覚、触覚、温度感覚など）、さらには精神的な活動能力（思考力、判断力、集中力、意志力など）も司っている。

　炭水化物が枯渇すると注意力が散漫になる。思考力や判断力が鈍る。動きがぎこちなくなり転びやすくなる。転んでもとっさに防御態勢をと

れなくなる。暑さや寒さにも鈍感になる。気力も低下する。これらは事故の一歩手前の状態である。

　事故を起こした人の話を聴くと「ボーッとして歩いているうちに転んでしまった」「転ぶ直前のことはほとんど覚えていない」と言うことが多い。これらの言葉からは、筋だけではなく脳の働きも低下していることが窺える。

　山を長時間歩いて疲労してきた時に、リーダーは「注意して歩こう」と声をかけるだろう。だがそれ以前に、十分な燃料を補給していなければ筋にも力が入らず、脳でも注意をするという行為自体ができなくなってしまう。

　注意力だけに限らない。緻密な思考力、冷静な判断力、ねばり強い意志力といった様々な精神の活動能力も、エネルギー補給を十分に行うことではじめて発揮できる。

　なお糖尿病の人で、血糖値を下げる薬を用いている人は血糖値が下がりやすいので、エネルギー切れには特に注意する。登山中に血糖値が下がって意識を失い、単独登山であったために手当をする者もなく、そのまま死亡してしまったケースもある。

第3章　登山の疲労とその対策

....

注）絶食時・飢餓時といった非常時には、脂肪からケトン体が生成され、脳神経系の代替エネルギー源として使えるようになる（P140）。ただしこの反応が起こるまでには数時間かかるので、それまでの間は脳や神経系はうまく働けない状態が続く。

◆食べないと筋肉や内臓を食べてしまう

炭水化物を補給せずに運動を続けると、身体に悪いことがほかにも起こる。筋や脳の疲労を食い止めようとして、図3-4-3のように筋や内臓の蛋白質を分解して炭水化物に転換し（糖新生）、燃料に充てようとするのである。

このため、せっかく身につけた大切な組織を痛めたり失ってしまう。またエネルギーを出せるといっても、炭水化物がある時のように十分に出せるわけではない。

次のような害も生じる。蛋白質には窒素が含まれているので、筋や内臓が燃やされると、燃えかすとして窒素化合物が発生する。これは人体に有害なので、腎臓で濾過し、尿として体外に排出しなければならない。

腎臓は毎日100ℓ以上もの血液を通過させ、その中から有害物質を取り除いている。身体の諸器官の中でも、最も大きな負担を負って働いているといわれる。歳をとるとまっさきに慢性障害が起こる臓器でもある。

エネルギー不足の状態で登山をすると、たくさんの蛋白質が分解される。その老廃物は腎臓に過度の負担をかける。時には腎不全を起こすこともある。

山から帰った後、手足がむくんでいることがある。これは腎臓が疲労して水分の排出機能が弱っているからとも考えられる（注）。

....
注）むくみは脱水や激しい運動とも関連している。詳しくは4章-5（P380）で考える。

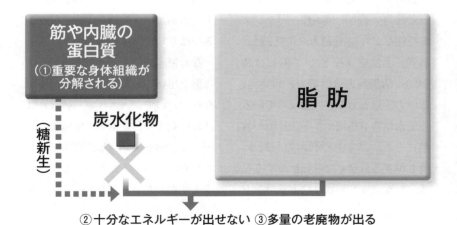

図3-4-3：炭水化物が枯渇した状態で運動することのデメリット
①〜③のようなマイナス面があり、安全、快適、健康的な登山ができなくなる。

column 3-4-2
アミノ酸サプリメントの効果

スポーツ栄養学の発展とともに、様々なサプリメント（栄養補助食品）が開発されている。よく知られているのはアミノ酸サプリメントである。

炭水化物を補給していても、何時間もの運動をすれば蛋白質の分解は避けられない。このような時にアミノ酸を補給すると、ダメージを緩和できる可能性がある。

全ての研究が一致した結果を示しているわけではないが、筋や内臓の分解、筋肉痛、疲労感などが抑制できるという研究がある。3週間の高所トレッキングをした時に、筋量や筋力の低下を抑制できたという報告もある。

著者たちも8階の建物の階段を使って、1日に1200m上って1200m下るという、登山の模擬実験をしてみた。その結果、筋力の低下や筋肉痛を抑制する効果は見られなかったが、バランス能力（図）や敏捷性の低下は抑制することができた。

アミノ酸を飲んでも魔法のように身体が楽になることはない。また、しっかりトレーニングをしていない人や、行動中に十分なエネルギーを補給していない人が、アミノ酸だけをたくさん飲んでも効果はない。

サプリメントの意味は「補助」である。上記の基本を守った上で利用することにより、はじめて登山の助けになると考えるべきだろう。

第3章 登山の疲労とその対策

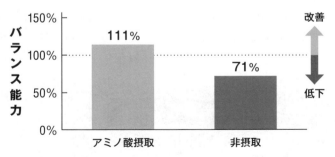

階段を使って1200mの登下降を行ったときのバランス能力（閉眼片足立ち時間）の変化。運動前の値を100%としたときの変化率で示した。（萩原ら、2008）

◆行動中のエネルギー消費量を求める式

ここからは、燃料切れによる疲労をどう防ぐかを考えていく。それにはまず、行動中にどれくらいのエネルギーを使うのかを知る必要がある。車で長距離のドライブをする時に、ガソリンの消費量を計算しておくのと同じことである。

登山の場合、コースによって様相が千差万別なので、エネルギー消費量の推定は困難と考えられてきた。だが登山中のエネルギー消費量を正確に測る装置（P138）を使って調べた結果、ある程度の法則性を見いだすことができた。そのデータをもとに以下のような推定式を作成した。

1）簡易な式

図3-4-4（A式）は、ごく普通の登山、つまり無雪期の整備された登山道を、軽装かつ標準タイムで歩く場合のエネルギー消費量を求める式である。日帰り登山に限らず、荷物があまり重くない数日間の小屋泊まり登山にも適用できる。

たとえば体重60kgの人が、小休止も含めて6時間の登山をしたとすれば、60kg×6h×5 = 1800kcalと計算できる。これはおにぎり10個分に相当する。登山で消費するエネルギーは思ったよりも大きいと感じるのではないだろうか。

なお3章-1（P68）で、登山中のエネルギー消費量（kcal）は「体重（kg）×行動時間（h）×メッツ」で求まると述べた。これをA式と対応づけると、ごく普通の登山の場合、上り、下り、休憩を含めて平均すると、約5メッツの活動をしているという意味になる。

2）汎用性の高い式

図3-4-5（B式）は、標準タイムよりも速く（遅く）歩いたり、重いザックを背負う場合にも使える式である。行動時間、歩行距離（水平、上り、下りの3種類）、登山者の体重、

$$\text{行動中のエネルギー消費量 (kcal)} = \text{体重(kg)} \times \text{行動時間(h)} \times 5 \cdots \text{A式}$$

図3-4-4：行動中のエネルギー消費量の推定式（1）（山本、2012）
軽装で、整備された無雪期の登山道を、標準タイムで歩く場合に使う簡易式。ザックの重さは含めずに計算する。また1時間に10分程度の休憩を含むものとする。この式は山によらず、また年齢・性別によらずあてはまる。

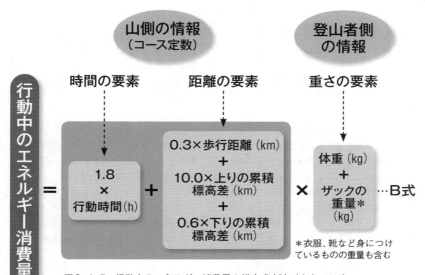

図3-4-5：行動中のエネルギー消費量の推定式（2）（山本、2012）
この式は、荷物が重い場合や、歩行速度が標準コースタイムから外れる場合でも適用できる。この式に、軽装かつ標準タイムで歩く時の値を代入すれば、A式とほぼ同じ値が得られる。なおA式もB式もコースの条件がよいときの値であり、悪条件（悪路、積雪、強い向かい風など）になると、その程度に応じてこの値は大きくなる。また、A式もB式も、kcalをmlに読み替えると脱水量を表す式としても使える（P156）。

注1）水平、上り、下り方向へ移動する時の係数は、それぞれ0.3、10.0、0.6である。水平方向に移動する時のエネルギーを1とすれば、下りではその2倍、上りでは33倍となる。上りでは非常に大きなエネルギーを使うことがわかる。
注2）現在のガイドブックの標準タイムは、執筆者の経験をもとにつけられることが多く、統一された基準があるわけではない。山域によっては甘い・辛いといった差があるので今後は統一されることが望ましいが、本書ではひとまず1000mの上りを約3時間、1000mの下りを2時間程度で歩くことを標準と考えておく。

ザック重量（衣服や靴など身につける物の重さも含む）を代入すれば、エネルギー消費量がA式よりも正確に求められる（注1）。

この式の右辺の第一項は、登山コースの情報を表している。第二項は、登山者の情報を表す。後者の値は登山者によって違うが、前者はそのコース固有の負担度を表す係数ということになる。

特に標準タイム（注2）で歩く場合には、この係数はそのコースの負担度を表す標準的な値と見なせる。そこでこれを「コース定数」と呼ぶことにする。ガイドブックなどにこの定数を掲載しておけば、それに自分の体重＋ザック重量をかけることで、エネルギー消費量が簡単に計算

column 3-4-3
ガイドブックの「体力度」とコース定数との関係

図は、日本百名山の全てについてコース定数を求め、ガイドブックに示された体力度(★の数)との関係を示したものである。★の数が増えるほどコース定数も増えるという関係がある。経験的に付されてきた体力度とは、エネルギー消費量のことと考えてもよさそうである。

この考え方が正しければ、コース定数とは体力度という経験的な概念を科学的な数値で表したもの、ということになる。またそう考えると、様々な活用方法が生まれる。

たとえば表3-4-2で至仏山と富士山とを比べると、★の数は3つと同じだが、コース定数は2倍以上違う。つまりコース定数を用いれば体力度をより細かく示すことができる。

長野県をはじめ、新潟、山梨、静岡、岐阜といった山岳県では、主要な登山コースを、①体力度、②技術的な難易度、という2つの面からランクづけした一覧表(グレーディング表)を公表している(P57)。①の評価にはこのコース定数が使われており、10段階で表示されている。

このような一覧表があれば、体力的・技術的に無理のないコースを選ぶための参考になる。ランクを上げていく時にも、飛躍せずに一段階ずつ上げることができる。

また、ガイドブックにこの定数を記載しておけば、各コースの体力度を数値で比較できる。他の山域に行く場合でも、それまでに経験した山域との間で体力度の比較ができ、自分にふさわしいコース選びの参考になる。

この定数に体重とザック重量をかければ、そのコースを歩くためのエネルギー消費量が推定できるので、食料計画の参考にもなる。また脱水量も推定できるので、水分補給の計画にも役立つ(P156)。

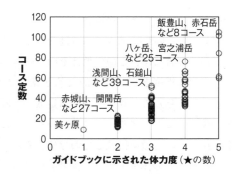

『日本百名山山歩きガイド(上・下)』(JTBパブリッシング)のデータをもとに作成

表3-4-2：おもな百名山のコース定数（山本、2012）
それぞれのコースのデータは、『日本百名山山歩きガイド（上・下）』（JTBパブリッシング）の値を用いた。★の数で表される「体力度」とエネルギー消費量を表す係数であるコース定数とは相関していることがわかる。

山 名（コース）	ガイドブックに示された体力度	歩行時間(h)	歩行距離(km)	上り距離(km)	下り距離(km)	コース定数
蔵王山（地蔵山頂駅より）	★★	2.8	8.3	0.314	0.651	11
立 山（室堂より）	★★	4.8	6.8	0.762	0.762	19
至仏山（鳩待峠より）	★★★	4.0	9.3	0.712	0.712	18
富士山（吉田口より）	★★★	10.0	15.7	1.680	1.680	41
鳥海山（湯の台道より）	★★★★	10.7	11.6	1.157	1.157	35
平ヶ岳（鷹ノ巣尾根より）	★★★★	12.2	21.4	1.728	1.728	47
幌尻岳（額平川より）	★★★★★	16.2	28.5	2.193	2.193	61
飯豊山（川入コースより）	★★★★★	17.9	20.0	2.006	2.006	60

注）山と渓谷社が発行している『分県登山ガイド』では、2016年以降の改訂版からコース定数が掲載されている。

第3章 登山の疲労とその対策

できる（注）。

　表3-4-2は、日本百名山のガイドブックに掲載されたデータから求めた、コース定数の例である。たとえば富士山の定数は41である。体重60kgの人が5kgの荷物を持って登山をした場合には、総消費エネルギーは65kg×41=2665kcalと計算できる。

◆生活中のエネルギー消費量を求める式

　1泊以上の登山では、行動中だけではなく、宿泊中のエネルギー消費

表3-4-3：日本人の基礎代謝量の標準値
（厚生労働省の資料より作成）
1時間・体重1kgあたりで消費するエネルギー（kcal）を示す。15歳以上の男女では、1.0の前後の値となる。

年 齢	男 性 (kcal/kg・時)	女 性 (kcal/kg・時)
1～2歳	2.54	2.49
3～5歳	2.28	2.18
6～7歳	1.85	1.75
8～9歳	1.70	1.60
10～11歳	1.56	1.45
12～14歳	1.29	1.23
15～17歳	1.13	1.05
18～29歳	1.00	0.92
30～49歳	0.93	0.90
50～69歳	0.90	0.86
70歳以上	0.90	0.86

量も考える必要がある。その目安には基礎代謝量を用いるとよい。これは、暑くも寒くもない環境でじっとしている時に使うエネルギーのことである。

表3-4-3は、日本人の基礎代謝量の標準値である。年齢と性別により少しずつ変わるが、15歳以上では1時間・体重1kgあたりで1.0kcal前後となる。高校生以上であればほぼ1kcalと覚えておくとよい。

図3-4-6（C式）は、この考え方に基づいて作成した、生活中の消費エネルギーを求める式である（注）。たとえば体重60kgの人が、停滞日に山小屋やテントで1日中ごろごろしていたとすれば、60kg×24h×1 ＝ 1440kcalとなる。

なお、A式とC式とは形が似ており、5と1という係数が違うだけである。これは、行動中は平均して5メッツ、生活中は1メッツのエネルギーを使っていることを意味する。

◆エネルギー計算の例

A～C式を使って、山での1日のエネルギー計算をしてみよう。たとえば体重60kgの人が小屋泊まりの登山をしたとする。行動時間が8時間だとすれば、残りの16時間が生活時間となる。

行動中のエネルギー消費量は、A式を用いて60kg×8h×5 ＝ 2400kcalとなる（B式を使えばもっと正確に計算できる）。生活中の値は、C式を用いて60kg×16h×1 ＝ 960kcalと計算できる。したがって1日の総消費エネルギーは3360kcalとなる。

なおA式もB式も、歩行条件が

....

注）基礎代謝量とは、目覚めた状態で横になっている時の値である。座っているときにはその1.2倍、眠っているときには0.8倍くらいの値となる。厳密にはそれらを区分した計算が必要だが、本書では実用性を優先し、山での生活時間の半分を起きている時間、半分を眠っている時間と考え、1.0という値で代表させることとした。

生活中のエネルギー消費量（kcal）
＝ 体重(kg) × 生活時間(h) ×1 … C式

図3-4-6：生活中のエネルギー消費量の推定式　（山本、2012）
この式は15歳以上の男女に適用する。より正確に計算したい場合や、14歳以下の子供については、「1」の部分に表3-4-3の数値を当てはめて計算する。

登山ガイドブックに掲載されたコース定数(✓印)。この値に「自分の体重+ザック重量」をかけることで、そのコースを歩いたときのエネルギー消費量が推定できる。

第3章 登山の疲労とその対策

よい場合を想定した計算式である。悪路、雪道、強風に逆らって歩く場合などは、その程度に応じてエネルギー消費量は増える。

C式も同様である。山の中では、低酸素、低温、高温の影響を受けたり、日中の激しい運動の影響で、基礎代謝量は表3-4-3よりも高くなる可能性が高い。また生活中といっても、炊事、食事、翌日の準備などの活動をすればエネルギー消費量は増える。

したがってA〜C式は、コンディションがよい時でも最低これだけのエネルギーは消費するという「下限値」を示すものと考えて頂きたい。

◆どれくらい食べればよいか

行動中に消費するエネルギーについて、その全量を補給する必要は必ずしもない。その一部は、体内に貯蔵された脂肪や炭水化物を利用して賄えるからである(P122)。それらでは賄えない分を、炭水化物を主体とする食物で定期的に補給する、と考えればよい。

運動中、どの程度の体脂肪を活用できるかには個人差がある。一般的

例) 体重60kgの人が軽装で8時間の日帰り登山をする場合
①総消費エネルギーは、60kg×8h×5 = 2400kcal
②その7割を補給するとした場合、1680kcalとなる
③朝食で600kcalを食べた場合、残りの1080kcalを行動食として食べる
④行動中は、1080kcalを1〜2時間ごとに振り分けて食べる（下図）

図3-4-7：1日の登山の中でのエネルギー補給の仕方
①まず自分が歩こうとするコースのエネルギー消費量を計算式で求める。②次にその何割を食べるかを決める（ここでは7割とした）。③それを朝食と行動食に分ける。④行動食はさらに細かく分割して、1〜2時間おきに補給する。

には、持久力のトレーニングを積んでいる人ほど脂肪の燃焼能力が高く、そうでない人は低い。

初心者、体力のない人、中高年、子供では、エネルギー消費量の7〜8割以上を補給する必要がある。体力に優れ、山にもよく行く人であればもう少し減らしてもよいが、それでも5〜6割程度の補給は必要である。

図3-4-7は、1日の中での補給例を示したものである。①から④の手順で実行する。これを実行してみて問題がなければそれでよい。過不足があれば少しずつ調節して、自分にとって最適な補給量を見つけていく。

column 3-4-4
昔の山人のエネルギー補給

　昭和6年3月、立教大学隊は人跡未踏の黒部側から2週間以上をかけて、鹿島槍ヶ岳と五竜岳の登頂を果たした。このときのリーダー・堀田弥一は、昭和11年に日本人初のヒマラヤ登山隊を組織し、ナンダコット（6861m）の初登頂に成功した人である。

　宇奈月から黒部川の奥地まで入る際、本谷沿いは危険なので、脇の支尾根を次々に越えていった。徒渉も40回に及んだ。

　国立登山研修所長を務めた故・柳澤昭夫氏は、このようなハードな登山ができた理由の一つとして、毎日6合の米を食べていたことを指摘している。米1合（約150g）のエネルギーは530kcalなので、6合では3200kcalとなる。副食物を入れれば4000kcalくらいになっただろう。

　1日に6合の米というのは、当時の軍隊と同じ基準である。日本におけるスキー発祥の地とされる新潟県の高田連隊の兵食（明治44年頃）は、「朝食が米1.5合、昼食は弁当で2合、夕食は2.5合で、朝夕は一汁三菜」だったと記録されている。

　仙人画家と呼ばれた熊谷守一は若い頃、冬になると岐阜の山中で、伐採した材木を川に入れて流す仕事をしていた。1日8合の米と味噌汁だけで一冬を暮らした。米のエネルギーだけでも約4200kcalになるが、それでも労働者たちは皆やせこけていたという。

高田連隊でのスキー訓練の様子。左から3人目が日本にスキーをもたらしたT.レルヒ中佐（レルヒの会＋上越市立総合博物館編、1988）

第3章　登山の疲労とその対策

◆1日の中での食べ方
1）朝食

　朝食を抜くと、てきめんに疲労しやすい（図3-4-1）。朝食のことを英語でbreakfastというが、これは断食（fast）を破る（break）という意味である。事実、朝起きたときには相当な空腹状態になっている。

　朝食とは、1日の長い行動で使うエネルギーの一部を先取りして補給しておくもの、という意識を持って食べる。栄養素としては炭水化物を最優先するが、それを十分に摂った上で脂肪や蛋白質も摂るとよい。

　朝食で摂る炭水化物は、多糖類と呼ばれるご飯、麺、パンなどがよい。単糖類や二糖類と呼ばれる甘い物（砂糖入りのジュースや紅茶など）は、運動前に単独で多量に摂ると、その反動で血糖値が低下し、かえってバテやすくなる（注）。

　朝早く出発する場合、食欲が出ない人もいるだろう。食べる時間が確保できない可能性もある。その場合は行動の開始後、休憩ごとに少しずつ摂るようにする。

注）パンを食べた上で砂糖入りの紅茶を飲むなど、多糖類と単糖類とを一緒に摂ればこのような問題は起こらない。野菜などの食物繊維と一緒に摂るのも効果的である。

8階建ての建物の階段で、1日に1200mの登下降をして疲労の様子を調べる実験。

2）行動食

　昼食という用語を使うと、昼にまとめて食べるもの、という意識を持ってしまう。昼にゆっくり時間をとり、多めに食べることは差し支えないが、山ではもっと小刻みに食べなければ疲労が起こる。意識づけのためにも「行動食」と呼ぶ方がよい。

　1日の行動は上りで始まることが多い。上りではたくさんのエネルギーを使うので、2時間もすれば炭水化物は枯渇し始める。

　そこで、最低でも2時間おき（できれば1時間おき）に食べる。朝の8時に歩き始めた場合、少なくとも10時頃には1回目の行動食を摂る。

　栄養素としては朝食と同様、炭水化物の補給が最重要である。これが十分に補給されているという前提で蛋白質や脂肪も摂るとよい。

　行動中に補給する炭水化物は多糖類でも単糖類でもよい。ただしエネルギー切れの疲労が起こった場合には、単糖類を単独で補給した方が即効性がある。

　1日の後半になると炭水化物は欠乏しがちとなる。日帰り登山であればこの時間帯は下りのことが多い。下りでの消費エネルギーは、計算上では上りよりもかなり小さくなる。食べなくても平気だと思うかもしれないが、以下の理由でやはり補給は重要である。

　下りでは筋が伸張性運動を行うので、速筋線維を多用する（P27）。この線維のエネルギー源は炭水化物である。つまり下りでの炭水化物の消耗率は大きいので、上りと同等のエネルギー補給を心がける。

3）夕食

　一泊以上の登山の場合、小屋泊まりであれば下界並みの食事が出るので問題はない。だが自炊をする場合には栄養のことを考える必要がある。

　登山の1日目はあまり食べなくても大丈夫だが、2～3日目になるとしっかり食べないと身体が動かなくなる、という経験をした人は多いだろう。1日目は、それまでの下界での十分な食事による炭水化物の貯蓄があるが、初日の行動でそれが枯渇してしまうためである。

　日中の行動によって体内の炭水化物の貯蔵量は低下している。これを次の日の行動に備えて回復させなければならない。このため夕食でも炭水化物の補給は最重要である。

　スポーツ選手は毎日のトレーニング後に、炭水化物の補填と壊れた筋の修復のため、運動後1時間以内に炭水化物と蛋白質の摂取を心がける。登山も同じである。すぐに夕食が食べられない時は、行動食の残りを口

登山中のエネルギー消費量を正確に測るための実験。

に入れておくとよい。蛋白質とあわせて脂肪も補給するとよい。これらの栄養素は腹持ちがよい。蛋白質には身体を温める作用もある。

　自炊の登山を何日も続ける時には、ビタミン類が不足したり、偏ったりする可能性がある。不安な場合は市販の錠剤で補うとよい。ただし、採りすぎると有害なビタミン（A、D、Eなどの脂溶性ビタミン）もあるので標準的な推奨量を守る。

◆スポーツ栄養と登山栄養
— 類似点と相違点

　下界のスポーツ選手は、普段の生活でも試合の時でも栄養補給に気を使う。最近ではスポーツ栄養学という分野もでき、その知識は登山者にも参考になる。

　表3-4-4の左側は、マラソンやトライアスロンなどの選手が、試合の時に用いる栄養補給の方法である。右側は、これに対比させて登山の場合の考え方を示した。

　下界のスポーツでは短時間で高強度の運動をするので、栄養補給にも細かな配慮が必要である。一方、登山は運動の時間が長く、強度は低い。スポーツというよりは長時間の労働に似ているので、食べることに関す

る自由度はより高い。

　ところで登山の場合、山の中という制約を受け、下界なみの栄養補給ができない場合も多い。その際にどう対処すべきについては、下界での理想的な栄養補給を追求するスポーツ栄養学からでは十分な答えが得られない。

　本節では、5種類の栄養素の中でも最優先されるのは、炭水化物によるエネルギーの補給だと考え、話を進めてきた。他の栄養素（蛋白質、脂肪、ビタミン、ミネラル）に関しては簡単にしか触れなかった。

　これらの栄養素に関しては、数日程度の登山ではあまり神経質にならなくてもよい、というのが著者の考えである。登山者が通常口にする食物には様々な栄養素が含まれている。したがって、極端に偏った食事を続けない限り、身体にトラブルをきたす心配は少ないだろう。

表3-4-4：持久スポーツでの食べ方と登山での食べ方
下界で数時間以上の競技をするスポーツと、登山との食事法の違いを示した。登山は運動強度が低いので、下界のスポーツよりも食べ方の自由度は高い。

	マラソン・トライアスロンなどの場合	登山の場合
試合（登山）の前日まで	体内の炭水化物の貯蔵量を高めるために、以下のようにグリコーゲン（カーボ）ローディングを行う。試合の1週間前からトレーニング量を徐々に減らし、最終日はごく軽いトレーニングか完全休養とする。食事は、試合直前の3日間は高炭水化物食を摂る。	正規のグリコーゲンローディングは1週間がかりの方法なので、大きな山岳レースの前などに行うのはよいが、通常の登山の際に毎回行うのは現実的ではない。普段から規則正しい食生活をし、前日や前々日には十分な休養と栄養をとるといった意識で十分だろう。
試合（登山）当日の運動開始前	胃もたれを防ぐため、通常の食事は試合開始の6時間前までにはすませる。試合によっては3時間前に軽食を摂るが、このときに摂取するものは炭水化物とし、脂肪や蛋白質は避ける。また直前に糖分（単糖類、二糖類）の多い食品を多量に摂ると、かえって血糖値が下がってしまうので注意する。	登山開始の直前に食べてもよい。炭水化物が最も重要だが、それを十分に摂っていれば、脂肪や蛋白質も食べてよい。直前に糖分を多量に摂ると、かえって血糖値が下がってしまうので、ご飯、麺、パンなど、緩やかに血糖値を上げる食品（多糖類）がよい。
試合（登山）中	運動中のエネルギー源として、最も性能に優れる炭水化物を中心に摂取する。脂肪や蛋白質は消化に時間がかかるので避ける。エネルギーが枯渇してくる競技後半では、単糖類や二糖類のような、血糖値を上げやすい炭水化物を摂る。	炭水化物が最も重要だが、それを十分に摂った上で、脂肪や蛋白質もあわせて摂るとよい。エネルギーが枯渇してくる登山の後半や、エネルギー切れの時には、血糖値を上げやすい単糖類や二糖類がよい。行動中は1〜2時間ごとに補給する。
試合（登山）後	筋や肝臓のグリコーゲンが枯渇状態にあるので、炭水化物の補給に努める。その際、蛋白質もあわせて摂ると、グリコーゲンの再生がより促進される。摂食のタイミングは、試合終了後から1時間以内が効果が高い。	左に同じ。特に数日間続く登山の場合は、筋や肝臓のグリコーゲンの回復に努めることが重要になる。長期の登山で、ビタミンやミネラルなど微量栄養素の不足が予想される場合には、錠剤で補う。

第3章　登山の疲労とその対策

column 3-4-5
何も食べられないときの心構え…3の法則

登山の場合、食べたくても食べられない場合がある。長期間のテント泊登山、あるいはハードなクライミングでは、重量制限のために食料が削られることも多い。ほかにも高所登山などで身体が食事を受けつけない場合や、遭難して絶食を強いられる場合などが考えられる。

本文中では、炭水化物が枯渇すると筋や脳神経系の機能が低下してしまうと述べた。ただし、遭難して食べられなくなると、そのまま手も足も出なくなってしまうかといえば、そうではない。

炭水化物が枯渇して数時間すると、脂肪からケトン体という物質が作られ、筋や脳神経系を動かせるようになる。炭水化物があるときのようなパワーやキレのよさは望めないが、人間の身体はそう簡単には参らないようにできているのである。

サバイバルの世界には「3の法則」という標語がある。これを見ると、食べることの優先順位は低く、食べ物がなくても3週間は我慢できることがわかる。このような知識を持っていれば、遭難した時にも食べることに関してはあわてずにすむ。

山中で迷い、食事をとらずに何日も過ごして生還した人の話が報道されることがある。これは奇跡ではなく、上手に対処すれば誰にでもできることなのである。

多くの遭難者がすぐに参ってしまうのは、冷静さを失って②の低体温症にやられてしまうためである。「食糧や防寒着に手をつけずに死亡していた」というのはその典型である。

パニックに陥らず、無駄に歩きまわらないようにし、身体を冷やさない工夫をして、エネルギーの損失をできるだけ防ぐ。そうすれば1カ月近く「籠城」できるエネルギーは誰でも体内に持っているのである。

<3の法則>

①3分	酸素が3分以上絶たれると生命の危険がある
②3時間	低体温症や熱中症の危険がある時、3時間以内に防御対策を講じなければ生命の危険がある
③3日間	水分を3日間以上補給しないと生命の危険がある
④3週間	食物を3週間以上補給しないと生命の危険がある

夕食時には、炭水化物のほかに蛋白質や脂肪も積極的に補給しよう。

SUMMARY
まとめ

■ 1日～数日程度の登山で最重要な栄養素は炭水化物である。炭水化物は質の高いエネルギー源として働く。

■ 炭水化物が足りないと、筋の疲労だけではなく、脳神経系の疲労、筋や内臓の分解、腎臓に負担をかけるなど、様々な害をもたらす。

■ 登山中のエネルギー消費量は、行動中と生活中とに分けて、公式を使って求めることができる。

■ 行動中には、公式で求めたエネルギー消費量の7～8割を補給する。補給は1～2時間ごとに行う。

■ 登山ガイドブックに記載されている「体力度」とは、エネルギー消費量の大きさと考えることができる。

第3章 登山の疲労とその対策

第3章-5

ひと昔前は「登山中に水を飲むとバテる」といわれていた。だがこれは迷信である。水を飲まずに運動すると疲労することは、古くから実験で証明されている。たとえば暑い時に水を飲まずに運動すると、汗をかけなくなり、体温が上昇して疲労する。自動車のエンジンでいえばオーバーヒートの状態である。

最近では熱中症の多発を受けて、夏季の水分補給に関する啓発は進んだ。だが脱水は寒い時期でも起こる。その場合、体温は上昇しなくても、運動能力を低下させたり、心臓に負担をかけたりする。山での水分補給は季節を問わず重要なのである。

脱水による疲労

谷川連峰・茂倉岳にて。水は重いが必需品なので、十分な量を持って行けるような体力をつけておこう。（小林正彦氏撮影）

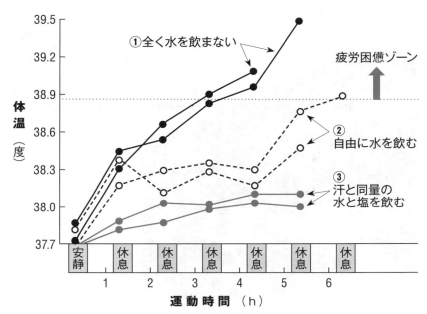

図3-5-1:水分補給と体温上昇の関係（Pittsら、1944）
①は避けなければならない。③が理想だが、登山の場合には実行が難しいことも多い。現実的には②を実行することを心がける。

注）体重の減少量は、発汗や呼吸により失われる水分量とほぼ等しい。

◆飲まずに運動するとどうなるか

　まず、暑い時に水を飲まずに運動をすると、身体はどうなるのかを見てみよう。

　図3-5-1は、70年も前に行われた実験である。気温38度の部屋で、上り坂のトレッドミルを、1時間ごとに小休止をはさんで6時間歩くという、登山に似た運動をしている。

　①全く水を飲まない、②自由に水を飲む、③1時間ごとに体重の減少量を計り（注）、同量の水と塩を補給するという3条件で、同じ人が日を変えて2回ずつ行った。

　①では時間とともに体温は上昇し続け、4時間目を過ぎると疲労困憊ゾーン（39度以上）に入ってしまった。自動車のエンジンでいうと、冷却水が欠乏してオーバーヒートを起こした状態といえる。

　②では体温はあまり上昇せず、最後まで快適に歩けた。ただし運動中に被験者が飲んだ水の量は脱水量の3分の2程度で、運動後半では体温

高校1年の夏、一人で東北の朝日連峰の縦走に出かけた。炎天下で、荷物も重く、本来ならば3ℓくらいの水が必要な条件だったが、水分補給の知識もなく、1ℓしか持っていかなかった。脱水に苦しんでやっと辿り着いた銀玉水の水がおいしかったことを今でも覚えている。

がやや上昇している。

③では最後まで体温はほとんど上昇せず、最も快適に歩けた。

この実験から次のような教訓が引き出せる。1）水を飲まないと体温が上昇し、短時間で疲労してしまうこと、2）自由に飲むだけでは不十分で、多めに飲むという意識が必要なこと、3）水分だけではなく塩分の補給も重要なこと、である。

この実験は1944年、つまり太平洋戦争のさなかのアメリカで行われた。兵士が暑熱環境で行軍をするときに、どうすれば運動能力を維持できるかという見地から、このような研究が行われていたのである。

◆飲まなすぎる人間－自発的脱水

昔は、運動中に自由に水を飲むと、飲みすぎてしまうと信じられていた。登山中には水を飲むなと言われたのもこのためである。

だが実際には、口渇感にまかせて自由に飲んだ場合、前記のように脱水量よりも少なくしか飲まないことが多い。これには、身体が脱水傾向にあるのに、脳からの指令でさらに脱水を加速させてしまう「自発的脱水」と呼ばれる現象が関係している。

汗をかくと、水だけでなく塩分（ナトリウム）も失われる。この時に真水だけを飲んでいると体液中の塩分が薄まってくる。

column 3-5-1
登山者はどれくらいの水を飲んでいるのか？

男性65名、女性62名の登山者（平均年齢は64歳と59歳）に、「春や秋などの暑くない季節に、上り3時間、下り2時間、計5時間のコースを標準タイムで歩くとした場合、どの程度の水を飲みますか？」というアンケート調査をした。

図はその結果である。P155の計算式を用いて各人の脱水量を推定し、それに対して何％の水を飲んでいるのかを示した。また、望ましい補給量のラインも入れてみた（下限は60％、上限は120％とした）。

これを見ると、望ましい範囲内におさまっている人も多いが、少なすぎる人や、多すぎる人もいる。

充足率が少なすぎる人は男性に多い。熱中症による事故は男性に多いが、このような違いが影響しているのかもしれない。ただし女性の中にも、充足率がかなり少ない人はいる。

本節で述べる計算式を使って脱水量を計算し、それをもとに水分補給をすれば、飲まなすぎや飲みすぎによるトラブルは減り、より安全・快適・健康的な登山ができるだろう。

第3章 登山の疲労とその対策

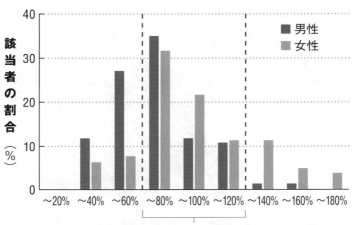

すると脳は、脱水が解消したものと勘違いして口渇感を止めてしまう。場合によっては体液が薄まりすぎないようにと尿量を増やす。本当は水が足りないのに、さらに水を捨ててしまうのである。

人間の体重の約6割は水分である。体液の組成は海水とよく似ており、人間が海中の生物から進化した証拠といわれている。私たちは、海中の生物のように潤沢な体液があって、はじめてスムーズな生命活動ができる。

トレーニングを積んだ人は別として、一般的な人では体重の2％の水分（60kgの人ならば1.2kg）が失われただけでも、脳や神経系の働きも含め、身体の機能は大きく低下してしまう。

ところで人間の場合、口渇感にまかせて水を飲むと少なくしか飲まないが、犬やロバは脱水量と同量の水分をきちんと飲むという。私たちが脱水によるトラブルを防ぐためには、口渇感だけに頼るのではなく、知性も使って自己管理をしなければならないのである。

アメリカのアリゾナ砂漠で、炎天下の中を人間とロバが一緒に歩き、脱水の様子を調べている。P123で紹介したD.B.ディル博士が行った実験の一つである。（Dill、1938）

column 3-5-2
飲み過ぎの害ー水中毒

　運動中、口渇感に任せて水を飲むと、多くの人は脱水量よりも少ない量しか飲まない。だが人によっては飲み過ぎて、水中毒（低ナトリウム血症）を起こすことがある。血液中の塩分濃度が低下しすぎて、筋の痙攣や意識障害が起こり、死亡することもある。

　水中毒の事故は、マラソンやトライアスロンのレースで起こっている。長時間の運動時には水分補給が重要だという啓発に過剰に反応し、飲みすぎることが原因である。

　最近では高所登山でも同じ警告がなされている。これまでは水分補給の重要性が強調されすぎて、無理にでも飲む方がよいと言われることが多かった。だが、このような飲み方をすれば水中毒に陥る危険性もある、というのが最近の論調である。

　通常の登山でも水中毒の可能性はある。意識的に飲もうとするあまり、脱水量よりはるかに多量の水を飲んだ時である。これを防ぐにはP155とP157の公式が役立つ。

　ただし、公式どおりに水分補給をしているのに水中毒が起こる可能性もある。長時間の登山で多量の水と塩分が失われ、それを補おうと多量の水を飲んだとき、塩分補給が相対的に足りないと体液が薄まってしまう。登山中、あるいは登山後に筋が痙攣する場合にはその可能性がある。

　水分と塩分とはセットで補給することが必要なのである。

トレイルランニングレースの給水所で。長時間の持久運動の際には、水分だけではなく、失われた塩分もセットで補給しなければ、体液のバランスが崩れてしまう。
（宮﨑喜美乃氏提供）

第3章　登山の疲労とその対策

◆脱水による様々なトラブル

　地球温暖化の影響で、夏には熱中症が多発するようになり、それを受けて水分補給に関する啓発も進んできた。だが登山者にとっては、夏以外でも水分補給は重要である。

　表3-5-1にまとめたように、脱水が関係するトラブルは熱中症のほかにもたくさんある。そしてそのほとんどは、気温の高低に関係なく起こることに注意して頂きたい。

1）熱中症

　暑い環境下で起こる障害の総称で、脱水時には特に起こりやすい。①熱痙攣、②熱疲弊、③熱射病に分類され、③を起こせば生命の危険がある。これらについては3章-6（P167）で詳しく考える。

2）筋の痙攣

　多量の汗をかいて水分と塩分が失われた時、真水ばかり飲んで塩分補給を怠っていると体液が薄まり、筋が痙攣しやすくなる。

　登山では、ふくらはぎやふとももの筋（骨格筋）で起こりやすい。胃や腸など消化管の筋（平滑筋）が痙攣し、腹痛が起こることもある。

3）運動能力の低下

　脱水が起こると血液中の水分量が

表3-5-1：脱水によるトラブル
脱水は、熱中症以外にも様々なトラブルを起こす。それらの多くは暑い時期でなくても起こる。

・熱中症
・筋の痙攣
・運動能力の低下
・心臓への負担の増加
・血液の粘性の増加
・高山病
・脳神経系の機能の低下
・むくみ
・凍　傷

減る。このため、血圧（心臓のポンプ圧）が低下し、筋に行く血液量が減る。その結果、酸素や燃料の供給も減り、運動能力が落ちてしまう。

　体重の2％の脱水が起こると血液量は約10％減り、普通の人では持久能力が5～10％落ちる。脱水はまた、筋力のような瞬発的な能力も低下させてしまう。

4）心臓への負担の増加

　血圧が低下すると、1回の心拍動で筋に送られる血液量が減ってしまう。その代償として心拍数が上昇する。体重の1％の脱水が起こると、心拍数は5～10拍上昇する。

これは心臓に余分な負担をかけることになる。不整脈も起こりやすくなる。特に、高血圧症や心臓病を持つ人では注意が必要である。

5）血液の粘性の増加

血液中の水分量が減ると、ドロドロになり固まりやすくなる。動脈硬化を起こして血管が狭まっている人では、脳梗塞、心筋梗塞、肺塞栓を引き起こす可能性もある。

また高山（おおよそ2500 m以上）では、高所順応の初期反応として血液の濃縮が起こる。高山では中高年の心臓突然死が多いが、これらのことも関係している。

6）高山病

高所では、低酸素、寒さ、乾燥の影響で脱水が起こりやすい。飲水欲も低下するので、脱水はさらに助長される。その結果、血液の循環が低下すると酸素の供給も低下し、高山病が起こりやすくなる。

7）脳神経系の機能の低下

脱水に陥ると、運動の制御能力が低下する。集中力、注意力、短期記憶（少し前の記憶）も低下する。これらは転ぶ事故や、道迷い遭難の原因ともなる。

8）むくみ

脱水が起こると、水をそれ以上失うまいとして、尿を減少させるホルモン（抗利尿ホルモン）が出てくる。これは一旦出始めると、運動をやめた後も12〜48時間は出続ける。このため運動後1〜2日は飲んだ水があまり排出されず、むくみを起こす。

登山後に手足や顔がむくむ人は、登山中に飲み過ぎているのではなく、むしろ脱水の反動を受けている可能性がある。むくみの訴えは女性に多いが、トイレの関係で水分補給をがまんしがちだから、という理由もあるかもしれない（注）。

9）凍傷

寒気に曝されると、末梢の血管を収縮させ、皮膚の温度を下げる。これは体温を逃がさないようにするための防衛反応である。だがこれに脱水が加わると、手足への血行はさらに悪くなり、零下の環境では凍傷を負いやすくなる。

注）むくみの原因としてはこの他にも、激しい運動、下りの運動による筋の損傷、炭水化物の不足による筋や内臓の分解、重力による水分の下垂なども関係している（P380）。

column 3-5-3
酒は理想的な飲み物?

　酒＝水分＋エネルギーである。水分とエネルギーとを同時に補給できる理想的なドリンク剤だという理屈もつけられそうだが、答えは否である。

　アルコールは、炭水化物から作られる物質で、高いエネルギーを持っている。350mlのビール1缶で、約175kcal（おにぎり1個分）のエネルギーがある。

　しかし、炭水化物のように運動の状況に対応して燃えてはくれない。安静時・運動時によらず、勝手に燃えてしまうので、燃料にはならないと考えた方がよい。

　それに加えてアルコールは、脳・神経系の働きを低下させる、体温の調節機能を乱す、筋力を低下させる、心拍数や血圧を上昇させる、脱水を助長する、などの害がある。

　また、高所で酒を飲むと睡眠時の呼吸量が低下し、高山病を起こしやすくなる。高所では、十分に順応するまでは飲まない方がよい。

　低体温症の危険がある時にもアルコールは厳禁である。末梢の血管が開いて手足の血流がよくなり、暖かくなったように感じるが、結果的にはより多くの体温を失ってしまう。

　アルコールは、夕食時に適量を飲んで「精神的」なエネルギーを充填させるためのものである。ただし多飲は禁物である。登山中の突然死の事例を調べた野口いづみ医師は、前日にかなりの飲酒をしているケースが多かったと報告している。

会津・御神楽沢にて。酒は夕食時に適量を飲もう。（沼田恵照氏撮影）

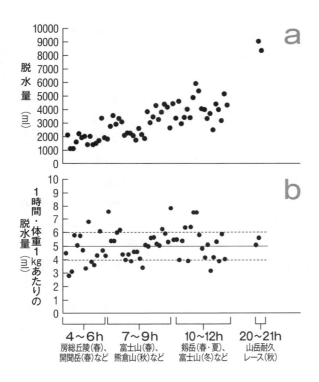

図3-5-2：
様々な登山における
脱水量（山本、2012）
いずれの登山でも、1時間につき10分程度の小休止を取りながら、標準タイムで行動している。脱水量は、絶対値で表すと行動時間や体重の影響を受ける（a）。しかし1時間・体重1kgあたりの相対値で表すと5ml前後の値に収束する（b）。

第3章 登山の疲労とその対策

◆登山中の脱水量はどれくらいか

　国際山岳連合の医療委員会の指針には「気象条件、運動の強度と量、発汗の個人差や性差に応じて、毎日どれくらいの水分摂取をすべきかについて処方することは不可能である」と書かれている。もっともな見解ではあるが、登山者の役には立たない。

　登山者にとっては、精度は多少落ちても、飲まなすぎや飲み過ぎによるトラブルを防止できる、簡易な指針が必要である。この観点で現実的な水分補給の指針を作ってみた。

登山前後で体重の変化を計り、飲食した重量を補正することで、登山中の脱水量が推定できる。

まず、行動中の脱水量がどの程度かを知る必要がある。そこで精密体重計を持って低山から高山まで季節を変えて出かけ、さまざまな人の脱水量を測定した。その結果、標準タイムどおりに歩く登山では、ある程度の法則性もあることがわかった。

図3-5-2のaには、横軸を行動時間、縦軸を脱水量として、47名(のべ59例)のデータを示した。行動時間の短いハイキングでは1ℓ程度だが、行動時間が20時間を超える山岳耐久レースでは8ℓ以上と、大きな開きがある。

さらに調べていくと、脱水量には行動時間と体重の影響が大きいことや、年齢や性別の影響は小さいことがわかった。

そこでbの図では、行動時間と体重の影響をなくすために、1時間・体重1kgあたりの脱水量に換算した値を示した。これを見ると、行動時間によらず、約8割のケースでは4～6mlという範囲におさまり(破線)、平均値はほぼ5mlとなることがわかる(実線)。

表3-5-2は、図3-5-2bの図から著者自身のデータを抜き出したものである。登山の内容や季節によらず、脱水量はやはり4～6mlの範

表3-5-2：同じ人が様々な登山をした時の脱水量（山本、2012）
1時間・体重1kgあたりの脱水量は、登山の内容によらず似た値となる。どんな山でも無意識のうちに、身体への負担度が同じとなるように行動しているためと考えられる。

山名	季節	行動時間(h)	1時間・体重1kgあたりの脱水量(ml)	備考
房総丘陵	5月	4.5	4.5	季候のよい時期に子供連れでハイキング
開聞岳	5月	5.8	6.1	真夏のように暑い日の登山
高隈山	4月	8.0	5.6	季候のよい時期の登山
富士山	5月	7.0	5.4	残雪期の登山
富士山	5月	8.0	5.1	残雪期のスキー登山
富士山	6月	9.0	5.5	無雪期の登山
富士山	12月	11.5	4.2	厳冬期の登山
奥多摩連山(山岳耐久レース)	10月	20.8	5.0	72kmのコースをほぼ標準タイム通りに歩く
平均値		9.3	5.2	

囲にあり、平均値はほぼ5mlとなる。これは、登山の内容は違っても、無意識のうちに身体への負担がほぼ同じとなるような歩き方をするために、失われる水分量もほぼ同じ値となるからだろう。

なお、厳冬期の富士登山でも4ml以上の脱水が起こっていることに注意して頂きたい。極寒の登山でも、暑い時ほどではないが、かなりの脱水は起こるのである。

この理由は、①寒い時期でも上りでは汗をかくことがある、②汗をかかなくても常に皮膚表面からは水分が蒸発している、③吐く息からも水分が失われる（寒くて乾燥した空気を呼吸する時には、それが特に大きくなる）、などによる。

◆気温の影響

春、秋、冬のように気温が高くない時期には、標準的なペースで歩いていれば、登山の内容によらず脱水の程度はほぼ同じとなる。一方、暑い時期には、標準ペースで歩いていても汗をたくさんかくので、脱水量は大きくなる。

図3-5-3は、同じ人が4年間をかけて、六甲山で四季折々に115回の登山をし、そのときの脱水量を

第3章 登山の疲労とその対策

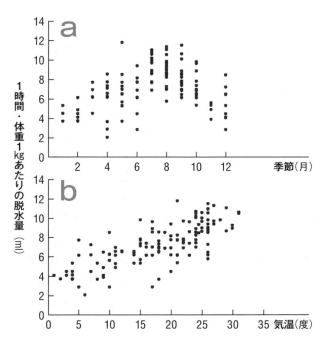

図3-5-3：
季節・気温と脱水量との関係（山本、2012）aは、同じ人が同じコースを同じタイムで、季節を変え115回歩いた時の脱水量。夏季は脱水量が大きくなる。bは、横軸に気温をとって、aのデータをプロットし直したもの。気温が高い時には脱水量も大きくなる。ただしa、bともばらつきは大きい。神戸在住の井上克孝氏から頂いた貴重なデータである。

子供は暑さに弱いので、十分な水分補給ができるよう、大人が指導しよう。

調べた結果である。標準タイムが4時間のコースを、トレーニングを意識して3時間というやや速いペースで歩いている。

　aは月別に見た脱水量である。夏（7〜8月）に最も大きく、冬は小さい値となる。ただし同じ季節でもばらつきは大きい。最高値が5月に出現していることも興味深い。

　bは、気温と脱水量との関係を示したものである。気温が高いと脱水量も大きくなる。ただし同じ気温でもばらつきがある。これは湿度、風、体調などの影響による。

◆行動中の脱水量を求める式

　以上の結果をもとに、登山者の使いやすさを重視して、行動中の脱水量を求める式を図3-5-4（D式）のように作成した。自分の体重（kg）に行動時間（h）をかけ、さらに5という係数（脱水係数）をかけると脱水量（ml）が求まる。

　体重60kgの人が6時間の登山をしたときには、60kg×6h×5＝1800mlの脱水が起こると計算できる。これは1升びん1本に相当する。登山の脱水量は思ったよりも多いと感じるのではないだろうか。

表3-5-3：脱水係数を微調整するための目安（山本、2012）

1）運動が激しい／弱い場合

5という脱水係数は標準コースタイムで歩いた場合の値である。それよりもゆっくり歩けば脱水量は小さくなるので係数を小さくする（3～4くらい）。逆に、速く歩く場合には大きくする（6～7くらい）。非常に速く歩けば10を超える場合もある。係数の大きさは、行っている運動のメッツとほぼ同じ値になると考えるとよい。

2）気温が高いとき

夏など汗をかきやすい季節には、標準的なペースで歩いても係数は5よりも大きくなる。気温が25℃以上、すなわち「夏日」と呼ばれる状況では6～8くらいにする。

3）汗をかきやすい／かきにくい人

標準的なペースで歩いていても、発汗の個人差により脱水量の多い人と少ない人がいる。前者では係数を6～7くらい、後者では3～4くらいにする。

行動中の脱水量（ml）
＝ 体重（kg）× 行動時間（h）× 5 …D式

図3-5-4：行動中における脱水量の推定式（山本、2012）
暑くない時期に、軽装で、整備された登山道を、標準的なペースで歩いている時を想定している。ザックの重さは含めずに計算する。また1時間に10分程度の休憩を含むものとする。より正確な値が知りたければ、P129のB式を用いて計算し、得られた値をkcalからmlに読み替えるとよい。

「5」という脱水係数は図3-5-2bの平均値を採用したもので、「気温があまり高くない時に、標準的なペースで歩いた場合」にあてはまる。この値を基準とし、表3-5-3のような場合にはその程度に応じて係数を加減する。

この指針はあくまでも目安である。何度かこの指針を試してみて、少しずつ自分にあった量に微調整していくとよい。

ところでD式を、P128で紹介したエネルギー消費量を求めるA式と比べてみて頂きたい。どちらも「体重（kg）× 行動時間（h）× 5」の形をしている。

肉体労働も含めた普段の生活中には、1kcalのエネルギー消費について1mlの脱水が起こるという関係がある。登山でもこの性質があてはまるので、2つの式が同じ形になるのである。

この性質を敷衍すれば、P129に示したエネルギー消費量を求める汎用式（B式）も、kcalをmlの単位に読み替えれば、脱水量を求める公式として使えることになる。

◆生活中の脱水量を求める式

1kcalのエネルギー消費について1mlの脱水が起こるという性質は、山での生活中にもあてはまると予想できる。そう考えると、P132に示した生活中のエネルギー消費量を求めるC式は、生活中の脱水量を求める式としても活用できる。

図3-5-5（E式）は、この考え方をもとに作成した、生活中の脱水量を求める式である。体重60kgの人が停滞日に、山小屋やテントで1日ごろごろしていたとすれば、60kg×24h×1＝1440mlと計算できる。

また、この人が8時間の行動をし、残りの16時間は山中で宿泊したとする。行動中の脱水量はD式により

西上州の山で。脱水は脳における認知能力も低下させる。地図読みの能力も低下して、道迷いの原因にもなる可能性がある。エネルギー（炭水化物）が不足した場合にも同様のことが起こる。

60kg×8h×5 = 2400ml、生活中の脱水量はE式により 60kg×16h×1 = 960ml となる。したがって1日の脱水量は3360ml となる（注）。

D式とE式とを比べると、行動中と生活中の脱水量の比率は、エネルギー消費量の比率と同じく5：1となることもわかる。

注）これらの式から求まる脱水量は、エネルギー消費量を求めるA～C式と同様、登山コンディションが最もよい時の値である。この値よりも大きくなることはしばしばあるが、小さくなることはあまりないと考えて頂きたい。

生活中の脱水量（ml）
＝体重（kg）× 生活時間（h）× 1 … E式

図3-5-5：生活中における脱水量の推定式（山本、2012）
「1」という脱水係数は、15歳以上の男女に適用する。15歳未満の人や、年齢・性別に応じたより正確な値を求めたい人は、P131の表3-4-3から該当する値を見つけて当てはめる。

一日の行動終了後には水負債の解消を、また一日の行動開始前には事前補充も意識して水分補給を行う。（石森孝一氏撮影）

岩登りでは、重量制限のために十分な水分補給ができない場合が多い。このような不利を見越して、ある程度の脱水には耐えられるように、強い体力を身につけておくことが必要になる。

◆脱水量の何割を補給すべきか

スポーツ選手の場合、図3-5-1のような実験結果に基づき「脱水量と同じ量の水分を飲むこと」「口渇感よりも多めに飲むこと」と指導されてきた。

だが現実的には、運動中に脱水量と同量の水分補給をすることは難しいこともある。また市民マラソンなどでは、飲み過ぎによる水中毒の事故も起こるようになった。

このため最近では「ある程度までの脱水は許容してよい」「口渇感に従った自由飲水でも問題はない」という考え方に変化してきた。図3-5-1の②のタイプを推奨しているといってもよい。

水分補給に関する現代のいくつかの指針を以下に挙げてみる。

1）日本体育協会（体協）では、スポーツ活動中は脱水量が体重の2％以内に収まるように飲むべきとしている。

2）ランニング学会では、マラソンレース中の水分補給について、体重の2％程度の脱水までは許容されるが、3％は超えないようにすべきとしている。

3）アメリカ陸軍が発行している『サバイバルテキスト』では、脱水量が5％を超えると危険であるとしている。

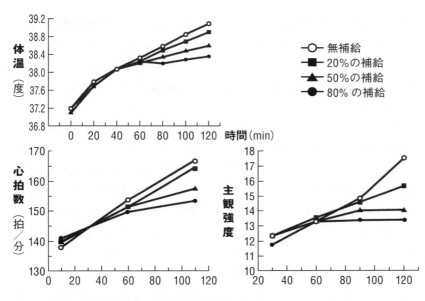

図3-5-6:水分補給量の違いによる生理応答の違い(MontainとCoyle、1992)
鍛錬された自転車競技選手が2時間の運動をしている。少しでも飲めば体温、心拍数、きつさ感覚の上昇がその分だけ抑制される。

注)マラソンの一流選手では、体重の4〜5%までの脱水ならば運動機能は低下しないという報告もある。

1)は一般的なスポーツ選手、2)はマラソン選手を対象としている。後者の方が持久力のトレーニングを積んでいるので、脱水の許容範囲は少し緩やかになっている(注)。

なお1)、2)とも「のどの渇きに応じて自由に飲めば、脱水は許容範囲内に収まる」としている。

3)では許容範囲がさらに緩和されている。ただし、鍛錬された兵士が非常事態に陥った時の適用基準なので、通常の登山にあてはめるべきではない。

図3-5-6は、33度の環境で2時間の自転車こぎ運動をしたときに、水分補給量を4とおりに変えて摂取し、体温、心拍数、主観強度の上昇を比べた結果である。

飲む量が多いほどこれらの上昇率は小さくなっており、できるだけ飲む方がよいことが理解できる。ただし逆の見方をして、十分ではなくても少しでも飲めば、その分だけ脱水によるストレスは小さくなる、ということも覚えておくとよい。

◆登山者のための補給指針

　登山者の場合、マラソン選手のような体力を持つ人もいる。だが一方では、高齢者や子供、運動不足の人などもいる。後者には、スポーツ選手よりも慎重な基準が必要である。

　表3-5-4は、このような登山者の多様性を考慮して、著者の考えで水分補給の指針を4つのレベルに分けて示したものである。

　一般の登山者はレベル1の基準を使うとよい。体重60kgの人が標準的なペースで6時間の登山をした場合、5×60kg×6h－10×60kg＝1200mlと計算できる。この基準は「脱水量の7～8割の水分補給をする」ことに相当する。

　初心者の場合、日常生活の感覚から抜けきれず、6時間程度の登山をする時でも0.5ℓ入りのペットボトル1本しか持参しない人もいる。だが上記の計算からすれば、必要量の半分にも満たないことになる。

　水は重いので、なるべく減らしたいと考える人は多い。だが1～1.5ℓ程度の水を持つことが重すぎると感じるようでは体力不足である。安全で快適な登山をするために、この程度の水はいとわずに持てる体力をつけるべきである。

　一方、岩登り、雪山、高所登山、トレイルランニングなどでは、十分な水が飲めない場合もある。これらの人は、脱水に耐えられる身体を作らなければならない。これについては6章で改めて考える。

表3-5-4：レベル別に示した水分補給の指針　（諸文献をもとに山本作成）
体力、経験、トレーニング状況などに応じて脱水の許容範囲は違ってくる。一般的な登山者はレベル1の指針を使う。Xは体重（kg）、Yは行動時間（h）を表す。

	下界でのスポーツや運動の場合	登山の場合	脱水の許容範囲	行動中の水分補給量(ml)を求める式
レベル1	健康のために運動やスポーツをする人	健康のために登山をする人、初心者、中高年、子供、体力の弱い人	体重の1%まで	5XY－10X
レベル2	一般的なスポーツ選手	十分な体力と経験を身につけている登山者	体重の2%まで	5XY－20X
レベル3	長距離走選手のように持久力のトレーニングを十分に積んだ人	アルパインクライマーやトレイルランナーなど、ハードな登山に慣れた人	体重の3%まで	5XY－30X
レベル4		遭難時など、やむを得ず水分が制限される場合	体重の5%まで	5XY－50X

column 3-5-4
エキスパートと初心者は一緒にできない

ハードな登山をする人は、荷物を切り詰めなければならない。持って行ける水も制限されるので、渇きを我慢しながら行動することもある。このような登山を何年も続けていると、少ない水分補給でも身体が動くようになってくる（P651）。

図は競歩選手の例である。大学生選手と日本のトップ選手が、①水を飲まない、②自由に水を飲む、③脱水量と同等の水を定期的に飲む、という条件で3時間の運動をし、体温上昇を比べている。

大学生選手は自由に水を飲める時にはよいが、飲まない時には体温が上昇してしまう。だがトップ選手では、飲んでも飲まなくても体温は上昇しない。

一般的なスポーツ選手は汗をかきながら体温を冷やす。だがトップ選手は厳しい鍛錬の結果、体表面の毛細血管が発達しているため、汗をかかずに身体を冷やすことができる。車のエンジンでいえば、前者は水冷式、後者は空冷式なのである。

登山も同じである。エキスパートの登山家ならば水を我慢しても耐えられるが、一般の登山者が我慢することは危険である。昔は、前者が後者に飲水を我慢させること（しごき）が行われ、死亡事故につながったこともある。

飲水を減らすためのトレーニング方法が確立されているわけではない。十分な体力を身につけた上で、自分の身体と相談しながら、少しずつ慣れていくしかないのである。

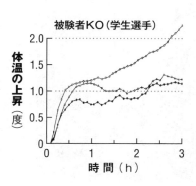
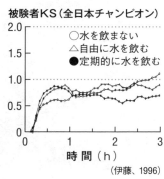

(伊藤、1996)

◆どのように飲めばよいか

1）タイミング

　多量の水を飲まなければならない場合、小分けにして飲む方が無駄な汗や尿は減り、補給の効率はよくなる。下界のスポーツでは15〜20分ごとの給水が勧められている。

　だが登山の場合、ハイドレーションシステムを使わない限り、このような補給は難しい。そこで最低でも1時間に1回は飲むようにする。暑い時期や運動が激しい時には30分に1回とする。

　出発前にも、行動中の脱水を先取りして水分を補給しておくとよい（事前飲水）。下界のスポーツでは300〜500mlの事前飲水が推奨されている（注）。登山者の場合、朝食時に飲む味噌汁やスープ、お茶などの水分も事前飲水に該当する。

　行動中の補給量は、事前飲水の量を差し引いて考えればよい。たとえば、その日の行動で2ℓの補給が必要だとして、朝食時に500mlの水

注）ただし、出発前に無理にたくさん（たとえば1ℓ以上）飲んで「飲みだめ」をしても、無駄な発汗や尿が増えたり下痢を招いたりするので有効とはいえない。またその水の重さは、ザック内にあるか体内にあるかの違いだけで、脚筋にかかる負担が軽くなるわけではない。

春を告げるオキナグサ。植物の場合、1日に自分の重量と同じかそれ以上の水を根から吸い上げ、葉から蒸散させている。

分を補給したとすれば、行動中は残りの1.5ℓを補給すればよい。

泊まりがけの登山では、山小屋やテント場に着いたら十分に補給する。行動中には、脱水量に対して補給量が追いつかず「水負債」が生じていることが多い。この負債は、宿泊中に自由に飲むことで、翌朝までには解消される。

泊まり場に水がない場合や、制限される場合（雪を溶かして作らなければならない場合など）には、必要量を計算し、それに近づける努力をする。

2）種類

水、お茶、スポーツドリンク、ジュースなど、自分が飲みやすいものでよい。ただし長時間歩く時には、水分のほかに塩分の補給も必要になる。体協の指針では、3時間以上の運動では塩分も補給すべきとしている（注）。

電解質の入ったスポーツドリンク

注）高血圧のために日常生活では減塩をしている人でも、長時間の登山をすれば塩分の喪失は大きいので、普段よりも多めの補給をする必要がある。

春の二王子岳にて。塩分補給に訪れたギフチョウ。チョウにも、エネルギー、水分、塩分の補給が不可欠である。

は、このような場合に有効である。ただし、おにぎりやせんべいのように塩気のあるものを食べ、あわせて真水を飲むのでもよい。1ℓの水分補給につき1〜2gの塩分補給をするとよい。

最近では「経口補水液」という用語が普及してきた。スポーツドリンクよりも塩分が多く、糖分が少ない組成で、より吸収しやすい。「飲む点滴」とも呼ばれている。

順調に歩けている時にはスポーツドリンクでよいが、脱水や熱中症に見まわれた際には、経口補水液の方が効果が高い。経口補水液は市販もされているが、水に塩と砂糖を溶かすことで、自分でも簡単に作ること

ができる。

3）温度

昔の養生思想の影響で、以前は冷たい水は身体に悪いといわれていた。だが暑いときには、5〜15度くらいの冷水の方が身体によい。

理由は二つある。一つは冷たい方が腸での吸収が速いから、もう一つは身体の最深部にある胃の中で直接身体を冷やせるから、である。

一方、冬山などでは冷たい水を飲んだり雪を食べたりすると身体が冷えてしまうので、温かい飲み物がよい。つまり、その時に一番飲みたいと思う温度の水分を摂ることが身体のためにもよい、と考えればよい。

1ℓの水に対して、塩を3g（小さじ0.5杯）と砂糖を40g（大さじ4.5杯）を溶かせば、経口補水液を作ることができる。

column 3-5-5
何も飲めない時の心構え

私たちは、絶食に対してはある程度耐えたり馴れたりできる。だが断水に耐えたり馴れたりすることは難しい。人間は、体重の15〜20％の脱水が起こると死んでしまう。水を飲まずに登山を続ければ、2〜3日でこのような状態に陥る（P140）。

遭難して全く水が得られない場合、どうすればよいだろうか。簡単に参ってしまわないために、次のことを知っておくとよい。十分な保温対策をして無駄に動かないようにしていれば、10日間くらいは生き延びられるだろう。

1）体内で水を合成する

人間は、体内で水を作ることができる。体内で炭水化物や脂肪を燃やすと、水（代謝水）ができる（P18）。100gの炭水化物を燃やすと55g、100gの脂肪を燃やすと107gもの代謝水ができる。

特に脂肪は、飲まず食わずの時の重宝な資源となる。体重が60kgで体脂肪率が15％の人ならば、9kgの脂肪を持っている。これは数週間分のエネルギーとなる上に、10ℓ近くの水分を生み出してくれるのである。

2）体内の貯蔵水を使う

そもそも人間の身体の約6割は水でできている。体重60kgの人ならば30kg以上の水を蓄えている。これを活用すれば、外から水を補給しなくても何日かは耐えられる。

たとえば、炭水化物は水と一緒に貯蔵されている（貯蔵グリコーゲン）。炭水化物が100g燃えると、いらなくなった貯蔵水が300g放出される。体内には全部で約400gの貯蔵グリコーゲンがあるので、1.2ℓの水が活用できる。

また筋の70％以上は水でできている。絶食が続き、筋の蛋白質がエネルギー源として分解されると、その水がいらなくなって放出される。

第3章　登山の疲労とその対策

甲斐駒ヶ岳にて。冬山でも脱水量は思った以上に大きい。加えて水も得られにくくなるので、水分補給には気を使おう。

SUMMARY
まとめ

■ 登山中には水を飲まない方がよい、という教えは誤りである。暑い時期はもとよりだが、寒い時期でも水分補給は重要である。

■ 水分補給が足りないと、熱中症、心臓への負担の増加、運動能力の低下、むくみ、凍傷など、様々なトラブルが起こる。

■ 飲まなすぎ、飲み過ぎによるトラブルを防ぐためには、行動中と生活中とに分け、公式を使って脱水量を求め、補給計画を立てる。

■ 一般的な登山者の場合、行動中には脱水量の7〜8割以上の水分を補給する。行動を始める前の事前飲水にも心がける。

第3章-6 暑さによる疲労と障害

第3章 登山の疲労とその対策

山という大自然の中に入っていくと環境の影響を強く受ける。その要素は、暑さ、寒さ、風、雨、乾燥、多湿、高度など様々である。これらのストレスはいずれも疲労の原因となり、注意を怠れば熱中症、低体温症、凍傷、高山病などにもつながる。ここからは、このような環境のストレスによる疲労や障害について考えてみる。

本節では暑さについて考える。近年、地球温暖化による猛暑の影響で、下界では熱中症が多発するようになった。登山も例外ではない。下界より涼しそうに見える山でも多くの事故が起こっている。登山は熱中症の起こりやすい運動の一つなのである。

盛夏の北アルプス・朝日岳の上り。高い山でも直射日光やその照り返しを受ける場所では、暑さに注意しよう。(大西浩氏撮影)

◆暑さと人間

　人間の筋と自動車のエンジンとはよく似ている。どちらも燃料を燃やしてエネルギーを産み出しているが、動力に使われるのは一部分で、残りは熱になってしまう。エンジンを動かせば手でさわれないほど熱くなる。私たちも運動をすれば、体内には膨大な熱がたまるのである。

　一方で、人体の器官が正常に活動できる体温の範囲は非常に狭い。脳や内臓など、身体の中心部にある器官の温度（深部体温）は、常に37.5度前後に保たれている（注）。この値は運動をしても、また暑いところや寒いところへ身を置いても、脳による精巧な調節のおかげで、±1度くらいの範囲内でしか変動しない。

　何らかの理由でこの調節がうまくいかなくなり、体温が2度上昇しただけでも、身体は変調をきたす。これは、風邪をひいて39度の熱が出ると、ぐったりしてしまうことからもわかる。

　登山（特に上り）では、荷物を背負って坂道を長時間歩き続けるので、膨大な熱が発生する。寒い時期ならば、この熱は身体を温めるために役立ってくれる。だが暑い時期には、この体熱を絶えず体外に捨てなければ、体温が上昇し続けて熱中症を引き起こす。車のエンジンでいうとオーバーヒートの状態である。

注：私たちが脇の下で測る体温は深部体温よりも1度ほど低く、おおよそ36度台である。これは外界の温度の影響を受けて、体表面の温度が低くなっているためである。

昔の大学山岳部の夏合宿の様子。重い荷物を背負って坂道を上る登山は、熱中症の起こりやすいスポーツの1つである。

column 3-6-1
熱中症の起こりやすいスポーツ種目とは？

　熱中症の統計を見ると、登山を含めて次のようなスポーツや運動時に事故が多い。

1）長距離走・持久走

　激しい運動を休憩なしに続けるため、多量に発生する体熱を捨てる作業が追いつかず、体温が上昇してしまう。学校の部活動で持久走のトレーニングをする時や、校内マラソンの時などに事故が多い。

2）サッカー・ラグビー

　長距離走のように休みなしに走るわけではないが、ダッシュという激しい運動を頻繁に繰り返すので、体温が上昇しやすい。

3）野球

　炎天下のグラウンドで何時間も行うため、直射日光や地面の照り返し熱を身体が吸収しやすい。また分厚いユニフォームを着ているため、体熱が逃げずにこもりやすい。

4）剣道・柔道

　風のない道場で、分厚い胴衣を着て行うため、熱ストレスを受けやすい。剣道の場合は重い防具をつけて運動をする。これは肥満者が運動をするのと同じで、体熱が発生しやすく、しかもその熱がこもりやすい。

　野球や武道では、昔から練習中に水を飲んではいけない、という誤った指導がしばしば行われてきたことも、事故が多い理由である。

　登山も、坂道を上る、重い荷物を背負う、長時間歩き続ける、炎天下で行動するなど、熱中症が起こる条件が揃っている。水も、以前は飲まない方がよいと指導されていた。

　登山者が熱中症を避けるには、1）～4）を参考にして、その反対の行動適応を心がければよい。ゆっくり歩く、頻繁に休む、荷物を軽くする、強い日射を避ける、風通しのよい衣服を着る、水分補給をする、などである。

第3章　登山の疲労とその対策

◆膨大な体熱が発生する登山

図3-6-1は、登山中の体熱発生が想像以上に大きいことを、著者自身の身体で調べているところである。蒸し暑い時期の登山を模擬するために、室温26度、湿度70％の室内で、1時間で570mのトレッドミル登高をした。ザックの重さは15kgだった。

図3-6-2はその結果である。1時間の運動で発生したエネルギーは約800kcalだった。そのうち、身体を持ち上げる仕事に使われたのは16％にすぎず、残りの84％は熱に変わっていた。運動をすると、その代償として体内には膨大な熱がたまるのである。

図には、二本の折れ線が描いてある。一つはこの運動で生じた熱が全て体内にたまったと仮想した場合の体温上昇、もう一つは実際の体温上昇である。

仮想値を見ると、わずか1時間の運動でも、安静値（37.5度）から11度あまり上昇し、49度になる計算となる。体温が42度になると、私たちの生命活動を司る蛋白質は変成し、機能を失ってしまう。もしも身体から熱が逃げなかったとすれば、著者はこの運動を20分あまり続けただけで死んでしまうのである。

ところが実際の体温上昇を見ると、

図3-6-1：体熱の発生量の測定
暑い部屋でトレッドミルを使って模擬登山をし、エネルギーや熱の発生量を調べる実験。身体が1ℓの酸素を取り込むと約5kcalのエネルギーが発生する。そのうちの約8割は熱に変わり、体温を上昇させる。

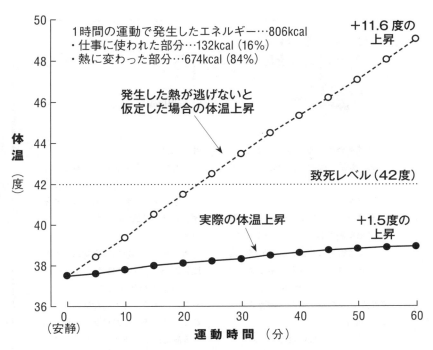

図3-6-2：トレッドミルで1時間の模擬登山をした時の体温上昇（山本、2000）
運動時に発生した体熱が全く逃げないと仮定すると、深部体温は50度近くまで上昇する計算となる。
だが実際には、発汗などにより熱が捨てられるため、1.5度くらいしか上昇しない。

1時間後でも、安静値から1.5度上昇して39度になっただけである。これは運動中、絶えず熱を体外に捨てていたからである。

体熱を捨てる手段としてよく知られているのは発汗である。汗が蒸発する時に皮膚の表面からたくさんの熱を奪ってくれる。ほかにも皮膚表面からは、伝導、対流、輻射という複数の手段によって熱が捨てられる。

この運動は暑くて風のない室内で行ったので、対流、伝導、輻射の貢献度は小さく、主として発汗により体熱を下げていたことになる。その発汗量は1.3kgだった。著者の身体は1.3ℓの水を失うことと引き換えに体温を10度下げ、死ぬことをまぬがれたのである。

column 3-6-2
4種類の放熱手段とその限界

体熱を外界に捨てる手段として、伝導、対流、輻射、蒸発の4つがある。

1）伝導

身体がほてっている時、日陰に落ちている石を拾って肌に当てると、冷たくて気持ちがよい。この時、皮膚の温度は下がり、石の温度は上がる。このように、直接接触した物体の間で熱が移動するのが伝導である。

2）対流

汗をかいていない時でも、風が吹いてくると涼しく感じる。これは、肌に接して体温で暖められた空気が風で吹き飛ばされ、低い温度の空気と入れ替わるためである。このように、空気の流れを介して熱が移動することを対流と呼ぶ。

3）輻射（放射）

熱を持った物体からは絶えず、電磁波の形で熱が放出されている。この熱は真空の中でも一瞬で伝わる。雲に遮られていた太陽が顔を出すと、瞬時に暖かさを感じるのはこのためである。私たちの身体も、体熱を電磁波で絶えず放出している。

4）蒸発

汗をかいた肌に風が当たると、汗をかいていないときよりもさらに涼しく感じる。これは汗の水分が蒸発するときに多量の熱を奪っていくためである。

ところで、私たちの皮膚表面の温度は34度くらいである。したがって外気温が35度以上になると、1）～3）による身体の冷却は期待できなくなる。そればかりか、外界の熱が皮膚を通して体内に流れ込んできてしまう。表3-6-1（P177）の指針で、乾球温度が35度以上の時には運動は原則中止、とあるのはこのためである。

また、4）では汗が蒸発することによって、はじめて効果が得られる。湿度が高くて汗が蒸発せず、したたり落ちてしまう時には「無効発汗」と呼ばれ、効果は期待できない。

極度に高温・多湿の環境では、4つの放熱手段の全てが無効になってしまう。このような時には運動はしない、という決断が必要なのである。

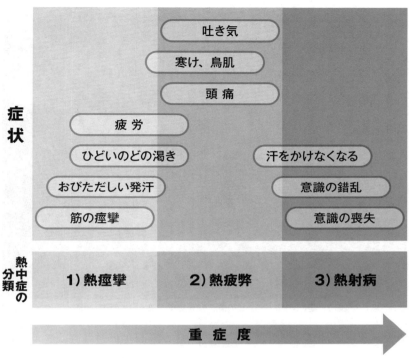

図3-6-3：熱中症の症状と分類（Wilmoreら、2008）
熱中症は3種類に大別されるが、実際には様々な症状がオーバーラップして現れる。1）の段階では深部体温は上昇しないことが多い。2）ではこれが39度台まで上がる。3）になると40度を超え、危険な状態となる。

◆熱中症とは

熱中症とは「高温下で、体液の水分や塩分のバランスが崩れたり、体温が上昇したりして起こる様々な異常の総称」と定義されている。図3-6-3に示したように、症状の軽いものから順に、1）熱痙攣、2）熱疲弊、3）熱射病の3段階に分けられる。ただし具体的な症状には様々なものがあり、それらがオーバーラップして現れる。

1）熱痙攣

運動をして多量に汗をかいた時に、水分だけを補給して塩分の補給が足りないと、体液の塩分が薄まり筋の痙攣が起こる。特に脚部や腹部で起こりやすい。深部体温は上昇していないことも多く、熱中症の中では軽症に分類される。

対処法としては、失われた水分と塩分をバランスよく補給する。経口補水液（P164）を飲むと効果的だが、

水分と塩分の補給は、暑さに対抗するための重要な行動適応である（大西浩氏撮影）

代わりにスポーツドリンクを飲んでもよいし、塩気のある食べ物を真水と一緒に摂るのでもよい。

次のような逸話が残っている。昔の汽船では釜を焚く火夫がいたが、イギリス船の火夫はよく熱痙攣を起こすのに対し、ノルウエー船の火夫は起こさなかった。原因を調べてみると、後者はバイキングの伝統をくんで、肉や魚などいずれも塩漬けの保存食を食べていた。これに対し前者は、塩気の少ない新鮮な食物を食べていたためだったという。

痙攣した筋は、ストレッチングやマッサージをして、もとの状態に戻すようにする。

2）熱疲弊（熱疲労）

運動をして体内に熱がたまってくると、体表面から捨てる熱を増やそうとして皮膚の血管が拡張し、そこに行く血液が増える。これは熱中症を防ぐための防衛反応である。

だが血液は一定量しかない。皮膚に行った分だけ、筋や脳に行く血液は減ってしまう。つまり限られた血液を身体のあちこちで奪い合うような状況となる。

多量の汗をかき、血液量が少なくなると、この奪い合いはさらに激し

さを増す。ついにはどの部分でも血液が不足し、共倒れ状態に陥った状態が熱疲弊（熱疲労）である。

こうなると運動能力は極度に落ち、疲労困憊の状態に陥る。脳への血流不足の影響で顔は青ざめ、めまい、立ちくらみ、失神、頭痛、吐き気、嘔吐などが起こる。

このような場合は運動を中止し、水分と塩分を補給する、身体を冷やす、脚を高くして寝かせる、などの対処をする。

3）熱射病

熱射病とは、脳の温度が上がりすぎて、体温の調節作用が狂ってしまった状態である。脳は暑さに弱い器官で、40度を超えると危険な状態となる。

たとえば、汗を出さなければならないのに、逆にその出を止めてしまうといった反応を起こしたりもする。こうなると体温の上昇はさらに加速し、生命の危険がある。

言動がおかしい場合や意識がない場合には、脳が異常を起こしていると考え、一刻も早く病院に搬送しなければならない。

その場での対処としては、運動を中止し、体温を下げるために水や氷を使って全身を冷やす。特に首すじ、脇の下、脚のつけ根などは、動脈が体表面の近くに来ているので冷却効果が高い。意識がない時には全身に水をかけ、あおいで（風をあてて）冷やす。

キリマンジャロの麓にあるマサイ族の村で。アフリカの原住民は日本人よりも暑さに強いが、それでも酷暑の時にはなるべく身体を動かさない、という行動適応により暑さをしのいでいる。

column 3-6-3
著者の熱中症体験

　大学で山岳部に入部し、初めての新人訓練合宿に参加した時の話である。場所は北アルプス・前常念岳への上りだった。

　40kg以上の荷物を担いでいるのに、アプローチの林道はほぼジョギングである。急な山道にかかっても、やはり早歩きで上っていく。山岳部に入ったことを後悔したが、手遅れである。1年生よりも上級生の方が重い荷物を背負っているので、文句も言えない。

　夜行列車でよく眠れなかった上に、蒸し暑い日だった。持って行った2ℓの水もすぐに飲み干してしまった。

　4ピッチ目くらいから脚の筋がつり始めた。リーダーは休憩を取ってくれたが回復せず、逆に脚、腕、手、腰、腹などが次々と痙攣し、身動きができなくなった。しまいには顔面も痙攣して、しゃべることもできなくなった。その場にうずくまって、痙攣がおさまるまで我慢するしかなかった。

　下界でのトレーニングをすれば上級生にも負けない体力はあった。水も飲んでいた。だが運動が激しすぎたのである。あとで上級生に聞くと、彼らも荷物が重くてバテそうなので、何とか1年生を先に疲れさせてペースダウンを図ろうと、必死に駆け引きをしていたのだそうである。

　別働隊で槍沢を上っていた同級生も、同じような事情で意識が朦朧となり、沢の中に飛び込んでしまったという。今ではどちらも笑い話になっている。

　いま考えると、全身が熱痙攣を起こして運動ができなくなったことで、熱中症がそれ以上進行するのを免れたとも解釈できる。痙攣が起こらずにそのまま登山を続けていたら、熱射病にかかっていただろう。

　著者も、沢の水に飛び込んだ同級生も、身体や脳が持っている安全弁が無意識のうちに働いて、命を救ってくれたのかもしれない。

表3-6-1：熱中症の予防指針（日本体育協会、2013）
暑熱ストレスの基本指標にはWBGTが使われる。一般にはなじみが少ないため、通常の温度（乾球温度）も併記されている。ただし乾球温度が同じでも、湿度が高くなるほどWBGTはより高値となると覚えておきたい。

WBGT (度)	湿球温度 (度)	乾球温度 (度)		
31	27	35	**運動は原則中止**	WBGT31℃以上では、特別の場合以外は運動を中止する。特に子供の場合には中止すべき。
28	24	31	**厳重警戒** 激しい運動は中止	WBGT28℃以上では、熱中症の危険性が高いので、激しい運動や持久走など体温が上昇しやすい運動は避ける。運動する場合には、頻繁に休息をとり、水分・塩分の補給を行う。体力の低い人、暑さになれていない人は運動中止。
25	21	28	**警戒** 積極的に休息	WBGT25℃以上では、熱中症の危険が増すので、積極的に休息をとり適宜、水分・塩分を補給する。激しい運動では、30分おきくらいに休息をとる。
21	18	24	**注意** 積極的に水分補給	WBGT21℃以上では、熱中症による死亡事故が発生する可能性がある。熱中症の兆候に注意するとともに、運動の合い間に積極的に水分・塩分を補給する。
			ほぼ安全 適宜水分補給	WBGT21℃未満では、通常は熱中症の危険は小さいが、適宜水分・塩分の補給は必要である。市民マラソンなどではこの条件でも熱中症が発生するので注意。

1) 環境条件の評価にはWBGTが望ましい。
2) 乾球温度を用いる場合には、湿度に注意する。湿度が高ければ、1ランク厳しい環境条件の運動指針を適用する。

注）wet-bulb globe temperatureの略で湿球黒球温度とも呼ばれる。屋外での場合、「WBGT＝0.7×湿球温度＋0.2×黒球温度＋0.1×乾球温度」という式で求める。

◆熱中症の予防指針

人里離れた山の中では、熱中症が起きてからの対処には限界がある。特に熱射病を起こしてしまうと致命的である。それを起こさないための予防対策がなによりも大切である。

表3-6-1は、日本体育協会（体協）が示した熱中症予防の指針である。WBGTという温度指標（注）により、熱中症の起こりやすさを示している。

図3-6-4は、WBGTを計るための特殊な温度計である。この指標は、温度、湿度、風、輻射熱（照り返し）という4つの要素を加味して計算さ

図3-6-4：WBGT温度計
本来のWBGT温度計はもっと大型で据え置きの装置だが、これはそれを携帯型にしたもの。乾球、湿球、黒球という3種類の温度をもとにWBGTを計算する。この機器の先端にある黒い部分が黒球（輻射熱を計るセンサー）で、直射日光を受けると40度を超える。登山者の場合、気温だけでなく輻射熱にも気をつける必要がある。

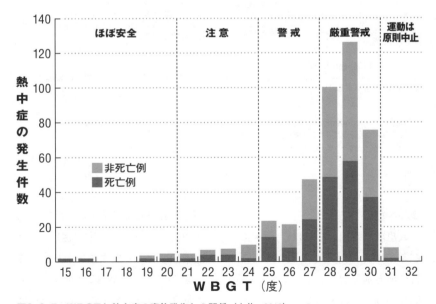

図3-6-5：WBGTと熱中症の事故発生との関係（中井、2012）
1970〜2012年までの運動中の熱中症事故の統計。WBGTが高い日には事故が急増している。30度以上になると事故が減るのは、運動を控えるケースが多くなるためである。なお「ほぼ安全」とされる日でも、件数は少ないが重大な事故が起こっている事にも注意したい。

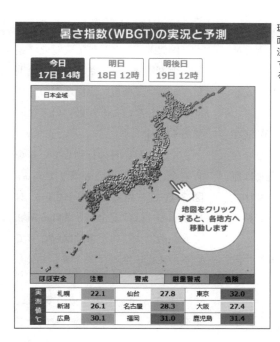

環境省の熱中症予防情報サイトの画面（一部）。日本全国のWBGTの実況や予想を閲覧できる。熱中症に関する様々な学習をすることもできる。(http://www.wbgt.env.go.jp/)

れる。人体の熱ストレスを最もよく表すので、「暑さ指数」とも呼ばれる。

WBGTは一般にはなじみが薄いので、体協の指針では通常の温度計の値（乾球温度）との対応づけもしている。WBGTでいうと21度以上で「注意」となるが、乾球温度ではおおよそ24度以上がこれに対応する。

気温が25度を超えると「夏日」と呼ばれるが、この付近から熱ストレスも大きくなると覚えておくとよい。ただし春から初夏にかけて急に暑くなった時には、身体が暑さに慣れていないので、より低い気温でも熱中症が起こりやすいことにも注意する。

図3-6-5は、体協の指針の根拠となった資料である。運動中の熱中症事故は、WBGTが高くなると急増することがわかる。

環境省の「熱中症予防情報サイト」では、全国の800以上の市町村について、WBGTの実況や予報を出している。下界の人に向けた情報ではあるが、その近くの山で登山をする時の参考になる。

◆熱中症の予防対策

熱中症の予防対策として、水分補給の重要性はよく知られるようになった。だが水を飲んでいれば安心、と考えるのは早計である。

表3-6-1の指針を見ると、WBGTが高くなるほど「激しい運動をしない」「積極的に休養する」「運動は原則中止」など、水分補給よりも体熱の発生を抑制する方向に重点が移っている。（注）

人体が持っている4つの放熱手段

注）日本生気象学会の指針では、WBGTが28度以上になると、すべての「生活活動」で熱中症が起こりうるとしている。

スポーツ活動中の熱中症予防5ヶ条

1 暑いとき、無理な運動は事故のもと

2 急な暑さに要注意

3 失われる水と塩分を取り戻そう

4 薄着スタイルでさわやかに

5 体調不良は事故のもと

日本体育協会が示した、スポーツ活動中に熱中症を防ぐための5つの標語（日本体育協会、2013）

は、高温多湿になるほど無効に近づく（P172）。このような環境では運動による熱発生を小さくするしか手だてがない。極度に高温多湿の日には登山をしないことが最善の策なのである。

また、涼しい日に行動しているから安全、と考えるのも誤りである。図3-6-5を見ると、WBGTが21度未満の「ほぼ安全」とされる領域でも、数は少ないが事故は起こっている。死亡に至ったケースも少なくない。

WBGTが低い日の事故の多くは、持久走のトレーニング時や校内マラソン時に起きている。持久走は運動強度が高い上に休憩がない。このため多量に発生する体熱を捨てることが追いつかず、涼しい時でも体温が上昇しやすいのである。

表3-6-2は市民マラソンのための熱中症／低体温症の予防指針である。WBGTが18〜23度くらい（気温でいうと20度前後）でも、熱中症の危険はあると書かれている。

登山も持久走とよく似た運動である。一般的な登山の運動強度は7メッツで、ジョギングと同等である（P66）。また登高スピードが速い場合や、荷物が重い場合には8メッツ以上、つまりランニングなみになることを知っておく必要がある。

表3-6-2：市民ランナーのための熱中症／低体温症の予防指針
（アメリカスポーツ医学会、1996）

ランニングのように激しい運動を長時間持続する人にとっては、気温が比較的低くても熱中症の危険性がある。一方で、気温が低すぎる時には低体温症にも注意が必要となる。トレイルランナーにもこの指針が参考になる。

WBGT	熱中症の危険度	警告
28度～	極めて高い	熱中症の危険性が極めて高い。出場取消。
23～28度	高い	熱中症の危険性が高く、厳重注意。 トレーニング不足の者は出場取消。
18～23度	中等度	レース途中で気温や湿度が上昇すると危険性が増すので注意。熱中症の兆候に注意し、必要ならばペースダウンする。
10～18度	低い	熱中症の危険性は低い。 ただし熱中症が起こる可能性もあり注意が必要。
～10度	低い	低体温症の危険性がある。 雨天、風の強い日には特に注意が必要。

◆**暑さに弱い人**

次のような人は熱中症にかかりやすい。該当する人は、表3-6-1の指針を一段階厳しい方にずらして適用するとよい。

1）高齢者

歳をとると発汗能力が低下する。口渇感も鈍る。消化器系の能力も低下し、多量の水分補給が必要な時でも十分に飲んだり吸収することができない。下界で熱中症にかかる人は高齢者が圧倒的に多い。

2）子供

環境温（暑さ・寒さ）の影響は、身体が小さい人の方がより受けやすい。このため小さな子供ほど不利となる。子供は汗腺の発達も不十分なので、体温が上昇しやすい。

3）男性

暑熱耐性に男女差はないとされる。だが実際には、下界で熱中症により搬送される人の7割は男性である。男性の方が激しい運動をしやすい、水分補給の足りない人が多い（P145）、などの理由が考えられる。

4）肥満者

体脂肪が多量にあるということは、重いザックを背負っていることに等しい。同じ運動をしても、たくさんのエネルギーを使うので熱発生も大きくなる。

また、体表面にあるぶ厚い皮下脂肪層が熱の放散を妨げるので、体熱もこもりやすい。学校で起こる熱中

症事故は肥満児によるものが多い。

5）汗をかきにくい人

水を飲んでも汗を十分にかけないため、体温が上昇しやすい。

6）体力不足・運動不足の人

体力不足の人は循環系の能力も低いため、体温調節能力が低い。運動不足で汗をかくことの少ない人は、発汗能力が低くなっている。

7）体調が悪い時・低下している時

体力に優れる人でも、体調が悪い時には体温調節能力が低下する。特に、発熱や下痢がある時には熱中症にかかりやすい。夜行登山などで睡眠不足の時や、前夜アルコールを飲み過ぎている時も同様である。

8）熱中症にかかったことのある人

熱中症にかかりやすい体質である可能性がある。また体質的には問題がなくても、暑熱環境に対する行動適応の仕方に問題がある可能性もある。水を飲んでいるつもりでも実際にはあまり飲んでいない、ゆっくり歩いているつもりでも実際には速く歩きすぎている、といった場合である。

高校生の夏山合宿で。体力が十分に発達しておらず、その個人差も大きいことに配慮した指導が必要となる。（大西浩氏撮影）

column 3-6-4
生理適応と行動適応

釈迦の誕生地・ルンビニにて。傘で直射日光を遮ることで、WBGTを下げることができる。

第3章 登山の疲労とその対策

熱帯に暮らす人々は、日本人よりも暑さに強い。これは暑さに対する体温調節能力が、私たちよりも高い適応を遂げているからである。これを「生理適応」と呼ぶ。

だが熱帯の住民といえども無限に暑さに強いわけではない。気温が35度を超えれば、外界の熱が身体の中に流れ込んでくる。そんな時には彼らでさえ、生理的な適応能力だけでは対抗できない。

気温が40度を超す砂漠に暮らす人々は、外界の熱が体内に流れ込まないように、防寒ならぬ防熱のための厚着をする。日本人が暑い時に薄着になるのとは反対である。彼らはまた、体熱の発生を最小限にするため、日中はじっとして暮らし、気温が下がる夜に活動する。

このように知性を働かせて、厳しい環境から身を守るための合理的な行動をすることを「行動適応」と呼ぶ。「文化的な適応」とも呼ばれる。暑さばかりでなく、寒さ、風、雨など、様々な環境に対しても同じことがいえる。

山という厳しい環境の中では、生理的な適応能力だけでは太刀打ちできない。普段のトレーニングで強い体力を作っておくことはもちろんだが、山の中では知性を働かせて身体を上手に扱う能力が大切である。

登山技術とは、山の中で上手に行動適応をする能力のこと、と言いかえてもよいだろう。

◆山での暑熱ストレスの特徴

高度が100m上昇するごとに気温は0.6度ずつ下がる。標高2000mの山に行けば、下界よりも12度低くなる。計算上では山の方が下界よりも涼しいことになるが、実際にはそれほど単純ではない。

たとえば高い山に登る時でも、その山麓を歩く時には下界なみの高温多湿に見舞われる。また標高が高くても、無風であったり、直射日光が当たったり、岩場などで照り返しがあれば、WBGTはかなり高くなる。真夏の無風快晴の日に岩登りをした経験があれば、このことはわかるだろう。

表3-6-3は、下界の気温が30度を超える日に低山に出かけ、様々な場所でWBGTを計った結果である。日射や風の有無により値は大きく違うことが読み取れる。同じ高度でも「注意」から「厳重警戒」までの開きがある。

表を見ていくと、WBGTを上昇させる要因として黒球温度の影響が大きいことがわかる。これは直射日光やその照り返しによる輻射熱を反映した温度で、無風で直射日光の当たる場所では40度を超えている。

登山中の暑さを考える時、気温や標高だけに注意が向きがちである。だが輻射熱という指標にも、もっと注意を向ける必要がある。

表3-6-3：真夏の低山でのWBGT
下界の気温が31度の晴れた日の午後、低山で測定した。WBGTの値は標高よりも、日射や風の影響を大きく受ける。WBGTの構成指標でいうと、特に黒球温度の影響が大きい。

標 高	場所・環境	WBGT (度)	乾球温度 (度)	湿 度 (%)	黒球温度 (度)	体協の指針
300m	林道 (日向、風なし)	31	33	53	47	運動は原則中止
500m	牧場 (日向、風あり)	29	30	56	42	厳重警戒
500m	牧場 (木陰、風あり)	25	28	58	32	警戒
500m	沢筋 (林内、風なし)	24	27	66	28	注意
700m	登山道 (日向、風なし)	29	29	63	43	厳重警戒
700m	登山道 (日向、風あり)	26	27	67	36	警戒
700m	登山道 (林内、風あり)	24	26	71	27	注意

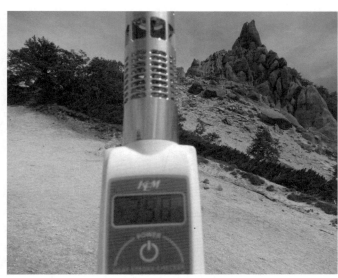

南アルプス・鳳凰山にて。高い山でも直射日光とその照り返しの強い場所では、黒球温度（輻射熱）は40度近くにもなる。（上村博道氏撮影）

第3章 登山の疲労とその対策

◆暑い時期の登山対策

　表3-6-1の「厳重警戒」や「運動は原則中止」に該当するような日には、体力のある人が水を積極的に飲んだり、休憩を頻繁にとって登山をしたとしても、熱中症にかかる危険性は高い。このような日には登山をすべきではない、と言うしかないのである。

　この考え方を大前提とした上で、暑い時期に登山をする場合の留意点について、1.計画段階、2.登山中、3.普段のトレーニング、という3つの観点から考えてみる。

1．計画段階での配慮

　夏の晴れた日の日中にはWBGTの上昇は避けられない。朝の涼しい時間帯に行動することが最良の計画である。

　図3-6-6は、登山者になじみの深い二つの街での、ある夏の1日のWBGTの変化である。

　①は、北アルプスの玄関口・大町市（標高約700m）のデータである。6時頃まではWBGTは低く「ほぼ安全」だが、日の出と共に急上昇し、7時頃には「注意」、10時頃には「警戒」、14時頃には「厳重警戒」まで上昇している。

　街中で測定されたWBGTなので、山に入ればもう少し低くなるが、日中に山麓を歩くとすれば、暑熱ストレスはこの値と似たものになる。し

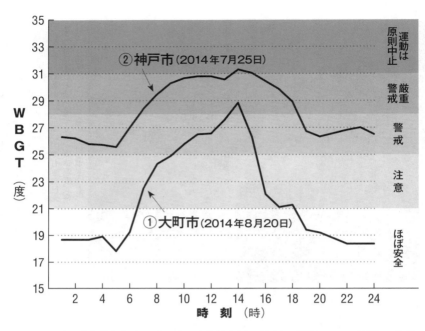

図3-6-6:大町市と神戸市のWBGTの日変化（環境省の熱中症予防情報サイトの資料から作成）
いずれも朝の6時頃からWBGTが上昇し始める。神戸市の場合は、夜になっても「警戒」レベルにある。

たがって山麓部での上りは、涼しいうちにすますように計画する。

②は、六甲山麓の神戸市（標高100m以下）でのデータである。夜間のWBGTは相対的に低いが、25度を下回ることはなく「警戒」の領域にある。6時頃からは上昇し、7時頃には「厳重警戒」、14時頃には「運動は原則中止」にまで達している。

六甲山のような低山では、早朝でもWBGTがかなり高い状態にあると考え、時間帯を問わず、歩行ペースを落として歩く必要がある。

2. 登山中の配慮
1）歩き方と休み方－体熱の発生を抑えるための行動適応

暑い環境で水を飲むことの重要性は、多くの人が認識するようになってきた。一方で、体熱の発生を抑えることについての認識は十分とはいえない。

後者の要点とは、ゆっくり歩いて体熱の発生を緩やかにすること、定期的に休んで身体にたまった熱を捨てること、の2つである。

上り坂での体熱の発生は特に大き

7月の高尾山にて。暑い季節には体温を下げるために、冷たいものを食べたり飲んだりするのも効果的である。

第3章 登山の疲労とその対策

く、その発生率は登高スピードに比例する。つまり速く上るほど、熱中症にかかる危険性は高まる。

国民体育大会の山岳競技では、かつて山を走る縦走競技が行われていた。当時、上り坂を走る練習をしていて、1時間足らずのうちに熱射病にかかり死亡した例がある。

他のスポーツでも、ランニング中に短時間で熱射病を起こした例が多い。このような激しい運動中には、水分を補給していても熱中症は起こりうる。

ゆっくり上るためには、3章-2（P86）で述べた心拍数と主観強度を利用する。同じ速さで歩いても、暑い時ほど心拍数や主観強度は高く

なる。したがって、暑くない季節に快適に歩いている時の値を計っておき、それと同じ値で歩けば、無理のない登高速度にすることができる。

休憩は、暑くない季節であれば1時間に1回でよい。だが暑い時期には20〜30分に1回とする。こうすることで、①体熱の発生を少なくできる、②熱を放散する時間を確保できる、③水分補給もそのたびに行える、といった利点が生まれる。

2）飲水と水かけ－身体を冷やすための行動適応

快適な環境で登山をした場合の脱水量（ml）は、体重（kg）×行動時間（h）×5という式で求められる

（P155）。一方、気温が25度を超える夏日には発汗量が増加するので、5という脱水係数を6〜8くらいに増やす。

　飲む水の温度は5〜15度くらいの冷えたものがよい。冷たい水が胃腸に入ることで、身体の内側から直接体温を下げてくれる。冷たい水は腸での吸収も早い。この時、塩分補給も忘れずに行う。

　沢の水などがあれば、水をあびたり、濡れたタオルで肌を冷やし、身体の外側からも冷やすとよい。特に首筋、脇の下、太もものつけ根などを冷やすと効果が高い。

　図3-6-7は、長距離走選手がインターバル走のトレーニングをしているときに、頭から水をかぶった時とそうでない時とで、体温（鼓膜温）の上昇の様子を比べたものである。水は飲んでいなくても、外側から水をかけることで体温上昇を食い止められることがわかる。

　直射日光を遮る工夫も重要である。表3-6-3を見ると、日向と木陰でWBGTは2〜4度くらい違う。安全に歩ける場所では日傘を使うとよい。手を空けておきたい場所では帽子をかぶる。ただし帽子が直射日光から吸収した熱を頭が再吸収しないよう、頻繁に着脱して熱を逃がすようにする。

暑い時には沢の水などを利用して、身体を外側から直接冷やすと効果的である。（石川重弘氏撮影）

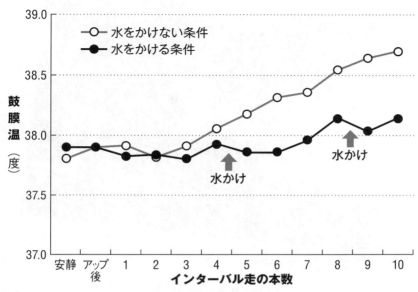

図3-6-7：「水かけ」による体温上昇の抑制効果（吉塚と山本、2009）
長距離走選手がインターバルトレーニング時に、頭から水をかけたときとかけないときとで鼓膜温度の違いを比較した（鼓膜温度は脳の温度に近い）。矢印のところで、20℃の水を1ℓずつかけている。

3. 暑さに慣れるトレーニング

普段から下界で持久運動をしている人は暑さにも強い。持久運動をすると循環系の能力が高まり、体温調節能力も高まるためである。

これに加えて、予防注射のような発想で、意識的に暑い所で運動をしておくとよい（暑熱順化トレーニング）。これにより血液量の増加、発汗能力の増加、皮膚血流の増加など、暑さに有利な適応が起こり、抵抗力も高まる。

方法は、暑い場所で主観強度が12（きつさを感じる手前）あるいは13（ややきつい）の運動を30～60分行う。これを週に2～3回程度の頻度で、1～2週間続ける。

暑さに慣れるために暑さの中で運動をするので、ミイラ取りがミイラにならないよう、体調と相談しながら徐々に運動の強度や量を増やしていく。個人差が大きいことにも配慮する。

本格的な夏山登山に出かける前には、暑さに慣れるための予行登山をしておくとよい。日帰りの軽登山を1～2回やっておくと効果が期待できる。

佐武流山への登山道にて。暑い時期には木陰で頻繁に休んだり、水分補給量を増やすなど、知性による身体の防御が重要となる。(三宅岳氏撮影)

SUMMARY
まとめ

■ 熱中症は、暑い環境で運動をした時に、体内の水分や塩分が失われたり、体温が上昇することによって起こる。

■ 登山（特に上り）では、多量の体熱が持続的に発生するため、下界での持久走と同様、熱中症が起こりやすい。

■ 暑さのストレスはWBGTと呼ばれる温度で評価する。簡易な目安として、気温が25度以上（夏日）になると要注意と考える。

■ 山でのWBGTは、標高よりも日射や風のあるなしによって大幅に変わる。特に、直射日光とその照り返しは大きな暑熱ストレスとなる。

■ 熱中症の予防には、①水分補給をする、②運動強度を小さくする、という行動適応が必要だが、酷暑の時には②の方がより重要となる。

第3章-7

第3章 登山の疲労とその対策

気温が非常に低くても、風がなく乾燥していれば、十分な衣服を着ることによって寒さから身を守れる。ところが寒さに風や濡れが加わると、一転して体温は急速に奪われ、疲労や障害が起こる。つまり寒さの問題は風や濡れとセットで考える必要がある。

身体の中心部の体温が2〜3度低下し、35度以下になっただけでも低体温症と呼ばれる危険な状態に陥る。日本では昔から寒さによる死亡を疲労凍死と呼び、冬山で何日もの行動をした末の死亡、というイメージを抱いてきた。だが実際には春・夏・秋に、もっと短時間で死亡してしまう事故の方がはるかに多いのである。

寒さ・風・濡れによる疲労と障害

雨中の槍ヶ岳登山。夏山でも気象条件が悪いと低体温症の危険がある。（大西浩氏撮影）

◆寒さと人間

　人間は熱帯で進化してきた動物なので、体毛が少なく、発汗能力にも優れている。哺乳動物の中でも暑さには最も強い部類とされている。

　犬はこれとは正反対である。深い体毛に覆われ、汗腺もほとんど持っていない。このため寒さには強いが、暑さには弱い。夏になると舌を出して苦しそうに息をしている（注）。

　一方で、人間は寒さには弱い。衣類を着たり住居に入るなど、もっぱら人工物を利用した行動適応に頼って寒さから身を守っている。

　私たちの深部体温は37.5度前後に保たれている（P168）。これが2～3度低下して35度以下になっただけでも、低体温症と呼ばれる危険な状態に陥る。

　深部体温が34度以下になると自力での回復は難しく、30度を下回れば意識を失う。このため、零下とはほど遠い春・夏・秋の山でも低体温症の事故は起こる。統計を見ても、冬よりも春〜秋にかけて起こった事故の方がずっと多い。

　低体温症が起こりそうな時には、①体熱を失わないようにする（防寒、防風、防濡）、②体熱を産み出す（熱源となる食物の補給、産熱のための運動）、という2つの行動適応を的確に行う必要がある。

注）犬は濡れた舌を出し、呼吸により風を送ることでその水分を蒸発させ、体熱を捨てている。

国立極地研究所に設置されたマイナス60度の低温室で、安静時の体温変化を見る実験。気温が低くても、無風で濡れのない状態で、羽毛服や毛の手袋などの防寒具を身にまとえば、深部体温はほとんど低下しない。（島岡清氏撮影）

column 3-7-1
疲労凍死と低体温症

槙有恒の主著である『山行』には、松尾峠での遭難の様子が詳しく綴られている。

日本では昔から、低体温症による死亡事故に「疲労凍死」という用語を当ててきた。これには以下のような山岳遭難のイメージが影響していると考えられる。

明治35年1月、日露戦争を控えた陸軍が八甲田山で行軍演習を行い、210名中199名が低体温症で死亡する（一部に自決者を含む）という、未曾有の事故が起こった。

登山者の事故としては、立山・松尾峠での槙有恒パーティーの遭難（大正12年1月）、槍ヶ岳・北鎌尾根での加藤文太郎パーティーの遭難（昭和11年1月）、同じく北鎌尾根での松濤明パーティーの遭難（昭和24年1月）が有名である。

いずれの事故も厳冬期の山で、何日もの行動をした末に起こった。八甲田山の兵士は、全身が凍り付いた状態で発見された。松濤明が残した手帳には、入山15日目の1月4日に「フーセツ　全身ユキデヌレル」、5日は「全身バリバリニコオル」、6日は「全身硬ッテカナシ」と綴られていた。

これらの事故が社会に与えた衝撃は大きく、小説や映画の題材にもなった。疲労凍死という言葉は、このようなところから造語されたのだろう。ただしこの用語を使うと、低体温症とは冬山で起こるもの、という誤解を招きやすい。

実際の事故件数は、冬よりも春・夏・秋の方がはるかに多い。この事故はどんな季節にでも起こることを啓発するためにも、低体温症という用語を普及させていくべきだろう。

第3章　登山の疲労とその対策

◆トムラウシ山での低体温症遭難

　夏山であるにもかかわらず、短時間で低体温症に陥り、多くの登山者が亡くなった例として、2009年7月に北海道のトムラウシ山で起きた事故がある。総勢18名のツアー登山で、ガイドを含む8名が死亡した。同日、近くの山域でも2名が死亡している。

　この事故は、大雪山からトムラウシ山へ向かう縦走の3日目に起こった。表3-7-1に示すように、遭難当日の気温は終日7度以下で、風は小型の台風なみだった。そして、ほとんどの人の衣服や靴は濡れていた。

　低い気温に風と濡れが加わり、体温が奪われて起こった典型的な低体温症の事故である。早い人では出発後1時間でその症状を呈した。他の多くの人も5時間後に、増水した水流を徒渉する地点で、冷水に浸かったり、その時間待ちのために何十分もじっとしている時に、身体が冷えて行動不能に陥った。

　事故が大規模だったため、夏山でも低体温症による死亡事故が起こるということが、驚きを持って注目された。だが同様な事故はそれ以前にもよく起こっていたし、残念なことにそれ以後も起こっている。

　注意しなければならないことは、この時の天候は未曾有の悪天というわけではなかった、という点である。このような悪天は大雪山系に限らず、

表3-7-1：トムラウシ山遭難当日の気象条件（飯田、2010）
このような天候は大雪山系はもとより、北アルプスや富士山などでも毎夏のように起こっている。誰もが遭遇する可能性があると考えておく必要がある。

気温	6～14時頃までは6度前後、17:30には3.8度まで下がった。
風速	平均で15～18m、6～14時にかけて最大風速はしばしば20mを超えていた。
降水	前夜は強い雨、3時以降は弱まり、8時にはやんだ。パーティーが雨に打たれたのは、出発した5時半から8時までの2～3時間程度、しかし強風と霧雨により、その後も衣服を濡らした可能性がある。

大雪山からトムラウシ山への途上で。好天時には美しい稜線漫歩を楽しめるが、いったん荒天に見まわれると、遮蔽物のない吹きさらしになってしまう。（佐藤徳一氏撮影）

第3章 登山の疲労とその対策

夏の本州でも日本アルプスや富士山などの高山ではしばしば起こっている。

春や秋ともなれば、全国の低山でも同じ状況が起こりうる。トムラウシ山遭難時のような天気に遭遇する可能性は誰にでもあるのである。

低体温症や凍傷に造詣の深い金田正樹医師によると、低体温症が起こりやすい条件として、①気温が10度以下、②風速が10m以上、③雨など身体を濡らす天気、をあげている。

◆低体温症とは

低体温症の定義とは「深部体温が正常範囲よりも低下したときに起こる様々な症状の総称」である。具体的には、深部体温が35度以下の時に低体温症と診断される。

表3-7-2はその段階と症状を示している。深部体温が36度になると寒けを感じ、35度まで下がるとふるえが起こり始める。35度以下は低体温症の領域なので、寒けはその二歩手前、ふるえは一歩手前の症状と考える必要がある。

表3-7-2：低体温症の症状（金田、2010）
平常時には37.5度付近に保たれている深部体温が2〜3度低下し、35度を下回っただけでも低体温症の症状が現れてくる。

36度	寒さを感じる。寒気がする。
35度	手の細かい動きができない。皮膚感覚が麻痺したようになる。しだいに震えが始まってくる。歩行が遅れがちになる。
35〜34度	歩行は遅く、よろめくようになる。筋力の低下を感じるようになる。震えが激しくなる。口ごもるような会話になり、時に意味不明の言葉を発する。無関心な表情をする。眠そうにする。軽度の錯乱状態になることがある。判断が鈍る。
＊山ではここまで。これ以前に回復措置をとらなければ死に至ることがある。	
34〜32度	手が使えない。転倒するようになる。まっすぐに歩けない。感情がなくなる。しどろもどろな会話。意識が薄れる。歩けない。
32〜30度	起立不能。思考ができない。錯乱状態になる。震えが止まる。筋が硬直する。不整脈が現れる。意識を失う。
30〜28度	半昏睡状態。瞳孔が大きくなる。脈が弱い。呼吸数が半減。筋の硬直が著しくなる。心室細動を起こす。
28〜26度	昏睡状態。心肺が停止することが多い。

注）脳はまた、暑さにも弱い器官である（P175）。

　寒さに対する体温調節は脳が行っている。寒さを感じると、①血液を身体の中心部優先の流れに切り替える、②エネルギー代謝量を上げて熱産生を増やす、③筋によるふるえ産熱を行う、などの防御反応を起こさせる。ふるえとは骨格筋が激しく収縮することで、安静時の約5倍の熱を生み出せる。いわば5メッツの運動に相当する。

　ただし、ひどい風雨に遭って体温がどんどん奪われる状況では、このような生理的な防御能力ではたかがしれている。脳は、身体の諸器官の中で最も寒さに弱い（注）。脳の温度が35度以下になると、防御のための指令をうまく出せなくなる。思考力や判断力といった知性の働きも低下してしまう。眠気を感じるのも脳の機能低下を表している。

　低体温症で亡くなった登山者のザックの中から、衣類や食糧が未使用の状態で出てきた、という話をよく聞く（トムラウシ山遭難でも同様

トレイルランニングでは荷物を切りつめ、体力を限界近くまで発揮するので、疲労した状態で荒天に捕まれば、低体温症の危険が高まる。（宮﨑喜美乃氏提供）

第3章 登山の疲労とその対策

だった）。このような例はベテランにも多く、なぜそれらを活用できなかったのか信じられない、と言われることも多い。

これは本人の気づかないうちに脳の温度が下がり、知性が鈍ってしまった結果である。実際の現場では、常識では考えられないミスを自分でも犯すかもしれない、と考えておく必要がある。

寒いのに、服を着たり食べたりすることがなんとなくおっくうで行動に移さないといった場合、低体温症の初期症状かもしれないのである。

低体温症に陥った時の詳しい対処法は医学書に譲るが、軽症の場合には小屋やテントに避難し、衣服を乾いた物に着替え、暖かい物を飲んで身体を温める。湯を入れたペットボトル等を抱いて外側からも温めるとよい。

column 3-7-2
トムラウシ山での遭難者の行動適応

　トムラウシ山遭難の後、事故調査委員会が設けられ、報告書がまとめられた。生還者の証言を読むと、同じコースを一緒に歩いた点は同じでも、「着る」「食べる」といった行動適応のよしあしが、生死を分ける要因になっていたことが窺える。

　着ることに関しては、出発前もしくは行動中にフリースやダウンの服を着たり、風よけを首に巻いたり、レスキューシートを身体に巻いたりしたことが、生還に役立ったと述べた人が何人かいた。

　食べることについては「悪天時に身体をしっかり動かせるようにと積極的に食べた」「風雨の時にはまともに食べられないという過去の経験から、食べやすい物を食べやすいように、衣服のポケットに入れておいた」など、上手な行動適応をしている人がいた。「アメ玉を1個を食べただけでこんなに違うのかと驚いた」と述べた人もいる。

　この日、遭難したパーティーと前後して、同じコースを歩いた伊豆ハイキングクラブの6人は、全員が無事に下山している。彼らはトムラウシ山登山に出かける前に、15kgの荷物を背負った日帰り登山をノルマとして3回行い、雨の日の登山も積極的に行った。熊よけスプレーの使用実験までしている。

　一方、トムラウシ山遭難者の中には「初めての重さのザックなので不安だった」「体力的に不安なので、荷物を減らした」と述べた人がいた。伊豆ハイキングクラブの人たちは、遭難パーティーの歩行スピードは遅すぎると感じた、とも述べている。

　本番が始まる以前から、それをシミュレーションした体力作りや模擬体験、つまり予行演習をしておくことも大事な行動適応である。遭難パーティーは色々な意味で準備不足だったのである。

◆凍傷とは

　凍傷も、寒さによる代表的な障害である。ただし低体温症とは性格がかなり違う。

　低体温症は、身体の中心部の体温が低下して起こる障害で、深部体温が35度に下がっただけでも起こる。一方、凍傷は末梢部の体温が低下して起こる障害で、皮膚温度が0度を下回り、身体の組織が文字どおり凍りつくことによって起こる。低体温症は中心部での症状、凍傷は局所での症状ということになる。

　手足、顔面、胴体など身体の表面の温度は、深部の体温よりもやや低く、夏であればどの部位も34度くらいである。一方、冬になると、胴体部分では夏とほぼ同じ34度の体温が維持されるが、手や足の指先では20度以下になる。

　これは、手足の血管を収縮させてそこに行く血液を減らし、胴体部にある臓器を保温しやすくしているのである。末梢の皮膚温度を低くしておけば、外界との温度差は小さくなり、伝導、対流、輻射で失う熱も減らすことができる。

　これは寒さから身を守るための見事な生理応答である。だが、このような時に末梢部が極度の寒さにさらされれば、凍傷が起こりやすいというジレンマも生ずる。特に、深部体温も低下してしまいそうな時には、中心部を生かし、末梢部を犠牲（凍傷）にせざるをえない。

　以上のことを考えると、凍傷を防ぐためには末梢部だけではなく、中心部の保温も重要なことがわかるだろう。

　凍傷にかかった時の対処法の詳細については医学書に譲るが、凍った部分を40度くらいの湯に浸し、解凍することが推奨されている。皮膚組織を痛めないようにするため、マッサージなどは避ける。そして早急に下山して医療機関に行く。

トムラウシ山の遭難について、事故調査委員会がまとめた報告書を再編集した単行本。気象学、医学、運動生理学、現代のツアー登山の特徴などの観点から、夏山での低体温症の危険性について啓発している。（山と溪谷社、2011年）

◆寒さ＋風による身体の冷却

　気温が非常に低い時でも、風がなく乾燥していれば、十分な衣服を着ることで寒さを遮断できる。一方、寒さに風や濡れが加わると、一転して体温は急速に奪われ、低体温症や凍傷の危険が高まる。つまり寒さの問題は、風や濡れとセットで考える必要がある。

　まず風の問題から見てみよう。表3-7-3は、同じ気温でも風が強いほど身体が冷えやすいことを示したもので、風冷効果と呼ばれる。

　この表は、南極で戸外に水を置き、それがさまざまな気温や風速のもとで何分で凍るか、という実験データをもとに作られた。そして、手や顔面など露出した皮膚の、凍傷へのかかりやすさを表す目安として使われている。

　たとえば気温がマイナス15度で風が強い時には、30分以内に凍傷にかかる危険がある。八ヶ岳など風の強い冬山ではよくある状況で、油断をしていると顔面などが凍傷にかかる。汗や溶けた雪で皮膚が濡れていると、さらにかかりやすい。気温がマイナス25度ともなれば風が弱

表3-7-3：風冷効果のダイアグラム（GiesbrechtとWilkerson、2006より一部を抜粋）
顔面や手など、露出した皮膚の凍傷に対する危険度を示す。Aの部分では危険は少ない。B、C、D、Eではそれぞれ、30分以内、10分以内、5分以内、2分以内に凍傷にかかる危険があることを意味する。風速については時速と秒速の2とおりで示しているが、日本で「風速○メートル」というときは、後者の意味である。

風速	気温(度)	0	-5	-10	-15	-20	-25	-30	-35	-40	-45	-50
10km(時速)	2.8m(秒速)	-3	-9	-15	-21	-27	-33	-39	-45	-51	-57	-63
20km	5.6m	-5	-12	-18	-24	-30	-37	-43	-49	-56	-62	-68
30km	8.3m	-6	-13	-20	-26	-33	-39	-46	-52	-59	-65	-72
40km	11.1m	-7	-14	-21	-27	-34	-41	-48	-54	-61	-68	-74
50km	13.9m	-8	-15	-22	-29	-35	-42	-49	-56	-63	-69	-76
60km	16.7m	-9	-16	-23	-30	-36	-43	-50	-57	-64	-71	-78
70km	19.4m	-9	-16	-23	-30	-37	-44	-51	-58	-65	-72	-80
80km	22.2m	-10	-17	-24	-31	-38	-45	-52	-60	-67	-74	-81
			A		B		C		D		E	

冬の穂高岳の稜線にて。気温がマイナス20度の時には、風速が10ｍに満たなくても、露出した皮膚は30分以内に凍傷にかかる危険がある。

第3章 登山の疲労とその対策

くても凍傷にかかる危険が出てくる。

ところで日本では、このような現象に体感温度という用語が当てられることがある。「風速1ｍの増加につき、体感温度は約1度下がる」という標語を聞いた人も多いだろう。

だが、寒くて風が強い時には防寒・防風衣を着るので、その内側の皮膚温が零下になることはまずない。むしろ激しい行動をすれば汗をかくこともある。

この表は、露出した皮膚での体感温度を表すものではあるが、胴体のような中心部での体感温度を表すわけではない。言いかえると、凍傷に対する危険を表すもので、低体温症の危険を表すものではないことに注意すべきである。

◆強風がもたらす疲労

強風に逆らって歩くと余分な体力を使う。だが、寒さとは直接関係のない話なので、従来は低体温症と一緒に論じられることは少なかった。

だが登山の場合には深い関係がある。強風の中で運動をすれば筋が疲労する。熱源となる炭水化物も浪費する。これは低体温症に対する抵抗力が弱まることを意味する。

図3-7-1は、風に逆らって歩く場合に、風速が強まるほど加速度的にエネルギー消費量が増えることを示した実験結果である。人間の歩行に対する影響も併記してある。

たとえばトムラウシ山遭難の場合、当日の平均風速は15〜18mで、一行はこれに逆らって歩いた。無風時に同じ速さで歩いた時と比べて、約2倍のエネルギーを消費することがわかる。

風速が15m以上になると「意思

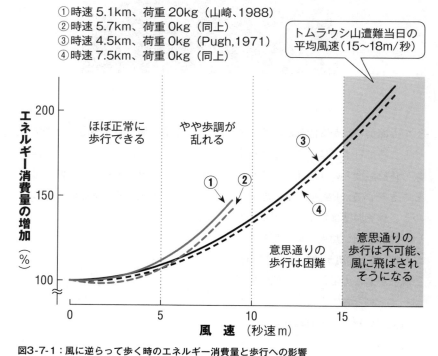

図3-7-1：風に逆らって歩く時のエネルギー消費量と歩行への影響
（関ら：人間の許容限界ハンドブック、1990より改変して引用）
風速の増加に伴い、同じ速度で歩いた時のエネルギーの消費量は大きくなる。また風速10mを超えると意思通りには歩けなくなる。このような強風に逆らって行動すれば筋の疲労は倍加する。

吹きさらしの稜線では、雨が降っていなくても、風による体温喪失や疲労を防ぐことに留意する。（大西浩氏撮影）

第3章　登山の疲労とその対策

通りの歩行は不可能」となる。遭難者の一行も、風に翻弄されて何度も転び、木道を歩く部分ではその縁に手をかけて前進したという。これは柔道やラグビーのような運動で、運動強度は10メッツ以上となる。

このような激しい運動を何時間も続ければ、筋は極度に疲労する。疲労して歩行速度が落ちれば、それに同調して体熱の産生量も落ちてしまう。

激しい運動のエネルギー源となる炭水化物は、体内にわずかしか貯蔵されていない（P122）。したがって行動食による補給が足りないと、炭水化物の枯渇による疲労も起こる。

炭水化物は脳のエネルギー源でもある。これが枯渇すれば、知性を働かせて上手な行動適応をすることもできなくなる。

炭水化物がなくなれば、筋でのふるえ産熱もできなくなる。実際にトムラウシ山遭難の生還者の中には、ふるえが来ないまま低体温症に陥ったと証言した人もいた。

このように強風は、まず低体温症に対して身体のさまざまな抵抗力を奪った上で体温を奪う、という恐ろしい性質がある。このあたりの知識は現状では盲点となっている。

◆寒さ＋濡れによる身体の冷却

　水は空気に比べて、熱を奪う能力（熱伝導率）が25倍大きい。このため身体が濡れていると、零下にはほど遠い温度でも体温は急激に奪われ、低体温症にかかりやすくなる。

　図3-7-2は、水難事故で水上を漂流した場合に、何時間くらい生存できるかを推定したグラフである。水温が低いほど生存時間が短くなることは一目でわかる。

　もう少し詳しく見ると、男女にかかわらずやせた（体脂肪率の少ない）人では不利なことがわかる。10度の水に浸かった場合、体脂肪率の少ない人は2時間くらいで死亡するが、多い人では7～9時間くらい耐えられる。

　沢登りを除けば、登山で全身が水に浸かるような状況はまずない。だが風雨につかまって、衣服がずぶ濡れになった場合には、それに準じた状況になる。

　土砂降りの雨の時に雨具を持っていない、あるいは雨具が不完全な場合には、水が衣服の中に浸入しては流れ出して行く。これは冷水中で身体が洗われるのと似た状況で、伝導と対流により体熱は急速に奪われ、数時間程度で死亡する危険も出てくるのである。

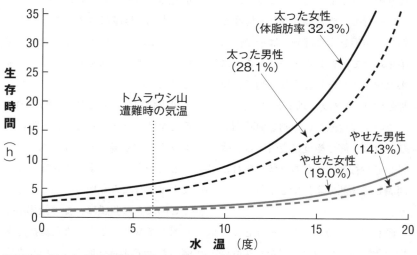

図3-7-2：冷水中で生存可能な時間　（GiesbrechtとWilkerson、2006）
水温が低くなるほど生存時間は短くなる。その際、男女にかかわらず体脂肪率の高い人では、皮下脂肪がウエットスーツのような効果をもたらすために有利となる。この性質は、山でずぶ濡れになった場合の衣類の着方に類推できる。

column 3-7-3
冷水に浸かった時の3つの危険

沢の水に浸かる場合、低体温症とは別の危険がある（谷川連峰・湯檜曽川で）

沢登りは冷水に浸かることを前提とした登山である。滝登りで水をかぶったり、淵で泳ぐなど、全身が水に浸かる場面もある。難しいへつりで心ならずも淵に落ちてしまう場合もある。

このような場合の危険は低体温症だけでは論じられない。これについて詳しく書かれた『低体温症と凍傷』（ギースプレヒトほか、来栖茜訳、海山社）から簡単に紹介する。

水に浸かった場合の危険には、「1分－10分－1時間」という考え方が適用できる。

1）**1時間**：氷が浮いた水に浸かった時でさえ、低体温症に陥るまでに30分はかかる。もう少し水の温度が高ければ1時間程度はかかる（図3-7-2）。沢登りでは、このように長い時間水に浸かり続けることはまずないので、低体温症よりも以下の2）や3）の危険に注意を向ける必要がある。

2）**10分**：冷水に浸かると筋が冷えて筋力が低下し、約10分後（実際は水温により2分～30分の幅がある）には動けなくなる。深い淵に落ちて中々這い上がれないでいると、低体温症が起こる以前に、筋力の衰弱で自力脱出ができなくなる。シャワークライミングも同様で、時間をかけすぎると筋力が低下して動けなくなってしまう。

3）**1分**：冷水中に急に飛び込んだり、予期せず落ちてしまった場合には、ストレスやパニックのためにあえいで水を飲んでしまい、1分程度（実際には数秒～数分）で溺れてしまう可能性がある。心臓突然死を引き起こす可能性もある。

沢登りで水に浸かったために起こった事故のほとんどは、2）または3）が原因である。このような場面では、最初の1分はパニックにならず呼吸を確保すること、次の10分は筋力が発揮できるうちに安全地帯まで脱出すること、の2つを心がける。

冷水とは20度以下と考えておくとよい。イワナは夏でも水温が20度以下のところに棲むので、この領域では2）や3）の事故に要注意ということになる。

第3章 登山の疲労とその対策

◆寒さ＋濡れ＋風による身体の冷却

最後に、寒さ、濡れ、風という3つの悪条件がそろった場合を考えてみる。

寒さと風だけであれば、乾いた衣服（防寒衣、防風衣、手袋、目出帽など）を身につければ、零下の寒さにも耐えられる。ところが衣服が濡れた状態で風に吹かれると、伝導と対流に加え、蒸発による冷却効果も強力に働くため、体熱は一気に奪われる。

雨の多い日本ではこのタイプの事故が多い。トムラウシ山遭難では6度の気温の中、濡れた衣服で、台風なみの強風に逆らって歩いた。この状況がいかに過酷かは、表3-7-3、図3-7-1、図3-7-2を同時にあてはめてみれば想像がつく。

日本では、冬よりも春・夏・秋に低体温症の事故が多い。これには雨が関係している。冬山で身体が濡れていない時よりも、他の時期に雨に濡れた時の方が、はるかに短時間で低体温症が起こる。雪よりも水の方がずっと恐ろしいのである（注）。

注）雪山で短時間で低体温症になるのは、雪崩に埋まった場合くらいである。

冬の黒部横断山行にて。極度に天候が悪い地域でも、雪洞を作るという「行動適応」をすることによって快適なビバークができる。（佐藤裕介氏撮影）

寒さ・濡れ・風が複合した時の危険性について、図3-7-2のように一目でわかるダイアグラムがあればよいが、作られていない。関係する要因が複雑すぎて作れないのだろう。

ただし山で遭遇する最悪の気象条件下では、図3-7-2が低体温症にかかるまでの時間の目安になると考えても的外れではない。トムラウシ山遭難では気温が6度で、低体温症にかかるまでの時間は1～5時間だったが、この図によく合致していることがわかる。

最悪の条件下では、早ければ1時間、遅くても5時間程度で危機的な状況になると覚えておいてもよい。それは一刻の猶予もできないことを意味するのである。

◆低体温症の予防対策
1）生理適応よりも行動適応が重要
　寒さに対する生理的な適応能力は、山で遭遇する最悪の条件の前では、たかがしれている。表3-7-4に示すように、低体温症に対して有利な人・不利な人はいる。だがそれも、自然の猛威の前では大きな差ではないと考えた方がよい。

たとえば寒くて風雨も激しい時に、吹きさらしの場所で一晩ビバークし

表3-7-4：寒さへの抵抗力に関係する身体要因

年齢	歳をとると（特に60歳以上）、寒さに対する感受性、血流を調節する能力、ふるえによる産熱能力などが低下するため、耐寒能力は低下する。
身体の大きさ	身体の体積に対して表面積の割合が大きいほど、体熱は奪われやすい。つまり体格が小さい人ほど低体温症には弱い。子供は特に弱い。女性も、男性と比べると一般に小柄なので不利となる。体格が小さいと、重荷を背負ったり、強風に逆らって歩く場合にも、相対的な負担度が大きくなるので不利となる。
体脂肪量	体脂肪、特に皮下脂肪は、寒さに対して断熱材の役割を果たしてくれるが、通常の行動時には余分な重りとなる。その得失を考えると、脂肪を身につける努力をすることは現実的ではなく、衣服を上手に着ることの方が重要である。
男女差	女性は、男性よりも一般的に体脂肪量が多いという点では寒さに有利である。だが筋量が少ないために、ふるえによる産熱能力は低い。男性よりも小柄であることも不利な要素となる。これらを総合すると、女性の方がやや寒さには不利と考えられている。

なければならないとする。寒さに強いと自称する人でも、雨具やツエルトを持っていなければ、翌朝まで持ちこたえることは難しいだろう。一方、それらを所持し活用できれば、寒さに弱い人でも生存できる可能性は高い。

図3-7-3は著者の体験例である。外界の厳しい環境を遮断するシェルターがあるかないか、そして食料や火器があるかないかで、ビバークの居心地は全く違う。だがこの当たり前の事実には、いざという時までなかなか気づかない。

悪条件に対して身体能力で対抗するのではなく、それを回避するための知性による防御行動、つまり行動適応が何よりも重要である。「人間は、大自然の中では一本の弱い葦に過ぎない。しかしそれは考える葦である」というパスカルの言葉のとおりである。

上記のような状況に対して、もっとよい行動適応がある。このような日には行動をしないことである。前節では、酷暑の日には運動をしないことが、熱中症を避けるための唯一の対策だと述べたが（P180）、これと同じことである。

このような最も初歩的な常識を前提とした上で、やむを得ず非常事態に陥った時の話として、以下の2）、3）を読んで頂きたい。

沼田恵照氏撮影

井本博巳氏撮影

図3-7-3：著者のビバーク体験
a：越後・北ノ又川にて。ずぶ濡れの溯行が続いた後、夜には強い雨が降ってきた。ツエルトの中で傘をさしてしのいでいる。十分な食料（酒も）と火器のお陰で暖かい夜を過ごせた。
b：アメリカ・ノースカスケード山地のエルドラドピーク西稜にて。1日で抜けきることができず、ツエルトも食料も火もない露営となった。寒くて眠れず、朝が来るのが待ち遠しかった。無風快晴だったので問題はなかったが、風雨であれば厳しい夜になっただろう。

column 3-7-4
英仏海峡横断泳者の寒さ対策

英仏（ドーバー）海峡横断泳というチャレンジがある。海峡の幅は35kmだが、潮流が速いため、実質の泳距離は50～60kmにもなる。水温は真夏でも15～18度と低い。公認ルールではウエットスーツの使用は禁止され、通常の水着で泳がなければならない。

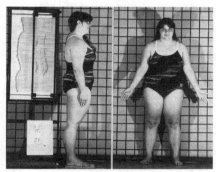
L.コックス（北川薫・中京大学教授提供）

写真の女性は、1972年に男性を上回る世界記録（9時間57分）で泳いだL.コックスである。彼女はその後、水温4度のベーリング海峡で、米ソの国境（幅3km）を横断したり、南氷洋で1マイル以上（1.7km）泳ぐという記録も作った。

彼女の身体能力を調査した中京大学の北川薫教授は、身長が166cm、体重が95kg、体脂肪率が35％だったと報告している。通常のスポーツでは体脂肪が多いと不利だが、防寒＋浮力という点で、このようなパフォーマンスには不可欠の要素なのである。だが彼女は単なる肥満者ではない。たくさんの筋量も備え、さらに一流の競泳選手なみの心肺能力を持っている。

登山者の場合は、体脂肪を過剰に増やせば登山の妨げとなる。そこで、その代わりに衣服を上手に着こなす必要がある。一方、優れた筋力と心肺能力を身につけることについては、彼女を大いに見習うべきである。

海峡横断泳中は、泳ぐためのエネルギーと寒さに打ち勝つ体熱とを生み出すために、定期的に食べなければならない。だが止まって食べようとすると身体が冷え、そのまま身体が動かなくなってしまうので、泳ぎながら食べる。

悪天時の登山でも、適度な熱産生が続くようなペースで歩きながら、燃料となる行動食を小刻みに補給するとよい。戦前の登山家で不世出の単独行者と呼ばれた加藤文太郎は、服のポケットに行動食を入れ、歩きながら食べていたという。

第3章 登山の疲労とその対策

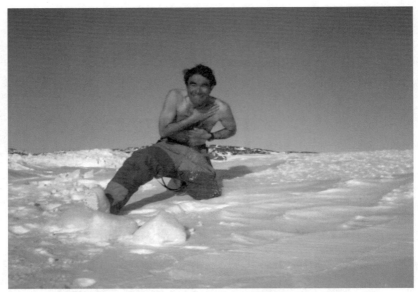

北極で雪浴びをする。気温が非常に低くても、無風快晴であれば寒さに耐えることもできる。
（上村博道氏提供）

2）濡れてしまった時にどうすべきか？

　寒さ、風、濡れに対して、防寒衣、防風衣、雨具を有効に着こなす方法については、一般の登山技術書に譲る。ここでは、衣服がずぶ濡れになった時にどうすべきかを考えてみる。

　このような時には、ウエットスーツをイメージした着方をするとよい。このスーツでは、身体との隙間に水が入ってくるが、温められた水が逃げないので体熱を保持できる。

　このスーツの効果は図3-7-2からも類推できる。太った人は水中での生存時間がかなり長い。ぶ厚い皮下脂肪がウエットスーツのように断熱素材の働きをして、外界からの寒さを防いだり、体内の熱が逃げるのを防いでくれるからである。

　登山者の場合、内側には衣類をできるだけ着込み、外側には雨や風を防ぐジャケットを着る。そして水や風の出入りを極力遮断してやれば、ウエットスーツに近づけられる。

　水難事故の教科書には、漂流中には衣服はたくさん着ている方が有利だと書かれている。冬用の衣服を着て漂流している人は、夏用の薄い衣服を着た人と比べて、生存時間が1.3〜1.4倍延長すると試算されている。

雨で登山道が流水溝のようになっている時には、足元を洗う冷水によってたくさんの体熱が奪われる。（大西浩氏撮影）

第3章 登山の疲労とその対策

衣服が濡れるのを敬遠して、雨中の行動では薄い服と雨具しか着ない人がいる。気温が高く無風であれば問題ないが、逆の場合には危険である。

末梢部の保温も重要である。末梢を冷やせば、その分だけ体熱が奪われる。加えて、末梢で冷えた血液が身体の中心部に絶えず流れ込み、脳などの温度を下げてしまう。

頭から逃げる体熱は大きいので、帽子やフードをかぶる。手袋もはめる（夏でもウールがよい）。足の冷えにも注意する。トムラウシ山遭難の場合、流水溝のようになった登山道を歩くことで足が冷え、全身の消耗を誘ったという証言がある。

3) 歩くべきかじっとしているべきか？

私たちがじっとしている時（1メッツ時）の産熱は、100ワットの電熱器と同程度である。ふるえが起こっている時にはその5倍、つまり500ワット程度となる。

一方、歩けば7メッツ前後の運動となり、産熱は700ワットの電熱器なみになる（注1）。したがって悪天時でも上手に歩き続ければ、体温を保ちつつ安全地帯まで移動する

ことは可能である。

　歩くかビバークするかの判断は次のようにする。衣服が濡れていても、風雨が激しくない、疲労していない、食べ物もある、安全地帯へたどり着く見込みを確実に立てられるという場合には、歩き続けてもよいだろう。一方、逆の条件下ではビバークを選ぶ（注2）。

　だが実際には、このような判断は極めて難しい場合が多い。たとえば、ひどい悪天に見舞われた、服はかなり濡れている、ツエルトは持っているが天気はさらに悪化しそうである、数時間歩けば安全地帯がある、だがかなり疲労もしている、といった場合はどうだろうか。

　過去の遭難例を見ると、歩き続けることを選択したが、その見通しが甘かったケースが多いように見える。歩くべきか止まるべきか迷う状況では、ビバークを選ぶ方がおそらく賢明だろう。ただしこのような悪条件でビバークをしても、助かるとは断言できない。

　結局、ひどい悪天に捕まり衣服を濡らしてしまった段階では、どちらの選択をするにせよ賭にならざるをえない。それ以前に悪天を避けること、たとえ悪天に捕まっても衣服は決して濡らさないことが必要なのである。

注1）7メッツとなるのは上りの場合で、平坦地や下りではそれよりも低い値となる。また疲労などのために歩行速度が落ちていれば、その分だけメッツは小さくなり、エネルギーの発生量も低下する。
注2）水中を漂流する場合には次のように考えられている。通常の衣類しか着ていない場合には、動くと体熱を浪費してしまうので、じっとしていた方がより長時間耐えられる。逆に、ウエットスーツのように体熱を奪われにくい衣類を着ている場合は、適度に動いて体熱を生み出している方がより長時間耐えられるという。

気象条件が厳しい時ほどエネルギー補給の重要性は増す。しかし、このような環境での補給はしづらいために、逆におろそかになりやすい。条件のよい時よりもさらに頻繁かつ多く補給する、という強い意志が必要である。

第3章 登山の疲労とその対策

4) エネルギーの補給

天気がよい時でも、炭水化物を中心とした定期的なエネルギー補給は重要である（P124）。悪天の場合には、激しい運動やふるえ産熱のための主たるエネルギー源ともなるので、炭水化物の重要性はさらに増す。

エネルギーの補給指針はP134に示したとおりである。ただしこれは歩行条件がよいときの下限値なので、悪天時には増やす。悪天の程度にもよるが1〜2割程度は増やすべきだろう。

トムラウシ山での遭難者について、この指針を用いて計算すると、好天であったと仮定しても1日に2000〜3000kcal台の量が必要だった。しかし実際に食べていた量は1000kcal台でしかなかった。これでは、悪天に対抗して歩くためのエネルギーや体熱を作り出すことはとてもできないのである。

5) 寒さに対するトレーニング

寒さへの順化に関する研究は昔から行われてきた。しかし、暑熱順化トレーニングのように、具体的なトレーニング指針を示すまでには至っていないのが現状である。

一般的に、ある環境に順化するた

めには、その環境に身をさらすことが必須条件となる。つまり寒さに慣れるためには、寒さに身体を曝さなければならない。

たとえば冬の海で働く漁師は、普通の人に比べて寒さに強い手を持っている。手を厳しい寒気に曝すことで、このような能力が次第に身につくのである（注）。

じっとして寒さに身体を曝すだけではなく、その中で積極的に運動もすれば、より効果は高まる。したがって寒いところで薄着となって運動をするのは効果的である。

なお、このような耐寒トレーニングを考える以前に、まず基礎体力（筋力や心肺能力）を高めておくことも忘れてはならない。悪天時には非常に大きな体力を使う。基礎体力が低ければ疲労しやすく、それが直ちに低体温症の原因となるからである。

注）このような人では手を流れる血管を拡張させて、より多くの血液を送り、皮膚温度を高く保っている。

冬の黒部横断山行中、黒部川を裸で徒渉する。冷水中での行動は10分以内に完了しないと、筋が冷えて動かなくなってしまう。（佐藤裕介氏提供）

column 3-7-5
探検家・登山家の耐寒トレーニング

明治43年に南極点を目指した白瀬矗中尉（当時50歳）は、秋田県の金浦町に生まれ、11歳で極地探検を志した。そのとき寺子屋の先生・佐々木節齋に教わった 1) 禁酒、2) 禁煙、3) 茶を飲まない、4) 湯を飲まない、5) 寒中でも火にあたらない、という5か条を生涯守り通した。ご飯や味噌汁も冷ましてから食べた。

この教えは2年目に習慣化し、冬に火がなくても震えることがなくなった。また、冬でも布団から足を出していないと、身体がほてって眠れない身体になったという。

白瀬隊と同年に南極を目指し、初の極点到達を果たしたノルウェーのR.アムンセンにも似た逸話がある。15歳の頃から真冬でも寝室の窓を開けて寝たという。

山学同志会を率いてアルプスやヒマラヤの壁で活躍した故・小西政継氏は、冬の穂高岳の岩登りで、手袋を外して素手で登る訓練をした。最初は2～3mが限度だが、慣れると40mくらいは登れるようになると述べている。

彼はまた冬の都会生活で、毎朝4～6時までの2時間、短いパンツとシャツでランニングをした。時には裸やはだしで走ったりもするので、不審者と見られないようにするためにも暗い時間を選んだという。

これらは無謀な訓練にも見える。実際に、もっとよいやり方もあるのかもしれない。しかし彼らに共通することは、ある目標を実現したいという強い願望があり、そのために長い期間をかけて身体改造に取り組み、実際にそれを実現していることである。

その過程では自身の身体をよく観察し、少しずつ工夫を重ねたことだろう。常人にとって信じられないような能力を獲得するためのマニュアルは存在せず、個人個人の探究心によるところが大きいと言ってもよいだろう。

秋田県金浦町の浄蓮寺にある白瀬矗像

平ヶ岳にて。雨具や帽子、使えるときには傘も活用して、濡れから身体を守ろう。

SUMMARY
まとめ

■ 寒さだけならば、衣服を着ることで防御できる。しかし寒さに風や濡れが加わると、一転して体力や体温が奪われ、低体温症が起こりやすくなる。

■ 低体温症とは、身体の中心部の体温が2〜3度低下して35度以下となった状態である。冬山よりも春・夏・秋山の方が、はるかに事故は多い。

■ 寒さ、風、濡れという3条件がそろった場合、夏山でも1〜5時間程度で低体温症にかかる危険性がある。

■ 強風は、体温を低下させるだけではなく、エネルギー源や熱源となる炭水化物の消耗を加速し、筋や脳を急速に疲労させる。

■ 寒さに対する生理適応には限界がある。知性を働かせて危険の回避行動をすること（行動適応）の方が、はるかに重要である。

第3章 −8

高度による疲労と障害

第3章 登山の疲労とその対策

高度が上がるほど空気中の酸素の量は少なくなる。その影響で、運動中も生活中も疲労しやすくなり、その回復も遅くなる。高山病も起こってくる。高山病は高い山に行けば誰にでも起こるが、対処を誤れば重症化して生命を脅かされることもある。

高山病は海外の4000m以上の山で起こるもの、と考える人もいる。だが実際には、もっと低い2000m台から起こる。つまり日本にも「高所」に該当する山はたくさんある。本節では、国内の山で経験する高度の問題について考える。

富士山頂にて。日本にも低酸素の影響を受ける山はたくさんある。（綿谷貴志氏撮影）

◆高度と人間

　高度が上がると気圧が低下し、それに比例して空気中の酸素の量も少なくなる。私たちの身体は食物を酸素で燃やし、運動や生活で使うエネルギーを作っている。このため、高い山では運動能力も生活能力も落ちてしまう。高山病も起こりやすくなる。

　図3-8-1は高山病との関係から、高度による人体への影響についてまとめたものである。

　2500m以上が「高所」と定義され、そこでは誰にでも高山病が起こりうる。富士山、日本アルプス、八ヶ岳などに登る場合には、高所での登山という自覚が必要なのである。なお3500mを超える富士山頂は、1ランク上の「高高所」の領域にある（注）。

　1500～2500mが「準高所」と定義されていることにも注意して頂きたい。呼吸器に障害のある人や高齢

注）身体のストレス指標となる交感神経系の働きを調べると、2500mと3500mとでは大きな違いがある。

高峰に登る登山者だけが訪れる高度。この高度に完全順応することはできず、滞在すれば高所衰退が起こる。高高所での順応がうまくいった人だけがこの領域に到達できるので、高山病の発症はむしろ少ない。しかしこのような人でも、急激に高度を上げたり激しい運動をしたりすると、肺水腫や脳浮腫など重症の高山病を起こす場合もある。	**超高所**（5800m以上）Extreme altitude　マナスル
ヒマラヤやアンデスなどで登山者やトレッカーがよく訪れる高度。安静時の動脈血酸素飽和度（SpO2）は90%を切る。登山の場合はこの高度にベースキャンプを置き、数週間にわたり滞在する。この高度に行く場合、徐々に身体を順応させていかないと非常に危険である。	**高高所**（3500～5800m）Very high altitude
下界からこの高度まで一日で上がると、高山病はしばしば起こる。多くの登山者や旅行者が訪れる高度でもあり、高山病の発症は目立って多い。肺水腫やそれによる死亡事故も起こる。高山病の程度は、日中に到達した最高高度ではなく、睡眠時の高度の影響を大きく受ける。	**高所**（2500～3500m）High altitude　富士山
安静時のSpO2は90%を切らない。普通の人であれば、この高度では目立った高山病は現れない。しかし呼吸循環系に障害のある人や、普通の人でも体調が悪い時（風邪など）には発症することもある。2000mを少し超える高度で肺水腫が起こった例もある。	**準高所**（1500～2500m）Moderate altitude
普通の人には高所の影響は現れない	**低地**（1500m以下）

図3-8-1：高度の分類
（PollardとMurdoch,1997、Hultgren、1997、Berghold、1998の記述をまとめた）
2500m以上が高所と定義され、これ以上では誰にでも高山病が起こりうる。ただし個人差も大きく、1500m以上の準高所で高山病が起こる人もいる。

室堂(2450m)は、準高所(1500〜2500m)と高所(2500〜3500m)との境界付近に位置する。下界から乗り物を使って一気に上ってしまうことも影響して、低酸素の影響を受ける人は多い。富士山の五合目にも同じことがあてはまる。(石森孝一氏撮影)

第3章 登山の疲労とその対策

者など、酸素を取りこむ能力が低い人では、この高度でも高山病にかかることがある。普通の人でも、風邪などで体調が悪い時には同様である。

また、体力のある人でも激しい運動をした時には、準高所でも影響を受ける。山道を駆け上がるトレイルランナーに尋ねると、1500m以上の高度では苦しさが違うという。岩や氷を登るクライマーにも同じことがいえる。

このように、高度(低酸素)の影響は意外に低いところから現れる。またその現れ方には個人差がある。同じ人でも時と場合によって現れ方が違うこともある。したがって高度の影響が現れてきた時に、それを自分で判断し、対処できる能力が求められる。

◆安静時の酸素欠乏

図3-8-2のように、低酸素室とパルスオキシメーターとを使って、高度の上昇と体内の酸素欠乏との関係を調べてみた。パルスオキシメーターを使うと、体内の酸素の充足度を表す動脈血酸素飽和度(SpO_2)がわかる。

図3-8-3は様々な人について、0mから6000mまでの高度で安静

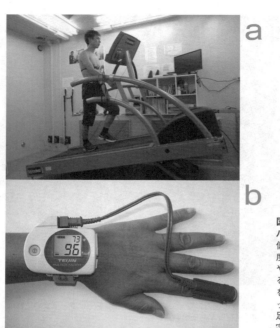

図3-8-2：低酸素室とパルスオキシメーター

低酸素室（a）を使うと様々な高度をシミュレーションして、実験やトレーニングをすることができる。パルスオキシメーター（b）を使うと、指先にセンサーをクリップするだけで、体内の酸素の充足度（SpO_2）がわかる。下の数字がSpO_2、上の数字は脈拍数（心拍数）を表す。

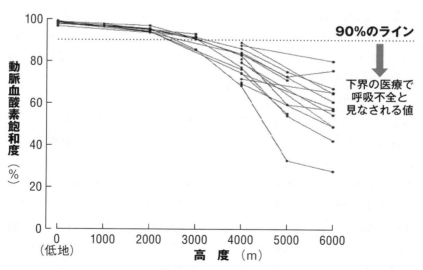

図3-8-3：高度の上昇にともなう安静時のSpO_2の低下（大村ら、2000）
男性26名の被験者に低酸素室でさまざまな高度を設定し、座位安静時の値を測定した。ほとんどの人では、2000m台または3000m台でSpO_2が90％のラインを下回る。またこのあたりから、SpO_2の値に大きな個人差が現れる。

時のSpO_2を測った結果である。0mでの値は100%に近いが、高度が上がるにつれて低下する。

SpO_2が90%のところに引いてあるラインには、次のような意味がある。下界の医療では、安静時のSpO_2が90%を下回ると呼吸不全と判断する（注）。救急医療の世界であれば救命治療室行きとなる。慢性呼吸器疾患の人であれば在宅酸素療法を行う。

また、健康な一般人が下界で全力運動をし、ひどい息切れが起こっている時にSpO_2を測ったとしても、90%を下まわることはまずない。

以上を頭においてこの図を見ると、2000m台もしくは3000m台の高度で、全員が90%のラインを下まわっている。つまり2000～3000m台の山でも、体内は厳しい酸素欠乏に見まわれるのである。

高度の上昇に伴うSpO_2の低下には個人差が大きいことも、この図からわかる。実際の山でも、高山病が現れ始める高度やその程度は、人によって大きく異なるのである。

第3章　登山の疲労とその対策

注）SpO_2が91%であれば大丈夫で、89%であれば危険という意味ではなく、おおよその目安と考えて頂きたい。

富士山ではこのような光景をよく見かける。高山に登ると、ハードな運動や酸素不足に加え、前夜の睡眠不足の影響なども受けて、疲労が起こりやすい。（笹子悠歩氏撮影）

column 3-8-1
労働衛生から見た酸素欠乏

　通気の悪い倉庫やトンネルなど、酸素が欠乏しやすい場所で作業する人のために、労働安全衛生法という法律がある。そこには「酸素欠乏とは、空気中の酸素濃度が正常値である21％から18％未満に低下した状態」と定義されている。山でいうと1200m以上に相当する。

　労働衛生の教科書には、酸素濃度が16％以下（山でいうと2200m以上）になると、様々な症状が現れると書かれている（表）。登山の場合の症状（図3-8-1）ともよく一致する。

　同書にはまた、症状の現れ方には個人差が大きいとも書かれている。たとえば、呼吸器や循環器に障害を持つ人や、貧血の人ではトラブルが起こりやすい。

　また、同じ人でも時と場合によって、症状の現れ方が違うとも書かれている。激しい労働時、疲労時、二日酔い、風邪などの時には、症状が出やすく、重症化もしやすい。これらの性質も登山とよく似ている。

酸素欠乏の段階	空気中の酸素濃度	相当する高度	動脈血酸素飽和度(SpO_2)	酸素欠乏症の症状
1段階	16〜12％	2200〜4500m	93〜77％	脈拍数や呼吸数の増加、精神集中力の低下、単純計算の間違い、精密な筋作業能力の低下、頭痛、耳鳴り、吐き気など。SpO_2が85〜80％になるとチアノーゼ(*)が現れる
2段階	14〜9％	3300〜6600m	87〜57％	判断力の低下、発揚状態、不安定な精神状態、ため息の頻発、異常な疲労感、酩酊状態、頭痛、耳鳴り、吐き気、嘔吐、記憶喪失、傷の痛みを感じない、全身脱力、体温上昇、チアノーゼ、意識朦朧、階段からの転落など
3段階	10〜6％	5800〜9400m	65〜30％	吐き気、嘔吐、行動の自由を失う、危険を感じても動けない／叫べない、虚脱、チアノーゼ、幻覚、意識喪失、昏倒、中枢神経障害、全身痙攣、死の危険など
4段階	6％以下	9400m以上	30％以下	数回のあえぎ呼吸で失神、昏倒、呼吸の低下／停止、痙攣、心臓停止、死亡

＊チアノーゼ：酸素欠乏の影響で、唇や爪の先が青紫色になること

『新 酸素欠乏症等の防止』、中央労働災害防止協会、2007より主な部分を抜粋。高度の欄は著者が加筆した。

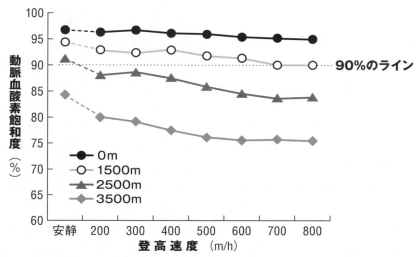

図3-8-4：4種類の高度で登山歩行をした時のSpO₂（森と山本、2014の資料をもとに作成）
10名の若い男性が4種類の高度で、トレッドミルを使って登山の模擬歩行をした時の平均値。歩行路の傾斜を20％、ザックの重さは体重の15％とし、歩行速度を徐々に上げていった。0ｍ（下界）では激しい運動をしてもSpO₂はほとんど低下しないが、1500ｍになると激しい運動時には90％に近づく。2500ｍ以上では、軽い運動でも90％を下回ってしまう。

◆運動時の酸素欠乏

図3-8-4はトレッドミルを用いて、4種類の高度で登高速度を漸増させながら登山歩行をした時のSpO₂である。高度が上がるほどSpO₂は低い値となるが、そのほかにも次のようなことがわかる。

①運動時のSpO₂は安静時よりも低くなる。②運動時には、強度が上がるほどSpO₂は低くなる。③運動の開始や強度の増加によるSpO₂の低下度合は、高度が高くなるほどより著しくなる。

具体的に見ていくと、0ｍではかなり速く歩いてもSpO₂はわずかしか低下しない。1500ｍでは、普通の速さで歩けば90％を切らないが、かなり速く歩けば90％に近づく。2500ｍになると、安静時には90％を切らないが、ゆっくりでも歩けば90％を切ってしまう。3500ｍでは、安静時でも90％を切り、歩けば80％を下回ってしまう。

つまり低山では、激しい登高をしても酸素欠乏にはならない。だが1500ｍ付近では、激しい登高時には酸素欠乏に注意する必要がある。2500ｍ付近になると、ゆっくりした登高時にも注意が必要となる。そして3500ｍでは、行動時だけでなく安静時にも要注意、ということになる。

◆睡眠時の酸素欠乏

1日のうちで最もエネルギー消費量が小さくなるのが睡眠時である。酸素欠乏にはなりにくそうに思えるが、実際は逆である。睡眠時のSpO2は激しい運動時なみに低くなる。

理由は2つある。①横になった姿勢が胸郭の運動を制限すること、②脳にある呼吸中枢の働きが弱まってしまうこと、による。これらの影響で呼吸が浅く、またゆっくりとなり、酸素の取り込み量が減ってしまうのである。

図3-8-5は、1名の若い男性が4種類の高度で眠った時のSpO2である。高度が上がるほどSpO2は低下する。その変動幅も大きくなり、所々で大きく落ち込むようになる。3500 mの高度では、SpO2は70％台まで下がる。下界の医療の感覚で言うと、生死の境をさまよっているようなレベルである。

図3-8-6は、10名の若い男性が、4種類の高度で安静、睡眠、激しい運動をした時のSpO2を比べたものである。睡眠時の所を見ると、0 mや1500 mの高度では90％を切ることはない。だが2500 mでは、眠るとほとんどの人で90％を切っている。

3500 mの睡眠時では、多くの人では70％台となり、50％台まで落ちた人もいた。これらの値を同じ高度での激しい運動時と比べると、同程度かそれ以下となっている人も多

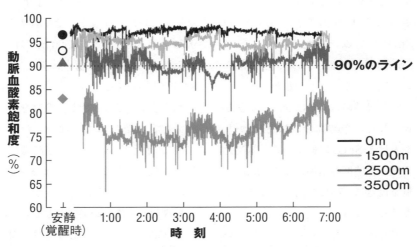

図3-8-5：4種類の高度で眠った時のSpO2（森と山本、2014の資料をもとに作成）
1名の若い男性の例。2500mでは所々で90％ラインを下回るようになる。3500mでは70％台という非常に低い値で推移している。このような傾向は、年齢、性別、体力の優劣に関わりなく見られる。

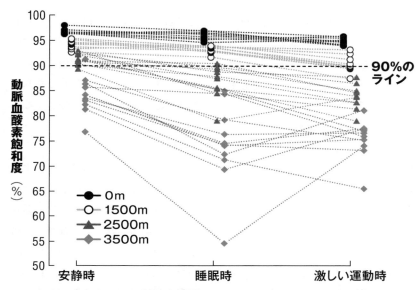

図3-8-6:4種類の高度で安静、睡眠、激しい運動をした時のSpO₂
(森と山本、2014の資料をもとに作成)
被験者は10名の若い男性。睡眠時の値はSpO₂が最も低下した時間帯の1時間分の平均値。運動時の値は11〜13メッツでの値。高所での睡眠時や運動時には、安静時よりもさらに大きな個人差が生じる。3500mでは、運動には強いが睡眠には弱い人や、その反対の人など、弱点の現れ方が違ってくる。

	安静時	睡眠時	激しい運動時
0m	97%	96%	95%
1500m	94%	92%	90%
2500m	91%	87%	84%
3500m	84%	74%	75%

注)急性高山病には低地住民が、慢性高山病には高地住民がかかる。
AMSはacute mountain sicknessの略。

第3章 登山の疲労とその対策

い。

運動時には定期的に休憩もとれるので、そのたびに酸素欠乏を回復させることができる。だが睡眠時には酸素欠乏の状態が何時間も続く。1日のうちで最も厳しい酸素欠乏を強いられるのが睡眠時だといえる。高山病は睡眠時に起こりやすく、悪化もしやすいのはこのためである。

◆高山病とは

ここまで高山病という言葉を使ってきたが、もう少し詳しく説明する。急性高山病(AMS)と慢性高山病の2種類があり、日本人が登山中にかかるのは前者である(注)。本書では以後、単に高山病と表記するが、これは急性高山病を意味する。

高山病の定義は「①頭痛があるこ

とに加えて、②胃腸の症状（食欲不振、吐き気、嘔吐）、③疲労感（倦怠感、脱力感）、④めまいやふらつき、⑤睡眠障害のうちの1つ以上をともなった状態」である。

　高山病は、体内の水分のバランスが崩れることによって起こる。主症状である頭痛は、脳の中の水分量が増えて腫れ、頭蓋骨という硬い器の中で圧迫されるために起こる。吐き気やめまいも、このような脳の変調により起こる。

　高山病は高所に到達してから約6～12時間後に起こる。風邪、疲労、体調不良の症状とも似ているので、見過ごして悪化させないよう、見きわめに注意する。

　表3-8-1は高山病の症状や程度を評価するために、国際的な合意のもとに作られた自己診断表で、高山病（AMS）スコアと呼ばれる。これを使えば自分で高山病か否かの判定ができる。

　たとえば頭痛と吐き気があり、それらの合計点が3点以上ならば高山病と判定する。一方、吐き気と疲労感はあるが頭痛がなく、合計点が3点以下であれば高山病とは判定しない（ただし4点以上であれば高山病と考える）。

　高山病は、2500m以上では誰にでも起こりうる。病気というよりも、低酸素のストレスが過度にかかっていることを警告する信号といえる。それを早期にとらえ、適切に対処すれば自然に治るが、無視したり無理をすれば重症の高山病に発展する。

1）肺水腫

　高所に行くと肺の血管が収縮するため、肺に血液を送る肺動脈の血圧が上昇する（肺高血圧）。この影響で肺胞（肺の気嚢）に水分がしみ出してたまった状態が肺水腫である。溺れて肺に水が入ったのと同じで、酸素を身体に取り込めなくなる。

　肺に水がたまっているので、息をするたびにごろごろという音を立てる。ほかに咳、息切れ、呼吸困難、泡状の痰、血痰、頻脈、微熱、意識障害などの症状が現れる。

　日本でも、2500mを超える山では肺水腫が起こり、死亡例もある（注）。特に、日本アルプスの縦走時のように、2500mを超える高度で数日間の登山を続けた時の2～3日目に起こりやすい。一方、富士登山のように高度は高くても、1日で終わってしまう場合には起こりにくい。

　肺水腫は夜間に起こりやすく、悪化もしやすい。特に若い男性に起こりやすい。少数ではあるが、遺伝的にかかりやすい人もいる。なお冬になると、山での気圧が下がることや、

表3-8-1：高山病（AMS）の自己判定スコア
この表から自分自身で高山病かどうかの判定ができる。「睡眠障害」については、環境が変わったために目がさえて眠れなかったといった理由は除外し、何らかの体調不良の影響で眠れなかった場合と考える。

頭痛	0：まったくなし	め ま い ・ ふ ら つ き	0：まったくなし	
	1：軽い		1：少し感じる	
	2：中等度		2：かなり感じる	
	3：激しい（耐えられないくらい）		3：強い（耐えられないくらい）	
食欲不振・吐き気	0：まったくなし	睡眠障害	0：快眠	
	1：食欲がない、少し吐き気あり		1：十分には眠れなかった	
	2：かなりの吐き気、または嘔吐あり		2：何度も目が覚めよく眠れなかった	
	3：強い（耐えられないくらい）		3：ほとんど眠れなかった	
疲労・脱力感	0：まったくなし	【診断の基準】 ・頭痛に加えて他の症状もあり、それらの合計点が3点以上であれば高山病と判定する。 ・頭痛の有無にかかわらず、5項目の合計点が4点以上の場合にも高山病と判定する。		
	1：少し感じる			
	2：かなり感じる			
	3：強い（耐えられないくらい）			

注）2000mを少し超える高度で起こった例もある。昔、山の死亡事故で肺炎と診断されていたケースの相当数は肺水腫である可能性がある。

寒さの影響を受けて、同じ高度でもより起こりやすくなる。

2）脳浮腫

高山病とは、脳の水分が過多となり軽く腫れた状態である。その腫れがさらに進行し、重症化したものが脳浮腫である。高山病の発症後、1日以上してから起こる。

脳でのトラブルなので、運動の失調や精神的な症状が現れる。激しい頭痛、吐き気、ふらつき、めまい、錯乱、幻覚などである。

脳浮腫は4000～5000m以上の高度で起こりやすい。日本の山ではあまり起こらないが、皆無ではない。また肺水腫に伴って起こる場合もある。

ところで肺水腫や脳浮腫による死亡事故は、国内でも海外でも件数からいえばそれほど多くはない。それよりもずっと多いのは心臓疾患や脳卒中による突然死だということを、あわせて覚えておきたい（P38、P83）。

なお、突然死は文字通り突然起こる。一方で肺水腫や脳浮腫は、初期症状である高山病の発症から1日以上遅れて起こるので、後者による事故を防ぐことは十分可能である。

◆高山病への対処

　高山病スコアでチェックをして高山病と判定された場合でも、症状がひどくなければ直ちに下山する必要はない。ただし、高度はそれ以上上げないようにして様子を見る。

　激しい運動は酸素欠乏を助長するので禁物である。だが、じっと寝込んでいるのもよくない。このことは図3-8-6を見るとわかる。身体を起こして気持ちを引き立て、軽い生活活動をしていた方が症状は軽くなることが多い。

　散歩のような軽い運動は酸素の取り込みを促進する。また後述する意識呼吸も効果的である。主観強度が「非常に楽」～「かなり楽」となるようなゆっくりした散歩をしながら、時々立ち止まって深呼吸や腹式呼吸をするとよい。

　保温も重要である。身体が冷えていると末梢への酸素の供給量が低下し、高山病も悪化しやすい。入浴は身体を温め、循環もよくするので効果がある。

　このような配慮をしていれば、1日から数日で症状は治まり登山も再開できる（治らないときは下山する）。反対に、時間のゆとりを持てずに行動を続けたりすれば、**重症化する可能性**も出てくる。

　肺水腫のような重症の高山病が起きた時には、できるだけ早く、低いところに降りなければならない。たとえ夜間でも直ちに高度を下げる。500～1000mくらい下ることを目指すが、200m下っただけで症状が劇的に改善した例もある。

　下れない場合には、その場で酸素吸入をするか、加圧バッグ（P554）に入る。

◆高所への完全順化は不可能

　ここからは、高山病を防ぐ方法について考える。

　私たちの身体には、高所（低酸素環境）に順応したり順化する能力が備わっている（注）。高所に行くと、図3-8-7のように様々な反応が起こる。

　よく知られている反応は、血液中のヘモグロビンが増えて酸素の運搬能力が高まることである（④）。スポーツ選手が行う高所トレーニングはこれをねらいとしている。ただし、この順応が効力を発揮するまでには2～3週間かかる。

　登山者にはもっと素早い順応が必要である。その役割を担うのが心拍数と換気量（呼吸量）の増加である（①、②）。登山者にとっては②が特に重要とされる。ただしこの反応にしても、十分な効力を発揮するまでには1週間ほどかかる。

つまり数日間の登山の場合では、ある程度の順応はするものの、十分とはいえない状態にある。最低限の順応をなんとか追いつかせているという、自転車操業のような状況である。この微妙な釣り合いが破れた時に高山病が起こる。

高所に数日滞在していれば、体調がよくなったと感じることが多い。だが実際には、完全な順応はできていない。油断して激しい運動をしたり、急激に高度を上げたりすると、突然体調を崩してしまう危険性があるのである。

注）日本登山医学会では、環境の変化に対して数日～数カ月程度の期間で生理的な適応をすることを順応（acclimatization）、数年～数世代をかけて適応していくことを順化（adaptation）と呼んでいる。ただし学会によっては逆の使い方をしている場合もある。

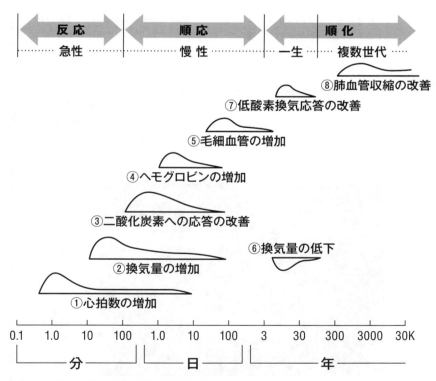

図3-8-7：高所に対する順応と順化の進行過程（Westら、2007より一部改変）
高所への順応や順化には多数の要素が関わり、その進行速度も異なる。長いものになると世代を超えて進化するものもある。

column 3-8-2
高所への完全順化には何万年もかかる

　高所順応／順化と呼ばれる反応の中には、呼吸量の増加、心拍数の増加、赤血球の増加、など様々な要素がある。呼吸は1週間程度、血液は2～3週間程度と、比較的短期間で反応は完了する。だが、もっと時間がかかる反応もたくさんある（図3-8-7）。

　身体のあらゆる機能が高所に順化するためには、世代を超えて進化する必要がある。現在、地球上で最も高所に適応しているのは、最も古く（約5万年前）から高地に住み着いたアフリカの高地住民である。長距離走でアフリカ選手が強い理由の一つもここにある。

　次に適応が進んでいるのはチベットの高地住民である。シェルパ族が高所に強いのはこのためである。

　適応の歴史が最も浅いのはアンデスの高地住民である。チベット住民には起こらない慢性高山病が、アンデスの住民に起こるのはこのためである。

　低地住民である日本人が、国内外の高所で登山をしようとする場合、数日～数週間で完全な順応を得ることはそもそも無理である。この事情を理解して、事前のトレーニングや現地での行動適応にきちんと取り組むことが、安全の確保や成功に結びつくのである。

1995年、チョーオユーの無酸素登山に同行してくれたP・ツェリンとその家族。彼は当時51歳だったが、高所での強さは圧倒的だった。（小西浩文氏撮影）

表3-8-2：高所に弱い人とその対策
以下のような人では、通常の人よりも高山病対策を念入りに行う。

高齢者	歳をとると、肺の容量が小さくなり、伸縮性も悪くなる。このため酸素を体内に取り込みにくくなる。このような人では普段から、肺の能力を高めるトレーニングをする。たとえば「吹き矢」を使った健康法などには効果がある。最近では呼吸器を鍛える専用の器具も開発されている。
子供	子供の高山病の発症率は高いとされる。年齢そのものの影響かは不明だが、大人と同じペースで歩かされていたり、自ら速く歩いてしまいやすいこと、幼児では高山病に対する自覚や意思表示がうまくできないことも原因となる。大人が、これらの点を注意深く観察し、指導する必要がある。
男女差	急性高山病の発症率に男女差はないとされるが、肺水腫の発症は男性の方がかなり高い。これには女性ホルモンの働きが関係している。肺水腫はまた若い人に起こりやすいが、これは体力にまかせて激しい行動をしやすいことが一因だろう。
肥満者	過剰な体脂肪という荷物を抱えているため、息切れが起こりやすい。息を切らさない速さで人一倍ゆっくり歩くようにする。肥満者には睡眠時無呼吸症候群の人が多く、これが夜間の酸素欠乏を増強している可能性もある。
呼吸器に問題のある人	慢性呼吸器疾患の人、睡眠時無呼吸症候群を持つ人、現在およびかつてのヘビースモーカー、普通の人でも風邪などの体調不良時には高山病にかかりやすい。
遺伝子に問題のある人	肺水腫については、遺伝的にかかりやすい人がいる。国内の山で何度も肺水腫を起こす人にはその可能性がある。ただし、基礎体力や高所順応のトレーニングを十分積んだ上で、人一倍ゆっくりした行程で登山をすれば、発症しにくくすることは可能だろう。
順応のスピードが遅い人	低酸素に曝されると、呼吸量や心拍数を増やす反応が起こる。この反応が鈍い人や遅い人は高山病にかかりやすい。下界では体力・健康ともに申し分ないのに高所には弱い、という人にはその可能性がある。このような人も、人一倍ゆっくりした行程で登山をすれば効果があるだろう。

◆高山病の予防対策

高山病を起こしやすい条件が3つある。1）急激に高度を上げること、2）高度を上げる時に激しい運動を伴うこと、3）そのような登り方をした後に高所で眠ること、である。

富士登山でいうと、1）下界から山頂まで1日で登ってしまう、2）早いペースで息を切らしながら上る、3）その晩に山頂に泊まる、となる。このような登り方をすれば、ほとんどの人は翌朝、ひどい高山病を経験するだろう。

高山病を防ぐには、これとは逆の行動適応を心がければよい。ただし個人差も大きいので「急激」や「激しい」がどの程度かを一律に示すことは難しい。以下は個々の人に当てはめるための留意点である。

なお、表3-8-2のような人は高山病にかかりやすいので、より慎重な行動を心がける。

1) 急激な高度上昇を避ける

　急激とは「下界から1日のうちに準高所を飛び越えて、高所（2500m以上）に行くこと」と考える。このような場合、2～3割程度の人が高山病にかかる。

　また、下界から準高所も高所も飛び越えて、高高所（3500m以上）まで1日で登ったとすれば、年齢、性別、体力の優劣に関わらず、ほとんどの人が高山病にかかる。

　そこで、1日目には準高所で一泊、2日目には高所で一泊、3日目に高高所というように段階を踏んで登っていく。富士山であれば、一泊目を2000m前後で、二泊目を3000m前後で行い、三日目に登頂するようにすればストレスを小さくできる。

2) 激しい運動を避ける

　激しいとは「息を切らすような運動」あるいは「きつさを感じる運動」と考える。このような運動をすれば肺高血圧を助長するので、高山病だけではなく、肺水腫にかかる危険を増すことにもなる。

　主観強度は11（楽）または12（きつさを感じる手前）のペースで歩く。13（ややきつい）では、高所での運動強度としては強すぎる。また普段から心肺能力を高める運動をし、息切れのしにくい身体を作っておくこ とも重要である。

3) 睡眠高度を下げる

　1日の中でSpO_2が最も低下するのが睡眠時なので、宿泊地はなるべく低い高度を選ぶ。しかし現実には、小屋やテント場の関係で、その日の最高到達高度で眠らざるを得ないことも多い。その場合には、意図的に登高速度を遅くして上るようにする（P237）。

◆酸素欠乏を防ぐための行動適応
－意識呼吸の重要性

　高所に行くと、無意識のうちに呼吸量が増加する。ただしこの反応が完了し、意識しなくても十分な酸素を取り込めるようになるまでには1週間以上かかる（図3-8-7）。

　つまり高所に行った当初は、無意識な呼吸量の増加をあてにしているだけでは酸素欠乏を回避できない。意識的に上手な呼吸をして、酸素欠乏を解消することが重要になる。

　私たちは、下界の生活で呼吸を意識することはほとんどない。酸素が豊富な下界では、呼吸を意識しなくても必要な酸素は身体に入り、支障は来さないからである。

　だが酸素の少ない高所では、無意識な呼吸だけでは体内の酸素は欠乏してしまう。意識的な呼吸を上乗せ

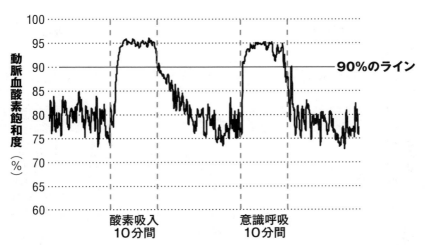

図3-8-8：高度4000mでの酸素吸入と意識呼吸の効果
被験者は著者。低酸素室で、通常呼吸の合間に酸素吸入と意識呼吸（図3-8-11の真向法）を行った。SpO₂はどちらも下界に近い値（95％）まで上昇し、心拍数も5拍くらい低下する。

してやることで、はじめて体内に十分な酸素が行き渡るのである。

図3-8-8は、著者が4000mの低酸素室の中で、通常呼吸の合間に酸素吸入と意識呼吸をした時のSpO₂の変化である。どちらも80％前後だったSpO₂を95％まで上げることができる。

このように、息の仕方ひとつで体内の酸素欠乏を解消できることは、もっと注目されてよい。エネルギー切れの疲労防止には食物の補給、脱水による疲労防止には水分の補給が必要である。これと同じように、酸素の少ない高所では、上手な呼吸法を行うことが合理的な行動適応なのである。

◆深呼吸と腹式呼吸

呼吸法といっても難しく考える必要はない。「大きく・深く・ゆっくり」が要点で、この原則に沿っていればやり方は自由である。代表的なものに深呼吸と腹式呼吸がある。

図3-8-9のaは、通常呼吸、深呼吸、腹式呼吸を比べる実験をしているところである。bは、胸部と腹部の動きの様子を示したもので、それぞれの特徴が現れている。

図3-8-10は、3つの高度でこれらの呼吸法を行い、換気量とSpO₂を測った結果である。

0mではそもそも通常呼吸時のSpO₂が高いので、呼吸法の効果は目立たない。だが2000mになると、

第3章 登山の疲労とその対策

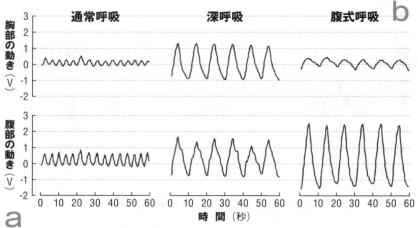

図3-8-9：低酸素環境で意識呼吸の効果を見る実験（山本と國分、2003）
aは実験の様子、bは、3種類のパターンで呼吸をした時の胸部と腹部の動きを示す。各呼吸法の周期は、1分間に17回、6回、6回とした。通常呼吸時には、胸も腹もわずかずつ、小刻みにふくらんだりへこんだりしている。深呼吸ではどちらも大きくゆっくりと変化する。腹式呼吸では主に腹部が大きく変化している。

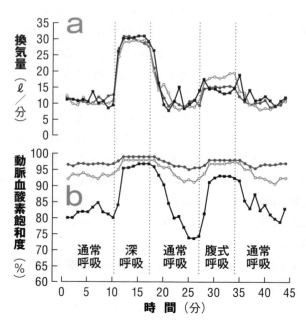

図3-8-10：深呼吸と腹式呼吸の比較（山本と國分、2003）
3種類の高度で座位安静を保ち、通常呼吸の合間に深呼吸と腹式呼吸とを行っている。意識呼吸がSpO_2を上昇させる効果は0mでは目立たないが、高度が上がるほど顕著に現れる（b）。ただし深呼吸は、換気量が著しく大きいため（a）、長く続けるには適さない。

通常呼吸時のSpO_2が低下してくるので、意識呼吸の効果がはっきりわかるようになる。4000 mではこの効果がもっと顕著に現れる。意識呼吸の効果は、酸素が少ない環境ほど大きくなるのである。

次に、深呼吸と腹式呼吸とを比べてみよう。

SpO_2を上昇させる効果は、深呼吸の方がやや優れているが（b）、換気量も著しく大きくなる（a）。換気量の大きな呼吸を続けていると、体内の二酸化炭素が失われすぎて、めまい、しびれ、動悸などを伴う過換気症候群が起こってくる。数分程度ならば深呼吸でもよいが、もっと長く続けたければ腹式呼吸の方がよい。

深呼吸は誰にでもできる。だが腹式呼吸はうまくできない人もいるので、山に行ってからではなく、普段から練習しておく。どうしてもうまくできない人は、2～3分の深呼吸を5～10分の休息をはさんで繰り返し行うとよい。

◆場面にあわせた呼吸法

意識呼吸は、高山病の症状がある時はもとより、それがない時でも定期的に行うとよい。定期的に食べたり飲んだりすることと同じだと思えばよい。ただし空気は目に見えないので、することを忘れてしまいやすい。そこで以下のような工夫をするとよい。

1）安静時

じっとして意識呼吸をするよりも、簡単な動作に合わせて「呼吸体操」の形で行えば実行しやすい。また、その方がSpO_2を上昇させる効果も大きい。寝る前や起きた直後、行動中であれば休憩時など、実行するタイミングを決めて定期的に行う。

図3-8-11のaは、下界で健康法として行われている真向法という呼吸体操である。高所でこれを行うとSpO_2は大きく上昇する（図3-8-8）。座ってできるので小屋やテントの中で行うのによい。

bは立って行うもので、行動中（休憩時）に行うのによい。ほかにも、規則的な動作に合わせて深く大きな呼吸を繰り返すものであれば、やり方は自由である。

効果的な呼吸ができているか否かは高山に出かけて、パルスオキシメーターを使ってSpO_2の変化を見ながら行えばよくわかる。この機器を活用して、練習をしたり自分独自の方法を工夫してみるとよい。

2）運動時

運動時には酸素欠乏が増強しやすいので、歩く時にも意識呼吸を行う。

第3章 登山の疲労とその対策

図3-8-11：安静時の意識呼吸の工夫
　aは真向法と呼ばれる健康体操（加茂、1996）。①足の裏を合わせ、両膝を下げるようにして座る。②肘を横に広げ、「息を抜く」感じで静かにゆっくりと息を吐きながら、2秒くらいで上体を曲げていく。③息を吸いながら、スイングするような感じで、曲げるときの半分程度の時間（1秒くらい）で上体を起こしていく。垂直よりもやや反り気味まで起こす。
　bはラジオ体操に似た動作にあわせて意識呼吸をする方法。上体を前方に倒したときに大きくゆっくりと息を吐き、起こすときに深く大きく息を吸う。
　a、bとも、1回につき3～5分行うこととして、1日の中で何度か行う。

　要点は、呼吸と歩調とを同調させることである。

　図3-8-12はその一例である。足で地面を踏む（力を入れる）タイミングを、息を吐いたり吸ったりするタイミングと同期させれば、効率のよい呼吸ができる。

　歩調と呼吸の合わせ方は、高度、歩行速度、傾斜や段差の大きさ、ザックの重さ、各人の心肺能力などによって違ってくる。行動中は常に呼吸を歩調に合わせる、あるいは歩調を呼吸に合わせることを意識し、自分に合ったやり方を見つけるとよい。

3）睡眠時

　睡眠時には、1日のうちで最も

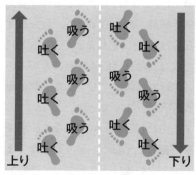

図3-8-12：歩行時の意識呼吸の工夫
左は上り、右は下りの一例。歩調と呼吸の合わせ方は、高度、傾斜、荷物の重さ、体力レベルに応じて千差万別となる。その時々でもっともよい組み合わせを自分で見いだす必要がある。

SpO_2 が低下する。しかもその状態が長時間続く。それにもかかわらず、意識呼吸をすることはできない。高山病に最もかかりやすいのに、無防備な状態になってしまうのが睡眠時なのである。

したがって夜中に高山病の症状を強く感じた時には、無理に眠ろうとせず、意識呼吸をしながら起きていた方が、むしろ体調はよくなる。寝た姿勢が苦しければ、身体を起こして意識呼吸をすればもっと楽になる。

◆高所に出かける時の注意点

「私は高所に弱い」という人は少なくない。だが体質的に弱いというよりは、トレーニングを含めた事前の準備や、現地での行動適応が不十分なために体調を崩している人の方が圧倒的に多いように見える。以下の点を見直してみるとよい。

1）計画段階での配慮

2500mを超える山で登山をする場合、1泊目は準高所、2泊目には高所、3日目に高高所というように、段階的に高度を上げていく必要がある。このような山で日帰り登山を強行すれば、高山病が起こるのは当然ともいえる。

ただしその実行が難しい登山もある。富士山（五合目：2300～2400m）、剱・立山（室堂：2450m）、乗鞍岳（畳平：2700m）、木曽駒ヶ岳（千畳敷：2600m）、西穂高岳（2100m）のように、車やロープウエーで一気に2000m以上まで上がってしまう場合である。

このような場合、乗り物を下りてすぐに歩き始めるのではなく、少なくとも1時間はその場に待機する。これにより多少は順応が進み、行動も少しは楽になる。

歩き始めてからは意図的にゆっくり歩く。たとえば標準タイムの1.5倍をかけて上れば、運動強度も高度の上昇率も通常ペースの6～7割に落とせる。これにより身体への負担が小さくなるだけでなく、順応のための時間をより多く確保できる。

これに関して面白い話がある。お盆の時期の富士山では大渋滞が起こり、登高速度が非常に遅くなる。その結果、高山病の発症はかなり少なくなるという（ただし時間切れで登頂できなくなる可能性もある）。

その日は行動せず、その場で宿泊して身体を慣らす方法も考えられる。ただし1泊目に2000m以上の高度で眠ることで、人によっては高山病にかかってしまう可能性もある。

結局、乗り物で一気に2000m台に到達する登山では、どんな方策を用いても高山病にかかる可能性は排除できないと考えるべきだろう。

2）登山中の配慮

行動中は、主観強度を11～12に保ち、息切れを起こさないように歩く。登高速度がわかる機器を使っ

第3章　登山の疲労とその対策

column 3-8-3
学校登山と高山病

長野県や富山県のような山岳県では、小・中・高校生の学校登山が盛んである。信州大学医学部の花岡正幸教授らは、長野県の学校登山を対象に、1万人以上のデータをまとめた。そして、常念岳（2857m）や木曽駒ヶ岳（2958m）では高山病とみられる頭痛や吐き気などの症状が多いこと、一方で、より標高の高い乗鞍岳（3026m）ではむしろ症状の訴えが少なくなると報告している。

子供が登山をすることで得るものは大きい（P14）。ただし基礎体力や、高所順応力の個人差が大きいことに配慮した指導が必要である。

常念岳や木曽駒ヶ岳（ロープウエーを使わずに登る場合）では、ハードな登高をした後に高所での宿泊もするため、高山病が起こりやすいと解釈できる。

乗鞍岳では、畳平（2700m）までバスで一気に登ってしまうが、自分の足で上る高度差は350m程度と少ない。また宿泊はせずに下山してしまうことが、高山病の少なくなる理由だろう。

富山県でも学校登山が盛んである。その指導者から、立山（3015m）に登る場合、室堂（2450m）に泊まることの長短について尋ねられたことがある。

室堂の標高は準高所と高所の境目にある。睡眠中にSpO_2が低下しにくい人ならば、一泊することで順応が進み、翌日快適な登山ができる（Aタイプ）。一方、睡眠中にSpO_2が低下しやすい人では、この宿泊によって体調を崩し、翌日登れなくなってしまう可能性もある（Bタイプ）。

Bタイプの人は、日帰り登山をした方がより楽に登れるかもしれない。だがそうすれば、Aタイプの中に登れなくなる人が出てくるかもしれない。集団登山の場合、全員が快適に登れるようにすることは極めて難しい。

A、Bどちらのタイプかを、下界で判別できるテストがあるとよいが、それには低酸素室が必要である。両者がともに快適に登るためには、事前に準高所の山に何度か登り、高所順応のトレーニングをしておくことが最善の策だろう。

てペース管理をするのもよい。下界での酸素量を100%とすると、1000 m では約90%、2000 m では80%、3000 m では70 %、4000 m では60%となる。登高速度もそれに合わせて落とすとよい。

このほか、行動中・生活中を問わず、高山病スコア（P227）を使って定期的に体調の確認をする。意識呼吸も積極的に行う。血液の循環が悪いと高山病が起こりやすいので、脱水、冷え、衣服（サポートタイツなど）による締め付けを避ける。

高所では脱水が起こりやすいので、水分補給は低山以上に行う。アルコールは睡眠時の呼吸量を低下させ、酸素欠乏を助長する。加えて脱水も助長するので避ける（P150）。

睡眠薬も呼吸量を低下させ、酸素欠乏を助長するので不可である。山では眠れないという人も多いが、実際にはある程度眠っているので気にしない方がよい。

高山病は睡眠時に起こりやすいことを考えると、時々目が覚めることはむしろよいことである。目覚めた時には意識呼吸をして、体内の酸素欠乏を解消してから再び寝るとよい。

3）事前のトレーニング

暑さや寒さに慣れるためには、それと同様な環境に身を置く必要がある。高所順応を身につける場合には、あらかじめ高所に身を置くことが必須条件となる。言いかえると、高所での何回かの予行登山が必要だということになる。

だが、ほとんどの人はこのような準備をせずに高所に出かけていく。高所順応という観点から見るとぶっつけ本番に等しい。慎重を期して準高所に一泊し、2日がかりで高所に行くとしても、それは一夜漬けのようなものである。

事前のトレーニングをする場合、以下の2点を考えて行う。

a）基礎体力のトレーニング

心肺能力の低い人は息切れを起こしやすいので、高山病にもかかりやすい。そこで、高所順応のトレーニングを考える以前に、この能力を強化しておく必要がある。

下界で7メッツの運動が楽にできることを目標とする。時間は短くてもよいが（30分程度）、強度はやや上げて、息が少し切れる程度のところで行うとよい（4-3章）。

b）高所順応のトレーニング

心肺能力を強化することは必要条件だが、それだけでは十分条件とはならない。酸素の多い下界でトレーニングをしていても、低酸素環境への順応は起こらないからである。

高所に順応するためには、高所に

出かける必要がある。だが2500m以上の山が身近にある人は少ない。その解決の鍵となるのが、全国各地にある準高所の山である。

1500m以上の山に何度か出かけておけば、ぶっつけ本番で高所に行くよりはよい結果が得られるだろう。準高所では低酸素の刺激が弱いので、運動強度を上げたり、睡眠を行ったりして、SpO_2を下げる工夫をするとよい（P484）。

SUMMARY
まとめ

■2500m以上は「高所」であり、誰にでも高山病が起こる可能性がある。また1500〜2500mは「準高所」であり、人によっては高山病を発症する。日本でも高山病に注意すべき山は多いといえる。

■高山病とは、頭痛を主症状とし、それに吐き気、脱力感、めまい、睡眠障害などを伴った状態のことである。

■高山病は体内の酸素欠乏、つまり動脈血酸素飽和度（SpO_2）が低下することにより起こる。特に睡眠時はSpO_2が低下しやすく、高山病も起こりやすい。

■高山病を予防するには、①急激に高度を上げない、②激しい運動をしない、③なるべく低い高度で眠る、の3つを心がける。

■意識的に深くゆっくりした呼吸を行うと、SpO_2が上昇し、高山病の予防や改善に効果をもたらす。

■高所に出かける前には、息切れを起こしにくい身体を作るための持久力トレーニングをしたり、準高所の山で予行登山をしておくと効果がある。

第3章-9

第3章 登山の疲労とその対策

ここまで、登山中に起こりうる疲労や障害について、上りと下り、エネルギーと水分の補給、環境要因（暑さ、寒さ、高度）というように、7つの要素に分けて説明してきた。本節ではそのまとめとして、富士山（3776m）に登る時に、これらの要素がどのように関わるかを考える。

富士山は技術的にはやさしい。だが身体にかかるストレスは日本一厳しい。本節ではそれをデータで紹介するとともに、その対策を考えてみる。この山を、トラブルなしで快適に登ることができれば、山での身体の扱い方がマスターできたと言ってもよいだろう。

富士山に登る

富士宮コースの八合目付近を登る。3500m以上は「高高所」と呼ばれ、低酸素の影響は一段と厳しくなる。（笹子悠歩氏撮影）

◆富士山と日本人

　日本に西洋流の登山が輸入されたのは明治時代である。だが富士山は、それよりもはるか昔から、多くの人に登られてきた。初期の登山は宗教登山で、修験道の開祖といわれる役小角が飛鳥時代に初登頂したという。聖徳太子が馬で登ったという伝説もある。

　その後、講中登山（富士講）が発達した。これは、山岳宗教に行楽の要素も加味した集団登山で、室町時代頃から盛んになった。大衆登山の始まりといってもよい。

　現代では宗教色はうすれたが、大衆登山の山としての人気はそのまま引き継がれている。2013年には世界文化遺産に指定されたことから、今後もその人気は続くだろう。

　富士山は「日本一の山」と唱われ、毎夏、数十万人の老若男女が登る。登山道は整備され、小屋もたくさんあり、見かけは容易である。

　このため登山ではなく、観光の延長上の感覚で登る人も多い。登山の未経験者、幼児や高齢者、そして普段ほとんど運動をしていない人もいる。「弾丸登山」と呼ばれる夜行日帰り登山も当たり前のように行われている。

　富士登山は歴史的な背景を反映して、もともと登山という認識がうすい。だが登山中に身体にかかるストレスは、文字通り日本一厳しい山である。それを無視するような登り方をすれば危険である。

◆日本一厳しい登山

　富士山の標高は、国内では群を抜いて高い。2500m以上が高所、3500m以上が高高所と定義されるが、富士山は日本で唯一、高高所の要素を持つ山である（P218）。4000mに近い独立峰なので、低酸素だけでなく、寒さ、風、雨などの環境条件も厳しい。

　2300〜2400mの各五合目までは車で上れるが、そこからでも1400mは歩いて登らなければならない。つまり基礎体力の要素だけを見ても、典型的な健脚コースである。

　それにもかかわらず、これらのストレスへの対処法を知らず、悪い見本のような登り方をしている人が多い。実際にこの山に行ってみると、疲労しきっている人をたくさん見かける。転倒、低体温症、突然死などの事故もしばしば起こっている。

　海外では、アフリカの最高峰・キリマンジャロの登山が、高山病にかかりやすいことで有名である。この山では、登山前日に1500mの麓町に泊まり、1泊目は2700m、2泊目は3700mと、ほぼ1000mずつ

column 3-9-1
昔のガイドブックに見る富士登山

昭和9年に発行され、4年間で38刷を重ねた『東京附近山の旅』(朋文堂)というガイドブックがある。これには吉田口からの登山が次のように紹介されている。

「東京を13時頃出発すれば、吉田駅から歩き始める頃には日も傾き、暑さもしのぎやすくなる。そして20、21時頃に五、六合目に着く」

「そのまま山頂を目指すという方法もあるが、山慣れない人はこの付近で一泊した方がよい。この付近では高山病にかかる心配がなく、一晩の休息により疲労が回復し、順応も進むからである。七、八合目の小屋は、頂上で御来光を眺めたいという人で超満員で、過ごしにくい上、高山病にもかかりやすい」

「翌日は、払暁前の2〜3時に出発する。暗闇なので燈火は絶対に必要である。頂上までの行程の半ばくらいで、日の出を眺められる。朝の山頂に立って、お鉢巡りをした後、御殿場口または須走口に下山する」

当時は五合目まで歩いて登っているが、それ以外は現代と同じ登山方法である。五合目から山頂までのコースタイムも5時間40分とほぼ同じである。高山病についての注意も、今日言われていることと同じである。

夜行登山の習慣は、真夏の日中、木陰のない裾野を歩く苦労を避けるために生まれたようである。明治34年刊の『富士案内』(野中至著)でも、日中の麓での暑さを避けるために、麓で一泊し、翌朝2、3時頃に出発することを勧めている。ただし、休息をとらずに夜通し歩くと疲労が著しいので、不可であるとも書いている。

昔の人の教えは、現代でも十分に傾聴すべきだろう。

第3章 登山の疲労とその対策

高度を上げていく（P445）。富士山のように整備された道を歩くだけだが、急激に高度を上げていくので高山病に苦しむ人が多い。

だが富士登山の行程は、これよりもずっと厳しい。夜行日帰り登山を例にとると、下界から2300mの五合目まで車で一気に上がり、さらに3776mの山頂まで日帰りで往復する。キリマンジャロ登山の3日分を1日でこなすのが富士登山なのである。

一説によると、夏の富士登山者の登頂率は5割程度だという。これはキリマンジャロの登頂率（7〜9割程度）よりもかなり低い。

昔ながらの富士山特有の登り方なので、違和感を持つ人は少ない。だが身体への負担から考えると、非常識な登り方をしていることに、もっと注意を向ける必要がある。

ところで富士山頂には、長年にわたり気象観測に使われてきた測候所がある。現在では気象観測は廃止されたが、その施設を活用して様々な研究が行われている。

私たちもここを拠点に、さまざまな登山者の身体の反応について調べてきた。そのデータを紹介しながら、富士登山で身体にどんなストレスがかかるのか、またどのように登ればよいのかを考えてみたい。

レーダードームが撤去された現在の測候所。立派な施設を活用して、様々な分野での研究や教育が行われている。

column 3-9-2
富士山測候所

野中夫妻が越冬観測を試みた
剣が峰の石室

日本の高山で、初めて厳冬期登山が行われたのは富士山である。登ったのは山頂での高層気象観測を志した野中至で、明治28年（1895年）のことである。

当時の日本では、ようやく夏山を中心とした近代登山が始まった頃だった。そのような時期に、登山以外の目的で、高度な冬山登山が敢行されたのである。

野中が著した『富士案内』にその記録がある。1回目は、ピッケル代わりの鳶口が折れたり、アイゼン代わりの靴底の釘が曲がってしまい、五合目で敗退した。だが2回目には登頂に成功した。その行程は次のような驚くべきものである。

2月14日朝、東京から徒歩で東海道を下り、翌朝御殿場に到着し、その日は太郎坊の茅屋に泊まる。翌日は荒天のため停滞。その翌日、6時30分に太郎坊を出発、13時に登頂し、15時30分に太郎坊に帰着した。その足で17時20分御殿場発の汽車に乗り、帰京している。

同年夏、彼は山頂に粗末な小屋を建て、10月から妻の千代子とともに越冬観測を試みた。しかし身体の衰弱により12月で下山を余儀なくされた。彼の著書には、その壮絶な様子が描写されている。

その後、測候所は少しずつ拡充され、年間を通して有人観測が行われるようになった。1964年には有名な富士山レーダーも設置された。その設置の経緯は、当時気象庁に勤めてその任に当たっていた藤原寛人が、新田次郎のペンネームで『富士山頂』という小説に活写している。これは後に石原裕次郎主演の映画にもなった。

さらに時代が進み、気象衛星が発達したことで、気象観測施設としての役割は終わったと見なされた。1999年にはレーダー観測が廃止され、レーダーも撤去された。

だが、この貴重な建物を取り壊すことはあまりにも惜しいため、気象、大気科学、宇宙線、高所医学などの研究者が集まり「NPO法人富士山測候所を活用する会」が設立された。資金難に苦しめられながら運営されているが、科学的にも文化的にも貴重な、後世に残すべき遺産である。

◆酸素欠乏の状況

まず、7名のベテラン中高年登山者が富士登山をしたときのデータを紹介する。1日目に五合目に泊まり、2日目は山頂まで上って測候所に宿泊、3日目は終日山頂に滞在、4日目に下山という行程だった。

図3-9-1は、五合目から山頂を目指して上っていく時の動脈血酸素飽和度（SpO_2）の変化である。体内の酸素の充足度を表すSpO_2は、高度の上昇とともに低下する。酸素を多量に使う歩行時には低下し、休憩時には上昇するので、ジグザグのラインを描いている。

下界の医療では、SpO_2が90％を下回ると呼吸不全と診断する。歩行時の値は五合目を出発した直後から、また休憩時の値は3000 m付近からこのラインを下回る。私たちは、重症の呼吸不全患者のような状態で、1000 m以上もの登高を強いられるのである。

◆心臓への負担

図3-9-2は登高中の心拍数である。心拍数は心臓にかかる負担を表す。歩行時には上昇、休憩時には低下するのでジグザグのラインを描く。高度が上がってくると両者とも10

パルスオキシメーターと心拍計で、富士登山中の身体への負担を測定する。

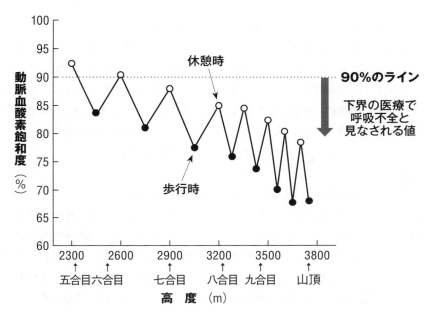

図3-9-1：ベテラン中高年登山者が富士山を登高している時のSpO₂（笹子と山本、2010）
平均の年齢が63歳、登山歴28年、年間登山日数35日の7名が対象。SpO₂は高度の上昇とともに低下する。頂上に近づくほどジグザグのラインが密になっているのは、低酸素の影響を受けて登高速度が落ち、1ピッチ分の登高距離が短くなっているためである。

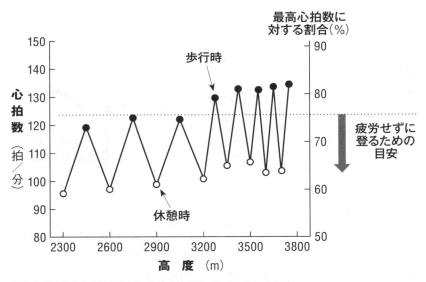

図3-9-2：富士山を登高している時の心拍数（笹子と山本、2010）
高度の上昇につれて心拍数は上昇し、3200mを超えるとマイペースの領域からは逸脱してしまう。

拍ほど値が高くなる。これは体内の酸素欠乏を補うための反応である。

疲労せずに登高するための目安は、その人の最高心拍数の75％程度である（P86）。3000mあたりまではこのレベルを保っているが、それ以上では上回り、頂上直下では80％を超えている。

図3-9-3は登高中の心肺の主観強度である。歩き始めは9（かなり楽）だが、次第にきつさが増して、3000m付近まで来ると13（ややきつい）となり、頂上直下では15（きつい）に近づく。この様相は運動中の心拍数の変化（図3-9-2）とも一致する。

疲労せずに上るための目安は、12（きつさを感じる手前）までである（P89）。したがって3000m以上では、ベテランにとってもきつい登高である。そして山頂直下の登りでは、さらに過酷な運動となる。

◆足腰への負担

図3-9-4は歩行中、足を着地する時に身体が受ける物理的な衝撃力である。上りでは1～2と低い値だが、下りでは4前後と、2～3倍大きくなる。平らな舗装道路を歩くことにたとえると、上りは時速4km

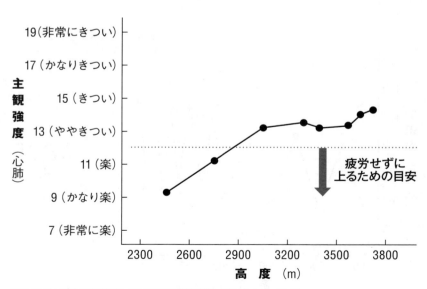

図3-9-3：富士山を登高している時の主観強度（笹子と山本、2010）
3000m以上ではマイペースの領域から逸脱している。3500mを超えて頂上の直下に来ると、さらにきつさが増している。

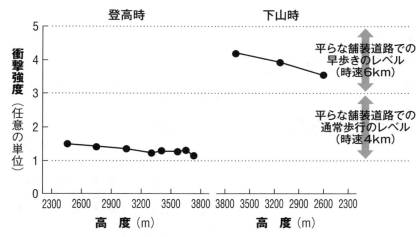

図3-9-4：富士山の登下降時に受ける衝撃力 (笹子と山本、2010)
腰部に取り付けた加速度センサーで衝撃力を測っている。上りでの衝撃力は小さいが（左）、下りではその2〜3倍大きな力を受ける（右）。

の通常歩行、下りは時速6kmの早歩きに相当する。

　下りで足が着地する時には、自分の体重やザックの重さに負けて転んでしまわないよう、瞬間的に大きな筋力発揮をして踏ん張らなければならない（P105）。下りは心肺にとっては楽だが、脚の筋にとっては過酷な運動なのである。

　また下りでは、筋の使われ方が伸張性収縮となる。これにより筋細胞が壊れ、筋力が低下する（P106）。脚の筋はまた、下る以前の上りの段階ですでに疲労をしてもいる。

　このような状況で3時間の下山、つまり舗装道路を3時間早歩きするような運動をすれば、筋力の弱い人では脚がガクガクになり転びやすくなる。実際に富士山では、下山中の転倒事故が多く起こっている。

◆高山病の現れ方

　図3-9-5の下段は、五合目を出発してから山頂で2泊し、再び五合目に下りてくるまでの、3日間にわたる高山病スコア（P227）である。1日目の登高中には低値で推移しているが、頂上に1泊した翌朝には頭痛をはじめ他のスコアも上昇している。

　高山病の定義は「頭痛があり、さらに食欲不振、疲労感、めまい、睡眠障害などの症状を1つ以上伴った状態」で、スコアの合計点が3点以

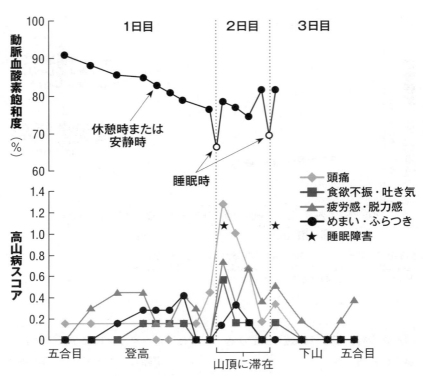

図3-9-5：3日間の富士登山中における高山病スコアとSpO2（笹子と山本、2010）
高山病スコアは山頂に泊まった翌朝に急上昇している。これには睡眠時のSpO2の低下が関係している。

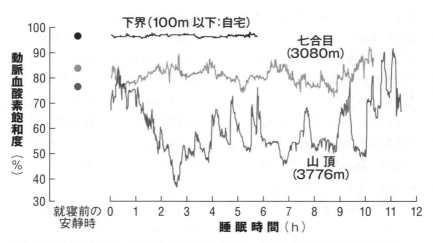

図3-9-6：下界、七合目、山頂で眠っている時のSpO2（笹子と山本、2011の資料より作成）
66歳の女性の例。富士山頂では睡眠時のSpO2が極度に低下する。このような現象は、年齢、性別、体力の優劣、登山経験の長短によらず起こる。

上になると高山病と診断する。この基準を当てはめると、2日目の朝は7名中5名が高山病を発症していた。

高山病は、ハードな運動をしながら急速に高度を上げ、そのまま高い場所に泊まったときに起こりやすい（P231）。この図にはその様子がよく現れている。

次に、図の上段に示したSpO₂を見て頂きたい。頂上という同じ高度にいるのに、睡眠時にはSpO₂が大幅に低下している。この夜間の著しい酸素欠乏が高山病を引き起こす引き金となるのである。

なお、2泊目の睡眠中にもSpO₂はかなり低下しているが、3日目の朝の高山病スコアはあまり高くない。これは1日あまりの頂上滞在で、身体がある程度高度に順応したためである。ただしSpO₂が低い状態は続いているので油断はできない。

◆極度の酸素欠乏が起こる睡眠時

睡眠時のSpO₂の低下について、もう少し詳しく見てみよう。図3-9-6は、ある登山者が、下界、七合目、そして富士山頂で眠っている時のSpO₂である。

下界での値は100％に近い所で推移している。だが七合目では80％前後まで低下する。そして山頂ではさらに著しく低下する。

山頂では値の変動も激しく、低いところでは40％を切っている。下界の医療の感覚では生死の境をさまよっているような値である。起きて

本来ならば最も身体が休まる睡眠時だが、富士山のような高山では、睡眠中に最も厳しい低酸素状態となり、高山病の原因にもなる。（笹子悠歩氏撮影）

いるときと眠っている時のSpO2の較差が、非常に大きくなることにも注意したい。

下界では睡眠時に最も身体が休まる。だが富士山頂では、睡眠時に最大の低酸素ストレスがかかる。高所では下界での常識が逆になるのである。

図3-9-6は特殊な例ではない。著者らは何十人もの人を測定したが、富士山頂で眠ると、年齢、性別、体力、登山経験を問わず、多くの人がこのような傾向を示した。

不思議なことに、このような異常な酸素欠乏状態でありながら、ひどい高山病に苦しむ人は少なく、頭痛や吐き気が少しある、という人がほとんどだった。人間の生命力のしぶとさが感じられる。

ただし富士登山中には、体内が異常なほどの酸素欠乏状態にあることは事実である。いつ体調が急変してもおかしくない、ということを忘れてはならないのである。

◆行動中のストレスの最大値

ここまで、中高年のベテラン登山者のデータを紹介してきた。これに若者や高齢者（いずれも初心者）のデータも加えて、富士登山中の身体ストレスについて整理してみる。

この3グループ（若い順にA群、B群、C群とする）は、登山コースや行程は異なるが、いずれも3日間

表3-9-1：富士登山中に身体にかかるストレスの「最高値」（笹子と山本、2011の資料より作成）
A群は、登山経験はほとんどないが体力はある体育大学生、B群は、登山経験が平均で28年のベテラン。C群は、登山経験が少なく体力も低い高齢者。上段の数字は平均値を示す。下段の（ ）内は、個人別に見た最小値と最高値を表している。

登山者のタイプ	年齢（性別）	行動中のストレス			生活中のストレス		全期間を通して	
		SpO_2（%）	心拍数（最高心拍数に対して：%）	主観強度	起きている時のSpO_2（%）	睡眠時のSpO_2（%）	高山病スコア	高山病と判定された人数
A群：若年の初心者	24歳（男6、女2）	69（60〜75）	80（71〜88）	18（15〜20）	73（53〜82）	69（57〜76）	4.5（1〜7）	8名中7人（88%）
B群：中高年のベテラン	64歳（男5、女2）	67（58〜71）	85（82〜89）	15（13〜17）	70（61〜76）	65（54〜76）	5.1（1〜9）	7名中6人（86%）
C群：高齢の初心者	68歳（男8、女1）	64（48〜79）	90（80〜100）	17（14〜20）	66（41〜82）	60（44〜75）	5.6（3〜9）	9名中9人（100%）

の登山をしている。その間、20回近くの測定をして、その中から最も負担度の大きかった値を抽出した。表3-9-1はそれらをまとめたものである。

まず行動中のストレスから見てみよう（表の左側）。登高中のSpO$_2$の最低値は、山頂直下の上りで現れることが多く、どの群でも60％台と著しく低い。平均値で比べると年齢が高い群ほど低く、低酸素のストレスをより大きく受けている。

心拍数（最高心拍数に対する割合）を見ると、年齢の高い人ほど大きい。つまり心臓により大きな負担がかかっている。A群の80％という値は許容範囲内といえるが、C群の90％という値はかなり厳しい負荷である。個人的には100％という人もいる。

主観強度は15〜18と、各群とも許容範囲（12）を超えているが、年齢によらず初心者の方がより大きなきつさを感じている。中には、最高値の20（非常にきつい）と答えた人もいる。

以上をまとめてみると、平均値的には歳をとった人、体力のない人、初心者の方が負担は大きい傾向にある。だが個人的に見ると、若い人、体力のある人、ベテランの中にも、非常に大きな負担がかかっている人もいる。つまり誰にとっても油断はできないのである。

◆ **生活中のストレスの最大値**

富士山頂では、じっとしていても強い低酸素ストレスがかかる。生活中のストレス指標として、起きている時と眠っている時に何度か測定したSpO$_2$の中から、最低値を抜き出してみた（表3-9-1の中央）。

睡眠時のSpO$_2$は、目覚めている時よりも低い。運動時の値と比べても、同程度かやや低い。つまり睡眠時には運動時なみ、もしくはそれ以上の酸素欠乏が起こる。そして年齢が高い人ほどSpO$_2$が低いこともわかる。

表3-9-1の右側には、行動中、生活中を含め、全登山期間中の高山病スコアの最高値を示した。高山病と判定された人は、A群が88％、B群が86％、C群が100％だった。年齢や登山経験にかかわらず、8割以上の人が高山病にかかるのである。

表3-9-2は最高血圧のデータである。下界では、平均値で見ると3群とも正常範囲内（130mmHg未満）である。だが山頂では上昇し、年齢の高いB群やC群では高血圧の領域に入っている。個人的に見ると190mmHg前後まで上がっている人もいる。

第3章 登山の疲労とその対策

表3-9-2：下界と富士山頂での安静時の最高血圧（笹子と山本、2011の資料より作成）
富士山頂では血圧が上昇する。特に中高年（B群、C群）では増加が著しい。上段の数字は平均値、下段の（ ）内は個人別に見た最低値と最高値を示す。

登山者のタイプ	下界 (mmHg)	山頂 (mmHg)	変化量 (mmHg)
A群：若年の初心者	116 (97〜126)	128 (102〜163)	+12 (±0〜+41)
B群：中高年のベテラン	126 (120〜137)	159 (133〜187)	+33 (+13〜+52)
C群：高齢の初心者	122 (100〜135)	162 (139〜191)	+40 (+14〜+61)

　高所では血圧が上がるだけでなく、心拍数も上昇する。このため、心臓への負担度を表すダブルプロダクト（最高血圧 × 心拍数、P80）は一挙に増加する。

　中高年になると、高血圧、動脈硬化、そして心臓に問題を抱える人も増えてくる。このような人にとっては、血圧の上昇が心臓突然死の引き金になる可能性もある。実際に富士山では、心臓疾患による事故も多く起こっているのである。

◆負担の少ない
富士登山をするために

　年齢、性別、体力、登山経験によらず、富士登山をすると身体には種々の、しかも大きなストレスがかかる。この山を、安全かつ快適に登るにはどうすればよいだろうか。

　最良の方法は、3〜4日くらいかけて登ることである。麓から古道をたどり、1泊目には準高所（2000m前後）、2泊目には高所（3000m前後）に泊まり、3日目に高高所である山頂を往復する。そして4日目に下山すれば、誰もがもっと快適に登れるだろう。

　ただしここでは現実に目を向けて、ほとんどの人が用いている日帰り、もしくは一泊二日の登山法について、より負担の少ない上り方を考えてみたい。

1）計画段階での配慮

　表3-9-3は、吉田口から登る際の代表的な3つの方法を比べたものである。まず覚悟しなければならないのは、2日以内という制約のもとで楽に登る方法はない、ということ

表3-9-3：3種類の登り方の比較
2日以内の行程では、どのような登り方をしても、体力面または順応面のいずれかのストレスが大きくなってしまい、楽に登ることは難しい。夜行日帰りでは、両方のストレスが大きくなる。

		A：夜行日帰り	B：一泊二日 (五合目：2300m泊)	C：一泊二日 (八合目：3000m泊)
行程	1日目	登下降距離： 上り1400m、下り1400m 歩行時間： 上り6時間、下り3時間	なし (車による移動のみ)	登下降距離：上り700m 歩行時間：上り3時間
行程	2日目	なし	登下降距離： 上り1400m、下り1400m 歩行時間： 上り6時間、下り3時間	登下降距離： 上り700m、下り1400m 歩行時間： 上り3時間、下り3時間
身体が受ける ストレスの 特徴		1日で1400mの高度を上り下りするので、要求される基礎体力だけを見ても、典型的な健脚コースである。下界から一日足らずで「高高所」の山頂に到達するため、高所に順応する時間が乏しく、高山病にかかりやすい。睡眠不足も高山病を誘発しやすく、暗い山道を歩くことによる心身のストレスも大きく、事故も起こりやすい。	1日の行動量は夜行日帰りと同等であり、強い基礎体力が求められる。ただし2300mの「準高所」であらかじめ一泊するため、その間に高所順応が進み、翌日の行動がより楽になる。一般的には、3つの方法の中で最も負担が小さいといえる。しかし人によっては、一泊目の睡眠時に高山病になってしまうこともある。	行動を2日に分けて行うので、体力的にはより楽になる。最大のストレスは、3000mという典型的な「高所」で一泊するところにある。ここでの睡眠あるいは仮眠中に、SpO2が大幅に低下し、高山病にかかる可能性が高くなる。
対策		基礎体力トレーニングとして、「健脚コース」を余裕をもって歩けるような登山を積んでおく。具体的には、1日で1000m以上の高度を上り下りしたり、10時間程度の行動を目標とする。暗いところで歩く練習もしておく。	基礎体力トレーニングの方法は夜行日帰りの場合と同じ。2300mでの宿泊に備えて、事前に1500m以上の山に登り、できれば宿泊もしておくとよい。	基礎体力トレーニングとして、低山で1日に1000m程度の上り下りや、6時間程度の行動が余裕を持ってできるような登山を積んでおく。一泊二日の登山も体験しておく。3000mでの宿泊に備えて、事前に2000m台の山に登り、できれば宿泊もしておくとよい。

第3章 登山の疲労とその対策

である。体力と順応の2要素が二律背反の関係にあって、両立しないからである。

夜行日帰り登山（A）は、夜間で歩きづらいこと、断眠や寒さの影響など、身体的にも精神的にもストレスが大きい。登山の能力は大幅に低下してしまうので勧められない。

一泊二日の登山はどうだろうか。体力的には八合目に泊まる方が楽である（C）。だが3000m付近の高度に泊まることで、睡眠中に高山病を起こす可能性が高まる。一方、五合目に泊まれば高山病にはかかりにくいが、翌日の行動が体力的にきつくなる（B）。

体力はないが高所に強い人ならばCが、体力はあるが高所に弱い人ならばBの登り方がよい。ただし、それを判定するには低酸素室でのテストが必要である。

また、同じ人でも時と場合によって、高所順応がうまくできたりできなかったりする。つまり、現地に行ってみなければわからないという、賭のような要素がつきまとう。

この問題を解決するためには、以下のような事前のトレーニングが重要となる。

2）事前のトレーニング

富士登山には、基礎体力と高所順応という2つの能力が、いずれも高いレベルで必要となる。快適な登山をするためには、両者をあらかじめ高めておく必要がある。

a）基礎体力のトレーニング

AまたはBの上り方をする場合、1日に9時間をかけ、1400mもの上り下りをしなければならない。高度の影響がないとしても、典型的な健脚向けの基礎体力が要求される。

そこで普段から、近郊の低山を利用して、1日のうちに「山道で9時間の歩行が余裕をもってできる」「1400mの上り下りが余裕をもってできる」ような身体づくりをする。

Cの登り方をすれば、1日当たりの登高量は700mと半分になるが、それを2日続けなければならない。このような体力も、平地でウォーキングをしているだけでは身につかないので、やはり低山に繰り返し出かけて身につける。

b）高所順応のトレーニング

下界や低山でトレーニングをすれば基礎体力は身につく。だが低酸素に対する順応は身につかない。

そこで本番の直前には、準高所（1500m）以上の山に出かけて身体を低酸素に曝し、高所順応を図る（P239）。低酸素室が利用できる人は、それを利用してもよい。

c）その他のトレーニング

夜行登山は勧められないが、あえてするのであれば、事前に低山に出かけ、暗がりで山道を歩いたり、眠らずに運動をする練習もしておくべきである。

以上を要約すると、富士登山中に遭遇する様々な状況を想定して、事前にそれぞれのシミュレーション（予行演習）をしておくこと、となる。

3）登山中の注意

乗り物で一気に五合目まで上がってしまうので、すぐに歩き始めるのではなく、その場で最低1時間は休憩し、低酸素に身体を慣らす。この間、腹式呼吸や深呼吸を時々してお

column 3-9-3
富士登山のための低酸素トレーニング

富士山を快適に登るためには、基礎体力と高所順応の2要素を考慮したトレーニングが必要となる。前者は下界や低山でも実行できるが、後者は1500m以上の環境でしかできない。それも本番が近づいてから行う方が効果は高い。

だが住んでいる場所や時間の関係で、それを実行できない人も多い。このため、基礎体力はあるのに高所順応が不十分だったために登れなかった、という人も出てくる。

三浦雄一郎氏は東京都内に、エベレストBCと同じ5300mの高度設定ができる低酸素室を作り、「ミウラBC」と名付けて自身のエベレスト登山に活用した。

高度4000m相当の低酸素室で踏み台昇降運動をしながら、本番での歩き方や呼吸の仕方を学習する「富士山トレーニング」。

この施設で一般の登山者に低酸素トレーニングの指導をしている安藤真由子氏から、次のような話を聞いた。

その人は30歳の男性だが、高い山に行くといつも調子が悪くなる。富士山でも、五合目の小屋で泊まったところ、ひどい頭痛に見舞われて一睡もできず、登頂をあきらめた。

ところが次の富士登山の時に、この低酸素室（4000m）で1日1時間のトレーニングを3回してから出かけたところ、高山病が全く出ず、快調に登頂できた。

このような数回だけのトレーニングでも、呼吸系の生理適応はある程度起こる。加えて、高所に適した呼吸法や歩き方など、行動適応の学習もできる。この2つが低酸素室を利用することの大きなメリットである。このトレーニングについては5章-2で詳しく考える。

くと順応の促進に役立つ。

　登高ペースは高度の上昇（気圧の低下）に合わせて落とす。そのためにはまず低山で、主観強度が12となる登高速度を把握しておく。そして高度2000m台ではその8割以下、3000m台では7割以下、頂上直下では6割以下の速度で歩く（P239）。

　登山家の上村博道氏は、傾斜によらず1分間で50歩程度のペースで歩くとよいとしている。わかりやすい方法なので試してみるとよい。

　P237で述べたように、お盆の頃の富士山は大渋滞し、歩行ペースは著しく遅くなる。だがそのお陰で、高山病にはかかりにくくなる。

　これにならって登高速度を大幅に落として歩けば、①運動強度が下がる、②高度の上昇スピードが緩やかになる、という2つの理由で高山病が起きにくくなる（ただし悪天候に捕まりやすくなるといった短所もある）。

　歩行中も休憩中も「深く・大きく・ゆっくり」の呼吸を意識する。加えて、10～15分の歩行ごとに1～2分立ち止まって息を整える。

　エネルギーと水の補給は、3章-4と3章-5の方法で行う。たとえば体重60kgの人が、五合目から頂上を標準タイムの9時間で往復した場合、エネルギー消費量は約2700kcal、脱水量は約2700mlと計算できる。

　上記の7割を補給する場合、1890kcalと1890mlとなる（注）。これを朝食と行動食とに分けて補給する。行動中は、食べ物は1～2時間ごと、飲み物は1時間ごとに補給する。

　富士山では高度の他に、寒さ、雨、風にも注意する。富士山頂と低地の標高差は3000m以上ある。高度が100m上昇すると気温は0.6度下がる。下界で30度の時、山頂では12度という計算になる。

　富士山測候所のデータによると、日中の最高気温は8月でも平均9度、夜間の最低気温は3度である。夏に雪が降ることもある。行動中に風雨に襲われた場合、トムラウシ山での低体温症遭難（P194）と同じような条件がそろってしまうのである。

注）富士山では、高所、寒冷、乾燥、激しい運動といった条件により、低山での登山時よりも脱水量は大きくなる。水分の補給は脱水量の7割といわず、できれば全量を補給する方が望ましい。

column 3-9-4
夏の富士登山と低体温症

ある年の夏、測候所での研究を終えて下山する日の朝、猛烈な風雨となった。測候所直下の馬の背では風速が15m以上、気温が10度以下だった。これはトムラウシ山で低体温症による大遭難が起こった日とほぼ同じ条件である（P194）。

下山を開始すると、ゴアテックスの雨具を着ているのに、1時間もたたないうちに中の衣服が濡れてしまった。手や足、顔といった露出部分では非常な寒さを感じた。体重の軽い人は、強風で倒されそうになった。

途中、低体温症にかかってふらふらになり、介助を受けながら歩いている人を見かけた。幸い、私たちは下るだけだったので、強い風にも打ち勝つことができ、体力を消耗することもなかった。高度を下げるに従い、どんどん暖かくなってくるのもわかった。

トムラウシ山の遭難者は、このような条件下で長時間の上り坂歩行をしたり、吹きさらしの中で立ち止まって待機を強いられた。さぞ厳しい状況だっただろう。

別の年には次のような経験をした、その前夜は強い風雨だった。耐風性をもたせるために、新幹線の車体と同じ構造で作られたという測候所内にいても、強い雨風の音が聞こえ、爆風による圧力を感じた。

翌朝、嵐がおさまった外に出てみると、雨具を着たたくさんの登山者が、ふるえながらご来光を待っていた。この人たちは昨夜、どのようにして耐えたのだろうか。

富士山は夏でも、荒れると恐ろしい山に変わる。高山病だけではなく、低体温症と隣り合わせの登山であることについても、もっと認識しなければならないだろう。

第3章 登山の疲労とその対策

2010年の実験協力者の皆さんと

SUMMARY
まとめ

■ 富士山は技術的には容易だが、求められる基礎体力と高所順応のいずれについても、日本で最も厳しい山である。

■ 富士山での夜行日帰り登山は、体力面、順応面、夜間の行動など、さまざまな意味で身体へのストレスが最も大きい登り方であり、避けるべきである。

■ 一泊二日で登れば負担はやや軽くなるが、それでも楽な登り方はできない。

■ 富士登山を成功させるためには、健脚レベルの基礎体力トレーニングに加えて、事前の高所順応トレーニングが重要となる。

■ 富士山が楽に登れるようになれば、基礎体力も含め、山での身体の扱い方がマスターできたことになる。そして、海外での高所登山やトレッキングへの道も開ける。

第4章 登山のための体力トレーニング

Exercise Physiology &
Training for Mountaineering and Climbing

カナダ・バガブー山群にて。トレーニングで身体能力を高めることによって、行ける山の幅を大きく広げることができる。

　3章では、登山中に身体にかかるストレスを最小限に抑え、疲労を防ぐ方法を考えた。しかしいざという時のために、多少の無理をしても耐えられるような、強い体力を身につけておくことも大切である。

　ヨーロッパアルプスの登山では、スピード（体力）＝安全という考え方のもと、ほとんど休憩を取らず、速いスピードで登って降りてくるのが常識である。気象の変化が激しい日本の山でも、必要に応じてこのような行動もできなければならない。

　ところが現状を見ると、体力不足による遭難が多発していたり、トレーニングを励行しているのに役立っていない人が多い（2章）。トレーニングのことは3章の各節でも簡単に触れてきたが、本章ではそれらをより詳しく考えてみたい。

第4章 - 1

本節では、具体的なトレーニング方法を考える以前に、理解しておくべき原則を示したい。たとえばトレーニングというと、とかく「何をどれだけやればよいのか」と、できあいのメニューを求める人が多い。しかしトレーニングの課題は各人で違う。言いかえると万能薬のような方法は存在しない。

またトレーニングを「下界で行う運動のこと」と考えている人も多いが、登山自体も立派なトレーニングである。登山を中心に据えた上で、下界での運動をうまく組み合わせることで、はじめて理想的なトレーニングとなるのである。

トレーニングの考え方

北海道・無意根山にて。体力トレーニングとは、本番の山で行う運動内容をイメージし、それを模擬した運動を行うことである。

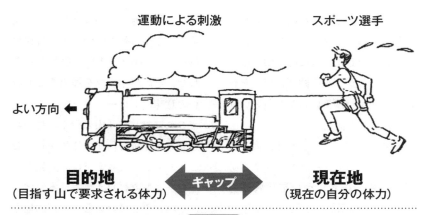

図4-1-1：正しいトレーニングのあり方（浅見、1985に加筆）
①目的地と②現在地とを明確にした上で、その間に横たわるギャップを埋めていく作業が「トレーニング」である。①と②のいずれか、あるいはいずれもが曖昧なために、効果的なトレーニングができていない人が多い。

■定期的な運動＝トレーニングではない

2章で、日本百名山を目指す7000人あまりの登山者への調査結果を紹介した。その中で、普段からトレーニングをしていると答えた人は7割もいるのに、山で身体トラブルが起こる人が7割に達する、というデータを示した（P42-45）。

つまりトレーニングをやっている人は多いが、役立っていない人もまた多いのである。このような現象は「トレーニング」という言葉の意味が正しく理解されていないために起こる。そこで、まずこの点から考えてみる。

トレーニングの語源はトレイン（train）である。列車という意味だが、その元には「引っ張る」という意味がある。図4-1-1のように、現在地と目的地とが明確に意識され、そこに到達するための有効な努力がなされている時に、はじめて本当の意味でのトレーニングをしていることになる。

たとえば「夏の槍ヶ岳に登ったと

ころ、上りでは息切れに苦しめられ、下りでは脚がガクガクになって、つらい思いをした。次に行く山ではこのようなトラブルを防ぎたい。それにはどうすればよいのか?」というように課題を設定する。

　前者を改善するには心肺能力を改善する持久力トレーニングをする必要がある。後者については脚筋力（特に大腿四頭筋）を強化する筋力トレーニングが必要になる。

　このように、トラブルが違えば実行すべきトレーニング内容も違ってくる。目的地（どのような体力が要求される山に行くのか）と、現在地（自分の体力の現状）とを照らしあわせ、そのギャップを埋めることが、真の意味のトレーニングである。

　これに対して「山に行くのだから、とりあえず毎日何かの運動をしておこう」といった考えでは、外見上はトレーニングに見えても、本質はトレーニングとはいえない。目的地も現在地もわからなければ列車は迷走し、望んでいる効果は得られないのである。

宮崎県・祝子川にて。沢登りでは原始的な登山を楽しめるが、求められる体力はより高度なものになる。一般道を歩くよりも1〜2メッツ以上高い心肺能力に加え、全身の筋力、柔軟性、バランス能力なども鍛えておく必要がある。（石川重弘氏撮影）

column 4-1-1
トレーニングの4原則

トレーニングには4つの原則がある。これを登山に則して説明してみる。

1）過負荷の原則

体力を改善するには、楽にできる負荷をかけるだけでは不十分で、きついと感じる強い負荷も時々はかける必要がある。いいかえると、楽に山を歩いているだけでは体力は一定のレベルで頭打ちとなり、それ以上には改善しない。

楽な運動をすることもトレーニングの大切な構成要素ではあるが、普段よりも少し速く歩いたり、重い荷物を背負うこともまた必要なのである。

2）特異性の原則

トレーニングで行ったタイプの運動能力は向上するが、それとは違うタイプの運動能力は向上するとは限らない。たとえば平地ウォーキングを励行すれば、空身での平地歩きは得意になる。しかし、重荷を背負って坂道を上り下りする能力が高まるわけではない。登山に役立たせるには、できるだけ登山と似た運動をする必要があるのである。

3）個別性の原則

同じトレーニングをしても、人によって効果の現れ方は異なる。効果を最大限に引き出すには、一人一人でその内容を変える必要がある。言いかえると、自分のトレーニングは自分で考えなければならないのである。

4）可逆性の原則

トレーニングをすれば体力は改善するが、やめれば元に戻ってしまう。若い頃はハードな登山をしたが、その後は遠ざかり、退職してから数十年ぶりに登山を再開した人では、体力面での「昔取った杵柄」は効かないのである。

1）の原則から想像できるように、トレーニング効果を得るにはある程度の疲労を起こさせる必要がある。トレーニングとは、運動による疲労と、そこからの回復を上手に利用する行為なのである。

ただし、過度な負荷をかければ身体を壊したり、山では危険な目に遭う可能性もある。弱すぎず強すぎず、適度な負荷をかける方法については次節以降で考える。

第4章 登山のための体力トレーニング

■登山のトレーニングの難しさ

登山者にとってトレーニングの目的は明確で、これから自分が行く山で、支障なく歩ける身体を作ることである。だがこれを実行することは思った以上に難しい。

下界のスポーツと対比させながら考えてみよう。現代の登山者は、1カ月に1回のペースで山（本番）に出かける人が多い。そこで図4-1-2のように、このような登山者と、月に1回のペースで試合（本番）に臨むスポーツ選手とを比べてみる。

下界のスポーツでは、野球の選手ならば野球の練習、水泳の選手ならば泳ぐ練習というように、専門種目の運動を日々行うことで体力や技術を鍛える（専門トレーニング）。そして、それだけでは十分に強化できない体力を、走り込みや筋力トレーニングなど、それ以外の運動によって鍛える（補助トレーニング）。

一方、登山者の場合は、毎日のように登山（専門トレーニング）をすることは無理である。それどころか1カ月に1回しか山に行けない人は、

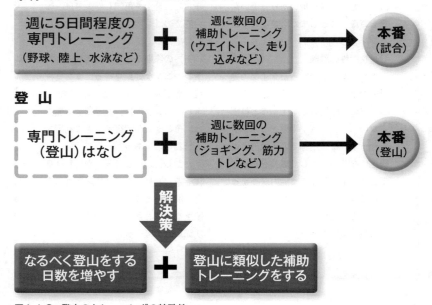

図4-1-2：登山のトレーニングの特殊性
登山者の場合、毎日のように山に行くことはできない。このため、登山以外の運動によって身体づくりをして、登山に臨まなければならないという難しさがある。

下界で補助トレーニングだけをして、ぶっつけ本番で登山に臨まなければならない。補助トレーニングにしても、1日に1～2時間が限度で、登山のように何時間も行うことは難しい。

下界のスポーツで、その種目に必要な体力を、その種目以外の運動によって身につけるという状況は考えられない。たとえると、ふだんプールが使えない水泳選手が、陸上で走ったりウエイトトレーニングをして、ぶっつけ本番で試合に出るようなものである。

これは登山者にとって宿命ともいえる課題である。どう解決すればよいだろうか？

■登山を主、下界での運動を従のトレーニングと考える

登山者のトレーニングがうまくいかない理由は、登山に必要な体力を、山に行かずに下界で身につけようとするからである。したがって最も確実な解決策とは、山に多く出かけることである。これができれば、難しいことは考えなくても問題の多くは解消する。

「トレーニング＝下界で行う運動」と考えている登山者が多いが、そうではない。登山のための最もよいトレーニングとは登山そのものである。

登山を主のトレーニング、下界での運動は従のトレーニングと位置づけ、まずは登山を励行し、それだけでは足りない部分を下界での運動で強化する、と考えるべきである。

「山にはよく行くが、下界でのトレーニングはほとんどしていません」と申し訳なさそうに言う人もいる。だが図4-1-2に照らせば、下界ではよく運動をしているが、山にあまり行かない人よりは、ずっとよいトレーニングをしているのである。

ただしこのような人も、下界のスポーツでいえば専門トレーニングしかしていない人、ということになる。登山をしているだけではどうしても足りない部分が出てくる。それを下界のトレーニングで補うことで、はじめて理想的なトレーニングとなる。

山によく行けば身体は登山向きの身体に「変わる」。だがそのような受動的な改善だけでは十分とはいえない。さらによい方向へと能動的に「変える」意識をもつことが必要である。

ところで、登山の励行が重要だといっても毎日山に行くことはできない。現実性も考慮すれば、月に2回くらいが目標となるだろう。まずはこれくらいのペースで登山をして、それでも起こってくるトラブルに対して、下界での補助トレーニングで

第4章　登山のための体力トレーニング

対処する、という手順を踏むとよい。

だが月に2回も山に行けないという人も多いだろう。月に1回、あるいはそれ以下しか行けない人は、下界での補助トレーニングに頼って登山のための体力づくりをするという、変則的なやり方をせざるをえない。このような人は下界で、登山の運動特性（特異性）に合致した運動を行う工夫が必要となる。

■まずは登山の回数を増やそう

ここまでに述べたことがらについて、データを見ながら考えてみよう。

図4-1-3は、日帰り登山を中心に行う4000人あまりの登山者の、山での身体トラブルの状況である。NHKの教育番組で放映された、岩崎元郎さんの『中高年の登山学－日帰り登山で基礎を学ぶ』（1999年）の際に行ったアンケート結果である。

トラブルが起こらない人は全体の3割に過ぎず、残りの7割は図に示すような様々なトラブルを訴えていた。「膝の痛み」と「下りで脚がガクガクになる」を筆頭に、「上りでの息切れ」「筋肉痛」などと続いている（注）。

図4-1-4は、上位2つのトラブルが登山頻度とどのような関係にあるかを示したものである。「下りで脚がガクガクになる」については、

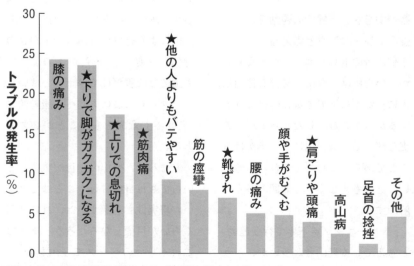

図4-1-3：日帰り登山での身体トラブル状況（山本と山﨑、2003）
★印をつけたトラブルは登山の励行によって減らせるが、「膝の痛み」「腰の痛み」のようにそれだけでは減らせないトラブルもある。

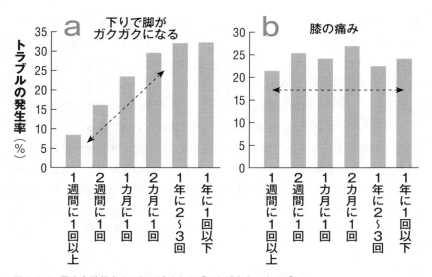

図4-1-4：登山を励行することで減るトラブルと減らないトラブル
（山本と山﨑、2003の資料から作成）
aのトラブルは登山頻度を増やすことで減らせるが、bのように減らないトラブルもある。bタイプの場合、下界でのトレーニングによって改善を図る必要がある。

注）2章（P44）では，同じシリーズの番組で、日本百名山を目指す登山者のアンケート結果を紹介した。目指す山のレベルは違っても、結果はよく似ていることがわかる。

登山頻度が高い人ほどトラブルの発生率が低い（aタイプ）。このタイプには「上りでの息切れ」「筋肉痛」「バテやすい」「靴ずれ」「肩こり・頭痛」など多くのトラブルが該当する。

一方、「膝の痛み」は、山行日数を増やすだけでは駆逐できないことがわかる（bタイプ）。これに類したトラブルとして、他に「腰の痛み」「筋の痙攣」などがある。これらのトラブルをなくすには下界での補助トレーニングが必要なのである。

なお、図4-1-4のaについても、よく見ると、毎週のように登山をしているのにトラブルが起こる人もいる。このような人では、下界での補助トレーニングをやっていなければ導入する。やっているのにトラブルが起こる人では、その内容を見直す必要がある。

■トラブルごとに違う
トレーニング方法

　表4-1-1は、図4-1-3に示した主なトラブルについて、体力面から見た要因と、それを解決するための下界でのトレーニング方法を示したものである。トラブルの主要因は、筋力、持久力、柔軟性という3つの体力不足である。特に筋力不足が原因で起こるトラブルは多い。

　詳しいトレーニング方法については次節以降で説明するが、ここではトラブルが違えばその原因も違い、対策も異なることを覚えて頂きたい。「何でもいいから運動をしておけばよいだろう」という考えではトラブルは防げないのである。

　表に示したトラブルが起こる人は、現在の自分のトレーニングを思い浮かべ、何が足りていないのかを考えてみるとよい。それだけでもトレーニングの改善に役立つはずである。

表4-1-1：トラブル別に見たトレーニングの対策
トラブルを防ぐには山での歩き方（登山技術）も重要だが、ここでは体力面から見た原因と、その対策のみに限定して示した。

トラブル内容	原因（体力面に限定）	下界でのトレーニング方法
1. 膝の痛み	大腿四頭筋の筋力や柔軟性の不足	スクワット運動、大腿四頭筋のストレッチングなど
2. 下りで脚がガクガクになる	大腿四頭筋の筋力不足。特に伸張性（下り動作用）の能力不足	スクワット運動、坂道や階段での下りを意識した歩行など
3. 上りでの息切れ	心臓や肺の能力不足。脚筋力が弱い人にも起こりうる	坂道ウォーキング、階段ウォーキング、坂道での自転車こぎ、水泳、ジョギングなど、心拍数や呼吸数を上げる運動
4. 筋肉痛	痛みが起こる部分の筋力不足。特に伸張性（下り動作用）の能力不足	太ももならばスクワット運動、ふくらはぎならばかかと上げ運動。坂道や階段での下りウォーキングなど
5. 他の人よりもバテやすい	3とほぼ同じ意味	3の対策と同じ
6. 筋の痙攣	痙攣する部分の筋力・筋持久力の不足	痙攣しやすい部位の筋力・筋持久力トレーニング。太ももならばスクワット運動、ふくらはぎならばかかと上げ運動
7. 靴ずれ	足の皮膚が弱い	登山で使う靴を履いてのウォーキングなど
8. 腰の痛み	腹筋群の筋力不足、または、腹筋は弱くなくても背筋が強すぎて、バランスが悪い場合。腰背筋の柔軟性不足など	上体起こしや脚上げ運動、腰背筋のストレッチングなど
9. 肩こりや頭痛	肩まわりの筋力や柔軟性の不足	肩すくめ運動、腕立て伏せ運動、肩まわりの筋のストレッチングなど
10. 足首の捻挫	足首まわりの筋力不足（特に腓骨筋）	かかと上げ運動、不安定面（分厚いクッションなど）の上に立って足首の筋力を強化する運動など

column 4-1-2
三浦雄一郎さんのトレーニング

エベレストに70歳時、75歳時、80歳時と三度にわたり登頂した三浦雄一郎さんは、日常生活で20〜30kgのザックを背負ってウォーキングをした。足には特注の重い靴を履き（片足で2kg）、さらに足首に重りを巻きつける（片足で5kg）。身につける重りの総重量は34〜44kgにもなる。

これを「ヘビーウォーキング」と名づけ、街中を30分〜2時間くらい歩き回る。地方で講演をする際には、東京事務所のある代々木から、新幹線が出ている東京駅までの10kmを、この格好で歩いて行ったりもする。持久運動をしつつ筋力も鍛えているのである。

エベレストでは、防寒服、登攀具、酸素ボンベなどの重装備を身につけて登る。これらの重量は20kgを超える。三浦さんはこれを一回りも二回りも大きくした過負荷をかけて運動しているのである。

彼はこの運動を「三浦流ウォーキ

ング」とも表現している。「流」という言葉には、自分の目的に合わせてトレーニングを改良する、という意味が込められている。

三浦さんに限らず全ての登山者が、自分が目指す山を明確にイメージした上で、「自分流」のトレーニングを工夫することが大切なのである。

第4章 登山のための体力トレーニング

屋久島の縦走。無人小屋を利用した2泊3日の登山となるので、重い荷物をかつぐための筋力に加え、何日も歩き続けられる持久力や耐久力が求められる。

■下界では1ピッチ分の体力強化を

ウォーキングは中高年登山者が下界で最もよく行うトレーニングである。登山は歩く運動である。ウォーキングも歩く運動で、健康にもよいことから行われているのだろう。

だが、単に平地を歩くだけでは、登山にはあまり役立たない（P45）。以下、この運動を例として、登山の持久力トレーニングのあり方を考えてみる。

図4-1-5は、登山とウォーキングの心拍数を比べたものである。前者は屋久島で無人小屋泊まりの縦走をした時、後者は平地で30分間の早歩きをした時のものである。ウォーキング中に心臓にかかる負担は、登山と比べると微々たるものでしかない。

図4-1-6はこれを概念図にしたものである。登山ではふつう、50分程度の歩行を1ピッチとし、10分程度の休憩をはさみ、それを何度も繰り返す。これに30分のウォーキングを当てはめてみると、登山の1ピッチ分だけに限定して比較したとしても、強度的にも時間的にも負荷が小さい。

いいかえると、登山には強度と時間という2種類の大変さがある。平

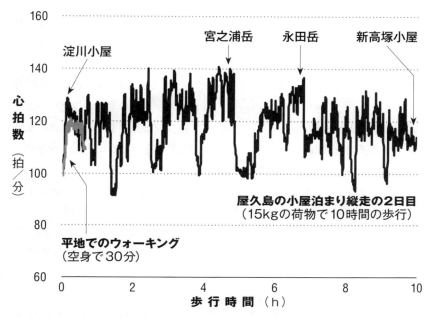

図4-1-5：登山（屋久島縦走）と平地ウォーキング時の心拍数の違い
空身で平地ウォーキングをしているだけでは心肺への負荷は小さく、本格的な登山に通用するトレーニングにはならない。

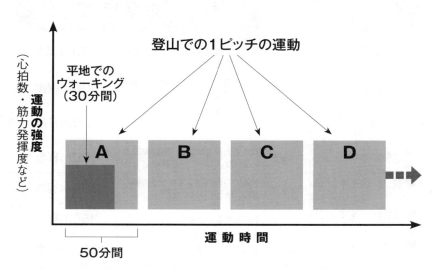

図4-1-6：登山で行う運動と下界でのトレーニング（平地ウォーキング）との関係
一般人が健康のために行う30分程度の平地ウォーキングでは、強度・時間ともに不十分なので、登山仕様にすることを考える。ただし下界では何時間もトレーニングすることはできないので、1ピッチ分（Aの部分）の能力改善に焦点をしぼって行う。

地ウォーキングでは、どちらに対しても不十分な負荷しかかけられないので、効果が得られないのである。どう改善すればよいだろうか。

■目指す登山と同じメッツの運動を選ぶ

下界では、登山のように何時間もの運動をすることは難しい。そこで1ピッチ分（図4-1-6のAの部分）に焦点を絞り、その行動能力を高めることを意識するとよい。登山の1ピッチ分をより早く、あるいはより楽に歩ける体力づくりを目ざすのである。

それには3章-1（P66）で紹介したメッツの考え方が役立つ。下界で持久的な運動をする際には、最低でも目的とする登山のメッツと同じ強度にするのである。

表4-1-2は、登山の種別と下界や低山での運動との関係を、メッツで対応づけたものである（注）。平地を歩く限り、かなり速く歩いても

表4-1-2：メッツで示した登山と下界での運動との対応関係
目指す登山の運動強度（メッツ）にあわせて、下界でもそれと同じ強度の運動を行う。低山トレーニングは、体重の10％程度のザックを背負った場合の目標登高率を示した。予備体力をつけるために、時には目指す登山の1段階上のメッツで運動を行うとよい。

登山の種別	運動強度	下界でのトレーニング種目	低山トレーニングでの1時間あたりの登高率(m/h)
ロッククライミング	10メッツ以上	平地でのランニング（分速160m以上）や反復ダッシュ、坂道でのランニング、ラグビー、柔道など	650m以上
トレイルランニング	9メッツ	平地でのランニング（分速145m以上）やインターバル走など	600m程度
バリエーション登山*	8メッツ	平地でのランニング（分速130m）やインターバル走、やや速く泳ぐなど	500m程度
通常の登山	7メッツ	平地でのジョギング、階段昇降の反復、サッカー、テニスなど	400m程度
軽登山・ハイキング（標準的なペースで）	6メッツ	平地での歩行とジョギングの繰り返し、ゆっくり泳ぐなど	300m程度
軽登山・ハイキング（ペースを落として）	5メッツ	平地でかなり速く歩く	250m程度
軽登山・ハイキング（さらにペースを落として）	4メッツ	平地での早歩き	200m程度
	3メッツ	平地での普通歩き	
	2メッツ	平地でのゆっくり歩き	

＊：ハードな無雪期縦走、沢登り、藪山、岩山、雪山などを含む

5メッツにしかならず、標準的なハイキングの強度（6メッツ）にも達しない。つまり平地でウォーキングをするだけでは、ハイキング用の体力作りをするのにも不十分なのである。

通常の登山をするためには7メッツの体力が必要である。バリエーション登山（ハードな無雪期縦走、岩山、雪山、藪山、沢登りなど）をする人には8メッツの能力が求められる。そのためには、坂道を歩く、走る、球技スポーツなどをする必要がある。

ただし走ることや球技スポーツは、膝や腰に強い衝撃を与える。若い人にはよいが、中高年にとっては負担の大きな運動である。この点で坂道歩きは、歩く運動でありながら、これらの運動と同等の負荷をかけられるので、中高年を含めた全ての登山者に勧められる。

坂道歩きの延長上の運動として、近郊の低山を利用したトレーニング（以下、低山トレーニング）は特に効果が高い。登高速度を調節することで幅広い負荷設定ができ、あらゆる登山の体力強化に対応できることがこの表からわかる。

注）P67の表3-1-1や、P92の表3-2-5をもとに作成した。

■「クロストレーニング」を意識する

平地ウォーキングに限らず、一般の人が下界で健康のために行うエアロビクスの多くは、そのままでは登山のトレーニングとして通用しない部分がある。

表4-1-3は「登山のため」という視点で見た時の、各種エアロビクスの長所・短所を示したものである。また、その短所を補い登山仕様に改良するための要点も示した。

下界でこれらの運動を行う場合、1種目ではなく2種目以上を行うとよい。1種目だけでは短所が現れてきてしまうが、複数の種目を行えばそれを補えるからである。

これは食べることと似ている。いくら身体によい食品でも、同じ物ばかりでは栄養が偏ってしまう。色々な食品を組み合わせて食べることで、それぞれの短所が補われると同時に、それぞれの長所が生かされる。

この考え方をさらに進めて、下界では登山とは異なるタイプの運動を積極的に行うのもよい。登山は、スポーツの中でも最も動きが遅く、動作様式も単純である。このため登山だけをやっていると、素早い動き、力強い動き、複雑な動きが苦手になってしまう。

各人の体力や運動能力に応じての

第4章 登山のための体力トレーニング

column 4-1-3
トレーニングとしての低山歩きのすすめ

　図の長い方の折れ線は、著者が冬に八ヶ岳の縦走をした時の心拍数である。ラッセルをしながら歩いており、歩行中は140〜150拍台で推移している。

　一方、短い方の折れ線は、無雪期の六甲山をやや早足で上った時のものである。コースタイムが3時間のロックガーデンコースを2時間半で歩いている。

　両者の行動時間は違うが、心拍数はほぼ同等である。つまり低山での早歩きは、本格的な冬山登山に向けて、心肺能力を鍛えるよいトレーニングとなる。

　低山トレーニングのメリットは多い。歩く運動なので膝や腰にかかる衝撃力は小さい。硬いアスファルト道路を歩く時のような違和感もない。

運動様式も登山そのものなので、心肺に加えて登山で使う筋の能力も鍛えることができる。歩行技術の練習にもなる。

　この図を見ているうちに、昭和初期に活躍し、不世出の単独行者と呼ばれた加藤文太郎が思い浮かんだ。彼は六甲山や兵庫県の県道で早歩きをするトレーニングを積んだ。そして冬の八ヶ岳を皮切りに、数々の驚異的な冬山単独行を成功させた。この図から、彼がやっていたトレーニングの合理性がわかるのである。

　低山トレーニングの際には、本番よりも「少し速く歩く」「少し重いザックを背負う」など課題を明確にし、身体のどの部分を強化するかを意識して行うことが重要である。

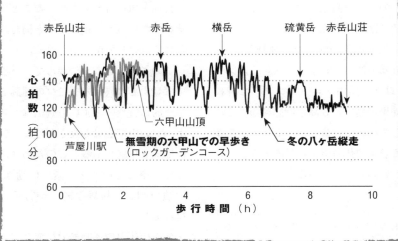

表4-1-3：各種のエアロビクスを登山仕様にするための要点

どの運動も、一工夫することで登山仕様に近づけることができるが、全く同じにすることはできない。特に筋力面では足りない部分が出てくるので、別途、筋力トレーニングをする必要がある。

種目	長所	短所	改善策・注意点
ウォーキング	日常生活の中に組み込みやすい。安全性が高いので、これまで運動をしてこなかった人が、最初に始める運動としては最適である。	平地を歩く限り、早歩きをしたとしても、心肺や脚筋にかけられる負荷には限度があり、登山には通用しにくい。	坂道や階段を取り入れてウォーキングをする。ウォーキングとジョギングを交互に行う。
階段昇降	登山と運動様式が似ているので、上手に行えば効果は高い。下り用の脚筋力（伸張性の能力）の強化ができる。	駅などの階段（標高差5〜6m）を単発で上り下りするだけでは、心肺能力も脚筋力も十分には強化できない。	最低でも15分くらいは往復する。もしくは獲得標高が150m以上になるよう計算して行う（駅などの公共施設の階段は一段が約16cmなので自分で計算できる）。
サイクリング	体重はサドルが支えるので、膝や腰への負担が小さい。長時間飽きずにできる。	平坦地や市街地でゆっくり走るだけでは、心肺能力、脚筋力のどちらの強化に対しても十分な刺激とはならない。	平地ならば一定以上のスピードで走る。もしくは坂道を取り入れる。ただしその場合でも、下り用の脚筋力は強化できないので、別途、スクワットなどの筋力トレーニングを行う。
水泳・水中歩行	膝や腰への負担が小さいので、これらの部位に負担をかけたくない人に向く。肥満者ややせぎみの人にもよい。耐寒能力が身につく。	心肺能力の強化にはよいが、脚筋力の強化にはつながらない。水泳ばかりやっていると、むしろ脚筋力は弱くなってしまう。	水中運動と並行して、スクワットや階段昇降など、脚筋を鍛える筋力トレーニングも行う。
ジョギング・ランニング	負荷が高い運動なので、短時間でも大きな効果がある。特に、心肺能力の改善によい。脚筋力もある程度までは強化できる。	運動不足の人や中高年が急に行うと、心臓に過度な負担がかかりやすく、膝や腰を痛めやすい。重い荷物を背負うための筋力強化をするまでには至らない。	上記のトレーニングが物足りなくなってから、少しずつ始める。また別途、脚筋力のトレーニングを行う方がよい。

話ではあるが、たとえば球技スポーツのように、素早い動きや複雑な動きをする運動も取り入れるとよい。このように、専門とする運動以外にも多様な運動を積極的に行うことで、能力をより高めることをクロストレーニングと呼ぶ。

クロストレーニングは故障防止の意味からも重要である。登山のトレーニングとして登山が最もよいことは事実だが、やりすぎれば膝や腰といった特定の部位に負荷がかかり過ぎて故障してしまう。

陸上の長距離走選手でも、走り込みばかりでは膝や腰を壊してしまう。そこで時には、脚の負担を減らしつつ心肺に負荷をかける目的で、自転車こぎをしたりする。

登山者も同じである。登山を適度に行った上で、下界では自転車、水泳など様々な運動をするとよいだろう。

column 4-1-4
運動が違えば使う筋も違う

　平地歩行、ランニング、階段上り、自転車こぎといえば、いずれも下半身中心の運動である。だがそれぞれの運動で使われる筋は同じではない。

　東北大学の藤本敏彦准教授は、その様子を画像で表す研究をしている。写真は、これらの運動で使われる筋を示したもので、明るく見える部分ほどよく使われている。

　「階段上り」を登山に見立てると、大腿四頭筋、殿筋、腸腰筋などがかなり使われ、加えて脊柱起立筋やふくらはぎの筋も活動している（実際の登山では荷物を背負って不整地面を歩くので、使う筋はさらに増え、活動レベルも高まると考えられる）。

　一方、平地歩行では殿部や体幹部の筋を中心に使っている。ランニングではふくらはぎの筋と殿筋を、自転車こぎでは大腿四頭筋や腸腰筋を中心に使っている。

　つまり下界での運動は、登山で使う筋の一部は使うが、全ての筋を使っているわけではない。たとえば歩行やランニングでは、登山にとって重要な大腿四頭筋をあまり使わない。自転車こぎでは、ふくらはぎの筋をあまり使わない。

　このように見てくると、登山で使う筋を完全に強化することは、下界の運動だけに頼っていては難しいことがわかるのである。

階段上り(≒登山)

平地歩行

ランニング

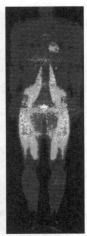
自転車こぎ

（藤本敏彦氏提供）

■筋力トレーニングは必須条件

　ここまでは持久力（心肺能力）のトレーニングについて考えてきた。次に、もう一つの大事な体力要素である筋力のトレーニングについて考えてみる。

　心肺能力の強化は、心拍数を一定以上に高められる運動ならば、歩く、走る、泳ぐ、自転車をこぐ、低山歩きなど、運動様式を問わずに可能である。一方で、登山に求められる筋力は、これらの運動をするだけでは十分に改善できない。

　たとえば水泳は心肺能力を改善するにはよい。しかし水に浮いて行う運動なので、脚筋を強化する効果には乏しい。このため水泳選手が登山をすると、心肺の疲労に対しては強いが、脚筋の疲労に対しては弱いという現象が起こる。

　走る運動にしても、脚筋は使うが、主にふくらはぎの筋を使うので、登山で酷使される大腿四頭筋を強化する効果は小さい。このため、平地で走りつけている長距離走選手が重荷を背負って急坂を歩く登山をすれば、バテてしまうこともある。

　自転車をこぐ運動は、登山と同じく大腿四頭筋を中心に使う。ただし、上り用（短縮性収縮）の筋力強化にはよいが、下り用（伸張性収縮）の筋力強化にはつながらない（P113）。

このため、自転車競技の選手を山に連れて行くと、上りでは非常に強いが、下りでは脚がガクガクになってしまう。

　低山歩きにしても、登山そのものの筋は使うが、ザックが軽ければ十分な筋力強化をするまでには至らない。

　こう考えると、下界や低山での持久運動は、心肺能力を強化するものと位置づけておいた方がよい。筋力については別途、筋力トレーニングを行う方が確実である。その方法については4章-2で考える。

■山では時間（量）を意識したトレーニングを

　次に、本番の登山（注）について、トレーニングという観点でその意義を考えてみる。

　下界のトレーニングでは、1ピッチ分の能力の改善を主眼に置くと述べた（P272）。だが、このような短時間の運動だけでは、何時間も運動を続ける能力を十分に鍛えることはできない。

　陸上競技でいうと、5000ｍ走で強い人がマラソンでも通用するわけではない。マラソンで成功するためには、スピードを落とし、より長い距離を、より長い時間をかけて走るトレーニングを積まなければならな

第4章　登山のための体力トレーニング

279

い。登山にも同じことがいえる。

登山の場合、長時間の行動に伴い、たくさんのエネルギーや水分の補給が必要となる。これに対応する消化器系の能力も、長時間の登山をしない限り身につかない。

また山では、傾斜のついた不整地面を歩かなければならない。このような場面で使われる筋力やバランス能力は、整地面で行う下界での運動では鍛えられない。

登山を励行すれば、ことさらにトレーニングということを意識しなくても、これらの能力が総合的に鍛えられる。

本番の登山では、下界や低山でのトレーニングのように、強度を上げて追い込むことはしなくてもよい。快適に歩き続けることができるペースの上限付近で、長時間歩くことによって、身体の機能を長時間、円滑に働かせる能力が自然に高まる。

なお、時には「運動時間への過負荷」もかけるとよい。ふだんから6

注）「本番の登山」の明確な基準があるわけではないが、本書ではおおよそ4時間以上のコースをマイペースで歩く場合としておく。一方、低山トレーニングとは4時間以下で歩けるコースで、本番の登山よりも少し早く歩いたり、重い荷物を背負って歩くなど、明確なトレーニングの意図を持って行うものと考える。

ソフトバレーを楽しむ。球技スポーツでは多彩な動きが求められるので、登山をしているだけでは身につかない能力も改善する。自分の体力や運動能力に見合った種目を選び、「クロストレーニング」として取り入れるとオールラウンドな体力作りができる。

- 登山自体も体力トレーニングと考える。山によく行く人は日常のトレーニングは少なくし、あまり行かない人は多くする
- 下界での持久力トレーニングは、登山時の心拍数と同じか、少し高めに設定して行う
- 下界でのトレーニングは、複数の種目を組み合わせて行う
- 筋力トレーニングは週に2～3回行う
- 日によってトレーニングに強弱をつける
- 休養日もつくる（週に1～2日は休む）
- ストレッチングは毎日行う
- 登山の前日は完全休養し、エネルギー充填のために炭水化物を多く摂る
- 登山の翌日は積極的な疲労回復のため、ごく軽い運動やストレッチングをする

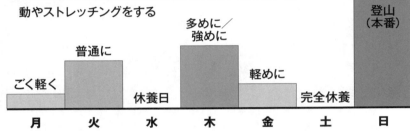

図4-1-7：1週間単位で考えたトレーニングのスケジュール
棒の高さは、運動の量や強度をイメージしている。図中に書いた留意点を頭に置き、各自の状況に合わせて具体的なトレーニングプログラムを組み立てる。

第4章 登山のための体力トレーニング

時間程度の登山をする人ならば、10時間またはそれ以上の登山を経験するといった具合である。

■トレーニングのスケジューリング

本節で述べてきたことをまとめてみよう。登山のトレーニングとは、登山そのものの励行と、下界での補助トレーニングとが補完しあって、はじめて理想的なものとなる。

下界では、山でできないことを意識した運動をする。山では下界でできないことを意識した運動をする。具体的には、下界では強度（質）を、山では時間（量）を追求するトレーニングと位置づける。

図4-1-7は、以上のことをふまえて、1週間単位で立てた計画である（スケジューリング）。この図はイメージで、たとえば山に行く週と行かない週とではその構成も異なる。図中に書き込んだ方針を頭に置き、

各自の現状にあわせて組み立てる。

　スケジューリングは最初からうまくいくことは少ない。むしろ何度も試行錯誤することが必要となる。登山をするたびに、トレーニングが有効に機能しているか、つまりトラブルを起こさず快適に歩けるかをチェックすることが重要となる。

　下界のスポーツでも、定期的に記録会や練習試合を行い、その様子をチェックして、普段のトレーニングを修正したり、トレーニングの仕上がり具合を確認する。そして問題があれば、その都度トレーニング内容を修正していく。登山でも同じである。その方法については4章-7で考える。

SUMMARY
まとめ

■ 登山そのもの（専門トレーニング）と下界での運動（補助トレーニング）とを上手に組み合わせることで、はじめてよいトレーニングができる。

■ まずは登山回数を増やすことに努め（1カ月に2回程度）、それでも解消しないトラブルを下界での補助トレーニングで改善する。

■ 下界では1ピッチ分（1時間程度）の行動能力を高めることを意識する。山ではその能力を長時間発揮する能力を高めることを意識する。

■ 安全性の高い低山で、本番の登山よりもやや速く歩くことは、心肺能力や登山で使う筋の能力を強化するための優れたトレーニングとなる。

■ 筋力については、下界や低山で持久運動をするだけでは十分に強化できないので、別途筋力トレーニングを行う。

第4章-2

筋力と持久力は登山に必要な体力の中核をなす。どちらも重要だが、優先順位をつけるとすれば筋力の方がより重要である。なぜならば、一歩ごとに発揮される筋力が積み重なることで、はじめて持久力が生まれるからである。だが普段から筋力トレーニングをしている登山者は少ない。

筋力トレーニングは、重いザックを背負う人や、若い人向けの運動と思うかもしれない。しかしハイキング中に起こるトラブルの多くは筋力不足が原因である（前節）。また筋力は歳をとるほど低下する。したがって中高年こそ積極的に筋力を鍛えなければならない。登山を励行するだけでは筋力は十分に身につかないのである。

筋力のトレーニング

第4章 登山のための体力トレーニング

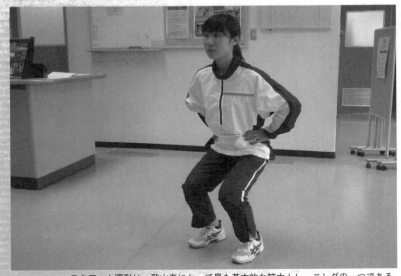

スクワット運動は、登山者にとって最も基本的な筋力トレーニングの一つである。

◆登山で使われる筋

　図4-2-1は、人体の主な筋を示したものである。私たちの身体には400種類以上もの筋があり、登山ではその多くが使われる。

　図4-2-2は、登山中に使われる主な筋を示したものである。脚の筋はもちろんだが、殿部の筋、体幹の筋（腹筋、背筋、腸腰筋など）、上半身の筋（胸、肩、腕など）も使われる。登山は全身運動と言ってもよいのである。

　図4-2-3は、トレッドミルを使って登山の上りと下りの模擬歩行をし、脚や体幹の筋がどの程度の力を発揮しているかを、筋電図を使って調べた結果である。平地歩行時の値を100％として比べている。

　上りで負担が大きくなる筋（脊柱起立筋、大殿筋、腓腹筋）、下りで負担が大きくなる筋（腹直筋、大腿直筋）、上りでも下りでも負担がかかる筋（外側広筋）がある。筋力発揮の大きさは平地歩行の2〜2.5倍

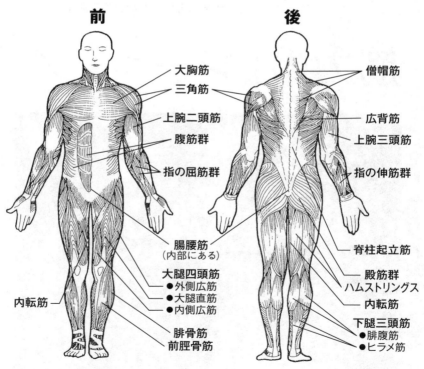

図4-2-1：人体の主な筋
全身には400種類以上の筋があり、登山ではその多くが使われる。

大胸筋
ザックによる後方への引きに対して、肩を前方に引きつけて支持する。弱いとザックが後ろに引かれ、背骨に負担がかかる。

腹筋群
姿勢を維持する。特に下りで負担が増す。

大腿四頭筋
膝関節を伸展する。登山の主働筋となる。上りでも下りでも酷使されるが、特に下りでは大きな負担がかかる。

前脛骨筋
足先を持ち上げて、つまずかないようにする。また上りの場面で、足関節を曲げた位置で関節を固定する。

腓骨筋
足首が内側にひねられないようにし、捻挫を防止する。

下腿三頭筋
足関節を伸展する。上りで特に負担が大きくなる。岩場や雪渓などつま先で立つような場合には酷使される。

僧帽筋
ザックによる下方への引きに対して、肩を持ち上げて支持する。弱いとザックが下に引かれ、背骨に負担がかかる。

三角筋と上腕三頭筋
ストックを使うときに負担がかかる。

脊柱起立筋
姿勢を維持する。特に上りで負担が増す。

腸腰筋
背骨と脚の骨をつないでいる唯一の筋で、脚を持ち上げるときに使われる。

殿筋群
股関節を伸展する。強い力を発揮でき、上手に使うと大腿四頭筋の負担を軽減できる。

ハムストリングス
股関節を伸展する。上手に使えば大腿四頭筋の負担を軽減できるが、十分に活用できていない人が多い。

内転筋
左右方向の動きや骨盤の安定のために働く。

図4-2-2：登山で使われる主な筋とその働き
下肢だけではなく、体幹や上肢の多くの筋が使われている。

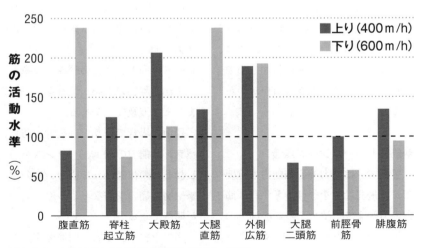

図4-2-3：上りと下りでの筋の活動状況（前大ら、2012）
被験者は7人の若い男性。平地での通常歩行時（時速4km）に発揮する力を100％として、上り坂・下り坂の歩行をしたときに、その何％の筋力を発揮するかを調べた。実際の登山を想定して、上りでは1時間あたり400mの登高速度、下りでは600mの下降速度とした。上りと下りとで、筋力発揮の大きさが変わる筋も多い。

第4章 登山のための体力トレーニング

筋電図の測定。皮膚に電極を貼り、筋電図を調べると、どの筋がどれくらいの力を発揮しているかが推定できる。

になる場合もある。

この実験は、歩きやすいトレッドミル上で行っている。実際の山では、大きな段差や滑りやすい斜面も出てくるので、さらに大きな負担がかかることもしばしばある。

◆筋力トレーニングの意義

登山者には筋力も心肺能力も重要だが、優先順位をつけるとすれば筋力の方がより重要である。心肺への負担はゆっくり歩けば小さくできる。しかし、一歩ごとに筋にかかってくる体重やザックの負担は、ゆっくり歩いても減らないからである。

図4-2-4には、筋力トレーニングをした時に得られる効果を示した。筋力を向上させると、持久力やスピードの向上、疲労の軽減、技術の正確化、障害の予防・改善など、さまざまな波及効果がある。

登山の場合でいうと、疲労の防止、バランス能力の向上、バランスを崩したときの体勢の立て直し、筋の痙攣や筋肉痛の予防など、多くの効果が期待できる。

筋力を強化すると、関節障害の予防や改善にもつながる。たとえば大腿四頭筋を中心として膝まわりの筋を強化すれば、膝関節痛に対して、

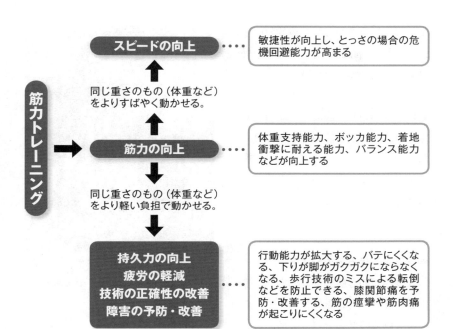

図4-2-4：筋力トレーニングの効果
右側の□内は、登山の主働筋の一つである大腿四頭筋を鍛えたときに期待できる効果。行動能力の増大やトラブルの防止など、様々な効果がある。

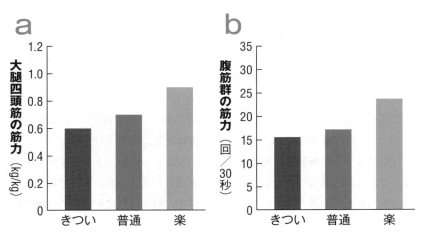

図4-2-5：標準タイムに対する歩行能力と筋力との関係（山本と西谷、2009、2010）
被験者は男女の中高年登山者164人。標準コースタイムに対して楽に歩くことができる人は、大腿四頭筋や腹筋の筋力が強い。aのテストは専用の筋力計（P288）で脚力を測り、体重あたりの値に換算した。bのテストは図4-2-7（P290）の方法で、30秒間にできるだけ素早く上体起こしを行い、何回できたかで評価した。コースタイムよりも速く歩ける人は、30秒間で20回以上の上体起こしができる。

また腹筋群を中心として体幹の筋を強化すれば、腰痛に対して同様の効果がある（P362、P370）。

図4-2-5は、中高年登山者を対象に大腿四頭筋と腹筋群の筋力を測定し、山での歩行能力との関係を見たものである。ガイドブックの標準タイムに対して楽に歩けると答えた人は、高い筋力を持っていることがわかる。

◆自分でできる筋力テスト

大腿四頭筋と腹筋群の筋力は、登山者にとって特に重要である。そこで、これらの筋力を自分で簡易に評価できるテストを考案してみた。

図4-2-6と図4-2-7の方法で、スクワットと上体起こしをそれぞれ10回×3セット行ってみる。これが楽にでき、しかも運動後に筋肉痛にならなければ、ハイキングのような初歩的な登山をするための最低限の筋力があると考えてよい。

上記が問題なくできる人は15回×5セットの運動をやってみる。これが楽にでき、運動後に筋肉痛にならなければ、通常の登山をするための筋力があると考えてよいだろう。

一方、10回×3セットの運動ができなかった人、きついと感じた人、あるいは運動後に筋肉痛が起こった人は筋力不足である。このような人

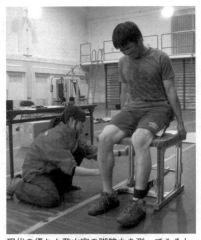

現代の優れた登山家の脚筋力を測ってみると、サッカー選手や陸上競技選手よりも強かった。ハードな登山をするためには優れた脚筋力が必要であることが窺える。

ではハイキング程度の山でもトラブルが起こる可能性がある。

図4-2-6のテストでこのような状況だった人は、大腿部の筋肉痛、膝関節痛、下りで脚がガクガクになる、などが起こりやすい。最悪の場合は転ぶ事故につながる。図4-2-7のテストで結果がよくなかった人は、歩行中に身体がふらついたり、腰痛が起こりやすい。

なお、このテストで膝や腰に痛みを感じた人は、それぞれの関節またはその周辺の筋に障害がある可能性がある。トレーニングをすることによって、かえって悪化する可能性もあるので、まず医師の診察を受ける必要がある。

column 4-2-1
登山で重要な筋ほど加齢により衰えやすい

　歳をとると筋が細くなり、それに比例して筋力も低下する。ただし筋によってその進行速度は違う。図は加齢により衰えやすい筋を示している。「老化は脚から」といわれるように大腿四頭筋はその筆頭である。腹筋群、背筋群、殿筋群なども含まれている。

　皮肉なことに、これらはいずれも登山にとって特に重要な筋である。中高年登山者には転ぶ事故が多いが、これらの筋力低下が深く関係している。

　下界でも、高齢者の転倒が問題となっている。運動不足で脚の筋が弱まり、何でもないところで転んで骨折し、寝たきりになってしまう人が増えている。

　登山者の転倒事故もこれと性質が似ている。登山者は同年代の一般人よりは高い筋力を持っている(P50)。しかし山では、不整地面を上り下りする、荷物を背負う、それを長時間続けるなど、筋への負担は倍増する。その負担に耐えかねて転んでしまう人が多いのである。

　高齢者の転倒事故を防ぐためには、ウォーキングのようなエアロビクスだけではなく、筋力トレーニングも重要だと言われるようになった。登山者にも同じことがあてはまる。

　登山を励行すればある程度の筋力は自然と身につく。だが十分なレベルには達しない。したがって歳をとればとるほど、下界での筋力トレーニングの重要性は増すのである。

第4章　登山のための体力トレーニング

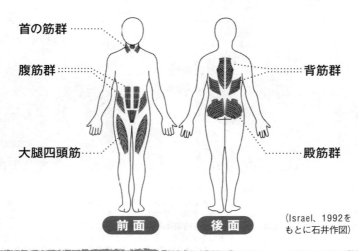

首の筋群　腹筋群　大腿四頭筋　背筋群　殿筋群　前面　後面

(Israel、1992をもとに石井作図)

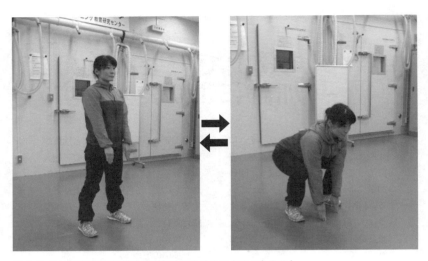

図4-2-6：大腿四頭筋の筋力を評価するためのスクワットテスト
足を肩幅程度に開き、かかとは浮かさないようにして、手の指先が床面につくところ（大腿部が床面と平行になるくらい）まで曲げてから、元の位置まで戻す。3秒間で1往復するペースで10回行う。これを3セット行う。セット間には1分の休息をはさむ。これが楽にできる人は、15回×5セットを行ってみる。膝関節に負担をかけないようにするため、膝の向きをつま先の向きと一致させる、膝を内側に絞らない、膝を前に出さない、かかとを浮かさない、などに注意する（図4-2-9参照）。膝や腰に痛みのある人や、やっていて痛くなった場合には中止する。

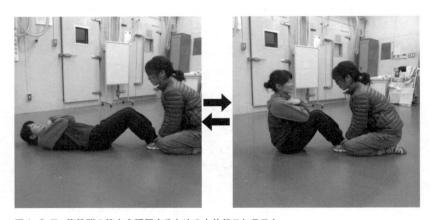

図4-2-7：腹筋群の筋力を評価するための上体起こしテスト
補助者に足首をしっかり押さえてもらう。補助者がいないときには、座布団などを重りとして足を固定する。膝は90度に曲げ、胸のところで腕を組み、肩甲骨が床に着いたところから、腕が膝につくまでの範囲で往復する。回数、セット数、休息時間は図4-2-6と同じ。腰に負担をかけないようにするため、まず頭から起こし、ついで背骨を丸めるようにして起こしていく（図4-2-13参照）。身体を倒す時にはこの逆の順で行う。腰に痛みのある人や、やっていて痛くなった場合には中止する。

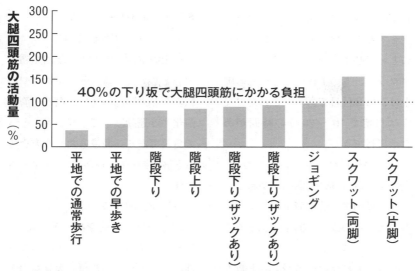

図4-2-8：様々な運動時に大腿四頭筋にかかるトレーニング刺激（前川ら、2007の資料をもとに作成）
急な下り坂（−40％）を歩いた時に、大腿四頭筋が発揮する筋力を100％として、様々な運動時の発揮筋力がその何％となるかを示した。被験者は8名の若い男性。自重負荷のスクワット運動が最も確実に大腿四頭筋にトレーニング刺激を与えることができる。

◆自重負荷トレーニングを基本に

図4-2-8は、登山の主働筋である大腿四頭筋を強化する上で、各種の運動がどの程度のトレーニング効果を持つかを、筋電図を使って調べた結果である。

平地での通常歩行や早歩きでは、明らかに負荷が足りないことがわかる。階段昇降やジョギングならば、登山に近い負荷をかけられるが、積極的な筋力強化（過負荷）という意味では十分とはいえない。

一方、スクワットのように、自分の体重を負荷としてこの筋に集中的に負荷をかける運動をすれば、登山時以上の過負荷をかけられる。両脚ではなく片脚で行えば、さらに負荷を大きくできる。

筋力トレーニングというと、バーベル、ダンベルや、トレーニングマシンを使う方法を思い浮かべるかもしれない。だが登山者の場合、極度に大きな筋力発揮は必要としないので、自体重（自重）を負荷する筋力トレーニングでも十分である。

自体重負荷の筋力トレーニングには無数のやり方がある。ここでは登山に関連の深い10種目にしぼって紹介する。

この10種目についても、全てを

行う必要は必ずしもない。ハイキングをする人も含めて、全ての登山者にとって必須といえるのは、①のスクワット、⑤の上体起こし、⑥の脚上げ、の3種目である。これだけならば自宅で10〜20分の時間があれば実行できる。

ほかの種目は必要に応じて行う。登山中に疲労、痙攣、関節痛が起こったり、登山後に筋肉痛が出るようであれば、その周辺の筋を強化することを考えればよい。

種目ごとに反復回数やセット数も書いておいたが、大まかな目安と考えて頂きたい。筋力は、年齢や性別の影響を受けるだけではなく、同年代や同性の間でも個人差が大きい。P299〜302に書いた原則を理解した上で、自分にふさわしい値を決めて頂きたい。

◆下半身のトレーニング

①スクワット（図4-2-9）

登山の主働筋である大腿四頭筋を中心として、ハムストリングスや内転筋など大腿部の筋や、殿部の筋を強化する運動。全ての登山者にとって重要である。間違ったやり方をすると膝や腰を痛めるので、フォームに注意して行う。

②ランジ（図4-2-10）

①と同様の目的を持つ運動だが、足を前に踏み出すので、登山の特異性により近づく。ただし大きな力が衝撃的にかかるので、①が楽にできるようになってから行う。初めは足の踏み出し幅や、膝を曲げる角度を小さくし、慣れてきたら少しずつ大きくしていく。

③ランジ歩行（図4-2-11）

②をさらに登山仕様に近づけた運

図4-2-9：スクワット運動
aは一般的なやり方。大腿四頭筋のほかにハムストリングスを強化できる。肩幅程度に足を開き、椅子に腰をかけるような感覚でおしりから下ろし、大腿部が地面と平行に近くなるまで曲げてから伸ばす。膝の故障を防ぐために、膝と足のつま先の向きとが一致するようにし、膝が足のつま先よりも前に出ないようにする。10〜30回を1セットとして3〜5セット行う。aに慣れたらbのように、膝を足のつま先よりも前に出すようにすると、大腿四頭筋への負荷を強めることができる。cのように足幅を広げると内転筋を鍛えることもできる。aとcはどちらも行うとよい。dは誤ったやり方。膝を内側に絞ると膝関節を痛めやすい。cを行う時にはこのようになりやすい人がいるので注意する。

動。はじめは足の踏み出し幅や、膝を曲げる角度を小さくし、一歩ごとに両手で膝を押さえ、体重のかかり方を加減するとよい。

④**かかと上げ**（図4-2-12）

下腿三頭筋（ふくらはぎ）を強化する運動。この部分が疲労したり痙攣しやすい人は行う。腓骨筋も強化できるので、足首の捻挫をしやすい人にも効果がある。

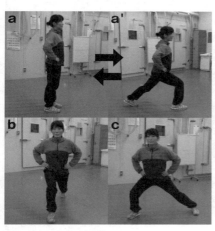

図4-2-10：ランジ運動
スクワットと同様の効果があるが、筋や腱により大きな負担がかかるので、スクワットが楽にできるようになってから行う。aの姿勢から、胸を張り、背すじをまっすぐに保ちながら、片脚を前方に踏み出す（a'）。その後、脚を元の位置に戻してから（a）、反対側の脚で踏み出す。以下、これを反復する。10～30歩を1セットとして3～5セット行う。足の踏み出しは、最初は小さくし、慣れてきたら徐々に大きくする。足の出し方は、前方に踏み出すフォワードランジ（b）と、横方向に踏み出すサイドランジ（c）がある。両方を行うとよい。

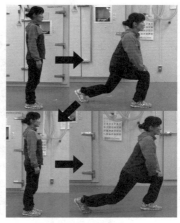

図4-2-11：ランジ歩行
フォワードランジを発展させた運動。片足を踏み出した後、もう一方の足をさらに前方に踏みだして前進していく。足を一歩前に出すたびに腰を深く沈めることが要点である。10～30歩を1セットとして3～5セット行う。きつい運動なので、最初は両手で膝を押さえ、体重のかかりを軽減する。慣れてきたら、手の補助を使わずに行う。また歩幅も少しずつ広げていく。上り坂や下り坂で行えば、さらに負荷をかけることもできる。

図4-2-12：かかと上げ運動
段差のあるところにつま先を乗せ、バランス補助のために手は壁などにあてて、かかとの上げ下げを繰り返す。10～30回を1セットとして3～5セット行う。はじめはaのように両足で行う。楽になってきたら、ザックを背負ったり、bのように片足で行う。手の補助を使わずに行えば、バランスのトレーニングにもなる。

column 4-2-2
大腿部の筋とその役割

　写真は大腿部（太もも）のMRI画像である。大別すると3つの区画がある。

　前面には大腿四頭筋がある。この筋は、上りでは体重を持ち上げ、下りでは転ばないように踏ん張るなど、登山では最も酷使される。この筋力が弱いと、下りで脚がガクガクになったり、膝関節痛が起こりやすくなる。

　後面にはハムストリングスがある。この筋は股関節を伸ばす働きがあり、上手に使えば大腿四頭筋にかかる負担を軽減できる。ただしこの筋を有効利用できている人は少ない。

　内側にあるのは内転筋群である。なじみのない筋だが、かなりの太さがあることからも窺えるように多様な働きをする。横方向の動きや段差の急な上りへの対応、また骨盤を安定させる働きもしている。

　それぞれの筋は、スクワット運動のフォームを変えることで強化できる（図4-2-9）。これらの筋を下界でバランスよく鍛えるとともに、山ではバランスよく使うことで、より安全で快適な登山ができる。

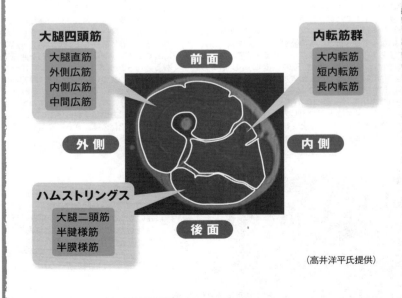

大腿四頭筋
大腿直筋
外側広筋
内側広筋
中間広筋

内転筋群
大内転筋
短内転筋
長内転筋

ハムストリングス
大腿二頭筋
半腱様筋
半膜様筋

（高井洋平氏提供）

図4-2-13：上体起こし運動
aは身体をまっすぐ起こす普通のやり方。bはひねりながら起こすやり方。両者で腹筋群の使われ方が異なるので、両方を行う。足が浮かないよう、座布団などを乗せて固定し、10〜30回を1セットとして、3〜5セット行う。このやり方できついと感じる人は、cのように腰にクッションを入れ、手を前に出して、上体を少し起こした状態で往復運動をする。逆に、負荷が軽すぎる人はdのように、ダンベルを首の位置に当てて行う。いずれの場合も、腰の故障を防ぐために、膝を90度くらいに曲げて行う。また上体を起こすときには、頭から背中にかけて、背骨を丸めるようにして起こしていく。eのように膝と背すじを伸ばした状態で行うと、腰に大きな負担をかけることになり、腰痛などの原因となる。

◆体幹のトレーニング
⑤**上体起こし**（図4-2-13）

腹筋群を強化する運動で、これも全ての登山者に必要である。悪い姿勢で行うと腰を痛めてしまうので、フォームに気をつけて行う。

⑥**脚上げ**（図4-2-14）

⑤と同様、腹部の筋を鍛える運動だが、⑤では鍛えられない深部の筋（腸腰筋など）に負荷をかけられる。これも登山者には必須の運動である。

⑦**上体そらし**（図4-2-15）

背筋群を鍛える運動。登山を励行している人はこの筋が自然に発達するので、腹筋群のトレーニングほど必要性は高くない。⑧と同様、山道で身体がふらついて安定しない人や、ハードな登山をする人は行うとよい。

⑧**スタビライゼーション（体幹の固定）**（図4-2-16）

背筋群、腹筋群など体幹の筋を総合的に強化し、姿勢維持の能力を高める運動。山道を歩くと身体がふらついて安定しない人は行うとよい。重いザックを背負う人、クライミングをする人、トレイルランナーなど、ハードな登山をする人にも重要である。

◆上半身のトレーニング
⑨**腕立て伏せ**（図4-2-17）

大胸筋、上腕三頭筋、三角筋など

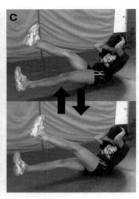

図4-2-14：脚上げ運動
aは両膝を曲げて、脚を床から上げ、腹部の方に近づける。bは交互に片膝を曲げて、左右の脚を前後に動かす。cは両膝を伸ばして上下に動かす。a→b→cの順で負荷が強まる。いずれも10～30回を1セットとして3～5セット行う。a、b、cのいずれも、頭を床につけ、腕をやや開いて床面につけて行うと負荷が小さくなる（a）。頭を起こし、手を頭の後ろに組んで行うと、負荷が上がる（b、c）。

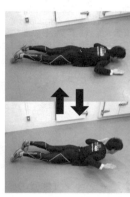

図4-2-15：上体そらし運動
うつぶせになり、手や首を持ち上げながら、上体をややそらすことで背筋群に負荷をかける。腰を守るために上体は反らしすぎないようにする。

図4-2-16：スタビライゼーション（体幹の固定）運動
左の準備姿勢から、右のようにつま先と前腕を支点として、身体を一直線にし、しばらくその姿勢を維持する。定期的に左の姿勢に戻って小休止をしながら繰り返す。10～30秒を1セットとして3～5セット行う。

図4-2-17：腕立て伏せ運動
はじめはaのように、膝を床につけて行う。10～30回を1セットとして3～5セット行う。負荷が足りなくなってきたら、bのように膝をつけずに行う。c、dは腕の曲げ方を示したもの。cのように脇を開いて行うと、大胸筋への負荷が高まる。dのように脇を締めて行うと、上腕三頭筋への負荷が高まる。

を強化する運動。腕を脇から離して行うと大胸筋、脇につけて行うと上腕三頭筋がより強化される。重いザックを背負う人では前者を、ストックを使う人では後者を意識して行う。この運動は⑧と同じ姿勢を維持して行うので、スタビライゼーションの効果も期待できる。

⑩**肩すくめ**（図4-2-18）

僧帽筋を強化する運動。ザックの背負いベルトの負担に負けて、肩こりや頭痛、腕のしびれなどが起こりやすい人は行う。重いザックを背負う人にもよい。

図4-2-18：肩すくめ運動
両手に重りを持ち、腕は伸ばしたままで、肩の筋をすくめるように持ち上げて重りを上げ下げする。10〜30回を1セットとして3〜5セット行う。

◆**トレーニングの注意点**

筋力トレーニングは、目的とする筋に対して、本番の登山時よりも大きな負荷（過負荷）をかけることに意義がある。逆を考えると、誤ったやり方をすれば身体を壊す刺激にもなりかねない。以下はその注意点である。

1）正しいフォームで行う

たとえばスクワット運動で、膝を前方に出しすぎたり、内側に絞るような動作をすると、膝を痛める危険性がある。上体起こし運動の場合は、膝や背筋を伸ばして行うと腰を痛めやすい。

故障を防ぐため、トレーニングの開始から2週間ほどは負荷を軽くし、正しいフォームを身につける。運動時には反動をつけず、1往復に3秒くらいをかけてゆっくり行う。疲労して正しいフォームが維持できなくなったら、無理に続けようとせずにそこでやめる。

2）負仕事相も意識する

筋力トレーニングでは往復動作を行う。重力に逆らう方向に動かす場面を正仕事相、その反対を負仕事相と呼ぶ。前者は短縮性の運動、後者は伸張性の運動となる（P102）。

スクワット運動では、立ち上がる時が正、沈み込む時が負の仕事相となる。上体起こし運動では、身体を起こす時が正、倒す時が負となる。筋力の強化に効果があるのは前者のみと思うかもしれないが、後者もそれと同等か、それ以上の重要な働きをしている。

column 4-2-3
大学山岳部時代のトレーニング

1970年代の後半、著者が大学山岳部にいた頃のトレーニングを振り返ってみたい。

1）登山によるトレーニング

新人訓練合宿、夏山合宿、初冬合宿、冬山合宿、春山合宿と、5回の合宿をした（それぞれ1〜2週間）。ほかにも2週間に1回くらいのペースで、沢登り、岩登りや氷登り、山スキー、藪山といった、各自の好みに合わせた個人山行をしていた。年間山行日数は少ない人で60日程度、多い人では100日を超えた。

新人訓練合宿と夏山合宿では、40kgくらいのザックを背負って数日間の縦走をした後に定着地（BC）入りした。縦走時の共同装備の重さは、1年生よりも上級生の方が重くなるようにし、体力差に応じて過負荷をかけた。BCを拠点に軽装で行動するときには、危険個所以外は早足で歩いた。

2）下界でのトレーニング

週に2回、2時間程度の合同トレーニングをした。まず1周3kmある大学の周囲を2〜3周、競争で走る（ランニングについてはほかの日にも2〜3日、仲間を誘ってやっていた）。

次に、ラグビーやサッカーの練習を30〜40分くらいする。もしくは400mのトラックをインターバル形式で10周走る。これも自然と競争になる。

最後に筋力トレーニングをする。腕立て伏せ、上体起こし、上体そらし（いずれも30回×3セット）、鉄棒懸垂（20回、続けてできない人は合計が20回となるまで行う）、片脚スクワット（10回×3セット）、かかと上げ（相手を肩車して30回×3セット）などである。

当時は意味を考えずにやっていたが、今振り返って見ると、よいトレーニングができていたと思う。山にたくさん行くこと（特異性）、体力に応じて負荷をかけること（個別性）、全力を出すために競争を取り入れること（過負荷）などは、特に効果を高めた点だと思う。

毎年入部してくる新入部員の中には、それまで勉強ばかりしていて、運動経験や体力がほとんどない者もいた。だが上記のトレーニングを2年ほど続けると、誰もが見違えるように強くなり、優れた登山もできるようになった。

最後に、このようなきついトレーニングは1人では中々できない。たくさんの仲間がいたからこそできたことに感謝している。

負仕事相の動作を意識し、正仕事相の2倍くらいの時間をかけてゆっくり行うと、より効果が高まる。スクワット運動であれば、沈み込みに2秒、立ち上がりに1秒程度をかける。上体起こし運動であれば、身体を倒す時に2秒、起こす時に1秒くらいをかける。

3）息を止めずに行う

　筋力トレーニングをするとき、息を止めて力むと血圧が急上昇するので、息はこらえず、呼吸をしながら行う。特に中高年では注意する。

　呼吸は往復運動と同調させて行う。正仕事相では息を吐き、負仕事相では息を吸う。スクワット運動では、沈み込む時に息を吸い、立ち上がる時に息を吐く。上体起こしでは、倒す時に吸い、上体を起こす時に吐く。

4）関節の痛みに注意する

　筋力トレーニングは筋を疲労させることで効果を生じさせる。だが関節が痛くなった時には要注意である。フォームが誤っていたり、負荷が大きすぎるなどの原因が考えられる。このような時にはフォームを再確認したり、負荷を下げたりする。

5）拮抗筋とのバランスを考える

　ある筋に対して、骨をはさんでその反対側に位置する筋を拮抗筋と呼ぶ。たとえば腹筋群と背筋群とは、背骨を介して互いに拮抗筋の関係にある。

　両者の発達がアンバランスになると関節痛の原因となる。たとえば、背筋群は登山の励行により自然に発達していくが、腹筋群はなかなか発達しない。このため、背筋群の方が強くなりすぎてバランスが崩れ、腰痛が起こることがある。

　したがって、よく山に行く人ならば、腹筋群のトレーニングを中心に行えばよい。他のスポーツでも事情は似ており、腹筋群と背筋群のトレーニングは3：1の割合で行うことが目安とされる。

◆負荷のかけ方

　筋力トレーニングの際、負荷が大きければ反復できる回数は少なくなり、小さければ多くなる。表4-2-1は、その関係をトレーニング効果とも対応づけて示したものである。

　ダッシュやジャンプといった、短時間で爆発的な力の発揮が要求されるスポーツ選手では、バーベルやダンベルを使って負荷をかけ、10回程度で疲労困憊に達するような負荷で行うことが多い（10RMトレーニング）。こうすると筋が太くなり筋力が増大する。

　一方で登山者の場合は、中程度の筋力を長時間にわたり発揮し続ける「筋持久力」が求められる。したがっ

て重量物は持たず、自体重を負荷として回数を多くこなすトレーニングを中心に行うとよい。

1）反復回数とセット数

登山者の場合、表4-2-1でいうと15RM以上の負荷を選び、1セットにつき10〜30回の反復運動をする。これを1セットとして3〜5セット繰り返す。

同じ運動をしても、人によって筋力差があるので、きつさは違ってくる。楽すぎる運動では効果は小さく、きつすぎる運動では故障の原因となる。

そこで主観強度（P89）を用いて負荷を調節する。最終セットの終盤にややきつい〜きついと感じるように、運動の方法、反復回数、セット数を自分で調節する。

2）休息時間

セット間の休息時間は30秒〜90秒とする。60秒を標準値と考え、これが楽すぎる時には30秒に短縮し、きつければ90秒に延長する。

3）トレーニングの頻度

週に2〜3回が標準的である。週に1回以下では効果は小さくなる。週に4回以上行う場合は、部位の

表4-2-1：筋力／筋持久力トレーニングにおける負荷の指針（松尾、1984をもとに作成）

RM（repetition maximum）とは、ある負荷でトレーニングをした時に、疲労困憊までに反復できる回数を意味する。最大筋力の80%の負荷をかけた時には、8〜10回程度で疲労する（8〜10RM）。そしてこの負荷でのトレーニングを続けると、筋が太くなって筋力が向上する。登山者には筋持久力が重要なので、15RM以上の負荷を用いて10〜30回くらいの反復をするとよい。

負荷の大きさ （最大筋力に対する%）	RM	効果
100	1	**主として筋力が向上する** （筋持久力もある程度は向上する） ＊1〜6RMでは中枢神経系による刺激能力の増大による筋力の改善が起こる。8〜15RMでは筋量の増大による筋力の改善が起こる
90	3〜6	
80	8〜10	
70	12〜15	
60	15〜20	**主として筋持久力が向上する** （筋力もある程度は向上する）
50	20〜30	
30	50〜60	

図4-2-19：スクワット運動の負荷の上げ方
a：ザックを背負う。重さを自由に調節できるので、取り組みやすい。この他、両手にダンベルなどの重りを持って負荷をかけてもよい。b：バランスディスクの上で行う。分厚いクッションや座布団などでも代用できる。このように足元を不安定な状態にして行えば、脚力だけではなく、体幹の筋やバランス能力も強化できる。c：片脚で行う。両脚を使う時と比べて、筋にかかる負担は一挙に倍増するので、膝の故障などに注意する。初めは膝を曲げる角度は小さくし、何かに捕まって行う。慣れたら手を離して行えば、バランスのトレーニングにもなる。

異なる種目を組み合わせて2〜3種類のグループを作りローテーションさせる。たとえば、今日はスクワット、上体起こし、かかと上げを行う。次の日はランジ、脚上げ、腕立て伏せを行う、といった具合である。こうすることで同じ動作での運動のやりすぎを防ぐことができる。

◆**負荷の上げ方**

①から⑩のどの種目でも、最初は10回×3セット（⑧では10秒×3セット）から始める。この負荷で2〜3週間も続ければ楽にできるようになるので、以後は徐々に回数やセット数を増やしていく。

逆に言うと、最低2週間は同じ負荷で行うことが重要である。それまで筋力トレーニングをしていなかった人が行えば、最初のうちは急激に能力が改善する。だが、そこでむやみに負荷を上げ続けると故障の原因となる。

一般の登山者では、①から⑩までの運動（複数のやり方を示したものでは最も初歩的なやり方）が15回×5セット楽にでき（⑧では15秒×5セット）、筋肉痛にならないところまでを目指す。これができたら、その能力が維持できる範囲でトレーニングを続ける。

雪山、岩山、沢登り、ヤブこぎなどのバリエーション登山をする人は、もうひとまわり大きな筋力と筋持久力を身につけたい。その場合、回数やセット数を増やすよりも、運動の方法を変えて負荷を大きくする。

図4-2-19は、スクワット運動を例に、負荷の上げ方を示したものである。ザックを背負う、ダンベルなどの重りを持って行う、不安定面で行う、片脚で行うなど、様々な方法がある。スクワット以外の種目でも、同様な考え方で負荷を上げることが

できる。

　負荷を大きくした場合、10回×3セットの運動の終了時にややきつい～きついと感じるところから再スタートする。そして15回×5セットが楽にできるところまでトレーニングを続ける。

◆負荷法の工夫
　負荷の上げ方には以下のような方法もある。
1）ゆっくり行う
　「スロートレーニング」と呼ばれている。スクワットであれば、曲げに3秒、伸ばしにも3秒くらいをかけ、1回の往復に約6秒をかけて行う。加えて、立ち上がった時には膝が少し曲がっている所で止め、関節が伸びきらないようにする。そして再び沈み込む。

　こうすると、筋が常に緊張状態にあるため、筋への血液循環が制限される。その結果、活動筋の内部では乳酸が蓄積し、トレーニング効果が高まる。

　物理的な負荷を上げずに筋には大きな負荷をかけられるので、安全性が高く、中高年にも勧められる。ただし主観的には楽ではなく、意外にきつく感じる運動となる。
2）疲労困憊まで行う
　自重負荷の筋力トレーニングは負荷が比較的軽いので、筋の中にある全ての筋線維が活動するわけではない。だが疲労するにつれて、それまで使われていなかった線維も動員され始め、疲労困憊時には全ての筋線維が動員される。

　ハードな登山をする人では、このようなやり方をするとよい。筋は疲労困憊まで追い込んだ時に、最大のトレーニング効果が生じるからである。

　主観強度は、かなりきつい～非常にきついと感じるまで行う。ただし、フォームが崩れた状態でなおも追い込めば故障の原因となるので、その寸前でやめるようにする。
3）サーキットトレーニングにする
　複数の種目を組み合わせ、休息時間をなるべく少なくして、次々に行うのがサーキットトレーニングである。心拍数が上がるので、筋持久力だけではなく心肺能力も強化できる。これもハードな登山を目指す人にはよい方法である。

　たとえば、aスクワット→bかかと上げ→c上体起こし→d脚上げ→eスタビライゼーション→f上体そらし→g腕立て伏せと順次行い、それが終わったらまたaから繰り返す。上肢、下肢、体幹の筋をバランスよく使うように、種目やその順序を組み立てる。

クライミングの動作を模擬した、鉄棒での引きつけ／押し上げ運動。鉄棒にぶら下がっての懸垂はかなりきつい運動だが、このような形で行えば誰にでもでき、上肢・下肢・体幹の筋を総合的に鍛える全身運動になる。P292〜297で10種類の運動を紹介したが、11番目の運動として行うとよい。足の位置は、慣れてきたら前方に出すと負荷が高まる。鉄棒を握る手の位置（握り幅）も様々に変えて行うとよい。クライミングジムを利用すれば、もっと多くの筋を楽しみながら鍛えることができる。

注）回数を決めて行うかわりに、時間を決めて（たとえば各種目とも20秒）できるだけ多くの回数を行うのでもよい。

第4章　登山のための体力トレーニング

　最初のうちは、1つの種目を10回（eについては10秒）やったら、1分の休息をはさんで次の種目を10回やり、また1分の休息をはさんで次の種目を行う（注）。慣れてきたら、休息時間を30秒→20秒→10秒→休息なしと、徐々に減らしていく。

　サーキットトレーニングの組み立て方は無数に考えられるが、6〜12種目を組み合わせて、全体の運動時間が20分〜30分程度となるようにするのが基本である。

トレーニングの意欲や効果を高めるために、個々の運動時には、それが登山のどのような能力の強化につながるのかを意識する。また全体のタイムを計測し、それを縮めるように努力していくとよい。

人工壁でのクライミングも、全身の筋力トレーニングになる。

SUMMARY
まとめ

■ 登山には筋力も持久力も重要だが、優先順位としては筋力の方が高い。一定水準の筋力がない人は、持久力も十分に発揮できないからである。

■ 筋力を強化すると、歩行能力の増大、疲労の軽減、バランス能力の改善、膝痛や腰痛の予防など、様々な効果が期待できる。

■ 登山を励行するだけでは十分な筋力強化はできない。下界で週に2～3回程度、自体重を負荷した筋力トレーニングをする必要がある。

■ 大腿四頭筋を強化するスクワット運動、腹筋群を強化する上体起こし運動と脚上げ運動の3つは、全ての登山者に必須な種目である。

■ 筋力トレーニングは10～30回程度の反復回数で3～5セット行う。負荷の大きさは、終盤にややきつい～きついと感じる程度に調節する。

第4章-3

持久力のトレーニング

山での歩行には、日常での歩行よりも大きな筋力発揮が求められるので、まず相応の筋力が必要になる（前節）。その上で、このような筋力発揮を何千回も何万回も繰り返さなければならない。持久力とは、その総和として発揮できる能力のことである。

持久力といっても一種類ではなく、運動生理学的に見るといくつかの種類がある。本節では、あらゆる登山で重要となるマイペース歩行用の持久力と、より高度な登山で必要となる激しい運動用の持久力とに分けて、その性質やトレーニングの方法を考えてみたい。

第4章　登山のための体力トレーニング

無雪期の登山時には、心肺にジョギング相当の負担がかかる。

残雪期の黒姫山にて。登山の持久力は、脚や体幹の筋力が土台となって発揮されている。

◆持久力が生まれる仕組み

　山を歩くとき、一歩一歩の運動を生み出すのは筋力の働きである。ただし、それを何時間も続けなければならない。このような長時間にわたる運動の反復を可能にしているのが酸素の働きである。

　図4-3-1は、筋が持久力を発揮するための仕組みである。自動車が動く仕組みとよく似ている（P18）。車のエンジンは、ガソリンを酸素で燃やしてエネルギーを生み出す。人間の場合は、筋の中で食物栄養素（炭水化物や脂肪）を酸素で燃やしてエネルギーを作る。

エネルギー源を絶やさなければ、持久力のよしあしは筋がどれだけたくさんの酸素を使えるかで決まる。車のエンジンでいうと、ガソリンを切らさない限り、排気量の大小によって走行能力が決まるようなものである。

　酸素は、呼吸によって肺に取り込まれ、血液に溶ける。そして心臓のポンプ作用で筋に運ばれ、筋の中で炭水化物や脂肪を燃やしてエネルギーを生み出す。

　酸素を体内に取り入れ、筋に輸送する能力を酸素運搬能力と呼ぶ。また筋の中で、酸素を使ってエネル

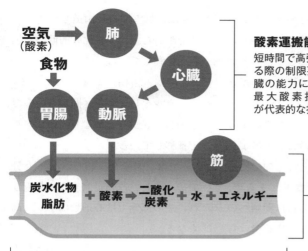

エンジン機構を支える諸器官の耐久力
非常に長時間の登山をする際の制限要因となる。筋、関節、皮膚の頑丈さ、消化器系の強さ、断眠に対する脳神経系の抵抗力など、多くの要因が関連する。

図4-3-1：持久力を生み出す人体のエンジン機構と3種類の持久力の関わり

表4-3-1：登山者が持久力を改善した時に得られる利点

1	**より速いスピードで歩けるようになる** ●行動能力の増大 ●危険回避能力の増大
2	**同じスピードで歩いた時、より楽に歩ける** ●安全性の向上 ●快適さの増大 ●認知能力（大脳の知的な活動能力）を高いレベルで維持できる ●脂肪の燃焼比を大きくし、炭水化物を節約できる
3	**環境の変化に対する防衛体力が増す** ●耐寒能力の増大 ●耐暑能力の増大 ●高山病の予防に間接的に貢献する
4	**健康体力が増加する** ●免疫能力の増加 ●余分な脂肪を減らす ●生活習慣病にかかりにくくなる

ギー源を燃やす能力を酸素利用能力と呼ぶ。それぞれの能力は、各人のトレーニング状況に応じて個人差があり、それが登山中の持久力の差となって現れる。

表4-3-1は、トレーニングによって持久力を改善した時に、どのような利点があるかを示したものである。行動能力の改善だけにとどまらず、安全性、快適さ、さらには健康への効果など、さまざまな恩恵を受けられることがわかる。

◆3種類の持久力

図4-3-2は、著者が様々な登山をしたときの心拍数である。

aは、無雪期の登山道をマイペースで歩いたもので、比較的低い心拍数で推移している。

bでは、雪山の縦走をしている。ラッセルをしている区間が多いので、心拍数はaよりもかなり高いレベルで推移している。

cでは、岩登りをしている。10分前後の激しい運動が何度も繰り返され、その部分では心拍数は著しく高くなる。

このように、持久力の様相は登山のタイプに応じて違ってくるが、運動生理学的に見ても性質が違う。これを整理するには、次のように3種類の持久能力に分けて考えるとよい。

冬の八ヶ岳縦走。雪山の登山時には、心肺にランニング相当（約8メッツ）の負荷がかかる。（石森孝一氏撮影）

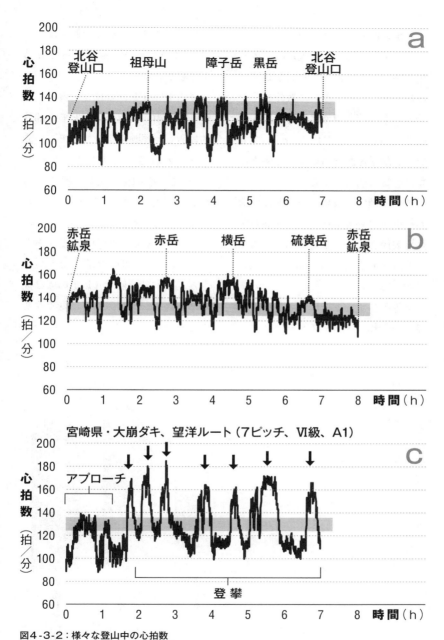

図4-3-2：様々な登山中の心拍数
　a は無雪期の祖母山縦走、b は積雪期の八ヶ岳縦走、c は無雪期の岩登り。影をつけた部分は著者が無雪期の一般登山道の上りをマイペースで歩く時のレベル（125～135拍程度）。a はマイペースのレベルだが、b では心臓に対して大きな負荷が持続的にかかっている。c では登攀時（↓）に短時間ではあるがさらに大きな負担がかかっており、最高心拍数（185拍）が出現している箇所もある。

1）全力運動時の持久力

誰もが学校時代に持久走のテストを経験し、その苦しさも記憶しているだろう。このように、数分〜十数分という短い時間で、全力の持久運動をする時の成績は、図4-3-1でいうと酸素運搬能力によって決まる。特に心臓の能力が重要となる。

運動生理学の概念でいうと最大酸素摂取量（$\dot{V}O_2max$）という能力が規定要因となる。全力運動の持久力≒心肺の持久力≒$\dot{V}O_2max$と覚えておくとよい。

下界のスポーツでいうと、中長距離走、競泳、ボート、スピードスケートなど、数分〜十数分で競う種目では、$\dot{V}O_2max$の優劣によって成績が左右される。

登山でいうと、岩登り、雪山、沢登り、藪山、高所登山などで、部分的に激しい運動をする局面でこの能力が使われる。図4-3-2の岩登り（c）で、心拍数が著しく高くなっている部分では、$\dot{V}O_2max$レベルの運動が行われている。

図4-3-3は高所登山の成功率と$\dot{V}O_2max$との関係を示したものである。5段階評価で4以上の人は成功率が高いが、3以下では低くなることがわかる。

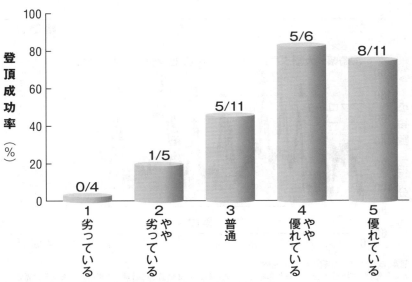

図4-3-3：ヒマラヤ登山の成功率と$\dot{V}O_2max$との関係（島岡、1987）
高所登山には多様な要因が関与するため、$\dot{V}O_2max$と成功率とが完全に比例するわけではない。しかし3（普通）以下の体力では明らかに成功率が低くなる。

column 4-3-1
最大酸素摂取量（$\dot{V}O_2max$）とは？

　自分が山道を速く上る場面を想像して頂きたい。速く歩くためには、筋でより多くのエネルギーを産み出さなければならない。そのためにはたくさんの酸素が必要となる。

　そこで肺では、多量の空気を取り込んで血液に溶かそうとする。心臓ではその血液をどんどん筋に送ろうとする。速く上ると息が切れ、動悸もするのはこのためである。

$\dot{V}O_2max$の測定。実験室の中で全力運動をし、身体がどれだけ酸素を取り込めたかを、呼気ガス分析器を使って測る。

　全力で運動をし、心肺能力の限界まで追い込んだ時に、1分間あたりで身体が取り込めた酸素の量が最大酸素摂取量（$\dot{V}O_2max$）である。身体が1ℓの酸素を摂取すると約5kcalのエネルギーが発生する。したがって$\dot{V}O_2max$とは、人体のエネルギー発生能力の最大値を意味する。

　$\dot{V}O_2max$が4ℓの人は1分間に20kcalのエネルギーを出せる。2ℓの人では10kcalしか出せない。二人が山登りの競争をすれば、前者は2倍の速さで登れることになる。

　$\dot{V}O_2max$は自動車の排気量と似ている。坂道を上る時、排気量の大きな車の方がスピードを出せる。また同じスピードで上る場合には、より楽に上ることができる。

　ただし排気量が大きくても、ダンプカーのように車体が重ければスピードは出ない。そこで$\dot{V}O_2max$も、その人の体重あたりの能力、すなわち体重1kgあたりで1分間に何mlの酸素を取り込めるか、という単位（ml/kg・分）で表す。

　20〜30代の一般成人の$\dot{V}O_2max$は、男性で40ml、女性で30ml程度である。これに対して一流のマラソン選手やクロスカントリースキー選手では、男性で80ml、女性で70ml程度と、約2倍大きい。

　一流の登山家やトレイルランナーの$\dot{V}O_2max$は、男性で55〜60ml、女性で45〜50mlくらいである。下界の一流スポーツ選手と比べると見劣りするが、これには登山の方がはるかに長時間の運動をするので、その分だけ運動強度（エネルギーの出力）が低くなることが関係している。

第4章　登山のための体力トレーニング

2）マイペース運動時の持久力

マイペースで何時間も運動を続ける場合には、筋で乳酸を蓄積させずに運動する能力が求められる。図4-3-1でいうと酸素利用能力が関係する。特に関係するのは、筋の中でエネルギー源を燃やすための酵素の能力である。

運動生理学の概念でいうと、3章-2（P81）で説明した乳酸閾値（LT）の大小が規定要因となる。マイペース運動の持久力≒筋の持久力≒LTと覚えておくとよい。

LTの能力は、マラソンやトライアスロンのような、数時間を要する運動種目では特に重要となる。登山の場面では、図4-3-2のa、bのように、無雪期・積雪期を問わず一定のペースで何時間も歩き続ける際に重要で、この能力により歩行速度が決まってくる。

図4-3-4は$\dot{V}O_2max$とLTとの関係を表したものである。$\dot{V}O_2max$を全力（100％）の運動強度と見な

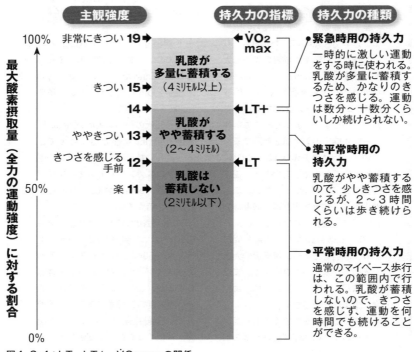

図4-3-4：LT、LT+、$\dot{V}O_2max$の関係
LTの能力は全ての登山者にとって、LT+はバリエーション登山をする人にとって重要である。
$\dot{V}O_2max$は、ハードなバリエーション登山をする人にとって重要となる。

すと、LTはその50〜80%くらいに位置する。

私たちは平常時の歩行ではLT、つまり全力の5〜8割くらいの力でマイペースの運動をしている。だが局所的に激しい運動をする場面では、$\dot{V}O_2max$という予備的な持久力も動員して対処すると考えればよい。

詳しくいうと、LTと$\dot{V}O_2max$との間にはもう一つの持久力がある。運動生理学ではOBLA（注）と呼んでいるが、本書では「LT+」と表記する。LTに似ているが、それよりも1ランク上の能力という意味である。LTは乳酸が蓄積を始める強度、LT+はその蓄積がより急激となり始める強度である。

LT付近の運動であれば小休止をはさんで1日中続けることができる。LT+付近の運動ならば2〜3時間くらい続けられる。

主観強度（P89）と対応づけてみると、LTにはおおよそ12（きつさを感じる手前）、LT+には14が対応し、その間では、13（ややきつい）と感じる運動になる。図4-3-2でいうと、aはLTレベル、bはLT+レベルでの歩行をしている。

注）onset of blood lactate accumulationの略語。LTは血中乳酸値が2ミリモルに対応するところを目安とするが（P82）、OBLA（LT+）では4ミリモルが目安とされる。

3）長時間運動時の耐久力

まる一日、あるいは何日も連続して、不眠不休に近い状態で登山することを考えてみる。歩行ペースは必然的に遅くなるので、息切れや動悸がすることはない。また脚の筋に乳酸が蓄積することもない。このため運動はいくらでも続けられそうに思える。

だが別の疲労により歩行速度は落ちてしまう。関節痛、筋肉痛、腱や靱帯の痛み、靴ずれ、爪の損傷、食欲不振や吐き気、眠気など、ブレーキとなる要因は様々である。

図4-3-1でいうと、酸素の運搬や利用に関わるエンジン機構そのものの限界ではなく、それを周辺でサポートしているさまざまな器官のダメージや機能の限界によって起こる。持久力というよりも「耐久力」と表現した方がぴったりする。

耐久力を求められるスポーツの代表格はウルトラマラソンである。登山の場合では、不眠不休で歩くカモシカ登山や、長時間の山岳レースが該当する。

以上、3種類の持久力について見てきたが、自分が目指す登山ではそれぞれの能力がどの程度必要なのかを知り、それに合わせた身体づくりをする必要がある。本節では、1）と2）のトレーニングを中心に考え

第4章 登山のための体力トレーニング

る。3）については6章で考えることにする。

◆持久力のテスト

持久力のトレーニングをする前に、自分の持久力がどの程度かを確認しておくことが必要である。ここでは著者らが考案した、山での登高能力から簡易にLTや$\dot{V}O_2max$を評価するテストを紹介する。LTのテストは全ての登山者に、$\dot{V}O_2max$のテストはハードなバリエーション登山をする人に試みて頂きたい。

1）LTのテスト
（マイペース登高能力テスト）

LTとはきつさを感じずに何時間も登高できる能力、言いかえるとマイペースの上限のことである。この能力を知っておくことは、ハイカー、登山者、クライマー、トレイルランナーなど、分野を問わず重要である。

LTとは主観強度が12（きつさを感じる手前）の付近にある。そこで、この感覚で山道を登高し、どれだけの速さで上れるかを調べれば、自分のLT能力がわかる。

表4-3-2にはテストのやり方を、表4-3-3にはその評価表を示した。マイペースの上限速度を計ればよいので、普段の山行でも上り傾斜が長く続く区間を選べば実施できる。

たとえば体重の10%の重さのザックを背負ってテストしたとする。

表4-3-2：マイペース登高能力テスト（LTテスト）の方法（山本ら、2015）

テストの場所	無雪期の整備された登山道で、乾いて歩きやすい路面状態の時に行う。ある程度急な傾斜が続き、平らな区間や下りのないコースを選ぶ。1時間は上り続けられるコースとする。
テストの方法	はじめに10分程度のウォーミングアップ歩行をする。その後、主観強度が12（きつさを感じる手前）で登高し、1時間で垂直方向にどれだけ登高できたかを調べる。もしくは、標高差がわかっていて1時間程度で歩けるような区間を何分で歩けたかを計り、1時間あたりの登高能力に換算する。
評価の方法	表4-3-3を用いて、何メッツの強度で歩けたかを照合する。そして、自分の目的とする登山に必要な能力に達しているかを確認する。ザックを背負って歩いた場合は、その重量に該当する欄を見て評価する。
注意点	全力ではなく、マイペースでの登高能力を見るテストであることに注意する。きつさを感じながら歩けば、もっと速い速度で歩けてしまうが、それではテストの意味がなくなってしまう。また中高年などでは安全性にも問題が生じる。「きつさを感じる手前」という表現のほかに「息切れしない速さ」「小休止をはさみながら、そのペースで1日中歩ける速さ」を意識する。

column 4-3-2
全国に体力テスト兼トレーニングコースの設定を

　マイペース登高能力テストの評価表（表4-3-3）は実験室内に設置したトレッドミルでの登高実験をもとに作成した。その歩行路はゴム製で非常に歩きやすい。したがってこの表の値は、歩きやすい状態の登山道にあてはまるものと考えて頂きたい。

　テストコースに求められる条件としては、平坦地や下りを含まず、ある程度急な傾斜が続くことが重要である。下りや平坦な区間があれば、時間は消費するが高度は上昇しない。また上りであっても傾斜が緩ければ上昇効率は悪くなる。

　だが現実の登山コースの場合、多少なりともこのような区間が出てくることがほとんどである。ぬかるみ、石ころ、岩などで歩きにくい部分もあったりする。このようなコースに表4-3-3の値をそのまま適用すると、辛めの評価となってしまう。

　テストの妥当性を高めるには、それぞれのコースの特徴にあわせてタイムを微調整する必要がある。P58で紹介した六甲タイムトライアルの場合、関西山岳ガイド協会の人たちが長年にわたり、このイベントでの成績と、本番の登山での様子とを対応づけて観察し、タイムを設定している。

　このような作業を経た上で、全国各地の身近な低山に下図のようなコースが設置されれば、登山者自身で体力の自己評価ができ、トレーニングにも活用できる。安全登山のための能動的な自己学習（アクティブラーニング）の場とすることができるだろう。

第4章　登山のための体力トレーニング

○○山　体力テスト / トレーニングコース

　このテストは、この地点から終了点まで、自分が「きつさを感じないペース」で歩いた時に、どれだけの速さで上れるかを見ることで、自分の体力レベルを確認することが目的です。全力でどれだけ速く上れるかを見るものではありません。また相手と競争するものでもありません。特に中高年の方では、きつさを感じるペースで歩くと、心臓などに過度な負荷がかかり危険ですので、この注意をよく守ってください。

【Ⅰランク】（8メッツ以上の体力）○時間以内…岩山や雪山など、バリエーション的な登山ができる基礎体力があります。

【Ⅱランク】（7メッツの体力）○〜○時間…無雪期の本格的な登山（日本アルプスの縦走など）ができる体力があります。

【Ⅲランク】（6メッツの体力）○〜○時間…ハイキングならば大丈夫ですが、本格的な登山をするには体力不足です。このコースでトレーニングをし、Ⅱランクの基礎体力をつけてから、本格的な山に出かけてください。

【Ⅳランク】（5メッツ以下の体力）○時間以上…ハイキングをする上でも不安があります。下界でウォーキングなどの運動を積んでから、またこのコースで体力を確認してください。

表4-3-3：LTテストの評価表（萩原と山本、2011の資料より作成）
ザックの重さには、衣服や靴など身につけているものの重量も含める。テスト成績は、登山道の様相（斜面の形状や路面の状況など）の影響も受けるので、評価値はおおよその目安と考える。

メッツ	山での登高速度（m／h）				平地での歩/走速度（m／分）	
	ザックなし	体重の10%のザック	体重の20%のザック	体重の30%のザック		
4	210	190	175	160	100	歩行
5	300	270	250	230	110	
6	385	350	320	295	約110	ジョギングと歩行を交互に
7	475	430	395	365	約120	ジョギング
8	560	510	470	430	130	ランニング
9	650	590	540	500	146	
10	735	670	615	565	162	
11	825	750	685	635	178	
12	910	830	760	700	194	
13	1000	910	830	770	210	
14	1085	985	905	835	226	
15	1175	1065	980	905	243	
16	1260	1145	1050	970	260	
17	1350	1225	1125	1035	276	
18	1435	1305	1195	1105	290	

注）P315で述べたように、実際の山では理想的なコースは少ない。多くの場合、一部で緩斜面・平坦地・下り斜面があったり、歩きにくい箇所が出てきてロスタイムを生じさせる。このようなコースでは、その程度に応じて表4-3-3の値を下方修正して用いる。大まかな基準だが、体重の10%の荷物の場合、1時間あたりの登高速度が300mの人では6メッツ、400mでは7メッツ、500mでは8メッツの体力を持っていると考えてもよいだろう。

1時間あたりで350m上れた人（Aさん）は6メッツ、430m上れた人（Bさん）は7メッツ、510m上れた人（Cさん）は8メッツのLT能力を持っていると判定できる（注）。

P66をはじめ各所で述べてきたように、ハイキングをするには6メッツ、通常の登山をするには7メッツ、バリエーション登山では8メッツの能力が必要である。したがってAさんはハイキングならば問題ないが、登山をする上では体力に不安があるといえる。Bさんは通常の登山ならばよいが、バリエーション登山には不安があることになる。

重いザックを背負う登山をする人は、ザックを重くした条件でテストをする。たとえば体重の30%のザックを背負って1時間で365m上れれば7メッツ、430m上れれば8メッ

column 4-3-3
マイペース登高能力テストの実施結果

このテストの要点は、「きつさを感じる手前」のスピードを守って歩けるかどうかにかかっている。趣旨を理解せずに全力で登高したりすれば、テスト中に事故を起こすことにもなりかねない。

そこで2015年10月に、長野県山岳総合センターの主催で、美ヶ原・ダテ河原コースで、試験的にこのテストを実施し、その状況を観察してみた（P58の写真）。47名の参加者に表4-3-2のような指示をして、標高差620mのコースを上ってもらった。

図はテストの終了後に、参加者に改めて登高中の主観強度（心肺）を尋ねた結果である。14～17と無理な歩き方をしている人もわずかにいたが、ほとんどの人は12（きつさを感じる手前）または13（ややきつい）で歩いていた。ただし、12よりも13のきつさで歩いた人の方がやや多い。

13という主観強度は、身体にとってそれほど無理な負荷ではない。しかし「12で歩くこと」というこのテストの趣旨からすれば、速く歩きすぎていることになる。

著者の観察では、体力テストのイベントであるという意識や、大勢で一斉にスタートしたことなどから、知らず知らずスピードが速くなってしまった人が多いように見受けた。

このテストは要するに「自分が普段から行っているありのままの登高ペース」を測るものである。落ち着いた環境で一人で何度か歩いてみれば要領がわかり、誰もが12の強度で歩けるようになると考えている。

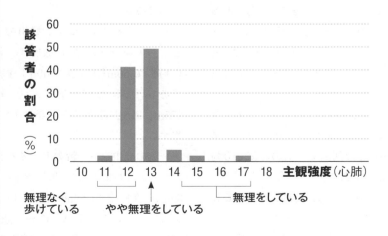

ツの体力があることになる。

　一流の登山家やトレイルランナーのLT能力は11〜12メッツくらいである。これは、体重の10%のザックを背負った時には、1時間で約800mの上昇ペースで何時間も歩き続けられる能力ということになる。

2) $\dot{V}O_2max$ のテスト
（全力登高能力テスト）

　$\dot{V}O_2max$ は、下界の持久系スポーツ選手にとっては最も重要な体力であり、昔からこれを簡易に評価するテストが考案されてきた。スポーツ選手がよく用いるのは12分間走テストである。これは平地を12分間全力で走り、何m走れたかで評価する。

　しかし登山者にとっては、平地を速く走る能力よりも、山道を速く上る能力で評価した方がより実際的である。そこで山道を15分間（あるいは300m）全力で登高し、何m上れたか（あるいは何分で上れたか）で $\dot{V}O_2max$ を推定するテストを考案した。

　表4-3-4にはそのやり方を、表4-3-5には評価表を示した。平地での12分間走テストの評価とも対応させてある。

　このテストは、心肺に最大の負担をかける。ハードなバリエーション登山を目ざして、普段から十分にト

長野県・鷹狩山（1167m）の標高差400mのコースで、体力養成を兼ねて全力登高能力テストを行う高校生。雪がある場合には登高スピードは落ちるので、表4-3-5の数値は下方修正して適用する。（大西浩氏撮影）

レーニングをしている若い登山者が行うものと考えて頂きたい。中高年では、体力がある人でも避けた方が無難である。

　ハードなバリエーション登山をするための $\dot{V}O_2max$ の目標値は、若い男性で50ml、女性で40ml程度である。これは15分間でそれぞれ275m、215m登高できる能力に相当する。

　一流の登山家や一流のトレイルランナーの $\dot{V}O_2max$ は、男性で55〜60ml、女性で45〜50mlくらいである。これはそれぞれ305〜340m、245〜275mの登高能力に匹敵する。

表4-3-4：全力登高能力テスト（$\dot{V}O_2max$テスト）の方法

テストの場所	無雪期の整備された登山道で、乾いて歩きやすい路面状態の時に行う。傾斜が急で、下りや平らな区間がないコースを選ぶ。15分間もしくは300m上り続けられるコースとする。
テストの方法	空身で行う。まず20分程度のウォーミングアップ歩行を行ってからスタートする。15分間全力で登高し、垂直方向に何m上れたかを調べる。もしくは、300mの標高差がある区間を決めて、そこを何分で上れたかを計る。
評価の方法	表4-3-5を用いて、15分間の登高距離、もしくは300mの登高に要した時間が、どの程度の$\dot{V}O_2max$に相当するかを照合する。
注意点	このテストは、ハードなバリエーション登山を目指す若い人のみが行う。このテストを行う前に、まずLTテストを行い、8メッツ以上の運動ができた人のみが行う。体力のない人や中高年では危険性を伴うので避ける。身体に最大のストレスをかけるので、ウォーミングアップを入念に行うなど、安全面に十分な配慮をする。熱中症の危険がある時には行わない。

表4-3-5：$\dot{V}O_2max$テストの評価表（萩原と山本、2011の資料より作成、12分間走テストの評価は、体育科学センター（1976）の資料より引用）
テスト成績は、登山道の様相（斜面の形状や路面の状況など）による影響も受けるので、評価値はおおよその目安と考える。

$\dot{V}O_2max$ (ml/kg・分)	山道で		平地で
	15分間の登高距離 (m)	300mの登高時間 (分)	12分間の走距離 (m)
30	150	30	1760
35	180	25	2000
40	215	21	2230
45	245	18	2460
50	275	16	2700
55	305	15	2940
60	340	13	3170
65	370	12	3400
70	400	11	3640

第4章 登山のための体力トレーニング

column 4-3-4
エンパイアステートビルの早上り競争

標高差の大きな建物の階段を利用すると、都会でも登山の特異性に合致したトレーニングができる。(塩田諭司氏撮影)

ニューヨークのエンパイアステートビルでは毎年、86階（標高差320m）の階段を早上りし、そのタイムを競うイベントが行われている。優勝タイムは男性で10分台、女性では12分台である。

15分あたりの登高率に換算すると、それぞれ480mと400mとなる。表4-3-5を使って$\dot{V}O_2max$に換算すると、男性では80ml、女性では70ml近い値となる。マラソンやクロスカントリースキーの一流選手に匹敵する能力である。

東京タワーでも、休日になると非常階段が開放され、標高150mの展望台まで歩いて登ることができる。時間帯によっては、ランナーのトレーニング用に解放されている。

階段部分の標高差は90mで、普通の人でも全力で上れば10分は切れる。このような短時間の運動では、有酸素エネルギーに加えて無酸素エネルギー（P17）も使われるので誤差も入ってくるが、一応の目安を示すと以下のようになる。

空身で9分で上れば$\dot{V}O_2max$は30ml、8分では33ml、7分では37ml、6分では42ml、5分では49ml、4分では60mlである。

◆体力テストとトレーニングとは表と裏の関係にある

表4-3-3や表4-3-5は体力テストだけではなく、山でのトレーニング時にも活用できる。

たとえば、バリエーション登山をする人には8メッツの体力が必要である。表4-3-3を見ると、空身であれば1時間に560m、ザックの重さが体重の10％の時には510m、20％の時は470m、30％の時は430mの速度でマイペース登高ができる能力に相当する。

そこで、山に行った時にはテストに適した区間を見つけて、上記のペースで上ってみる。きつさを感じずに歩ければ8メッツの体力がある。きつさを感じるようであれば8メッツの体力はなく、バリエーション登山をするには不安があることになる。

不合格だった人は、合格レベルの速さで歩けるようになるまでトレーニングを積む（この体力が身につくまでは本番で行く山は下方修正する）。合格だった人は、予備体力をつけるために1メッツ上の強度、つまり9メッツできつさを感じずに歩けるところまでトレーニングするとよい。

このように体力テストとトレーニングとは表と裏の関係にある。どちらも数値化して考えることで、効果を高めるだけではなく、意欲を高めることにもつながる。$\dot{V}O_2max$のトレーニングも表4-3-5を活用して同じ考え方で行うことができる。

大源太山にて。一人で低山に出かけたときには、上りの区間でマイペース登高能力テストをやってみよう。

column 4-3-5
登高能力テストの分類

　本書では各所で様々な登高能力テストを紹介しているが、それらによって評価される持久力の性格は少しずつ違う。まず、全力で行うかマイペースで行うかによって違ってくる。また同じ全力で行っても、運動時間の長短により性格は変わる。

　有酸素エネルギーの最高出力が出せるのは10分程度の全力運動である。20分を超えるとエネルギーの出力が低下してしまい、全力で運動を行ったとしても$\dot{V}O_2max$レベルには達しなくなる。何時間も続ける運動では、全力で行ったとしてもLT+やLTレベルのエネルギーしか出せない。

　このような視点で各種のテストを整理すると、次のように分類できる。

1) $\dot{V}O_2max$テスト：15分間（300m）全力登高テスト（P318）は典型的な$\dot{V}O_2max$のテストである。エンパイアステートビルの早上り競争（P320）やP666で紹介する1000フィート登高能力テストも同様である。

2) 準$\dot{V}O_2max$テスト：マッターホルン登山のためのテスト（P94）は、1)に比べて運動時間がより長くなるので（30分以上）、心肺の働きは$\dot{V}O_2max$レベルには達しない。したがって準$\dot{V}O_2max$テストといえる。

3) LT+テスト：六甲タイムトライアル（P58）は、2〜3時間をかけて体力に無理のない程度に速く歩く。測定をしてみると、乳酸がある程度蓄積し、主観強度も「ややきつい」前後だった。全力とマイペースの中間的な運動なのでLT+のテストといえる。

4) LTテスト：マイペース登高能力テスト（P314）は、きつさを感じる手前で歩くので、この条件が守られる限り典型的なLTのテストとなる。

　1)や2)は体力のある若い登山者向きで、体力のない人や中高年には適しない。3)についても、人によっては「非常にきつい」と答えたり、最高心拍数に近い状態の人もいたので、無理をしすぎないように注意する必要がある。4)は最も安全性が高いテストといえる。

表4-3-6：持久力トレーニングの指針（1）

	乳酸閾値（LT、LT+）のトレーニング	最大酸素摂取量（$\dot{V}O_2max$）のトレーニング
運動種目	登山そのものが最も適する。下界で行う場合は、登山の主働筋である脚筋を使う運動を選ぶ（歩く、走る、サイクリングなど）。	心拍数を一定以上に高められる運動ならば、登山だけではなく、歩く、走る、自転車をこぐ、泳ぐなど、種目を問わない。
強度	LTを改善したい場合は主観強度が11～12、LT+を改善したい場合は13の運動を行う。山では、マイペースの速さで歩けばLTが、それよりも少し速く歩けばLT+が改善する。心拍数を目安とする場合は、山でのマイペース登高時の心拍数と同等にすればLTが、それよりも5～10拍くらい高くすればLT+が改善する。	LTやLT+のトレーニングよりも高い強度で行う。主観強度は15～17を目安とする。心拍数は、最高心拍数の80～90%とする。山では、表4-3-4と表4-3-5のテストで求めた、$\dot{V}O_2max$に相当する登高速度の80～90%のスピードで歩く。
時間	ある程度長い時間行う必要がある。LTのトレーニングは60分以上、LT+のトレーニングは30～60分くらいを目安とする。	強度が高い分、短時間でよい。20～30分を目安とする。全力で行う場合は10分程度でもよい。1時間以上続けられるような運動は、$\dot{V}O_2max$を改善する強度としては低い。

◆持久力トレーニングの指針

　一般的な登山やハイキングでは、歩行中の大部分はマイペース（LTレベル）の運動となる。したがってトレーニングの目標はLTの改善が主眼となる。

　バリエーション登山でも、1日の多くの部分はLTレベルの運動である。ただし一部ではLT+の運動も入ってくるので、LTに重点を置きつつ、さらにLT+も強化する。

　ハードなバリエーション登山になると、LTやLT+に加えて$\dot{V}O_2max$レベルの運動も入ってくる。このような登山をする人ではLTに重点を置きつつ、LT+と$\dot{V}O_2max$の強化も行う。

　表4-3-6は、それぞれの能力をトレーニングで改善する際の指針を示したものである。相対的に言って、長時間で低強度の運動をすればLTに、短時間で高強度の運動をすれば$\dot{V}O_2max$に、その中間の運動をすればLT+に対して効果がある。

　図4-3-5はこれを図で示したものである。耐久力のトレーニングとの関係も示している。

　これらの指針に沿って行えば、そ

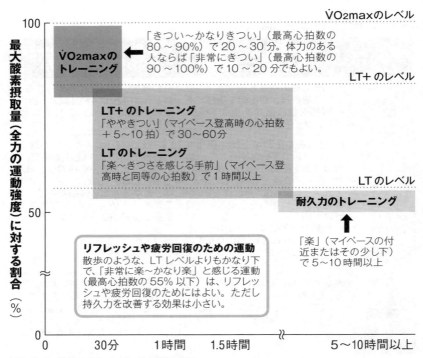

図4-3-5：持久力トレーニングの指針（2）
横軸はトレーニングの時間を、縦軸はトレーニングの強度を表している。強度と時間の組み合わせが異なると、得られる効果も違ってくる。

れぞれの能力のトレーニングは山でも下界でもできる。ただし求められる条件を見ると、LTやLT+のトレーニングは山で、$\dot{V}O_2max$のトレーニングは下界で行う方が、より理にかなっていることがわかるだろう。

1）LTのトレーニング

LTとは、活動筋の中で乳酸が蓄積し始める強度である。この能力を改善するにはLTそのものの強度、つまり乳酸が蓄積するかしないかの付近で、長時間の運動をするとよい。

山で、マイペースの上限付近で登高している時がこれに相当する。したがって自分にとってのマイペース登山をなるべく多く行うとよい（ペースの遅い人に合わせてゆっくり歩くのでは効果は小さくなる）。2週間に1回は登山をしたい。

下界で行う場合には、坂道や階段の歩行など、登山と主働筋が類似する種目を選び、少なくとも1時間は行う。脚筋の主観強度が11（楽）

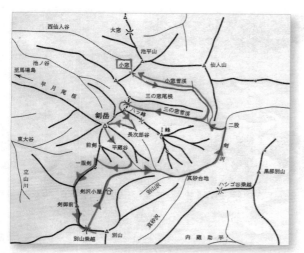

著者の大学山岳部時代、剱岳での夏山合宿時に行っていた「雪渓周遊」トレーニングのコース。小窓を起点として、小窓、三の窓、長次郎、平蔵といった雪渓をつなげて、1日でできるだけ上り下りする。このコースの場合、高低差は上り下りとも2900mあり、行動時間は10時間以上になる。所々では速く上る競争もする。雪上歩行の技術も含め、LT、$\dot{V}O_2max$、耐久力の総合的なトレーニングとなる。

第４章 登山のための体力トレーニング

〜12（きつさを感じる手前）となるようにする。9（かなり楽）や7（非常に楽）と感じる運動は、疲労回復やリフレッシュのためにはよいが、持久力を改善する効果には乏しい。

心拍数もよい指標となるが、個人差が大きいので一律の数値は提示できない。マイペース登高テスト時の心拍数を計っておき、下界でもそれと同レベルの心拍数で運動を行うことが必要である。

2）LT+のトレーニング

基本は前記のLTトレーニングと同様で、以下に異なる点を述べる。

LT+を改善するには、乳酸がやや蓄積した状態で行う。主観強度でいうと13（ややきつい）の所が目安となる。心拍数は、LTレベルよりも5〜10拍高くして行う。運動時間は30〜60分を目安とする。

3）$\dot{V}O_2max$のトレーニング

$\dot{V}O_2max$は特に心臓の能力によって規定されている。そこで、心臓に負荷をかける、つまり心拍数が一定レベル以上となるような運動をする。この条件さえ満たせば、走る、泳ぐ、自転車を漕ぐなど、運動様式

穂高岳・涸沢合宿の入山時に、40kg以上のザックを背負って雪渓を競争する。スタート時の様子。（井本博巳氏撮影）

は問わない。もちろん登山でもよい。

$\dot{V}O_2max$ を改善するには、LT や LT+ のトレーニングよりも高い強度で行う。心肺の主観強度が、15（きつい）〜17（かなりきつい）となるようにする。心拍数は、自分の最高心拍数（注）の 80〜90% を目安とする。

運動強度が高い分、運動時間は短くし 20〜30 分程度とする。逆にいうと、余裕を持って1時間以上も続けられるような運動では強度が低すぎる。このような運動は LT の改善にはよいが、$\dot{V}O_2max$ の改善にはつながりにくい。

若くて体力のある人ならば全力、つまり主観強度が 19（非常にきつい）で行うのもよい。このような運動ならば 10 分程度でも $\dot{V}O_2max$ は改善する。全力運動は一人では中々できないので、仲間とランニングの競争をしたり、ハードな球技スポーツ（サッカーやラグビーなど）をするなどの工夫をする。

注）この求め方については P86、または P661 を参照。

◆山でのトレーニングの具体例
1) LTとLT+のトレーニング

図4-3-6のaは、著者が一般の登山道でマイペース登高をした時の様子である。心肺の主観強度は11～12、心拍数はほぼ130拍台である。このように自分にとってのマイペースで歩くこと自体が、LTを改善するよいトレーニングとなる。

LT+のトレーニングをしたければ、主観強度を13に上げて歩けばよい。心拍数は5～10くらい上がって140拍前後となる。この状態で数時間歩き続けてもよいし、きつければ1ピッチごとにLTの歩行とLT+の歩行を交互に行うなどの工夫をする。

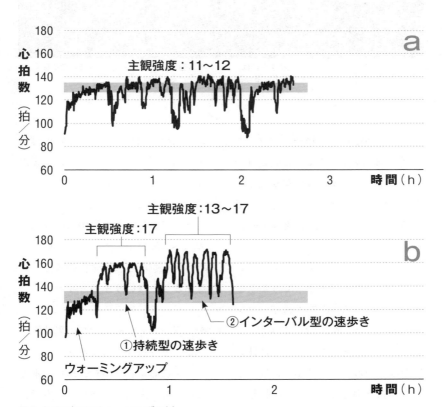

図4-3-6：山でのトレーニングの例
a、bとも無雪期の登山道（高低差800m）でトレーニングをしている。影をつけた部分はマイペースの運動領域。aは、マイペースの上限で歩いており、LTのトレーニングとなる。bではウォーミングアップ歩行の後、1ピッチ目は持続型、2ピッチ目はインターバル型の速歩きをしている。いずれのやり方も$\dot{V}O_2max$やLT+を改善する刺激になる。

ハードなバリエーション登山を目指す人には、マイペース型の持久力トレーニングだけではなく、全力での持久力トレーニングも必要となる。

2) $\dot{V}O_2max$ のトレーニング

図4-3-6のbでは、aと同じコースでマイペースよりもかなり速く登高している。二通りの歩き方をしているが、どちらも心拍数は160拍以上となる。

①は一定の速度で早歩きをしている。②では早歩きとゆっくり歩きを繰り返している。①を持続型（コンティニュアス）運動、②を間欠型（インターバル）運動と呼ぶ。②は休息期をはさめるので、速歩期には①よりも高強度の運動ができ、心拍数もより上げられる。

①の心拍数は図4-3-2の雪山登山（b）に似ている。②はクライミング（c）に似ている。自分が目指す登山の運動形態に応じて、①または②のタイプを選ぶとよい。

このように山でも様々なトレーニングができる。ただし山の中なので、体調への配慮や、コース中の危険個所への配慮など、安全性の確保に注意することはいうまでもない。

◆下界でのトレーニングの具体例

ここでは自転車によるトレーニングを例に考える。歩行、走行、水泳など、他の運動でも同じ考え方で行うことができる。

図4-3-7のaは、著者が平らな道をサイクリングした時の心拍数で、

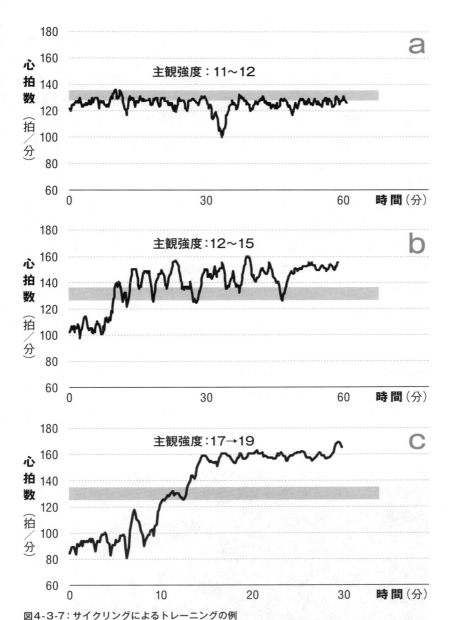

図4-3-7：サイクリングによるトレーニングの例
 aは、平らな道（河川の堤防）をサイクリングしている。心拍数はほぼ一定で、LTレベルでの持続トレーニングとなっている。bは、小さな起伏が繰り返される道路を上り下りしている。心拍数は上下し、インターバルトレーニングとなる。高強度の運動を何度も反復でき、しかも長時間行えるため、1回のトレーニングの中でLT、LT+、$\dot{V}O_2max$の全ての能力の強化を図ることも可能になる。cは、運動の後半で15分ほど、急な坂（標高差250m）を上っている。短時間での高強度の持続トレーニングとなり、$\dot{V}O_2max$の改善に適している。

心拍数はほぼ一定となり、典型的な持続トレーニングが行われている。運動強度は登山のLTペースと同レベルとなるよう、主観強度を11〜12とし、心拍数を120拍台としている（この心拍数のレベルは著者の場合のもので、人によってその水準は異なる）。

LT+のトレーニングをしたければ、スピードをもう少し上げて主観強度を13にする。心拍数でいうとLTレベルよりも5〜10拍くらい上げる。

ただし自転車の場合、平らな道で運動強度を上げるためにはかなりのスピードを出さなければならない。自転車は人間が発明した最も効率のよい乗り物なので、平らな道では中々負荷が上がらない。

bは起伏のある道を走った時の心拍数である。上り下りに対応して心拍数は上下するのでインターバルトレーニングとなる。坂道を上る際には、スピードを少し上げるだけでも心拍数は大きく上昇するので、LT+はもとより$\dot{V}O_2max$を改善する刺激にもできる。

cでは、急坂が続く道路をできるだけ速いスピードで上っている。正味の時間は15分程度と短いが、高強度の持続トレーニングとなる。このやり方は$\dot{V}O_2max$の改善によい。

自転車以外の種目でも同様の考え方で行う。歩く運動であれば自転車と同様、平坦な道では負荷がかかりにくいので、坂道や階段を利用する。

走る運動であれば、平らな道でも負荷をかけやすい。表4-3-3を使

自転車でのトレーニング時には坂道を取り入れると、心肺だけでなく、脚筋力の改善にも効果がある。ただし、上り用の筋力は鍛えられるが、下り用の筋力（伸張性の能力）は強化できないことに留意する。

夏のレーニア山の登山。日本での残雪期のテント泊登山に似ている。(和泉純氏撮影)

第4章 登山のための体力トレーニング

えば、山での登高スピードとも対応づけながらトレーニングができる。

◆トレーニング量の目安

登山に役立つ持久力を身につけるには、まずはできるだけ山へ行く努力をし、足りない分を下界の運動で補うことが必要である。そこで、各人の山行状況に応じてどのようにトレーニングの「量」を設定すべきかを考えてみたい。

市民ランナーがフルマラソンを走る場合、その成績には月間走行距離、つまりトレーニングの量が強く影響する（P568）。これを登山にも当て

はめて、「月間登下降距離」という指標が重要だと著者は考えている。

下界でトレーニングをしなくても、1カ月に2回くらい比較的ハードな山行をすればバテにくい身体になる。この登山が、1回につき9時間で1500m程度の登下降をするものだと仮定すると、月間登下降距離は±1500m×2回＝±3000mとなる。

この運動量を、3章-1（P72）で紹介したメッツ時（その運動のメッツ×運動時間）という単位で表してみよう。登山時のメッツは、標準タイムで歩いた場合、平均的には5くらいの値となるので（注）、月間

表4-3-7：1カ月に必要なトレーニング量の計算方法

まずはできるだけ山へ行き、それで足りない分を下界のトレーニングで補う。登山を全くせずに下界で100メッツ時の運動をこなしても効果は小さいことに留意する。

Aさん	**1カ月に1回、8時間程度の登山をしている** ●登山による運動量……5メッツ × 8時間 × 1回 = 40メッツ時 ●100メッツ時の目標値を満たすために不足する運動量は60メッツ時 ●下界で1週間あたり15メッツ時の運動をこなすことが必要 →1週間に7メッツの運動を合計で約2時間行えばよい
Bさん	**1カ月に2回、6時間程度の登山をしている** ●登山による運動量……5メッツ × 6時間 × 2回 = 60メッツ時 ●100メッツ時の目標値を満たすために不足する運動量は40メッツ時 ●下界で1週間あたり10メッツ時の運動をこなすことが必要 →1週間に7メッツの運動を合計で1.5時間行えばよい

注）本書の各所で、通常の登山は7メッツの運動だと述べてきたが、これは上りでの負担に着目した場合の値である。上り・下り・平坦地を含め、さらに1時間に10分程度とる休息も含めて平均すると、おおよそ5メッツ程度となる。同様に、ハイキングの場合は平均で4メッツ、バリエーション登山は6メッツの運動と考えるとよい。

の運動量は5メッツ × 9時間 × 2回 = 90メッツ時となる。

一方、厚生労働省は健康の維持増進のための運動量として、1週間で23メッツ時が必要であるとしている（P72）。1カ月あたりでは92メッツ時となる。

両者の値はほぼ同じとなる。切りのよい数字として、1カ月に行うべきトレーニング量を100メッツ時と考え、これをできるだけ登山でこなし、足りない分を下界で登山仕様の運動によって補えば、登山にも健康にも役立つだろう。

表4-3-7にはその計算例を示した。まず登山でこなしている運動量をメッツ時で表す。次に、目標値の100メッツ時に対する不足分を求め、それを下界の運動で充当する。

上記はあくまでも暫定的な値なので、各自で試して、その様子を観察しながら運動量を加減していく。その方法については4章-7で述べる。

column 4-3-6
大きな山を目指すための12週間プログラム

　アメリカの著名なアルパインクライマーであるS.ハウスたちが『新しいアルピニズムのためのトレーニング』という450ページあまりの本を著している（P658）。現代のスポーツ選手が用いているトレーニングの方法論を、登山者やクライマーに適用したもので読み応えがある。

　表はその一部で、無雪期の登山がこなせる体力を身につけた58歳の初心者（女性）が、アメリカのレーニア山（4392m）の登山を目指して行ったトレーニングの例である。

　レーニア山はアメリカ・ワシントン州のノースカスケード山脈の一角にありタコマ富士とも呼ばれる。夏でも雪に覆われ、シアトル市街からも美しい姿が望める。登山口からの高低差は約2700mで、テントで2泊し、雪上歩行による登山となる。

　表を見ると、1週間に1～2回の頻度で山に出かけている。登下降距離とザック重量は、3カ月をかけて少しずつ増やしている。そして本番の2週間前にはこのトレーニングを完了させて疲労を抜く。

　月間の登下降量を計算すると4000～5000mくらいとなる。メッツ時で表すと、前半では120メッツ時、中～後半では140メッツ時くらいの運動量を確保している。日本の雪山で、テント泊の本格的な登山をする人には参考になるプログラムである。

週	1回あたりの登下降量	ザック重量	1週間あたりの回数
1～2週目	1500フィート（457m）	体重の10%	2
3～4週目	2000フィート（610m）	体重の15%	2
5～6週目	2500フィート（762m）	体重の20%	1
7～8週目	3000フィート（914m）	体重の20%	2
9～10週目	3500フィート（1067m）	体重の25%	1
11～12週目	4000フィート（1219m）	体重の25%	1

House & Johnston、"Training for the New Alpinism" より

第4章　登山のための体力トレーニング

SUMMARY
まとめ

■ 登山者が考えるべき持久力として、①マイペース運動時の持久力、②全力運動時の持久力、③長時間運動時の耐久力、の3種類がある。

■ ①は全ての登山者に、②はハードな登山をする人に重要である。それぞれの能力は乳酸閾値（LT）と最大酸素摂取量（$\dot{V}O_2max$）とが決めている。

■ LTも$\dot{V}O_2max$も、山での登高能力テストにより評価できる。特に前者の能力は、全ての登山者が把握しておくべきである。

■ LTを改善するには「楽」～「ややきつい」の強度で長時間の運動を行う。これに最も適したトレーニングとは、登山そのものである。

■ $\dot{V}O_2max$を改善するには、「きつい」～「かなりきつい」の強度で20～30分程度の運動を行う。下界での運動はこのトレーニングに適している。

■ トレーニングの量は、月間登下降距離とメッツ時という2つの指標で評価する。1カ月あたりで、登山と下界で行う運動量の合計が100メッツ時となることを目指す。

第4章

登山に必要な体力の中核をなすのは筋力と持久力だが、ほかにもいくつかの重要な能力がある。柔軟性はスムーズな歩行をするために、平衡性（バランス能力）は転ばないために、敏捷性は転びそうになった時に必要である。

太りすぎは登山の妨げとなるので、体重のコントロールも重要である。また「防衛体力」という、様々なストレスから心身を守るための能力もある。これらを改善することで、自分が持っている筋力や持久力を、最大限に発揮できるようになるだろう。

柔軟性、平衡性、敏捷性、減量、防衛体力

第4章　登山のための体力トレーニング

鹿児島県・高隈山地にて。山では随所でバランス能力を要求される。

A．柔軟性のトレーニング

◆柔軟性と登山能力

　身体にはたくさんの関節がある。それぞれの関節をどれくらいの範囲で動かせるかという能力が柔軟性であり、関節可動域とも呼ばれる。

　柔軟性が乏しいと動作がぎこちなくなる。エネルギーの無駄使いとなり、疲労を早めることにつながる。バランスも悪くなり転びやすくなる（P107、P112）。

　柔軟性は、筋、腱、関節のトラブル発生にも関係する。登山者に多い膝関節痛は、大腿部の柔軟性が低い人に起こりやすい。また腰痛は、腰背部（背中、殿部、大腿の裏側）の柔軟性が低い人に起こりやすい。

　柔軟性は歳をとると低下する。また、身長が急激に伸びる発育期にも、骨の伸びに筋や腱の伸びがついていけず、低下しやすい。男女を比べると、一般的には男性の方が柔軟性は低いが、男女にかかわらず個人差もまた大きい。

　柔軟性が低い人は、日頃のトレーニングで改善する必要がある。また普段は柔軟性がある人でも、山を歩いて疲労してくれば低下する（P106）。このため登山中に柔軟性を低下させない配慮も必要となる。

◆ストレッチング

　柔軟性のトレーニングとは、関節そのものを柔らかくすることではない。関節に付着している筋の伸びを改善することが目的となる。

　たとえば、立位で体前屈をした時に手が床につく人は、腰部の関節そのものが柔らかいのではない。背中・殿部・大腿の裏側の筋がよく伸びるから柔らかいのである。

　かつては、柔らかくしたい部位を強く引き伸ばす方法が使われていた。腰背部の柔軟性を高めるために、他の人に背中を押してもらって前屈運動をするなどの方法である。上手に行えば効果はあるが、過度に伸ばし過ぎて傷害を起こす危険性もある。

　そこで考案されたのがストレッチングである。柔らかくしたい部位を自分の意思でゆっくりと引き伸ばし、心地よい引き伸ばし感（ストレッチ感覚）が得られたところで、しばらく静止させる。安全性が高く、柔軟性を改善する効果も従来の方法と遜色がないので、1980年代以降はこの方法が広まった。

　図4-4-1は、ストレッチングの創始者であるB.アンダーソンの教本から、登山のためのストレッチングの部分を引用したものである。登山では全身の筋を使うので、ストレッチングも全身の筋で行う必要がある。

やり方は、対象とする部位が気持ちよく伸ばされていると感じるまでゆっくりと引き伸ばし、そこで10秒間ほど静止する。痛くなるまで引き伸ばすと、筋は防衛反応を起こして逆に縮もうとするので、その手前で止める。また、痛いと感じると息が止まり、リラックスを逆に妨げてしまう。ゆっくり呼吸ができる範囲で行う。

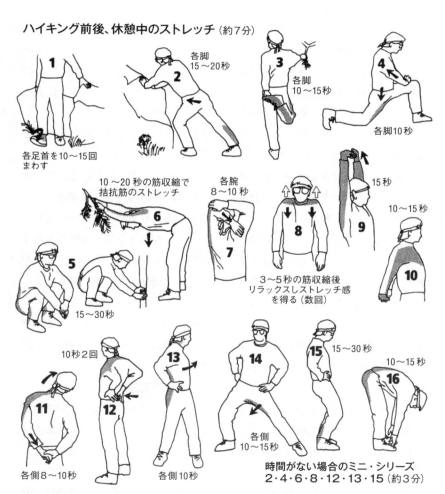

図4-4-1：登山者のためのストレッチング（アンダーソン、2002）
登山の前後に行う静的ストレッチングの例。影をつけた部分のストレッチ感覚を意識して行う。他にも多くのやり方があるが、重要なことは、登山でトラブルが起こりやすい個所を入念に行うことと、登山後にその効果があったかを確認することである。

◆短期的な効果と長期的な効果

ストレッチングには、短期的な効果（即時的な効果）と長期的な効果（トレーニング効果）の2種類がある。

1）即時的な効果

運動前や運動中に行えば、運動がスムーズにできるようになり、疲労しにくくなる。筋・腱・関節の傷害、筋の痙攣、筋肉痛の予防にもつながる。運動後に行えば、疲労回復の促進や、筋肉痛の軽減に役立つ。

登山の前後で準備運動（ウォーミングアップ）や整理運動（クーリングダウン）として行うだけでなく、休憩時にも随時行うとよい。また下界でのトレーニングの前後にも行う。

2）トレーニング効果

日常生活でストレッチングを励行すれば、身体のさまざまな部位の柔軟性を改善できる。腰痛、膝関節痛、肩こりなどの予防・改善にもよい（4章-5）。心身をリラックスさせる効果もある。起床時や就寝時、仕事の合間に行うなど、折々に行うとよい。

入浴後には体温が上がり可動域も大きくなる。柔軟性を積極的に改善したい人はこのタイミングで行うとよい。

逆に、起床時や仕事の後のように身体がこわばっている時には、それを解消する目的で行うのもよい。この時には軽めに行う。

◆ストレッチングの注意点

ストレッチングをした経験のない人はいないだろう。だが正しく行われていないケースも多い。以下の点を意識して行う。

1）目的を理解して行う

フォームを見てその形だけをまねても十分とは言えない。何のためにどこの筋を伸ばすのか、その注意点は何かを理解して行う。

2）自分にとって必要性の高い部位を知る

運動中に痙攣しやすい筋、運動後に筋肉痛や凝りを感じる部位など、自分の弱点と思われる部分を入念に行う。膝関節痛を持つ人は膝まわりの筋（図4-4-1の3や4）、腰痛を持つ人は腰まわりの筋（同じく4や16）を伸ばすと効果がある。

柔軟性には左右差もあるので、硬い方の側にはより多くの時間をかけて行う。

3）効果を確認する

ストレッチングが効いたかを確認する習慣をつける。たとえば筋肉痛が起こりにくくなった、腰痛が起こりにくくなった、といった観察を自分で続ける（4章-7を参照）。効果がないようであれば、やり方を見直す。

◆静的ストレッチングと動的ストレッチング

図4-4-1の方法は静的ストレッチングと呼ばれている。一方、近年では動的ストレッチングという言葉も聞くようになった。これは身体を動かしながら柔軟性を改善しようとするもので、ラジオ体操はその典型である。サッカー選手が行うブラジル体操も同様である。

静的ストレッチングは動きのない状態で行う。したがってその直後に本番の運動をするよりも、静的ストレッチングを終えた後、さらに動きを伴う動的ストレッチングを入れてから本番の運動に移行する方が理にかなっている。

ラジオ体操のような動的ストレッチングは、特に中高年者にとっては効果が高い。中高年になると、身体を前後左右に大きく曲げたり、ひねったり、反動を与えたり、素早く動いたり、ジャンプしたりする動作はほとんどしなくなる。

一方、ラジオ体操にはこのような運動が全て組み込まれている。しかも、心肺や筋に過度な負担をかけることがない。これを日頃から励行しておくと多様な動きに慣れ、登山の場面でも役立つだろう。登山当日、歩き始める前の準備運動として行うのもよい。

◆ウォーミングアップの手順

スポーツ選手が練習や試合に備えてウォーミングアップをする場合、①まず軽い運動をして身体を温める、②ストレッチング（静的→動的）をする、③激しい運動に対応できるような準備運動をする、④本番の練習や試合、という順番で行う。

野球の選手であれば、①ジョギング→②静的／動的ストレッチング→③キャッチボールやダッシュ→④練習や試合、という流れになる。ストレッチングの前に軽い運動をする理由は、身体が温まると柔軟性も高まるので、ストレッチングの効果も高まるからである。

登山にあてはめると、現地に着いたらまずゆっくり歩いて身体を暖め、その後にストレッチングをする。その際、はじめに図4-4-1のような静的ストレッチングをしてから、ラジオ体操のような動的ストレッチングを行うとよい。

静的ストレッチングは、休憩中にも随時行うと疲労の防止や回復につながる。また登山後にクーリングダウンとして行うことも大切である。

B. 平衡性（バランス能力）のトレーニング

◆バランス能力が生まれる仕組み

気を失っている人、つまり神経や筋の働きを失った人を立たせておくことはできない。私たちが何気なく立っている時、バランスの状態を検知する知覚センサー、その情報を処理する脳、そして脳の指令に基づいてバランスを調節する筋、という一連の制御システムが休みなく働いてバランスを保持しているのである。

図4-4-2は、バランスを検知する知覚センサーを示したもので、3種類に大別できる。

①視覚器とは目のことで、周囲の状況と自分の位置関係を目で確認してバランスを保つ。

②前庭器は内耳にあり、回転、加速度、傾きを検知する。

③体性感覚器には、皮膚感覚（触覚と圧覚）、筋感覚、関節感覚の3要素がある。これらは全身の皮膚、筋、関節に散在している。

バランスが崩れた場合には、a：バランスが崩れたという各センサーからの信号→b：バランスを復元す

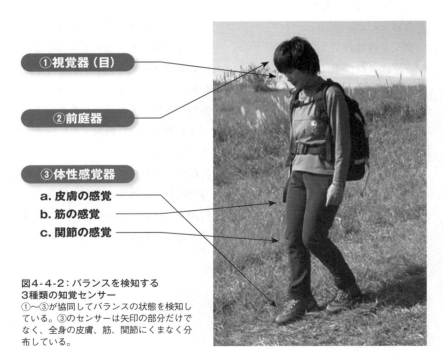

図4-4-2：バランスを検知する3種類の知覚センサー
①〜③が協同してバランスの状態を検知している。③のセンサーは矢印の部分だけでなく、全身の皮膚、筋、関節にくまなく分布している。

- ①視覚器（目）
- ②前庭器
- ③体性感覚器
  - a. 皮膚の感覚
  - b. 筋の感覚
  - c. 関節の感覚

クライミングでのバランス保持には、視覚器や前庭器はもちろんだが、体性感覚器が非常に重要な役割を果たしている。手と足で岩の面に力を加えると同時に、その感触を皮膚、筋、関節の体性感覚器が検知して、脳にフィードバックする。脳はそれらの情報を統合し、各筋での筋力発揮や姿勢を刻々と変化させてバランスをとる。クライミングを行うと、全身の体性感覚や筋力が改善するので、普通に歩く際のバランスもよくなる（P345）。
（長峰浩一氏撮影）

る動作をするための脳でのプログラミング→c：それを受けて各筋での合目的な筋力発揮、という流れで姿勢の立て直しが行われる。

普段の生活で整備された平地面を歩く時に、健常な人がバランスを崩すことはないだろう。ところが山では、傾斜した道、悪い足場、低酸素など、バランスを低下させる要因がたくさんある。

このような環境では健常な人でもバランスを崩しやすくなる（P112）。長時間の行動をすれば、知覚センサー、脳、筋のいずれもが疲労し、さらにバランスが崩れやすくなる。

また、歳をとれば体力は低下するが、様々な体力要素の中でもバランス能力の低下は特に著しい（P398）。中高年登山者の間で転ぶ事故が多発しているが（P38）、加齢＋山道歩行＋疲労という3つの悪条件が重なった結果と考えれば理解できるのである。

◆山でのバランス能力の低下

山でバランス能力がどの程度低下するかについての模擬実験をしてみた。図4-4-3のように傾斜25％の台を作り、その上で4種類の閉眼片足立ちテストをした。平らな地面で

第4章　登山のための体力トレーニング

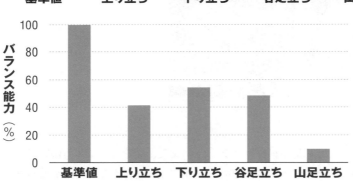

図4-4-3：斜面でのバランス能力（山本ら、2003）
平地（基準値）に比べて斜面では、バランス能力が半分以下に低下する。
特に「山足立ち」では低下が著しい。

の成績を基準値（100％）とすると、斜面での成績は半分程度かそれ以下になってしまう。

特に山足立ちの能力は、基準値の10分の1と極端に低下する。このことは、スキーで斜滑降をする場合に、谷足立ちよりも山足立ちの方が難しいことからもわかる。

図には示していないが、不整地面や低酸素の影響を見るための実験も行った。柔らかい地面（厚さ3cmのウレタンマット）の上でテストを行うと、硬い地面での成績の66％となった。高度4000m相当の低酸素環境では、0mでの成績の73％となった。

実際の山ではこれらの条件が複合されるので、日常生活ではバランス

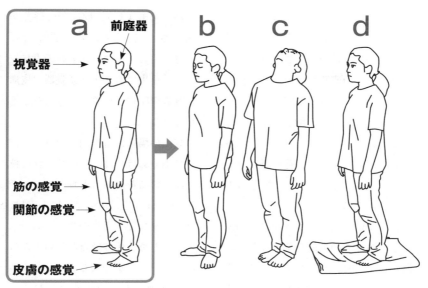

図4-4-4：バランストレーニングの考え方
bのように目をつぶると視覚器が使えなくなり、バランス能力を強化するためのトレーニング負荷となる。cのように上を向くと前庭器、dのように柔らかな敷物の上に立つと足裏にある体性感覚器にトレーニングの負荷を与えることになる。

に不足を感じない人でも、思った以上に能力が低下する。「何でもないところで転んでしまった」という話をよく聞くが、このような理由があるのである。

バランスが悪ければ歩き方がぎこちなくなり、無駄な筋力やエネルギーを使う。特に中高年でバランスが悪い人は、ただでさえ乏しい筋力を無駄遣いしてしまう。そして行動中に筋力が大きく低下し、転ぶ事故にもつながる。また筋や関節などに障害が起こりやすくなる。

一方、トレーニングによってバランス能力を高めておけば、エネルギーの無駄づかいも減り、行動能力の改善や安全性の向上につながる。

80歳でエベレスト登頂を成し遂げた三浦雄一郎さんは脚力が40歳の一般男性なみと強い。だがバランス能力は20歳なみとさらに優れており、これが成功の大きな土台になったと考えられる。

◆下界でのトレーニング

図4-4-4のaのように、固い地面の上で、目を開けて、まっすぐ前を向いて立っている時、3種類のバ

ランスセンサーの全てが有効に機能するので、バランスをとるのは非常に楽である。言いかえるとトレーニングとしての刺激にはならない。

これらのセンサーのうちの一つ、あるいはいくつかを働きにくくしてやると、バランスをとりづらくなる。そして、このような負荷を繰り返し与えることで、バランス能力のトレーニングになる。

たとえば片目もしくは両目をつぶると、視覚器の機能が低下もしくは働かなくなり、バランスがとりづらくなる（b）。上を向けば（首を横に傾けてもよい）、前庭器の感覚が狂わされてバランスが悪くなる（c）。柔らかなクッションの上に立てば、足裏にある体性感覚器（皮膚の触覚や圧覚）に負荷を与えることができる（d）。

登山の場合、目を閉じたり上を向いて歩くわけではないので、体性感覚器に負荷をかけるトレーニングを中心に行うとよい。図4-4-5は、クッションなど柔らかなものの上に立つことで、体性感覚に負荷をかけるトレーニングである。

最初はaやbのように、じっと

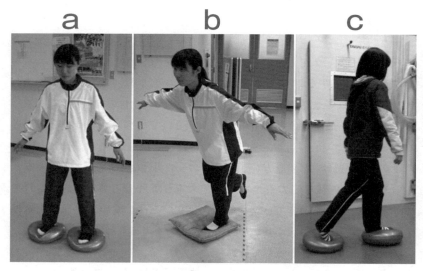

図4-4-5：バランス能力のトレーニング方法
クッション（b）やバランスディスク（a、c）を使って行う。aは両足、bは片足で立つトレーニング。慣れてきたら、重心を前後左右に動かしたり、膝を曲げたりすると負荷が高まる。片目あるいは両目を閉じてもよい。cのように歩けば、より実際的なトレーニングとなる。自分にとって「やや難しい」負荷を設定した上で、aやbでは10秒間×3セットから始め、慣れたら15秒間×5セットまで行う。cでは10歩×3セットから始め、15歩×5セットまで行う。

立つところから始める。簡単にできるようになったら、その場で重心の移動をしたり、膝を曲げたりする。ｃのように、クッションをいくつか並べてその上を歩けば、より実際の登山に近づけたトレーニングとなる。

このトレーニングの要点は「やや難しい」と感じる条件を作って行うことである。簡単すぎてはトレーニングの負荷がかからない。反対に、難しすぎて課題ができなければトレーニングにならないし、転んでしまう危険もある。

バランス能力のよしあしには脚筋力も関係する。脚筋力の高い人の方がバランスがよいという研究や、脚筋力のトレーニングをするとバランスがよくなるという報告がある。そこでスクワットなどの筋力トレーニングも並行して行う。

◆山でのトレーニング

バランス能力には「予測能力」が大事な役割を果たしている。たとえば山道で滑りやすそうな部分を通過する時、滑りにくい足の置き方をしたり、事前に足場の滑りやすさを確かめたりする。また、その足場に体重をあずける時には、滑った場合のことも考えて、身構えながら体重を移動するだろう。

このような予測能力は登山経験を積んで磨くしかない。そこで、実際の山で滑りやすい個所が出てきたら、よい機会と考えてトレーニングに活用してみるとよい。滑りにくい歩き方をするだけではなく、わざと滑りやすい歩き方をしたり、時には滑ってみる（もちろん滑っても安全な場所で行う）。

このようにして一歩ごとに、滑る時、滑らない時、そしてその境界の感覚を身体に覚えこませる。これは、視覚による予測、足裏の皮膚にある体性感覚、脚をはじめ全身の筋や関節にある体性感覚を、総合的に改善するトレーニングになる。

滑りやすいところでは、必要以上に力が入ってしまうものである。これは筋力の浪費を意味する。前記のようなトレーニングをすれば、バランス感覚がよくなるだけでなく、無駄のない身のこなしもできるようになり、疲労の軽減にもつながる。

関西山岳ガイド協会の三輪文一氏によると、高齢者でもクライミングをすることで、普通の登山時のバランスも非常によくなるという。また、スキーを続けてきた三浦雄一郎さんのバランス能力が非常に優れていることは前述した。歩く登山をしていてバランスが悪いと感じる人は、クライミングやスキーをトレーニングに加えてみるとよいだろう。

第4章 登山のための体力トレーニング

column 4-4-1
スキーとバランス能力

初めてスキーをはいた人は、いやというほど転ぶだろう。その場でじっと立っていることさえ難しいかもしれない。バランスを崩したという情報が知覚センサーから来ても、脳や筋でどのように対応すればよいかが学習できていないからである。

しかし、やがては転ばずに滑ることを覚え、曲がれるようにもなる。ベテランの滑りを見ると、視覚をはじめ、前庭器からの情報（加速度・回転・傾き）、体性感覚器からの情報（足裏・筋・関節の感覚）を総合して、全身の筋がバランスをとるための協応動作をしていることがわかる（写真）。

山スキー中にホワイトアウトに遭遇したことがある。目は開いていても白い霧しか見えないので、視覚が遮断されたのと同然である。著者の実力では面白いように転んでしまい、バランスを保持する上で視覚がいかに大切かを痛感した。

昭和初期、谷川岳東面の岩壁の開拓に活躍した故・渡辺兵力氏の65歳頃のスキーフォーム（谷川岳・芝倉沢で）

一方、視覚障害者でスキーをする人は、体性感覚や前庭感覚をたよりに滑る。このような人は、ホワイトアウトの影響を受けない。またスキーの選手になると、足裏の感覚を研ぎすますために目をつぶってトレーニングを行ったりもする。

スキーは、登山者が行う運動としては際だってスピーディーで、バランスや敏捷性のトレーニングにはうってつけである。老化の防止にもよい（P28）。山スキーではなくゲレンデスキーでもよいから、登山とともに楽しむとよいだろう。

C. 敏捷性のトレーニング

◆登山にとっての敏捷性の意義

登山は動きのゆっくりした運動なので、敏捷性は不要だと思うかもしれない。だが転びそうになった時などには、とっさに回避行動ができなければ危険である。つまり使われる機会は少ないが、非常に重要な能力である。

山道で転びそうになった時を考えてみよう。危険を回避するには、a：つまづいたという知覚→b：安全を確保する動作を行うための脳でのプログラミング→c：それを素早く実行する筋の活動、という流れが必要になる。この経路はバランス能力を発揮する経路と同じで、違うのは時間的にゆっくりか素早いかだけである。

登山の動作は非常にゆっくりなので、登山をしているだけでは敏捷性は身につかない。そればかりか素早い動きがだんだんと苦手になってしまう。中高年登山者の間で転ぶ事故が多発している背景には、この能力のトレーニング不足も関わっていると考えられる（P400）。

図4-4-6：敏捷性を強化する球技スポーツ
球技は敏捷性のトレーニングによい。ラグビーはその中でもハードな運動で（10メッツ）、筋力や持久力も強化できる。著者は大学山岳部時代にトレーニングとしてよく行った（P298）。

◆敏捷性のトレーニング

　敏捷性には、①知覚能力、②脳での情報処理能力、③運動能力、の3つが関わる。球技や武道はこれらの能力を鍛えるよいトレーニングになる（図4-4-6）。

　これらの運動では、自分は相手の予測をし、相手はその逆を突こうとする。これは登山中に、転ばないように予測すること、またその予測を裏切られて、思わぬ所で転びそうになった時の対処とも通ずるものがある。

　3章-1で示したメッツの表(P67)を見ると、バレーボールは3メッツ、バドミントンは4メッツ、野球やソフトボールは5メッツ、バスケットボールは6メッツ、サッカー・テニスは7メッツ、ラグビー・柔道・空手は10メッツとなっている。

　これらの中から自分の体力や好みに応じた種目を選ぶとよい。これらの種目には筋力や、筋パワー（次項）を改善する効果もある。メッツの高い種目を選べば持久力の改善も期待できる。他にはダンスもよい。ダンスをしている高齢者は転倒しにくいという研究がある。

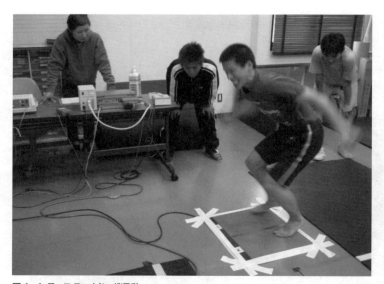

図4-4-7：ステッピング運動
その場で、左右の足を素早く踏み換える運動。この写真では、5秒間で何回の踏み換えができるかをテストしている。トレーニングとして行う場合、10歩×3セットから始めて、慣れてきたら20歩×5セットくらいまで行う。休み時間は1分くらいとする。腰から上はできるだけ動かないようにする。足の位置もずれていかないように心がける。

一人でもできる運動としては図4-4-7のようなステッピング運動がある。その場で左右の足を素早く、小刻みに踏み換える運動で、遅い人でも1秒で8歩、速い人では12歩くらい踏める。登山の速さは1秒で約1歩なので、その8〜12倍のスピードで運動ができる。

　この運動をすると脳の中で、左右の脚を交互に動かすスイッチを高速で切り替える刺激となる。また脚筋の内部では、速筋線維を使って素早く筋を動かす刺激となる。

　この運動はダッシュのように体重移動をするわけではない。したがって強い筋力や持久力は必要とせず、中高年でも容易に取り組める。

　敏捷性を発揮するには筋力も重要である。これが弱ければ、いざという時に踏ん張りがきかず、身体を素早く動かすこともできない。

　図4-4-8は、敏捷性と筋力とを同時に鍛えるための階段駆け上がり運動である。ステッピング運動の発展型と考えればよい。大きな能力を瞬時に発揮するので、運動生理学では筋力とは区別して「筋パワー」と呼んでいる（P400）。

図4-4-8：階段駆け上がり運動
通常の階段を1段ずつ全力で駆け上る。5歩×3セットから始めて、慣れてきたら10歩×5セットくらいまで行う。休息は1分くらい入れる。十分なウォーミングアップをしてから行う。

D. 減量と増量のトレーニング

◆肥満／やせと登山

　肥満が登山の敵であることは容易に想像できる。図4-4-9は登山中の「息切れ」と肥満指数（BMI）との関係を示している。太っている人ほど息切れしやすいことがわかる。

　太った人では「痙攣」「膝の痛み」などのトラブルも多い。つまり心臓や肺だけでなく、筋や関節にも余分な負担をかけてしまう。

　肥満とは「身体に過剰な脂肪が蓄積した状態」と定義され、体脂肪率から判定する。男性では体重の25％以上、女性では30％以上になると肥満とされる。近年、体脂肪率もわかる体重計が普及し、一般の人でも容易に測れるようになった（注）。

　体脂肪率を測れない場合にはBMI（Body Mass Index）という指数を使う。体重（kg）を身長（m）の2乗で割って求める。身長が160cmで体重が60kgの人ならば、

注）体内の電気抵抗から間接的に体脂肪率を推定している（インピーダンス法）。容易に測れる反面、運動、食事、入浴などによって体水分量が変わると、脂肪量には変化がなくても表示される体脂肪率の値は大きく変わってしまう。どんなときにどれくらい値が変わるかを把握した上で、同じ時刻に測ることが必要である。起床後に測るのが最もよい。

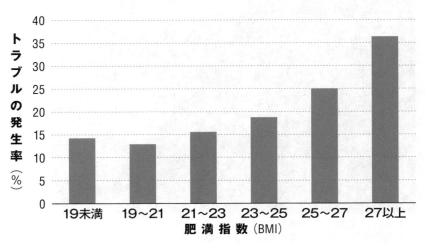

図4-4-9:「上りでの息切れ」の発生率と肥満度との関係（山本と山﨑、2003の資料から作成）
4000人以上の中高年登山者へのアンケート結果。BMIが大きい人では、息切れを訴える人の割合が多くなる。

$60\text{kg} \div 1.6\text{m} \div 1.6\text{m} = 23.4$ となる。

この値が18.5〜25ならば標準的で、25以上だと肥満と見なす。ただしBMIだけで判定すると、脂肪量は少ないが筋量の多い人が肥満と判定されてしまうことがある。逆に、脂肪量は多いが筋量が少ないため一見スマートに見える「かくれ肥満」が見逃されてしまう可能性もあることに注意する。

BMIが18.5未満の人はやせと判定される。このような人では筋量が少ないため「筋肉痛」「肩こり」が多くなる。脂肪が少なすぎる人では寒さにも弱くなる。

◆減量のトレーニング

肥満を解消するには、過剰な体脂肪を減らすことが目的となる。それにはエネルギーの消費量を摂取量よりも大きくしなければならない。次の3つの考え方がある。

①食事量を減らす（摂取エネルギーを小さくする）

②運動量を増やす（消費エネルギーを大きくする）

③食事量を減らすとともに、運動量を増やす（①と②の組み合わせ）

たとえば1日あたりで、①食事量を300kcal減らす（大盛りのご飯1杯に相当）、②運動量を300kcal増

第4章 登山のための体力トレーニング

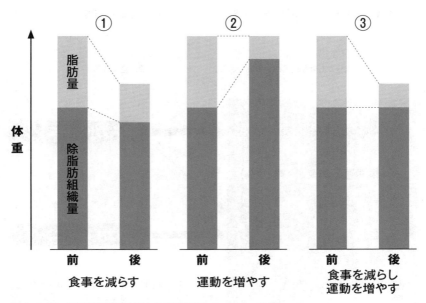

図4-4-10：3種類の減量法による効果の現れ方（山本、1988）
①は、脂肪だけでなく除脂肪組織（筋や骨など）も減らしてしまう。②または③のように、除脂肪組織を維持しつつ、脂肪だけを減らすのが正しいやり方である。

やす（1時間のハイキングに相当）、③食事量を150kcal減らし、運動量を150kcal増やす（ご飯を半杯分減らし、ハイキングを30分間行う）、という3条件を作ったとする。

どれも同じ結果になりそうだが、実際には図4-4-10のように、身体には3つとも違った変化が起こる。①は減量願望の人がよく用いる方法だが、間違いである。脂肪も減るが除脂肪組織（注）も減ってしまう。筋が細くなったり骨がもろくなってしまうのである。

②と③が正しい方法である。②では見かけの体重は変わらないが、脂肪が減り除脂肪組織が増える。つまり筋肉質の身体になるので肥満の解消になる。ハードな登山に備えて、しっかりした筋や骨をつくりたい人にはこの方法がよい。

③では除脂肪組織は変化せず、脂肪だけが減る。クライマーなど、身体の機能を損なわずに体重を減らしたい人にはこの方法がよい。

結局、健康的に減量するには、食事を減らすだけでは不可能で、運動をすることが必須条件となる。そこで以下、どんな運動や食事がよいのかを考えてみよう。

◆運動のしかた

図4-4-11は、一般人の1日のエネルギー消費量（代謝量）の内訳である。運動による消費は多くても3

注）身体の構成成分から体脂肪を除いた部分のことで、筋、骨、内臓が含まれる。

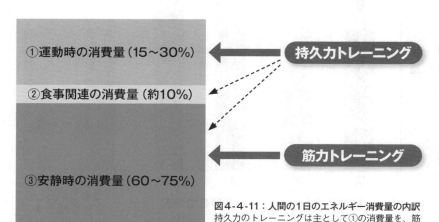

図4-4-11：人間の1日のエネルギー消費量の内訳
持久力のトレーニングは主として①の消費量を、筋力トレーニングは③の消費量を増やす効果がある。②は食べた物の消化吸収に使われるエネルギーのことである。

割程度で、6割以上は安静時（睡眠時も含む）に消費されている。

持久力のトレーニングをすれば、運動中のエネルギー消費量を増やすことになる。一方、筋力トレーニングをした場合、運動中のエネルギー消費量としては小さいが、安静時のエネルギー消費量を増やす効果がある。したがって両者を併用すると効果が高くなる。

持久力トレーニングの強度は、各人の能力の範囲内で、ある程度高くした方が効果が高い。肥満していない若年者であればジョギングがよい。一方、肥満者や中高年では下半身への負担が小さいウォーキング、水泳、自転車などを選ぶ。

筋力トレーニングについては、①様々な種目を取り入れて全身の筋をまんべんなく使うこと、②負荷は軽めにして回数を多くこなすこと、を心がける。サーキットトレーニングはこれに最も適した運動である（P302）。

◆食事のしかた

1日に同じ量の食事を摂ったとしても、まとめて食べるよりも何度かに分けて食べた方が太りにくい。したがって一食をそっくり抜くような減らし方はよくない。

三食は規則的に食べるようにする。その際、朝と昼に重点を置き、夕食は軽くする。これは日周リズム（1日周期のバイオリズム）の関係で、昼は栄養素を分解する作用、夜はそれを脂肪として身につける作用が強まるためである。

栄養素でいうと炭水化物や脂肪を減らす。特に炭水化物を減らす方法は効果が高く、炭水化物制限ダイエットと呼ばれる。なおタンパク質、ビタミン、ミネラルは減らさないよう注意する。

夕食後、すぐに寝てしまうと脂肪がつきやすいので、寝るまでに2時間以上の間を空ける。その間に自重負荷による軽い筋力トレーニングを行えばなおよい。

体重の減量ペースは1カ月で1～2kg程度に抑える。それ以上減らそうとすると除脂肪組織も減ってしまうからである。

柔道やボクシングなど体重制のスポーツ選手が、極端な食物や水分の制限や、サウナを利用して短期間で体重を落とす方法（急速減量）は、登山者にとっては有害無益である。筋や骨の量を減らしたり、脱水などの弊害を伴うからである。

◆増量のためのトレーニング

やせた人が体重を増やしたい場合には、脂肪ではなく筋を増やすこと

column 4-4-2
著者の減量体験

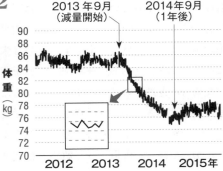

　1年がかりで自分の減量に取り組んでみた。その結果、もう減らないものとあきらめていた体重を10kg近く減らすことができた（図）。20代前半の値には届かないが、だいぶ若返った感じがする。

　減量を決意する以前にも、登山は月に2回前後、下界での運動は週に3〜4回（1回につき1〜2時間）やっていたが、体重は減らなかった。そこで運動はそのまま続け、食事を減らすことにした。

　成功の鍵は、ご飯（炭水化物）の量を計量して減らしたことである。それ以前にも少なめに食べていた「つもり」だったが、計ってみると一食で400gも食べていた。

　そこで最初は一食200gに制限し、慣れるに従ってさらに減らし、最終的には150gにした（ただし登山をする日には、P134の方法でエネルギーを計算し、多めに食べた）。

　その結果、体重も脂肪も順調に低下していった。なお、途中で除脂肪組織も減少していることに気づいたので、筋力トレーニングを取り入れて低下をくい止めた。

　この体験で改めて感じたことは、記録をつけることの大切さである。データの変化を見ることで、やっていることが正しいと確認できたり、問題点の確認や修正もできた。

　記録は長期間つけることが大切である。図の□の中に示したように、体重が順調に減っている時期でも、1週間程度のデータでは変動が大きくて傾向は読み取れない。また1週間程度ではっきり数値に出るような減量は過激すぎるともいえる。

　1週間単位で見た場合、体重は1kgくらい、推定式から導かれる体脂肪量や除脂肪組織量の値は2〜3kgくらい変動する。このような性質があることを頭に置き、最低でも1カ月単位で観察を続ける必要がある。

　興味のある方は、体脂肪計付きの体重計を準備して、減量に取り組んでみるとよい。自分の身体の変化がグラフに現れると、頑張ろう・工夫しようといった意欲も出る。実益もある人体実験を、楽しみながらできるだろう。

が目的となる。これには4章-2で紹介した筋力トレーニングが有効である。

　負荷はある程度大きくした方が効果が高い。10RM法（P300）が最も標準的なやり方で、スポーツ選手がよく用いている。登山者の場合は、20〜30RMの負荷で、疲労困憊まで行うのもよい。スロートレーニング法（P302）もよい。

　筋力トレーニングをすると、その終了から1時間後くらいまで、成長ホルモン（筋を増やすホルモン）が分泌される。このため、トレーニングを終えたら1時間以内にタンパク質や炭水化物を摂れば、筋を増やす効果が高まるとされる。

E. 防衛体力のトレーニング

◆防衛体力とは

　登山中、心身は様々なストレスを受ける。表4-4-1はそれらを分類したものである。

　これらのストレスに対する抵抗力を総称して「防衛体力」と呼ぶ。ストレスの種類に応じて対処法は異なり、十分な方法論が確立されていないものもあるが、次のように考えると整理しやすい。

　ストレスとは身体や精神に加わる刺激の一種で、これをストレッサーと呼ぶ。刺激の強さが適度であれば、私たちはそのストレスに適応でき、

表4-4-1：登山者が受けるさまざまなストレス（浅野、1992）
ストレスには様々な要素がある。その中には身体的な要素だけではなく、精神的な要素も含まれる（aとcへの対処方法については3章の各節も参照）。

a. 物理化学的なストレス	……暑さ、寒さ、低酸素、湿度など
b. 生物的なストレス	………細菌、ウィルス、寄生虫など
c. 生理的なストレス	………空腹、口渇、疲労、不眠など
d. 精神的なストレス	………緊張、不快、苦悩、悲哀など

第4章　登山のための体力トレーニング

より強い心身に変えていくことができる。だが刺激が強すぎれば、心身は逆に破綻してしまう。

たとえば暑さというストレスを考えてみる。暑さを敬遠して涼しい所ばかりにいては、暑さに弱くなる。一方、身体を少しずつ暑さに慣らしてやれば、ある程度までは強くなれる。しかし極度な暑熱環境で無理をすれば熱中症にかかってしまう。

精神的なストレスについても同様である。たとえば社会生活をする上で避けられない対人的なストレスを考えてみる。それをほとんど受けずに暮らしてきた人はストレスに弱い。一方、過度なストレスにいつも曝されていれば心を病んでしまう。適度なストレスを受ける環境下で、精神的に成長していけることが理想的である。

◆**防衛体力のトレーニング—生理適応と行動適応の使い分け**

まず、身体的なストレス（表4-4-1のa～c）に対するトレーニングを考えてみる。次の2つの方策を上手に組み合わせて行う。

①適度に弱めたストレッサーを身体に与えて生理的に適応させる

②ストレッサーが過度となりそうであれば行動適応により回避する

たとえばaの暑さの例で言うと、暑い環境に身を置いたり運動をしたりして、暑さに強い身体を作る（暑熱順化トレーニングをする）ことが生理適応である。

また、自分の能力を超える暑熱ストレスが予想される場合には、運動強度を落とすか運動を中止するといった、適切な判断を下すことが行動適応である。

bのストレスについても同じである。たとえば、インフルエンザにかからないように予防注射をすること（ウィルスを薄めて体内に入れ免疫を作っておくこと）は生理適応である。マスクをして外出したり、外出から戻ったらうがいをすることは行動適応である。

cのストレスのうち、空腹や口渇について考えてみると、規則正しく食べたり飲んだりして、心身の機能が低下しないように配慮することは行動適応である。一方、断食の訓練をすれば生理適応が起こり、ある程度までは空腹や口渇に慣れる。

防衛体力のトレーニングの考え方はストレスの種類によらず同じなのである。

◆**ストレス対応の原則**

身体的なストレスに対して、生理適応のトレーニングを行う際には、以下の原則に配慮する。この考え方

ヨセミテのハーフドーム・スネークダイクルートで、確保支点が20m以上取れないピッチを登る。人工壁では上手に登れるクライマーでも、精神的な防衛体力に欠けていると、このような箇所では行き詰まってしまう。

は精神的なストレスにも応用できる。

1）特異性

あるストレスに対する抵抗力を身につけるには、そのストレッサーを身体に負荷することが必要となる。たとえば暑さへの抵抗力をつけるには、暑い環境に身体を曝さなければならない。寒さや低酸素についても同じである。

2）交叉適応

ただし、違うトレーニングによって抵抗力が高まる場合もある。たとえば適度な持久運動を励行すれば、暑さや寒さに対する抵抗力が増す。風邪にかかりにくくなったり、空腹や口渇にも強くなる。このように、特異性を超えて起こる適応を交叉適応と呼ぶ。

3）特異性×交叉適応

1）と2）を組み合わせると、効果をより高めることができる。たとえば、暑い環境で安静にしているよりも、その中で適度な持久運動をした方が効果は高い。

同じ理由で、寒い時期に薄着で運動するのは耐寒能力の向上によい。水泳（寒さ×持久運動）にも同様な効果がある。乾布摩擦や冷水摩擦もこの範疇に入る。

4）刺激の強さとその与え方

身体に与えるストレスは、弱すぎては効果がないが、過度になっても逆効果である。たとえば過度な暑さ（寒さ）に無理に曝されていれば、身体の機能は破綻してしまう。

ストレスの強さは「適度」がよい

第4章　登山のための体力トレーニング

ことになるが、個人差も大きいため明示することは難しい。結局、自分にとって適度な刺激とは、自分で見つけるしかないものである。

なお、強めのストレスを与える場合には、連続的にではなく、断続的(小刻み)に与えるとよい。後者の方が疲弊しにくいので、総和としてより多くの刺激を与えることができる。その結果としてトレーニングの効果も大きくできる。

5) 適応に要する期間

環境的なストレスの例でいうと、暑さ、寒さ、低酸素などに対して完全に適応しようとすれば莫大な時間がかかる。ただし環境への適応は死活問題となることも多いだけに、応急的な適応は素早く起こるという性質もある。トレーニングにあたっては「少しでもやれば、その分だけ効果がある」と考えて行うとよい。

◆精神的なストレスに対するトレーニング

次に、精神的なストレス(表4-4-1のd)に対するトレーニングについて考えてみよう。登山では、自然環境からだけでなく、パーティーを組んでいれば人間(社会)環境によるストレスも受ける。

精神的なストレスへの対処法は、メンタルトレーニング、メンタルマネジメントなどと呼ばれる。身体的なストレスと同様、普段からのトレーニングである程度までは改善しうる、という考え方をする。

まず精神的なストレスの原因をストレッサーと捉え、その実体を明確にするところから始める。その上で、それに適応するために適度なストレスを与えたり、過度と思われるストレスは行動適応によって取り除く。

たとえば困難な登山に出かける計画があり、恐怖感にとらわれたとする。だが、その原因が漠然としていれば対処もできない。そこでまず、ストレッサーの実体を把握するために、何が原因で恐いのかを自己分析する。

自分の能力を超えそうな岩登りの個所が出てくるから恐いと分析した場合には、ゲレンデに出かけ、同じ難度の登攀をしてその精神的なストレスを経験したり、登攀能力を高める練習をする。これにより心身の能力が高まれば、当初の恐怖感は和らぐだろう。

ただし一つの問題が解決した段階で、今まで気づかなかった別の問題に気づくかもしれない。たとえばそれが隔離された環境で何日も行動することへの不安だとする。その場合は実際の山に出かけて、それと似た状況でのトレーニングを積む。

column 4-4-3
メンタルトレーニングの第一歩 目標設定技法

メンタルトレーニングの本を開くと様々な技法が紹介されている。目標設定技法、リラクゼーション技法、バイオフィードバック技法、注意集中技法、イメージ技法、情動のコントロール技法、暗示技法などである。

これらを詳しく紹介することは、本書の守備範囲と著者の能力を超えてしまう。興味のある方はスポーツ心理学の教本を見て頂きたいが、ここでは目標設定技法についてだけ簡単に説明する。

目標設定をすることがなぜ心のトレーニングになるのか、と思う人もいるだろう。だがメンタルトレーニングの中でも最も基本的で、取り組みやすく、効果も大きいのがこの技法なのである。

何かをするとき、目標は誰でも持って行うだろう。しかし、それが明確か漠然としているかで結果は大きく違ってくる。たとえば「どこでもよいから山に行きたい」と思っている人と、「私は○○山に登りたい」と考えている人では、その心構え、準備、トレーニングの全てに大きな差が出る。

表は、目標設定技法がもたらす効果を整理したものである。この中の「内発的動機付け」とは、外部からの報酬がなくてもやりたいと思う気持ちのことで、平たく言えば自主性のことである（P16）。自立した登山者になるためにも目標設定は重要なのである。

目標設定の際には「具体的に」「現実的に」「詳しく」といった点に配慮し、それを紙に書き出して視覚化する。そして山行後には、その達成度を評価する。このやり方については4章-7（トレーニングの自己管理）を参照して頂きたい。

自分の進むべき道筋がはっきりする
動機づけが持続できる
内発的動機づけが増す
必要な活動に注意を向け、集中できる
適切な方策を工夫するようになる
練習の量と質を高める
パフォーマンスを向上させる
不安を軽減し、自信を生み出す

日本体育協会監修、『選手とコーチのためのメンタルマネジメント・マニュアル』、1997より

本書では、随所で「トレーニングとはシミュレーション（予行演習）のことである」と述べてきた。このことは身体面だけではなく、精神面のトレーニングに対しても当てはまるのである。

なお、様々な努力をした結果、自分の能力がまだその登山をするレベルに達していないという結論に達したとする。その場合、もう少しやさしいルートに変更するという決断を下せば、それは行動適応ということになる。

SUMMARY
まとめ

■ 柔軟性は、日常でのストレッチングの励行により改善する。また、これを登山の前後で行えば、疲労の防止や疲労からの回復を促進する即時的な効果もある。

■ バランスを司るセンサーとして、①視覚器、②前庭器、③体性感覚器（皮膚、筋、関節に分布）の3種類がある。登山者は③を中心にトレーニングするとよい。

■ 敏捷性を改善するには、若い人では球技スポーツや武道を行うとよい。中高年者では、ラジオ体操のように多彩な動きを含んだ軽運動がよい。

■ 体脂肪を減らすには、運動量の増加と食事量の低下をセットにして行う。筋や骨の量を減らさないよう、1カ月に1〜2kg程度のゆっくりした減量ペースで行う。

■ 心身のストレスに対抗する「防衛体力」の強化は、まずストレスの原因を明確にした上で、①適度なストレスを与えて適応させる、②過度なストレスについては行動適応により排除する、という2つの方向性から考える。

第4章-5

ここまでは筋力、持久力、柔軟性など、登山に必要な体力要素ごとにトレーニング方法を考えてきた。本節では視点を変えて、山で起こりやすいトラブルごとに、その原因と対策を考えてみる。膝関節痛、腰痛、筋肉痛、痙攣、ねんざ、肩こり、むくみを取り上げる。

これらのトラブルには、筋力、持久力、柔軟性といった体力不足のほかにも、登山中の身体の扱い方のよしあしなど、様々な要因が関わっている。問題を解決するためには、まずトラブルの原因を理解することが必要になる。

身体トラブルへの対策

第4章 登山のための体力トレーニング

登山の前には、静的／動的なストレッチングを併用して準備体操をしよう。（笹子悠歩氏撮影）

A. 膝関節痛

◆原因

　膝関節痛と腰痛は登山者に多いトラブルだが、次のような特殊性がある。登山者が経験するトラブルの多くは登山を励行すれば起こりにくくなるが、膝と腰の痛みは例外である（P269）。また多くのトラブルは登山経験を積むことにより減るが、膝痛と腰痛はベテランにも多い。

　まず膝の痛みから考えてみる。図4-5-1は膝の構造を示している。膝関節は、その上にある大腿骨と、その下にある脛骨とをつないでいる。二足歩行をする人間にとってはただでさえ負担のかかる関節だが、登山ではこの部分をさらに酷使することになる。

　登山者に最も多い症状は「変形性膝関節症」である。これは上下の骨の接触面にあって、滑らかな動きを可能にしている軟骨が、加齢や激しい登山の影響ですり減って（変形して）痛むのである。

　日常生活でも痛いという人は、医師の診察を受ける必要がある。本節では、日常生活では支障ないが、登山をすると痛みが出る人の対策を紹介する（本節で扱う他のトラブルについても同様と考えて頂きたい）。

　その対策を考える時、最大の鍵を握っているのが、太ももの前面にある大腿四頭筋である。図4-5-1では太い紐のように描いてあるが、実際には膝関節や大腿骨を包みこむように付いている。そして、膝の曲げ伸ばしに関わるだけでなく、膝関節の動きを安定させる働きもしている。

　この筋が強い人であれば膝が安定して滑らかに動くが、弱い人では不安定となり、痛みが出やすい。またこの筋の柔軟性が低いと、関節の継ぎ目が張りつめた状態となり、痛みも出やすくなる。

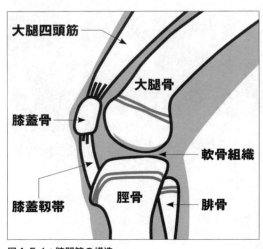

図4-5-1：膝関節の構造
大腿骨と脛骨の接触面は軟骨で覆われ、潤滑油の役割を果たしている。この軟骨がすり減ってくると痛みが生じる。

column 4-5-1
エキスパート登山家の身体トラブル

　富山県にある国立登山研修所では、春・夏・冬と毎年3回、大学生のための登山リーダー研修会が行われている。図は、この研修会に参加した大学生132人と、彼らを指導する講師26人を対象に、山での身体トラブルを尋ねた結果である。

　前者は、山岳部・ワンダーフォーゲル部・探検部に所属する2年生以上の大学生である。後者は、国内や海外で一線級の活動をしているエキスパートの登山家で、登山ガイドをしている人も多い。

　図を見ると、大学生の方が全体的にトラブル発生率が高い。「重荷で肩がこる」「靴ずれ」「ザックによる腕のしびれ」「下りで脚がガクガクになる」が上位を占め、登山用の体力がまだ身についていないことが窺える。一方、登山家にはこれらのトラブルは少ない。

　登山家に多いのは「膝の痛み」と「腰の痛み」である。その発生率は大学生よりもむしろ高いことが目を引く。年間の登山日数は、大学生が平均で47日、登山家は125日である。後者はハードな登山をよりたくさんの日数行うことで、膝と腰に負担をかけ過ぎていることが窺える。

　ガイドをしている登山家の中には、年間250日くらい山に入る人もいた。彼は「下界では登山の疲労を回復するのに精一杯で、積極的なトレーニングはほとんどできない」と述べていた。登山ガイドにとって膝と腰の痛みは職業病と言ってもよい。

　ただしこのような人でも、下界で簡単な筋力トレーニングやストレッチングを励行することは重要である。単に身体を休ませるだけよりも、身体のコンディションをよりよく保つことができるだろう。

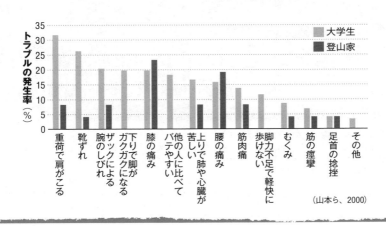

(山本ら、2000)

◆対策

軟骨がすり減って膝が痛いという人は、中高年のほか、ハードな登山をしてきた人にも多い。だが現在のところ、いったんすり減った軟骨を完全に元に戻す手だてはない。そこで、以下のような間接的な手段を講じて痛みを防ぐ。

1)~3)は自力でできる対策、4)~6)は他力に頼る方法である。後者だけに頼らず、前者をできるだけ実行することが大切である。7)は山での配慮である。

1)筋力トレーニング

大腿四頭筋を強化すると、膝関節の動きが安定し、痛みが和らぐ。スクワット運動はその代表的な方法である。単調なトレーニングなので習慣づけがしにくいが、1カ月ほど続けてみると大きな効果を実感できる。

スクワット運動のやり方についてはP292で述べた。週に3回くらい行って、10回×3セットが楽にできるようになることが最低目標である。この運動がきつい人は、図4-5-2のようなトレーニングをしてからスクワット運動に移行する。

なお、変形性膝関節症が進行している人では、筋力トレーニングをしても効果が得られない場合もある。トレーニングをしても痛みが改善しなければ医師に相談する。

2)減量

膝へのストレスの大きさは、自分の体重とそれを支える膝まわりの筋力との相対関係で決まる。人並みの

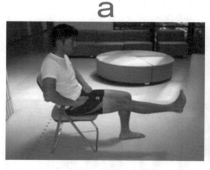

図4-5-2:膝が痛い人のための筋力強化法
a:椅子に座って膝の曲げ伸ばしをする。膝を伸ばしきったときに、5秒間ほど意識的に大腿四頭筋に力を入れる。膝を伸ばすときに上体を後傾しないようにする。10回×3セットくらいから始め、慣れたら15回×5セットくらいまで行う。
b:「空気椅子」と呼ばれるトレーニング。壁に背中をあて、足を肩幅くらいに開いた姿勢で、膝関節が90度になるところまで曲げ、そのまま姿勢を維持する(これがきつい人は、最初は浅めに膝を曲げ、慣れてきたら90度に近づけていく)。10秒×3セットくらいから始め、慣れたら15秒×5セットくらいまで行う。運動中は息を止めないように注意する。

図4-5-3：膝関節痛の予防・改善のためのストレッチングの例
ストレッチングにより膝まわりの筋の柔軟性を改善してやると、膝関節へのストレスが緩和される。aでは、曲げた脚を外側に開かない（カエル足にならない）ように、また上体を無理に後ろに倒さないように注意する。bでは、上体を直立させた状態を崩さずに（前のめりにならないように）行う。a、bとも左側は正しいやり方、右側（×）は悪いやり方を示している。

筋力があっても肥満していれば、相対的には筋力が弱いことになり、痛みが出やすい。

このような人では、筋力は維持しつつ、過剰な脂肪を減らして体重を軽くする（P350）。BMIが25以下となることを目指す。

3）ストレッチング

ストレッチングにより大腿四頭筋の柔軟性を改善すると、関節の継ぎ目の緊張が和らぎ、痛みが出にくくなる。日常生活では毎日行う。登山中に行えば即時的な効果もある。

図4-5-3のaは座ってできるので家で、bは立ってできるので山で行える。ハムストリングス、殿筋、腓腹筋などのストレッチングもあわせて行うとよい（P337）。

柔軟性には個人差がある。同じフォームで行っても、人によっては負荷が強すぎたり、逆に効かなかったりする。たとえば膝まわりが硬い人が無理なストレッチングをすると、逆にストレスをかけてしまう。

形だけをまねるのではなく、伸ばそうとしている筋が適度に伸ばされ

膝や腰の関節痛を予防するために、登山中もストレッチングを励行しよう。

ているかを確認しながら行うことが大切である。

4）アライメントの矯正

アライメントとはもともと自動車用語で、車の足ともいうべきタイヤの取り付け角度を意味する。これが悪いと走行に悪影響を及ぼすので、重要なチェック項目になっている。それが転じて人間の場合にも、骨格の配列という意味で使われるようになった。

私たちの体重を支えている足裏は柔らかく、しかも凹凸がある。このため立ち方が悪かったり、足の構造自体が悪かったりすると、その歪みが膝にストレスを与える。

足の裏に始まる歪みは膝だけではなく、その上に位置する腰にも影響を与える。さらにその上にも到達して肩こりや頭痛の原因にもなる。日常生活では歪みのない人でも、登山中に疲労してくると、足裏の構造や姿勢が変化して歪みが出てくる場合もある。

靴に中敷き（インソール）を入れると、このような歪みが矯正されて膝が楽になる。腰痛、肩こり、頭痛も改善できる可能性がある。中敷きには簡易なものとオーダーメイドのものがある。スポーツ外科医に相談して作ってもらう専門的な足底装具もある。

5）サプリメント

サプリメントとは「栄養補助食品」という意味で、薬のことではない。普段の食事だけでは十分に摂れない栄養素を錠剤などの形で補うもので、ビタミン剤がなじみ深い。

膝関節痛に対してはグルコサミンやコンドロイチン（注）のサプリメ

column 4-5-2
サポートタイツの効果

近年、様々なサポートタイツが開発されている。膝関節や腰の動きを安定させるテーピング効果をねらったもの、下肢を適度に圧迫して末梢の血液やリンパ液を中心部に戻しやすくするマッサージ効果をねらったもの、などである。

テーピング効果をねらったサポートタイツをはくことで、下りの衝撃力をどの程度緩和できるかを、圧力板（P105）を使って測ったことがある。その結果、膝に異常がなく筋力もある若い学生では効果を検出できなかった。

一方、膝を痛め、筋力も低下していた著者がはいた時には、図のように効果が現れた。サポートタイツをはくと、それをはかないときや、サポート力のないタイツをはいたときに比べて、着地時の衝撃力が15kgほど小さくなっている。

この結果について様々な解釈ができる。たとえばこのタイツは普通の人には効果はないが、膝が悪く脚力の弱い人には効果があるといえるかもしれない。ただし普通の人でも長時間の登山で脚筋が疲労した時には効果が現れてくる、とも推測できる。

一方で、P109の図と比べてみると、歩幅を狭くする、ストックを使うといった対策に比べれば、タイツの効果はわずかなものでしかないという見方もできる。しかしまた、一歩あたりの効果はわずかでも、それが何百回、何千回となく繰り返さ

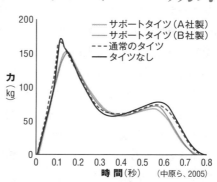
（中原ら、2005）

れば違いが出てくるのではないか、という考え方もできる。

72kmの山道を24時間以内に走破する、日本山岳耐久レースの参加者に尋ねた結果では、約7割の人がサポートタイツを使用し、使用者の7～8割はその効果に肯定的だった（P597）。ただし一流選手になると、動きの妨げとなるなどの理由で使わない人もいる。

以上のように、サポートタイツの効果はまだ十分には検証されていない。確かなことは、これをはくと魔法のように楽になるわけではないということである。筋力トレーニングやストレッチングなど、自助努力をしない人が使っても焼け石に水のように思える。

「天は自ら助くる者を助く」という言葉がある。サポートタイツはあくまでも補助的な手段であって、まず自身の身体能力を高めることが本筋である。そのような努力をした人が使うことで、はじめて効果が期待できるものと考えるべきだろう。

ントを摂ることで、すり減った軟骨の再生に効果がある。ただし数カ月間くらいは飲み続ける必要がある。

6）サポーター、テーピング

筋力トレーニングによって大腿四頭筋を鍛えれば、膝関節の支持力を身体の内側から高めることになる。一方、サポーターを使えば身体の外側からそれを高める効果がある。サポーターには膝を保温して痛みを出にくくする効果もある。

日常生活では筋力を鍛えておき、山では必要に応じてサポーターを利用するとよい。普段のトレーニングを怠り、本番のときだけサポーターに頼っても効果は小さい。

要所の筋にテーピングをすることでも同様の効果が得られる。ただし時間の経過とともにテープがへたって効果が低下するので、適宜貼り替える必要がある。

最近では様々なサポートタイツが開発されている。下地となるタイツの上に伸縮性の異なる布を縫いつけて、サポーターやテーピングと同様の効果を得ようとするものである。

7）歩き方の改善・工夫

山での歩き方も重要である。膝の痛みが出やすいのは特に下りである。3章-3（P109）で述べたような歩き方の工夫をすることで、膝にかかる負担を小さくできる。

表4-5-1は、以上の対策をまとめたものである。この原則は腰痛にもあてはまる。

注）グルコサミンはエビやカニの甲羅に多く含まれる物質、コンドロイチンはサメやブタなどの軟骨に多く含まれる。

表4-5-1：膝関節痛と腰痛の対策

1	**筋力トレーニング（体内からの関節支持力の強化）**	
	→膝関節痛にはスクワット、腰痛には上体起こし運動など	
2	**減量（膝や腰への負担の軽減）**	
	→運動＋減食	
3	**ストレッチング（関節まわりの柔軟性の確保）**	
	→膝関節痛には大腿四頭筋、腰痛には腰背筋のストレッチングなど	
4	**サプリメント（軟骨の形成促進）**	
	→グルコサミン、コンドロイチンなど	
5	**靴の中敷き、足底装具（骨格のアライメント矯正）**	
	→身体のゆがみを小さくして、膝や腰にかかる負担を減らす	
6	**関節のサポート用品（体外からの関節支持力の強化、保温）**	
	→サポーター、サポートタイツ、コルセット、テーピングなど	
7	**歩き方の工夫（足腰にかかる衝撃を小さくする）**	
	→歩幅を狭く、殿筋の活用、ストックを使う、荷物を軽くする、など	

column 4-5-3
著者の膝関節痛体験

　著者が膝関節を痛めたのは、ヒマラヤ登山を目指して、脚筋力を強化するレッグプレスマシンを使ってトレーニングをしていた時である。膝を伸ばしきる（ロックする）と膝関節を痛めやすいという基礎知識もなく、自己流でやっていたために壊してしまった。

　著者は左利きで、右の脚筋力が弱い。このためまず右膝を痛めた。その後は右膝をかばおうと、左脚ばかり使って登山をしていたところ、強かったはずの左膝も壊してしまった。

　それでもストックを使い、両膝をかばって登山をしていたが、今度は腰を痛めた。それ以後は両膝に加えて腰もかばうので、さらに歩き方が不自然になり、肩こりや頭痛にも悩まされた。

　著者の場合、局所的に軟骨を痛めたため、膝関節を90度まで曲げたところで激痛を感じる。階段を一段とばしで上ったり、自転車で立ちこぎすることができず、スクワット運動も痛くてできなかった。

　大腿四頭筋をまともに使えないため、その筋力も次第に衰え、その影響でさらに膝の痛みが増すという悪循環に陥った。もう登山をやめるしかないと思った時期もあった。

　曙光が見えてきたのは、私が勤める体育大学の先生方に相談してからである。スポーツ栄養学の先生からはサプリメントを勧められた。スポーツ整形外科の先生からは、アライメント矯正のために足裏に手製の布製パッドを入れることを教わった。

　その結果、膝の痛みは次第に軽くなってきた。こわごわスクワット運動をやってみると、痛みはあるがなんとかできた。そこでこの運動を続けた結果、効果が痛みを凌駕するようになった。同じ頃、サポートタイツや登山靴の中敷きも使い始めたが、これにも効果があった。

　このように色々な対策を試してきたが、一番効果が高いと感じたのはスクワット運動である。これを実行することで、筋力がつく→膝の痛みが小さくなる→さらにスクワット運動ができるようになる→膝の痛みがより小さくなる、という良い循環に変わったのである。

　膝の痛みが改善してくると、歩き方にも無理がなくなり、腰痛、肩こり、頭痛もなくなった。以前は手放せなかったストック、サポートタイツ、サプリメントも不要になった。現在も続けているのはスクワット運動だけだが、これでほぼ十分である。

　誤った筋力トレーニングで膝を壊すまでには1カ月もかからなかった。だが悪くした膝を元に戻すまでには10年以上を要した。膝は、日常生活でも最も負担がかかる関節の一つで、登山ではなおさらである。登山を愛する人はくれぐれも膝を大切にして頂きたい。

第4章　登山のための体力トレーニング

B. 腰痛

◆原因

腰痛も膝関節痛と同じで、登山を励行するだけでは防げない。そして腰痛はエキスパートの登山家にも多いのが特徴である（P363）。

一般的に、ある関節が痛むという時、その周囲にある複数の筋の、①筋力が弱い、②柔軟性が低い、③筋力や柔軟性の発達度のバランスが悪い、の3つが考えられる。

腰部には多くの筋があり、腰痛にはそれらの筋力や柔軟性が複雑に関わっている。スポーツや肉体労働をする人の場合には、以下のように説明されることが多い。

図4-5-4のように、私たちの体幹には背骨（脊柱）が通っているが、これは腹筋群と背筋（脊柱起立筋）の働きで支えられている。両者の筋力や柔軟性の釣り合いがとれていればよいが、それらのバランスが崩れ、背骨の湾曲が強まると腰痛が起こりやすい。

1）腹筋力が低い場合

図4-5-4のaのように、腹筋力が強ければ腹腔内圧（腹圧）をかけて、内臓の格納所である腹腔を押さえることができる。このため背骨も伸びて腰痛は起こりにくい。

だが腹筋力が弱いと腹腔の押さえを効かせにくくなる。bのように腹

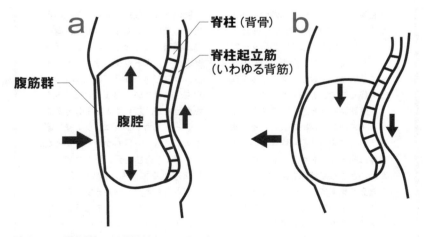

図4-5-4：腰痛が起こる原因（Macnab、1983）
aは、腹筋が強く、腹腔が押さえられて背骨が適度に伸びた良好な状態。bは、腹筋が弱いために腹腔の押さえが利かず、腹が前に飛び出して背骨の湾曲が強まった状態。bのようになると腰痛が起こりやすい。

が前方に飛び出し、背骨の湾曲が強まって痛みが起こりやすくなる。

なお、腹筋力がそれほど弱くない人でも背筋力が強くなりすぎると、腹側と背側の筋力のバランスが崩れて腰痛が起こる。ハードな登山をする人に起こる腰痛はこのタイプが多い。

2）腰背筋の柔軟性が低い場合

腰背筋やハムストリングス、つまり背部～殿部～大腿後部にかけての筋の柔軟性が低いと、やはり図4-5-4bのように背骨の湾曲を強めることになり、痛みが起こりやすい。

3）その他の要因

1）や2）のほかに、腸腰筋をはじめ腰部にある様々な筋の筋力や柔軟性も関係している。また運動不足の人では、背筋力が低すぎて腰痛が起こるケースもある。

◆対策

登山だけをしていると、腹筋に対して腰背筋がアンバランスに発達しやすい。加えて、腰背筋の柔軟性も低下して硬くなりやすい。そこで日常生活では、①腰背筋の反対側に位置する腹筋を強化すること、②腰背筋の柔軟性を高めること、の2点に配慮する。

基本的な考え方は膝関節痛の場合と同じであり、それをP368の表4-5-1にまとめた。以下、重複は省いて違う部分だけを述べる。

第4章　登山のための体力トレーニング

a　　　　　　　　　　b

図4-5-5：腰痛の予防・改善のための筋力トレーニング
a：腹筋群を鍛えるための上体起こし運動。腰に負担をかけないよう、膝を曲げ、背中も丸めるようにして行う。まっすぐ身体を起こすだけでなく、体幹をひねりながら斜めにも起こすとよい。筋力の弱い人や腰を痛めている人では、この図のように腰にクッションを当てて、上体が半分ほど起きた姿勢から上体を起こしたり、元の位置に戻したりを繰り返す。健常な人であれば4章-2（P295）のように、床に寝た姿勢から起き上がるようにする。
b：腸腰筋を鍛えるための脚上げ運動。筋力の弱い人や腰を痛めている人では、膝を伸ばしたまま足を床から30cmほど持ち上げ、それを5秒間ほど維持する。その際、腰がそらないように（背中が床から浮かないように）注意する。健常な人では4章-2（P296）のように、両脚を交互に前後あるいは上下させる方法で行う。a、bとも10回～30回くらいを1セットして、最低でも3セット行い、慣れたらセット数を増やす。週に3回程度行う。

1）筋力トレーニング

図4-5-5のような運動により腹筋群と腸腰筋を強化する。これを行うことで、身体の内側から体幹を支持する能力が高まり、図4-5-4aのような良好な状態を保つことができる。

2）ストレッチング

腰背筋、ハムストリングス、腸腰筋など、腰の周辺部の筋をストレッチングで柔らかくする。図4-5-6はその例である。日常生活で励行するだけでなく、登山中にも行うと即時的な効果が期待できる。

3）腰のサポーター

腰のサポーター（腰痛ベルト、コルセット）をすると、人工の腹筋のような効果をもたらす。つまり腹腔内圧を高め、図4-5-4aのような姿勢をつくりやすくなる。

他のスポーツを見ても、腰に大きな負担がかかる重量挙げの選手は頑丈なベルトを締めて行う。相撲のまわしにも同じ働きがある。

登山の場合、特に下りでは大きな着地衝撃がかかり、それに対抗して腹腔内圧を高めることが要求される。このため下りで腰のサポーターを使うと効果が高い。

乗り物に長く乗るときにも有効である。椅子に座る姿勢は腰に負担をかけるからである。

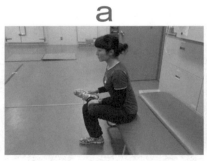

図4-5-6：
腰痛を予防・改善するストレッチングの例
a：椅子に浅く座り、片足を反対側の腿に乗せ、上体はまっすぐに起こして、少しずつ前傾すると、腰部（特に腰の下部から殿部にかけて）のストレッチングになる。
b：仰向けに寝て、手を使って膝を前に抱えると、aと同様なストレッチングになる。
c：足を前後に開き、ゆっくり腰を落としていくと、腸腰筋のストレッチングになる。

column 4-5-4
腹部圧迫ベルトの効果

　持久走をする時にはちまきを腹に巻き、腹部を適度に圧迫してやると速く走れる、という経験知がある。最近では専用のベルトが開発され、駅伝選手などが使っているのを見かける（左図）。

　はちまきやベルトを着用すると腹腔内圧が上昇する。その結果、体幹が安定して走りやすくなる、というのが効果を支持する選手たちの意見である。

　長距離走選手10名を対象に、このベルトの効果を検証したことがある。その結果、多くの選手では身体の「バネ能力」が改善した。

　またレースと同じスピードで走った時の酸素摂取量（＝エネルギー消費量）も測ってみた。その結果、ベルトがない時よりも値が小さくなった人が多かった（右図）。これは運動効率が改善したことを意味する。

　同じことが登山にも当てはまるというのが著者の予想である。着地衝撃が走る運動なみとなる段差の大きな下りでは、特に効果が大きいのではないだろうか。

　著者は時々、腰のサポーターをして下るが、普段よりも踏ん張りがきくような感覚がある。他に、ザックのウェストベルトもうまく使えば効果があるかもしれない。

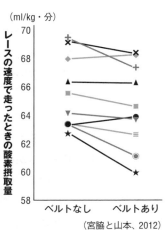

（宮脇と山本、2012）

第4章 登山のための体力トレーニング

C. 筋の痙攣

◆原因

筋が痙攣する（つる）ことには複数の原因が考えられる。

仕組みがよく知られているのは、暑い環境で運動をし、多量の汗をかいた時である。発汗によって塩分も失われているのに、真水ばかり飲んでいると、体内の塩分が薄まってしまう。そして筋内部の電解質のバランスが崩れて痙攣が起こる。

ただし登山の場合、冬山などで脚が冷えたときにも痙攣は起こる。これは冷たい水の中で泳いだ時に起こるむら返りと同じものだろう。また山小屋やテントでじっとしている時、あるいは眠っている時でさえ、急に起こることがある。

筋の収縮と弛緩は脳神経系の命令によって起こる。したがって筋だけの問題だけではなく、脳や神経の側に問題がある可能性もある。

夜、熟睡している人の手足がぴくぴく動くことがある。これは脳から筋に、無意識のうちに収縮命令が出ていることを意味する。そのひどいケースが就寝中の痙攣といえる。

現状では、このような多様な場面で起こる痙攣の仕組みを全て説明できるまでには至っていない。ただしそれを起こしやすくする要因としては、脱水、電解質の不足、暑さ、寒さ、疲労などがある。またそれ以前に、筋力や持久力といった基礎体力の不足も大きく影響する。

◆対策

山では、いったん痙攣が起きてしまうと歩くたびに再発することが多いので、予防が大切である。痙攣を起こしそうな要因を事前に取り除くこと、つまり行動適応に配慮する。

漢方薬の芍薬甘草湯には、筋を弛緩したり痛みを抑える働きがある。痙攣しそうな時や、痙攣してしまった時に服用すると効果がある。ただしこれは対症療法なので、それだけに頼るのではなく、本来の原因を除去することが必要である。

痙攣が起こりやすい筋があれば、出発前だけではなく休憩時にもストレッチングをし、神経や筋の緊張を取り除いてやる。さらに屈伸運動をして筋の収縮と弛緩を繰り返し、神経と筋肉の協調性を再確認させてやる。

汗をたくさんかく時には、水分と塩分の補給をする。筋肉が過熱しそうな時には冷やす。冷えそうな時には暖める。行動後にはストレッチング、マッサージ、屈伸運動をして、疲労回復に努める。エネルギー、水

分、電解質の補充にも努める。

　このような対策をしていても痙攣を起こす人は、筋力や持久力が弱い可能性があるので、普段から筋力や持久力のトレーニングを励行する。

　筋力を強くすれば、運動中に筋にかかる負担が相対的に軽くなるので、痙攣しにくくなる。登山では、①大腿四頭筋、②内転筋、③腓腹筋に痙攣が起こりやすい。①には通常のスクワット運動、②には開脚のスクワット運動、③にはかかと上げ運動がよい（P292、P293）。

　持久力のトレーニングも重要である。痙攣はマイペースを上回る速さで歩き続けた時によく起こる。低山を利用して、本番での歩行速度よりもやや速く歩くトレーニングを積み、本番ではそれよりもゆっくり歩くとよい。

D. 筋肉痛

◆原因

　筋肉痛は、初めて登山をする人には必ずといってよいほど起こる。筋力トレーニングをしているスポーツ選手でさえ、初めて山に行くと筋肉痛になることが多い。登山の経験者でも、長い中断の後に登山をすればやはり起こる。

　3章-3（P103）で説明したように、筋肉痛は上りではなく、下りの歩行をすると起こる。下りでは脚の筋が引き延ばされながら力を出すために（伸張性収縮）、筋の細胞が壊れてしまうからである。筋力が弱い人では特に起こりやすい。

　筋の損傷は次のような場合にも起こる。運動中はたくさんの筋が、脳からの電気信号によって一糸乱れず、収縮や弛緩を繰り返している。しかし不慣れ、緊張、疲労などが原因で、そのタイミングがずれてしまう場合がある。

　たとえば、ある筋が弛緩すべき時に収縮していると、反対側の筋の収縮によって無理に引き伸ばされて細胞が壊れる。初めて山に行った人が筋肉痛になってしまうのは、このようなところにも原因があるだろう。

　筋肉痛は、登山者にとってありふれたトラブルである。しかも登山後に起こることが多いので、軽視されがちである。しかしこの認識は誤りである。

　筋肉痛が起こる時には、筋力や柔軟性の低下も同時に起こっている（P106）。つまり、下り→筋が壊れる→筋力や柔軟性が低下する→転びやすくなる、という構図が考えられる。筋肉痛が起こりやすい人は転ぶ事故を起こしやすい人、とも言えるのである。

第4章　登山のための体力トレーニング

また、壊れた筋細胞は老廃物として腎臓で処理され、尿として捨てられる。軽い筋肉痛ならば問題ないが、ひどい筋肉痛が起こるような時には、多量の老廃物を処理するために腎臓に大きな負担がかかる。場合によっては腎不全が起こることもある（P104）。

◆対策
1）筋力トレーニング
　筋力を強化すれば、登山中に筋にかかる負担は相対的に小さくなり、筋肉痛は起こりにくくなる。筋肉痛は、筋が伸張性収縮をしたときに起こるので、筋力トレーニングの際には「負仕事相」を意識して行う（P297）。

　スクワット運動でいうと、身体を上げるときが正仕事相、下げるときが負仕事相である。身体を下げる時には、上げる時の2倍の時間をかけて行うとよい。この他に、階段を下る運動も効果的である（P114）。

2）繰り返し効果の活用
　登山によらず、なじみのない運動を初めて行う時には、必ずと言ってよいほど筋肉痛が起こる。反対に、その運動を定期的に繰り返していると起こりにくくなる。

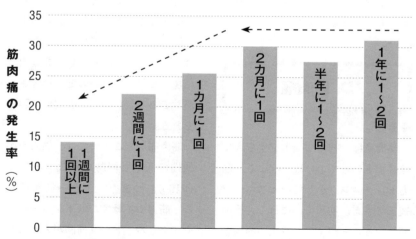

図4-5-7：登山頻度と筋肉痛の起こりやすさ（山本と山﨑、2003の資料から作成）
2カ月に1回以下しか登山をしない人では、約3割の人に筋肉痛が起こる。一方、1カ月に1回以上の登山をする人では、その回数が多くなるほど筋肉痛を起こす人の割合は減る。ただし、毎週のように山に行く人の中にも、筋肉痛が起こりやすいと答えた人が1割以上いる。このような人では、筋力トレーニングを導入したり、山での歩き方を見直す必要がある。

これは「繰り返し効果」と呼ばれる。図4-5-7は約4000名の登山者を対象に、登山頻度と筋肉痛の起こりやすさの関係を調べたものである。

2カ月に1回以下しか登山をしない人では筋肉痛の発生率に差はない。だが1カ月に1回以上のペースで山に行く人に関しては、その頻度が高い人ほど筋肉痛が起こりにくくなる。

3）残存効果の活用

筋肉痛を1回だけでも経験すると、その後の一定期間は起こりにくくなるという性質もある。これは「残存効果」と呼ばれる。定期的に山に行くことが難しい人は、この効果を上手に利用するとよい（P116）。

ハードな登山をする場合には、その前に日帰りハイキングのような予行登山をしておく。また階段や坂道で下りの運動を繰り返すのもよい。

4）登山中の配慮

筋肉痛は、下りの段差が大きい時ほど起こりやすい。たとえば階段下りで同じ距離を下る場合でも、1段ずつ下るよりも1段飛ばしで下った方が起こりやすい。したがって山では歩幅を小さくして下ることが鉄則である。

逆に下界では、階段を1段飛ばしで下るようなトレーニングをしておくとよい。ただし足腰に強い衝撃をかける運動なので、1段ずつの下りから始めて、少しずつ負荷を高めていく。特に中高年者は慎重に行う。

5）登山後の配慮

登山後に筋肉痛が予想される場合、あるいは実際に起こった場合、じっとしているよりも積極的に筋を動かした方が痛みは和らぐ。そこで下山後にはストレッチングやマッサージをしておく。また翌日には軽い運動をするとよい。

E. 肩こり

◆原因

肩こりとは、同じ姿勢や無理な姿勢を長く続けたときに、肩や首の筋の緊張が固定化してリラックスできなくなった状態である。座業を続けたときによく起こり、普通は運動をすれば改善する。

一方、運動をしているのに肩がこりやすいのが登山である。ザックを背負っているために、肩や首の筋肉が座業と同じように休みなく力を出し続けるためである。

脚筋の使われ方と比べるとこのことが理解できる。脚の筋も登山中に絶えず使われているが、左右で交互に力を入れたり抜いたりする。その結果、筋がポンプの作用をして血液循環はむしろよくなり、こりが出ないのである。

図4-5-8は、著者が雪山で、40kgくらいの荷物を背負って2週間あまりの縦走をした時の姿である。重いザックを背負う時には、肩を吊り上げ、さらに内側にすぼめるようにして、背負いベルトにかかる重さに対抗する。

　それが固定してしまったのがこの姿勢で、猫背で怒り肩になっている。これは極端な例だが、ザックが軽い日帰り登山でも、程度の差はあれ同じことが起こりうる。

　このような時には、ザックを下ろしても、無意識のうちに脳から筋へ収縮指令が出続け、首や肩の筋がリラックスできない。ごく軽い痙攣状態と考えることもできる。

◆対策

　首や肩まわりの筋を弛緩させるために、首、肩、上腕、胸、背中のストレッチングを行う。P337で紹介した種目では6〜12がよい。これらを日常生活だけでなく、登山中にも積極的に行う。

　図4-5-9のようなリラックス運動も効果的である（漸進的弛緩法）。肩がこり固まっているのは、脳からその周辺の筋に収縮命令が出続けているからである。そこで、その信号を意識的に強めたり消したりして、本来のリラックス状態を思い出させ

図4-5-8：肩の緊張が固定化してしまった状態
日高山脈全山縦走中（13日目）の著者。重いザックを背負うための姿勢が固定化してしまっている。

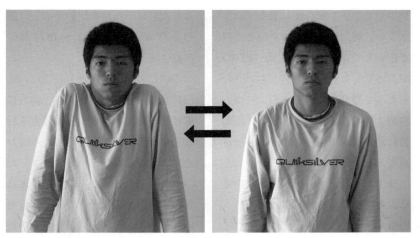

図4-5-9：漸進的弛緩法による肩のリラックス運動
まず左のように、肩を上げて全力で力を入れてから、右のように一気に脱力する。これを何度か繰り返すと、ただ単に肩の力を抜こうとするよりも大きな効果が得られる。

るのである。

　重い荷物を背負う人では、肩や胸の筋力強化も必要である。普段のウォーキング時や低山トレーニングで、重いザックを背負って歩くのが最も簡単である。

　肩の筋を強化するためには、肩すくめ運動という筋力トレーニングがある（P297）。ただし脚や体幹の筋が弱ければ、そのしわ寄せが肩こりに結びつくこともあるので、全身の筋力をバランスよく強化することにも配慮する。

　なお膝関節痛のところで述べたが、足裏から来るアライメントの歪みが肩こりに影響していることもあるので、それにも注意を払う（P366）。

F. 足首の捻挫

◆原因

　山では、上り、下り、あるいは斜めなど、複雑に傾斜した不整地面を歩くので、油断していると足首をひねりやすい。特に、足首を内側にひねる内反捻挫が多い。

　これを防ぐ働きをするのが、足首の外側上部にある腓骨筋（P285）である。この筋が弱いと捻挫しやすい。長時間の歩行でこの筋が疲労してきた時にも起こりやすくなる。

◆対策

　腓骨筋だけに限定せず、足首まわ

りの全ての筋を総合的に鍛えておくとよい。筋力トレーニングのところで紹介したかかと上げ運動（P293）や、バランス能力のトレーニングのところで紹介した不安定面に立つ方法がよい（P344）。かかと上げ運動では、母指球で踏みしめることを意識するとよい。

登山時には、足首をしっかり覆える靴を履くことが確実な対策である。山慣れた人が機動性を上げるために底の浅い靴を履く場合には、不安であれば足首のテーピングをするとよい。

G. むくみ（浮腫）

◆原因

登山中や登山後に、手、足、顔などがむくむことがある。これには多くの要因がある。

1）重力

長時間歩くと、手、足、ふくらはぎといった末梢部がむくみやすい。重力の影響で、血液やリンパ液が身体の下方にたまり、中心部に戻りにくくなるためである。

2）脱水

登山では脱水が起こりやすい。脱水が進むと、それ以上体内の水を失うまいとして、尿を減少させるホルモン（抗利尿ホルモン）が分泌される。これはいったん出始めると、運動をやめてからも12～48時間は出続ける。

このため運動後1～2日間は、飲んだ水があまり排出されず、体内に蓄積してしまう。登山後に体重を計ると、登山前よりも増えている時があるのはこのためである。

つまり登山後にむくみが出る人は、登山中の脱水の反動を受けている可能性がある。トイレの関係で水を控えがちな女性には、このようなむくみが起こりやすい。

3）激しい運動

一定レベル以上の激しい運動をすると、尿を減少させるホルモン（アルドステロン）が分泌され、むくみの原因となる。体力の弱い人が他の人のペースに合わせて速く歩いた場合や、体力のある人でも速く歩きすぎれば起こる。

4）高所

高所では上記のアルドステロンが分泌されやすくなる。また高山では低山と同じ運動をしても、低酸素の影響により運動の強度が相対的に上がる。脱水も起こりやすい。つまり2）や3）の影響も受けやすくなる。

5）筋蛋白の分解、筋細胞の損傷

十分な行動食を補給せず、炭水化物が不足した状態で登山をすると、筋の蛋白質が燃やされ、その燃えか

すとして人体に有害な窒素化合物が発生する（P126）。また、激しい下りの運動をして筋肉痛が出るような時には、筋の細胞が壊れて老廃物が生じる（P104）。

これらの有害物質は腎臓で濾過し、尿として体外に捨てなければならない。過度に筋蛋白質を分解したり筋を壊したりすると腎臓に過剰な負担をかけ、濾過機能が低下してむくみが出ることになる。

6）男女差

むくみの訴えは女性に多い（P393、P406）。女性の方がむくみに敏感ともいえるが、次のような理由も考えられる。

①ホルモンの関係で水が貯留しやすい（特に月経時）。②男性よりも筋の発達が小さいために、末梢に溜まった血液やリンパ液を中心部に戻す能力が低い。③体力の関係で男性よりも相対的に激しい運動になりやすい。④トイレの関係で水をあまり飲まない。

◆対策

表4-5-2は、むくみの対策をまとめたものである。その原因はたくさんあるので、心当たりがあれば、それを取り除く行動適応を行う。

この表では、1）自力、2）他力による対策に分けて示した。前者は生理的な反応によって起こるむくみに、後者は重力の影響によって起こるむくみに対して有効である。

これらの要因の影響は基礎体力が弱い人ほど受けやすい。普段から筋力や全身持久力を強化しておくことも重要である。

表4-5-2：むくみの対策

1	**自力によるもの** ●マイペースを守って歩き、激しい運動とならないようにする ●脱水にならないよう、水分補給をする ●筋や内臓のタンパク質が分解されないよう、炭水化物を補給する ●筋の損傷を最小限にする（＝筋肉痛が起こりにくい）歩き方をする ●高所では徐々に身体を順応させる。また低山よりもゆっくり歩く ●普段から筋力や持久力のトレーニングをして、基礎体力を強化する
2	**他力によるもの** ●むくみを防止するサポートタイツやストッキングをはく ●宿泊時や登山後には、むくんでいる手や足を高い位置に上げる ●同じく、相手がいればマッサージをしてもらう

全てのトラブル対策に共通して大切なこと

　最後に強調しておきたいことがある。それは、トラブルが起こった部分の手当て（対症療法）を考えることも必要だが、トラブルが起こる仕組みを理解し、その原因を取り除くことの方がもっと重要だということである。

　膝関節痛の場合でいうと、痛みが出たときにサポーターをしたり、ひどければ痛み止めの薬を飲むことも必要である。しかし、なぜ痛みが出たのかという、その原因を理解した上で解決を図らない限り、同じことが何度も繰り返される。

　本書ではこの点を重視して、筋力や持久力を鍛える、柔軟性を改善する、筋肉をリラックスさせる、歪みを直す、といった対処法を述べてきた。このような、一見トラブルとは関係がなさそうな対策の方がより本質的だと理解して、下界や山で実践することが必要である。

　また、自分の意図した対策が実際にうまく機能しているのかを確認し、必要があれば修正を加えることも大切である。その方法については4章-7で紹介する。

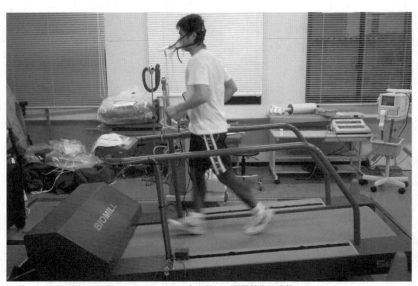

サポートタイツをはいて下りのトレッドミル走を行い、運動効率の改善や筋疲労の抑制に効果があるかを調べる実験。

休憩中には腰を守るストレッチングもしよう。

SUMMARY
まとめ

■ 膝関節痛と腰痛は登山者に多い。普段から、それぞれの関節まわりの筋力を強化するとともに、ストレッチングで柔軟性を改善することを心がける。また、足裏に由来する骨格の歪みが関係している場合もある。

■ 筋肉痛の対策として、下界では伸張性の筋収縮を意識した筋力トレーニングをする。登山にあたっては「残存効果」と「繰り返し効果」を上手に利用する。

■ 痙攣の原因は、暑さ、寒さ、脱水、疲労など様々である。山ではそれらを回避する行動適応をする。普段のトレーニングで筋力や持久力を強化しておくことも重要である。

■ むくみの原因についても、激しい運動、長時間の運動、脱水、高所、筋蛋白の分解、筋細胞の損傷など多様である。それらを取り除くための行動適応が必要となる。

■ 全てのトラブルに共通して重要なことは、その原因を理解し、除去してやることである。対症療法だけでは、同じトラブルを何度も繰り返すことになる。

第4章 登山のための体力トレーニング

第4章-6

通常のスポーツでは、運動能力が最も高いのは若い男性で、子供、女性、中高年の能力はそれよりも低いというのが常識である。しかし登山の能力は年齢や性の影響を受けにくい（1章）。老若男女が一緒に登山を楽しめたり、女性や中高年でも高いレベルで活躍できるというすばらしい特長は、ここから生まれる。

ただし、このような平等さが成立するためには、年齢や性に関する基礎知識を持ち、普段からトレーニングを行うことや、登山中の適切な行動適応も重要になる。本節では、子供から高齢者までの登山について、男女差とも関連づけながら考えてみたい。

子供、中高年、男女の登山とトレーニング

南会津・七ヶ岳にて。年齢や性別が違っていても、やり方を工夫すれば一緒に登山を楽しむことができる。

子供の歩幅を考慮したゆっくりした速度と、体重相応の軽い荷物で歩けば、子供も大人も一緒に山を楽しむことができる。

A. 子供の登山

◆子供と登山

今の子供たちは昔に比べて外で遊ばなくなった。都会ではもとよりだが、自然が豊かな田舎でさえ、子供たちが外で遊んでいる風景をあまり見かけない。その結果、子供の体力は昔と比べて低下してしまった。

体力だけではなく学力の低下も危惧されている。学力の低下は勉強不足のためと考えられがちだが、それだけが原因ではない。

最近の研究で、学力には運動習慣が関係していることがわかってきた。運動をすることで脳の機能が高まり、学習能力が向上するという研究が盛んに行われている。

子供たちには十分な運動をして、活力のある心身を取り戻してもらいたい。それにはどんなスポーツでもよいが、特殊な運動能力を必要とせず、運動が苦手な人にもできる登山は優れた選択肢となる。日本は山国であり、その環境にも恵まれている。

荷物を背負って長時間、坂道を上り下りすることで、持久力と筋力とが同時に鍛えられる。自然の中で、普段の生活ではできない体験をすれば、精神的にもよい影響が期待できる（P14）。

第4章 登山のための体力トレーニング

column 4-6-1
手本は二宮金次郎

　昭和初期の奥秩父の暮らしぶりについて、原全教の『奥秩父回帰』に次のような描写がある。「水ぎわに直立する岩陰から、男は五俵、女は三俵、肩揚げのとれない子供さえ二俵と、正味五貫の炭俵を背に全重量を両足にかけ、岩肌すれすれに淡雪をふみしめて岩径を下りてくる」

　一貫を3.75kgとして換算すると、子供は19kg、女は28kg、男は47kgとなる。昔は老若男女にかかわらず、このような重労働をしていた。

　現代の子供たちはこれとは反対で、荷物を背負う機会がほとんどなく、筋力の低下も著しい。適度な荷物を背負って坂道を歩く登山は、この意味でも子供にとってよい運動となるだろう。

　スポーツ界ではかつて、子供のウェイトトレーニングは成長を妨げるとされていた。しかし最近では、極端な重さでなければ問題はなく、むしろ積極的に行った方がよいと考えられるようになった。

　今ではほとんど見かけなくなってしまったが、著者が子供の頃、多くの小・中学校には写真のような銅像があった。薪運びの仕事をしながら勉学に励む二宮金次郎である。

　登山中に読書をするわけにはいかないが、無理のない重さのザックを背負い、色々なものを見たり、考えたりしながら歩くことは、心身の発達に大きな効果があるだろう。

◆子供の成長の特性

子供とは18歳未満の者と定義されている。おおよそ高校生までの年代である。その身体にはどんな特徴があるのだろうか。

図4-6-1は、生まれてから大人になるまでの成長の様子を、身長の伸び率で表したものである。成長速度には周期があり、男女間でもずれがある。

誕生してから2歳頃までは、男女とも急激に身長が伸びる。その後しばらくは1年間で5～8cm程度の伸び率に落ち着く。

思春期にさしかかると、再び伸び率は大きくなる。ピーク時には男女とも1年で10cm以上伸びる。この加速が始まる時期は女子の方が早い。ただし個人差は大きく、同性間でも5歳くらいずれることがある。

女子は小学生の中盤（8～10歳）から加速し、後半（11～12歳）にピークとなる。男子は小学生の後半（10～12歳）から加速し、中学生期（13～14歳）にピークとなる。

この時期には第二次性徴が現れる。男子では筋量が増え、女子では脂肪量が増える。女子ではピークの約1年後に初潮がある。身長の伸びがほぼ終了するのは男女とも18歳頃、つまり高校生の終わり頃である。

以上の理由で小学校の中盤～高校生期には、男女の間、また同性どうしの間でも、体格や体力に大きな差のある子供たちが混在している。登山の指導はそれに配慮して行う必要がある。特に学校で集団登山をする際には注意が必要である。

第4章 登山のための体力トレーニング

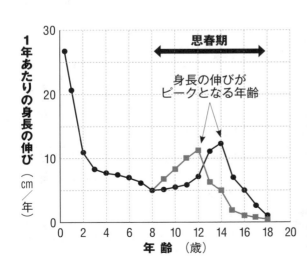

図4-6-1：
子供の成長のしかた
（Wilmoreら、2008）
思春期には身長が大きく伸びるが、それが加速する時期には男女差がある。また同性の間でも個人差がある。このため小・中・高校生期には、体格や体力の大きく異なる子供が混在している。

◆子供の体力の特性

　野球、サッカー、柔道、重量挙げなど、大きな力の発揮を競うスポーツでは、体格や筋力に勝る大人の方が高い能力を発揮できる。だが登山では事情が異なる。

　図4-6-2は、全身持久力を見るシャトルランテスト（注）の加齢による成績変化である。男子は15歳頃、女子は13歳頃に最も成績がよい。したがって中学生期であれば男女によらず、軽装での登山ならば大人よりも軽快に歩けるだろう。

　小学生期ではどうだろうか。小学校低学年のシャトルラン成績は成人よりも低い。これは身長が低く、歩幅が狭いことによる差なので、次のような配慮をすれば問題なく歩ける。

　大人の場合、山道を上るペースは1分間に60歩程度である。そこで、子供の歩幅で1分間に60歩のペースを保つようにする。大人にしてみれば減速することになるが、子供にとってはこれが大人と相対的に同じ負荷となる。

　高校生期ではどうだろうか。男子では主として筋量が増えることにより体重が重くなる。このため持久力

注）20mの区間を徐々にスピードを上げながら往復し、疲労困憊までに往復できた回数で全身持久力を評価する。

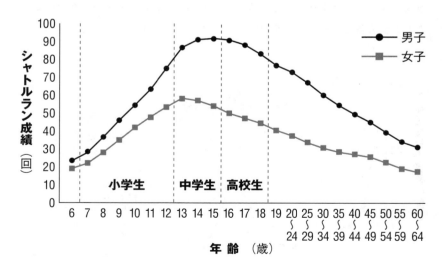

図4-6-2：全身持久力の加齢変化（文部科学省、2014）
男子では15歳頃、女子では13歳頃に最も成績がよい。なお、この値は全国標準値なので、あまり運動をしていない人の傾向が反映されている。個人のレベルでは、トレーニング状況に応じて年齢差や男女差が小さくなったり、逆転したりするケースもしばしばある。

は低下するが筋力は増加し、差し引きでは登山に有利な身体となる。

一方、女子では主として脂肪量が増えることにより体重が重くなる。このため身体を移動させる運動時には、持久力、筋力のいずれの発揮面から見ても不利になる。

一般的には、女子の体力のピークは14歳頃で、それ以後は低下する。運動習慣がなければ登山を苦にする人も出てくる。

ただし女子でも定期的な運動をしている人では違ってくる。運動部で体力を鍛えている女子ならば、筋力や持久力が発達するとともに、脂肪量も少ないので、男子と比べてもそれほど遜色のない登山ができるだろう。

◆小・中学生期の登山

この時期に最も配慮すべきことは個人差が大きいことである。見かけの体格だけではなく、運動習慣の有無によっても大きな体力差がある。運動をしていない子供の場合、徐々に運動に慣らしていく必要がある。

荷物の重さは体重の20％以下が適度だろう。行動時間については、少しずつ慣らしていくのであれば、長時間歩いても問題はないだろう。

15歳以下の子供では、基礎代謝量が大人よりも大きい（P131）。つまり体格の割にはたくさんのエネルギーを消費するので、大人以上に十分な補給を心がける。水分補給も同様である。

発育が加速する時期には1年間で身長（骨）が10cm以上伸びる。この時、骨の伸びに対して筋や腱の成長が追いつかない子供では、筋や腱が引っ張られた状態となる。

その結果、柔軟性が低下したり、膝、腰、かかとなどに成長痛が出ることがある。また、動きのバランスが悪くなって、運動能力そのものが低下することもある。

このため成長期には柔軟性を確保する配慮が重要となる。運動の前後には、ストレッチングを含めた準備体操や整理体操を念入りに行うよう指導する。

子供は大人に比べて環境適応の能力が低い。暑熱下、寒冷下、低酸素下（高所）での運動には大人以上に注意する（3章-6・7・8）。

◆高校生期の登山

高校生期になると、女子では発育がほぼ終了し、男子でも最終段階に入る。大人としての身体になってくるので、登山も少しずつ本格化していけるようになる。

表4-6-1は、全国の700名以上の高校生山岳部員にアンケートを行

い、彼らの体格や身体の特徴を調べた結果である。

男子では1年から3年にかけて身長も体重も増える。BMIも増えているが、これは主として筋量の増加を反映している。一方、女子では身長、体重、BMIの増加傾向は見られず、発育がほぼ終了していることがわかる。

表の右側には「6～8時間の登山で、パーティーの足並みを乱さず、余裕を持って背負えるザックの重さ」を示した。男子では13～16kgで、学年が進むほど担荷能力は増す。女子では10～13kgで、2年生で頭打ちとなる。

これを体重あたりの重さに換算すると、同学年での男女差は消失し、1年生では0.21～0.23kg/kg、2～3年生では0.25～0.27kg/kgとなる。ザックの重さは1年生では体重の20%、2～3年生では25%程度を目安とするとよいだろう（注）。

ただし学年や性にかかわらず、個人差も大きい。男女とも、学年によらず5kg程度のザックでもきついと答えた者がいる反面、男子では30kg、女子では20kgまでは平気という者もいた。成長やトレーニングの状況を反映して、著しい能力差が生じるのである。

注）大学生の山岳部員（2年生以上の男子）についても調べてみると、余裕を持って背負えるザック重量は平均値で25kgくらい（体重の40%相当）だった。高校生よりも能力が高い理由は、筋力が発達するためである。

表4-6-1：高校生山岳部員の身体特性と担荷能力（山本ら、2015）
727名の回答を分析した。↓は、矢印の始点と終点との間で、統計的に見て差があることを意味する。＊は、同じ学年の男女間で統計的な差があることを意味する。

	身体特性				担荷能力	
	年齢（歳）	身長（cm）	体重（kg）	BMI	絶対値（kg）	体重あたり（kg/kg）
男子1年	15.5	169	56	19.7	13	0.23
男子2年	16.4	170	57	19.9	14	0.25
男子3年	17.4	171	60	20.4	16	0.27
女子1年	15.5	156＊	48＊	19.5	10＊	0.21
女子2年	16.5	157＊	50＊	20.1	13	0.27
女子3年	17.5	157＊	49＊	19.8	13	0.26

↓：同性の学年間で有意差あり　＊：同学年の男女間で有意差あり

column 4-6-2
高校生期の体力の個人差

　高校生期になると、女子では発育がほぼ完了する。これに対して男子では、まだ発育途上にあることが多いので（図4-6-1）、発育の早い・遅いの影響を受けて体力差が拡大する。

　図は男子の高校山岳部員について、①上りで心肺が苦しい、②下りで脚がガクガクになる、という2つのトラブルの発生率を、体重との関係で表したものである。

　①は心肺能力、②は筋力の不足により起こるが、②の方が発生率が高い。つまり高校生期には、心肺能力よりも筋不足の方が登山を制限する要因となりやすいのである。

　次に②を詳しく見ると、体重が中くらいの人にはトラブルが少ない反面、軽い人と重い人にはトラブルが多い。特に体重の軽い人では8割以上に発生している。

　今回の調査では、体重が最も軽い人は40kg、最も重い人は95kgだった。体重が50kg未満の生徒の多くは、BMIが18.5未満の「やせ型」である。このような人では筋が未発達なため、重いザックを背負うと下りの強い衝撃に脚の筋力が耐えられないのである。

　やせていると「人よりもバテやすい」「上りで脚がきつい」「筋の痙攣」「ザック負け」「足首の捻挫」などのトラブルも多い。これにもやはり筋力不足が関係している。このような生徒に対しては、ザックを軽くする配慮や、普段からの筋力トレーニングの指導も重要である。

　一方、体重が重い生徒では肥満傾向のためにトラブルが起こりやすい。「人よりもバテやすい」「上りで脚がきつい」などである。このような生徒には減量トレーニングが必要である。

　なお、肥満していると熱中症を起こしやすいので（P181）、暑い時期にはこの面での注意も必要になる。

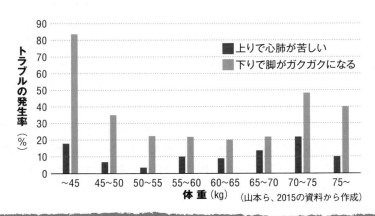

（山本ら、2015の資料から作成）

◆**高校生期の注意点**

　図4-6-3は、合宿など数日間の登山をした時に起こりやすい身体トラブルである。

　「ザックによる肩こりや腕のしびれ（ザック負け）」「筋肉痛」「下りで脚がガクガクになる」が男女とも多い。筋力が十分に発達していないところに、慣れない重さのザックを背負うためだろう。

　男女を比べると、女子の方がトラブルが多めである。「ザック負け」「筋肉痛」「膝の痛み」「上りで心肺が苦しい」が多い理由は、女子では筋量が少ないことと脂肪量が多いことが原因で、筋や心肺にかかる負荷が相対的に大きくなるからだろう。

　「むくみ」は女子で非常に多い。女子の生理的な特性に加え、男子よりも相対的にハードな運動をしている可能性が考えられる（P381）。

　図4-6-4は、高校生と大学生の山岳部員（いずれも男子）のトラブル状況を比較したものである。行っている登山の内容やレベルは違うので、それぞれが取り組んでいる登山活動の中で生じている問題点という視点で見て頂きたい。

　高校生では「ザック負け」「筋肉痛」が大学生よりも多いが、これは大学生に比べて筋の発達が不十分なことが要因だろう。大学生では「靴ずれ」「膝の痛み」「上りで心肺が苦しい」が多い。高校生よりも重い荷物を背負って、ハードな登山をしているためだろう。

　なお、高校生の山岳部員を指導している顧問教員に山でのヒヤリハット体験を尋ねてみると、体調不良（51%）、危険な転び方（38%）、疲労（38%）、が多かった。登山に不慣れなことに加えて、基礎体力（持久力や筋力）の不足も関係していそうである。

　以上を整理すると高校生期には、①筋力不足によるトラブルが多い、②女子の方がトラブルが多い、③男女差や学年差もあるが、それ以上に個人としての差も大きい、という3点に留意した指導が必要である。

　具体的には図4-6-3を手がかりに、まず各人のトラブル状況をチェックする。次に4章-5（身体トラブルへの対策）を参考に、それぞれのトラブルに対して下界でのトレーニングと山での行動適応の両面から対処する。また本番の登山では、個人の能力に合わせてザック重量を加減する。

　高校生期は発育の最終段階にある。各人の体力レベルに合わせて「徐々」に負荷を増やしていけば、筋力も持久力も大きく伸ばすことができるだろう。

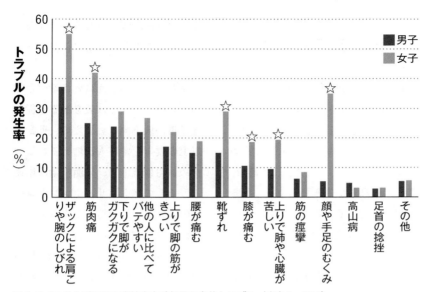

図4-6-3：男女別に見た高校生山岳部員の身体トラブル（山本ら、2015）
男子491人、女子186人のデータを分析した。女子ではトラブル発生率が高い傾向にある。☆は、統計的に見て女子に多いトラブルを意味する。

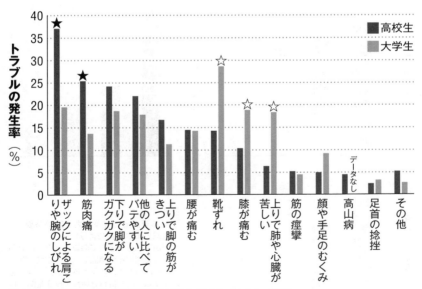

図4-6-4：高校と大学の山岳部員の身体トラブル（山本ら、2015）
高校生491人、大学生113人のデータを分析した（いずれも男子のみ）。後者は、国立登山研修所で行われている大学生登山リーダー研修会に参加した2年生以上の学生。★は統計的に見て高校生に、☆は大学生により多いトラブルを意味する。

B. 中高年の登山

◆年齢よりも運動習慣が重要

日本では1980年代以降、中高年の登山者が急増した。最近では若い人も増えてきたが、登山人口に占める中高年の割合は依然として高い。そして中高年による登山事故も大きな割合を占めている（2章）。

中高年が事故を起こすと「年甲斐もなく」と、単純に歳のせいにしがちである。歳をとると、若い頃に比べて体力が低下することは事実だが、それだけが原因と考えるのは間違いである。また問題の解決にもならない。

正しくは次のように考えるべきである。多くの人では歳をとるに従い運動量が低下する。加えて、運動量以上の食事をする人が増える。このため体力は低下し、体脂肪量は増える。そしてメタボリックシンドロームのような疾患が増えてくる。

つまり老化の原因は、年齢そのものよりも生活習慣（不活発＋不摂生）の影響力の方がずっと大きい。歳をとっているから危ないのではなく、

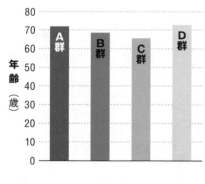

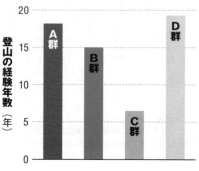

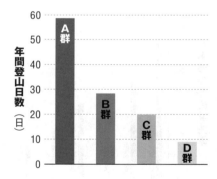

図4-6-5:
中高年登山者の登高能力を決める要因
（宮﨑と山本、2012より）
六甲山で、上り3時間のコースを、自分の体力に無理のない範囲で、できるだけ速く上った時のタイムに関わる要因。A群は2時間半以下、B群は2時間半〜3時間、C群は3時間〜3時間半、D群は3時間半以上かかった人。登高能力の差は、年齢や登山経験ではなく、年間の登山日数が決めていることが窺える。

歳をとっているのにそれを補うための運動や生活をしていないから危ないのである。

生活習慣のよい人と悪い人との間では、登山の能力差も拡大する。図4-6-5はその例として、2章（P58）で紹介した「六甲タイムトライアル」で、成績のよかったA群から悪かったD群までの年齢、登山経験、年間登山日数を比べたものである。

どの群も年齢は70歳前後だが、山行日数の多いA群（年間50日以上）では標準タイムの7～8割の速さで歩けている。この中には女性もおり、女性が弱いわけでもない。

一方、タイムの遅いD群を見ると、登山経験は最も長いが（約20年）、現在の年間登山日数は一番少ない（10日以下）。

中高年の登山能力を決定づける最大の要因とは、年齢や性別、また過去の登山経験ではない。現時点でどれだけの登山やトレーニングをしているかが重要なのである。

◆運動習慣の影響力

図4-6-6は、中高年の全身持久力に運動習慣がどう影響するかを示した概念図である。

①は昔も現在もハードな練習を続けているランナー、②は昔はきついトレーニングをしたが今では軽い練習をしているランナー、③は今では練習をしていないランナーを表す。

また④は昔から健康のための運動を続けてきた人、⑤は昔も今も運動をしていない人を表す。それぞれの折れ線を縦と横に見ていくと色々な

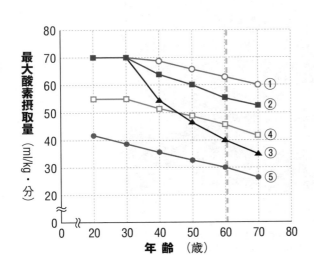

図4-6-6：加齢による全身持久力の低下様相
（Wilmoreら、2008）
①②③は若い頃はランナーで、①は現在でもハードなトレーニングをしている人、②は現在ではジョギングをしている人、③は現在ではやめてしまった人を表す。④は昔から健康のための運動を続けてきた人、⑤は昔も今も運動をしていない人を表す。体力は年齢による影響も受けるが、それ以上に、過去から現在までの運動履歴の影響を強く受ける。

ことがわかる。

若い頃に厳しいトレーニングをしていても、やめてしまうと体力は急激に低下する（③）。このような人が60歳になった時、同年齢で健康のための運動を続けてきた人（④）よりも体力は低くなってしまう。

若い頃から健康のための運動を続けてきた60歳の人（④）は、20歳で運動をしていない人（⑤）よりも高い体力を保っている。

若い頃からハードなトレーニングを継続してきた人でも体力低下は起こる（①）。ただし、このような人は70歳になっても、20歳で運動をしていない人（⑤）はもとより、20歳で健康のために運動をしている人（④）よりも高い体力を保っている。

この図は登山者にもあてはまる。①は若い頃から激しい登山を続けてきた人、②は若い頃はハードな登山をしたが現在ではハイキングをしている人、③は若い頃はハードな登山をしたがその後やめてしまった人、④は若い頃からハイキングを続けてきた人、⑤は昔も今も運動をしていない人に相当する。

この図は、歳をとっても普段からの心がけ次第で、かなり高度な登山ができることを教えてくれる。一方で、若い頃は激しい登山をしたが途中でやめてしまった人では、中高年になると往時の貯金は使い果たしていることもわかるのである。

65歳を超えても様々な工夫と努力を重ねて、大きな山でクライミングを続けている人もいる。このような人の共通点として、①山行日数をできるだけ確保している、②下界での筋力トレーニング（人工壁のクライミングも含む）や持久力トレーニングでは高い強度を意識して行っている、③自分の身体は自分で管理するという強い自覚を持っている、ことが特徴である。

column 4-6-3
ハードな登山はいつまでできるのか

　図は、アメリカ国内で行われた10km走の競技会の記録から、男女の各年齢での最高値を抜き出したものである。60歳を過ぎると記録の低下が急激になることが読み取れる。

　ハードな登山を若い頃から続けてきた人に尋ねても、60代から体力の低下をはっきり感じたという人が多い。一般の登山者でも、高齢者と呼ばれる65歳あたりを境に体力の衰えを自覚する場合が多い。

　一方でこの図は、男女とも60代の前半までは、トレーニング次第でかなりの体力を保てることを教えてくれる。たとえば60歳の男性では10kmを30分で走っている。このタイムは箱根駅伝に出場する大学生の長距離走選手なみの能力である。

　10km走は30分前後の全力運動であり、心肺能力の100%に近い能力発揮が求められる。一方、登山はマイペース運動であり、全力の50～60%くらいの能力発揮で行われる（P312）。このため加齢の影響は、ランナーよりも登山者の方が受けにくいというありがたい面がある。

　そうは言っても60歳を過ぎれば、登山の能力にも明らかに影響が出てくる。加齢による体力の低下に対抗するのであるから、60歳を過ぎたらそれまでよりも厳しいトレーニングが必要になる。また工夫も必要である。

　その一つ目の要点は「量よりも質を高めること」いいかえると「時間よりも運動強度が重要」ということである。二つ目の要点は「多彩な運動をすること」である。

第4章　登山のための体力トレーニング

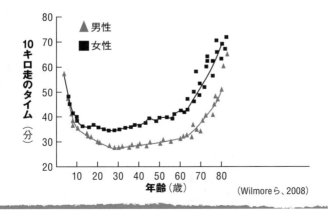

（Wilmoreら、2008）

◆中高年の体力特性

中高年になってから新たに登山を始める人は図4-6-6の⑤に、中断していた登山を再開する人では③に相当する。同年代で運動を継続している人（①②④）と比べると、体力は劣るという自覚が必要である。以下、中高年登山者の留意点を整理してみる。

1）行動体力の低下

図4-6-7は、登山に必要な各種の行動体力が、加齢によりどのように低下するかを、男性の場合で示したものである（女性についても傾向はほぼ同じである）。平均的な日本人のデータなので、あまり運動をしていない人の能力と考えて頂きたい。

どの体力も年齢とともに低下している。登山にとって最も重要な筋力と全身持久力（心肺能力）は、60歳になると若い人の7割くらいになる。

したがって、これまでほとんど運動をしてこなかった60歳の人ならば、歩く速さを若い人の7割くらいにする必要がある。標準タイムでいうと1.5倍くらいをかけて歩く。歩く時間、距離、荷物の重さなどの負

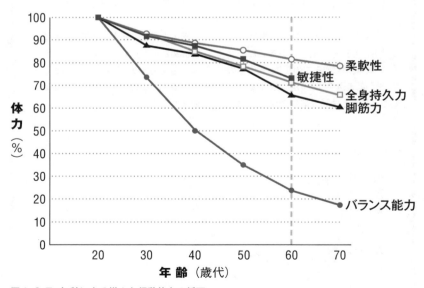

図4-6-7：加齢による様々な行動体力の低下
20代の体力を100％として、10歳ごとにどの程度低下するかを、男性の場合について示した。柔軟性と敏捷性は文部科学省（2014）、全身持久力（最大酸素摂取量）は小林（1982）、脚筋力は福永ら（資料）、バランス能力は首都大学東京（2000）、のデータを用いた。この値は一般人の標準的な能力を表すもので、個人のレベルではトレーニングの状況に応じて大きく変わる。

90歳を過ぎても登山を続けた坂倉登喜子さん（故人）。著者が中学生で登山を始めた時、坂倉さんが著したガイドブックを携え、秩父の武甲山に登った。後年、お目にかかった際に、「私は若い頃、陸上競技（人見絹枝さんの指導を受けた）やテニスなど様々なスポーツをすることができて、それが今の登山にも役立っている。過去も現在も登山だけしかしていない中高年にはトラブルが起こりやすい。他の運動も積極的に行うことが大切だと思う」と言われたことが印象に残っている。（岳人、706号より）

第4章 登山のための体力トレーニング

荷も同様に軽減する。

　ところが自分の体力を過大評価したり、自覚はしているつもりでも無意識のうちに、若い頃と同じような身体の使い方をしてしまう人が多い。特に、若い頃に本格的な登山をし、その後中断した人ではこの傾向が強い。「昔とったきねづか」のつもりで登山をし、結果としては「老いの木登り」となってしまうことが多いのである。

　この図からはバランス能力の低下が特に著しいこともわかる。60歳の時点で、20歳の時の4分の1くらいになってしまう。中高年登山者は「何でもないところで転んでしまう」とよく言われるが、この図を見れば納得できる。

　中高年者が転びやすい理由として、これ以外にも様々な体力低下の影響が考えられる。たとえば、脚筋力の低下により体重の支持能力が落ちる、柔軟性の低下により動作がぎこちなくなる、敏捷性の衰えによりバランスを崩しても体勢を立て直せない、などである。さらには視力や反応時間の低下、注意力の低下など、脳神経系の機能低下も関わっている。

column 4-6-4
「筋パワー」の低下に要注意

運動生理学では「筋力」と「筋パワー」とは違う意味を持つ。前者は握力のように、動きのない状態で発揮する力のことで、静的筋力とも呼ぶ。後者は垂直跳びのように、すばやい動きを伴った状態で発揮する力のことで、動的筋力とも呼ぶ。

山を歩いている時、通常はゆっくり歩いているので筋力が使われる。だが転びそうになった時にはとっさに筋パワーが必要になる。また平常時でも、段差の大きな下りなどでは強い衝撃力を受け止めるために、筋パワーの要素が求められる。

図は、様々な年齢の登山者について、脚の筋力と脚の筋パワーとを測った結果である。前者は椅子に座って静止状態で測定した（P412）。後者は、6段の階段を全力で駆け上がった時のタイムから算出した（P349）。この図から次のことが読み取れる。

①加齢により筋力も筋パワーも低下する。ただしその度合いは筋パワーの方が著しい（60歳以降の筋パワーの低下は特に著しいように見える）。

②筋力・筋パワーともに個人差が大きい。たとえば60代でも20代なみの能力を持つ人がいたり、逆に、若くてもかなり弱い人もいる。

③各年代とも、平均的に見れば女性よりも男性の方がやや強い。ただし個人差も大きく、女性が男性より強いケースもしばしばある。

60代以降では転ぶ事故が多いが、この図を見るとうなずけるのである。ゆっくり歩く能力（筋力）はあまり衰えていなくても、転びそうになった時に素早く対応する能力（筋パワー）は大きく衰えている、という自覚が必要である。

筋パワーの衰えを食い止めるためには、筋力トレーニングだけでは不十分で、素早い動きを伴った運動も行う必要がある（P347）。歳をとればとるほど、素早い動きのトレーニングの必要性は増すのである。

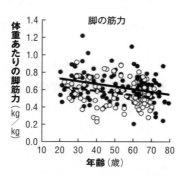
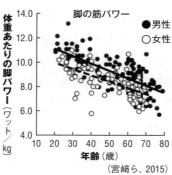

（宮﨑ら、2015）

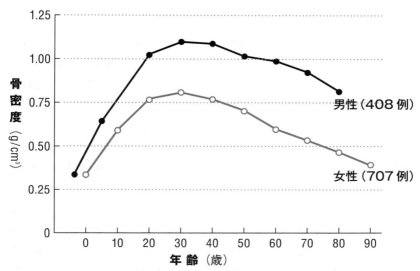

図4-6-8：加齢による骨密度の変化（折茂、1987）
加齢にともなう前腕の骨密度の変化を示している。発育期には骨密度は小さく、30歳くらいでピークに達する。40歳を過ぎると骨は弱くなる。女性はもともと男性に比べて骨密度が小さいが、閉経後には著しく弱くなる。

2）防衛体力の低下

防衛体力とは、激しい運動、物理的な衝撃、環境によるストレス（暑さ、寒さ、高度など）、病原菌の侵入など、身体に加わるさまざまなストレスに対する抵抗力のことである（P355）。この能力も歳をとると低下する。

たとえば、心臓の能力が低下して激しい運動には耐えられなくなる、暑さや寒さに対する体温調節能力が衰える、血圧が上がりやすくなる、疲労しやすい、疲労からの回復が遅い、内臓が弱くなる、骨が脆くなる、関節（膝や腰など）が弱くなる、などである。

図4-6-8は、加齢による骨密度（骨の硬さ）の変化を示したものである。中高年者では骨密度が低下し、骨が脆くなる。このため転んだ時に骨折しやすくなる。

特に閉経後の女性では、ホルモンの関係で急激に骨が弱くなる。スリップしてしりもちをつくなどの軽い転倒でも骨が折れてしまうことがある。

3）体力差の拡大

若い人の間でも体力差はある。だが中高年と呼ばれる40歳以上にな

ると、若い人よりもはるかに大きな体力差が生じる。長年にわたる運動習慣や生活習慣のよしあしが少しずつ蓄積された結果である。

このため中高年の集団登山ではパーティーの掌握が難しくなる。特に、ツアー登山のように不特定多数が参加する場合には深刻な問題となる。

登山では、最も弱い人のペースに合わせて歩かなければならない。一人でも弱い人がいればペースは激減する。天候が崩れそうな場合など、歩行速度を上げたい時にもそれができず、全員を危険に巻き込んでしまうことになる。

中高年者の集団登山は避けた方がよい。あえて行う場合には、数名に一人はサブリーダーをつけ、それぞれ別パーティーとしても行動できるよう配慮する。

事前の対策として、P314で紹介した「マイペース登高能力テスト」を行うことを提案したい。これにより各人の体力を評価し、体力に応じた班を作れば、本番の登山で足並みを揃えることができる。参加者の方でも自身の体力レベルに対する自覚ができるだろう。

雨飾山にて。多人数のツアー登山では、体力差の大きな人が一緒に行動することになるので、いざという時にパーティーの掌握が難しくなる。(塩田諭司氏撮影)

	男性	女性
膝関節痛	20%	26% ☆
腰痛	18%	14%
高血圧症	18% ★	9%
糖尿病	6% ★	2%
白・緑内障	5%	3%
胃腸病	3%	3%
心臓病	3% ★	1%
低血圧症	2%	3%
肝臓病	2%	1%
その他	11%	9%
なし	38%	50% ☆

表4-6-2:
中高年登山者が抱えている疾患
（山本、2006に資料を追加）
40歳以上の登山者847名（男性471名、女性376名、平均年齢は60歳と57歳）を対象とした調査結果。疾患が「ない」と答えた人は男性で4割、女性では5割程度であり、残りの人は何らかの疾患を抱えていた。★と☆はそれぞれ、統計的に見て男性と女性に多いものを意味する。

4）疾患を持つ人の増加

　中高年になると、身体のあちこちにほころびが出始める。長年運動をせずに過ごしてきた人の中には、高血圧症や糖尿病のような内科的疾患を持つ人もいる。逆に、ハードな登山を続けてきた人では、膝関節痛や腰痛といった整形外科的な疾患を持つ人が増えてくる。

　表4-6-2はその実態である。男性では約6割、女性では5割の人が、何らかの問題をかかえている。症状別に見ると、1位は膝関節痛、2位は腰痛と、整形外科的な疾患が上位を占める。3位は高血圧症で、以下、糖尿病、胃腸病、心臓病など内科的な疾患が続く。

　男女差を見ると、男性では高血圧症、糖尿病、心臓病が、女性では膝関節痛が相対的に多い。総合的に見た場合には、男性の方が問題のある人は多い。

　登山というストレスにより、これらの症状が悪化する可能性がある。また潜在的に持っていた疾患が、思わぬ時や場所で現れてくる可能性もある。

　最近、登山中の心臓突然死が増加している。特に男性に多いが、下界では既往症はなかったという人がほとんどである（P39）。つまり、潜在的に疾患を持ってはいるが、その自覚のない人が山に出かけ、日常生活では経験しないハードな運動をしているうちに突然トラブルを起こしているのである。

第4章 登山のための体力トレーニング

◆中高年の安全登山のために

　登山は「基本的には」健康によい運動である。ただし、普段全く運動をしていない中高年がいきなり大きな山に出かけ、重い荷物を背負って何時間も急な坂道を上り下りしたとすれば、わざわざ身体をこわす努力をするようなものである。以下はその注意点である。

1）メディカルチェック

　歳をとると身体にはさまざまな故障が起きてくる。自分で把握している持病の他にも、潜在的に進行している疾患もあるかもしれない。

　これまで運動をしてこなかった人は、まず運動ができる身体であるかを健康診断や人間ドックで検査すること（メディカルチェック）から始める必要がある。異常が見つかった場合は、それを治療することが先決となる。

　安静状態で異常がないかを見るだけでなく、運動をしたときに心臓や血圧に異常がないかを、医師の立会いのもとに検査する運動負荷試験も受けておくとよい。これは大きな病院、特に循環器内科のあるところならば受診できる。

2）これから登山を始める人や再開する人の場合

　健康診断で異常がないとわかった場合でも、すぐに本格的な登山を始めることは避ける。登山は運動の強度が高く、時間も長いので、身体へ

秋の里山ウォーキングを楽しむ。先頭を歩くのは著者の恩師である宮下充正東大名誉教授。日本ウォーキング学会の会長を長く務め、ウォーキングの普及にも貢献した。

の負担は想像以上に大きい。

　ハイキングでも運動強度は6メッツと、平地ウォーキング（4～5メッツ）の1.2～1.5倍ある。本格的な登山ともなれば7メッツとなり、心臓にはジョギングと同等の負担がかかる。人によっては心臓突然死の危険性を高めることにもなる（P67）。

　これから登山を始めたい人や、長い中断の後に再開する人は、まず下界でのウォーキングから行う。表4-6-3はそのプログラムの例である。迂遠な行程に見えるが、「急がば回れ」という言葉があるように、徐々に体力作りをしていく方が長く登山を楽しめるだろう。

　2時間程度の平地ウォーキングが楽にできるようになったら山に出かけてみる。最初は初心者コースと呼ばれる2～3時間程度のハイキングコースを歩いてみるとよい。

　登山をすれば、それ自体も体力トレーニングとなる。初心者コースを数回歩けば、山にも慣れ、登山用の体力もついてくる。その後は、定期的な登山と、下界でのトレーニングとを併用して、徐々に体力をつけていく。

　どの程度の体力がついたかは、P314で紹介したマイペース登高能力テストをすればわかる。軽装で1時間に300mあまり上れればハイキングが、同じく400mくらい上れれば通常の登山ができる体力があると診断できる。

第4章　登山のための体力トレーニング

表4-6-3：登山に向けたウォーキングのプログラム（宮下、1993）
これまで運動をしてこなかった人、長年にわたり運動を中断していた人が、運動に慣れ、ハイキングを行えるような身体を作るためのプログラムの例。2カ月以上をかけて徐々に身体づくりをしていく。

第1週目	歩き方に注意しながら、普通の速さで5～7分間続けて歩く。
第2週目	歩き方に注意しながら、普通の速さで12分間続けて歩く。
第3週目	姿勢をくずさずに歩幅をやや広げて速さを上げ、12分間続けて歩く。
第4週目	姿勢をくずさずに歩幅をやや広げて速さを上げ、15分間続けて歩く。
第5～6週目	歩幅をかなり広げて、さらに速さを上げ、15分間続けて歩き、適当な休みを入れて、もう一度繰り返す。
第7～8週目	リズミカルに、しかも歩幅を広げて、できるだけ速く、30分間続けて歩く。途中で疲れたらゆっくり歩く。
第9～10週目	身体の調子を見ながら、速さを適当に変えて、40～50分間続けて歩く。
第10週目以降	休日に10キロメートル程度の道のりを歩き通す。これが歩き通せるようになれば、ハイキングなどができる身体になったと考えてよい。

3）登山を続けてきた人の場合

これまで登山を続けてきた中高年は、何も運動をしてこなかった同年代の人よりは高い体力を持っている。だが安心はできない。P395やP397の図からもわかるように、たとえハードなトレーニングを続けていても、体力は徐々に低下してしまうからである。

実際に、中高年のリーダー層の人たちでも体力不相応の登山をしてトラブルが多発しているのが現状で、特に健脚コースではそれが顕著である（P51）。ベテランと呼ばれる人でも定期的にマイペース登高能力テストを行い、体力の現状を把握しておく必要がある。

図4-6-9は、軽登山を中心に行う中高年登山者のトラブル状況である。2章（P44）で見た百名山を目ざす登山者のトラブル状況ともよく似ている。すなわち、脚筋力の不足によるもの（膝の痛み、下りで脚がガクガクになる、筋肉痛）と心肺能力の不足によるもの（上りでの息切れ）が上位を占める。

男女を比べると、女性の方がトラブルが多めである。「上りでの息切

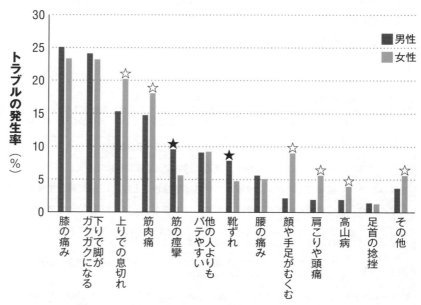

図4-6-9：男女別に見た中高年登山者のトラブル発生状況　（山本と山﨑、2003）
男性2316人、女性1738人のデータを分析した（平均年齢は58歳と55歳、登山経験は10年と7年）。
★は男性に、☆は女性に多いトラブルを意味する。

れ」「筋肉痛」「むくみ」が多いことは高校生の女子と同じである（図4-6-3）。これは男性よりも筋量が少なく、脂肪量が多いことの影響と考えられる。

4）下界でのトレーニングの必要性

登山自体もよい体力トレーニングになるので、山に多く行くことは重要である。ただしそれだけでは筋力や持久力を十分に強化するまでには至らない。登山だけしかしていない人は結局、加齢による体力の低下を十分には食い止められないのである。

図4-6-10は、趣味やレクリエーションのレベルで登山を楽しんでいる人の脚筋力を測り、一般人と比べたものである。男性では40代以降で、女性では全ての年代で、登山者の方が優れている。

だがこれで喜ぶのは早計である。コースタイムと同等の速さで歩ける筋力レベル（破線）と比べてみると、男性では50代以上、女性では全ての年代で、筋力が不足している。そしてその不足は歳をとるほど拡大していく。

まとめると、登山をする人は一般人に比べて確かに筋力は強いが、それだけでは安全な登山ができるレベルには届かない。下界で別途、登山時よりも高めの負荷をかける筋力トレーニングが必要なのである。心肺能力についても同じことがいえる。

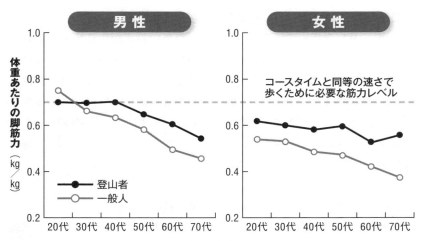

図4-6-10：年代別に見た登山者と一般人の脚筋力 （宮崎ら、2015にデータを追加）
男性では40代以降、女性では全ての年代で、登山者は一般人よりも脚筋力が強い。ただし、コースタイム通りに歩くために必要な水準から見ると足りない人が多い。

5）疾患を持つ人の場合

　メディカルチェックの結果、異常があると言われた人はどうすればよいだろうか。登山経験のない医師に相談すれば、登山はやめなさいと無造作に言われてしまうかもしれない。

　しかしこのように決めつけることは正しくない。たとえば高血圧、糖尿病、心臓病といった中高年に多い疾患は、そもそも不活発な生活を続けたために起こったものである。

　したがって、じっとしているよりも適度な運動をした方が症状は改善する。下界でウォーキングのようなエアロビクスが推奨されているのもこのためである。

　登山についても、ウォーキングの延長上の運動として適度に行えば疾病の改善によい（1章）。自然の中で運動をするので精神面への効果も大きい。「持病を持っているが、登山という生きがいがあるから元気でいられる」と言う人は多い。

　適度な運動はした方がよいが、無理はできない。この状況で、どのような登山をすればよいのか、というさじ加減は難しい。以下はこれに対する著者の考えである。

　心臓疾患の関連で言うと、6メッツの運動の安全性は高いが、7メッツになると危険性が増大する（P67）。したがって6メッツ以下の運動強度を保てば、比較的安全に登山ができる。いいかえると、「登山」の歩き方をすれば危険性が増すが、「ハイキング」の歩き方ならば安全性は高いといえる。

　ただし日本の山の特性上、6メッツと7メッツの境目は渾然としていることが多いので、心拍数、主観強度、登高速度を目安として、登高速度を6メッツ以下に抑えることに注意を払う必要がある（P71、P86〜90）。

　膝関節痛や腰痛などの整形外科的な疾患を持つ人では、P362〜372で述べた注意点を参考にする。

　これ以上のことは医学的な問題となるので「スポーツドクター」の資格を持つ医師に相談するとよい。一般の医師よりも建設的なアドバイスが受けられるだろう。

　海外の高所登山に出かける人は「登山者検診ネットワーク」を利用するとよい。これは、日本登山医学会と海外登山ツアーを手がける旅行社とが連携して事前の検診を行うシステムで、自らも登山を行う医師が相談に乗ってくれる。

◆高齢者の登山

　高齢者とは65歳以上の人と定義されている。実際に、60代の中盤から体力の衰えが目立ってくるとい

佐賀県の金立山（502m）では、毎週水曜日に100名前後の人が集まり、約3時間をかけて、様々なコースから「スロー登山」を行っている。荒天時を除き、雨の日や真夏でも欠かすことがない。毎週参加すれば、月間登下降距離（P331）は±2000mを超える。この「水曜登山会」の発案者である石橋清志氏によると、この毎週登山を続けると、日本アルプスなどの大きな山に行っても快調に歩けるようになるという。また、健康にも様々な効果をもたらすが、たとえば筋力が鍛えられて膝や腰の痛みが改善した人が多いという。P15で、登山はやり方によって、膝や腰を守る刺激にも壊す刺激にもなると述べたが、このような登山ではプラスの働きが大きくなるといえる。低山歩きでも週に1回の頻度で行えば、高齢者にとって大きな可能性が開けるのである。

第 4 章　登山のための体力トレーニング

うデータや体験談は多い（P397）。

ただし70代や80代の高齢者でも、登山を楽しんでいる人は多い。登山は歩く運動であり、下界のスポーツのように走る・跳ぶといった高いレベルの体力や運動能力は要求されない。また登山の体力は、山行頻度を増やすことである程度までは維持・改善できるので、実行に移しやすいこともその理由である（図4-6-5）。

高齢者が運動をする際の注意として「無理をしないこと」とよく言われる。だがほどほどな運動をしているだけでは、体力は年齢相応に衰えていくことも事実である。体力の低下を食い止めるには、体調には配慮しつつも、時々はきつめの運動をすることが必要である。

高齢者の体力は非常に個人差が大きいので、一律な目安を示すことは難しい。そこで、疾患を持つ人と同じ原則を当てはめて行うとよい。

すなわち山では6メッツ以下の運動強度を守って歩く。下界でも山と同じく6メッツの運動をするが、可能な人では、短い時間（20～30分程度）でよいからもう少しきつめ（7メッツ程度）の運動もしておくとよい。下界では山と同等か少しきつめの運動をしておき、山では下界よりも余裕を持った運動をして安全性を

高めるという考え方である。

下界では筋力（4章-2）をはじめ、筋パワー、平衡性、敏捷性（4章-4）のトレーニングも積極的に行う。加齢による筋パワーや平衡性の低下は、筋力に比べて著しい。現在のところ、高齢者でこのようなトレーニングを行っている人は少ないが、身体に無理のない範囲で意識して取り組むとよい。

◆三浦雄一郎さんの場合

プロスキーヤーであり登山家でもある三浦雄一郎さんは、70歳、75歳、80歳と計3回、エベレストに登頂して世界を驚かせた。著者らは、彼が69歳の時から定期的に体力測定をしてきたので、そのデータを紹介しながら高齢登山者の可能性を考えてみたい。

図4-6-11は三浦さんの背筋力と腹筋力の経年変化である。背筋力の方を見ると、一般的な体力標準値（図4-6-7）のように単調に低下してはいない。そればかりか80歳時には最高値、しかも148kgという驚

4000mの低酸素室で高所トレーニングをする三浦さん一家。この翌年、雄一郎さんは豪太さんとともに70歳でエベレスト（8848m）に登頂、敬三さんは99歳でモンブランのバレーブランシュ氷河（全長20km）をスキーで滑り降りた。

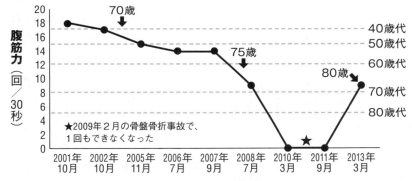

図4-6-11：三浦雄一郎さんの筋力の経年変化（山本ら、2014より）
69歳から80歳までの10年間の変化。筋力は単調に低下しているわけではなく、その時々のトレーニング、体調、ケガなどの状況を反映して大きく上下している。破線は各年代の標準値を示す。背筋力の標準値は、首都大学東京（2000）、上体起こしの標準値は、国立長寿医療センター疫学部の下方浩史研究室の許可を得て掲載。

くような値を出している。三浦さんも「80歳の時が一番快調に登れた」と話している。

　腹筋力の方は75歳のエベレストの後、スキー中の転落事故で骨盤を骨折し、1回もできなくなった時期がある。普通の高齢者ならばここで寝たきりとなってしまうだろう。ところが三浦さんは退院後に、ケガをする前のレベルまで筋力を復活させている。

　つまり筋力は歳をとっても維持できるし、増加させることもできる。また、いったん落ちた筋力もトレーニングによって元に戻せるのである。

　三浦さんは常人とは違う、と思っている人も多いかもしれない。しかしそう考える前に、彼のトレーニングにも注目してみると、私たちの参考になることは多い。

◆雄一郎さんのトレーニング方法

三浦さんの日常のトレーニングの様子はP271でも紹介した。80歳時には、15～20kgのザックを担ぎ、左右の足にそれぞれ2～3kgの重りをつけて街を歩いた。靴は片方で2kgある特注品なので、身につける総重量は20～30kgにもなる。70歳の頃はもっと大きな負荷をかけていた。

こうすることで、脚筋、背筋、腹筋など全身の筋力を鍛えつつ、持久力のトレーニングにもなる。彼は65歳頃から何年もかけて工夫し、少しずつ負荷を増やした結果、このような形に落ち着いたと述べている。

冬になると毎日4～5時間のスキーをする。これは筋力や持久力のほか、筋パワー、敏捷性、バランス能力のトレーニングになる。三浦さんはゲレンデ外の整地されていない斜面も積極的に滑るので、これらの体力をより高度に鍛えることになる。

ただし普通の人が、彼がやっているトレーニングをそのまま取り入れても強くなれるとは限らない。高齢者の体力特性は百人百様である。形だけを真似ても、むしろ身体を壊してしまう可能性がある。真似をすべきなのは次の点である。

三浦さんと接していて強く感じたことは、心の持ち方である。彼は健康になろうとして運動をしているのではない。エベレストに登ろうという大きな夢がまずあって、それに向かって色々な運動の工夫や努力をしているのである。

前例のないことを成し遂げるためには、既成の運動プログラムだけでは足りない。そこで自分自身で一生懸命に考える。その結果として、いつのまにか体力がつき、健康にもなっているのである。

私たちもまず、人生に健康以外の目標を設定して、それを達成するための研究や工夫を自分の手ですることが大切である。体力や健康はそう

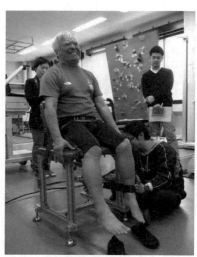

三浦雄一郎さんの脚筋力を測る
80歳時の三浦雄一郎さんの体力を測ると、心肺能力はあまり高くないが、脚筋力が非常に高かった。この特性を生かし、心肺に負担をかけないように非常にゆっくり歩くことで、エベレストの登頂に成功した。

することで後からついてくるものである。

◆三浦敬三さんの場合

雄一郎さんの父・敬三さん（故人）も、若い頃からスキーに熱中し、100歳まで滑った人である。雄一郎さんが70歳でエベレスト登頂に成功した2003年、99歳の敬三さんはモンブランのバレーブランシュ氷河（全長20km）をスキー滑降した。

敬三さんのトレーニングは、ウォーキングやジョギングなどの持久力トレーニングと、ゴムチューブで負荷をかけたスクワット運動などの筋力トレーニングである。そして冬は毎日のようにスキーをする。

ところで90代後半の敬三さんは、どれくらいの体力を持っていたのだろうか。測定をしてみたところ、雄一郎さんとはまた別の意味で驚くような結果だった。

図4-6-12は、敬三さん、雄一郎さん、その息子の豪太さんという、親子三代の脚の筋パワー（体重あたり）を比べたものである。オリンピックのモーグルスキーで入賞を果たした若い豪太さんは当然のように強い。

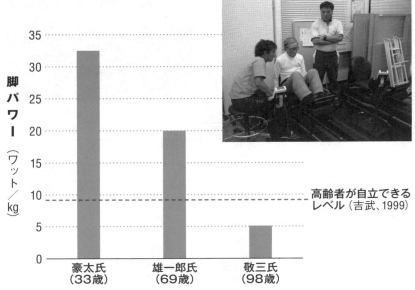

図4-6-12：三浦さん一家の脚の筋パワー（山本研究室資料）
雄一郎さんの脚パワーは高齢者にしてはかなり高い。一方で、敬三さんの値は高齢者が自立できるとされる水準よりもかなり低い。

雄一郎さんの能力も高齢者としてはかなり高い。ところが敬三さんは高齢者が自立できるレベルをはるかに下回っている。

図4-6-13は三人の全身持久力（最大酸素摂取量）を比べたもので、やはり同様な関係にある。雄一郎さんの能力は高齢者としてはかなり高いが、敬三さんの方は「非常に弱い」という評価になる。

これらのデータから二つのことが言える。一つめは、毎日努力をしていても、90代後半になると体力は著しく低下してしまうことである。

二つめは、それでもなおスキーはできるということである。

高齢者にとって、登山とスキーは理想的な運動であると、いくつかの場所で述べてきた（P28、P346）。私たちは歩ける能力がある限り山に登れる。そしてそれが難しくなっても、まだ下りを楽しむスキーがある、とでも言えばよいだろうか。

ただしそれも、高い目標設定、それを実現しようとする意欲や研究心、そして毎日の努力があって初めて可能になるものである。

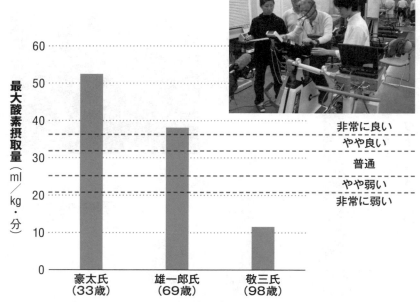

図4-6-13：三浦さん一家の全身持久力（山本研究室資料）
評価値は、70歳以上の男性向けの基準（小林、1982）を用いた。雄一郎さんの値は高齢者としてはかなり高い。一方で、敬三さんの能力は「非常に弱い」ところに位置している。

column 4-6-5
超高齢者、重症患者、一流スポーツ選手の共通点

98歳の三浦敬三さんの歩行。歩幅が非常に広いのが特徴である。

　三浦さん一家のチャレンジをサポートする中で感じたことがある。超高齢者、重症患者、そして一流アスリートの間には共通点があるのではないか、ということである。

　超高齢者にとっては毎日が近づいてくる死との闘いである。重症患者は生と死の境界で生きている。一流のアスリートはトレーニング中に心身の限界近くまで負荷をかけるが、それは健康な若者が死に近づくこと、という見方もできる。

　そう考えると、三つの分野で使われている様々な知識や技術は、相互に共用できるのではないだろうか。

　もう一つは、私たちが超高所に登っていく時、身体の様子は上の三つの状況と似てくるということである。

　エベレストの山頂に無酸素で登れば、下界では60mlの最大酸素摂取能力を持つアスリートでも、極度の低酸素の影響を受けて15mlくらいに低下してしまう。これは図4-6-13で見た三浦敬三さんの値（12ml）に近い。

　高所登山で役立つ知識・技術・体力は、加齢や病気とうまくつきあう方法や、下界のスポーツ選手が行うトレーニングのヒントにもなるかもしれない。意識呼吸の有用性（P232）などはその典型例である。

　著者の高所登山の恩師である故・原真氏は、高所のことを「生と死のあるところ」という言葉で表現した。著者はこれに加えて「高所は、私たちがよりよく生きるための叡智を授けてくれるところ」と表現したい。

第4章 登山のための体力トレーニング

C. 男女の登山

　男女差の問題については、子供や中高年の項でも少しずつ述べてきた。ここでは重複を避けながら、男性と女性の特性や、登山の際に注意すべき点をあげてみる。

◆質的な能力は同じ

　女性の体力は男性に比べて低いというのが一般常識である。その理由の一つは生理的な要因、つまり体格が小さい、筋量が少ない、脂肪量が多いといった性質による。

　しかしこの他にも文化的な要因、つまり女性の方が慣習的に不活発な生活をする人が多いことにも関係がある。この2つの理由で、体力の全国標準値などには男女差が生じる。

　だが運動をしている女性では事情が異なる。同じ太さの筋で比べると、発揮できる筋力に男女差はない。トレーニングによる筋力の伸び率にも差はない。つまり男女の筋の能力は質的には同じなのである。

　トレーニングによって筋量を増やすとともに脂肪量を減らしてやれば、女性でも男性に近い能力を発揮できる。たとえば陸上競技で100m走からマラソンまでの世界記録を比べると、女性は男性の9割前後の力を

谷川岳・一の倉沢にて。登山では、縦走やクライミングなどのジャンルを問わず、男女が平等に楽しめるという、すばらしい長所がある。

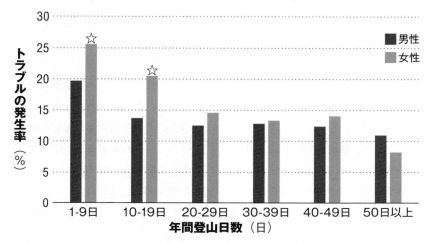

図4-6-14：男女別に見た登山日数と「上りでの息切れ」の発生率との関係
（山本と山﨑、2003の資料より作成）
4000人あまりの中高年登山者のデータを男女別に分析した。登山日数が少ない人の間では男女差が生じているが、年間20日以上の登山をしている人の間では、男女差は消失する。つまり女性でも、ある程度の登山日数（目安としては年間に25日程度）を確保すれば男性と遜色なく歩けるようになる。

注）残りの１割の差が埋まらない理由は、体格が小柄なことや、男性・女性ホルモンの量の関係による。

発揮できている（注）。

　陸上競技のように全力で運動をする場合には、１割程度の差は埋められない。だが登山は、筋力的にも持久力的にも全力の半分程度の強度で行われる。このようなマイペース型の運動では男女差はもっと縮まる。トレーニング次第ではほとんどなくなる、と言ってもよい。

　図4-6-14は、中高年登山者を対象に「上りで心肺が苦しい」というトラブルの発生状況を、男女別に分析したものである。このトラブルは一般的には女性に多い（図4-6-9）。

だがこの図のように、年間の山行日数と関連づけて分析すると違う性質が見えてくる。

　登山日数が少ない人どうしで比べると、女性の方がトラブルを起こす人は多い。しかし登山日数が多い人の間で比べると、男女差はなくなってしまうのである。

◆女性が有利な点もある

　男性に比べて女性の方が有利な点もある。たとえばウルトラマラソンをしたとき、疲労や筋肉痛などのダメージは女性の方が小さい。これに

はBMIが小さく身が軽いこと（注）、柔軟性に優れること、様々なホルモンの働きなどが関係している。

女性は総じて、低強度・長時間の耐久運動では、男性よりも強さを発揮する（その究極の例が寿命である）。また心臓病、熱中症、重症の高山病にもかかりにくい。

高所登山、クライミング、トレイルランニングの世界で、男性と遜色なく活躍している女性も少なくない。普通の登山でも、ひんぱんに山に出かける女性と、たまにしか山に行か

ない男性とを比べると、女性の方が強い。

図4-6-15は、図4-6-14と同じデータを用いて「下りで脚がガクガクになる」というトラブルと、登山日数との関係を男女別に分析した結果である。これを見ると、トラブル発生率に男女差はなく、登山日数だけが強く関連している。

したがって、たとえば年間登山日数が30日以上の女性（白の矢印）と10日未満の男性（黒の矢印）とを比べると、後者の方がトラブルを起こ

注）一般人の体格を反映する全国標準値で見ると、男女ともBMIはほぼ同じ値を示しているが、持久系のスポーツ選手では女性の方が小さい値を示すことが多い。

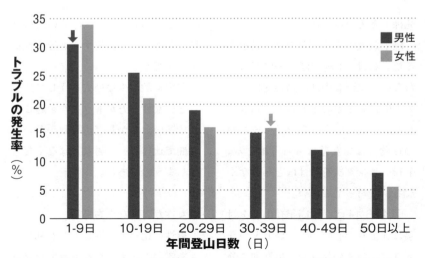

図4-6-15：男女別に見た登山日数と「下りで脚がガクガクになる」の発生率との関係
（山本と山﨑、2003の資料より作成）
男女差はなく、登山日数との間に強い関係がある。つまり女性でも登山日数を増やせば、登山日数の少ない男性よりもトラブル発生率を減らすことができる。

す人が2倍多いという関係になる。

　登山における男女差の問題は、加齢の問題と似ている。歳をとっているから弱い、女性だから弱いというわけではなく、普段からどれだけ運動をしているかの方が強く影響する。

　つまり、年齢や性別は変えられないが、登山日数を増やせばそのハンディキャップは埋められるのである。現実的な実行可能性も考えると、年間に25日（2週間に1回）程度がその目安となるだろう。

◆**男性と女性の注意点**

　成人女性の脚筋力や全身持久力は、全国標準値のデータで見ると男性の7～8割程度である。したがって、過去に運動をしてこなかった女性が登山を始める時には、歩く速さを男性の7～8割程度にする。時間、距離、荷物の重さも同様に減らす。

　ただし導入の段階を過ぎて、ある程度の頻度で登山をするようになれば、男女の体力差は小さくなる（図4-6-14、図4-6-15）。その後も引き続き配慮すべき点は、体重の軽さに応じて荷物を軽くすることくらいだろう。

　山でのトラブル発生率の男女差については、図4-6-3に高校生の例を、図4-6-9には中高年の例を示したので、参照して頂きたい。

　女性には月経がある。一般的には性周期と運動能力との間には特定の関係はなく、月経中に体力や運動能力が顕著に低下することはないとされる。ただし中には大きな変調をきたす人もいる。つまり個人の特性が強く現れるので、自分の特徴を把握しておく。

　女性は男性に比べて骨密度が小さい（図4-6-8）。特に閉経後の女性では骨密度が大きく低下するので、転んだときに骨折しやすい。

　環境への耐性には男女差がある（3章-6・7・8）。寒さへの耐性は、体格が小さいという理由で女性の方が弱い。冷え性も女性に多い。一方、熱中症には男性がかかりやすい。

　軽度の高山病（急性高山病）へのかかりやすさに男女差はないとされる（注）。だが肺水腫のような重症高山病には男性の方がかかりやすい。

　心臓病による事故は男性の方が圧倒的に多い。表4-6-2を見ると心臓病を持つ人は男性に多い。また心臓病の危険因子となる高血圧症や糖尿病を持つ人も男性に多いので、男性には潜在的に心臓病を持つ人も多いと予想できるのである。

注）図4-6-9を見ると女性の方が訴えが多いが、これは女性の方が体調に敏感なためと考えられる。

第4章　登山のための体力トレーニング

SUMMARY
まとめ

- 登山の能力は、歳をとっているから低い・女性だから低い、というわけではない。最も強い影響を与えるのは普段の運動習慣や生活習慣である。

- 1年間で約25日（2週間に1回）以上の登山日数を確保することで、登山中のトラブルを減らしたり、歩行能力の年齢差や性差を縮めることができる。

- 小・中・高校生期では、男女の発育時期のずれや、同性でも早熟・晩熟の差が生じるため、体格や体力に大きな個人差があることに配慮する。

- 男女の能力差は質的な要因ではなく、筋量や脂肪量など量的な差で生じる。筋量を増やし、脂肪量を減らすトレーニングにより、女性でも高い能力を発揮できる。

- 中高年登山者では男性の6割、女性の5割が身体に問題を抱えている。高血圧症、糖尿病、心臓病など、内科系の疾患を持つ人は、山で6メッツ以下の運動強度となるように歩く。

- 高齢者も疾患を持つ人と同様、山では6メッツ以下の運動強度を守って歩く。下界でもこれと同程度の強度でトレーニングを行うが、可能であればもう少し強い運動もして体力に余裕をつけておく。

第4章-7

こまで様々なトレーニングについて、その考え方や方法を紹介してきた。できるだけ普遍性のある書き方に努めたが、トレーニングとは個別性の高い行為でもある。原則に従って実行しても、効果の出方は人によって違ってくる。また、そもそもトレーニングには失敗がつきものであり、一回で成功することは少ない。

大切なことは、出来合いのプログラムをうのみにするのではなく、原則にもとづいて自分でトレーニングの計画を立て、実行し、うまくいかない時には修正を加える能力を身につけることである。本節ではこのような自己管理の方法を紹介する。

トレーニングの自己管理

第4章 登山のための体力トレーニング

剱岳での夏山合宿で。明確な目標設定、実行、振り返りを随時行うことは、全ての登山者にとって大切な作業である。

◆トレーニングとは間違うもの

　トレーニングをする人は皆、その内容が役立つものだと信じて行っている。だが実際には失敗がつきものである。一流のスポーツ選手でさえ失敗の繰り返しである。そもそもトレーニングには絶対的な正解は存在しないのである。

　何かを新しく作ったり、改良したりする場合には、全て同じことがあてはまる。たとえば料理を作る場合、何度もの試行錯誤が必要である。また味の付け方に唯一の正解があるわけでもない。ドイツの文豪ゲーテは「人間は努力する限り迷うものだ」と言っている。

　トレーニングの世界で失敗しないことを考えていては前に進めない。失敗することを前提に、そのエラーを最小限にしながら目標に近づくことを考える方が実際的である。一流選手でも失敗は当たり前だと述べたが、彼らはその修正が上手で、無駄を最小限に抑えているところが違うのである。

　図4-7-1に示したPDCAサイクルという考え方が、その代表的な技法である。計画（Plan）→実行（Do）

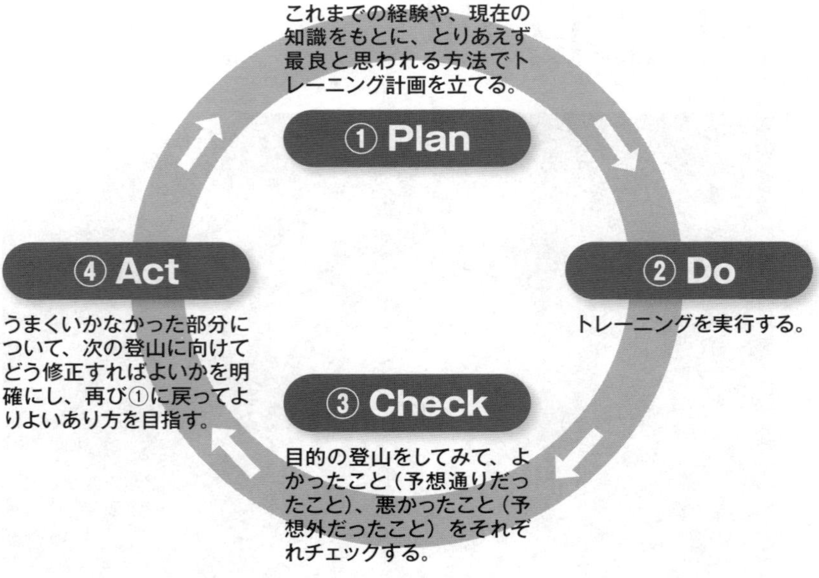

① **Plan**
これまでの経験や、現在の知識をもとに、とりあえず最良と思われる方法でトレーニング計画を立てる。

② **Do**
トレーニングを実行する。

③ **Check**
目的の登山をしてみて、よかったこと（予想通りだったこと）、悪かったこと（予想外だったこと）をそれぞれチェックする。

④ **Act**
うまくいかなかった部分について、次の登山に向けてどう修正すればよいかを明確にし、再び①に戻ってよりよいあり方を目指す。

図4-7-1：PDCAサイクルを活用したトレーニングの改善
スポーツ界ではトレーニングサイクルとも呼ばれる。これを使うと、よりよい登山に向けての自己啓発ができる。

→評価（Check）→改善（Act）の頭文字をとったものである。

この考え方は、もの作りをする工場で品質管理をするために生まれた。現代では、組織の運営や個人の自己啓発など、他の様々な分野にも応用されている。

スポーツ界では「トレーニングサイクル」とも呼ばれ、普及している。登山者にとってももちろん有用である。

◆登山のPDCAサイクル

図4-7-2は、登山者がPDCAサイクルを用いる場合の手順である。

1）目的とする山の分析（Plan）

山に行くといっても、目的とする山やコースにより、要求される体力には雲泥の差がある。そこでまず、目的の山がどんな山で、どんな体力を要求されるのかを、具体的な数値で書き表すことから始める。

2）自分の分析（Plan）

次に、現在の自分について、健康や体力、また登山やトレーニングの状況を分析する。そして、目指す山

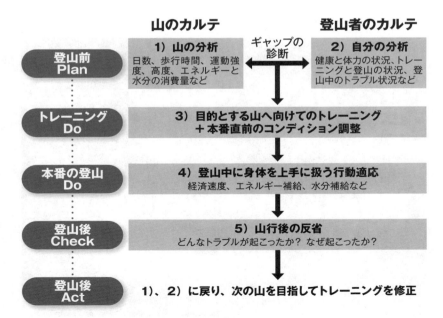

図4-7-2：登山者のためのPDCAサイクルの流れ
全ての行程で、紙などに書き出して可視化することが大切で、とりわけ5）のCheckは重要である。

に行く上で足りない点(ギャップ)を診断する。

紀元前の中国で書かれた孫子の兵法に「彼を知り、己を知れば、百戦して危うからず」という有名な言葉がある。1)と2)ではこれと同じことをするのである。

3) トレーニングの実行（Do）

上記の診断で見いだしたギャップについて、それを解決するためのトレーニング方法を考え、実行する。

4) 登山の実行（Do）

本番の登山では、3章の各節で述べた疲労対策に配慮しながら行動し、どんなトラブルが現れてくるかを観察する。トラブルが起こった場合、事前のトレーニングや山での身体の扱い方（行動適応）のどこかに盲点があったことになるので、その様子を記録しておく。

5) 登山後の評価（Check＋Act）

登山を終えたら、どんなトラブルが起こったかを整理し、それがなぜ生じたのかを考える。その反省をもとに、1)と2)に戻って、次の山に向けて修正したトレーニングを行う。

高校山岳部での登山計画の打ち合わせ。身体面の能力だけではなく、知識面や技術面の能力についても、PDCAサイクルの考え方を用いて改善すると効果が高い。（大西浩氏撮影）

column 4-7-1
PDCAの先駆者・西堀榮三郎

登山界で西堀榮三郎といえば、マナスル登山の糸口をつけた人、第一次南極越冬隊の隊長、雪山讚歌の作者などとして知られている。

実社会では技術者として活躍した。戦時中には画期的な真空管「ソラ」を発明したり、戦後は原子力開発を手がけたりなど、多種多様な業績を持つ。

要するに、どんなことでも何とかこなしてしまう人だった。南極越冬時に、燃料を輸送するパイプが必要になった時、包帯と雪と水を使って作った話は秀逸である。

彼の最大の功績の一つは戦後の日本にPDCAサイクルの考え方を導入したことである。この考え方はアメリカで生まれたが、西堀はそれを日本流にアレンジし、本家のアメリカよりも効果的に運用した。多様な産業のコンサルタントとなって生産効率を上げ、高度成長の基盤を築いた。

彼がどんな分野の問題でも解決できた理由は、何事にもPDCAの考え方を応用していたからだろう。私たち登山者の場合は、よりよい製品をつくること＝よりよい身体をつくること、と置きかえて西堀のように工夫をしていけばよい。

彼は、製造現場に携わる人たちのために、いろはカルタまでつくっている。「石橋をたたけばわたれない」

滋賀県東近江市にある西堀記念館で購入した絵はがき。「西堀の辞書に不可能の文字はない」と言ってもよいような人だった。

「出る杭を伸ばせ」などは有名である。

他にも「人生は実験なり」「すなおに事実にもとづいて」「虫の知らせが聞こえるまでに」「不良品の山は宝の山」「統計的手法で事実をつかめ」「思いもよらぬことは起こると思え」といった言葉がある。

これらの言葉を頭に置いて本節を読んで頂くと、さらによく理解できるだろう。特に「人生は実験なり」を「登山は実験なり」と読み換えると、本書全体を通して著者が言いたいこともわかって頂けるだろう。

第4章 登山のための体力トレーニング

◆可視化することが重要

　上記の全行程を通して大切なことがある。それは、頭の中で考えるだけではなく、文字、数値、記号などを使って書き表すこと（可視化）である。

　自分の身体のことなので、頭ではわかっているつもりになりやすい。だが実際にはわかっていないことが意外に多い。頭の中にあることを紙に書き出す、つまり頭の外に取り出して目に見えるようにすることで、初めてわかることがたくさんある。

　私たちの記憶能力は頼りないものである。ある登山でひどい目に遭って、その時には「次からは気をつけよう」と思う。だが時間が経てば記憶は薄れてしまう。一方、その記録を紙に残しておけば、それを見るたびに当時の記憶がよみがえる。

　記録を残さずただ山に行っているだけでは、よほど勘のよい人は別として、同じ失敗を何度も繰り返すだろう。「失敗は成功のもと」というが、失敗の様子を可視化することで初めて成功のもとになる。

　次に、1）から5）までのやり方について、実例をあげながら説明していく。

◆山のカルテをつくる

　ある山に登る時、私たちの身体には様々な負荷がかかる。歩く距離（水平、上り、下り）、歩く時間、荷物の重さ、高度などである。季節によっては暑さや寒さも関係する。また季節によらず、悪天時の負荷（雨や風や雪など）も想定する必要がある。

　目的とする山やコース、また同じコースでも季節が違えば、これらの負荷も違ってくる。したがって、漠然と山に行きたいと考えるのではなく「〇月に、〇山の、〇コースに行きたい」と具体的に考える。

　それが決まったら、そのコースでその時期に要求される負荷を数値で表してみる。これを「山のカルテ」づくりと呼ぶことにする。

　具体例として、無雪期に一泊二日の小屋泊まりで、白馬岳の縦走をすることを考えてみよう。図4-7-3の上段は、市販のガイドブックに記載されているデータである。行程図とともに、歩行時間や距離といった負荷量が数値で記載されている。

　これだけでも必要な体力はある程度イメージできる。しかし、これを自分で補足・整理して、図の下段のような内容まで明確にしておくとよい。

　3000mに近い山での本格的な登山なので、登高時の運動強度は約7メッツとなる（P67）。また小屋泊まりとはいえ、2日がかりの登山なので、荷物も重くなる。つまり日帰

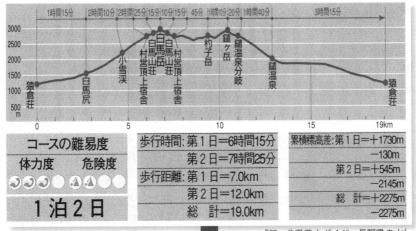

図4-7-3:山のカルテの例
白馬岳を縦走する場合の分析例。行動中のエネルギーと水分の消費量は、体重60kgの人が10kgのザックを背負って、標準コースタイム通りに歩くことを想定して、P129の式から求めている。

りの登山と比べて、質的にも量的にも一回り大きな負荷となる。

到達する最高高度は白馬岳主峰の2932m、睡眠をとる高度は2700～2800m台である。2500mを超えると「高所」の領域となる（P218）。この高度での活動や生活（特に睡眠）は高山病を引き起こしやすいので、その予防や対策も必要となる。

行動中のエネルギー消費量や脱水量は、P128とP155の公式を使って計算する（注）。生活中のエネルギー消費量や脱水量はP132とP157の公式を使って求める。

注）エネルギー消費量や脱水量を求める際、P129で紹介した「コース定数」を用いるとより正確に計算できるが、山と溪谷社の『分県登山ガイド』には2016年の改訂版からこの定数が掲載されている。

◆登山者(自分)のカルテをつくる

次に、自分の現状を分析するために表4-7-1(詳細はP676〜677の資料2を参照)を埋めてみよう。これを「登山者のカルテ」と呼ぶことにする。

年齢、性別、肥満度、健康状況、登山経験、登山状況、登山をする上での体力レベル、登山中に起こるトラブル、下界でのトレーニング状況などを書き出す。

表の記入が終わったら、表4-7-2(P678〜679の資料3を参照)を参考にしながら自己診断する。可視化したデータを一つ一つ確認していくことで、自分の身体への理解が深まるだろう。

さらに、山のカルテと登山者カルテとをつきあわせて、今の自分に足りないものは何かを考え、表4-7-1の最後にある「考察」を書いてみる。足りない部分を埋めるために、具体的にどんなトレーニングをすればよいかも書き出す。

パーティーで登山をする場合には、リーダーとメンバーの間、またメンバー相互の間でも、カルテの内容を確認しておく。このような準備をするかしないかで、本番の登山に臨んだ時、安全性を確保するための心構えや、いざという時の対処能力も違ってくる。

表4-7-1：
自分の身体を理解するための「登山者カルテ」
自分の身体のことはよく知っているつもりでも、改めて紙に書き出す(可視化する)ことで、理解が深まったり、新しい発見がある。

表4-7-2：
登山者カルテ・診断の手引き
自分で診断するだけでは見落としや盲点もあるので、リーダーや他のメンバーとの間でも検討し、情報を共有するとよい。

column 4-7-2
ジョハリの窓

	自分が	
	知っている	知らない
周りの人が 知っている	A．開放された窓 （自分も周りの人も知っている）	B．盲点の窓 （周りの人は知っているが、自分は知らない）
周りの人が 知らない	C．秘密の窓 （自分だけが知っており、周りの人は知らない）	D．未知の窓 （自分も周りの人も知らない）

第4章 登山のための体力トレーニング

　アメリカの心理学者、ジョセフ・ルフトとハリー・インガムが提唱し、両者の頭文字をとって「ジョハリ」という名がついた。自分のことを理解したり、周りの人とのコミュニケーションを深めるために使われる概念だが、安全な登山を考える場合にも活用できる。

　Aは、自分も周りの人も知っていることがらである。中高年の安全登山にあてはめて言うと、健康や体力に関して、自他ともに認めている弱点がこれに相当する。

　Bは、自分だけが知らない部分、つまり盲点である。本人は体力があると思い込んでいるが、周りの人からは危うく見える場合などである。

　Cは、自分だけしか知らない部分である。自分では知っている持病を、周りの人には打ち明けていない場合がこの状態である。

　Dは、自分も周りの人も知らない部分である。潜在的な疾患を持っているが、周りの人はもとより本人でさえ気づいていない段階がこれに当たる。

　安全な登山をするためには、Aの部分を大きくし、他の部分を小さくしなければならない。Bについては、周りの人が勇気を持って当人に教える必要がある。Cの方は、本人が勇気を持って公開する必要がある。

　A、B、Cについては、QCシート（P434）を使って可視化することで、よい方向に変えていくことができる。Dについては、メディカルチェックや体力テストによって、まず問題点を発見することが必要になる。

429

◆ギャップの診断

　具体例で考えてみよう。表4-7-3は、60歳のAさんが白馬岳の縦走（図4-7-3）を目指す場合の分析例である。Aさんの様相は、現代の中高年登山者の典型的な姿でもある。

　Aさんのマイペース登高能力は、軽装の場合で1時間に300m程度であり、コースタイム通りに歩けないことが多い。これは約5メッツの体力に相当し（P92）、白馬岳を登るのに必要な7メッツの体力には足りない。

　トレーニング状況を見ると、日常では4メッツの平地ウォーキングしかしていない。また登山も2カ月に1回しかしていない。したがって、このままでは白馬岳登山に必要な体力を改善することは期待できない。

　白馬岳の登山では10kgのザックを背負う予定だが、普段の登山では5kgしか背負っていない。このため、荷物を背負って歩くための筋力も足りないと予想できる。

　登山中によく起こるトラブルは「上りで心肺が苦しい」「下りで脚がガクガクになる」「筋肉痛」「膝関節痛」である。これらは心肺能力や筋力の不足を物語っている。

表4-7-3：登山者カルテの診断例
Aさんの特性は、現代の中高年登山者の典型でもある。

登山者カルテの概要	登山者カルテの診断
【身体の特性】 60歳、男性、身長：165cm、体重：70kg、BMI：25.7 【健康の状況】 健康診断の結果は異常なし 【下界でのトレーニング状況】 ●平地ウォーキング（4メッツ、1日1時間、週に3日） 【登山の状況】 ●2カ月に1回程度（1年間で10日以下）、 ●日帰り登山（初心者〜一般向けコース）が主体 ●ザックの重さは約5kg ●標準コースタイムどおりには歩けない場合が多い ●軽装でのマイペース登高能力は1時間で約300m 【よく起こるトラブル】 ①上りで心肺が苦しい、②下りで脚がガクガクになる、③筋肉痛（大腿四頭筋）、④膝の痛み	【ギャップの診断】 ●登山時によく起こるトラブルのうち、①は心肺能力の不足、②③④は脚部の筋力・柔軟性の不足で起こっている。 ●下界で行っている平地ウォーキングは、健康の維持には役立っているが、①〜④のトラブルを解消する上では役立っていない。登山頻度も2カ月に1回なので、現状のままでは体力強化は期待できない。 【トレーニングの方針】 ●①の解決を図るために、ウォーキングの際には坂道や階段を取り入れ、7メッツの運動を行う。 ●②③を解決するために、スクワット運動などの筋力トレーニングを取り入れる。④の改善には、膝まわりの筋力強化と柔軟性の改善を行う。 ●山行を月2回程度に増やす。その際、7メッツ相当の登高速度で歩き、心肺能力を強化する。また10kg程度のザックを背負って脚や体幹の筋力も強化する。

白馬岳にて。本番の登山で身体が示す反応は、良くも悪くもそれまでに行ってきたトレーニングの成果の表れである。(名取洋氏撮影)

第4章 登山のための体力トレーニング

◆トレーニングの実行

Aさんの現状を考えると、2日がかりの白馬岳登山を行うことには大きな不安がある。どんな見直しをすればよいだろうか。

現在行っている平地ウォーキングでは運動強度が低く、心肺や筋にかかる負荷は小さい。そこで坂道や階段を取り入れたウォーキングに変えて強度を上げる(P46)。スクワットや上体起こし運動などの筋力トレーニングも導入し、脚筋群や腹筋群を強化する(P279)。

Aさんはまた、登山時に膝関節痛が出やすい。そこで膝の周辺部の筋力や柔軟性を改善するために、筋力トレーニングやストレッチングを行う(P362)。

普段の日帰り登山も2週間に1回くらいに増やす。その際には本番と同じような負荷をかける。ザックの重さを白馬岳で背負う予定の10kgにしたり、荷物が軽い時には登高速度を少し速くし、7メッツの運動となるようにする(P316)。

トレーニングとは、言いかえるとシミュレーションあるいは予行演習である。本番の登山で予想される様々な負荷を事前に模擬体験することで、身体の準備をするだけでなく、心の準備もするのである。

シミュレーションといっても、本番の白馬岳縦走を丸ごと再現するわけにはいかない。部分ごとに強化し、本番の際にそれらを組み立てるものと考えればよい。

◆登山の実行

　本番の登山では、3章の各節で紹介した疲労対策を守りながら歩く。人間の身体が動くしくみは自動車のエンジンと同じである。歩行速度、エネルギー補給、水分補給を上手に管理すれば、非常に長時間歩き続けられる。

　Aさんの行動中のエネルギー消費量は、3章-4の公式（P129）を使って、1日目は2150kcal、2日目は1670kcalと計算できる。脱水量は、これらの数値のkcalをmlに読み替えて、それぞれ2150ml、1670mlと予測できる。行動中にはこれらの7〜8割を補給する。

　この指針の適合性には個人差もあるので、普段の日帰り登山で試しておく。まずは指針どおりに補給してみて、過不足があれば次の登山で修正する。こうして山行を重ねれば、自分にふさわしい値がわかってくる。

　高度の問題は3章-8や3章-9を参考に考える。前日に登山口の猿倉荘（1250m）に泊まるとしても、翌日は1日で準高所の領域（1500〜2500m）をとびこえ、高所の領域である白馬村営小屋（2730m）または白馬山荘（2830m）に泊まることになる。

　これはセオリーに反した急激な高度上昇である。したがって行動中も睡眠中も高山病には見舞われて当然と考え、その予防や、発症した時の対策を考えておく必要がある。

◆事後評価

　山から下りたら、その登山がどの程度うまくいったかを評価する。下山してからでは忘れてしまうことも多いので、実際には登山中から記録をつける。また本番前に行ったトレーニング山行での状況も記録しておく。

　表4-7-4は記録のつけ方の一例である。①Aさんが白馬岳の登山を思い立った時点での登山時の状況、②白馬岳を目指して行った4回のトレーニング登山での状況、③本番の白馬岳登山での状況が記入されている。

　①の段階では様々なトラブルが起こっていたが、②で4回のトレーニング山行を積むに従って症状は改善し、4回目にはトラブルが出なくなった。つまり、白馬岳の登山に向けてよい準備ができたことがわかる。

　③の本番の登山ではその成果が出て、まずまずの登山ができたこともわかる。「上りで心肺が苦しい」「下りで脚がガクガクになる」といった事故の引き金にもなるトラブルは、出ていない。

　ただしトラブルを完全に駆逐でき

たわけではない。「むくみ」「高山病」など、低山での日帰り登山では起こらなかったトラブルも現れている。このような見込みが外れた点については、次のトレーニングで解決すべき課題となる。

表4-7-4：登山用QCシートの例

①に比べて、②の1回目のトレーニング山行ではトラブルが増えているが、この理由は、白馬岳登山を模擬して負荷を高めたためである。なお③の本番では、トラブルが起こった地点も記録しておけば、次回からの改良もより具体的に考えることができる。

トラブルの種類	①それまでの状況	②日帰りトレーニング山行の状況				③本番の状況（白馬岳縦走）
		1回目	2回目	3回目	4回目	
上りで心肺が苦しい	2	3	2	1		
下りで脚がガクガクになる	2	3	2	1		
筋肉痛（部位）	2（大腿前面）	3	1			
筋の痙攣（部位）		1（大腿前面）				
膝の痛み	2	2	1			
腰の痛み		1				
足首の捻挫						
靴ずれ		1				1（2日目）
肩こり		1				1（登山後）
頭痛						
ザックで腕がしびれる		1	1			
むくみ						1（登山後）
高山病						2（白馬山荘で）
その他（具体的に）						

（トラブルの程度　1：少しあり、2：あり、3：非常にあり）

山で記録をつける人は多いが、通過時間やコースの様子だけではなく、自分の身体の様子についても記録することで、次回からの登山の改善につながる資料となる。

◆QCシート

表4-7-4はQCシートと呼ばれている。QCとはquality controlの頭文字をとったもので、工場での品質管理に使われてきた技法である。これはPDCAサイクルを機能させる上で、強力な手段となる。

QCシートの形式は自由である。問題の様子を定期的に記録し、その推移を観察できるものであれば、すべてQCシートと呼んでよい。

図4-7-4は、人体を白地図に見立てて登山中のトラブル状況を書き込むようにしたQCシートである。こうすれば、身体の弱点を一目で把握できる。巻末のP680に原図を掲載したので活用していただきたい。

表4-7-5と図4-7-5は、ある初心者が4回の登山をした時のQCシートの例である。表の方は、登山中にどんなトラブルが起こったかを記し、その反省と今後の対策を記している。図の方には、身体のどの部分にどのようなトラブルが起こったかを書き込んでいる。

1回目の登山では、登山自体が初

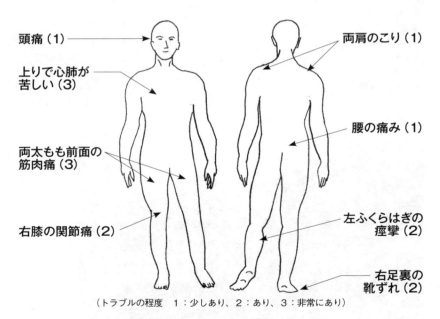

(トラブルの程度　1：少しあり、2：あり、3：非常にあり)

図4-7-4：登山用QCシートの例
　（　）内の数値はトラブルの程度を表す。毎回の登山でこのような図に記入し、そのデータが蓄積してくれば、自分の身体の法則性がわかってくる。

表4-7-5：初心者によるQCシートの記入例（1）（山本、2011）
それまで登山をしてこなかった人が4回の登山を行った時の、登山中の身体トラブルと、その結果を受けての反省点が記録されている。

山名	体力度	上り、下り、水平方向への歩行量	登山中および登山後の身体トラブル							考察
			筋肉痛	下りで脚がガクガクになる	膝の痛み	上りで心臓や肺が苦しい	筋の痙攣	腰の痛み	その他	①これまでのトレーニングの反省点 ②今後の解決策
①金峰山(636m)	初心者向け	上り:160m 下り:160m 水平:1.3km	3(下半身)	2		3				①平地でのウォーキングしかしていなかった、②ウォーキングコースに坂道を取り入れる（週に5～6回）、脚力の強化（階段上り時に意識的に）
②野間岳(591m)	初心者向け	上り:230m 下り:230m 水平:2.8km				2			アキレス腱(左)	①登山に適した歩き方ができていなかった、②登山の歩行技術の習得
③藺牟田池外輪山(485m)	初心者向け	上り:300m 下り:300m 水平:4.5km				1				なし
④開聞岳(924m)	一般向け	上り:815m 下り:815m 水平:8.5km	2(上半身)		1	2		3		①坂道ウォーキングと階段での脚力強化だけでは不十分な可能性がある、②スクワット運動による脚力の強化も行う

＊トラブルについては登山中～登山3日後までの最高値について1～3で評価している

めてだったため、短いコースであるにもかかわらず様々なトラブルが生じ、その程度も強かった。

2回目の登山では、1回目の登山によってもたらされたトレーニング効果や、下界でのトレーニング内容の改善により、トラブルはかなり減っている。

3回目の登山では、ほとんどトラブルがなくなった。つまりこの時点で、初心者コースを歩くための体力や技術はほぼ身についたといえる。

4回目の登山では、初心者コースを卒業し、体力レベルが1ランク高い山に登った。すると再び多くのトラブルが起こった。初心者コースを歩くための体力は身についたが、一般コースを歩く上での体力は不足していたことがわかる。

このような作業を山に行くたびに行えば、それをしないでいるよりも、はるかに短時間で自分の身体を改善していける。この表や図からはまた、同じ人でもトレーニングの課題は次々に変化していくことがわかる。言いかえると、同じトレーニングを漫然と続けているだけでは、十分な効果は得られないのである。

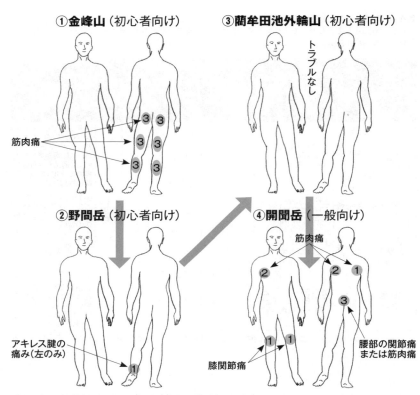

図4-7-5：初心者によるQCシートの記入例（2）（山本、2011）
表4-7-5の内容のうち、筋や関節の痛みを人体図に書き込んだもの。数値は痛みの大きさを表す。

パーティーで登山をする場合には、リーダーが個々のメンバーの様子を観察したQCシートも作るとよい。本人はトラブルと自覚していなくても、リーダーから見れば危なく見える場合もあるからである。

このような人は自己を客観視できていないことになるので、事故を起こす危険性も高い。登山後に本人が作ったQCシートと、リーダーが作ったシートとをつきあわせ、そのギャップについて話し合うことで、本人が自覚できていない部分を啓発することもできる。

◆科学的なトレーニングは
自分でできる

ここまでに述べた一連の作業を実行することによって、それまでよりも快適な登山ができたとすれば、すばらしいことである。それは、自分の手で自分の身体を上手にコント

column 4-7-3
猪谷六合雄・千春親子のQCシート

　QC（quality control）の考え方は、製造業で品質の管理をするために、第二次世界大戦後のアメリカで生まれた。複雑な現象をできる範囲で可視化することで、問題点を見つけやすくするとともに、解決しやすくするのがそのねらいである。

　ところで戦前の日本で、これをすでに実行していた人がいる。猪谷六合雄・千春の親子である。父は日本スキー界の草分け、息子は1956年のコルチナ五輪に出場し、スキーの回転競技で銀メダルを獲得した。

　六合雄は創意工夫の人で、『雪に生きる』『雪に生きた八十年』の二著は著者の愛読書である。その中の「子供の躾」という章に図のようなQCシートを見つけた。彼は次のように書いている。

　「朝、家を出る時に「今日も早く帰れよ」といっただけでは効き目がない。そこで、先生とも相談して、時間の表を作って持たせておいた。……なおお互いの神経の負担を軽くする一つの案として、子供の生活のうちの大事なことの日記を、点数にして記入出来るような表を作り、毎晩、親達と相談しながら書き入れさせることにした。」

　「それから、その点の記入方法は、特殊なミリ目の方眼紙を利用して、

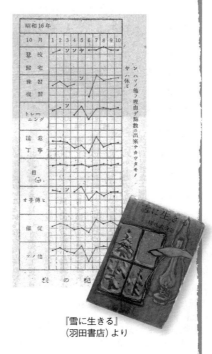

『雪に生きる』
（羽田書店）より

一ミリを一点として黒点を打ち、それを病院の体温表のように線でつないで行って、一目でその成績が見えるようにしておく。そうすると便利でもあるし、また張り合いもいい。」

　QCシートの作り方は自由である。現代のスポーツ選手はQCの技法を自分流にアレンジして使っている。本章で紹介した例を参考に自分用のシートを作ってみるとよい。

第4章　登山のための体力トレーニング

ロールできたことを意味する。このような体験をした人は、次のPDCAサイクルではさらに改善してみよう、という意欲や研究心がわいてくるだろう。

反対に、目論見が外れ、以前と同様なトラブルが起こってしまう場合もある。これは、正しいと考えて実行したことのどこかに盲点があったことを意味する。このようなケースもしばしばあるので、失望せずに反省と改善を繰り返す。

QCシートの記録は、1回つけただけでは「こうしたらこうなった」ということしかわからない。だが複数の登山記録が集まってくれば「こういう時にはこうなる」というように、自分の身体の法則性がわかってくる。その結果「こうすればこうなるだろう」という予測もできるようになる。

スポーツの世界では科学的なトレーニングという言葉がよく使われる。この意味を、科学者が高価な機器を使って診断し、その処方箋通りに実行すれば必ず強くなれるプログラムと解釈する人が多い。

だがそうではない。科学的なトレーニングとは表4-7-6のように、自分の身体の様子をさまざまな角度から可視化し、そのデータをもとに進むべき方向性を考えることである。QCシートを活用したトレーニングはその典型例である。科学的なトレーニングとは自分一人で、しかも紙一枚があればできるのである。

表4-7-6:科学的なトレーニングの流れ（山本、2006）
科学とは、まず現象を記述することから始まる。機（器）械で測る数値だけではなく、自分の感覚（主観）を数値化・記号化・言語化することも立派な記述であり、それを積み重ねるほど予測は正確になってくる。

科学的なトレーニングの4段階

1) 記述	自分の身体の様子を可視化する努力を重ねる
2) 説明	どんな状況の時に身体がどのように反応するのかを分析し、自分の身体の法則性を把握する
3) 予測	2)を受けて、どうすれば身体をよりよい方向に変えられるのかを予測する
4) 操作	3)の予測を実行してみて、正しいかを確認する。正しくなければ、1)や2)に戻ってやり直す

column 4-7-4
オーバートレーニングを回避する

オーバートレーニングとは、トレーニングのしすぎで慢性疲労の状態に陥ることである。休養日を設けず、毎日根をつめてハードなトレーニングをする人がなりやすい。放置しておくと身体を壊したり、精神的に燃え尽きたりする可能性がある。

表の①〜⑤は、スポーツ選手が良いコンディションにある時の状態を示している。この逆の状態がオーバートレーニングということになる。

①〜⑤は、いずれも主観的な指標なので、頭で考えているだけではうまく把握できない。P437で紹介した猪谷親子のようなQCシートを作って①〜⑤の程度を数値化し、長期間にわたりその変化を捉えることで、はじめて様子がわかってくる。

オーバートレーニングのチェック項目には、ほかにも「寝付きが悪い」「目覚めが悪い」「食欲の低下」「体重の減少」「動悸」「息切れ」「めまい」「起床時や運動時の心拍数の上昇」などがある。必要に応じてQCシートに入れるとよい。

同じ内容のトレーニングや登山をしているのに、ひどくきつい／だるいとか、以前は楽しくできていたトレーニングや登山に意欲がわかない、といった状況があれば、オーバートレーニングになりかけている可能性がある。

このような時には思い切ってトレーニングを休む。休養期間は疲労の程度によって異なる。数日間で回復することもあれば、数週間くらい休養が必要なこともある。

オーバートレーニングのような重症ではなくても、毎日トレーニングをしていると疲労がたまってくる。1週間に1〜2日は完全休養日を設けた方が、質・量ともによりよいトレーニングができるだろう。

QCシートによる体調管理についてはP509でも紹介したので参照して頂きたい。

第4章 登山のための体力トレーニング

①無理なく良好なパフォーマンスが発揮されている
②パフォーマンスが安定している
③特別な苦痛や症状がない
④疲労しても回復が早い
⑤トレーニングに対して意欲がある

(川原、1992)

夏山合宿の下山。下山後は、忘れないうちに反省点を記録に留めて、次の登山に生かそう。

SUMMARY
まとめ

■ トレーニングには失敗がつきものである。PDCA サイクルを活用すると、無駄を最小限に抑えながら改善することができる。

■ PDCA とは、① Plan（計画）、② Do（実行）、③ Check（評価）、④ Act（改善）の 4 段階のことで、とりわけ③の巧拙が成果を左右する。

■ ①〜④の全過程で、問題の様子を数値、記号、文字などで可視化することが重要である。QC シートはそのための強力な技法となる。

■ 折々の登山の成果は、トレーニングがうまくできているかを確認するテストになる。その様子を QC シートに書き出し、変化傾向を観察することでヒントが得られる。

■「科学的なトレーニング」とは、上記のように自身の状況を可視化し、PDCA の考えに基づいて改善していくことであり、紙一枚あれば自身で実行できる。

第5章 海外での高所登山・トレッキング

Exercise Physiology &
Training for Mountaineering and Climbing

カラコルムの名峰マッシャーブルム（和田城志氏撮影）

　海外での高所登山といえば、かつては限られた人だけが行ける世界だった。だが現在では8000ｍ峰でも商業公募登山が行われるような時代になった。人気のある登山ルートには多くの登山者が集まってくる。

　しかし一方では、高所登山に必要な知識、体力、順応が不十分なことによる登山の失敗や、事故も起こっている。日本での高山の登り方については3章-8～9で考えたが、スケールの大きい海外の高山ではさらに周到な準備が必要である。

　本章では、4000ｍを超える海外の高所で登山やトレッキングをする人が、1）出発前に日本で準備しておくこと、2）現地に行ってから対処すべきことに分けて、その方法を考えてみたい。

第5章-1

海外での高所登山・トレッキングでは、日本には存在しない4000m以上の高度を体験することになる。登山期間も長くなる。出発前に日本で身体づくりをしようとしても、どこから手をつけてよいかわからない、と思う人も多いだろう。

「高所登山＝登山＋高所」というように、2つの要素の足し算と考えるとよい。そして、前者に対しては基礎体力トレーニングを、後者に対しては高所順応トレーニングを行う。両者を上手に組み合わせることで、登山の成功率を高めることができる。

トレーニングの考え方

冬の上越・タカマタギにて。日本での雪山登山は、高所登山のための最良のトレーニングとなる。

◆**基礎体力と高所順応を区別して考える**

海外の高所に備えて日本でトレーニングをする際には、図5-1-1のように、「登山」と「高所」の2要素に分解して考えるとわかりやすい。前者は高度の影響を抜きにした基礎体力の問題、後者は体力の影響を抜きにした高所順応の問題と考えるのである。

2つの能力は独立性が高く、トレーニング方法も異なる。最大の違いは、基礎体力のトレーニングは低山や下界でもできるが、高所順応のトレーニングは高所（低酸素）環境に身体を曝さなければ身につかないことである。

図5-1-2は、長距離ランナーと一般人とを、4000m相当の低酸素室に滞在させ、高所順応の指標となる動脈血酸素飽和度（SpO_2）の低下度合いを比べた実験である。

全身持久力に優れるランナーの方が SpO_2 を高く維持できそうだが、実際には一般人と同じように低下してしまう。つまり、下界でハードな持久力トレーニングをしておけば、高所順応も身につくという考え方は正しくないのである。

基礎体力を身につけるには運動をすることが必須条件となる。だが高所順応はじっとしていても身につけ

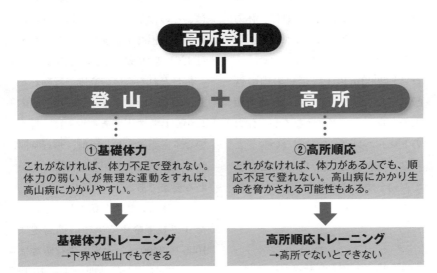

図5-1-1：高所登山の考え方
①と②の2つの能力の足し算と考えるとわかりやすくなる。両者は独立性の高い能力なので、別個にトレーニングするという意識が必要である。①は下界や低山でもできるが、②は高所（低酸素環境）でなければできないという性質がある。

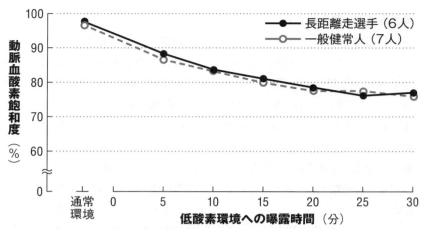

図5-1-2：基礎体力と高所順応の独立性（山本、1996）
全身持久能力に優れる長距離ランナーも、あまり運動をしていない一般人も、4000mの環境に曝露されると、体内は同程度の酸素欠乏状態になってしまう。

られるという違いもある。たとえば次のような具合である。

1）下界で運動をしたり、1500m以下の低山で登山をすれば、体力のトレーニングにはなるが、高所順応のトレーニングにはならない。

2）2000m以上（注）の山や低酸素室でじっとしていれば、高所順応のトレーニングにはなるが、体力のトレーニングにはならない。

3）2000m以上の山や低酸素室で運動をすれば、両方のトレーニングになる。

注）1500m以上は準高所の領域なので（P218）、1500〜2000mの高度でも人によっては（あるいはやり方によっては）順応が得られる可能性もある。しかし2000m以上と考えておいた方がより確実である。

◆キリマンジャロ登山の場合

キリマンジャロ登山をとりあげて具体的に考えてみよう。表5-1-1は、その標準行程をもとに、身体にかかる負担度を整理し、山のカルテ（P426）を作成したものである。

毎日どれくらいの高度で行動したり、泊まったりするのかが高所順応にかかわる要素である。また、日々の登下降距離、歩行距離、歩行時間、ザックの重さなどが基礎体力にかかわる要素である。

基礎体力の要素を見ると、1日あたりで登下降する累積の標高差は1000〜3400m、水平の歩行距離は12〜27km、歩行時間は4〜16時間と、ハードな運動が何日も続く。特に頂上アタック日には、どの要素

表5-1-1：キリマンジャロ登山のカルテ（山本、2009）
①1日あたりの運動量が多い、②高度上昇も急激、③毎日それが続く、という厳しさがある。つまり高所順応を考える以前に、まず強い基礎体力が必要である。他にも、寒さ、暑さ、乾燥、異国で過ごすストレス、などを考えておく必要もある。

日程	行程	高所順応の要素 標高	基礎体力の要素 登下降距離	歩行距離	歩行時間
1日目	登山口→マンダラハット	1700m→2700m	1000m上り	12km	4～5時間
2日目	→ホロンボハット	→3700m	1000m上り	15km	6～7時間
3日目	休養日	3700m	なし	なし	なし
4日目	→キボハット	→4700m	1000m上り	15km	6～7時間
5日目	→登頂（ウフルピーク）	→5895m	1200m上り	6km	8～9時間
	→ホロンボハット	→3700m	2200m下り（計3400m）	21km（計27km）	7時間（計15～16時間）
6日目	→登山口	→1700m	2000m下り	27km	6時間
		最高高度 5895m	合計 8400m	合計 96km	合計 37～41時間

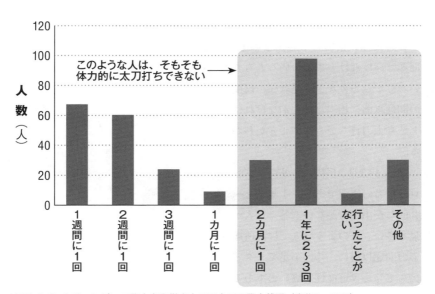

図5-1-3：キリマンジャロ登山を目指す人の日本での登山状況（安藤ら、2013）
半数は登山者といえるが、あとの半数はハイキング感覚の人である。「その他」の内容は「昔は登山をしていたが、今は全く登っていない」「最近、登山を始めたばかり」など。

キリマンジャロ登山で重症高山病にかかり、搬送される登山者（安藤隼人氏撮影）

も突出して大きな負荷となる。

　この山は技術的には容易なので、問題は高度だけと思っている人も多い。だがこのカルテを見れば、高度の問題以前に相当な体力がなければ、とても太刀打ちできないことがわかる。

　図5-1-3は、現代のキリマンジャロ登山者の実態である。1年に2～3回しか山に行かないと答えた人が最も多い。このような人では高所順応の問題以前に、体力不足でリタイアしてしまう可能性が高いのである。

column 5-1-1
基礎体力は高所順応を助ける

アコンカグアのBCまでは、自分の足で2日間歩いて入山する方法と、騾馬に乗って1日で入山する方法とがある。後者は体力を消耗しない分、高山病にかかりにくくなるとされる。ただし、急激に高度を上げることによる高山病の発症には十分注意しなければならない。（上鶴篤史氏撮影）

　基礎体力と高所順応とは独立した能力だと述べた（P443）。ただし間接的な意味では、体力の優劣は順応に対して大きな影響を及ぼすことも覚えておいて頂きたい。

　高山病は、高所で心肺に過剰な負荷をかける運動をした時に起こりやすい（P231）。心肺能力の低い人は、他の人よりも息を切らしながら上ることになるので、高山病にもかかりやすい。それをこじらせて肺水腫や脳浮腫を招く危険性も高まる。

　キリマンジャロ登山では、ポーターに荷物を持ってもらうと高山病にかかりにくく、登頂率が上がるという。またアコンカグア登山では、BCまで自分の足で歩いて行った時よりも、騾馬に乗って行った方が高山病に苦しむことが少ないとされる。どちらの例も、体力をセーブした方が順応にとって有利であることを示している。

　つまり、心肺能力が高ければ万全というわけではないが、弱ければ確実に不利になる。高所順応も遅れ、ひいては期間内に登れなくなることにもなりかねない。したがって基礎体力を日本で強化しておくことは重要である。

　海外の高所登山では、雪や岩の上を歩くのが普通である。その際の運動強度は8メッツとなる（P66）。そこで最低でも8メッツ、できれば9メッツの運動を、きつさを感じずにできるような身体を、日本で作っておくことが必要である。

第5章　海外での高所登山・トレッキング

◆日本でのトレーニングの流れ—体力と順応を「期分け」する

下界や低山で十分なトレーニングをして、表5-1-1にあげた基礎体力を身につけたとする。このような人では次の段階として、6000m近い高度に対応するための高所順応トレーニングを考える。

かつては、日本では基礎体力トレーニングを中心に行い、順応は現地に行ってからするもの、と考える登山者が多かった。その背景には、4000m以上の高所を持たない日本では、高所順応トレーニングはできないという先入観があった。

しかし日本の山でも2000m以上であれば、高所順応トレーニングは可能である。最近では登山者向けの低酸素トレーニング施設もでき、これも上手に活用すれば効果がある。

相対的な意味で、基礎体力は身につけるのに時間がかかるが、いったんつけると落ちにくい。これに対して高所順応は、短期間で身につくが、落ちるのも早い。そこで、基礎体力トレーニング→高所順応トレーニング、という順番で行うのが合理的である。

図5-1-4はこの一連の流れを概念図にしたものである。高所登山に

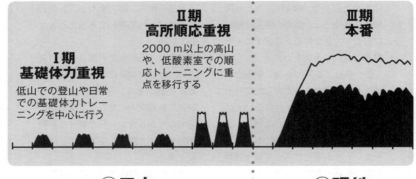

図5-1-4：高所登山・トレッキングの準備の流れ（山本、2004）
①日本ですべきこと、②現地ですべきこと、の2つに分けて考える。①についてはさらに、基礎体力と高所順応という2要素に分けて強化を図る。それぞれのトレーニングの質、量、期間は、目的とする山によって変わる。

column 5-1-2
エベレスト「ターボ」実験登山

「パリからエベレスト山頂を15日間で往復する」という合言葉のもと、フランスの科学者が5名の一流登山家を集めて、1989年に実験登山が行われた。

図はその行程である。まずモンブラン（4809m）に登り、山頂付近の小屋に1週間連続で泊まった。その後低地に降りて、今度は低圧室を使って4日間、8500m相当までの順応トレーニングを行った。この時には、体力の衰退を防ぐために日中だけ低圧室に入り、夜間は低圧室から出て低地で睡眠を取る方法がとられた。

このようなトレーニングを積んだ後、クライマーたちはエベレストへと向かった。しかし残念なことに、悪天候のため7800m地点までしか到達できなかった。エベレストの山頂まで、そのままストレートに登れたか否かは謎として残された。

ただし7800mに到達するまでの日数は、過去の登山隊の中では最短で、3500mのラインを超えてから6日目に7800mに達した（P521の図を参照）。かなりの効果があったことは疑いない。

私たちも富士山と低酸素室とを上手に使えば、似たような登山ができる。著者は低酸素室のみ、あるいは低酸素室と富士山を組み合わせたトレーニングで、高所登山をどれくらい短期化できるかを試みてきた。その結果、アコンカグア（6961m）ではBCから4日間、ムスターグアタ（7546m）ではBCから1週間で登頂することができた（P480）。

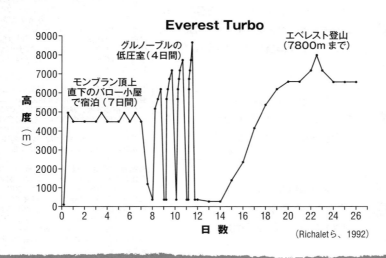

(Richaletら、1992)

出かけると決まったら、まず低山や下界で基礎体力トレーニングを始める。そして本番が近づいてきたら、国内の高山や低酸素室を利用した高所順応トレーニングに重点を移していく。スポーツ界では、このようなやり方を「期分けトレーニング」と呼んでいる。

◆ 身体的に見た高所登山の難易度

海外での高所登山・トレッキングといっても、目標とする山が違えば求められる基礎体力や高所順応のレベルも大きく違ってくる。標高が高いほど、登山期間が長いほど、またルート状況（雪、氷、岩、気象条件など）が困難なほど、身体への負担は増す。

山岳ガイドの安村淳氏は、海外での豊富なガイド経験をもとに、高所登山・トレッキングの難易度を表5-1-2のように3つのランクに分類し、トレーニングのアドバイスをしている。的確でわかりやすいので、以下この基準に沿って話を進めていきたい。なおガイド登山を逸脱するD、E、Fランクの登山については5章-4で考える。

表5-1-2：高所登山・トレッキングのランク分け（安村淳氏より聞き書き）
一般ルートでガイド登山を行う場合の難易度と、トレーニングに関するアドバイス。

ランク	山（コース）名	トレーニングのアドバイス
A	・カラパタールトレッキング（5545m） ・ゴーキョピークトレッキング（5360m） ・キリマンジャロ登山（5895m）など	参加者はハイキングやツアー感覚の人が多い。トレーニングとしては、普段の山行でとにかく長い時間歩いてもらうことを勧めている。出発の半年前からは、なるべく月に1回は富士山に登る。1カ月前になったら2〜3回登り、うち1回は頂上で1泊する。冬など、富士山が使えない時期には、かわりに低酸素トレーニングを行う。
B	・アコンカグア（6961m） ・アイランドピーク（6160m） ・メラピーク（6470m）など	参加者はハイカーやツアー感覚の人と、登山者とが半々。本格的な体力トレーニングを指導する。具体的には普段の山行での早歩きを勧めている。主観強度は「ややきつい」〜「きつい」のあたりで行う。富士登山のやり方は上記と同様。雪山登山の技術や経験も重要になる。
C	・8000m峰の一般ルート （酸素ボンベ使用） ・マッキンリー（6190m）など	参加者は登山者がほとんど。Bランクの山と同様な体力トレーニングに加えて、雪山でのトレーニング、ロープ操作（ユマーリング、懸垂下降）、岩場でのアイゼントレーニングを行う。エベレストなど8000m台後半の山に行く場合は、消耗戦に備えて筋をつけるトレーニングを行う。これに加えて脂肪もつけるようにする。

1）Aランク

　雪がほとんどなく、道歩きに終始する5000m台の山が該当する。高所トレッキングとしては最もハードな部類のカラパタールトレッキングや、高所登山としては最も初歩的といえるキリマンジャロ登山などが該当する。

2）Bランク

　雪山技術の必要な6000m台の山が相当する。アイランドピークやメラピークのようにオーソドックスな雪上技術が要求される雪山や、アコンカグアのように道登りが主体でも高度が高くて気象条件が厳しい山などが含まれる。

3）Cランク

　酸素ボンベを使って登る8000m峰やマッキンリーが該当する。8000m峰で酸素ボンベを使えば、生理的な高度は7000m以下となる。マッキンリーは6000m台前半の山だが、北極圏にあるため、生理的な高度は7000mに近くなる（注）。

　つまりCランクの山は、身体的な負担度から見ると、最大で7000m前後の山と見なすことができる。またBランクの山に比べてスケールが大きくなるため、色々な意味で登山はより厳しくなる。

　安村氏によると、日本で表5-1-2のようなトレーニング指導をした上でガイドをすれば、キリマンジャロでは登頂率が9割くらいとなるが、アコンカグアでは5割程度にとどまるという。

　また現地のレンジャー基地の情報でも、キリマンジャロの登頂成功率は9割、アコンカグアでは3～4割、マッキンリーでは5割程度だという。Aランクの山とB・Cランクの山とでは、その困難さには歴然とした差があることがわかる。

　ランクが上がれば、登山の経験や技術もより高いレベルを要求される。安村氏によると、基礎体力や高所順応といった身体的な能力は同じでも、登山技術に劣る人や登山経験の少ない人では成功率が低くなるという。

　本節では以下、各ランクの山を目指す際の基礎体力面のトレーニングを中心に考えてみる。

第5章　海外での高所登山・トレッキング

注）極地では気圧が低いため、高度が同じでも酸素の量はより少なくなる。このために生理高度（体感高度）は上昇する。反対に、赤道付近の山では気圧が高く、同じ高度でも生理高度は低くなる。

◆Aランクの山

キリマンジャロ登山の例で考えてみよう。この登山を成功させるにはかなりの基礎体力が必要である。表5-1-1から、1日あたりの運動負荷の最大値を抜き出してみると「1200m登る」「2200m下る」「27km歩く」「15時間程度歩く」となる。これら負担の大きな運動が、すべて頂上アタック日に集中していることにも注意しなければならない。

図5-1-5は、著者がこの山で頂上アタックをした時の心拍数である。上りでは100〜110拍台（最高心拍数の6割程度）で推移している。これはかなり低い運動強度である。つまりこの山を目指してトレーニングをする場合、強度は低くてもよいことになる。

一方で、運動時間は16時間あまりと長いので、量のトレーニングは重要である。安村氏は「山でとにかく長い距離を歩く」と表現しているが、簡潔で的を得ている。

表5-1-1を参考に、普段の山行で「今日は1200m登る」「今日は2200m下る」「今日は27km歩く」「今日は15時間歩く」など、色々な課題を作って試してみる（まとめて一度に行うのは大変なので、個別に実行すればよい）。そうすることで、基礎体力の強化だけではなく、本番

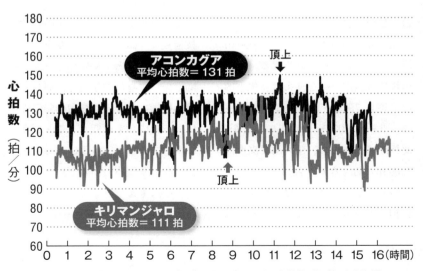

図5-1-5：キリマンジャロとアコンカグアの頂上アタック日の心拍数（山本研究室資料）
それぞれ16.5時間と15.5時間という長時間行動をしている。アコンカグアの方は、通常のアタック開始高度（5800m）ではなく、1つ下の5350mのキャンプから往復している。

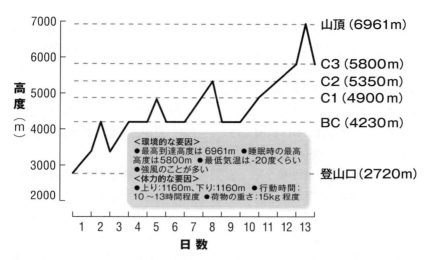

図5-1-6：アコンカグア登山の身体的な負担
標準的なアコンカグアの行程を示した。■内は頂上アタック時に受ける負担。この図では頂上アタック日までの行程しか示していないが、この後さらに2〜3日をかけて登山口まで下山することも考えておく必要がある。

アコンカグア（6961m）は技術的な要素が少ないため、低酸素や寒さといった高所の本質的な厳しさを体験するのに適した山である。

の登山に対するイメージトレーニングにもなる。

　本番の登山では何日も続けて行動するので、それを模擬した登山もしておく。泊まりがけの山行をしてもよいし、日帰り登山を毎日繰り返してもよい。

◆Bランクの山

　アコンカグア登山を例に考えてみる。この山もキリマンジャロと同様に雪がほとんどなく、道歩きが主となる点では似ている。しかし登頂成功率は大きく低下する。何が大変なのだろうか。

　図5-1-6は、アコンカグア登山の標準的な行程である。キリマンジャロ登山と違うのは、高度が高いので、頂上へ向けてひたすら登り続

けていくことができず、少し登ってはいったん下って休養を取るという上下行動（鋸歯状行動）が加わることである。その分だけ運動量は増え、体力を要する。登山期間も長くなる。

高度も1000m高い分、低酸素の影響が強まる。寒さや風も厳しくなるので、高所用の衣類や靴など、身につける装備の重量も増える。つまりBランクの山になると、身体への負担は一挙に大きくなる。

表5-1-3はB・Cランクの高所登山で、頂上アタック時に身につける標準装備とその重量である。頂上アタック時にはザックの中身こそ軽い。しかし衣服や登山靴、ピッケルやアイゼンなど身につけるものの重量も含めると、全部で17kgくらいになる。重量の増加は心肺や筋への大きな負担となる。

図5-1-5は、著者がこの山で頂上アタックをした日の心拍数である。心拍数は上りでも下りでも130拍台（最高心拍数の7割程度）である。行動時間はキリマンジャロ登山とほぼ同じだが、平均心拍数は20拍も高い。

このような山を登るための基礎体力トレーニングはどのようにすべきだろうか。キリマンジャロではゆっくり長時間歩くようなトレーニングでよかった。だがアコンカグアでは、長時間という要素に加えて高強度という要素も意識する必要がある。

低山でトレーニングをするのであれば、荷物の重さを15kg以上にし、心拍数を上げて歩く。安村氏のアドバイスでは「山道で、ややきつい〜きついの感覚で早歩きトレーニングをする」となっている。

表5-1-3：B・Cランクの高所登山でアタック時に身につけるものの重さ
8000m峰の登山で酸素ボンベを使う場合には、さらに5kgくらい増える。

＜衣類・靴＞
ダウンジャケット、上着、中間着、下着、手袋、靴下、帽子、高所用登山靴など…**計8kg**
＜行動用装備＞
ザック、ピッケル、アイゼン、ハーネスなど…**計6kg**
＜食料・飲み物＞
テルモス、水分、食料など…**計2kg**
＜小 物＞
時計、ヘッドランプ、カメラなど…**計1kg**

＝ **合計 約17kg**

column 5-1-3
高所順応研究の先駆者 E.ウインパー

　E.ウインパーと言えば、マッターホルンを初登頂したことで有名な19世紀のイギリスの登山家である。だが彼が高山病や高所順応の研究に大きな貢献をしたことはあまり知られていない。

　マッターホルンからの下山時、7人の仲間のうち4人までが墜死してしまった。彼はそれを境にヨーロッパアルプスを去った。

　その後、1880年にアンデス（エクアドル）でめざましい高所登山を行った。チンボラソ、コトパクシ、カヤンベなど、主な高峰8座に初登頂を果たしている。この遠征では、マッターホルンで初登頂争いをしたJ.カレルと行を共にしている。

　これらの成果は『アンデス登攀記』（大貫良夫訳）という大著にまとめられている。登攀中、各地点で気圧を測ったり、登高速度を測ったり、麓の動植物を採集したりと、科学者のような仕事をした（彼はもともと科学者か技術者になりたかったという）。

　著書には高山病や高所順応の様子について詳しい観察結果が書かれている。これらの記述は今読んでも参考になるところが多い。

　『ウインパー伝』（F.スマイス著、吉沢一郎訳）の中には次の一節がある。「自分の呼吸を崩さずに歩けということは登山家の間によく知られている。歩幅も速さに劣らず重要である。チンボラソ登山の出発に際して、わたしは、いつも、ゆっくり歩けと主張した。……わたしは、片方の足先をもう一方のかかとにつけるよう、くりかえし注意した」

　スマイスは「もし、彼がこの調子でヒマラヤに注目していたならば、かならず同じ成功を収めていたであろうし、能率的にも科学的にもずっと無駄骨を折って、氷河や峰々を模索しながら登っていったあの先蹤者たちに対し、はるかの昔に先手を打っていたに違いないのである」と書いている。

「赤ん坊」と名付けた12ポンド（約5kg）の大きな水銀気圧計（背中の四角く長い木函）を背負ってチンボラソを登るカレル

第5章　海外での高所登山・トレッキング

◆Cランクの山

　8000ｍ峰を酸素を使って登る場合を考えてみる。前述のように、生理的には6000ｍ台（最大でも7000ｍ前後）で酸素を使わずに行動するのと同程度の負担となる。

　図5-1-7は、上村博道氏がエベレストの頂上アタックをしている時の心拍数である。心拍数は時折140拍を超えているが、多くの部分では130拍台（最高心拍数の7割程度）で、著者がアコンカグアを登っている時とほぼ同じレベルである。

　つまり1日あたりで見たときの運動の強度や量は、CもBも同程度である。したがって必要な基礎体力もほぼ同じと考えてよい。安村氏のアドバイスを見ても、Bランクの山と同じ体力トレーニングを勧めている。

　CがBと最も違うのは登山期間が長くなる点である。このためCでは、行動面でも生活面でも強い「耐久力」が求められる。

　図5-1-8は、前述の上村氏のエベレスト登山の全行程である。まずネパールでカラパタールまでのトレッキングを行い、その後チベット側に移動してエベレスト登山をしている。つまりAランクの登山をした後にCランクの登山をしている。日本を出発してから登頂までに3カ月を要している。

　高所に長期間滞在すると、脂肪量だけではなく筋量も落ちてしまう

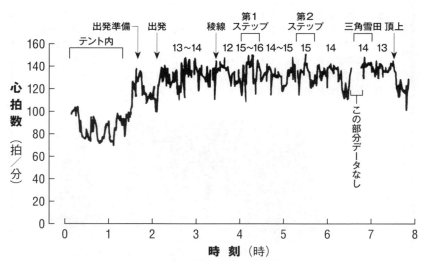

図5-1-7：エベレスト頂上アタック時の心拍数（上村と山本、1998）
図中の数字は主観強度を表す（P89を参照）。Cランクの山でも、行動中の運動強度はBランクとほぼ同等である。

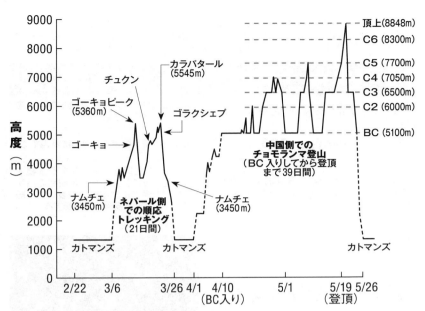

図5-1-8：エベレスト登山の行程（上村と山本、1998）
Cランクの山では、1日あたりの運動負荷はBランクと同程度だが、全体の登山期間が非常に長いことや、頂上アタック時に連続行動をする日数が増えるために、強い「耐久力」が要求される。

（高所衰退）。8000m峰の登山では体重が10kgくらい減ってしまう人もいる。これにより行動体力も防衛体力も低下する。

若い人ではあまり問題にならないかもしれない。だが加齢により筋量が低下している中高年では、頂上アタック時に筋が落ちすぎていれば登れない可能性も出てくる。安村氏のアドバイスを見ると「Bランクのトレーニングに加え、消耗戦に備えて筋や脂肪をつけておくことが必要」とある。

日本では、テント泊の雪山登山が最良の予行演習となる。雪山で何日も行動したり生活をすることが苦にならないような体力、技術、経験を身につけておく。

無雪期の山では、ある程度重い荷物を背負い、心拍数もある程度上げて歩く。頂上アタック日の担荷重量は、標準装備＋酸素ボンベで20kgを超えるので、Bランク以上のボッカ能力も身につけておく。

下界では、自重負荷の筋力トレーニングを行う。4章-2で紹介したようなスクワットや上体起こし運動が最も基本的なトレーニングとなる。

表5-1-4：A・B・Cランクの高所登山を目指す際のトレーニングの着眼点
Cランク（8000m峰）の登山では、酸素ボンベが正常に機能することを前提としている。万一これにトラブルがあった場合には、生理高度が8000mになってしまうことも想定しておく必要がある。

ランク	物理的な高度	生理的な高度（体感高度）	登山期間	日本での基礎体力トレーニングの方針
A	6000m未満	6000m未満	1～3週間	量（時間）を重視する。強度は低くてもよい。
B	6000m台	6000m台	2～3週間	量も強度も、ともに重視する。
C	6000m台～8000m台	6000m台後半～7000m前後	1～2カ月	Bと同様、量と強度を重視することに加え、長期間の高所滞在による身体の衰退にも配慮した身体づくりをする。

　表5-1-4は、ここまでに述べたことを整理したものである。トレーニングの際にはどのランクの登山を行うのかをまず意識する。次に、同じランクでも山によって要求される体力、順応、登山技術は異なるので、それをカルテに書き出して、日本でのトレーニングによってできるだけ解決しておく。

◆ 8000ｍ峰登頂者の経験知

　日本山岳会の高所登山研究委員会では、1990～2000年に8000ｍ峰に登頂した人117名を対象にアンケート調査を行い、著者が中心となって135頁の報告書にまとめた。以下「8000ｍ峰登頂者アンケート」と呼ぶ。

　15年以上前の資料だが、ガイド

8000m峰登頂者へのアンケート（日本山岳会編、2002）。本格的な高所登山をする人の参考となることを目的として、体力、高所順応、高所での行動適応（高所技術）などについて、117名の8000m峰登頂者に尋ねた結果をまとめている。

登山や公募登山が主流となる以前に、自分の力で高所を目指した人たちの意見が集約されている。また当時の一流登山家のほぼ全員が回答してい

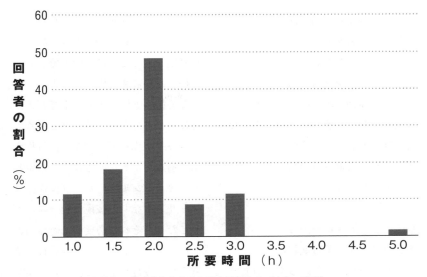

図5-1-9：Bランク以上の高所登山をするための最低体力（山本、2002）
回答者は58名。1000mの標高差を2時間で上れることが必要、と答えた人が最も多い。

る。自力で高所登山に取り組もうとする人には原本を読むことを勧めたい。

　ここでは8000m峰を含めた本格的な高所登山、つまりB・Cランクの登山をするために、どの程度の基礎体力が必要かを尋ねた部分を紹介する。

　図5-1-9は「日本の低山で、標高差1000mを軽装で登る場合、何時間で登れる能力が必要だと思いますか？」という質問に対する回答である。2時間と答えた人が最も多い。

　これは1時間あたりでは500mの登高能力で、おおよそ8メッツの運動強度に相当する（P92）。つまりB・Cランクの登山を目指す人は、8メッツの強度を意識したトレーニングをするとよい。

　8メッツの体力を1時間あたりの登高能力で表すと、体重の10%の荷物を持った場合で510m、20%の荷物で470m、30%の荷物では430mとなる（P316）。走る運動でいうと、ジョギングではなくランニング（分速130m）のペースである。

　8000m峰登頂者が行っているトレーニング種目としては「実際の登山・クライミング」と「ランニング」が多かった。休日にはなるべく登山やクライミングに出かけ、オールラウンドな登山能力を身につける。そ

第5章　海外での高所登山・トレッキング

の上で、普段の生活ではランニングをして、心肺能力をさらに鍛えるというイメージである。

なおランニングは、若い人にとってはよい運動だが、中高年にとっては膝や腰などを壊しやすい。不安な人では、坂道歩行、低山トレーニング、そして自重負荷の筋力トレーニングをするとよい。

◆様々なシミュレーション
　トレーニング（予行演習）

A〜Cのランクを問わず、頂上アタック時には夜中に出発することが多い。そこで、暗闇で準備をしたり行動したりする練習も積んでおく。

たとえば無雪期の富士山で夜行日帰り登山をすれば、キリマンジャロの頂上アタック日のシミュレーションになる。一般の登山者がこのような登山をすることは安全上望ましくない。だが高所登山をする人が、十分な心構えと準備をした上で行えば、理にかなったトレーニングとなる。

ルート工作や荷上げなど、目指す山で遭遇するあらゆる場面を想定して、アイゼン歩行、ロープ操作、ユマーリングなどの技術トレーニングをしたり、それに必要な基礎体力のトレーニングもする。これを自分で考えながら行うことで、トレーニングへの意欲も高まる。

生活面でのストレスから心身を守るためのシミュレーション、つまり防衛体力のトレーニングも行う。低酸素、低温、高温、強風、乾燥といっ

富士山での夜行登山は、本番の頂上アタックのための予行演習にもなる。このように、トレーニングの際に目的を明確に意識して行うことを「意識性の原則」とも呼ぶ。（上村絵美氏撮影）

た物理的なストレス、悪い栄養条件、狭いテントや雪上での生活、対人的なストレスなども考えられる。雪山でのテント泊登山は、これらの最もよい模擬トレーニングになる。

このような多様な予行演習を積んでおけば、現地でまごつくことが少なくなり、精神面でのストレスが減る。これはスポーツ心理学でいうメンタル（イメージ）トレーニングの効果をもたらす。精神的なストレスは高所順応を妨げるので、それを少なくすることが登山の成功率を上げることにつながる。

◆成否の大半は日本を出るまでに決まる

日本の登山では強い人でも、現地で力を発揮できない可能性はある。だがその逆、つまり日本で弱い人が現地で力を発揮できることはありえない。日本で可能な限りの準備をしておくことが、現地での成否を大きく左右する。

安村氏は「海外での高所登山の成否は、日本でやってきた事が正しいかどうかによって決まる。本番の登山とは、日本での準備が正しかったことを確認する作業」と述べている。

マラソン選手が本番のレースまでに長期間の練習を積むことと同じである。マラソンは「準備のスポーツ」「知性のスポーツ」とも呼ばれている。試合前の準備で9割方の結果が決まるというコーチもいる。

著者が海外で登山をする時には、オルゴールのゼンマイを巻くようなイメージで準備をする。巻き足りない（準備が足りない）と途中で止まってしまう。巻きすぎると（トレーニングが過剰だと）壊れてしまう。目的とする山に登頂して下山が完了するところまで、多少の余裕も見込んでちょうどよくゼンマイを巻く。

このような考えでトレーニングをし、現地で身体が予想通りに動いてくれるかを確認するのは楽しい作業である。もしも不備な点があれば、それを記録に残しておいて次の登山で修正する。

昔は「日本を出るまでが大変で、出発できれば半分成功」といわれていた。これは当時の遠征準備が大変だったことを表現した言葉である。渡航手続きや物資の調達などの準備が大変で、体力や体調を整える準備は二の次だった。

現代は逆である。昔のような面倒な準備は必要なくなった。私たちは身体面の準備に十分な時間をかけることができる。昔とは違う意味で「日本での（身体の）準備のよしあしによって成果の大半は決まる」と言ってよいのである。

第5章 海外での高所登山・トレッキング

日本では体力や順応のトレーニングに加えて、本番を想定した様々なシミュレーショントレーニングをしておこう。（出村英紀氏撮影）

SUMMARY
まとめ

■ 高所登山のトレーニングは、①基礎体力、②高所順応という、2つの身体能力に分けて考える。

■ ①のトレーニングは低地や低山でもできるが、②は高所（低酸素環境）に行かなければできない。日本での出発前のトレーニングは、まず①から始め、次第に②のトレーニングに重点を移すという「期分け」を行う。

■ ガイド登山や公募登山の対象となる山は、その難度をA、B、Cの3つのランクに分けて考えるとわかりやすい。目指す山で①と②の能力がどの程度必要かをカルテに書き出し、目標を可視化した上でトレーニングを行う。

■ Aランクの山では量（時間）重視のトレーニング、Bランクでは量と強度をともに重視するトレーニング、Cランクではそれに加えて耐久力のトレーニングを行う。

■ 現地で遭遇することが予想される様々なストレスに対して、日本でその模擬体験をしておくと、イメージ（メンタル）トレーニングにもなる。

第5章-2

日本での高所順応トレーニング

基礎体力のトレーニングは下界や低山でもできるが、高所順応のトレーニングは高所に行かなければできない。しかも日本には4000m以上の山はなく、3000m台の山も少ない。この制約のもとで海外の4000m以上の高所を目指すには工夫が必要である。

昔は、日本では基礎体力トレーニングだけをし、高所順応トレーニングは現地に行ってからぶっつけ本番で行っていた。しかしこれでは効率が悪く、失敗する可能性も高まる。本節では、日本でも工夫次第で効果的な事前順応トレーニングができる事を紹介したい。

第5章 海外での高所登山・トレッキング

冬の八ヶ岳にて。2000m台の山でも高所順応トレーニングは可能である。

◆なぜ日本での事前順応トレーニングが必要なのか

図5-2-1はエベレスト街道、キリマンジャロ、アコンカグアという、日本人に人気のある3つの高所登山・トレッキングでの、登山開始から3日目までの高度上昇パターンである。次のような特徴がある。
①登山開始地点の高度がすでに高い
②最初の2日間に急激な高度上昇をすることが多い
③その上に、その日の最高到達高度で宿泊することが多い

この中で最もきつい高度上昇をするのがアコンカグアである。キリマンジャロに比べてアコンカグアの登頂率が低いとP451で述べたが、このようなところにも原因がある。

「2500m以上では、睡眠高度は一日につき300〜600m以上は上げない」「睡眠高度はその日の最高到達高度よりも低くする」といったセオリー（P507）に反する行動をしている。これでは高所に強い人でも高山病にかかってしまう可能性が高い。

このような行動が予定されているのに、現地でぶっつけ本番の高所順応を期待していては、追いつかない方が当然である。日本にいるうちから、できるだけ高所順応トレーニング（事前順応トレーニング）をしておくことが必須条件となる。

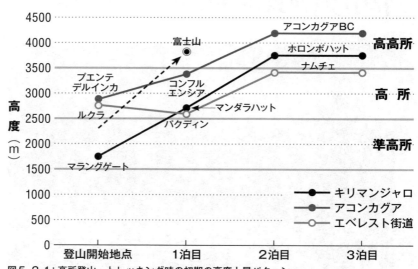

図5-2-1：高所登山・トレッキング時の初期の高度上昇パターン
アコンカグア登山、キリマンジャロ登山、エベレスト街道トレッキングの初期行程。いずれも最初の2日間で急激な高度上昇を強いられる。その対策として富士登山をしておけば、よい事前順応トレーニングになることが窺える。

表5-2-1：富士山で高所順応トレーニングを積んだ時に得られた効果（山本、2000を改変）
富士山頂に長期間滞在する、あるいは繰り返し登って高所順応をした場合、5000～6000m付近までは支障なく行ける身体になったという報告が多い。

棚橋靖氏	マッキンリー（6190m）に出かける2.5カ月前から、週1回のペースで富士登山をした。現地では、ランディングポイントから2日間でBCに入り、その翌日、10時間で登頂できた（ただし6000m以上では、かなり息苦しく、スピードも落ちた）。
増子春雄氏	毎月1回ずつ、20年以上にわたり富士登山をしている。はじめの2年間は3500m以上で苦しくなったが、3年目からは苦しくなくなった。またヒマラヤに出かけたときには、4500～6000mの高度では障害は出なかった。
山野井泰史氏	11月～5月まで、1カ月に3回のペースで測候所への荷上げをしているが、4000～5000mの高度では障害は出なくなった。
松田好弘氏	他の人よりも高所に弱く、シーズン始めの富士登山では五合目で頭痛がし、八合目くらいでリタイアすることもある。だが八合目の太子館（3100m）をベースとして、登山ガイドとして一夏に30回くらい頂上往復をし、その後に出かけた5700m峰では全く高山病が出なかった。ただし、次のシーズン始めにはまた元に戻ってしまうことが繰り返された。
岩崎洋氏	山頂の測候所で冬季に仕事をしていたためか、5000mくらいまではほとんど高度で苦労した経験はない。
西島昇氏	測候所で年間に約100日の勤務をしていた当時、マッキンリーおよびムスターグアタ（最高到達点は7200mまで）に出かけたが、終始高山病は出なかった。

この図にはまた、1日で富士山頂まで上り、そこで1泊する場合の行程も示したが、海外での行程よりも急激な高度上昇をしていることがわかる。言いかえると、富士登山には高い事前順応トレーニングの効果が期待できるのである。

◆日本でどれくらいの順応ができるのか

エベレスト街道のトレッキングではナムチェ付近（3440m）、キリマンジャロ登山ではホロンボハット付近（3700m）で高山病にかかる人が多い。ただしこの高度は富士山頂よりも低いので、事前に富士山でトレーニングをしておけば高山病は防げるはずである。

表5-2-1は、富士山に頻繁に登ったり山頂に長期間滞在したりすることで、どのような効果があったかについて、登山家の体験談をまとめたものである。4000m台はもとより、5000～6000m台の高度に対しても役立ったという意見が多い。

富士山頂よりも2000mくらい高い高度までの順応が得られると言いかえてもよい。そしてこの性質は、富士山以外の山にもあてはまるというのが著者の考えである。たとえば2000m台の山でも十分なトレーニングを積めば、4000m台の高度への順応も可能だと予想できるのである（P466）。

第5章　海外での高所登山・トレッキング

column 5-2-1
+2000m仮説

　下界（ほぼ0m）に住んでいる人が登山をすると、2000mあまりの高度で高山病が現れてくる（P218）。2000m台の高度で順応トレーニングをしておけば、4000m台の高度での高山病の発症を抑制できる（P476）。また富士山(ほぼ4000m)でトレーニングを積めば、6000mくらいまでの順応を得ることも可能である（P465）。

　これらの関係を一般化して表現すると「その人が順応している高度＋約2000mの高度までは、その順応が通用する」となる。これを「＋2000m仮説」と呼ぶことにする。

　この考え方を用いると、日本や現地で順応トレーニングをする際の目安として役立つ。たとえば6000mのピークが目標であれば、4000m付近で十分な順応を身につけておけばよいことになる。

　この性質は、6000m以上の高度に対してはどこまで通用するのだろうか。

　著者は8000mの前半まではあてはまると予想している。つまり8000m前半のピークを目指すのであれば、6000m前半の高度に十分順応することが目標となる。

　なお、ある高度に対して十分に順応するとは、①その高度でよく眠れること、②その高度での酸素の量に相応する登高スピードが出せること、の2条件を満たすことだと考えている（P515）。

　＋2000m仮説はまだ十分に実証されているわけではない。また個人差もあり、＋1000mくらいの人もいるかもしれない。

　今後高所に出かける人が、日本での事前順応トレーニングの段階からこの点に着目し、個人差も含めてその関係性を明確にしていけば、より役立つ考え方になるだろう。

◆3つの着眼点

日本で順応トレーニングをする際には次の3つの段階を考えるとよい。1）は必須である。2）もできるだけやっておくことが望ましい。

1）登山開始高度への順応

現地で交通機関による移動が終わり、足で歩く登山が始まるのは2000～3000m台のことが多い。そこからは毎日のように大きな高度上昇をする（図5-2-1）。

この高度への事前順応ができていないと、最初からつまづいてしまう（注）。それを最後まで引きずって計画全体が失敗に終わる可能性もある。幸い、日本には2000～3000m台の高度が多くあるので、このトレーニングは十分可能である。

2）BC高度への順応

本格的な高所登山をする場合、4000～5000m台の高度にBCを置くことが多い。長期間滞在するので、ここで支障なく過ごせるかは登山の成否に関わってくる。

1）のトレーニングに目途がついたら、BCの高度に照準を合わせて

注）チベットのラサ（3650m）、ボリビアのラパス（4050m）、エクアドルのキト（2850m）など、下界から飛行機で一気に高所～高高所に行く場合には、まず飛行機が到着する高度への順応を考えておくことも必要である。

コトパクシやチンボラソの登山基地となるエクアドルの首都・キト。3000m近い高度にあるため、日本からの到着時に体調を崩してしまわないような配慮も必要となる。（牛島浄氏撮影）

トレーニングを行う。4000〜5000m台の高度は日本にはないが、P466で述べたように、それより低い高度でのトレーニングであっても波及効果がある。

BCの高度マイナス1000〜2000mの高度であれば効果が期待できる。したがってBCが4000mであれば、2000〜3000m台の高度で行えばよい。

3）BCよりも高い高度への順応

日本の山で経験できる高度とはかけ離れているので、一般的には現地で行うものと考える。ただし富士山や低酸素室を利用して徹底的にトレーニングを行えば、5000〜6000mに対する順応も可能である。そして上下行動を減らした短期間の登頂もできる（P465、P480）。

◆3つの手段
1）富士山（高高所の山）

現代の高所医学では3500m以上が「高高所」と定義されている（P218）。日本では富士山が唯一この領域にある。

富士山頂は4000mにも手が届く高度である。特に冬には気圧の関係で、頂上付近の実質的な高度は4000mくらいになる（注）。

したがって、この山でトレーニングをすれば4000m台の高度へはもとより、徹底して行えば6000m付近までの順応を得ることも可能である（表5-2-1）。

注）冬になると中緯度地方では、下界の気圧は上がる一方で、2000m以上の高度では気圧が低くなる。

シェルパの故郷と呼ばれるナムチェの村。高所と高高所の境界付近（3500m）に位置する。ここで日数をかけて順応をしておかないと、その後の行程で体調を崩しやすいことが経験的に知られている。見方を変えると、この高度に対する日本での事前順応トレーニングは重要だといえる。

2)富士山以外の山
(高所・準高所の山)

　2500〜3500mは「高所」と定義されている。この領域では高山病にかかる人が目立って多くなり、肺水腫のような重症患者も出る。

　逆を考えると、この高度でもよい高所順応トレーニングができることになる。この領域で十分なトレーニングをすれば、2000〜3000m台の高所の領域はもちろんのこと、4000〜5000m台の高高所の領域への順応を得ることもできる。

　1500〜2500mは「準高所」と定義され、人によっては高山病にかかる。つまり人によっては(あるいはやり方によっては)、この領域でも順応トレーニングは可能である。

3)低酸素室

　2000〜3000m級の山は、その近くに住んでいる人でないと利用しづらい。また富士山をはじめとした高山は、冬になると危険度の高い山に変わってしまう。

　人工の低酸素室を利用したトレーニングはその代替となる。日本の山では体験できない4000m以上の高度を模擬体験できるという利点もある。

◆富士山でのトレーニング
1)トレーニングの可能性

　富士山に登ると体内は厳しい酸素欠乏状態となる。3章-9では一般の登山者がそのストレスから身を守る方法を考えた。海外の高所に出か

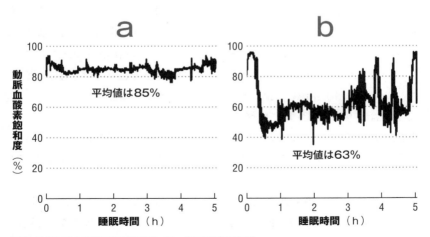

図5-2-2：富士山頂での睡眠時SpO$_2$ (山本研究室資料)
富士山頂の測候所に1週間以上滞在している人(a)は、その日に下界から登ってきた人(b)に比べて、睡眠時のSpO$_2$の値が著しく高い。

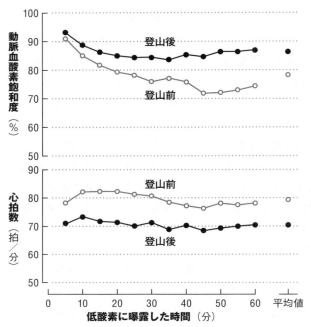

図5-2-3：
日帰りの富士登山で
得られる高所順応
（中西と山本、資料）
五合目から日帰りの富士登山を行った4人を、登山の前後で4000m相当の低酸素室に1時間滞在させ、SpO_2と心拍数を観察した。登山後にはSpO_2が低下しにくくなる一方で、心拍数は上昇しにくくなっている。

ける人は逆に、この性質を利用して高所順応トレーニングができる。大きな可能性があることは表5-2-1のとおりである。

図5-2-2はその根拠となるデータである。山頂に1週間以上滞在している人（a）は下界から山頂に上ってきたばかりの人（b）に比べて、睡眠時のSpO_2が著しく高い。

図5-2-3は、日帰りの富士登山でも効果がある事を示すデータである。登山後には、4000mの低酸素環境に曝露してもSpO_2が低下しにくくなり、これと呼応して心拍数も上昇しにくくなっている。

著者らはこの他にも、日帰り登山を2日連続で行ったり、山頂に2泊する3日行程の登山を行ってみたが、いずれも効果があった。このように、富士山での高所順応トレーニングの効果は大きく、そのやり方にも多様な可能性がある。

2）トレーニングの方法

1回だけの富士登山でも効果は得られるが（図5-2-3）、トレーニングの一般的な性質として、短期間で身につけた効果は消失するのも速い。順応をより確実に身につけるには、何度か登山を繰り返した方がよい。

column 5-2-2
富士山測候所員の順応の進み方と脱順応

　富士山測候所で有人観測が行われていた当時、所員の山頂滞在期間は2〜3週間くらいだった。そして交代のために下山した後、次の山頂勤務につくまでには2.5〜3カ月の間があけられていた。

　この図は、10名の測候所員が山頂に到着してから1〜16日目まで、朝食前のSpO₂と心拍数を測ったデータである。SpO₂について見ると、初日は低いが徐々に上昇し、1週間くらいでほぼ安定する。

　個人の値を見ると、最初の1週間は値が安定せず、前日よりも大幅に低下してしまう人もいる。これは、高所に到着後の数日間は順応が不安定で、いつ体調を崩してもおかしくない状態にあることを物語っている。

　ところで●印は、一般の登山者（11月〜5月の雪のある時期に登頂した106名）のデータである。これを測候所員の山頂到着1日目のSpO₂と比べてみると、測候所員にも高い人や低い人がいて、平均値としては登山者の値とあまり差がない。

　このことは、何度も富士山に登っている測候所員でも、2.5〜3カ月ほど下界暮らしをすれば、前の滞在時に身につけた順応もほぼ抜けてしまう（脱順応する）ことを窺わせる。

　ここまではSpO₂について述べてきたが、心拍数についても同様の傾向がある。心拍数の変化はSpO₂とは逆で、順応してくると値が低下する。測候所員の1日目と登山者の値を比べると後者の方がやや高いが、これは激しい運動をしながら上ってきたことの影響だろう。

　これらのデータから次のことが予想できる。富士山で事前順応トレーニングをする際には、1週間をかければ高い効果が得られるだろう（現実的には困難だが）。

　また海外の高所で3000m台後半の高度に到達した際には、最初の数日間は順応状態が不安定なので、体調管理には細心の注意をしなければならないことも窺える。

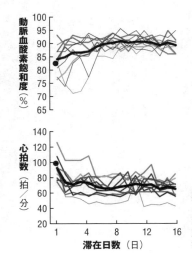

細い線は測候所員の個人の値、太い線はその平均値を表す。●は下界から来た登山者106名の平均値を示す。（元・富士山測候所員の西島昇氏が収集した資料より許可を得て作成）

第5章　海外での高所登山・トレッキング

8000m峰登頂者アンケート（P458）の回答を集約すると「疲労を残さない範囲内で、出発直前になるべく多く登り、できれば頂上付近で泊まる」となる。前節で紹介した登山ガイドの安村氏は「高所に出かける半年前から、なるべく月に1回は登る。1カ月前になったら2～3回登り、うち1回は頂上で1泊する」とアドバイスしている（P450）。

　登り方としては目標とする登山の内容を模擬して行う。たとえばエベレスト街道のトレッキングやキリマンジャロ登山のようなAランクのコースが目標ならば、無雪期に軽装でゆっくり登ればよい。一方、B・Cランクの山を目指す人は、荷物を重くして登ったり、雪のある時期にも行くとよい。

　岩や氷の登攀をする人は速く歩いて心肺に負荷をかける。クライミングの様式に似せて、早歩き（登攀をイメージ）とゆっくり歩き（確保をイメージ）を交互に行うインターバルトレーニングをするのもよい（P327）。

　注意点もある。富士登山は順応トレーニングとしての効果が高い反面、

御殿場口からの冬富士登山。冬になると、2000m以上の高度では夏よりも気圧が下がり、山頂では実質的に4000mくらいとなる。海外の高山を目指すためのよいトレーニングの場となる一方で、滑落事故などの危険性も著しく増大する。

表5-2-2：富士山で高所順応トレーニングをする際の注意点（山本、2014）
富士山を利用すれば、よい高所順応トレーニングができることについてはほとんどの人が認めているが、注意点もある。ここではそのような注意点について述べた経験者の意見を示した。

高所経験が少なかった時には、富士山に何度か登っても現地では高度障害が出た。一方、現地での高所経験が多くなってくると、富士登山の回数は減らしても現地での順応はスムーズになった。富士山の効果は間違いなくあるが、それは万全のものではない。
冬には危険が大きいので要注意。このような危険を冒すよりも、現地で数日余分に順応日を設けた方がよいのではないか。
ヒマラヤ登山の場合、BCに入るまでに時間が空いてしまうので、あまり効果がないと感じた。
数回程度の登山では、人によっては十分な効果が得られない場合もあると思う。
1泊以上しないと効果は小さいのではないか。
夏に富士山でガイドをやっているが、シーズン終盤になると変なだるさが残るようになった。
5月に山頂泊をしたが強風のために落ち着けなかった。ストレスを小さくする工夫が必要。
直前に富士山でハードな登山をすると、特に中高年にとってはマイナスになることもある。

身体への負担も非常に大きい。つまり劇薬のような性質がある。最初から大きな負荷をかけず、回数を重ねながら徐々に負荷を強くしていく必要がある。

また雪のある時期の富士山は非常に危険で、実際に事故も多い。目標とする海外の山よりも、よほど危険性が高いといってもよい。高度な登山技術と強い体力を持った人だけの世界という認識が必要である。

表5-2-2は、富士山で順応トレーニングをする際の注意点に関するアンケート結果である。上手に利用すれば確実に効果はあるが、細かな部分では様々な注意や、個人差への配慮も必要になる。

3）トレーニングの目標値

8000m峰登頂者アンケートの中で、「ヒマラヤで本格的な登山をするために必要な最小限の能力として、無雪期の富士山で五合目から山頂まで、軽装で何時間で登れることが必要だと思いますか？」という質問をした。

図5-2-4はその結果である。3時間程度と答えた人が最も多く、全員の平均値では3.3時間だった。B・Cランクの登山をする人は3〜4時間で登れることを目指すとよい。

安村氏のガイド経験によると、B・Cランクの山を目指す場合、体力的に見た登頂の可能性として、富士宮口の五合目から頂上まで3時間で登

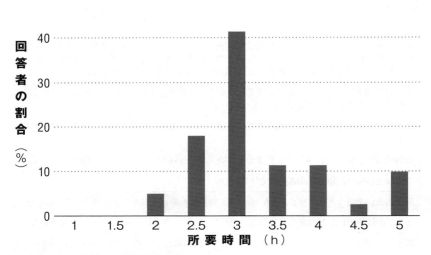

図5-2-4：高所登山に必要な最低体力（山本、2002）
富士山の五合目から山頂まで3時間で登れることが必要、という答えが最も多い。

れる人であれば問題なし、4時間ならば許容範囲内、5時間かかる人は登り方によっては登頂できる可能性はあるが、6時間かかる人は登り方を工夫しても登頂は難しいという（注）。

このように富士山では、登高時間も意識することで、高所登山に必要な基礎体力と、高所順応の仕上がり具合とを同時にチェックできる。この山は、海外での高所登山を目指す人にとって、様々な意味で試金石になるのである。

注）吉田口の五合目から登る場合には、最初に水平道を歩く部分があるので、上記の時間に30分を加算する。

◆富士山以外の山でのトレーニング
1）トレーニングの可能性

富士山以外の日本の山は3200mに満たないため、従来は順応トレーニングの場として想定される事は少なかった。著者もそう考えていたが、最近では考えが変わってきた。

2500〜3500mは高所、1500〜2500mは準高所と定義される（P218）。そして高所では多くの人に、また準高所ではいわゆる高所に弱い人に高山病が起こる可能性がある。

逆を考えると、高所の領域では多くの人にとって、また準高所では高所に弱い人にとって、よい高所順応トレーニングの場となることが予想

できる。

図5-2-5は、0m、1500m、2500m、3500mの高度に設定した低酸素室で、安静、睡眠、運動をした時の、SpO_2の関係を表したダイアグラムである（注）。

3章-8（P221）ではSpO_2が90％を下回ると高度障害が起こりやすくなると述べた。これを逆に、SpO_2を90％以下に下げることが高所順応トレーニングの目安になると考えると、次の予想ができる。

0m付近（下界）：SpO_2はどの場面でも低下しないので、高所（低酸素）に順応するトレーニングにはならない。

1500m付近：準高所が始まる高度。SpO_2は90％台前半にはなるが、90％を下回ることはない。通常の人が効果を期待することは難しいが、高所に弱い人では効果があるだろう。また普通の人でも激しい運動をしたり、長期間滞在するなどの工夫をすれば、効果が得られるかもしれない。

2500m付近：高所が始まる高度。安静時では90％に近づき、睡眠時や運動時では90％を下回る。多くの人にとってよい順応トレーニングの刺激となるだろう。

3500m付近：高高所が始まる高

注）下界から1～2日で自然の山に登った時とほぼ同じ値と考えてよい。

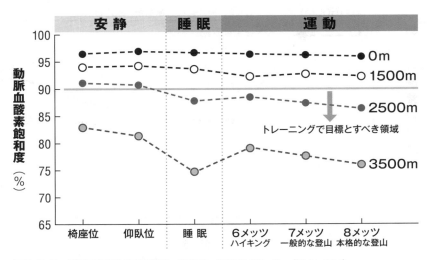

図5-2-5：4種類の高度での安静時、睡眠時、運動時のSpO_2（森ら、2014）
被験者は10人の体育大学生。順応トレーニングの効果を得やすい高度は、おおよそ2000m以上と考えられる。ただし2000m付近では、安静時の低酸素刺激は弱いので、睡眠や運動を積極的に行ってSpO_2を下げたり、時間や回数を十分にかけることも重要になる。

度。安静・睡眠・運動時ともSpO_2は90%を大きく下回るので、誰にとっても、またどの様態でも、よい順応トレーニングができるだろう。特に睡眠時や運動時の値は低くなるので（70%台）、トレーニング刺激が強まる。

2）トレーニングの方法

図5-2-6は、剱沢（2350m）に定着して4泊5日の登山を行った時の、毎晩の睡眠中のSpO_2である。1、2日目には90%を切り、低酸素の刺激を受けている。また日が経つにつれて値が上昇し、高所順応が進むこともわかる。下山後に測定してみると、4000mの高度に曝露した時のSpO_2も上昇していた。

アメリカ陸軍の研究所では、下界から一気に4300mの高度に上る場合と、いったん2200mの高度に6日滞在してから4300mに上る場合とを比べて、後者の方が高山病の発症が抑えられると報告している。

また低酸素室を使った著者らの実験では、2000mの高度で、夜間だけ入室して睡眠をとることを4日繰り返すと、4000mの高度での運動能力が改善した。

このように、2000m台前半の準

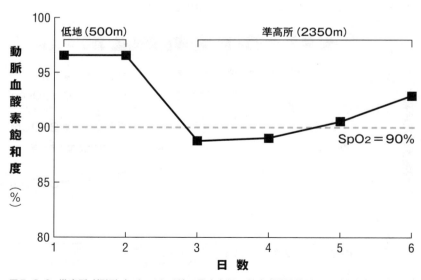

図5-2-6：準高所（剱沢）をベースに4泊の登山を行った時の睡眠時SpO_2（山本、2009）
被験者は7名の男子山岳部員。立山山麓にある国立登山研修所（標高500m）で2泊した後、剱沢（2350m）に移動し、4泊5日の登山研修を行った。剱沢に移動した当初ではSpO_2は90%を切るが、日数の経過とともに上昇する。下山後には4000mにも通用するような順応が起こっていた。

表5-2-3：3000m以下の山での高所順応トレーニングの可能性
現状では仮説の部分も多い。今後、高所に出かける登山者が、このような点を意識してトレーニングをし、その結果を集積することによって、より明確になっていくだろう。

1000m以下の山	この高度では高所順応トレーニングの効果は小さいだろう。
1500m前後の山	安静・運動・睡眠のいずれの場面でも SpO_2 の低下は小さいので、普通の人では効果が小さいが、高所に弱い人にとってはある程度の効果が得られる可能性がある。ただし普通の人でも、高強度の運動や睡眠、長期または頻繁な滞在を意識して行えば、効果は得られるかもしれない。
2000m前後の山	起きて安静にしている時の SpO_2 の低下は小さいが、睡眠時や運動時にははっきりと低下するので、数日滞在すれば効果は得られるだろう。夜はできるだけ高い地点で眠ること、運動は高強度で行うことを意識するとよい。
2500m前後の山	高山病の発症が普通に見られる高度であることから、多くの人にとってよいトレーニングが可能だろう。特に、長期的または頻繁に滞在すれば大きな効果がある。短期的または少数回の滞在であれば、高強度の運動をしたり睡眠を取り入れるなど、SpO_2 を低下させる工夫をする。
3000m前後の山	安静・運動・睡眠時のどの場面でも SpO_2 は90%を下回る。したがってどの場面でもよい順応トレーニングができるだろう。運動時や睡眠時にはむしろ、SpO_2 が低下しすぎることによる高山病の発症に注意する。運動は、初めのうちはきつさを感じない強度とし、慣れてから徐々に強度を上げる。

高所でも、そこで数泊すれば4000m台への順応はある程度までは得られる。

このほかに、日本で1500m以上の土地に住んでいる人は、海外の高所に出かけた際に、より楽に順応できるという意見を聞いたこともある。1000m台後半の準高所でも、長期間にわたり滞在すれば効果はあるのかもしれない。

表5-2-3は、ここまでに述べた内容を整理して、3000m以下の山での高度別に見た順応トレーニングの可能性や方法について、著者の考えをまとめたものである。標高が低い山になるほど積極的に睡眠や運動を行うなど、SpO_2 を低下させる工夫が必要である。日数や回数を増やす必要もある。

トレーニングの際には、物理的な高度よりも生理的な高度（SpO_2）に着目した方がよい。パルスオキシメーターで SpO_2 が90%を切ることを確認し、それが難しい場合は90%になるべく近づけるようにする。こうすることで個人差の問題にも対応できるだろう。

第5章 海外での高所登山・トレッキング

◆低酸素室でのトレーニング
1）3つのタイプ

人工的な低酸素環境を使ったトレーニングには、図5-2-7のような3つのタイプがある。

昔は低圧室（a）が用いられた。しかし使いづらい、危険性が高いなどの短所があった。

1990年代になると常圧の低酸素室（b）が開発された。1気圧のまま酸素の量だけを減らして低酸素の空気を作る。安全性が高い、入退室が容易、高度も自由に調整できるなどの長所があり、スポーツ選手や登山者向けの施設も作られている（注）。

最近では個人用の低酸素吸入器（c）も開発されている。これは自分の呼気（酸素が少なく二酸化炭素が多い）を、二酸化炭素を除去してから再呼吸する仕組みである。

以下、現時点では最もよく利用されているbのトレーニングを中心に考える。

注）常圧低酸素室を使う場合、低酸素への順応はできても低圧への順応はできないと懸念する人もいるが、圧力に関する問題は飛行機が離着陸する時のように気圧が数分程度で急激に変化する場合に起こる。登山のように何時間もかけて徐々に変化する場合には、気圧の問題は無視できるほど小さい、というのが現代の通説である。

図5-2-7：3種類の低酸素トレーニング方法
aでは減圧に耐えられるような鋼鉄の部屋を作り、真空ポンプで空気を抜き、気圧を下げて低圧の低酸素環境を作る。自然と同様の高地を再現できるのが利点だが、扱いづらいという難点がある。bでは高分子膜を利用して、空気中の酸素を一部除去することによって1気圧の低酸素空気を作る（左に低酸素発生装置が見える）。気圧を変える必要がないため、ビニールのテントでも低酸素室にできる。cでは自分の吐いた息を再呼吸することで低酸素の刺激を与える。（bは牛島浄氏、cは土倉大明氏提供）

column 5-2-3
低酸素吸入器による トレーニング

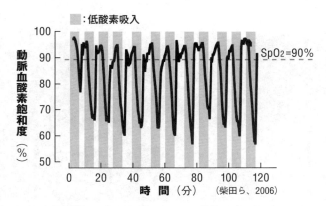

(柴田ら、2006)

対象者	1週目	2週目	3週目
登山者	84〜88%	80〜84%	76〜80%
スポーツ選手	88〜92%	84〜88%	80〜84%
患者	92〜96%	88〜92%	84〜88%

(Hellemans、2004)

上段の図は、低酸素吸入機器（図5-2-7c）を使ってトレーニングをした時のSpO_2である。自分の吐いた息を再呼吸し続けていると酸素の量はゼロに近づいてしまうので、数分ごとにマスクを外して通常の空気を吸うことを繰り返す。このためSpO_2は上がったり下がったりしている。

これは間欠的な低酸素曝露（IHE）トレーニングと呼ばれ、登山者だけではなくスポーツ選手にも使われている。また海外（特に旧ソ連の国々）ではぜん息、免疫疾患、高血圧などの患者のトレーニングにも使われている。

下段の表は、トレーニング時に目安とするSpO_2である。3週間程度の期間を設定し、徐々に低酸素の負荷を強めていく。登山者の欄を見ると、最初の1週間はSpO_2を84〜88%まで、3週間目には76〜80%まで落としている。

この指針は低酸素室や自然の山でのトレーニングにも適用できる。登山者の場合、まず90%を少し切る所から始めて、最終的には80%前後のところでトレーニングをするのがよいだろう。

ムスターグアタ峰にて。日本で徹底的なトレーニングを積むことで、7000m級の山でもBCから1週間で登ることができる。(牛島浄氏撮影)

2) トレーニングの可能性

　低酸素室でトレーニングをしてみたが、効果をあまり感じなかった、という人もいる。だがこれは、トレーニングの回数や時間が少ないために、十分な順応が身につかなかったためである。徹底したトレーニングをすれば大きな効果がある。

　図5-2-8は、著者がアコンカグア登山の際、低酸素室でのトレーニングを40日間行い、現地でどれだけスピーディーに登れるかを試した結果である。一般的な行程の半分以下の日数で登頂できた。

　その後、ムスターグアタ(7546m)でも同様の登山を試みたが、これもBCから1週間で登頂できた。これは通常の行程の半分から3分の1くらいの日数である。

　図5-2-9は、カラパタールトレッキングツアーの出発前に、3500m、4000m、4500mと3回、低酸素室で睡眠を行うトレーニングをした時の効果である。現地では高山病の発症が少なく、行動日数も通常は19日かかる所を12日に短縮できた。

　表5-2-4は低酸素室を使うことの利点を列挙したものである。自然

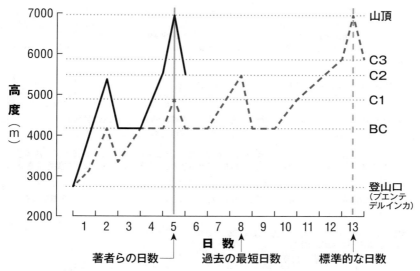

図5-2-8：低酸素室を利用したアコンカグアのスピード登頂（山本、2004、2005）
登山口から登頂までの標準行程は13日程度だが、これを5日間で登ることができた（BCから山頂までは4日間）。低酸素室によるトレーニングでも十分な時間をかけて行えば、大きな効果が得られる。

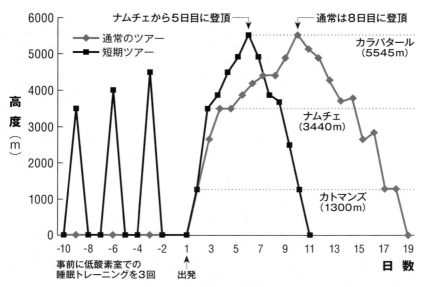

図5-2-9：カラパタールトレッキングに対する低酸素トレーニングの効果（安藤ら、2008）
男女7名（平均年齢64歳）が日本を出発する直前に、低酸素室での睡眠によるトレーニングを3回行ったところ、標準行程が19日間のところを12日間に短縮できた。現地での体調も全員が良好で、3000～4000mでのSpO$_2$は標準値よりも高く保たれ、4400mまでは高山病も出なかった。

表5-2-4：低酸素室で高所順応トレーニングを行うことの利点 （山本、2004）
短時間／短期間でトレーニングを行うので、十分な高所順応が得られるわけではない。しかし1回だけの入室体験でも、行動適応の学習や心理的な効果などのメリットがある。高所に弱い人（順応に時間を要する人）にとっても価値が高い。ただし、低酸素トレーニングの性質をよく理解した指導者のもとで行う必要がある。

■普段の生活パターンをくずさずに順応トレーニングができる
　→余暇に乏しい社会人の登山者などにとって利用価値が高い

■各人の能力に応じて、高度、時間、様態（運動、安静、睡眠）を自由に選べる
　→無理や無駄のないトレーニングを追求できる。弱点を集中的に強化できる

■現地で山を上り下りして順応する場合、その運動が逆にストレスとなって高山病や高所衰退が起こることもある。低酸素室を使えば体力を消耗せず、順応のトレーニングに集中できる
　→体力の低下した中高年登山者などにとって利用価値が高い

■現地で順応する場合、体調を崩してもすぐには低所に戻れないが、低酸素室ならば直ちに戻れる
　→安全性が高い

■現地で長期間滞在すると、過剰な順応によるマイナス面も出てくる
　（赤血球の過剰な増加など）
　→高所に対する過剰適応を防ぐことができる

表5-2-5：低酸素トレーニングの代表的なパターン （山本、2012）
著者らの研究や実践の結果をもとに現実性の高い方法を示したが、これ以外にも多様な方法が考えられる。

A 短時間型	日中に短時間のトレーニングができる登山者向け。入室時間は1時間とし、前半の30分は安静、後半の30分間は軽い運動とする。高度は4000mを基本とする。安静時のSpO2は75〜85％となるようにする。運動は「ややきつい」以下で行う。安静時・運動時とも、意識呼吸の練習もあわせて行うとよい。1回だけのトレーニングでも安静時のSpO2の上昇に対しては効果をもたらすが、回数を重ねることで運動時の心拍数や主観強度に対しても効果が生じる。回数は3〜5回くらいを目安とする。
B 睡眠型	夜間にトレーニング時間がとれる登山者向け。低酸素室内で一晩（6〜8時間程度）の睡眠を行う。睡眠時は覚醒時よりもSpO2が低下するので、高度は3000m前後とやや低くする。SpO2が75〜85％となるように高度を調節する。回数は3〜5回くらいを目安とする。
C 短期合宿型	週末（土・日曜日など）にトレーニング時間が作れる登山者向け。午前、午後、そして夜間の睡眠も含めて、1泊2日の合宿形式で集中的にトレーニングを行う。日中の高度は4000mを基本とするが、2日目には様子を見ながら5000mくらいまで高度を上げてもよい。日中は、低酸素室に長時間入室し続けるよりも、2時間に1回くらい退室し（30分〜1時間程度）、通常環境で回復を図った方が身体も楽で、効果も高い。睡眠時には高度を2000〜3000m台に下げる。

の高地で時間をかけて順応することが最もオーソドックスだが、反面、順応高度の調節が自在にできない、体調を崩した時に下界にすぐ戻れない、などの欠点もある。これらの点では低酸素室の方が優れている。

3) トレーニングの方法

低酸素室を利用して長期間のトレーニングができれば、図5-2-8のように大きな効果が得られるが、普通の人には難しい。ただし短期間のトレーニングでも、それを全くしない場合と比べれば、図5-2-9のようにはっきりと差が出ることが多い。

表5-2-5は、短期間／短時間でできる現実的なトレーニング方法である。平日の空き時間に行うもの（A、B）、週末に合宿的に行うもの（C）など、その人の事情に応じて運動、安静、睡眠のいずれか、またはそれらの組み合わせを選ぶ。

各人の可能な範囲でトレーニングをすれば、その分だけ「足し算」的な効果があると考えればよい。たとえ1回だけの利用でも、高所での感覚を体験したり、意識呼吸の方法や歩き方を学ぶといった、行動適応の学習をする上では有効なのである。

高度4000mに設定した低酸素室で、身体の様子を自己観察して記録する。短時間／短期間であっても上手に活用すれば、生理的な順応効果（換気量の増大によるSpO$_2$の上昇）、高所での行動適応の学習（意識呼吸や歩き方など）、さらには心理的な効果など、様々なメリットがある。

◆高所に弱い人のトレーニング

このテーマについては3章-8 (P237) でも少し触れた。その要因は多様だが、ここでは下界や低山では強いのに、高所に行くと体調を崩しやすい人について考える。

1) 高所に弱いとは？

図5-2-10は、いわゆる高所に強い人 (a) と弱い人 (b) が、準高所 (剱沢) に滞在した時の睡眠時 SpO_2 である。bさんの SpO_2 は明らかに低く、その代償として心拍数が高い (注)。

高所に行くと、酸素欠乏に陥らないように、無意識のうちに呼吸量を増やす反応が起こる。bさんはその反応が鈍く、SpO_2 が大きく低下してしまうので高山病にかかりやすいのである。専門用語では低酸素に対する換気感受性 (HVR) が低いと表現する。

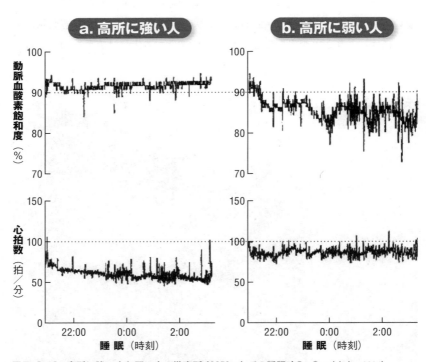

図5-2-10：高所に強い人と弱い人の準高所 (2350m) での睡眠時SpO_2 （山本、2004）
どちらも20代前半の大学山岳部員だが、同じ高度でも高所に弱いbさんではSpO_2がより低下し、心拍数はより高くなっている。しかしこの性質を逆に利用して、bさんは日本の山でより効果の高い順応トレーニングができる、と考えることもできる。

剱沢にある国立登山研修所の前進基地。2000m台前半の高度でも、数日の滞在によって、4000mの高度に対するある程度の順応が得られる。この写真は、大学生の研修会で、登山後に瞬発力（垂直跳び能力）がどの程度低下するかを測っているところ。

注）bさんは日本の高山で弱いだけでなく、マッキンリー登山では肺水腫を発症した経験もあるという、いわば自他ともに認める高所に弱い人だった。しかし肺水腫を発症した翌年、大蔵喜福氏の「中高年なみにゆっくり歩く」「新しい高度に到達したらできるだけ長い日数滞在する」という指導により、同じマッキンリーに全く問題なく登頂したという。

第5章　海外での高所登山・トレッキング

　このような登山者を対象に、何度か低酸素室で順応トレーニングの指導をしたことがある。その結果、標準的な人よりも時間をかけてトレーニングをすれば、普通の人なみの呼吸量の増加も起こり、現地でも問題なく活動できることが多かった。

　ただしそうなるまでには、普通の人の2〜4倍の回数や時間が必要だった。つまりこのような人は高所に弱いのではなく、順応するまでに「時間がかかる」のである。ヒマラヤで活躍する登山家にも、最初は調子が出ないが、いったん順応すると非常に強い人がいる。

　このような人では、国内での事前順応トレーニングに時間をかけ、少なくとも現地での登山開始高度への順応を万全にしておく必要がある。それをせずに現地に行けば、普通の人と同じ行程では順応が追いつかず、途中で脱落してしまう可能性が高まる。

column 5-2-4
生理高度（SpO2）に着目してトレーニングしよう

　図は、高所に弱い人が4000mの低酸素室で、3時間の順応トレーニングをした時のSpO2である。高い所では90%、低い所では50%と大きな幅を持って変化している。

　この値をP490の図と照合して、ヒマラヤに出かけたときの安静時の値に置きかえてみると、90%のSpO2とは3000m付近、50%のSpO2とは8000m付近の高度に滞在している時の値に相当する。

　低酸素室の高度は4000mと同じであるにもかかわらず、この人の体内では生理高度がその上下に5000m以上も変化しているのである。普通の人や高所に強い人でも、これほど大きな幅ではないが、3000mくらいの変動は起こる。

　SpO2の値が相対的に高いのは安静時で、仮眠時や運動時では低くなる。安静時でも、坐位の時には高いが、臥位の時には低くなる。また坐位・臥位に関わらず、意識呼吸をすれば著しく高くなる。

　順応トレーニングをする際には、このような性質を考慮して、物理的な高度よりも生理的な高度（SpO2の値）を重視すべき、というのが著者の考えである。目安としては、まずはSpO2が90%を切るあたりを目標とし、慣れるに従い80%前後まで下げていく（P479）。

　たとえば高所に強いaさんが、高度2500mで宿泊したとする。睡眠中のSpO2が90%を上回っていたとすれば、トレーニングの負荷は十分とはいえない。

　一方、高所に弱いbさんが高度1500mで宿泊した時、睡眠中のSpO2が90%を下回っていたとすれば、aさんよりもよい負荷でトレーニングしているといえるのである。

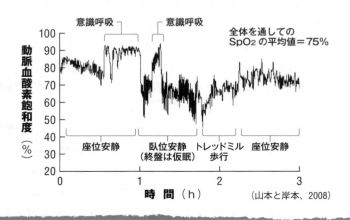

（山本と岸本、2008）

2）トレーニングの考え方

　高所に弱い人は普通の人に比べて、より低い高度でも SpO_2 が低下してしまう。見方を変えれば、準高所の山でも大きな順応効果が期待できる。高所に弱い人の方が、日本の山でのトレーニングの選択肢は広いのである。次の二点を意識して行うとよい。
①物理高度よりも生理高度（SpO_2）に着目してトレーニングする
②普通の人の2～4倍くらいの時間（回数）をかけてトレーニングする

　具体的には、準高所の山にできるだけ行き、SpO_2 を90％以下に下げることを目標にするとよい。特に睡眠は効果的なので、1泊以上するような計画を立てる。

　低酸素室でのトレーニングも有効である。高度の調整が自在にできる、気分が悪ければすぐに退室できるという利点を生かし、自分が苦手とする高度に設定し、体調が悪くなる一歩手前で退室し、回復したらまた入室することを繰り返す（注）。

　人によって高山病の現れ方（頭痛、吐き気、めまいなど）や、それが現れやすい場面（運動時、睡眠時、安静時など）は異なる。運動時に弱い人は軽い運動を反復する、睡眠時に弱い人は短い仮眠を繰り返すなど、積極的に弱点に働きかけるとよい。

3）行動適応の見直し

　高所では、ゆっくり歩いたりしっかり呼吸するといった行動適応（高所技術）が重要になる。高所に弱い人であれば、普通の人よりもさらに上手に行う必要がある。

　だが高所に弱いと自認する人を観察すると、むしろ普通の人よりも速く歩いたり、浅い呼吸をしていることも少なくない。本人は注意しているつもりでも、実際にはできておらず、換気感受性が低いこともあいまって高山病に悩まされていることが多いのである。

　日本の山で長い間に身につけた歩き方や息のしかたは、海外の4000m以上の山に行っても中々変えられない。このことを自覚して、経験者に指導してもらうのが確実である。パルスオキシメーターや登高速度計を用いて、行動適応がうまくできているかを数値で確認・管理するのもよい方法である。

注）山でも低酸素室でも、ひどい高山病を我慢しながらトレーニングするよりも、多少の余裕を持った状態でトレーニングをする（そしてその分だけ滞在時間を増やす）方が効果は高いという傾向も認められた。

北海道の最高峰・大雪山（2291m）。このような準高所の領域でも高所順応トレーニングはできるが、その詳細については今後の研究課題でもある。（上村博道氏撮影）

SUMMARY
まとめ

■ 日本で高所順応のトレーニングができる場として、①富士山、②富士山以外の1500m以上の山、③低酸素室、という3つの選択肢がある。

■ ①の場合は日帰り登山でも、4000mレベルに対するある程度までの順応は可能である。また徹底して行えば、6000mレベルに対する効果も得られる。

■ ②では標高が低い分、日数がかかる。低酸素の負荷を強めるために、睡眠をとったり、強度の高い運動をすることも意識するとよい。

■ ③も時間をかけて行えば高い効果がある。ただし1日に1時間程度のトレーニングを数回行うだけでも、ある程度の効果は得られる。

■ 高所に弱い人は普通の人よりも、日本の山（特に準高所）でより大きな順応効果が期待できる。ただし普通の人の2〜4倍の時間をかけて行う必要がある。

第5章-3 現地での体調管理

前節までは、海外の高所に出かける前に日本で準備すべきことを考えた。ここからは現地に行ってからすべきことについて考える。日本でのトレーニングによって身につけた能力を、現地で最大限に発揮させるための行動適応のことで、「高所技術」と言いかえてもよい。

異国に出かけた上に、日本では体験できない高度で長期間の生活や運動をすれば、心身には大きなストレスがかかる。本節では上手に体調を管理しつつ、登頂に向けて順応を進める方法について考える。

第5章 海外での高所登山・トレッキング

チョーオユーのBC（5700m）。超高所（5800m以上）に近い高度に位置するので、ここでの体調管理のよしあしが登頂の成否に影響する。

◆ 4000 m以上の世界とは

図5-3-1は、高度の上昇により体内の酸素がどのように欠乏していくかを示したものである（注）。下界からネパールの首都カトマンズ、そしてエベレスト街道を経由してエベレストの最終キャンプとなるサウスコルまでのSpO_2の値を示している。

高度の上昇によりSpO_2は緩いカーブを描いて低下する。3440 mのナムチェ付近では90％を下回る。4000 mでは80％台、5000 mで80％付近、6000 mで70％、8000 mに近いサウスコルでは50％に近づく。8000 m以上のデータはないが、酸素の吸入がなければ50％以下になる。

下界の医療や労働衛生の基準では、SpO_2が90％を切れば重症、60％を切れば致死レベルと見なされる（P221、P222）。3000 mを超えるよ

注）P220では、低酸素室で測定した各高度でのSpO_2を示した。これと図5-3-1とを比べると、同じ高度でも後者の方がやや高値を示している。前者では急激に低酸素に曝露しているが、後者では現地で何日もかけて徐々に高度を上げているため、順応が起こりSpO_2が上昇していることによる。

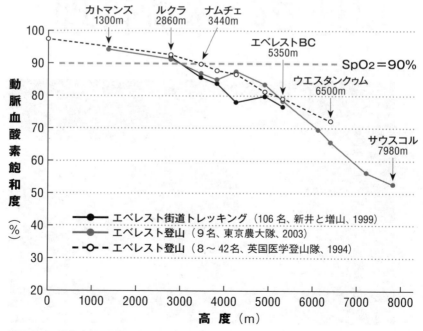

図5-3-1：高度の上昇にともなうSpO_2の低下
下界～カトマンズ～エベレスト街道～エベレスト登山時に、各高度で測定された安静時のSpO_2。

エベレスト街道でのトレッキング。3000mを超える高度では、滞在日数が増えても体内の酸素欠乏は本質的には解消しないことを意識して生活や行動をしよう。（小西浩文氏撮影）

第5章 海外での高所登山・トレッキング

うな高度では、体内は著しい酸素欠乏に陥るのである。

このような高度でも、順応が進めば体調はよくなったように感じる。SpO_2 についても日数が経てば、その高度に到着した当初よりは上昇する。しかし下界なみの値（90％台後半）に戻ることはない。

つまり3000m以上の高度では、体調がよいと感じている時でも体内の酸素欠乏が本質的に解消しているわけではない。それを忘れて無理をすると、突然体調を崩してしまうことになる。

◆高度による障害

日本の高山に出かける際の注意点については3章-8と3章-9で考えた。海外の4000m以上の高所に行く場合にも、この延長上で考えるとわかりやすい。3章の復習も兼ねて、高所とそこで起こる障害について簡単にまとめてみる。

高所は、準高所（1500〜2500m）、高所（2500〜3500m）、高高所（3500〜5800m）、超高所（5800〜8848m）の4つに分類される（P218）。したがって日本でも、このうちの3領域までは体験できる。

図5-3-2は高山病の症状を示したものである。脳神経系、呼吸循環系、消化器系、泌尿器系、筋系など、様々な部位で複合的に症状が現れる。下界から1日で高度を上げた場合、高所に弱い人では準高所で、普通の人では高所で、強い人でも高高所で、高山病を発症することが多い。

　3章-8では高山病を自己診断するための高山病（AMS）スコアを紹介した（P227）。これは図5-3-2の諸症状を整理して、①頭痛、②食欲不振／吐き気、③疲労／脱力感、④めまい／ふらつき、⑤睡眠障害、の5項目を選んだものである。

　①があることに加えて②〜⑤にも1つ以上の症状があり、合計で3点以上あれば高山病と判断する。また①がなくても、②〜⑤の合計点が4点以上の時にも高山病と見なす。

　高山病を発症した場合、無理をせずにその高度に止まっていれば、数日で順応し高山病はおさまる。しかし、そこでさらに高度を上げたり、激しい運動をするなどの無理をすれば、肺水腫や脳浮腫のような重症の高山病を引き起こす。

　重症の高山病は、通常の高山病の

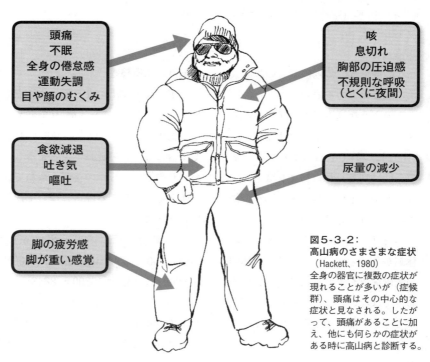

図5-3-2：
高山病のさまざまな症状
（Hackett、1980）
全身の器官に複数の症状が現れることが多いが（症候群）、頭痛はその中心的な症状と見なされる。したがって、頭痛があることに加え、他にも何らかの症状がある時に高山病と診断する。

チベットでのキャラバン。高所では、低酸素以外にも様々な環境のストレスを受ける。たとえば身体を冷やすと、体内での酸素の供給能力が低下してしまうので、保温は高山病の対策としても重要である。ほかにも乾燥、埃、強い紫外線、食物や水の衛生状態などに気をつける。（小西浩文氏撮影）

表5-3-1：経験者が高所で気をつけていること（山本, 2002）
日本人の8000m峰登頂経験者117名へのアンケート結果。自由記述の中で多かった回答を整理した。

行動中	ゆっくり歩く	57人 (54%)
	水分補給を多くする	45人 (42%)
	呼吸法に気をつける	32人 (30%)
生活中	水分補給を多くする	56人 (53%)
	呼吸法に気をつける	29人 (28%)

発症後、1日以上経ってから起こる。つまり突然致命傷を招くわけではない。通常の高山病の段階で自重することが何よりも重要である。

◆高所での体調管理

高所での体調管理法について、まず経験者の意見を見てみよう。表5-3-1は8000m峰登頂者アンケート（P458）の結果である。自由記述での回答なので、興味深い意見がたくさんあるが、共通する項目を抜粋し、多い順に並べた。

行動中では、①ゆっくり歩く、②水分補給、③意識呼吸、の順で多い。生活中はそこから①が抜けて、②と

③が残っている。つまり主な注意点は共通している。

これらの注意点は日本の高山にもあてはまる。3章-8と3章-9でもある程度説明したので、以下はその補足として読んでいただきたい。

1）ゆっくり歩く

酸素が少ない高所では、低山と同じ速さで歩けば疲労しやすい。心肺への負担も増大して高山病にもかかりやすい。低山と同じ負担度で歩くには速度を落とす必要がある。

だが日本の山で身についたペースを変えることは容易ではない。高所では主観強度も当てにならなくなる。日本の山でベテランと呼ばれる人でも、初めて海外の高所に行った場合には、歩行ペースが速すぎて失敗することが多い。

表5-3-2は高度の上昇に伴う気温と気圧の低下の様子である（注）。気圧（酸素量）の低下に合わせて登高速度を落とすのが最も確実である。右端の欄に示したように、低山（1000m）での酸素量を基準とすると、2000mでは9割、3000mで8割、4000mで7割、5000mで6割、6000

エベレスト街道トレッキングの終着点・カラパタールの丘を登る。高所トレッキングをする場合、平坦地では1分間に50歩、上り坂では傾斜によらず40歩程度のペースで歩くとよい。（中西純氏撮影）

表5-3-2：高度の上昇による気温と気圧の低下（理科年表、1996より作成）
右端は、上りでゆっくり歩くための目安として、著者が加筆した欄。たとえば1000mの低山で1時間にマイペースで500m上れる人は、5000mの高度ではその6割の300mで上ればよいことになる（雪面など歩きにくい場所では値をもっと下げる）。

高度（m）	気温（度）	気圧（hPa）	酸素の量（1000mを基準）
0	30.0	1013	—
1000	23.5	899	100%
2000	17.0	795	88%
3000	10.5	701	78%
4000	4.0	616	69%
5000	-2.5	540	60%
6000	-9.0	472	52%
7000	-15.5	411	46%
8000	-22.0	356	40%
9000	-28.5	307	34%

注）高度が上がると気温が低くなるが、これも酸素欠乏に間接的な影響を及ぼす。体温が低下すると、体内での酸素供給能力が低下するからである。

mでは5割くらいとなる。

登高速度がわかる機器を使って、この値に合わせた登高速度に調節する。順応が進めばもっと速く歩けるようにもなるが、初期の段階ではこれを目安とするのが安全である。

逆に、この基準で登高した場合に、以前よりも主観強度が楽になったり心拍数が低下してくれば、順応が進んでいると判断することができる。

トレッキングのように平坦地を歩く場合には登高速度は使えない。そこで上村博道氏は、平坦地では1分間に50歩、登りでは40歩で歩く、というわかりやすい目安を示している。

歩く際には歩調と呼吸とを同調させる。こうすることで表5-3-1の「ゆっくり歩く」と「呼吸法に気をつける」とが同時に実現できる。3章-8では日本の高山での歩き方を紹介したが（P236）、高度がもっと高くなればパターンを変える必要がある。

第5章　海外での高所登山・トレッキング

column 5-3-1
頂上アタック時の歩き方

A：上り

下の写真は、6000〜7000m峰の頂上アタック時の上りで著者がよく使う歩き方である。順応が不十分な時や、傾斜が急な時には、もっと低い高度でも用いている。キリマンジャロの頂上アタックで苦しそうに歩いている人に教えたところ、快調に登頂できた経験もある。

①左足を前に踏み出した姿勢でいったん静止する（基本姿勢）。このとき全体重は後ろ足である右足にかけておく。前足である左足は、力を入れずただ置くだけとする。そして左足に体重をかける前に大きく息を吸い込む。

②左足に体重を乗せていく時に、左脚の筋力発揮と同調させながら、肺の中の空気をできるだけ吐き出す。肺の内部に軽い圧力がかかるよう、口をすぼめて息を吐くとよい。

③そのまま右足を前方に着地させて静止する。このとき全体重は左足にかけておき、右足にはまだ力を入れない（つまり①の基本姿勢に戻る）。

以下これを繰り返す。要点は②の時間を短くし、①と③で十分な間をとることである。

B：下り

着地時に瞬間的に踏ん張るために、呼吸を止めてしまいやすい。これを防ぐために、足が着地した瞬間に、脚筋力の発揮と同調させて息を吸ったり吐いたりする。

マラソン選手のように4歩で「吐・吐・吸・吸」とすれば、深く大きな呼吸ができる。5歩で「吐・吐・吐・吸・吸」などとし、吐く方をより強調するのもよい。

上記のAとBの歩き方が全ての人にとって最良というわけではない。著者もこの方法だけではなく、別の方法を使う事もある。

歩調と呼吸の合わせ方は、高度、傾斜、荷物の重さ、体力レベルなどに応じて変わる。場面々々で、自分にとって最も適した歩調と呼吸の組み合わせを、歩きながら見つけていくことが大切である。

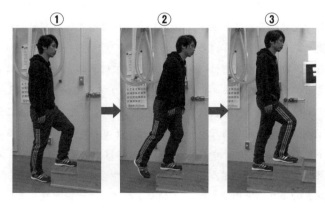

アメリカ・レーニア山にて。高所では脱水が起こりやすいので、宿泊地では時間をかけて十分な水分を補給しよう。(井本博巳氏撮影)

2) 水分補給

　高所での水分補給の重要性についてはどんなテキストにも書かれている。

　高所でも、激しい運動や高温の影響で汗をかくことは多い。また行動・生活・睡眠中を問わず呼吸が高進するので、呼気から多くの水分が失われる。しかも空気が冷たく乾燥しているために、水分の喪失が助長される。下痢で水分を失う場合もある。

　一方、飲水欲は低酸素や寒さの影響で低下する。これらの相乗効果で高所では脱水が起こりやすい。しかもそれに気づきにくい。

　次のような注意も必要である。①高所滞在の初期には酸素の運搬効率を高めるために、血液中の水分量を減らして血液を濃縮する反応が起こるので、血液の粘性が高まる。②高所滞在が長くなると、赤血球の数が増えてくるので、やはり血液の粘性が高まる。

　①も②も高所に適応するための反応だが、一方では塞栓症(心筋梗塞、脳梗塞、肺塞栓)や凍傷を起こしやすくする。このような時に脱水が起こるとそれを加速してしまう。

　中高年による高所でのトレッキングや登山が盛んになるにつれて、突然死が目立つようになってきた。その引き金として脱水が関わっている可能性は高い。

　ヒマラヤでの登山ガイド経験の長い貫田宗男氏は「今日では経験豊富なガイドがついていれば高山病で死

第5章　海外での高所登山・トレッキング

亡することはまずない。高所での死亡例のほとんどは、日本にいるうちから潜在的に抱えていた疾患が悪化して起こる突然死（心筋梗塞や脳梗塞など）である」と述べている。

高所では、食事に含まれる水分量も含めて、1日に約4ℓの水分摂取が必要と言われてきた。一般成人が下界で普通の生活をした時の必要量は2〜2.5ℓ程度である。したがってその1.5〜2倍の水分が必要ということになる。

ただし脱水量は行動日と停滞日とで違う。行動日についても行動時間によって異なる。体格の影響も受ける。そこで3章-5で紹介した式（P155、P157）を用いて計算する。

日本の山での行動時には、計算値の7〜8割を補給することが目安だと述べた。しかし海外の高所では、前記のように水分が失われやすいことを考慮して、計算値の1〜2割増しくらいの補給をすべきだろう。

一方で、最近では「飲み過ぎにも注意が必要」と言われるようになってきた。高所での水分補給の重要性が強調されるあまり、飲み過ぎて水中毒（P147）になる可能性もあるからである。この問題についても上記の計算式を使えば回避できる。

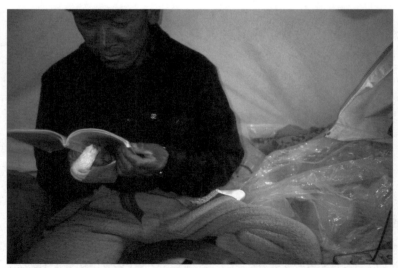

お経を読むシェルパのP.ツェリン。あえて意識呼吸と表現しなくても、お経を読む、歌を歌う、本を音読する、快活に会話する、などの行為によってSpO$_2$は上昇する。いずれも「息をゆっくり長く吐き出す」という点が共通している。肺の中に残っている古い空気をできるだけ吐き出すことで、新鮮な空気がたくさん肺に入り、その結果として血液中の酸素量が増えるのである。

3）意識呼吸

　下界では酸素が十分にあるので、呼吸の仕方に気を使わなくても問題は起こらない。だが酸素の少ない高所では、無意識に呼吸しているだけでは酸素欠乏に陥りやすい。高所では上手に呼吸をすることが、酸素欠乏を防ぐための大切な技術となる。

　特に、高所に到着したばかりで順応が不十分な時期には、意識的な呼吸で体内の酸素欠乏を補ってやると効果がある。BCが置かれる4000〜5000m台の高度であれば、酸素吸入に匹敵する効果がある（P233）。

　その方法は深呼吸でもよいが、最もよいのは腹式呼吸である（P234）。腹式呼吸はすぐにはできない人もいるので、日本にいるうちから習得しておく。富士山や低酸素室などSpO_2が80％台まで下がるような環境で、パルスオキシメーターの値の上下を見ながら練習するとよい。

　呼吸器疾患の患者がリハビリテーション時に行う「口すぼめ呼吸」も実行するとよい。息を吐くときに口をすぼめ、肺の内部に軽く圧力が加わるようにする。こうすることで肺の全領域で酸素の取り入れが増進する。

エベレスト街道・ロブチェのロッジにて。行動後にストレッチングをすることで、筋の疲労回復を図る。このときに深呼吸や腹式呼吸も行って、体内の酸素欠乏の改善も図るとよい。（中西純氏撮影）

◆生理高度を下げるための行動適応

同じ高度に滞在していても、そこで何をしているかによってSpO₂は変化する。「物理高度は変化しなくても生理高度は変化する」と言いかえてもよい。3章-8、3章-9では、安静時、運動時、睡眠時という3つの場面でSpO₂が違う値になることを示した（P225、P252）。

図5-3-3は、姿勢によってSpO₂が変化することを示したデータである。坐位から臥位になっただけでも10%くらい低下している。理由は、横になった姿勢は胸郭の動きを制限し、呼吸を浅くするためである。

一方、立ち上がってゆっくり歩けば、座っているときよりも値は上昇する。これは呼吸が適度に高進するからである。

下界で病気になった時には寝るのが常識だが、高山病に関しては逆である。起きて気を引き立て、意識的な呼吸をしたり「ゆっくり」歩いたりすることが必要である（注）。この配慮は、高所順応が不十分な時期ほど重要である。また高度が高くなるほど重要になる。

図5-3-4は、著者がマナスルで

注）ただし激しい運動をすればSpO₂は下がり、症状はかえって悪化してしまうことにも注意する。

姿勢とSpO₂との関係を調べる実験。高山病の症状がある時にぐったりと横になっていると、SpO₂が低下して症状はかえって悪化する。身体を起こして意識呼吸をしたり、軽い生活活動をして換気量を適度に高進させる方が、SpO₂が上昇して調子はよくなることが多い。（小西浩文氏撮影）

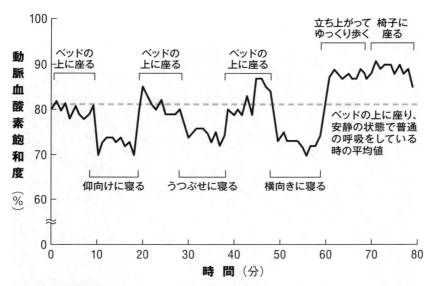

図5-3-3：姿勢の違いによるSpO₂の変化（山本、2000）
エベレスト街道のロブチェ（4930m）での著者のデータ。さまざまな姿勢や動作を10分ずつ行っている。ベッドの上に座っている時にはほぼ80%となるが、寝たり立ったりすることで上下に10%くらい変動する。順応が不十分な時期にはこのような変動が顕著に起こる。

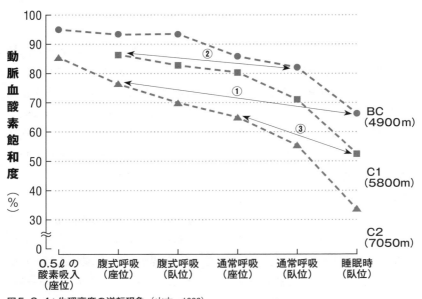

図5-3-4：生理高度の逆転現象（山本、1998）
同じ高度にいても、姿勢、呼吸の仕方、睡眠、酸素補給によってSpO₂は大きく変化する。その結果、①〜③のように異なる高度間で値の「逆転」が起こることもある。

ペルーアンデスにて。食事がおいしく食べられるかどうかで、高所順応の進み具合も占える。

登山をした時に、高度の異なる3つのキャンプで得たデータである。同じ高度にいても、呼吸のしかたや姿勢、さらには睡眠の影響によりSpO_2の値は大きく変化している。

その結果、以下の①〜③に示すように、高度が1000〜2000m以上も違うのに、低いキャンプよりも高いキャンプでのSpO_2の方が高値を示す場合も起こりうる。

① 7050mでの坐位・腹式呼吸時＞4900mでの睡眠時
② 5800mでの坐位・腹式呼吸時＞4900mでの臥位・通常呼吸時
③ 7050mでの坐位・通常呼吸時＞5800mでの睡眠時

このことは、物理的な高度が上昇しても適切な行動適応をすれば、生理的な高度は下げられることを意味する。反対に、物理的な高度は低くても行動適応がよくないと、生理高度が上昇して体調を崩しやすくなるということでもある。

◆エネルギーと栄養の補給

私たちが正常に運動をするためには、外界から3つの物質を補給しなければならない。①エネルギー源、②水分、③酸素である。

低山では①と②が優先され、③は

エベレスト街道のロッジで。トレッキングにより体脂肪量がどの程度減るかを、皮下脂肪厚の変化から調べている。上手にトレッキングを行えば、筋量を維持したまま脂肪量のみを減らす「減量ツアー」も実現できる可能性がある。

注）同じ量のエネルギーを生み出すのに、炭水化物の方が脂肪よりも少ない酸素ですむという性質がある（P124）。この点でも、酸素の少ない高所で炭水化物を食べることは有利である。

第5章 海外での高所登山・トレッキング

あまり気にしなくてもよい。一方、高山では②と③の方が優先順位が高い（表5-3-1）。しかしエネルギー補給もやはり重要である。

補給の原則は低山と同じで、補給量の計算は3章-4の指針（P128、P132）を参考にする。栄養素としては、最もエネルギーに転換しやすい炭水化物を最優先する（注）。

高所では食欲が落ちることが多い。BCではともかく高所キャンプでは食べられないという人は多い。日本食が入手しづらいことも考えて、食べやすいものの確保を考えておく。

8000m峰登頂者アンケートで、高所キャンプでも食べやすかったものを尋ねたところ、ゼリー状食品の人気が高かった。ほかには餅、羊羹、おかゆ、雑炊などである。飲み物としてはスープ、ミルク、ココア、スポーツドリンク、ジュースなどをあげた人が多かった。

一般化していうと「水分の多いもの」「日本で食べ慣れているもの」「できるだけおいしいもの」となる。経験も積みつつ自分に合うものを見つける必要がある。

海外での高所登山は長期間にわたるので、炭水化物に加えて蛋白質、脂肪、ビタミン、ミネラルの補給も

重要である。BCではこれらをバランスよく食べればよいが、高所キャンプでは全ての栄養素が不足する可能性が高い。

この中で蛋白質と脂肪については、BCで通常食を十分に摂っておけば、高所キャンプでの数日間の欠乏は心配しなくてもよいだろう。ビタミンとミネラルについてはサプリメントで補給するが、取り過ぎると有害なものもあるので指示量を守る。

高所滞在の初期には赤血球を増やすために鉄が必要となるので、この時期の鉄サプリメントの補給は有効だろう。ただし飲み過ぎると肝臓などに害があるので指示量を守る。

◆高山病の予防・治療薬

高山病に見まわれた場合の対処法については3章-8（P228）で述べたので省略する。ここでは高山病の予防や改善に用いられるアセタゾラミド（商品名はダイアモックス）という薬について考えてみたい。

1）効果と副作用

表5-3-3はダイアモックスに関する一般的な知識である。この薬には呼吸を穏やかに促進させる作用があり、体内の酸素欠乏を防ぐ効果をもたらす。

ダイアモックスを飲まなくても、意識呼吸をすればSpO_2を高く維持

ヒマラヤの青いケシとエーデルワイス。何万年もかけて高所に適応している。

表5-3-3：ダイアモックスに関する基本的な知識

効用	ダイアモックスは呼吸量を穏やかに上昇させる。この作用によってSpO₂の低下を防ぎ、高山病の発症や重症化を予防する。特に、呼吸量が低下する睡眠時には効果を発揮する。脳浮腫を軽減させる効果もある。
服用の判断	ゆっくり順応をしていけば基本的には用いる必要はなく、やたらな服用は勧められないが、以下のような場合には使うとよい。 ①やむを得ず急激に高度を上げる時（救助などの場合） ②過去に何度もひどい高山病を経験した人（高所に弱い人）
使用法	1日に2回、朝と晩に半錠（125mg）ずつ、1日で計1錠（250mg）を服用する。高所に上がる前日、または当日から服用を始め、目的の高度で順応が得られたら（おおよそ2〜3日後）服用をやめる。
副作用	手足のしびれ、頻尿や多尿とそれによる脱水、運動能力の低下、味覚の変化、耳鳴りなど。
禁忌	硫黄化合物にアレルギーのある人は不適。
その他	利尿作用があるために効くわけではない。

注）かつてはフロセミド（商品名はラシックス）という利尿剤が高山病の薬として使われたことがある。以来、利尿薬＝高山病薬という考え方が一部に残っているが、誤りである。ダイアモックスについても利尿作用があるから高山病に効くわけではない。

できる。しかし睡眠時にはそれができないため、SpO₂が低下して体調を崩しやすい。したがってこの薬は特に睡眠時に効果を発揮する。

ただし副作用もある。利尿作用があるので、高所ではただでさえ起こりやすい脱水を助長しかねない（注）。運動能力を落とすという報告もある。また飲めば必ず効くというものでもない。

国際山岳連合の医療委員会（UIAA MedCom）の指針には、ダイアモックスのむやみな使用は勧められないと書かれている。時間をかけてゆっくり高度を上げていくのが原則で、そうする限りこの薬は使わなくても問題は起こらないという考え方である。

column 5-3-2
酸素吸入、意識呼吸、ダイアモックスの関係

　この3つの手段はいずれも体内の酸素欠乏を防ぐ目的で使われる。だが体内の酸素量を増やす仕組みはそれぞれ異なっている。

　①**酸素吸入**：高濃度の酸素を直接供給する。②や③よりも確実な方法で、通常呼吸をしながら吸入するだけでもSpO_2は大きく上昇する。このため、極度に酸素が不足する8000mレベルでの行動時や生活時に使われたり、重症高山病の時にも活躍する。

　②**意識呼吸**：自分の意思で呼吸量（換気量）を増加させてSpO_2を上昇させる。①の効果には及ばないが、目覚めている時にこの技法を活用すればかなりの効果がある（P233）。ただし睡眠時には意識呼吸ができないという限界がある。

　③**ダイアモックス**：薬の化学作用により、無意識のうちに呼吸量を増やし、SpO_2を上昇させる。このため意識的な呼吸ができない睡眠時には特に有効である。

　図は、1名の若い男性が3500mの低酸素室で一晩寝た時のSpO_2である。ダイアモックスを飲まずに眠った時には大きく低下し、50〜60%台を行き来している。50%を切っている所もある。

　この人にダイアモックスを飲んで寝てもらうとSpO_2の低下は抑制され、ほぼ70%台に保たれる。このような効果が得られる反面で、本文中に書いたような副作用もあることにも注意して使う必要がある。

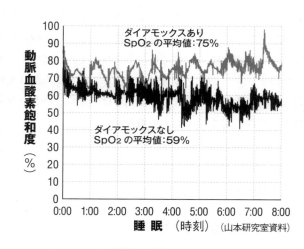

（山本研究室資料）

キリマンジャロ山頂で。この山では宿泊指定地の関係で、毎日1000mずつ（頂上アタック日は1200m）の高度上昇を求められる。高山病予防の指針から見ると、最も望ましくない登り方をしているという認識と、そのための具体的な対策を考える必要がある。

2）薬を使用すべきケース

UIAA MedComの指針では、①救助などの目的でやむを得ず急激に高度を上げる場合、②過去に何度もひどい高山病を経験した人、に対して使用を勧めている。②はわかりやすいが①の解釈は難しい。

この指針の別章には「2500m以上の高度で宿泊高度を上げる場合、前日の高度に対して300〜600m以下となるようにすべき」という記述がある。つまりこの数値を大きく上回る場合が、やむを得ない急激な高度上昇と見なせる。

この考え方にもとづくと、キリマンジャロのように毎日1000mずつ高度を上げていかなければならない登山はその典型である。また富士登山で、下界から1日で山頂に上り、そのまま頂上で泊まる場合は、それ以上の急激な上昇ということになる。

このような状況が本当に「やむを得ない」のかは意見が分かれるだろう。だがやっていること自体はダイアモックスを飲むべき典型的なケースといえる。

現在の日本ではこの薬に対する見解がまちまちで、極端に依存する人

第5章　海外での高所登山・トレッキング

もいれば極端に排除する人もいる。だがどちらも見直すべき点がある。著者は以下のように考えている。

5章-2で述べたように、日本で事前順応トレーニングをしておけば、薬に依存せずに登ることも可能である。このような努力をした上で、それでも追いつかない場合には薬を使用してもよい。しかし、それをせずに薬だけに頼ることは慎むべきである。

◆順応状況のとらえ方

高所に滞在し続けていると身体は低酸素に順応してくる。表5-3-4は8000m峰登頂者アンケートで、経験者が高所順応の判断をどのようにしているかを尋ねた結果である。

このうち①、②、⑤は主観的な指標であり、P227で紹介した高山病スコアの項目にも入っている。一方、③は1時間当たりの登高率で、また④も数値で表されるので客観的な指

表5-3-4：高所順応の判断基準（山本、2002）
8000m峰登頂経験者に複数回答で尋ねた結果。①、②、⑤は主観的な指標、③，④は客観的な指標である。

①頭痛がしなくなる	43人（40%）
②食欲が増加する	41人（38%）
③登高能力が改善する	30人（28%）
④ SpO2 が上昇する	27人（25%）
⑤よく眠れるようになる	18人（17%）

高所での歩行時には、主観強度が当てにならなくなることも多い。そこで登高速度や心拍数といった客観的な指標とも組み合わせて、複数の指標を使って運動強度を管理するとよい。（小西浩文氏撮影）

標といえる。

　これら主観・客観の両面から体調を記録することで、現状の把握ができる。そして記録の推移を観察すれば、先の予測をすることもできる。このような手法をQCシートと呼ぶことを4章-7（P434）で紹介した。以下はその高所での活用例である。

　表5-3-5は高所での体調管理表の例である。最も基本的な情報であるSpO$_2$と高山病スコアを毎日記録するように作っている（巻末のP681には原表を掲載した）。表の値を見たり、グラフ化したりすることで、体調の変化傾向がわかる。

　図5-3-5は、2人の登山者がカラパタールトレッキングをした時のSpO$_2$と高山病スコアをグラフにしたものである。高度が上がるほどSpO$_2$は低下、高山病スコアは上昇しているが、bさんの方がより大きなストレスを受けていることがわかる。

表5-3-5：高所での体調記録表の例（山本研究室資料）
三浦雄一郎さんが70歳でのエベレスト登山時につけていた体調記録表。SpO$_2$と高山病（AMS）スコアの値を毎日記録し、その変化を観察することで現状の把握ができる。綿密な記録をつければ未来予測も可能となる（P514）。

高所登山・トレッキング用の体調管理表

氏名：三浦雄一郎

	月日	4/1	2	3	4	5
朝、起きた時にいた場所と高度を書く	場所	カトマンズ	ロナ上部	〃	〃	ダグチョ
	高度	1300	3900	3900	3900	4200
	天気	晴れ	晴れ風強	晴れ	晴れ	晴れ
	行動概要		カトマンズ 1h〜2h 2h	5hW 1hW	4hW 1.5hW	4900Bと往復 5h
	備考		3900 キャンプ 15:00	アスピリン 2	ダイアモックス 0.5	アスピリン 2
＜オキシメーター1＞	SpO$_2$（％）	95	75	73	82	80
	PULSE（拍／分）	55	89	62	63	55
＜オキシメーター2＞	SpO$_2$（％）	96	83/30	82	88	85
	PULSE（拍／分）	70	77	61	66	60
＜AMSスコア＞	A 頭痛	0	0	0	0	0
	B 消化器症状	0	0	0	0	0
	C 疲労・脱力	1	1	0	0	0
	D めまい・ふらつき	0	0	0	0	0
	E 睡眠障害	0	0	0	0	2
	A-Eの小計	0	0	0	0	2
	F 病感	0	0	0	0	0
	G 活動能力	0	0	0	0	0
	H 小便	0	0	0	0	0

第5章　海外での高所登山・トレッキング

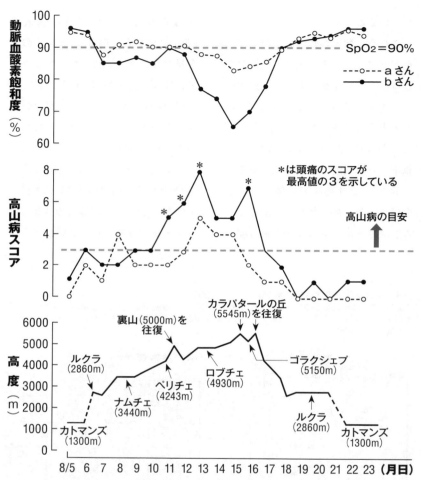

図5-3-5：パルスオキシメーターと高山病スコアを組み合わせた体調記録の例（山本、1998）
エベレスト街道でトレッキングをした二人のデータ。主観的・客観的な指標を数値化して目に見えるようにすることは、自分の身体に対する「気づき」を促すのに効果がある。

　図5-3-6は、14名の男女がキリマンジャロ登山をした時に、各宿泊地で朝と晩のSpO_2を測り、グラフにしたものである。値の変化傾向は似ているが、特に値が低い人では体調を崩したり、登頂を断念していることがわかる。

　このように、自分の値の変化を観察したり、他の人の値と比べることで、注意が必要な人には先回りした対応もできる。つまり記録をつけることで予測が可能になるのである。

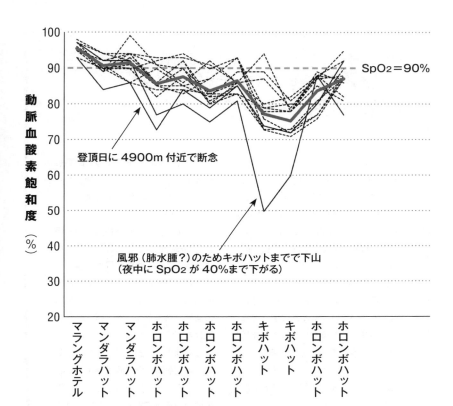

図5-3-6：キリマンジャロ登山時の各宿泊地でのSpO2 （岩崎洋氏提供）
細い線は個人の値。太い線は全員の平均値。数％程度の差は気にしなくてもよいが、他の人に比べて明らかに値が低い場合には生活や行動を慎重に行う。

第5章 海外での高所登山・トレッキング

◆データの読みとり方

データは人と比べるのも1つの方法だが、最もよい方法は自分の値の変化を細かく観察することである。パルスオキシメーターを持っていなくても、高山病スコアならば誰もが記録をつけられる。そしてそれだけでもかなりの役に立つ。

記録は起床時と夕方の2回つけ、次のように判断する。

1日の中で最も酸素欠乏が強まるのは睡眠時である。したがって起床時の高山病スコアが高い時には順応は不十分と判断できる。

日中にハードな行動をした後には高山病が出やすい。したがって夕方の高山病スコアを見ることで、その日の行動に無理がなかったかがわかる。

高山病スコアに加えてSpO2も記

column 5-3-3
パルスオキシメーターを活用するために

　SpO2の値は高度により変わる（図5-3-1）。また同じ高度にいても、そこで何をしているかによって大きく変化する（図5-3-3、図5-3-4）。したがって体温計のように37℃を超えれば熱があるといった単純な解釈はできない。

　SpO2の値は変動しやすい。意識的な呼吸をしたり、運動直後で息がはずんでいる時には本来の値は出ない。無造作に測るだけでは誤った情報となる可能性もある。起床時や夕食時など測るタイミングを決め、安静かつ自然な呼吸で測らなければならない。

　逆に、注意深く測れば様々な情報が得られる。特に、体内の酸素欠乏が最も強まる睡眠中のSpO2を測ることができれば、意識呼吸の影響も受けず、掛け値なしの順応状況がわかる。だが普通の機種では測ることができない。

　そこで、女性が基礎体温を測る場合と同様、起床直後に寝た姿勢のまま、眠っていた時の状況を再現するつもりで測るとよい。こうすると睡眠時に準じた値がわかる。自分専用の機器が必要となるが、得られる情報は多い。

　このほかに、起きてしばらくしてからの安静時の値（睡眠時よりも高い値で安定する）も測るとよい。両者の値の差が縮まってくれば、よく順応してきたと見なすことができるからである（P514のコラム5-3-4を参照）。

正確な値を得るためには、直射日光は避けて測る、指を暖めて測る、爪の汚れをとって測る（マニキュアも不可）などの注意がいる。

マナスルのBCで。長期にわたる高所登山では、気持ちの持ち方一つで体調も変わってくる。ストレスをためないためのメンタルマネジメント（P358）にも配慮しよう。

録すれば、さらに判断材料が増える。両方の値がともに悪ければ順応不足と考える。逆に、どちらの値も良ければ順応良好と考える。

　SpO_2は低いが高山病スコアが良い場合には、注意はしつつもとりあえず問題なしと考える（SpO_2が低くても快調という人も時々いる）。SpO_2は高いが高山病スコアが悪ければ、高山病以外の病気の可能性を考える、といった具合である。

　高山病スコアの5項目以外にも、図5-3-2や表5-3-4を参考に、「気分がすっきりしている」「登高意欲が出る」「尿がよく出る」「むくみがない」などの主観的な指標や、「体温が下がる」「血圧が下がる」「マイペースでの登高能力が改善する」「同じペースでの登高時の心拍数が下がる」などの客観的な指標を、必要に応じて記録表の項目に追加しておいてもよい。

第5章　海外での高所登山・トレッキング

column 5-3-4
パルスオキシメーターは人体の晴雨計

パルスオキシメーターを使って自分のデータを綿密に測定し、その変化を観察すると、次のような多くの情報が得られる。

図は、著者がチョーオユーで無酸素登山をした時に、BC（5700m）でSpO$_2$と心拍数を測り、グラフにしたものである。日数の経過に伴いSpO$_2$は上昇、心拍数は低下し、順応が進んでいく様子がわかる。

測定は起床直後（準睡眠時：●）と、起床後しばらくしてから（通常安静時：○）の2回行っている。後者のSpO$_2$値は高山病に悩まされていた序盤でも比較的高いが、前者の値は序盤では低い。したがって前者の方が順応状況をより感度よく表しているといえる。両者の値の差は序盤では大きいが、日数がたつにつれて縮まることもわかる。

BC滞在の前期では心拍数の改善の度合いが大きく、後期ではSpO$_2$の改善の度合いが大きい。そしてアタック開始日には、両者ともそれまでで最もよい値を示している。このように、データを長期的に観察することで、頂上アタックの判断材料にもなる。

順応行動をした日の翌日にはSpO$_2$は低下、心拍数は上昇し、体調が一時的に低下していることがわかる。しかし休養日をはさむことでこれらの値は回復し、順応行動をする以前よりもさらによい値となる。これは「疲労と超回復」と呼ばれる

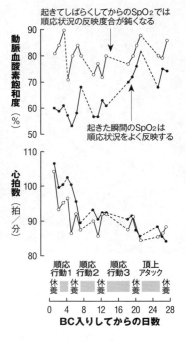

現象である（P551）。このような短期的な変動にも着目すれば、順応行動の参考にもなる。

パルスオキシメーターは人体の気圧計のようなものである。気圧計は晴雨計とも呼ばれ、気圧が上がってくれば好天、下がってくれば悪天の兆しと占うことができる。

現代のヒマラヤ登山では、精度のよい気象予報を活用して頂上アタックの予定日を決めている。自分の身体についても、パルスオキシメーターの値から「体調予報」ができる。両者のタイミングを一致させることができれば成功の確率は上がるだろう。

表5-3-6：ある高度に順応しているか否かを判断する基準

① 順応がほとんどできていない状態

起きて安静にしている時、またその状態で意識呼吸をしても高山病の症状が消えない場合、その高度での順応はほとんどできていない。

② 順応が不十分な状態

上記の状況では問題がなくても、眠ったり、通常の（激しくない）登山活動をすると調子が悪くなる場合には、十分に順応ができているとはいえない。

③ ほぼ順応ができた状態

その高度でよく眠れ（a）、行動も快調にでき（b）、どちらの後にも高山病の症状が現れなければ、その高度に対してほぼ順応ができたと見なせる。

＊aは「横になっていることで休息が得られ、翌日も体調が悪くなっていないこと」を意味する。居住条件の悪い高所キャンプでは熟睡はできない事も多いので、頭痛や息苦しさなどの体調不良で眠れないという状況でなければ、睡眠障害とは考えなくてもよい。

＊bは、きつさを感じずに登高した場合に、表5-3-2に示した高度相応の登高能力が発揮できることを意味する。

注）低地住民が高所を訪れて③の状態になったとしても、高所に対して完全に順応することはできないという点にも留意して頂きたい（P230）。

◆**上るべきか下るべきかの判断基準**

ある高度に滞在しているとき、そこよりもさらに上に行けるのか、そこに止まるべきか、あるいは下るべきかを的確に判断することは、登山の成否にも関わってくる。その判断基準について考えてみたい。

図5-3-3や図5-3-4で見たように、同じ高度にいても、起きて安静にしている時や、意識呼吸をした時には酸素欠乏は緩和される。反対に、睡眠中や行動中(特に激しい運動時)には酸素欠乏が強まる。

そこで著者は表5-3-6のように判断するとよいと考えている。①の状態であれば高度を下げる。②であればその高度にとどまるか、または高度を下げる。③のようになれば、より高い高度に上がれる、と考えるのである（注）。

この基準に従って高度を上げ下げし、次の高度でも再びこの表の基準を適用する。こうすることにより、現在の自分にとって適度な高度を保ち続けることができるだろう。

ヒマラヤの子供たち。彼らは何万年もかけて高所に順化している。

SUMMARY
まとめ

■ 高所での体調管理の要点として「ゆっくり歩く」「水分補給」「意識呼吸」の3つがあげられる。

■ 酸素欠乏が最も強まるのは、睡眠時と激しい運動時である。特に前者では酸素欠乏が長時間続く上に、意識呼吸もできないので体調が悪化しやすい。

■ 同じ高度にいても、安静、運動、睡眠、姿勢、呼吸の仕方などにより、体内の「生理高度」(SpO_2)は大きく変わるので、SpO_2の値を高く保つ行動適応に努める。

■ ダイアモックスは呼吸量を穏やかに増加させる薬品で、睡眠中のSpO_2の低下を抑制できる。しかし副作用もあることに注意する。

■ 順応の指標としては「頭痛がなくなる」「食欲が出る」「快適に眠れるようになる」「SpO_2の上昇」「登高速度の改善」などがある。

■ 高山病(AMS)スコアやパルスオキシメーターを用いて、上記の様子を継続的に記録(可視化)することで、現状の把握だけでなく未来の予測もできる。

第5章-4

高所登山のタクティクスは、山側の特性（高度、地形、気象条件など）によって変わる。また同じルートを登る場合でも、登山者側の特性（高所経験、基礎体力、順応状況など）によって違ってくる。

このため単純なノウハウを示すことは難しいが、5章-1で紹介したように、対象の山をランク分けして考えると整理しやすくなる。本節ではそれぞれのランクに分けてタクティクスの要点を整理してみたい。

タクティクス

第5章　海外での高所登山・トレッキング

ペルーアンデス・チョピカルキのBCにて。日本で培った登山能力を、現地でどれだけ発揮できるかは、タクティクスの巧拙によって違ってくる。

◆6つのランクで考える

　高所登山の難易度にはA、B、Cの3ランクがあることを5章-1（P450）で紹介した。これは長年にわたり高所登山のガイドをしてきた安村淳氏による分類で、日本でのトレーニングを考える場合だけでなく、現地でのタクティクスを考える時にも役立つ。

　図5-4-1は、著者の考えで、さらにD〜Fのランクを追加したものである。D以上はガイド登山からは逸脱するレベルで、主として8000m峰での無酸素登山が該当する（注）。整理すると以下のようになる。

　Aランク：6000m以下の高度で行われる登山やトレッキング。順応のための上下行動をすることなく、ストレートに高度を上げて登頂する場合が多い。

　Bランク：6000m台の山で行われる登山。BCを設け、順応のための上下行動を何度か繰り返した後に頂上を目指すことが多い。Cランク

注）無酸素登山とは酸素ボンベを使わない登山のことである。
運動生理学で言う無酸素性運動（P17）の意味ではない。

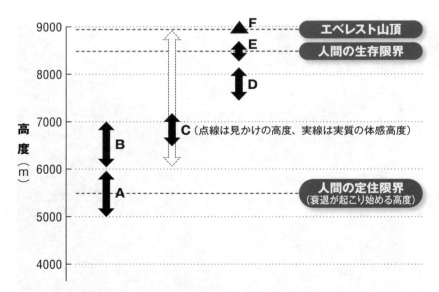

図5-4-1：高所登山のランク分け
　A〜Fとも、通常ルートを登る場合を想定している。Cでは物理的な高度（見かけ）と生理的な高度（体感）との間に大きな差がある。Cの下限はマッキンリー、上限はエベレストを意味するが、P451に述べた理由で生理的な高度はどちらも最大で7000m前後になる。

と比べると山のスケールが小さく、登山期間も行動量も少ないので、身体への負担は比較的小さい。

Cランク：物理高度でいうと6000ｍ台前半（マッキンリー）から8000ｍ台後半（エベレスト）まで幅広いが、生理高度でいえば最大で7000ｍ前後となる。Bと比べて山のスケールが大きいため、登山期間も行動量も増え、身体への負担は著しく増大する。

Dランク：7000ｍ台後半〜8000ｍ台前半の峰（8201ｍのチョーオユーまで）の無酸素登山。体力も順応もCより高いレベルが必要となる。ガイドに面倒を見てもらうという感覚では登れないが、日本の雪山で鍛練を積んだ人には十分可能である。

Eランク：8400ｍ以上の5峰のうち、エベレストを除くマカルー、カンチェンジュンガ、ローツェ、K2での無酸素登山。人間の生存限界付近の高度にあるため、Dとは一転してかなり困難となる。

Fランク：エベレストの無酸素登山。人間の生存限界を超える高度にあり、極めて困難かつ危険性の高い登山となる。

トレーニングによって自分の身体能力をできるだけ高めた上で登りたいが、極度な危険は冒したくない人は、DまたはEまでは無酸素で登り、そこから先では酸素を使用して登るのが妥当な選択といえるだろう。

◆ある高度への到達に要する日数

登頂までに要する日数は、高度が高くなるほど増える。図5-4-2はその様相を示したものである。高所に順応していない305名の登山者を対象として、現地で3500ｍの高度を超えた日を1日目と数え、そこからある高度に到達するまでに何日かかったかを調べている。

一方の線は全員の平均値を、もう一方は最短日数で到達した人の値を示している。平均値の方を見ると、5000ｍでは5日、6000ｍでは13日、7000ｍで23日、8000ｍで30〜35日、エベレスト山頂までは41日かかっている。6000〜8000ｍの間では、高度が100ｍ上がるごとにほぼ1日の割合で増えている。

見方を変えるとこの日数は、事前に順応トレーニングをせずにぶっつけ本番で現地に赴いた場合、ある山の山頂（あるいはその途中のある高度）までどれくらいの日数をかければよいかの目安となる（以下、標準日数と呼ぶ）。

山の高低に関わらず、標準日数で登れば、高所順応という意味では無理の少ない登山計画ということになる。反対に、最短値に近い日数で登

第5章 海外での高所登山・トレッキング

column 5-4-1
日本人の8000m峰での無酸素登頂率

　図は、1990年代に8000m峰に登頂した日本人登山者のうち、8000m峰登頂者アンケート（P458）に回答のあった117名のデータから作成したものである。8000m台前半の山では無酸素登頂率は高いが、後半の山では低いことがわかる。

　ナンガパルバットやガッシャーブルムⅠの無酸素登頂率は90％を超えている。これとほぼ同高度のマナスルでは0％だが、無酸素登山を目指した隊がなかっただけのことである。

　チョーオユーでは38％、ダウラギリでは28％と低くなるが、これらの山では8000m峰登山の入門者が多く、酸素を使った人が多いためと考えられる。

　一方で、マカルー以上の山では無酸素登頂率が明らかに低い。マカルーでは11％、K2では7％、エベレストでは3％である。P527の図ともよく似た傾向である。

　深田久弥は『ヒマラヤー山と人』（1956年刊）の中で、イギリスの登山家E.シプトンの言葉を引き「登山家は26,000フィート級の山では酸素を用うべきではない（注）。とすれば、酸素の許されるのは、エヴェレスト以外に、K2、カンチェンジュンガ、ローツェ、マカルーの四峯だけとなる」と述べている。

注）おおよそ8000～8200mに相当する。

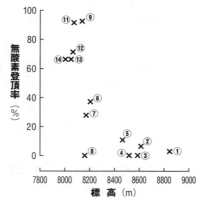

山名	標高(m)	無酸素登頂率
①エベレスト	8848	1/33
②K2	8611	1/15
③カンチェンジュンガ	8586	0/6
④ローツェ	8516	0/3
⑤マカルー	8463	1/9
⑥チョーオユー	8201	18/48
⑦ダウラギリ	8167	5/18
⑧マナスル	8163	0/8
⑨ナンガパルバット	8126	12/13
⑩アンナプルナ	8091	0/0
⑪ガッシャーブルムⅠ	8068	11/12
⑫ブロードピーク	8051	15/21
⑬ガッシャーブルムⅡ	8035	14/21
⑭シシャパンマ	8027	14/21

（山本、2005）

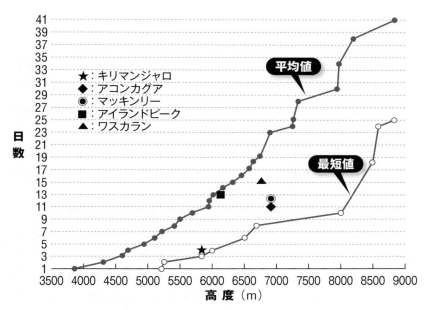

図5-4-2：ある高度に到達するのに必要な日数（Richaletら、1992）
高所に未順応の登山者が様々な山で登山をした際に、ある高度に到達するまでに何日を要したかを調査した。高所順応という観点から見ると、行程が平均値寄りであればより楽になり、最短値寄りとなるほどきつくなる。5000〜6000m台のポピュラーな山の登頂までの標準日数を書き込んでみると、そのきつさには違いがあることがわかる（マッキンリーの高度は生理高度（7000m弱）で示している）。

れば、順応面から見てきつい計画ということになる。

この図に、いくつかの登山での登頂までの標準日数を書き込んでみた。たとえばキリマンジャロの場合、ほぼ最短値のライン上に来ている。したがって高度的には低いが、日程的には非常に厳しい登り方をしていることになる。

アコンカグアやマッキンリーの行程も最短値の側に寄っており、比較的厳しい行程である。一方、アイランドピークやワスカランの行程は平均値の側に近いので、より楽な行程だといえる。

この図は事前に高所順応をしていない人のデータから作成されている。日本であらかじめ順応トレーニングをしたり、別の山域で順応登山をしておけば、この図の標準日数を無理なく短縮することができる。

キリマンジャロやアコンカグアのように、標準日程がきつめの登山をする場合には、とりわけこの配慮が必要となる。

第5章 海外での高所登山・トレッキング

◆Aランクの山の登り方

　ここからはランク別に登山のタクティクスを考えてみる。

　キリマンジャロ登山やカラパタールトレッキングのようなAランクの山では、高所登山に特有の上下行動をせず、ストレートに目的地まで登って行くという特徴がある。

　ただし楽に登れるからそうしているわけではない。宿泊地が指定されていたり、地形が緩やかで低い場所に降りたくても簡単には降りられないため、やむをえずそのような行程となっているのである。

　苦しいがなんとか我慢して上って行けるというのが実情に近い。順応が不十分なまま登らざるを得ないという点では、Bランクの山より厳しいといってもよいかもしれない。

　現地では、3000m台の高度で休養日を設け、疲労の回復や順応の促進を図るというのが経験則である。カラパタールトレッキングではナムチェ（3440m）、キリマンジャロ登山ではホロンボハット（3700m）の高度が該当する。

　このような行程について行くためには、日本での事前順応トレーニングが不可欠である。日本での準備のよしあしにより、成果の大半は決まるといってもよい。行程を「山のカルテ」に書き出し（P445）、それについていけるような身体を日本で作っておく。

　特に、①入山初期の急激な高度上昇についていけるようにすること（P464）、②3000m台の高度での行動や生活が支障なくできること（P468）、の2つを目標として体力や順応のトレーニングを積むとよい。

◆Bランクの山の登り方

　ポピュラーな6000m峰が該当する（北極圏にあるマッキンリーは除く）。BCを設け、何回かの上下行動をした後に登頂する。Cランクの山よりもスケールは小さいので、登山期間は短く（2〜3週間）、上り下りの運動量も小さい。

　6000m以上の高度は人間の定住限界を超える。そこでの滞在時間が長くなると、筋量が落ちてしまうなど、身体の衰退が目立ってくる。

　ただしBランクの山では、5000m台の最終キャンプから1日で山頂を往復することが多い。6000m台の高度には1日しか身体を曝さないので、衰退の影響は小さくできる。

　図5-4-3の左側は著者がアイランドピークに登った時の行程図である。3500mを超えてから登頂までの日数は12日である。図5-4-2と照合すると標準日程に近い行程で、実際に比較的楽な登山ができた。

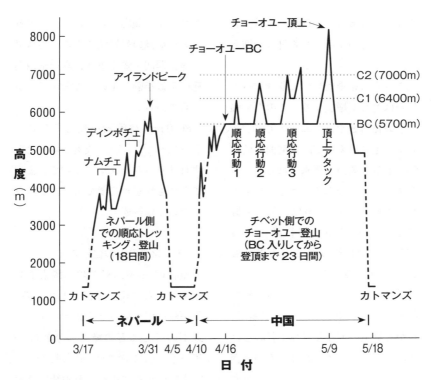

図5-4-3：アイランドピークとチョーオユー登山の行程例（山本、1995）
アイランドピークにまず登り、6000mレベルの高所順応を身につけてから、いったんカトマンズで休養し、その後にチョーオユーの無酸素登山を行っている。6000m峰の登頂は2週間程度で可能だが、8000m峰を無酸素で登頂するまでには2カ月近くかかっている。

ポピュラーな6000m峰では標準行程もほぼ決まっている。その行程をカルテにし、それについていけるような身体を、あらかじめ日本で作っておく。Aランクと同様、①入山からBCまでのアプローチ段階での高度上昇と、②BCの高度で支障なく過ごせるような身体作りに照準を合わせてトレーニングする。

◆Cランクの山の登り方

生理高度は6000m台の後半から最大で7000m前後、つまりBランクの上限付近に相当する。Bと大きく違うのは、山のスケールが大きくなるために生じる次の3点である。

①登山期間が長くなる（1～2カ月）。②上下行動の回数や行動距離が増える。マッキンリーのように重い荷物を自力で荷上げしなければな

らない山もある。③6000m以上（衰退高度）での生活・行動日数が増える。

これらの相乗効果により身体への負担は著しく増加する。このため強い基礎体力と十分な高所順応に加え、高所衰退に耐えながら長期間の活動ができる耐久力も要求される。

エベレスト登山でいうと、頂上アタック時には6000m以上で、最低でも4泊5日の連続行動をする（P534）。身につけるものの重さも20kgを超える（P454）。

これは日本の雪山でさえ重労働である。それを6000m以上の高所で、しかも衰退の進んだ身体で行わなければならないと考えれば、その大変さが想像できる。

Bランクの山での頂上アタックが6000m峰の日帰り登山だとすれば、Cのそれは6000m峰での数日間の縦走登山に相当する。これをこなすためには、6000m台の高度に対する十分な順応を身につけることが必須条件となる。

登山期間は1～2カ月に及ぶ。高地に長期間滞在することで順応は進むが、一方では衰退も進む。いたずらに長く高所に滞在すれば、赤血球が過剰に増加し、血液循環の妨げになるなどの弊害も出てくる。

この問題に対しては、日本であらかじめ事前順応トレーニングをすることが最良の対処法である。現地での滞在期間を短くでき、衰退や過剰適応を最小限に止めることができるからである。

8000m峰は酸素を使って登ればCランクだが、万一酸素が切れたとすればD～Fランクになってしまうことにも注意が必要である。この点については後述する。

◆Dランクの山の登り方

現代の8000m峰では、酸素ボンベを使った登山が常識化している。だが登山史を見ると、チョーオユー以下のほとんどの峰は、今から50年以上も前に無酸素で登られている。

当時は現在に比べて登山装備は重く、機能も低かった。ルートも未知で、タクティクスも手探りだった。逆に、アプローチが不便で山の麓に行くまでに時間がかかったため、高所順応に関しては現代よりもむしろよい体調で臨んでいた。

現代の登山者は軽くて機能の優れた装備を利用できる。ルートは明白でタクティクスもほぼ確立している。したがって日本の雪山で体力、技術、経験を身につけ、その上で十分に高所順応を行えば、Dランクの登山は多くの人にとって可能である。

Dの場合、頂上アタックの直前ま

column 5-4-2
8000m峰登頂者の$\dot{V}O_2max$

高所登山では息を切らすような運動をする場面が多く、心肺に大きな負担がかかる。このような運動を無理なくこなすには最大酸素摂取量（$\dot{V}O_2max$）が高いほど有利となる（P310）。

著者らはこれまでにのべ30名の8000m峰登頂者の$\dot{V}O_2max$を測定した。図はその結果を、年齢、性別、酸素ボンベ使用の有無との関係で表したもので、次のことがわかる。

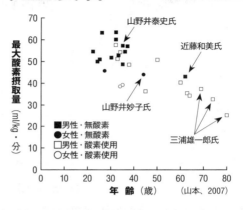

1）**酸素**：無酸素登頂者の方が$\dot{V}O_2max$は高い傾向にある。30代以下では50～60ml台の人が多い。なおK2など4座に無酸素登頂した山野井泰史氏は57ml（35歳時）、女性でマカルーなど4座に無酸素登頂した山野井妙子氏は44ml（44歳時）、50歳を過ぎてから8000m峰に延べ10回（うち6回は無酸素）登頂した近藤和美氏は43ml（62歳時）だった。

2）**男女差**：男性の方が高い。30代以下で酸素を使用して登頂した人の間で比べると、男性では50ml台、女性では40ml前後である。

3）**年齢**：年齢が高い人では低くなる。60～70代の男性では30ml台の人がほとんどである。三浦雄一郎氏が70歳、75歳、80歳時に酸素を使ってエベレストに登頂した時の値は、それぞれ38ml、33ml、25mlだった。

O.エルツは、8500m以上の峰に無酸素登頂した欧州の登山家の$\dot{V}O_2max$を測定し、R.メスナーが49ml、P.ハーベラーが66ml、D.スコットが63mlだったと報告している。

これらのデータから考えると、8000m峰に無酸素で登るための$\dot{V}O_2max$の最低水準は40ml台、酸素を使う場合には30ml台くらいといえる。ただし体力に余裕を持たせるために、各自のできる範囲で能力を高めておくことは重要である。

$\dot{V}O_2max$の値は、P318のテストで推定できる。その目標値は、無酸素登山を目指す若い男性では55～60ml、女性では45～50mlくらいである。酸素を使う場合は、若い男性で50～55ml、女性で40～45mlくらいである。中高年で無酸素登山をする場合は40～45ml、酸素を使う場合は35～40mlくらいだろう。

この目標値は8000m峰の登山だけに限らない。日本の雪山などでも息を切らす場面はしばしばあるので、同じ基準が当てはまると考えてよい。

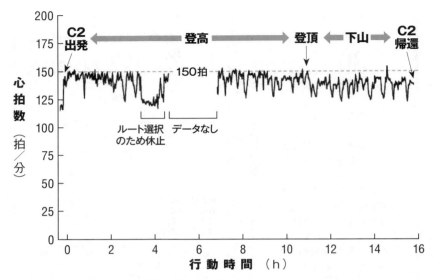

図5-4-4：8000m峰での無酸素登山時の心拍数（山本、1995）
チョーオユー（8201m）で、7000mの最終キャンプから無酸素で頂上を往復した時の心拍数。下界での最高心拍数から見れば8割弱の負担だが、7000m以上の低酸素環境下で発揮できる最高心拍数から見ると9割以上の負担と考えられる。

ではCと同様の負担で行動し、頂上アタック時には無酸素で行動する。このため体力も順応もより高いレベルが求められる。順応を身につけるための期間も長くなる。

図5-4-3は著者がチョーオユーで無酸素登山をした際の行動図である。アイランドピーク（Bランク）を登った上で、ようやく本番の登山が始まるという長大な行程である。

Dランクの登山で特に問題となるのは睡眠時である。最終キャンプは7000m台に置かれるので、睡眠時のSpO2は非常に低くなる。このため、そこに到達するまでに蓄積した疲労や衰退が回復しないばかりか、睡眠中にさらに衰弱が進んでしまう。

この問題を解決するには、最終キャンプをなるべく低いところ（7000m付近もしくはそれ以下）に置き、そこから1日で頂上を往復するという方法が最良だろう。

図5-4-4は、著者がこのような方法でチョーオユーの頂上アタックをした時の心拍数である。上りでは140〜150拍、下りでも140拍前後の値が16時間にわたり続いている。

この値は、当時の著者の下界での最高心拍数（190拍）の8割弱に相当する。ただし高所では、酸素不足

の影響で最高心拍数そのものが低下するという性質がある。それも考慮すると、心臓への実質的な負担は最大能力に対して9割以上になっていると考えられる。

このような場面を想定して、日本では、高い心拍数を保ちながら長時間の行動をするトレーニングを積む。1日で1000〜2000mの標高差を登下降したり、頂上アタック時に身につける20kg程度の重さを負荷して行うことも考える。富士山を利用してこれを行えば、体力と順応の両方のトレーニングになる。

◆E・Fランクの山の登り方

1920〜30年代、粗末な登山装備しかなかった時代のエベレスト登山でも、8000m台前半の高度までは数多くの登山家が到達した。またそのうちの何人かは8500m付近までも達した。だがそれ以上にはどうしても登ることができなかった。このため、生理学者が不可能説をとなえた時代もあった。

1978年にR.メスナーとP.ハーベラーが無酸素登頂に成功し、不可能説は覆された。しかしその後も成功者が続出しているわけではない。

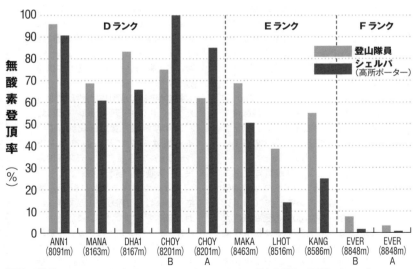

【記号の説明】ANN1：アンナプルナ、MANA：マナスル、DHA1：ダウラギリ、CHOY：チョーオユー、MAKA：マカルー、LHOT：ローツェ、KANG：カンチェンジュンガ、EVER：エベレスト
グラフ中のAは公募登山隊が利用する一般ルート、Bはそれ以外のルートからの登頂を示す。

図5-4-5：ネパールの8000m峰での無酸素登頂率（SalisburyとHawley、2011を一部改変）
1989〜2009年までの各国の登山隊の統計をもとに作成している。Dランクの山では無酸素登頂率は高いが、Eランク以上になると低くなる。特にFランクのエベレストでは極度に低い。

column 5-4-3
エベレスト無酸素登山の難しさ

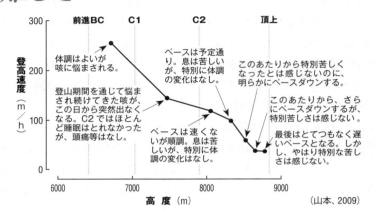

強い体力を持った人が高所によく順応した場合、8000m台前半の高度であれば、ゆっくりではあるが確実に登高できる。だがこのような人でも8500mを超えると、ペースは極度に落ちてしまう。

図は故・加藤慶信氏が、2005年に中国側からエベレストに無酸素で登頂した時の手記をもとに、頂上アタック時の登高速度と身体の様子について作図したものである。

8500m付近までは順調に登高できているが、そこから先では急激にペースが落ちている。8500m付近では1時間で約100mの登高速度だったのに、頂上直下では40m程度にまで落ち込んでいる。

8500mを超えると酸素が少なすぎるために、生命維持に必要な酸素を得ることだけで精一杯となる。その結果、運動にまわす酸素がほとんどなくなってしまうのである。

「ペースは極度に遅くなったが苦しさは感じない」と書かれていることも興味深い。運動強度が極度に低下する（運動が非常に弱くなる）ために、心肺も筋も特別な苦しさは感じないのだろう。

著者が南米の登山でお世話になったガイドのP.ティサレマ氏は、2006年に無酸素登頂に成功している。彼はエクアドルの首都キト（2850m）で暮らすアンデス高地住民で、人種的に高所に強い。

アコンカグアであればBCから順応行動なしで日帰り登山ができる体力と順応を身につけている。その上に彼は、エベレストに出かける前に自国のチンボラソ（6310m）やコトパクシ（5897m）で徹底的に体力と順応のトレーニングを積んだ。

エベレストでは、7000m付近ではシェルパよりも行動能力は高かった。また頂上アタック時には、8550

mまでは酸素を使って登る人と同じペースで登高できた。しかしそこからは著しく登高速度が落ち、最後の150mは極度に苦しかったという。

どんなに体力や順応を身につけた人でも、酸素が全く無ければ死んでしまう。これに近いことがエベレストの山頂付近では起こる。人間としての許容限界を超える環境であるため、素質（先天的な能力）もトレーニング（後天的な努力）も通用しにくい世界なのである。

現代では1年に数百人の人が酸素を使って登頂しているが、無酸素登頂者はごくわずかである。

この事実は、8000m台前半の山と後半の山とでは、生理的な負担が全く違うことを物語っている。簡単にいうと、人間の生存限界が8500m付近にあり、体力や順応のよしあしに関係なく、誰もが人間としての限界に直面してしまうためである。

1980年代に高所登山法の改革を目指して、低酸素トレーニングを含めて様々な人体改造を試みた故・原真氏は「8000m前半まではトレーニングの効果は顕著に現れるが、逆に8500m以上ではほとんどトレーニング効果が出なかった」と総括している。

図5-4-5は、ネパール国内の9つの8000m峰の無酸素登頂率を示したものである。①Dランク（チョーオユー）までは無酸素登頂率が高い。②Eランク（マカルー、ローツェ、カンチェンジュンガ）ではそれが下がる。③Fランク（エベレスト）では極端に低くなる。

この図を見ると、Dの登山はトレーニング次第で十分実現できそうである。Eではさらに努力をすれば克服できそうに思える。しかしFでは極めて困難、言いかえると危険性が高いことが想像できる。

E・Fランクの登山では、8000m付近の高度に最終キャンプを設けなければならない。その前日には7000m台の高度に泊まることも必要となる。このような何日にもわたる超高所での激しい運動に加え、そこでの睡眠時に起こる極度のSpO2の低下が、常人にとっては耐えがたいストレスになるのである。

このような山でのタクティクスとしては、強靭な体力があることを前提として、最終キャンプを7000m台に置いて、眠らずに（あるいは短時間の仮眠程度で）行動し続けて登

第5章 海外での高所登山・トレッキング

頂することが最も負担が少ないだろう。

◆頂上アタックの判断基準

頂上アタックをする前に、頂上と同じ高度までの順応行動をして、それができるか否かを確認するわけにはいかない。順応行動時に到達した最高高度から、数百mあるいは千m以上、未体験の高度を上っていかなければならない。

つまり頂上アタックの開始時には、頂上まで到達できるような順応が身についているかの予測が求められ、その見込みが甘ければ失敗してしまう。この問題に答えることは個人差の問題もあって難しいが、参考となりそうな意見を紹介する。

前出の原氏は、十分な基礎体力を持つ人ならば、順応が進み頂上アタックをする段階では、6000m台であれば2000m、7000m台では1500m、8000m台前半では1000mくらいの標高差を、1日で上れるようになると述べている。

その帰結として、傾斜が適度に急で形状的に上りやすい山であれば、6000m峰ではBCから1日、7000m峰では2日、8000m峰ならば3日で登れるとしている。それで登れないようならば順応不足なので、下山して再起を図るべきとしている。

著者は最近、ヒマラヤ経験者35名にアンケート調査を行い、順応行動の期間中に、頂上の何m下の高度まで到達しておくべきかを尋ねてみた。その結果、7000m台〜8000m台前半の峰に登る場合でいうと、最低値は頂上マイナス500m、最高値はマイナス2000m、平均値ではマイナス1000mだった。

またP466では「＋2000m仮説」を紹介した。これは自分がよく順応した高度から起算して、＋2000m（個人差も考慮して、実際には＋1000〜2000m）の高度までは順応の効果が波及するという考え方である。

以上のことをふまえると、頂上から約1000m低い高度でよい順応状態（P515）が確認できれば、頂上アタックの条件は整ったといえるかもしれない。

ただしこれは平均値的な話である。頂上マイナス2000mでも大丈夫な人もいれば、マイナス500mでなければならない人もいるかもしれない。また目的とする山の高度が上がるほど、新たに獲得できる標高差は小さくなる可能性もある。

これらの点については今後の検討も必要だが、図5-4-2に示した頂上到達に必要な標準日程を消化し、その上で上記の基準を適用すれば、ある程度の見込みは立てられるだろう。

◆酸素ボンベの効果

8000m峰の頂上アタックで、酸素ボンベを使うことについて考えてみる。

表5-4-1は8000m峰登頂者アンケートで、8000m峰の頂上アタック時（行動中）に酸素補給をした時、体感高度がどのように変化したかを尋ねた結果である。平均値で見ると「8000mで2ℓの酸素を吸入して行動すると6000mの高度に感じる」という結果だった。

図5-4-6は、上村博道氏がエベレスト頂上アタック時に、各キャン

表5-4-1：8000m峰での行動中に酸素ボンベを利用したときの体感高度（山本、2002）
回答者は65名。個人差も大きいが、平均値として見ると、8000m付近で毎分2ℓの流量で酸素を吸うと、体感高度はほぼ6000mとなる。つまり生理高度は2000m低くなるといえる。

酸素を使用した高度	8002±320m（6800〜8848m）
酸素の流量	2.1±0.7ℓ（0.3〜4.0ℓ）
体感高度	6017±1382m（0mなみ〜変化なし）

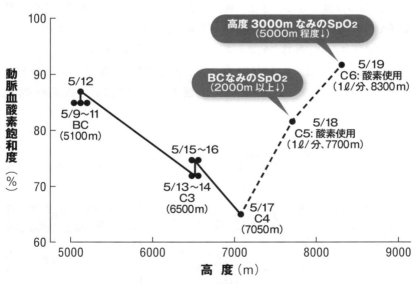

図5-4-6：エベレスト登山時の各キャンプでのSpO₂（上村と山本、1998）
上村博道氏がチベット側からエベレストを登頂した時の、BC出発から頂上アタック当日までの各キャンプでのSpO₂。C4までは酸素を使わず、C5以上から使っている。酸素を使うとSpO₂が大幅に上昇し、生理高度はBCレベルかそれ以下にもなる。

プで安静時に測った SpO_2 である。生活・睡眠中に酸素補給をしたときの効果がわかる。

まず、5100mのBCでは80％台だった値が、酸素を使っていない7050mのC4では65％まで低下している。ところが7700mのC5から酸素を使ったところ、SpO_2 は83％に上昇した。そして8300mのC6ではさらに上昇して92％となっている。C5での SpO_2 はBCなみ、C6での値はP490の図と照合すると3000mなみの値に相当する。

酸素ボンベにはこのように絶大な効果がある。行動中であれば生理高度を約2000m下げ、実質的には6000m台の高度となる。生活・睡眠中であればBCなみか、もっと低い高度に降りたのと同様の効果がある。無酸素登山とは全く負担が異なるのである。

◆流量の目安

酸素は貴重品であり使いすぎては無駄になる。また使いすぎては登山の本旨からも外れてしまう。過不足のない流量はどれくらいだろうか。

表5-4-2は、1955年にフランス隊がマカルーを初登頂した時に用いた酸素補給の指針である。8000m峰の中では最もスムーズな初登頂ができた隊で、全員が登頂を果たしている。そして彼らはこの指針が成功に大きく寄与したと述べている。

6000m以上の高度では身体の衰退が加速する。そこで6000m以上の各高度での安静時や運動時に、何ℓの流量で酸素を補給すれば生理高度を5000m台に保てるかを、理論的に計算している。その内容は次のように要約できる。

①運動時には高度が上がるほど／運動が激しくなるほど必要量が増す。

表5-4-2：各高度での酸素補給の指針（Rivolier、1959）
1955年のフランス・マカルー隊が用いた指針。この指針に従うことで、理論的には体内の酸素レベルを5000m台（身体の衰退が起こらないレベル）に保つことができる。換気量とは1分あたりに口と鼻から出入りする空気の量のことである。

高度	安静時 (換気量=10ℓ)	軽い運動時 (換気量=30ℓ)	中程度の運動時 (換気量=70ℓ)	激しい運動時 (換気量=100ℓ)
6500m	0.3	0.3	1.0	1.0
7000m	0.3	0.3	1.0	1.0
7500m	0.3	0.7	1.7	2.0
8000m	0.3	1.0	2.3	3.0
8500m	0.3	1.3	3.0	4.0

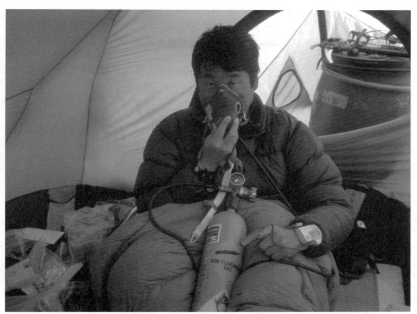

酸素の吸入によって生理高度（SpO2）がどの程度変わるかを調べる実験。酸素を使用する場合、SpO2の値を見ながら流量を調節すれば、過不足のない酸素補給が実現できる。（小西浩文氏撮影）

②安静時には、高度が上がっても必要量は変わらず、少量（0.3ℓ程度）でも十分である。

同じ8000m台でも、8000m付近に比べて8500m付近の行動時には、流量を増やす必要があることもわかる。エベレストの場合でいうと、頂上直下にあるヒラリーステップでは、クライミング（激しい運動）を要求される。この時には4ℓの流量が必要なのである。

行動中は、高度と運動の激しさに応じて、流量を増やしたり減らしたりすることが合理的な使い方といえる。休憩時には1ℓくらいに節約することも可能だろう。

生活中や睡眠中の流量は、パルスオキシメーターを用いて調節するのが合理的である。BCでのSpO2が85％であれば、同じ値になるように調節する。酸素の量に余裕があれば、BC以下の高度に下げて身体をより回復させるのも効果的だろう。

◆酸素使用時の生理的な負担度

酸素を使えば身体はかなり楽になる。だがそれでもなお、大きな負担を強いられる。

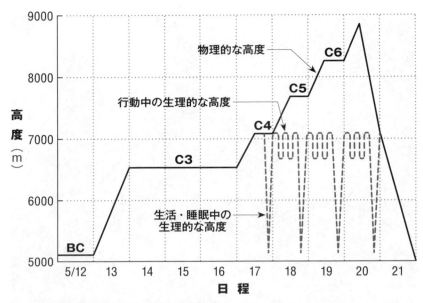

図5-4-7：8000m峰で酸素ボンベを使った時の生理高度
図5-4-6の行程でエベレストの頂上アタックをした時の高度上昇の様子について、物理的な高度（実線）と生理的な高度（破線）の関係を概念的に示した。7000m付近から表5-4-2の指針に従って酸素を補給したとすると、行動中の生理高度は6000m台～7000m前後、睡眠中は5000m台くらいになる。つまり頂上アタック時には、6000m台の高度で何日も行動するような負担がかかる。

　図5-4-7は、酸素ボンベを使ってエベレストの頂上アタックをする際の、物理高度と生理高度との関係をイメージ的に表したものである。行動中には2ℓ（上部での激しい運動時には3ℓ）、生活中には0.5ℓ程度の酸素を補給したと考えている。

　表5-4-2の指針は理想的な状況を想定した理論値である。このとおりに吸入すれば生理高度を5000m台に保てるはずだが、実際の登山中（特に行動中）には様々な事情でこの値どおりにはなりにくい。

　行動中の生理高度は平均的には6000m台で、運動が激しいと7000m前後になる場合もある、と考えた方が無難である。いいかえると頂上アタック時には、6000m台の高度で何日もの連続行動ができる能力が必要となる。

　酸素が切れた時の対策も考えておく必要がある。前出の安村氏は、6000m台の高度にきちんと順応していれば、万一8000mの高度で酸素が切れても何とか耐えられるだろうと述べている。

column 5-4-4
エベレスト初登頂時の酸素補給

エベレストの初登頂は1953年5月にイギリス隊が成し遂げた。1921年に第1回目の遠征を始めて以来、9回目での成功だった。

翌年以降は数年先まで、他国の登山隊が許可をとっていた。この年の試みが失敗すれば、初登頂を他国に譲ってしまう可能性が高い。そこで隊長には陸軍大佐のJ.ハントを起用し、周到な作戦を用い、背水の陣で望んだ隊だった。

表は、登頂したE.ヒラリーとN.テンジンの、頂上アタック時の酸素補給の様子である。驚いたことに6500mの高度から4ℓの流量で酸素を使っている。「絶対に登頂する」という執念が伝わってくるような数字である。

この前年の1952年に、イギリスはチョーオユーに実験登山隊を派遣した。そして生理学者のG.ピューが中心となって、高所での運動生理学に関するさまざまな研究を行った。

その最大の成果が、行動中は4ℓ、生活中は1ℓの酸素補給をすべきという指針である。1日に3ℓの水分補給が必要という数字も示した（ヒラリーは頂上アタック日にこれを実行している）。1日に3000kcalのエネルギー補給が必要という値も導いている。

人間の限界をいかにして克服するかという彼らの研究成果は、エベレストの登頂を成功させただけにとどまらなかった。その後、高所で暮らす多くの人々が健康を維持したり、高所に出かける登山者や旅行者が安全・快適に過ごすための遺産にもなったのである。

1953年5月25日：6450mのキャンプから酸素の流量を4ℓにして上る。7300mのキャンプでは1ℓで睡眠。

5月26日：17kgの荷物を背負い、先頭で歩く時は4ℓ、後続で歩く時は2ℓにして進み、サウスコルへ。

5月27日：26kgの荷物を背負い、4ℓで出発。ヒラリーは途中で食糧デポを回収したため荷物の重量は28.5kgとなった。しかし酸素流量を5ℓに増やしたところ一気に力が蘇った（6ℓまで調節可能なレギュレーターを持参していた）。8470mでの睡眠時は1ℓ。

5月29日：13kgの荷物を背負い、4ℓで頂上アタックを開始。南峰から先では、帰りのことを考えて3ℓに落とした。

（Ward、Everest、2003より作成）

高所で運動した際の酸素摂取量を分析するG.ピュー

（Hunt、The Ascent of Everest、1953より転載）

第5章 海外での高所登山・トレッキング

このことはP530で述べたことからも想像できる。身を守りつつゆっくり下山するという目的であれば、酸素補給の代わりに意識呼吸を行いながら、2000mの高度差の克服も可能だろう。

　以上をまとめると、酸素を使った8000m峰登山の成功率や安全性を高める上で、6000m台の高度で生活と行動が十分にできる身体を作ることは重要となる。

　なお、生活時や行動中（休憩時）に、身体に支障のない範囲で時々マスクを外し、8000mの空気がどのようなものかを体感しておくとよい。生理的な効果はともかく、心理的には意味があるだろう。

◆頂上アタック時の様々な負担

　頂上アタック時には低酸素のことばかりに注意が向きがちである。しかし身体にかかる負担はそれだけではない。それまでの順応行動時とはうって変わって、様々な種類の負担が一挙にかかってくる。

　表5-4-3は、エベレストの頂上アタック時を例に、低酸素を含めてどんな負担がかかるかを示したものである。長時間行動、重荷、低温、エネルギーや水分の不足といった

表5-4-3：エベレストの頂上アタック時に身体にかかる様々な負担
順応行動時と比べて頂上アタック時には、様々な意味で、それまでとはうって変わって非常に大きな負荷がかかる。エベレスト以外の山でも事情は似ている。

■それまでの数週間にわたる行動で、疲労や衰退を抱えている
■アタックの開始から終了まで、5日程度の連続行動が要求される
■酸素吸入をしても、6000m台〜7000m前後の高度を無酸素で行動するのと同程度の低酸素負荷がかかる
■行動時間は10時間以上になる
■衣服、登攀具、酸素ボンベなどの重量は20kg以上になる
■岩場や雪壁の登りといった激しい運動をする部分も出てくる
■気温はマイナス20度以下となる
■十分に食べられない
■十分に飲めない
■酸素が切れた場合，8000m台後半という、人間の生存限界を超えた高度に突然放り出されてしまう

エベレストの頂上アタック。順応行動時とは一転して、身体が受けるストレスは一挙に高まる。どのような負担を受けるのかを分析し、日本でそれぞれの体験やトレーニングをしておく必要がある。（上村博道氏提供）

第5章 海外での高所登山・トレッキング

様々なストレスがいずれも強まる。このため、身体の各器官が受けるストレスは一挙に増大する。

頂上アタックの際には最低でも5日間の連続行動となる。6000m峰を5日間かけて縦走するような負担を覚悟しなければならない。しかも身体は、それまでの高所での滞在や活動で疲労・衰退している。

8000m峰の頂上アタック時には、過去に多くの事故が起こっている。原因は様々だが、このような極度なストレスを想定した準備が不十分であることも原因の一つである。

登頂を済ませて下山する際にも、このストレスは依然として続く。最後の試練として、弱った身体に最も大きな負荷がかかるといってもよく、下山時が一番きつかった、という人は多い。BCから頂上までではなく、BC→頂上→BCという一連の行動を想定した心身の準備（シミュレーション）をしておく必要がある。

以上の注意は8000m峰に限ったことではない。キリマンジャロやアコンカグアのような5000〜6000m峰でも、頂上アタック時の負担は同じように過酷なのである。

頂上アタック時には真夜中に出発することが多い。このような状況でまごつかないための予行演習もしておこう。

SUMMARY
まとめ

■ 高所登山のタクティクスは、山側と人間側の様々な要因によって変わる。通常ルートからの登山であれば、A～Fの6つのランクに分けて考えると整理しやすい。

■ ランクごとに、①基礎体力、②高所順応、③耐久力の要求水準は異なる。カルテを作って要素ごとの負担を明確にし、日本で事前にトレーニングを積んでおく。

■ 高度に応じて標準的な所要日数がある。それに近い行程で登頂計画を立てれば、順応の不足によるストレスを小さくできる。

■ 酸素の流量は、①使用する高度、②安静か運動か、③運動の激しさ、の3要素に応じて指針を適用することで、過不足を小さくできる。

■ 頂上アタック時には酸素の欠乏だけではなく、身体への様々なストレスが一挙に増加する。それらをカルテで分析し、事前に日本や現地で模擬体験しておく。

第5章 高所登山の方法論を再考する

多くの先人の努力によって、現代の高所登山では未知の要素が減った。一般的なルートであれば、よい指導者がついていれば多くの人に登頂のチャンスがある。登山経験の少ない人や高齢者が登頂に成功するケースも増えてきた。

無数ともいえる試行錯誤を経て、高所登山の方法論も変化してきた。本節では、運動生理学やトレーニング学の理論に沿ってこれを整理してみた。仮説の部分も多いが、このような視点も持って実践をすることで、よりよい方法論が見えてくるだろう。

マナスルBCを出発する。高所登山の方法論はこれからも変わっていく可能性がある。

◆高峰登山の短期化

図5-5-1は、チベット側からエベレストを目指した新旧3つの登山隊の行動図である。ラサ（3650ｍ）を起点として、登頂までの上下行動の様子を示している。

①1988年の日本山岳会（JAC）隊では60日以上、②2004年のヒマラヤンエクスペリエンス（HIMEX）隊では45日、③2006年のアドベンチャーガイズ（AG）隊では30日で登頂している（注）。③は①の半分以下の日数である。

最近では高齢者や登山経験の少ない人が、AG隊のように短い日数でエベレストに登ってしまうケースも増えている。つまり優れた指導者のもとで一定のノウハウに従えば、8000ｍ峰であっても多くの人が登れるようになってきた。

この図を作った貫田宗男氏は、①経験と情報の蓄積、②シェルパのガ

注）HIMEX隊はニュージーランドのR.ブライス氏が、AG隊は日本の近藤謙司氏が主催している。

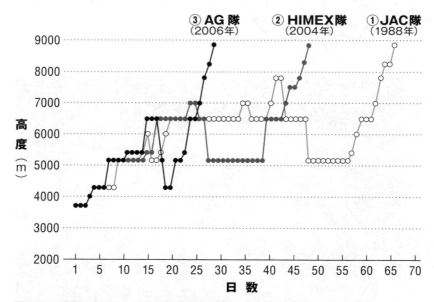

図5-5-1：新旧3つのエベレスト登山隊の行動パターン（貫田宗男氏作成）
いずれもチベット側からの登山だが、昔に比べて登山期間が短いことに加えて、行動パターンにも変化が見られる。最も登山期間の短いAG隊では、順応期に到達する最高高度が低いこと、また頂上アタックの前にBCよりも低い高度に降りていること、が特徴である。

column 5-5-1
欧米の公募登山隊のタクティクスの変遷

　図は、1990年代前半にエベレストでの公募登山を高い確率で成功させていた故・R.ホール氏（RH隊）と、現代では最も定評のあるR.ブライス氏（HIMEX隊）の、ある年におけるタクティクスを比べたものである。どちらもネパール側からの登頂パターンだが、次のような違いがある。

　①RH隊よりもHIMEX隊の方が、順応期間中の上下行動の回数が少ない。4回対2回と、後者は半分である。しかもその1回は、BCよりも低い場所への移動にあてている。

　②上記の上下行動量の累積距離を計算すると、RH隊では上り下りとも4850mだが、HIMEX隊では2800mと6割弱の量である。

　③順応期間中に到達する最高高度は、RH隊では7450m、HIMEX隊では7100mと、後者の方が低い。

　④HIMEX隊ではBCよりも低い高度に下るという、積極的な回復期間（P543）を設けている。

　⑤登山期間はHIMEX隊の方が長い。

　欧米の公募隊でも、一昔前よりも現在の方が、身体への負担が小さい方法が用いられるようになってきていることがわかるのである。

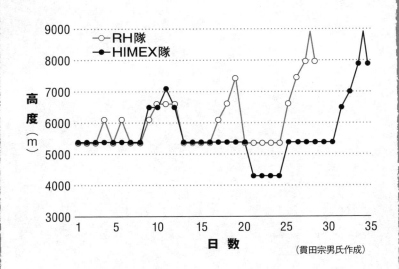

（貫田宗男氏作成）

第5章　海外での高所登山・トレッキング

イド化、③酸素補給装置の軽量化、④正確な気象予報の提供、が変化をもたらした要因だと述べている。

著者はこれに加えて、⑤高所順応の方法論の改善をあげたい。本節ではこの要因に着目して、運動生理学や現代のスポーツ選手が用いているトレーニング理論を当てはめながら整理してみた。

考えを進めていくうちに、著者にとっても意外な結論がいくつか出てきた。登山本来のあり方から見て議論が生じそうな内容もあるが、その是非は別として、仮説として一通り述べてみたい。

◆現代のタクティクスの特徴
－荒山孝郎さんの場合

登山期間が短いこと、また高齢者や登山経験の少ない人の登頂実績も多いという点で、AG隊は特徴的である。そこでこの隊のタクティクスを分析してみたい。

図5-5-2は、2006年にAG隊に参加してチベット側からエベレストに登頂し、三浦雄一郎さんが持っていた最高齢登頂記録を更新した荒山孝郎さん（当時70歳）の行動図である。日本からは33日目、3500mを超えるラサからは30日で登頂している。P521の図（平均値のライン）

チベット側から見たエベレスト。（上村博道氏撮影）

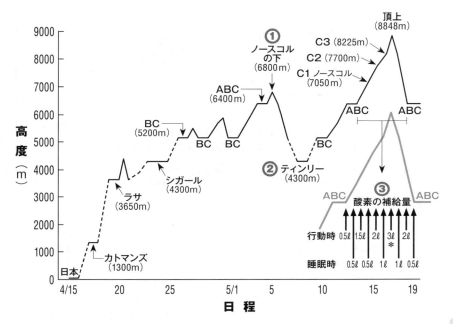

図5-5-2：現代流のエベレスト登山タクティクス（荒山・近藤両氏の提供による）
酸素補給の部分の＊印は平均的に3ℓという意味である。ハードな部分では流量を4ℓまで上げ、休憩時には2ℓ以下に下げるというように、状況に応じて流量を変えている。

と照合するとかなり短期間である。

荒山さんは出発前に富士山や低酸素室での順応トレーニングはしていないが、それでも1ヵ月で登頂している。頂上アタックを含めて全体の登山も危なげなく行われている。従来の常識と比べると、彼の行動パターンには次のような特徴がある。

1）順応期の最高到達高度が低い

従来の登山隊であれば、ノースコル（7050m）までは上がるのが常識だった。だが荒山さんの場合は、その下の6800mが最高到達点であ

る（①）。

2）積極的な回復手段の導入

頂上アタックの前にBC（5200m）よりも低い麓町のティンリー（4300m）まで下りて休養している（②）。運動生理学やトレーニングの理論でいう「積極的回復」を行っている。

3）効果的な酸素の使用

頂上アタックの開始時には6500mから毎分0.5ℓの流量で酸素の吸入を始め、高度の上昇に合わせて流量を増やしている（③）。頂上付近での行動中には、運動のきつさに応

column 5-5-2
荒山孝郎さんの登山とトレーニング

荒山さんがエベレストに備えて日本で行ったトレーニング
- 23kgの荷物を背負い自宅近くの低山を2～2.5時間歩く（週に1回）
- 10kmのコースを50分間で走る（週に1～2回）
- 丹沢で30kgを背負ってボッカ（出発前に1回）
- 富士山や低酸素室でのトレーニングは行っていない

荒山さんにエベレストに至るまでの経過をうかがった。

子供の頃から山が好きで、高校では山岳部、大学ではワンダーフォーゲル部に入ったが、病気もしたので十分な活動はできなかった。その後、30代のはじめまでは無雪期登山をしたが、そのあと7～8年は山から遠ざかった。

40代になってから登山を再開したが、次第に飽き足らなくなり、50歳に近い頃、12日間の冬山講習会に参加し、本格的に冬山登山に取り組んだ。この時以降、自分よりも20歳くらい年下の人たちと、荷物の重さも行動も同じ条件にして登山をしてきた。

50代では欧州アルプスの4000m峰を10以上登った。60代になると高峰に憧れるようになり、63歳で退社して独立した。そしてマッキンリー（63歳）、チョーオユー（同年）、アコンカグア（66歳）、シシャパンマ（68歳）などに登った。

この頃の国内での年間登山日数は約30日である。冬は南・北アルプスでの登山、夏は沢登りを中心に行った。フリークライミングも含めて岩登りもした。

基礎体力のトレーニングとして、63～69歳頃は丹沢の鍋割山で月に2回程度のボッカをしていた。荷物の重さは35～40kgで、620mの標高差を3ピッチ（2.5時間）で上った。

高所順応トレーニングは富士山で行っていた。出発前には月に1～2回のペースで、計2～3回の登山をしていた。60代前半では山頂に宿泊することが多かったが、60代の後半になると日帰り登山が多くなった。

上に示した表は、このような積み上げの上で、エベレストの登山前に行ったトレーニングである。

ボッカは週1回に増やしたかったので、場所を自宅近くの低山に変更した。富士山には行かなかった。それまでの高所経験の繰り返しで身体が高所に順応しやすくなっていると感じ、図5-5-2のような行程の中でも順応はできると考えたからである（BCでは最初の1週間、頭痛や

下痢に悩まされたが、その後は快調だった）。

このような経歴を見ると、国内外での豊富でオールラウンドな登山経験と、長年にわたる体力と順応のトレーニングの蓄積が総合されて成功に結びついたことが窺える。

70歳でエベレストに登頂できた最大の要因は何かと尋ねたところ、前記のように、若い人と一緒に、同じやり方で登山をしてきたことがよかったという。長年にわたり、若い人と同じように身体を動かすことで、身体も若い人と同じように強くなっていったのだろう。

60代で35～40kgのボッカをしていた当時の身長は172cm、体重は約65kgである。BMIは22で、日本人として標準的な体格だが、50代前半から若者同様の登山を継続してきたからこそ、このような高負荷でのトレーニングもできたのだろう。

スケールの大きな高峰登山は短時日のうちにできるものではない。荒山さんが辿った道は、中高年はもとよりだが、若い人にとってもよい手本となるだろう。

第5章 海外での高所登山・トレッキング

じて流量を加減している。酸素ボンベは合計で5.5本使用している。

◆**三浦雄一郎さんの場合**

三浦雄一郎さんのエベレスト登山についても検討してみる。彼は70歳、75歳、80歳と3回、いずれもネパール側から登頂に成功している。彼は3回の登山の中でも80歳の時が一番楽に登れたと述べている。

図5-5-3は70歳時と80歳時の行程を比較したもので、次のような特徴がある。

1）BC入りまでの日数を増やす

70歳時は14日、80歳時には17日をかけてBC入りしている（①）。こうすることで1日分の行程が短くなり、疲労を軽減できる。その上、順応にかける時間も増やせる、という二重の利点が生じる。

2）上下行動を減らす

BC到着後、順応のために行った上下行動は4回対2回と、80歳時は半分である（②）。その累積標高差も、±3930m対±2050mとほぼ半分である。また順応行動時の最高到達点も80歳時の方が低い（6450m対5900m）。

3）BCでの積極的回復

70歳時には、BCから歩いて下の

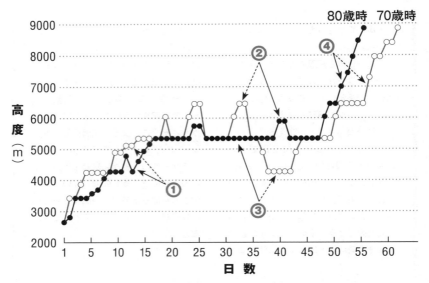

図5-5-3：三浦雄一郎さんのタクティクスの変遷（三浦隊提供）
70歳時と比べて80歳時では、入山により多くの日数をかけている（①）。上下行動の回数が少なく、順応行動時の最高到達高度も低い（②）。またBCから徒歩で高度を下げる代わりに、BCに滞在したまま5日間連続で、酸素吸入をして生理高度を下げる（③）など、負担の少ない行動をしている。

村（ディンボチェ）に下って回復を図った。一方、80歳時にはBCで酸素吸入をして、体力を温存しつつ回復を図っている（③）。

このほか、頂上アタック時にはキャンプを1つ増やし、より小刻みに前進している（④）。全体の登山日数は70歳時よりも80歳時の方がやや短い（59日対54日）。

AG隊や三浦隊の方法は、従来の常識から見れば非常識に見える。だが高い合理性を持っていなければ、高齢者が短期間で危なげなく登ったり、より楽に登ることはできない。

そこでAG隊や三浦隊の方法を、身体への負担がより小さいという意味で合理的なあり方と考え、その上で従来の方法の問題点を洗い出してみたい。

このような逆の見方をしてみると、従来型の方法では行動量が多すぎたり、低酸素の刺激が強すぎたりして、身体は必要以上に疲労・消耗・衰退をしていた可能性もある。一方、AG隊や三浦隊は、これらの負担を減らすことで成功を収めているとも考えられるのである。

column 5-5-3
合理的なタクティクスの落とし穴

　「合理的」という言葉にも色々な解釈の仕方があるが、本節では身体への負担をなるべく小さくして登頂できること、と定義している。ただし視点を変えると、このようなやり方には落とし穴もある。

　合理的なタクティクスを用いれば、体力の低い人でもより高い高度まで到達でき、登頂のチャンスはより多くの人に与えられる。実際に、このような方法の普及により、高齢者が8000m峰をはじめとする高峰に登頂するケースも増えてきた。

　しかしその一方で、山頂付近での事故も起こるようになった。その状況を見ると、ほとんどは高山病ではなく、心臓突然死と考えられる。

　P536に示したように、順応行動時と頂上アタック時とでは、身体にかかる負荷には雲泥の差がある。アタック時には、それまでに蓄積した疲労や衰退の上に、数日間の連続行動による強い負荷がかかってくる。

　体力的に弱い人や、身体（特に心臓）に潜在的な問題を抱えている人でも、合理的なタクティクスのお陰で頂上近くまでは行ける。しかし頂上付近で身体の限界に達して破綻が起きているように見える。

　昔は、今よりもずっとハードな順応行動が行われていた。このため体力の弱い人は、頂上アタック以前に脱落してしまっていた。言い方は悪いが、合理性が高いとはいえないタクティクスが、足切りテストの役割を果たしていたともいえる。

　合理的なタクティクスが普及するほど、頂上アタック時に抱える危険は高まる。解決の難しいジレンマではあるが、十分な認識だけはしておかなければならないことである。

第5章　海外での高所登山・トレッキング

アコンカグア南壁をバックにした原真氏（1981年に著者撮影）

◆原真氏の理論と実践

　AG隊や三浦隊が用いた方法論の起源を探っていくと、故・原真氏の業績にたどり着く。彼は1970～1980年代を中心に、自ら高所登山を実践して合理的な方法論を探求した。また、その実践から得た仮説に基づいて、多くの登山者の指導も行った。その過程は『登山のルネサンス』『ヒマラヤ・サバイバル』の二著に詳しい。

　彼はその中で、高所登山を成功させるには「下ること＝回復」が重要だと強調している。高所登山の際、上ることは誰でも積極的に行うので、それが不足して問題を起こすことはまずない。むしろ過剰に上りすぎることによる疲労が元で問題を起こしやすい。

　一方、下って休養をとることはおろそかにされやすい。その結果、過剰な疲労と少なすぎる休養とが相まって、順応がうまく進まずに失敗する。

　下ることがいかに重要かを証明するために、彼が1979年に武谷敬之医師とともに、ペルーのワスカランで行った実験がある。BC（4200m）に金属製の高圧タンクを持ち込み、隊員をこの中に入れて回復を促進する試みを行ったのである（図5-5-4）。

図5-5-4:高圧タンクによる超回復の実験（原真氏撮影）
ワスカランのBCに持ち上げられた60kgの高圧タンクを操作する武谷敬之氏（左端）

表5-5-1:高圧タンクを用いた回復実験からわかること
高所登山の初期には、思い切って高度を下げた方が好結果が得られる。
「急がば回れ」ということわざの通りである。

1	高所に到達した当初は、BCでただ単に休養するよりも、短時間でよいから低地なみの高度まで下ることで、より回復が進む。その結果として順応もより進む。
2	物理高度を下げなくても、生理高度を下げれば回復の効果は得られる。
3	高度を下げる時間は、軽い高山病の段階であれば短時間（30分程度）でも十分な効果がある。
4	高山病の症状が重くなってからでは、高度を下げることの効果は減じてしまう。

これに入って加圧すると、下界もしくは海面下までも高度を下げられる。各隊員がこの中に30分程度入ったところ、心拍数は入る前に比べて5～20拍低下した。そして軽い高山病だった人では症状が消え、以後は再発しなかった。

一方、症状の重い人では一時的な効果は見られたが、タンクを出してしばらくすると症状が再発した。このため下の村まで下ろして休養させた。

この結果から表5-5-1のような

教訓が引き出せる。順応の初期段階では先を急いで上に行かず、その場にとどまることが重要だとは従来から言われてきた。だがそれだけではまだ不十分で、積極的に下った方がもっと早く順応するのである。

◆上下行動の意味を再考する

高所に上ると、身体は低酸素に対して順応もするが、一方では衰退も起こる。特に、6000m以上の高度では衰退が進みやすくなる（P218）。

このジレンマを解決するために考え出されたのが上下行動である。日中は高いところに上って高所順応の刺激を与え、夜間は低いところに下りて衰退を防ぐ。高峰登山を成功させるための基本手段として、以前はこの上下行動をたくさん行う傾向が強かった。

しかし最近では、以前ほど多くは行われなくなってきた。高所経験が豊富な日本の登山家に尋ねると、かつてほど頻繁な上下行動はしなくても大丈夫であると感じるようになったとか、頻繁に上り下りをすると疲労が蓄積してむしろマイナスの影響があると思うようになった、と述べる人が少なくない。

また欧米人の登山家は以前から、日本人に比べて上下行動をあまり行わないとも言われてきた。そこで以下に、上下行動の意味について改めて考えてみたい。

◆疲労と超回復の理論

上下行動の考え方は、下界のスポーツ選手がトレーニングの際に用いる「疲労と超回復」の理論に該当する。図5-5-5はこれを概念図で示したものである。

体力（筋力や持久力など）を改善するためには運動をしなければならない。ただし運動中に体力が向上するわけではない。運動中は疲労によりむしろ体力は低下する。体力が改善するのは運動後であり、休養と栄養を与えることによってはじめて起こる。

つまり体力を改善するためには、身体に対して疲労（運動）と休養・栄養とをセットで与えなければならない。その組み合わせが適切な場合には、運動を終えてから数日中に、体力は運動前よりも高い水準にまで回復する。これを超回復と呼ぶ。

一方、次のような場合には疲弊を招き逆効果となる。
①疲労のさせ方には問題がなくても、休養や栄養が不十分な場合
②休養や栄養には問題がなくても、過度に疲労させすぎた場合
③疲労をさせすぎ、かつ休養や休養も不十分な場合

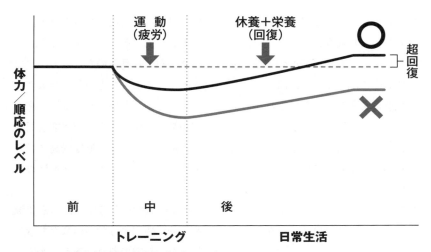

図5-5-5：疲労と超回復の概念図（山本、2000）
トレーニング効果は運動中に生じるわけではなく、運動後に休養と栄養を与えて回復させる過程で初めて起こる。運動・休養・栄養という3要素のバランスを最適化して与えられるか否かが、超回復が起こるか疲弊に転じるかの鍵となる。

注）P514の図を見るとこの様子がわかる。順応行動を行うたびにSpO₂と心拍数の値は一時的に悪化（SpO₂は低下、心拍数は上昇）する。しかしその後に休養日をはさむことで、元のレベルよりもよい値となっている。

高所順応にも同じ事があてはまる。高いところに上って低酸素のストレスを与えることが疲労、低いところに下りてそれを軽減することが回復に相当する。両方の組み合わせが適切であれば超回復が起こり、順応も進む（注）。だが前記の①～③のような場合には疲弊してしまう。

◆適度な高度の上げ下げとは

図5-5-5は概念的には理解できても、自分が現場で実行するとなると非常に難しい。自分ではうまく行っているつもりでも、上りすぎること（過剰な疲労）に加え、下ることの不足（不十分な休養）が原因で失敗する登山者は多い。

原は「どんなに口で言ってもわからず、一度手痛い失敗をすることで、やっとわかるようなこと」と表現している。著者自身もこのことがわかってきたのは、何度もの失敗をしてからである。

原・武谷の高圧タンク実験では、軽い高山病の人が利用した時には大きな効果があり、その後は再発もし

なかった。一方、症状が中程度以上の人が使った場合には、一時的には効果はあってもやがて再発した。後者は疲弊に陥っており、回復しにくい状態にあったと予想できる。

ここまでに述べたことをまとめると、よい順応の負荷とは、多くの人が常識として考えているよりもずっと軽いところにある、と言えそうである。

たとえば生活の場面で言うと、高所キャンプで強い高山病（頭痛など）がある場合、それを我慢して滞在し続けることで身体が順応すると考える人が多い。だが高山病が消える高度まで下って回復を図った方が、より大きな効果をもたらすだろう。

また順応行動の場面で言えば、なるべく高く上った方が効果が大きいと考える人が多い。しかし軽い高山病が起こり始めた高度が適度な引き返し地点といえる。原は登高スピードが落ちた時点で下ることを勧めている。

P515の表5-3-6には、順応状況を自分で確認するための基準を示した。①の状態であれば下る、②であればそこに滞在するかもしくは下る、③であれば上る、と判断すればよいだろう。

裏山登山中のSpO2を調べる。その意義、効果、実施方法については再検討の余地がある。
（小西浩文氏撮影）

◆上下行動のパラドックス

　新たな高度に到着してその場所に泊まる時には、付近の裏山を少しでも上ってから戻ってくると順応の足しになると言われる。またその翌日は、宿泊地から新たに500mくらい上ってくることが適度な順応行動になるとも言われている。これは本当だろうか？

　高所で眠ると、起きている時と比べてSpO₂は大きく低下する（P501）。個人差もあり、順応状況によっても異なるが、生理高度は1000〜2000mくらい上昇する。

　一方で、上下行動を行う目的は、現在地よりも数百m高い場所に上り、低酸素刺激をやや強くすることで、順応を促進する刺激にするため、と説明される。

　だが自分の足で数百m上るよりも、その場で寝た方が生理高度は千m以上も上昇し、はるかに強い低酸素負荷をかけられるのである。このパラドックスをどう解釈すればよいだろうか。

◆生理高度本位で考える

　裏山登山の意義について、次のような思考実験で考えてみよう。キャンプに到着後、裏山を上ることによってかけられる高度の刺激は微々たるものである。それよりも、その場で眠った方がはるかに強い低酸素の刺激をかけられる。ただしそんなことをすれば、むしろ高山病を起こしてしまう。

　先に紹介した原・武谷の高圧タンク実験の結果は、新たな高度に到着した直後には、低酸素負荷を軽くする対策をとった方が、順応がより進むことを示している。この教訓（表5-5-1）に従うと、高みに上ったりキャンプ地で寝たりして、より強い低酸素負荷をかけるよりも、むしろ低酸素の刺激を緩和する行動適応をした方がよいことになる。

　具体的には、キャンプ地でくつろいで意識呼吸をしたり、軽い散歩をして適度に呼吸を高進させたりして、体内のSpO₂をより高い状態にし、生理高度を下げてやる。その方が超回復の機能がよく働いて、順応も進むのではないだろうか。

　著者は、裏山登山の意味を次のように解釈している。その場でただじっとしていたり寝たりすれば、SpO₂が下がりすぎて体調を崩してしまう。そこでそれを防ぐために裏山で軽い運動をする。つまり低酸素の負荷を強めるのではなく、弱めることが真の目的なのである。

　ただし、この目的のためならば高度を上げる必然性はない。息を切らして上ったりすれば、むしろ順応を

第5章　海外での高所登山・トレッキング

妨げることになる。その場にとどまってSpO_2を上昇させる工夫をした方が、回復を促進する効果はより高い。疲労も起こさずにすむ。

物理的な高度を上げ下げする以前に、その場で生理高度を上げ下げすることをもっと見直すべき、というのが著者の考えである。そのヒントとなりそうな事例を次に紹介する。

◆生理高度を下げる手段

原・武谷の高圧タンク実験は、BC滞在中に時々、それも短時間でよいから、思い切って高度を下げることができれば、順応はもっとスムーズに進むことを示している。

しかし現実には、BC以下では地形が平坦で、簡単には高度を下げられない場合が多い。またそれが可能だとしても、大きく高度を下げ、再び上り返すためにはかなりの体力が必要であり、その疲労が順応を妨げてしまう可能性もある。

原たちが試みたように、物理高度を下げるのではなく、その場で生理高度を下げる工夫として、現実的には次のような手段がある。

1）加圧バッグ

原・武谷の高圧タンクをヒントにアメリカで開発されたのが携帯型の加圧バッグである。加圧ポンプを人

図5-5-6：加圧バッグを用いた積極的回復
（大蔵喜福氏提供）
BCでの休養日には時々、メンバーどうしで「逆順化トレーニング」を行う。

力で押すことでバッグ内の気圧を高め、高度にして1500〜2000mほど下げられる。現在では公募登山隊などが携行し、重症高山病の応急処置に使われている。

ただし原と武谷が実験で見いだしたことは、重症よりも軽症の段階で使った方が効果が大きいということである。実際、重症の高山病者が加圧バッグに入っても、一時的には改善するが、しばらくすると再発することが多い（あるいは初めからあまり効かない）とも言われる。これは効率の悪い使い方なのである。

原・武谷の本来の趣旨、つまり積極的回復という考え方に沿って加圧

バッグを活用したのがAG隊の大蔵喜福氏である。彼らはBC滞在時に時々、高山病がない時でもこの中に入り、他のメンバーが相互にポンプを押して生理高度を下げ、疲労の回復を図る（図5-5-6）。時間は30分程度である。大蔵氏はこれを「逆順応トレーニング」と名付けている。

ただしポンプを押す作業はかなりの重労働なので、この疲労がもとで高山病にならないよう配慮する必要がある。

2）酸素吸入

酸素ボンベは頂上アタック時、もしくは重症の高山病時に使うもの、というのが常識である。だが高圧タンクや加圧バッグと同じ発想で、順応期にBCで、時々これを使って生理高度を下げてやれば、大きな効果をもたらすと予想できる（加圧バッグの場合と同様、高山病が重症化してから酸素吸入をしても効果は小さいという話もよく聞く）。

これを実行したのが三浦雄一郎さんである。彼の場合、BCで5昼夜にわたり酸素吸入を行っている（図5-5-3）。その際、パルスオキシメーターでSpO_2を測り、最初の3日間は90〜95%、4日目は85〜90%、5日目は85%となるように流量を調節した。

このSpO_2はそれぞれ、三浦さんのディンボチェ（4350m）、ロブチェ（4930m）、ゴラクシェプ（5150m）での値に相当する。つまりBCに居ながらにして生理高度（SpO_2）を各地点まで下げたことになる。

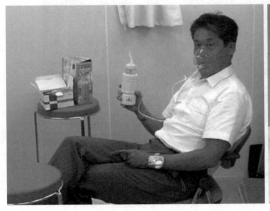

図5-5-7：簡易な酸素発生器　2種類の粉末をプラスチック容器に入れて水を加えると、15分ほど酸素が発生する。P233の実験はこれを用いて行っている。

次のような興味深い話もある。貫田宗男氏によると、シャンボチェ（3880m）にあるホテルエベレストビューでは、高山病にかかったお客さんに対して30分程度の酸素吸入をするが、それにより多くの人が回復し、ぶり返すことも少ないという。ぶり返した人にはさらに30分の吸入をすると、それでよくなるケースがほとんどだという。

また富士登山の際、酸素スプレー缶を使って数分間の酸素吸入をするだけでも、高山病の症状が治まる人もいるという。順応の初期段階で、体調がどちらに転ぶかわからない微妙な時期には、このような短時間の吸入でも効果が生じる人もいるのかもしれない。

最近では、プラスチックのボトルに2種類の粉末を入れ、これに水を注ぐと約15分間酸素が発生するという、簡易な酸素発生器も市販されている（図5-5-7）。高所トレッキング中にこれがあったことで重症の高山病から回復した例もある。

高山病の治療としてではなく、積極的な順応のために酸素を使用することについては、登山本来の趣旨から外れる、という意見もあるだろう。ただし次のような使い方であれば許容範囲という見方もできるのではないだろうか。

エベレストの山頂で。8000m峰登山で酸素ボンベを使用する場合、頂上アタック時だけではなく順応段階での利用も含めて、遠征期間全体としての利用の「最適化」を考えてみることにも意義がある。それによって、使用する総本数は同じでも、身体にとってより負担の少ない登山が実現できるかもしれない。（上村博道氏提供）

たとえばエベレストの頂上アタックで5本の酸素ボンベを使うとした場合、4本を頂上アタック用に、1本をBC用に使うのである。本節で述べてきたことを考えると、トータルの使用本数は同じでも、この方が登山の総合的な成果はよくなるのではないかと著者は予想している。

3）意識呼吸

加圧バッグや酸素ボンベのような人工物は使いたくないという人が、生理高度を下げるための最も簡単な方法である。上手に行えば生理高度を1000〜2000mくらい下げられる（P501）。この高度低下は加圧バッグに入るのと同程度である。1日の空き時間にこれを何度か行えば、超回復の促進が期待できる。

意識呼吸を行う時間は、加圧バッグや酸素吸入の場合にならって、1回につき30分を目安とするとよいだろう。30分連続で行うことは大変なので、5分行って5分休むなどのインターバル形式にして、合計30分を目指す。

欠点は、睡眠時には意識呼吸ができないことである。このため睡眠時には生理高度が一気に上昇し、体調を崩しやすい。眠れない時には無理に眠ろうとせず、身体を起こして意識呼吸をし、体調を回復させる方が

よい結果をもたらすだろう。

また、高度が比較的低い所では意識呼吸の効果は高いが、高度が上がるとその効果は酸素吸入には及ばなくなるという限界もある。7000m以上の高度では、酸素吸入の方が効果は高くなる（P501）。

4）ダイアモックス

この薬は、意識呼吸ができない睡眠中の呼吸量を増やす効果を持つ。1日のうちで最も酸素欠乏が強まる夜間のSpO2を高く保つことができるため、超回復が進みやすくなると考えられる。

ただしこの薬には脱水や運動能力の低下を助長するといったマイナス面もある。詳しくはP505を参照して頂きたい。

◆生理高度を上げる手段

自分の足で物理的な高度を上げるのではなく、その場に滞在したままで生理的な高度を上げる方法についても考えてみる。体力の無駄な消耗を防ぎたい時だけでなく、周囲の地形の関係で高度を上げることが困難な場合にも活用できる。

1）睡眠

睡眠中のSpO2は、起きている時と比べて大幅に低下する。つまり生

第5章 海外での高所登山・トレッキング

理高度は大きく上昇する。この性質を活用すれば、自分の足で高度を上げずに（運動による疲労を起こさずに）低酸素の負荷をかけられる。

睡眠中にはむしろ、高度が急激に上がりすぎて体調を崩さないような注意が必要だといってもよい。特に夜間、何時間も眠るときにはSpO_2の下がりすぎに注意する。

睡眠時の低酸素刺激を適度なものにするためには、30分〜1時間くらいずつ、仮眠しては起きることを繰り返す「インターバル仮眠」がよいのかもしれない。この場合、起きた時には意識呼吸をしてSpO_2を高めてやれば、超回復の効果がさらに高まるだろう。

2）運動

その場で運動をすることによってもSpO_2を下げることができる。その低下度合いは運動強度が高いほど大きくなる（P223）。

三浦雄一郎さんが80歳でエベレストに登頂した時には、BCから上のアイスフォール地帯が危険なため、BC付近のモレーン地帯を散歩することにより順応行動を行った。高齢者の場合、アイスフォール地帯を上り下りすることは、激しい運動による疲弊の原因にもなり得る。

傾斜の緩やかなモレーン地帯を適度な速さで歩いてSpO_2を下げてやれば、上下行動と同程度の高度上昇（たとえば500 mの上り）を体験することも可能である。パルスオキシメーターでSpO_2の下がり方を見ながら行えば、より適確に負荷をかけられるだろう。

◆要点の整理

以上のことを整理してみよう。従来は、歩いて物理高度を上げ下げすることで低酸素の刺激を加減し、順応を得るものと考えていた。だが物理高度よりも生理高度（SpO_2）を上げ下げする方がより本質的である。

同じ高度にいても、生理的な高度に影響する要因として、睡眠、運動、姿勢、意識呼吸、酸素吸入などがある。私たちの身体の内部では、これらの状況に応じて、1日の中でも1000〜2000 mくらいは生理高度が上下している。この性質を活用することで、物理的な上下行動を最小限にして順応を獲得できるだろう。

本文中で紹介した荒山さんや三浦さんのタクティクス、またP541で紹介した最近の欧米の公募登山隊のタクティクスは、この考え方に沿えばうまく説明できる。中でも三浦さんのとった方法は徹底している。図5-5-3を見ると、彼の80歳時の行動パターンはどの隊よりもフラット

マナスルの最終キャンプで。高所登山のタクティクスは無限ともいえるほど想定できるが、その一つ一つを試して比べることはできない。よりよいあり方を模索する際、無駄を最小限に抑えるためには、あらかじめ仮説を立て、それを検証するという姿勢が必要である

注) 三浦さんの方法の合理性は次のように説明できる。頂上アタック時には酸素を使うので、実質的には6000m台での無酸素での行動や生活が確実にできればよい (P534)。そして6000m台に対する順応は、5300mのBCに滞在していれば自然に身につく。このため6000m以上にはあえて上らなくてもよいことになる。ただし上下行動の量が少なすぎたために脚筋力が低下し、日本に帰ってから苦労したとの笑い話も残っている。このような方法を採用する場合には、BCで筋力トレーニングをするなどの配慮も必要だろう。

な形をしている（注)。

　ルート偵察、ルート工作、荷上げなどがある時には、ルートの上部に自分の足で上ることは必須条件である。そして一昔前はこのような登山が当たり前だった。

　だが現在では事情が違ってきた。今日多く行われている商業公募登山隊に、客として参加するのであれば、このような作業は要求されない。

　その場合、自分の足でルートの上部に上る意義とは、順応のためではない。新しい高度でどの程度の行動ができる順応が身についたかを、確認するところに本当の意味がある。それがきちんと確認できさえすれば、それ以上に上下行動を行う必要はないと考えられるのである。

◆よりよい高所登山のあり方

　図5-5-8は、著者が考えるよりよい高所登山のあり方を、概念図で

第5章 海外での高所登山・トレッキング

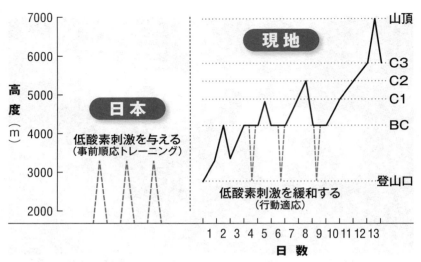

図5-5-8：合理的な高所登山の姿
実線は従来型の行動パターン、破線はよりよいあり方にするために修正すべき部分。これまでの問題点とは、日本では高所刺激が乏しく、現地では高所刺激が強すぎることにあった。そこで、日本ではこれまで以上に高所に出かけて低酸素の刺激を与える。また現地では、これまで以上に生理的な高度を下げる工夫をして、低酸素の刺激を弱くすることを考える。

示したものである。これを5章全体のまとめと考えて頂いてもよい。

まず従来の高所順応法の反省点として、次の2点があげられる。
①日本では、出発前の高所順応トレーニングが不足していた
②現地では逆に、低酸素の負荷をかけすぎていた

これを次のように改善する。
1）高所刺激に乏しい日本では、普段から高く上ることを意識する
2）高所刺激が過剰になりがちな現地では、時々低く下りることを意識する

図5-5-8に示すように、日本にいる時にはなるべく高度を上げる機会を設けて、可能な限り事前の高所順応を獲得しておく。一方、現地に行ってからはなるべく高度を下げる機会を設けて回復を促進する。これにより疲弊を回避し、順応を進める。

5章で述べてきた内容の中には、まだ著者の仮説の段階で、十分に実証されていないものが多い。しかし、運動生理学やトレーニング学の理論と照らし合わせた時に、帰結として出てくることである。このような見方もあることを頭に置いて、今後の実践を重ねていくことによって、より整理が進んでいくだろう。

column 5-5-4
低酸素・高酸素発生装置を用いた未来型の高所登山

吉田良一氏提供

登山本来の精神からみれば議論が起こりそうだが、本節で述べたことを究極的に実践するとした場合、次のような高所登山法も想定しうる。

P478で常圧の低酸素発生装置について紹介した。この装置では、高分子膜に空気を通すことで酸素の一部を除去し、低酸素の空気を作る。つまり低酸素空気ができると同時に高酸素空気もできてくる仕組みになっている（後者はそのまま捨てられることが多い）。

この装置は小型の冷蔵庫ほどの大きさである。発電機で100Vの電源を作ればヒマラヤのBCでも動かせる。そこで現地に持ち込んで、この装置で作り出される高酸素空気と低酸素空気とを別々のテントに入れ、高酸素テントと低酸素テントを作る。

こうすることでBCの高度、それよりも低い高度、それよりも高い高度、の3つの環境が体験できる。BCにいながらにして生理高度を下げたり上げたりできるのである。

順応初期では高酸素テントに時々滞在し、回復を促進する。BCの高度に慣れてきたら、今度は低酸素テントに滞在し、より高い高度に順応させる。

右の写真のように低酸素空気を吸入しながら運動をすれば、上下行動を実行したことにもなる。また、疲労が蓄積してきたら高酸素テントで寝て、積極的な回復を図る。

現代のスポーツ界を見ると、海外のオリンピック選手たちの中には、実際にこのようなトレーニングをしている人もいる。登山界でも近い将来、このようなことを試みる人も現れてくることが予想できるのである。

第5章 海外での高所登山・トレッキング

アンナプルナⅡ峰（7937m）を望む。もっと登られてもよい美しい峰が世界にはたくさんある。（中西純氏撮影）

SUMMARY
まとめ

- 従来は、日本では高所順応トレーニングが足りない、そして現地では低酸素の刺激が大きすぎる、という２点が現地でのスムーズな順応を妨げるケースが多かった。

- 上記の改善策として、日本では事前順応トレーニングを充実させること、現地では低酸素の負担を減らすための行動適応が必要である。

- 高所順応の獲得のために行われてきた上下行動の意味と実行方法については、生理高度（SpO_2）の上げ下げという視点から再考する必要がある。

- 同じ高度にいても、睡眠、運動、意識呼吸などの影響で生理高度は大きく変化する。この性質を利用することで、上下行動の代替とすることも可能である。

- スポーツ選手がトレーニングで用いている「疲労と超回復」の概念は、よりよい高所順応のあり方を考える上での参考となる。

第6章 登山における人間の可能性と限界

Exercise Physiology & Training for Mountaineering and Climbing

インドヒマラヤ・カランカ（6931m）の北壁を登る（佐藤裕介氏撮影）

　最終章では、登山をする上での人間の可能性と限界について考えてみたい。そのために、様々なタイプの耐久的・耐乏的な運動について、その実態を紹介する。とりあげるのはウルトラマラソン、トレイルランニング、極限的な登山やクライミングである。

　限界的な状況で運動をする場合、その制限要因は運動の内容に応じて違ってくる。個人差も大きくなる。また同じ人でも、その時々で異なる場合もある。平均値的な議論だけでは限界があり、ひとくくりにこうすればよい、とは言えなくなる。

　大切なことは、データから情報を読み取り、自分で仮説を立て、自身の身体で実験しながら、自分に合うやり方を見つけていくことである。このため本章ではデータをより細かく示した。著者の意見も述べてはいるが、示した資料を第一義と考えて読んで頂きたい。

第6章-1

山での耐久力を考える前に、下界のロード走での耐久力を考えてみる。山では上り下り、ザックの重さ、不整地面、環境条件など、影響する要因が複雑である。ロード走ではこれらの影響が小さくなるので、耐久性の問題をよりシンプルに考えることができる。

本節では、しまなみ海道ウルトラ遠足（100km）とさくら道ウルトラマラソン（270km）という、長短2つのウルトラマラソンを取り上げる。各レースの上位者・下位者・リタイア者を比べることで、耐久力とはどのようなものかを見てみたい。

ウルトラマラソン

ロサンゼルス〜ニューヨーク間の北米大陸横断マラソン。1日に約70kmずつ、71日をかけて5000kmを走破する。写真は2004年にこれを完走した堀口一彦氏。（同氏提供）

2008年の24時間走世界選手権で、アジア新記録となる273.366kmを走り、3年連続優勝を果たした関家良一氏。当時の彼の月間走行距離は1000kmくらいである。（同氏提供）

◆しまなみ海道ウルトラ遠足
（しまなみ海道）

　広島県の福山市から愛媛県の今治市まで、瀬戸内海を7つの橋を渡って横断する全長100kmのレースである。ロード走としてはアップダウンが多く、坂道を上り下りするための体力も要求される。

　陸上競技連盟（陸連）では、100kmを13時間以内で走破するレースをウルトラマラソンとして公認している。一方、しまなみ海道では制限時間が16時間に緩和されているため、初心者でも完走しやすい。

　13時間という制限時間は時速7.7kmに相当する。食べる・飲むといった小休止は可能だが、それ以外はゆっくりでも常に走っていなければならない。一方、16時間という制限時間は時速6.3kmに相当し、多少は歩きを交えることもできる。

　ここでは2003年6月に行われた第5回大会での調査結果を紹介する。陸連の公認基準である13時間以下で完走した人を上位群、13〜16時間で完走した人を下位群、16時間以上でゴールまたは途中棄権した人をリタイア群として、3群を比較した。

　女性については人数が少ないことや、回答内容も男性と大差はないため、男女を一括して分析した。

第6章　登山における人間の可能性と限界

◆さくら道ウルトラマラソン（さくら道）

このレースは名古屋から本州の分水嶺（最高地点は880mのひるがの高原）を越えて金沢まで、国道を辿って本州を横断する。走行距離は270kmというハードなものである。

制限時間は48時間で、朝の7時にスタートし、2日後の同時刻までにゴールしなければならない。不眠不休で行動し48時間でゴールするとすれば、平均時速は5.6kmとなる。だが休憩や仮眠をとる人はもう少し速く走らなければならない。

このレースとは別の日に、エリート選手向けのさくら道国際ネイチャーランも行われる。こちらの走行距離は250kmとやや短いが、制限時間は36時間（平均時速は6.9km）で、さくら道よりも1ランク上の実力を持った選手が参加する。

ここでは2003年4月に行われた、さくら道（①）と同ネイチャーラン（②）での調査結果を紹介する。①で40時間未満の者と②の完走者全員をあわせて上位群、①で40～48時間の者を下位群、①で48時間以上かかった者、または途中棄権した者をリタイア群とした。男女は一括して分析した。

◆参加者の身体特性

表6-1-1は、両レースの上位群・下位群・リタイア群の身体特性を示したものである。値はa±b（c～d）という形で表している。aは平均値、bは標準偏差、cは最小値、dは最大値を意味する。

表6-1-1：各群の身体特性 （山本、2003；山本と岸本、2007）
どちらのレースでも中高年の参加者が多い。体格は日本人の標準値と同程度である。

しまなみ海道100km	上位群（49名）	下位群（99名）	リタイア群（23名）
年齢(歳)	48±8 (28～62)	49±10 (26～76)	52±14 (28～78)
身長(cm)	167±7 (145～182)	165±8 (150～183)	165±7 (153～179)
体重(kg)	60±7 (43～75)	60±9 (43～80)	61±8 (46～85)
BMI	21.3±1.5 (17.9～25.4)	21.7±2.1 (17.2～27.5)	22.2±2.1 (18.4～26.5)

さくら道270km 同ネイチャーラン250km	上位群（29名）	下位群（56名）	リタイア群（23名）
年齢(歳)	49±8 (31～63)	50±9 (28～65)	48±9 (31～65)
身長(cm)	166±8 (143～175)	167±7 (147～186)	165±9 (142～180)
体重(kg)	59±7 (43～70)	61±8 (42～90)	61±9 (44～80)
BMI	21.1±1.4 (17.9～23.9)	21.8±1.9 (17.0～26.0)	22.2±2.2 (17.9～27.0)

たとえば、しまなみ海道の上位群の年齢は48±8（28～62）歳である。これは、上位群には28歳から62歳までの人が含まれ、平均年齢は48歳、そしてその上下8歳の範囲内（つまり40～56歳の間）に全体の3分の2の人が集まっていることを意味する。

表を見ると、両レースとも平均年齢は40代後半から50代前半と、中年層が中心である。それぞれの上位群には60代の人もいる（表には示していないが女性もいる）。しまなみ海道の完走者（下位群）には76歳の人もいることがわかる。

体格を示すBMI（P34）を見ると、両レースとも21～22程度である。これは日本人の標準値（男女とも22）に近い。ただし上位群は21と少しやせ型である。

以上から、ウルトラマラソンをする上で年齢や性別はあまり関係なく、特殊な体格も要求されないことがわかる。

表6-1-2：トレーニング状況（山本、2003；山本と岸本、2007）
どちらのレースでも、上位群では月間走行距離が多い。

しまなみ海道 100km	上位群	下位群	リタイア群
①1週間あたりのトレーニング回数（回）	5±1 (1～7)	4±2 (1～7)	3±1 (1～6)
②1日あたりの走行時間（時間）	1.5±0.7 (0.8～4.0)	1.2±0.6 (0.3～3.8)	1.5±1.1 (0.5～6)
③1日あたりの走行距離（km）	14±6 (6～35)	11±5 (2～30)	13±7 (5～40)
④月間走行距離（km）	264±107 (80～600)	173±84 (13～450)	171±84 (50～380)

さくら道270km 同ネイチャーラン250km	上位群	下位群	リタイア群
①1週間あたりのトレーニング回数（回）	5±2 (2～7)	4±2 (1～7)	4±2 (0～7)
②1日あたりの走行時間（時間）	1.4±0.8 (0.7～5.0)	1.9±1.5 (0.5～8.5)	2.1±1.8 (0～6)
③1日あたりの走行距離（km）	14±6 (6～40)	14±8 (5～50)	16±11 (0～50)
④月間走行距離（km）	323±107 (110～500)	240±85 (50～500)	232±109 (0～400)

◆トレーニング状況

表6-1-2は、両レースの参加者のトレーニング状況である。①1週間あたりのトレーニング回数、②1日あたりの走行時間、③1日あたりの走行距離、④1カ月間あたりの総走行距離（月間走行距離）について尋ねた。

両レースとも、成績と強い関連を示しているのは④である。下位群とリタイア群の月間走行量はほぼ同じ

第6章 登山における人間の可能性と限界

column 6-1-1
フルマラソンの場合（1）
－成績を決める要因

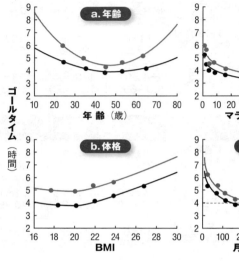

(森ら、2016)

　図は、3つの市民マラソン（42.195km）に参加した計906名の男女を対象として、レースの成績に対して、年齢（a）、BMI（b）、出場回数（c）、月間走行距離（d）がどのような関連を示すかを分析したものである。

　年齢については、平均的にいって40代の人が最もよい成績を出している。BMI（体格）については20前後の人のタイムがよい。

　出場回数（経験）については多いほどよい。特に初めのうちは、出場回数が増えるほど急速にタイムがよくなる。月間走行距離（トレーニング量）もこれと同じ傾向を示す。

　この研究からは次のようなこともわかった。初心者にとっては、歩かずに「完走」することが大きな目標となる。これに相当するタイムはおおよそ4時間である。

　dを見ると、4時間に対応する月間走行距離は、男性で約150km、女性で約250kmである。女性の方が求められる走行量は多くなるが、逆に量をこなせば男性と肩を並べられるということでもある。

　cやdを見ると、レース経験やトレーニング量が多くなってくると、タイムの伸びが次第に鈍くなること

> がわかる。このような場合には、いたずらに量を増やしても効率が悪い。また故障にもつながる。筋力トレーニングをしたりスピード練習をするなど「質」を考慮した練習への転換が必要である。
>
> 　ウルトラマラソンではこのような関係は調べられていないが、本文中に紹介したデータ（表6-1-1、表6-1-2、表6-1-3）とも照合すると、市民マラソンとほぼ同様の関係があると予想できる。
>
> 　さらに敷衍すると、以上の性質は登山にもあてはまるだろう。これはP33、394、417〜418などのデータからも推測できる。その場合、dの月間走行距離は「月間登下降距離」と読み換えるとよい。
>
> 　つまり、まずはできるだけ山に行くことを考える。それができたら、次は登山の内容や下界での補助トレーニングの内容を考えるのである。この点については4章-1を参照して頂きたい。

だが、上位群の値はそれらに比べて明らかに大きい。ウルトラマラソンでよい成績を出すには、トレーニングの「量」が重要なのである。

　しまなみ海道の上位群の月間走行距離は平均264kmで、下位群やリタイア群よりも約90km多い。さくら道の場合は、上位群の月間走行距離は323kmで、下位群やリタイア群と比べるとやはり80〜90kmほど多い。

　月間走行距離の構成要素である①〜③を比べると、両レースとも②と③の差はあまりないが、①は上位群の方がやや多い。上位群は週に5日走っているのに対し、下位群とリタイア群では4日以下である。「ちりも積もれば山となる」ということわざのとおり、小さな差が積み重なって1カ月間の走行距離の差を生んでいることがわかる。

　次に、両レースの上位群どうし、下位群どうしを比べてみると、さくら道の参加者の方が60〜70kmほど月間走行距離が多いことがわかる。距離が長いレースではより強い耐久力が必要となるが、それを身につけるにはやはり月間走行距離が重要となるのだろう。

　最後に個人の値を見てみよう。上位群を見ると、しまなみ海道では月間走行距離が最も少ない人で80km、さくら道では110kmと答えている人がいる。下位群になると、それぞ

第6章　登山における人間の可能性と限界

れ13km、50kmの人もいる。つまり練習量がかなり少ないのに完走している人も中にはいるのである。

以下、平均値を見ながら話を進めていくが、個人の値に着目すればこのような非常に大きなばらつきもあることも頭に置いて読んで頂きたい。

◆ランニング経験

表6-1-3は、フルマラソンの経験年数（①）と出場回数（②）、およびウルトラマラソンの経験年数（③）と出場回数（④）を尋ねたものである。

しまなみ海道の場合、①が7～11年、②が17～24回、③が5年、④が7～11回である。下位群やリタイア群でもかなりの経験を持ってはいるが、上位群ではフル・ウルトラマラソンともに出場回数がより多い傾向にある。

さくら道の方は、①が11～13年、②が29～34回、③が8～10年、④が24～30回である。上位群は他の2群に比べ、フルマラソンの項目にはあまり差がないが、ウルトラマラソンの項目（特に出場回数）では多い傾向がある。

2つのレースを比べてみると、しまなみ海道よりもさくら道の出場者の方が、全項目について一回り経験が豊富である。特に、ウルトラマラソンの出場回数は3倍近く多い。

ウルトラマラソンで速く走るためには経験の蓄積も重要なのである。

表6-1-3：ランニング経験（山本、2003；山本と岸本、2007）
両レースとも、上位群は経験が豊富である。また、しまなみ海道よりもさくら道の出場者の方が経験が豊富である。

しまなみ海道 100km	上位群	下位群	リタイア群
①フルマラソンの経験年数（年）	11±7 (1～41)	9±6 (0～25)	7±4 (0～17)
②フルマラソンの出場回数（回）	24±22 (1～107)	17±19 (0～80)	20±25 (0～112)
③ウルトラマラソンの経験年数（年）	5±4 (0～12)	5±4 (0～18)	5±4 (1～12)
④ウルトラマラソンの出場回数（回）	11±13 (0～50)	8±10 (0～50)	7±8 (0～30)

さくら道270km 同ネイチャーラン250km	上位群	下位群	リタイア群
①フルマラソンの経験年数（年）	13±5 (3～27)	11±6 (3～26)	13±6 (3～25)
②フルマラソンの出場回数（回）	33±19 (5～84)	29±38 (1～260)	34±25 (4～100)
③ウルトラマラソンの経験年数（年）	10±4 (2～16)	9±5 (1～23)	8±5 (1～22)
④ウルトラマラソンの出場回数（回）	30±21 (6～100)	24±22 (3～118)	25±18 (4～70)

また、より長い距離のウルトラマラソンを走る場合にも同じことが言えるのである。

◆レース中のきつさ

レース中の「きつさ」について、しまなみ海道では25kmごとに、さくら道では50kmごとに尋ねてみた。きつさの感覚は、①快調、②まあまあ快調、③ややきつい、④非常にきつい、の4段階で回答してもらった。

図6-1-1には、レースの経過に伴い③＋④の割合がどう変化したかを、上・下位群に分けて示した。④の部分は色を濃くしている。

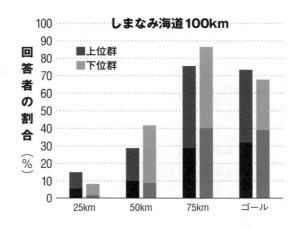

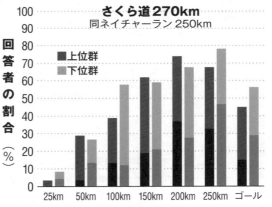

図6-1-1：レース中の各地点でのきつさ
（山本、2003；山本と岸本、2007）

両レースとも距離が進むにつれて、きついと感じる人の割合が増えている。しまなみ海道では75km、さくら道では200〜250km付近で、きつさを感じる人の割合が最高となる。そして、その後は両レースとも頭打ち、もしくはやや減っている。

なお両レースとも、後半では非常にきついと感じる人が3〜4割に達している。トレーニングを積んだ上位群にもこのような人は多いが、上位群なりに追い込んで走っていることがその理由だろう。

◆スピード低下の要因

レースの途中で急激にペースが低下したか否かを尋ねてみた。

しまなみ海道では上位群で78％、

column 6-1-2
フルマラソンの場合(2)
－初心者のブレーキ要因

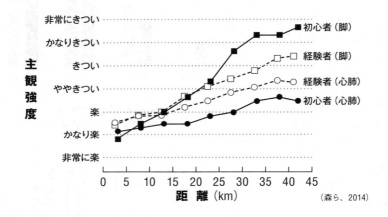

(森ら、2014)

　図は、市民マラソン（42.195km）のレース中、心肺と脚の主観強度が5kmごとにどう変化したかを、経験者26名と初心者6名とに分けて調べた結果である。経験者群は平均で15回のレース経験があるが、初心者群は初めてのレースである。

　年齢は、経験者群が49歳、初心者群が36歳と、後者の方が13歳も若い。しかしゴールタイムは4時間31分対6時間17分と、経験者群の方がかなり速い。

　両群ともレースが進むにつれてきつさは増しているが、その様相は違う。脚の方が心肺よりもきついと感じている点は同じだが、経験者ではその乖離は小さい。一方、初心者ではレースの後半に、脚のきつさだけが急激に増加している。

　初心者の多くは20kmを過ぎると、脚の筋や関節に痛みを感じてスピードが落ち、30kmを過ぎると歩いてしまう。そして心肺は楽だが脚は非常にきついという状態になるのである。

　両群のトレーニング状況を調べてみると、経験者群の月間走行距離は平均157kmであるのに対し、初心者群では63kmだった。タイムのよしあしや脚のきつさにはトレーニング

の「量」が強く関わっており、年齢の影響は二の次なのである。

レース本番での脚のきつさを抑える対策としては、まず月間走行距離を増やすことが必要である。その際、走るスピードはゆっくりでもよい。

ランナーはこれを「足（脚）づくりをする」「距離を踏む」などと表現する。このようなトレーニングをしても筋肉痛や関節痛を完全に駆逐することはできないが、トラブルが発生する確率を小さくすることはできる。

P568の資料を用いて男性の場合で分析してみると、月間走行距離が50km未満の人たちの間では、大腿四頭筋の筋肉痛を起こす人が4割、膝関節痛を起こす人が3割いた。だが月間走行距離が150〜200kmのランナーの間では、筋肉痛は2割、膝関節痛は2割未満と、発生率は減るのである。

下位群で84％の人が「はい」と答えた。その地点は61〜80km区間が最も多く、次に41〜60km区間が多かった。ウルトラマラソンの大変さは、フルマラソンの距離を超えてからだということがわかる。

その要因として、①暑さ、②筋肉痛や関節痛、③疲労、④水分やエネルギーの不足の順で多く、ほかには筋の痙攣、吐き気、眠気などの答えもあった。③については、オーバーペース、エネルギー不足、筋力の低下など、様々な原因が考えられる。

さくら道では、上位群で66％、下位群で84％の人が「はい」と答えた。その地点は201〜250kmが最多だった。

その要因としては、身体への物理的なダメージ（筋肉痛、関節痛、靴ずれ、爪の壊死など）が最も多かった。さらには、消化器系のダメージ（吐き気、胃痛など）と眠気とがほぼ同数で続いていた。

どちらのレースでも、後半にスピードが落ちる人が多いことは同じだが、その要因はレースによってやや異なっていることがわかる。

第6章　登山における人間の可能性と限界

◆パフォーマンスの制限要因

図6-1-2はパフォーマンスの制限要因について尋ねた結果である。筋肉痛、関節痛（膝や腰など）、靴ずれ、空腹、眠気、その他、という6つの要因を指定し、①ほとんど影響なし、②やや影響あり、③非常に影響あり、の3段階で回答してもらった。

図には②＋③の割合を示した。③の部分は色を濃くしている。

しまなみ海道では、レベルによらず筋肉痛が最多で、次に関節痛が続いている。舗装道路を100kmも走ることで、身体には物理的に大きなダメージが加わることが窺える。「その他」としては暑さと足裏の痛みが多かった。

レベル別に見ると、上位群では筋肉痛の発生率が高い。速いスピードで走るため、筋へのダメージがより大きくなるのだろう。一方、下位群やリタイア群では眠気が多い。これは運動時間が13時間以上と長くなるためだろう。

さくら道についても筋肉痛と関節痛が上位に来ている。2日間にまたがるレースなので眠気をあげた人も多い。「その他」としては、足裏の痛み、吐き気、胃の痛み、全身の倦怠、股ずれ・服ずれなどがあげられていた。

以上のように、レースのブレーキとなる要因の種類やその影響度は、レースの距離や走る人の能力によって違う。逆を考えると、よいレースをするためには、上記のようなデータを念頭に置き、出場

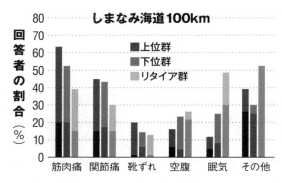

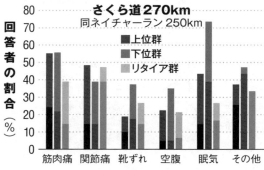

図6-1-2：パフォーマンスの制限要因
（山本、2003；山本と岸本、2007をもとに作成）
各種の制限要因の影響度は、レースの違いやレベルの違いによって異なったものになる。

するレースの特性と自身の身体能力とを考慮して、各種の体力トレーニングをしたり、本番での行動適応をすることが大切になる。

◆食べ物・飲み物・サプリメント

レース前の食べ物（朝食）としてよかったと思うもの（①）、レースの後半になって疲労してきた時に食べやすかったものや飲みやすかったもの（②）、について尋ねてみた。

しまなみ海道、さくら道とも、①については通常の食べ物で十分という答えが多かった。特によかったと思うものには、米類（ご飯やおにぎりなど）、麺類（うどん、そうめんなど）、果物類（バナナやイチゴなど）などがあげられていた。

②については、しまなみ海道では果物類が最も多かった。ほかには麺類、甘いもの（ようかん、まんじゅう、チョコレート、アメなど）、エネルギー入りのゼリーをあげた人が多かった。飲み物の方は、お茶、水、スポーツドリンク、ジュース、コーラの順だった。

表6-1-4は、さくら道の②に関する回答を示したものである。食べ物については柔らかめのものが好まれている。飲み物の方は、1位がコーラであることも目を引くが、4位にビールが来ているのは驚きである。

表6-1-4：さくら道のレース後半に食べやすかったもの・飲みやすかったもの（山本、2003）

食べ物
麺類（うどん、そうめん等） 47%
おかゆ・おじや 35%
果物（バナナ、オレンジ等） 17%
ゼリー状の栄養食 12%
ヨーグルト 7%
カレーライス 6%
プリン 5%

飲み物
コーラ 27%
お茶 23%
水 17%
ビール 15%
スポーツドリンク 11%
コーヒー 6%
牛乳 5%

◆レース後のダメージとその回復

図6-1-3は、レース後に身体に残ったダメージについて自由記述をしてもらい、まとまった数になったものを集計した結果である。

しまなみ海道では筋肉痛が突出して多く、関節の痛みと胃腸の疲労がこれに続く。筋肉痛の部位は大腿四頭筋と下腿三頭筋に多く、関節痛は膝、足首、腰に多く起こっていた。

さくら道でも筋肉痛は最も多い。ただしその発生率は、走行距離の短いしまなみ海道よりも低いことが興

第6章　登山における人間の可能性と限界

味深い。

　この理由として、月間走行距離が多く、身体づくりができている人が多いことや、経験を積んだ人が多いことなどが考えられる。またさくら道では、運動時間は長いがその分スピードは遅くなるので、筋へのダメージが小さくなるのかもしれない。

　さくら道の特徴の一つは、多様なダメージがまんべんなく起こっていることである。靱帯や腱の痛み、足裏の痛み、靴ずれ・まめ・爪の壊死、むくみや腫れ、全身のだるさは、しまなみ海道よりも多い。走行距離が増えると、全身の様々な機能にダメージが及ぶのだろう。

　これらのダメージからの回復日数を尋ねてみると、しまなみ海道では上位群、下位群、リタイア群とも平均で4〜5日だったが、さくら道では8〜12日だった。後者の方が走行距離が長い分だけダメージも大きく、回復に時間を要するのだろう。

　またさくら道では、上位群の方が下位群よりも回復に要した日数は長かった。上位群の方が身体にかかる負担は大きく、深いダメージを受けるのかもしれない。

　ただし個人的に見ると、しまなみ海道では0〜35日、さくら道では0〜60日と、非常に大きな幅があることにも注意が必要である。

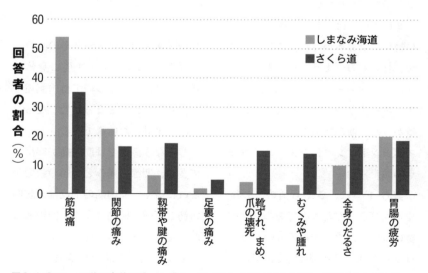

図6-1-3：レース後に身体に残ったダメージ（山本、2003；山本と岸本、2007をもとに作成）
レースの距離が長くなると、筋肉痛の発生率は減ってくるが、一方で他の様々なトラブルの発生率が増えてくる。

column 6-1-3
ウルトラランナーと健康・不健康

ウルトラランナーは毎日たくさんのランニング、つまり有酸素性運動をしている。有酸素性運動は健康によい、という一般論を当てはめると、普通の人よりもずっと健康になれそうな気がする。一方で、運動のしすぎで健康を損ねそうな気もする。

以下は、さくら道の参加者110名に尋ねた健康状態である。

ウルトラマラソンを始めてから、心身の健康でよくなったことがあると答えた人は82％と非常に多かった。その中身は、1章（P12）で紹介した登山者の場合とよく似ており、身体的・精神的・社会的な面で様々な効果が書かれていた。

一方、悪くなったことがあると答えた人は38％と、こちらもかなり多かった。膝関節痛、腰痛、内臓が弱くなった、身体の故障箇所が増えた、貧血、疲れが抜けない、などである。

持病や障害を抱えている、と答えた人は36％だった。膝関節痛が7名、腰痛が6名、高血圧が7名、心臓病が2名などである。

血液検査結果については、異常なしが46％、異常ありが40％、わからないが14％だった。異常ありと答えた人が4割もいることは気になる。

表は、血液検査で異常ありと答えた44名の回答内容である。コレステロール、中性脂肪、尿酸、血糖などの値が高いと答えた人が多い。これらの異常は一般に、運動不足、栄養過剰、飲酒過多の人に起こるものである。

トレーニングをし過ぎるとこうなるのだろうか。トレーニングはよいが、日常生活の管理が悪いためだろうか。あるいは体質的なもので避けられない現象なのだろうか。

「過ぎたるは猶及ばざるがごとし」という論語の教えのとおり、たくさんの運動をしていることイコール健康と、単純には言えないことは覚えておく必要があるだろう。

項目	人数
総コレステロール値が高い	15人
赤血球数、ヘモグロビン量、ヘマトクリット値が少ない（貧血傾向）	12人
γ-GTPの値が高い（肝機能障害）	8人
中性脂肪の値が高い	6人
尿酸値が高い	6人
血糖値が高い	3人

（山本、2003）

第6章　登山における人間の可能性と限界

column 6-1-4
ウルトラランニングの可能性と限界

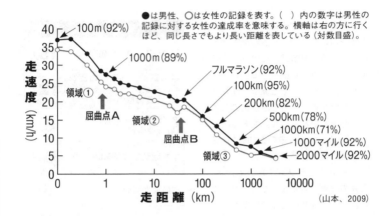

　ランニングと一口に言っても多様な種目がある。10秒で終わってしまう100m走もあれば、1カ月以上をかけて走破する2000マイル走（3218km）というのもある。
　図は、100m走から2000マイル走までの19競技の世界記録をもとに、走距離と走速度との関係を男女別に求めたものである。走距離を示す横軸は、見やすくするために対数目盛で表している。
　まずわかることは、走距離が長くなる（運動時間が長くなる）ほど走速度は低下することである。2000マイル走ともなると、単純に平均時速を計算すれば5kmを下回る（注）。
　次に、折れ線が屈曲している所が2カ所あることがわかる。1つめは1000m走の所（A）、2つめはフルマラソンの所（B）にある。これを

もとに①から③まで3つの領域に分けることができる。
　①の領域には短・中距離走種目が含まれる。有酸素性よりも無酸素性のエネルギーの関与がより大きくなる運動領域である。
　②の領域は典型的な持久走種目で、有酸素性のエネルギー供給能力が成績を決める。1500m走のように運動時間が短い種目では最大酸素摂取量（$\dot{V}O_2max$）が、マラソンのように時間が長い種目では乳酸閾値（LT）の能力が成績を強く規定する（P310〜313）。
　③はウルトラマラソンの領域である。走スピードはかなり遅くなるので、$\dot{V}O_2max$はもとよりLTの影響力も小さくなる。かわって筋や関節の痛み、胃腸障害、眠気など、他の様々な要因がスピードを規定するよ

うになる。

①には瞬発力、②には持久力、③には耐久力という言葉がふさわしい。このように同じ走る運動でも、運動の強度×時間との関連でパフォーマンスの制限要因は異なる。いいかえると鍛えるべき身体の能力は違ってくるのである。

①や②は、生活とは切り離された運動のための運動といえる。だが③は生活の中での運動という性格を持つ。このため、運動と生活とを両立させるための幅広い身体能力が求められる。両者を合理的に遂行するための戦略（経験知）も必要となる。

③で必要となる多様な身体能力や経験知を高めるためには、長い年月を必要とする。耐久系のレースでは、年齢差や男女差が成績に及ぼす影響が小さくなるが、その理由の一つはここにあるのだろう。

注）実際には、1日の約半分を走ることに、あとの半分を食事や睡眠といった生活に当てるので、時速8kmくらいで走ることになる。ただし食事や睡眠も込みにした上で、約1カ月という日数の中で発揮できる最大のパフォーマンスは、ウォーキングなみになってしまうということである。

◆トレーニングの考え方

ここまで2種類のウルトラマラソンのデータを見ながら考えてきた。それらををふまえて、長時間の耐久的な運動に対するトレーニング方針についてまとめてみる。

まず、年齢や性別の影響は小さいといえる。60歳以下であれば男女によらず、かなりの能力を発揮できるだろう。体格も日本人の標準値と同等でよい。

一方で、トレーニングの影響力は非常に大きい。特に月間走行距離に代表される「量」は重要である。多いほどよいという意味ではないが、少なすぎては不可である。

同じことが経験にも言える。レースを重ねて経験知の「量」を増やすことが重要である。

レースの制限要因は多様である。主なものに、筋や関節の痛み、胃腸障害、睡眠不足などがある。これらの影響度は、レースの距離や走るスピード、言いかえると運動の時間や強度によって異なる。また同じレースでも、その日の天候などによっても違ってくる。

個人差も大きい。ある人では関節の痛みが、別の人では胃腸障害が制限要因になるといった具合である。同じ人でもその時々のトレーニング状況や体調によっても異なるだろう。

第6章 登山における人間の可能性と限界

したがってパフォーマンスを向上させるには、目的とするレースの特性と自分の身体特性との関係で生じてくる弱点を自分で予測し、それを事前のトレーニングや当日の行動適応によって消去していくことが必要となる。これには、4章-7で述べたPDCAサイクルの考え方を適用すればよい。

以上のことは、登山にもそのまま敷衍できる。ハードな登山をしたい人はまず、一定以上の月間登山日数を確保し、身体づくりと経験知を積む必要がある。その過程で現れてくる弱点を見つけ、PDCAを用いて一つ一つ解決してしていくことで、目標とする登山の実現に近づくことができるだろう。

SUMMARY
まとめ

- ウルトラマラソンの成績を決める要因として、年齢や性別の影響力は小さい。体格も日本人の標準値とほぼ同等である。

- ウルトラマラソンの成績に最も関連するのはトレーニングの量（月間走行距離）である。加えてレース経験を積み、経験知の量を増やすことも重要である。

- 上位選手の月間走行距離は、100kmマラソンでは260km程度、270kmマラソンでは320km程度である。1日あたりでは1.5～2時間で10～15kmを走っている。

- パフォーマンスの制限要因としては筋肉痛や関節痛の影響が強く、心肺能力の影響は小さい。走距離（時間）が長くなると、眠気やむくみなど制限要因も多様化する。

- 成績を改善するには、レースの特性と個人の身体能力との関係で生じてくる制限要因を自分で特定し、トレーニングや行動適応でそれを解決することが求められる。

第6章-2

トレイルランニングとは、山道（トレイル）を走ることを意味する。登山者は昔からランニング登山と呼んで、限られた日数で長い行程をこなしたい人や、高所登山のための体力トレーニングとして行うなど、地味な人気があった。だが最近では、ロードランナーが山の中で走る楽しみを見いだして参入し、急激に人気が高まってきた。

現在では長短さまざまな山岳レースが行われているが、本節では72kmの山道を24時間以内に踏破する日本山岳耐久レースを取り上げる。レースの実態をデータを通して見ることで、トレイルランニングの特性がわかるだけでなく、パフォーマンスを改善するための方策も見えてくるだろう。

トレイルランニング

日本山岳耐久レースのスタート。急な上り下り、不整地面、荷物、エネルギーや水分の欠乏など、ロードランニングとは違った課題解決が求められる。

第6章　登山における人間の可能性と限界

◆レースの特性

　図6-2-1は、日本山岳耐久レース（以下、山岳耐久レース）のコース概要である。東京都・奥多摩山地の秋川水系を囲む、全行程71.5kmの登山コースを1周する。最高峰は1531mの三頭山だが、アップダウンが激しいため、累積の標高差は上り下りとも約4800mとなる。

　登山の標準タイムで歩くと、約25時間のコースである。制限時間は24時間なので、登山のペースで不眠不休の行動をすれば、制限時間ちょうどでゴールできる。この場合の時速は3kmとなる。

　このレースは登山者（東京都山岳連盟）が発案したものである。欧州アルプスやアンデスで活躍した故・長谷川恒男氏を記念して、厳しい登山を目指す人の能力だめしの意味あいで1992年に始まった。

　その後、トレイルランニングが盛んになり、ランナーの参加者が増えた。現在では毎年2000人前後が参加する。1948年から行われている富士登山競走を別格とすれば、国内で最も歴史が古く、厳しさでも上位に位置する山岳レースである。

現在では10km程度から100km以上まで、長短様々なトレイルレースが行われている。写真は富士山を一周する「ウルトラトレイル・マウントフジ」レース。走行距離が165km（約100マイル）、累積標高差が±7500mのコースを、46時間以内に踏破する。距離や累積標高差の違いにより、走行スピード（＝運動強度）や運動時間が変わってくるので、要求される持久力や耐久力の特性も少しずつ異なったものになる。（山屋光司氏提供）

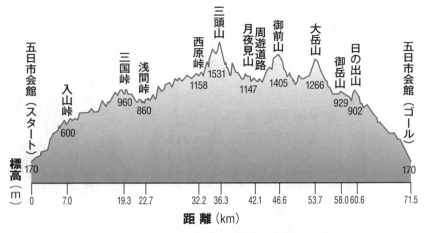

図6-2-1：日本山岳耐久レースのコース概要（大会要項より作成）
全長は71.5km、累積の標高差は上り下りとも約4800m。登山としては3日分の行程だが、これを24時間以内に踏破することが条件である。

　ここでは第12回大会（2004年）での調査結果を紹介する。当時はトレイルランニングが盛んになり始めた頃で、現在のような専用の装備・食料はなく、レースの方法論も未発達だった。

　それだけに参加者は多種多様である。トレイルランナーもいればロードランナーもいる。カモシカ登山のつもりで完歩を目指す登山者もいる。年齢層も10代から70代までと幅広く、女性の参加者も多い。

　現在ではレベルが上がっているので、先鋭化した現代のトレイルランナーの参考にはならないかもしれないが、耐久的な登山をするための参考としてデータを見て頂きたい。

◆調査の方法

　この大会では、前日に台風が通過した上に当日も雨が続いたため、過去最悪のコンディションだった。1574人の出走者中、制限時間内にゴールできたのは、968人（61％）だった。それだけに、データにはより登山的な状況が反映していると考えられる。

　完走者の成績は8時間台から23時間台までと幅広い。そこで、①14時間未満を上位群（31名）、②14時間～19時間未満を中位群（116名）、③19時間～24時間を下位群（101名）として集計した。リタイア群は40名だった。女性については割合が少なく、回答内容も男性と

column 6-2-1
トレイルランニングの今昔

加藤泰三が描いた戦前の
トレイルレースの様子
(『山より帰る』より)

　登山を始めた当初は、マイペースでゆっくり歩くだけでも十分満足できる。だが一部の登山者は早晩、それだけでは満足できなくなる。早く、長く、休みなしに等々、自分の心身を追い込むことでより大きな達成感を得たいと思うようになる。

　これは人間の本能なのだろう。比叡山の千日回峰行や大峰回峰行のような、古くから宗教家の間で行われてきた修行も、根本の動機は同じところにあるように思える。

　下嶋渓(浩)著『ランニング登山』(1986年刊)はトレイルランニングに関する古典である。なぜ山を走るのかについて、ランナーと登山者という双方の立場から考察し、自らその実践もしている。

　『霧の山稜』という優れた画文集を残して戦没した加藤泰三は、戦前に埼玉県・奥武蔵の山で行われていた奥武蔵強歩大会というトレイルレースの取材記を書いている。詳しいコースは不明だが、全長は六里で高山不動が第三関門となっている。

　これを読むと「30人ずつ1分おきに飛び出す」「たいていの人が逸りきって駆けだしていく」「登山靴は少ない、地下足袋と運動靴が多い」「一位は2時間6分47秒、スケートパンツをはいている」「婦人参加者は30名と少なかったが、一等の人は3時間32分」などとある。その様子は現代とあまり変わらない。

　日本でのトレイルレースの起源は、江戸時代・安政年間に群馬県の安中藩で行われた安政遠足(とおあし)だという。安中城から碓氷峠まで水平には約30km、垂直には1000m以上を上る。今では安政遠足・侍マラソンという行事になっている。

大差がないので、区別せずに集計した。

①では急な上り坂以外はほぼ全行程で走る、②では平地や下りで走りを積極的に交える、③ではほぼ全行程歩き、と考えるとよい。①と②のデータはトレイルランナーにとって、③は長時間の耐久登山を目指す人にとって参考となるだろう。

ウルトラマラソンに造詣の深い海宝道義氏によると、前節で紹介したしまなみ海道での13時間というゴールタイムは山岳耐久レースではほぼ16時間に相当し、同じく16時間というタイムは20時間くらいに相当するという。これを頭に置いて前節のデータと比べてみるのもよいだろう。

◆参加者の特性

表6-2-1は、レース成績、年齢、体格、専門分野を示したものである。上位群の平均タイムは約12時間、中位群は17時間、下位群は21時間である。それぞれ4〜5時間ずつの差がある。

表6-2-1：完走者のタイム、身体特性、専門分野
（山本、2005）
平均年齢は40代で、体格は日本人の標準値に近い。

	上位群（31人）	中位群（116人）	下位群（101人）
タイム（時間）	11.9±1.5 (8.9〜13.9)	16.7±1.4 (14.1〜18.9)	21.2±1.3 (19.0〜23.9)
年齢（歳）	42±12 (22〜65)	43±11 (18〜69)	46±12 (20〜70)
身長（cm）	168±5 (160〜183)	169±8 (146〜183)	167±7 (150〜179)
体重（kg）	59±5 (50〜68)	61±8 (40〜80)	61±9 (37〜82)
BMI	20.9±1.2 (18.6〜22.9)	21.2±1.7 (16.3〜26.4)	21.9±2.0 (15.6〜26.0)
専門分野＊	①6% ②39% ③32% ④6% ⑤6% ⑥10%	①24% ②51% ③7% ④3% ⑤6% ⑥9%	①35% ②43% ③2% ④1% ⑤6% ⑥13%

＊：専門分野の種別は、①登山、②ロードランニング、③トレイルランニング、④アドベンチャーレース、⑤トライアスロン、⑥その他

年齢は、各群とも平均で40歳を超えている。またどの群にも60歳以上の人がいる。最高齢者を見ると、下位群では70歳、中位群では69歳、上位群でも65歳の人がいる。

女性も上位群の中に何名も食い込んでいる。通常のスポーツでは若い人や男性が強いが、このレースではそれらがあまり関係していない。

BMIは21〜22である。上位群と中位群では少しやせ形、下位群は日本人の標準値（男女とも22）とほぼ同じである。この傾向は、前節

第6章　登山における人間の可能性と限界

で見たウルトラランナーの身体特性とも似ている（P566）。

表の最下段には参加者の専門分野を示した。どの群でもロードランナーが多いが、上位群ではこれに加えてトレイルランナー、下位群では登山者の割合が多い。

◆トレーニング状況

表6-2-2は普段のトレーニング状況である。ロードランナーであれば月間走行距離がよい目安となるが（P567〜568）、このレースには登山者、ロードランナー、トレイルランナーなどが混在しているため、トレーニングの量や質を同じ基準で比べることは難しい。

そこで、①山でのトレーニング、②山以外での持久力トレーニング（ロードランニングやサイクリングなど）、③山以外での補助トレーニング（筋力トレーニングなど）の3つに分けて、日数、時間、回数を尋ねた。

表を見ると、①は下位群では月に1日だが、上・中位群では2日である。②は中・下位群では週に6時間だが、上位群では12時間である。③の回数も上位群では多い。

このレースで14時間を切るには、山では月に2回の練習を行い、下界では週に約12時間の持久力トレーニングと、3回の補強トレーニングをすることが目安となるだろう。

◆パフォーマンスの制限要因

図6-2-2は、レース中の各地点でのきつさを尋ねた結果である。①快調、②まあまあ快調、③ややきつい、④非常にきついの4段階で尋ね、③＋④の割合（％）を示した。④の部分は色を濃くしている。

表6-2-2：トレーニングの状況（山本、2005）
上位群の方が総合的にみてトレーニングの量が多い。

	上位群	中位群	下位群
①山でのトレーニング （1カ月あたりの日数）	2±2 (1〜8)	2±3 (0〜20)	1±1 (0〜6)
②山以外での持久力トレーニング （1週間あたりの時間数）	12±19 (1〜100)	6±5 (0〜30)	6±6 (0〜50)
③山以外での補助トレーニング （1週間あたりの回数）	3±2 (0〜7)	2±2 (0〜7)	2±2 (0〜7)

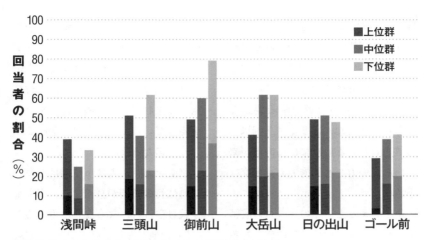

図6-2-2：レース中のきつさ（山本、2005の資料をもとに作成）
各群とも、レース中盤できつさを訴える人がピークとなるが、その後はやや減少する。

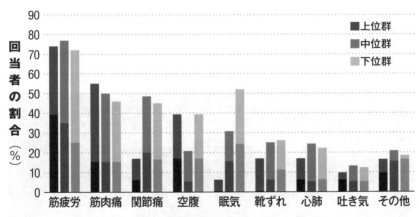

図6-2-3：パフォーマンスの制限要因とその影響度（山本、2005の資料をもとに作成）
レベルによらず筋疲労が最大の影響を与えており、次いで筋肉痛が多い。心肺の影響は小さい。関節痛や眠気は、レベルの違いにより訴える率が異なっている。

　各群とも、きつさを訴える率はレース中盤で最多となり、その後はやや減ってくる。終盤ではコースが下り基調になるためだろう。下位群では御前山付近で特に高値を示すが、これは夜半に襲われる眠気がその一因と考えられる。

　図6-2-3はパフォーマンスの制限要因について尋ねた結果である。9つの要因を提示し、①あまり影

はなかった、②やや影響があった、③非常に影響があったの3段階で回答してもらい、②＋③の割合を示した。③の部分は色を濃くしている。

どの群でも筋疲労が制限要因となったと答えた人は多く、7割以上の該当者がいる。次には筋肉痛が来ている。一方で心肺能力の影響度は小さい。

逆を考えると、このレースの成績を決める最大の鍵は、筋の疲労対策ということになる。これには筋力や筋持久力の強化、走行（歩行）技術の改善、エネルギーや水分の適切な補給など、様々な方策が関係する。

レベル別に見ると、関節痛（膝や腰など）をあげた人は上位群では少ないが、中・下位群では多い。上位群は必要な筋力を身につけ、走行技術にも優れているため、ほぼ全行程を走っているのにトラブルが起こりにくいのだろう。

眠気をあげた人は下位群ほど多い。これは行動時間が長くなり、夜も歩き続けなければならないためである。

「その他」としては、足裏の痛み、足爪の壊死、捻挫、転倒による打撲、股ずれ、飲食を受けつけなくなる、視力の低下、目まい、寒さなどがあげられていた。

第12回大会に出場し、23時間35分でゴールする著者。身体の弱点は、最も弱い部分から現れてくる。事前のトレーニングやレース中の行動適応によってそれを解決すると、それまでは隠れていた二番目に弱い部分が現れてくる。PDCAサイクルを用いて、それらを一つ一つ解決していくことが必要になる。（P601を参照）。

column 6-2-2
レース中の心拍数

　図は2014年の第22回大会で、8時間4分（15位）でゴールした大瀬和文選手（33歳）の心拍数である。その値は序盤が最も高く、次第に低下している。中盤からは定常となり、終盤ではもう少し低下する。他の選手のデータを見ても、変化傾向はこれと似ている。

　レース全体の平均心拍数は154拍である。他の上位選手の値も見ると、140拍台から160拍台までと幅があるが、各人の最高心拍数に対する割合を計算すると80％程度となる。つまりどの選手も、自分の心臓の最大能力に対して約8割の負担度でレースをしている。

　心臓への負担度は、上りでは高く、下りでは低くなる。序盤の上りでは90％を超える場合もある。したがってトレーニングの際には、LTだけではなく、LT+（P312）の能力向上にも配慮して行う必要がある。

　このレースは、ヒマラヤ登山などで頂上アタックをする際、激しい運動、長時間の行動、夜間の行動をすることから、その模擬体験をするために始まった。この心拍数をP526の8000m峰の無酸素登山時のそれと比べてみると、実際によく似た運動をしていることがわかるのである。

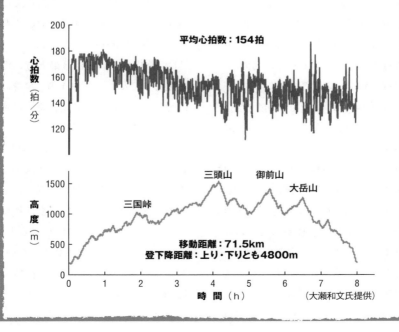

（大瀬和文氏提供）

◆レース後のダメージとその回復

表6-2-3は、このレース後に身体に残ったダメージを尋ねた結果である。筋肉痛、関節痛、皮膚や爪の痛み、疲労など7つの大きな項目に分け、それぞれをさらに細かく項目分けして、該当するものをあげてもらった。

「筋肉痛」については3群とも大腿の前部（大腿四頭筋）に圧倒的に訴えが多かった。また興味深い点として、この部位については上位群の方が下位群よりもダメージを訴える率が高く、8割以上の該当者がいた。

大腿四頭筋は坂道を上り下りするときの主働筋である。特に下りではブレーキをかけるために酷使される（P100）。上位群はこの筋を鍛えているはずだが、鍛えたなりにその限界近くまで酷使するため、筋肉痛が避けられないのだろう。

「関節痛」については、上位群では足首に多かった。これは底の浅い靴を履いて走るためだろう。一方、下位群では膝や腰に多い。これには膝や腰まわりの筋力不足や、これらの部位に負担のかかる走り（歩き）方をしている可能性が考えられる。膝や腰の故障は、登山者やランナーとしての生命を奪いかねないので、対策を考える必要がある。

「皮膚・爪の痛み」については、

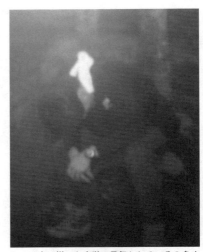

レース中は様々な疲労に見舞われる。その多くはトレーニングや行動適応によって軽減できるが、「眠気」は解決が難しい制限要因である。

上位群では転んで皮膚をすりむいたり怪我をした例が多い。下位群では靴ずれや足爪の壊死が多いが、これには山歩きの不足が考えられる。

「疲労」については3群とも、筋の疲労やだるさが3〜4割、全身の疲労やだるさが2〜3割、胃腸の疲労が1割程度となっている。

これらのダメージがほぼ解消し、日常生活やトレーニングに支障がなくなるまでに要した日数を尋ねたところ、どの群についても4日程度だった。ただし個人の値を見ると、0日（ほとんど疲労は感じていない）と答えた人がいる反面、上位群で12日、下位群では28日かかった人もいた。

表6-2-3：レース後に残ったダメージや疲労（山本、2005）
レベルによらず、大腿前部の筋肉痛が圧倒的に多い。

	項　目	上位群	中位群	下位群
筋肉痛	大腿の前部	81%	75%	68%
	大腿の後部	19%	24%	27%
	下腿の前部	16%	14%	17%
	下腿の後部	35%	41%	53%
	殿　部	0%	22%	17%
	腰　部	3%	22%	32%
	腹　部	3%	3%	2%
	背　部	6%	9%	13%
	胸　部	0%	3%	1%
	肩	39%	44%	38%
	首	10%	11%	16%
	腕	3%	15%	25%
	その他	13%	2%	5%
関節痛	足首	19%	11%	10%
	膝	6%	34%	39%
	腰	3%	4%	9%
	肩	0%	0%	5%
	首	0%	1%	4%
	肘	0%	0%	2%
	手首	0%	1%	1%
	その他	0%	5%	3%
皮膚や爪の痛み	靴ずれ	3%	19%	21%
	足の爪が死んだ	32%	30%	42%
	転んで皮膚をすりむいた・怪我をした	23%	9%	11%
	その他	6%	7%	5%
打撲	全身の諸部位	10%	11%	9%
疲労	筋の疲労やだるさ	42%	44%	34%
	全身の疲労やだるさ	26%	30%	30%
	胃腸の疲労	10%	9%	10%
	その他	3%	2%	2%
腫れ・むくみ	脚や足	16%	16%	17%
	腕や手	3%	3%	1%
	顔	10%	4%	4%
	その他	0%	0%	1%
	その他	19%	8%	16%

第6章　登山における人間の可能性と限界

column 6-2-3
レース中の体力低下

　3日分の行程を1日でこなす、山道を走る、夜間行動、不眠不休、水や食糧の切りつめなど、一般の登山常識とは正反対のことを敢えてするのがこのレースである。このような運動により、どの程度の疲労が起こるのだろうか。

　図の左側は、7名を対象に、レースの前後で4種類の体力テストを行い、体力がどれだけ低下したかを見たものである。低下しなかったのは握力だけで、脚筋のパワーと腰部の柔軟性は20%以上、バランス能力は60%近くも低下していた。

　つまりレースの後半では脚や体幹の筋が関与する体力は大幅に低下している。普段ならば何でもない所で転んでしまうこともあり得るだろう。

　図の右側は、市民マラソン(42.195km)時の体力低下について、15名を対象に同じ方法で調べたものである。山岳耐久レースとよく似た低下が起こっている。

　それぞれのレース後に血液検査をして、筋が壊れた時に出てくるCK(P103)も調べてみた。山岳耐久レースでは約2000U/ℓ、フルマラソンでは1500U/ℓで、前者の方がやや高い値だった。

　このレースに出場する人は、それ以前にフルマラソンを体験しておけば、比較的安全な環境で同様の負担を体験できる。市民マラソンでは練習のノウハウも蓄積されているので、トレーニングを積む過程で山岳レースに役立つヒントも得られるだろう。

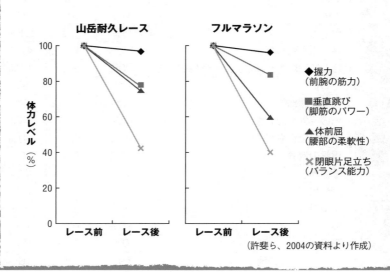

(許斐ら、2004の資料より作成)

◆エネルギーと水分の必要量

レース中に補給したエネルギー量や水分量も調査した。その際、それらの補給量が足りていたか否かも尋ね、足りなかったと答えた人には、あとどれくらい必要だったかを答えてもらった。そして両者を足した値を「必要量」と考えることにした。

表6-2-4の①はこのようにして求めたエネルギーの必要量である。各群とも個人差が非常に大きいことに留意する必要はあるが、平均値で見ると上位群で約1500kcal、下位群では約2000kcalとなった。

このコースは全長71.5km、累積標高差は上り・下りとも4800mである。3章-4で紹介した推定式（P129）に当てはめると、上・中・下位群のレース中の消費エネルギーは、②に示すように約6000kcal、6700kcal、7300kcalとなる（注）。

これらの値から各群について望ましいエネルギー補給の充足率を求めると25～27％となる。一般的な登山の基準から見るとかなり小さい値だが、トレーニングされた人では、

....

注）各群とも、体重は60kg、荷物は5kgと仮定して計算した。なおこの式は、一般的な登山をした時の測定結果をもとに作成しているため、本レースのような特殊な運動状況では多少の誤差が生じる可能性もある。

表6-2-4：レース中に補給すべきエネルギー量（山本、2005の資料をもとに作成）
選手が考える必要量は1500～2000kcal程度で、推定されるエネルギー消費量の4分の1程度である。

	上位群	中位群	下位群
①選手が回答したエネルギーの必要量	1535±727kcal (500～4000)	1684±701kcal (300～3744)	1980±977kcal (100～4000)
②推定式から求めたエネルギー消費量	5972kcal	6717kcal	7337kcal
③充足率（①／②）	26％	25％	27％

表6-2-5：レース中に補給すべき水分量（山本、2005の資料をもとに作成）
選手が考える必要量は3～4ℓ程度で、推定される脱水量の5割程度である。

	上位群	中位群	下位群
①選手が回答した水分の必要量	3.1±1.1ℓ (1.2～6.0)	3.4±1.0ℓ (1.0～8.0)	3.7±1.1ℓ (1.3～7.0)
②推定式から求めた脱水量	6.0ℓ	6.7ℓ	7.3ℓ
③充足率（①／②）	52％	51％	50％

第6章 登山における人間の可能性と限界

この必要量＋出走前に食べた物＋体内の貯蔵炭水化物＋貯蔵脂肪（P122）により間に合うのだろう。

表6-2-5は、エネルギーと同様の方法で、水分の必要量について求めたものである。これも個人差が大きいが、平均値では上・中・下位群でそれぞれ3.1ℓ、3.4ℓ、3.7ℓだった。

レース中の脱水量は、表6-2-4の②の値をmlに読みかえると推定できるので、両者の関係から充足率を求めてみると、各群ともほぼ50%となる。

これも一般的な登山の基準で見ると小さな充足率だが、トレーニングされた人では、この必要量＋出走前に飲んだ水分＋代謝水＋グリコーゲンの貯蔵水（P165）により間に合うのだろう。

◆食べやすいもの、飲みやすいもの、サプリメント

非常に長時間の運動をする場合、エネルギーや水分を補給しようとしても、消化器系が疲労して次第に受けつけなくなってくることも多い。そこで、疲労している時でも食べやすかったもの、飲みやすかったものについて尋ねた。

自由記述で書いてもらったので、さまざまな品目があげられていたが、ある程度まとまった数になったものを表6-2-6に集計した。最も人気が高かったのは「ゼリー状の食品」で、各群とも5割前後の支持率だった。

一方で、米類（おにぎりなど）、パン類（菓子パン、サンドイッチなど）、和菓子類（大福餅、羊羹など）、果物類（バナナ、ミカンなど）など、

表6-2-6:疲労した時に食べやすかったもの・飲みやすかったもの（山本、2005の資料をもとに作成）
食べ物ではゼリー状食品を、飲み物では水とスポーツドリンクをあげた人が多い。

		上位群	中位群	下位群
食べ物	ゼリー状食品	45%	57%	44%
	米類	3%	9%	13%
	パン類	0%	9%	7%
	和菓子類	7%	6%	7%
	果物類	3%	12%	12%
飲み物	水	36%	36%	57%
	スポーツドリンク	36%	50%	31%
	お茶	7%	3%	6%

表6-2-7：サプリメントの摂取状況とその評価（山本、2005）
アミノ酸サプリメントを摂取する人はどの群でも多く、利用者の6～7割が効果を感じたと答えている。クエン酸の摂取は上位群で多い。

		上位群	中位群	下位群
アミノ酸	摂取状況	74%が摂取	69%が摂取	72%が摂取
アミノ酸	効果	あり 74% なし 0% 逆効果 0% わからない 26%	あり 65% なし 1% 逆効果 1% わからない 33%	あり 62% なし 1% 逆効果 1% わからない 36%
クエン酸	摂取状況	42%が摂取	29%が摂取	27%が摂取
クエン酸	効果	あり 77% なし 0% 逆効果 0% わからない 23%	あり 53% なし 0% 逆効果 0% わからない 47%	あり 59% なし 0% 逆効果 0% わからない 37%

通常の登山で食べる物の支持率は低く、登山に近い歩き方をしている下位群でも10%前後でしかなかった。ビスケット、チョコレート、キャラメル、アメなどの菓子類をあげた人はさらに少なかった。

飲みやすかったものは水とスポーツドリンクが2分しており、お茶をあげた人はわずかだった。その他、ジュース、コーラ、自作のスペシャルドリンク、牛乳などの答えもあったが少数だった。

表6-2-7は、レース中（直前や直後も含む）に摂ったサプリメントのうち、利用者の多かったアミノ酸とクエン酸についてまとめたものである。アミノ酸の利用率は各群とも7割程度と高かった。クエン酸については上位群ほど利用率が高かった。

効果については、アミノ酸では使用者の6～7割が、クエン酸では5～8割が「あると思う」と答えた。効果があると答えた人は上位群ほど多かった。

◆補助用品

表6-2-8は、身体機能をサポートする用品のうち、特に利用者の多かったストックと下肢サポートタイツについて、使用状況や効果を尋ねた結果である。

ストックの使用については3群間で大きな違いがあり、下位群ほど利用者が多かった。上位群では走りが中心となるので、かえって邪魔になるために使う人が少ないのだろう。

ストックを使用した人にはその効果を尋ねたが、どの群でも8割以上

column 6-2-4
胃腸の疲労の原因と対策

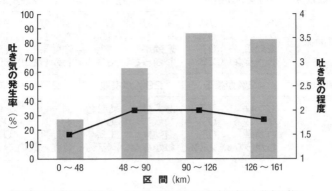

棒グラフは吐き気の有無を、折れ線グラフはその程度を表す。後者の値は、
1：ややあり、2：中程度、3：はっきりとあり、4：非常にあり、を意味する。
(StuempfleとHoffman、2015)

　距離の長いウルトラマラソンや山岳レースでは、胃腸障害がパフォーマンスの制限要因になることも多い。図は、世界でも最も伝統のある山岳レースとされる「ウエスタンステイツ100マイル」で調査された選手の胃腸障害の様子である。

　このレースはアメリカのカリフォルニアで6月に行われる。移動距離は161kmで、累積標高差は上り5500m、下り7000m、制限時間は30時間である。この調査が行われた日の気温は5～39度の範囲で変化し、湿度は43%だった。

　4つの地点で「吐き気」の有無を尋ねているが、後半では8割以上の人に起こっている。吐き気の程度は、最もハードな区間や最も暑い時間帯ではより強まる。胃腸障害がパフォーマンスを制限したと答えた人は、完走者の44%に達していた。

　胃腸障害はどのように防げばよいのだろうか。ウルトラマラソンの研究と実践をしている髙山史徳氏（筑波大学大学院）は、その原因と対策について次のようにまとめている。

　原因：①運動時には筋への血流が優先されるため、胃腸に配分できる血液が減り機能が低下する。②胃の排泄機能が低下して、食べ物が胃にもたれやすくなる。③腸の透過性が増加して、栄養素が大きな分子のまま吸収されてしまう。④繰り返される上下動（揺れ）により、内臓が機械的な衝撃を受けて損傷する。

　レースでの対策：①レース直前は食物繊維の多い食べ物は避けて消化の負担を減らす。②脱水を防ぐ。③炭水化物の摂取時には水分も摂る。④味覚疲労（同じ味に飽きてくること）を防ぐために飲食物の味に変化を持たせる。⑤非ステロイド性の鎮痛剤や解熱剤を使わない。

　普段からの対策：①基礎体力（特

> に持久力）を高めることで、筋だけに血液を奪われず胃腸への血流も確保できる。②普段の練習時から積極的に食べたり飲んだりすることで、消化吸収能力が高まるとともに、適切な補給の量やタイミングを体得できる。③胃腸障害の既往者にはトラブルが起こりやすいので治療と体調を完璧にしておく。

表6-2-8：補助用品の使用状況とその評価（山本、2005）
ストックは下位群ほど、サポートタイツは上位群ほど使用者が多い。

		上位群	中位群	下位群
ストック	使用状況	19%が使用	33%が使用	68%が使用
	使用本数	1本　33% 2本　67%	1本　31% 2本　69%	1本　18% 2本　82%
	効果	あり　　　83% なし　　　17% 逆効果　　 0% わからない 0%	あり　　　95% なし　　　 0% 逆効果　　 0% わからない 5%	あり　　　99% なし　　　 1% 逆効果　　 0% わからない 0%
サポートタイツ	使用状況	70%が使用	69%が使用	56%が使用
	効果	あり　　　71% なし　　　 5% 逆効果　　 0% わからない24%	あり　　　75% なし　　　 0% 逆効果　　 0% わからない25%	あり　　　82% なし　　　 0% 逆効果　　 2% わからない16%

が効果を認めていた。とりわけ下位群では支持率が99%と高かった。下位群のように20時間以上をかけて「歩く」場合には、その効果は大きいのだろう。

　サポートタイツは上・中位群が多く使用していた。効果を認める人は各群とも7割以上に達し、下位群では8割を超えていた。

　これ以外のサポート用品としては、テーピング類（通常のテーピング、キネシオテーピング、簡易に貼れる工夫のされたテーピング）をあげた人が多かった。

◆リタイアの原因

　ここまでは完走者のデータを紹介してきたが、リタイアした40人の回答についても触れておく。リタイアの理由としては、悪天候・悪路を

第6章　登山における人間の可能性と限界

上りに比べて下りでは、消費エネルギーをあまり増やさずに高いスピードを出せるので、成績を左右する重要な局面となる。しかし逆に、身体が受ける物理的ストレスは大きく、捻挫、膝の故障、転倒などの危険性も高まる。（宮﨑喜美乃氏提供）

あげた人が11人と最も多かった。これはこの年の悪いレースコンディションを反映したものである。

ほかには、疲労・体力不足が8人、膝の痛みが6人、レース前からの体調不良（風邪、下痢など）が5人と続いていた。

また捻挫、筋肉痛、靴ずれ、胃腸の衰弱、睡眠不足といった身体的な問題をあげた人や、ライトの故障、靴の選択ミス、ストックの破損、雨具の不備といった用具の問題をあげた人、また気力不足と回答した人もいた。

◆よりよいレースをするために

今後にむけて、記録の向上、疲労の軽減、安全性の向上など様々な意味で、よりよいレースをするためにはどんなことが重要だと思うかを、自由記述で回答してもらった。

日頃のトレーニング方法からレース当日の対策まで多様な意見があったが、一言で要約すると、上・中・下位群なりに、レースで直面するさまざまな状況をシミュレーションし、それらの対策を講じておく、ということになる。

1）山でのトレーニング

上位群ではできるだけ山道を走る、下位群では山によく行くようにする、という意見が多かった。つまり本番を模擬した運動をすることが最良のトレーニングだといえる。

山でのトレーニングは、技術面を

50代～70代で日本山岳耐久レースをはじめ、各種のウルトラマラソンに出場している中高年ランナーの体力測定。各種の摂取量を測ってみると、体育大学生の方が明らかに強い。しかし実際のレースでは、中高年ランナーの方が優れた能力を発揮する。その能力は、常識的な体力測定では評価できないという特徴もある。また久力の実体は、加齢の影響を受けにくい部分がある。

改善する上でも重要と考えている人が多かった。特に、「下り」での上手な走り方・歩き方を習得する上で重要と書いた人が多かった。

本番のレースを想定した対策としては、コースの下見や試走、夜間の走行、雨天時の走行、ペース配分の練習、エネルギーや水分補給のタイミングや量のチェック、などをあげた人が多かった。

2）下界でのトレーニング

アップダウンのある道でのランニング、階段でのランニング、ザックを背負ってのランニング、といった回答が多かった。時には1日に5～10時間以上の走り込みをする日をつくる、と指摘した人もいた。

これらの意見は、上下方向に移動する、荷物を背負う、運動時間が非常に長いという、本レースの特異性を考慮した模擬練習をすること、とまとめられる。

筋力トレーニングの重要性も多くの人が指摘していた。坂道を上り下りするので、筋そのものだけではなく、膝や腰の関節にも大きな負担がかかる。その負担を和らげたり故障を防ぐために、脚や体幹の筋力トレーニングが必要、と指摘した人が多かった。ストレッチング、マッサージ、体重調節などの重要性に触れた回答もあった。

1年がかりで身体づくりをする、普段の練習とレース直前の練習内容とを合理的に組み立てるなど、長期

第6章 登山における人間の可能性と限界

的なトレーニング計画（期分け）を意識している人もいた。

◆ PDCAサイクル

レースでよりよい成績を出す、あるいはより余裕を持って完走（完歩）するためには、4章-7で紹介したPDCAサイクルの考え方を使うとよい。

山岳レースといっても長短様々なものがある。個人の体力特性も違うので、一律なノウハウをあてはめることには無理がある。そこで、自分で自分の身体を実験台にして、よりよいあり方を目指すのである。

PDCAサイクルとは、P（目標設定）、D（トレーニング＋本番のレース）、C（反省）、A（改善）のことで、これらを繰り返し実行することである。その際には頭で考えるだけではなく、紙などに書き表して行うこと（可視化）が要点となる。

表6-2-9は山岳レースのための検討項目を示したものである。これは一つの例であり、慣れたら自分独自のものを作ればよい。自分の手で自分の身体をコントロールし、予想通りの結果が得られたときの達成感は非常に大きいものがある。

表6-2-9：PDCAサイクル運用時の検討項目
表の内容は一例であり、自分独自のチェックリストを作るとよい。

項目	具体的な検討内容	Plan（計画）	Do（実際）	Check（反省）	Act（改善策）	全体的な反省点と改善点
レースの目標	タイム、順位など					
トレーニング	山と下界でのトレーニング内容、強度、時間、回数、期分け、直前の調整など					
レースの展開	ペース配分、各地点への到達時刻、各地点での体調、疲労、身体トラブルなど					
エネルギーと水分の補給	エネルギー補給量と具体的な品目、水分補給量と具体的な品目、補給のタイミング、サプリメントなど					
装備	衣類、靴、ストック、ライトなど					
レースによるダメージ	筋（部位別）・関節（部位別）・胃腸などへのダメージ、疲労の程度					

column 6-2-5
著者のPDCAサイクル

著者は過去に3回、この山岳耐久レースに出場したことがある。速く走ることが目的ではなく、20時間前後の登山として考えたときに、自分の身体が疲労せずに動いてくれるかを確かめたかったのである。

表は、この3回の経験をPDCAの形に整理したものである。

1回目のレースでは、全てが初めての経験だった。色々と考えて準備したつもりだったが、本番では思わぬ盲点も現れてきた。体力は一番あった頃なのに、最もきついレースになってしまった。

2回目には、前回の反省を生かして体力トレーニングの面では成功したが、エネルギー補給の面では改善点が裏目に出てブレーキを起こした。ただし総合的には、1回目よりも楽に完歩できた。

3回目には、過去2回の反省点が生かされ、ほぼ予想どおりに身体が動いた。ただし眠気だけは別だった。筋は疲労していないのに、夜半の2時間ほどは強烈に眠くなり、行動も制限されがちだった。脳の疲労対策は別途考えなければならない、ということが次の課題として残った。

誰でも1回目には失敗をするが、そこからPDCAを行えば効率よく改善できる。初めのうちは上手下手はあるが、根気よく繰り返せば誰でも上手になれる。3回くらいサイクルを回せばかなり上達できるだろう。

1回目 (第2回大会)	**＜目標設定＞** この当時は登山のコースタイムに対して3分の2くらいのペースで歩ける体力があった。そこで17時間台のタイムを目指すことにした。 **＜レースの結果とその反省＞** 心肺系には余裕があったが、後半の下りにかかると急激に筋疲労、筋肉痛、靴ずれが起こり、ペースが大幅に低下した。原因として、事前のトレーニングがサイクリング中心だったことが考えられる。食べ物については、チョコレートや飴などの甘い固形物ばかりを持参したため、レースの後半になると食べられなくなり（味覚疲労）、エネルギー切れの疲労を起こした。タイムは予定よりも3時間遅い20時間台だった。
2回目 (第9回大会)	**＜目標設定＞** 膝を壊していたので、無理なく歩けそうな21時間台を目指した。 **＜トレーニングの修正＞** トレーニングはできるだけ実際の山を歩くことを心がけた。食料は、疲労しても食べられるよう、液体状の炭水化物を中心に用意した。 **＜レースの結果とその反省＞** 脚は最後までひどい疲労には見舞われなかったので、トレーニングは成功したといえる。食べ物に関しては、スタート前に液状の炭水化物を摂りすぎて下痢をし、時間をロスした。タイムは予想よりも1時間遅い22時間台だった。
3回目 (第12回大会)	**＜目標設定＞** 前回同様、膝の調子が思わしくなかったので21時間台を目標とした。 **＜トレーニングの修正＞** トレーニングは前回同様、登山を中心に行った。食べ物は、内容的にはほぼ同じだが、補給のタイミングを改善した。 **＜レースの結果とその反省＞** 夜半に強い眠気を感じたほかは、最後まで快調に歩くことができた。悪天候の影響でタイムは23時間台だったが、定常ペースを維持し続けるという目的に対しては満足のいく結果だった。

第6章　登山における人間の可能性と限界

一般的な登山とはかけ離れた運動をするように見えるトレイルランニングでも、3章で述べた疲労に関する知識や対策はやはり重要である。(宮﨑喜美乃氏提供)

SUMMARY
まとめ

■ 日本山岳耐久レース(71.5km)では、ウルトラマラソンと同様、年齢や性別は成績に対してそれほど強く影響しない。選手の体格も日本人の標準値に近い。

■ パフォーマンスを制限する最大の要因は、大腿四頭筋の疲労や筋肉痛である。関節では膝が弱点となりやすい。心肺能力は大きな制限要因にはならない。

■ 14時間未満でゴールする人は、山では月に2回程度のトレーニングを、下界では週に約12時間の持久力トレーニングと3回の筋力トレーニングを行っている。

■ 山でのトレーニング時には、体力面だけではなく、技術面でも本番のシミュレーションを意識する。特に、下り用の体力強化や技術練習は重要である。

■ レース中に補給すべきエネルギーは1500~2000kcal、水分は3~4ℓである。これらはレース中のエネルギー消費量の3割弱、脱水量の5割程度に相当する。

第6章-3

日本海から太平洋まで、北・中央・南アルプスを縦走し、8日間以内に踏破するトランスジャパンアルプスレースが1年おきに行われている。日本山岳耐久レースの約6倍の距離があり、世界各地で開催される山岳レースの中でも最も厳しいものである。

8日間で完走する場合、1日で水平方向に平均52km、垂直方向には上下とも3500mの移動をする。休憩や睡眠の時間は4～5時間程度で、幻覚や幻聴に悩まされながら行動する人も多い。このレースの様相を明らかにすることで、人間の耐久力の可能性と限界について考えてみたい。

トランスジャパンアルプスレース

静岡県大浜海岸のゴールに到着した選手とそれを迎える人たち。スタートから5日目～8日目にかけて、数時間あるいは10時間以上の間隔をおいて選手たちがゴールしてくる。

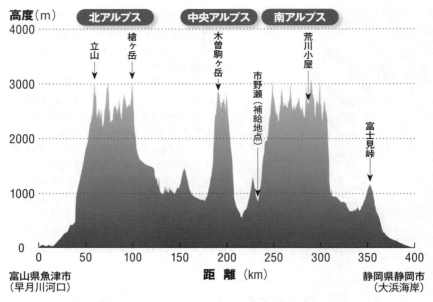

図6-3-1：2014年のTJAレースのコース概要（森ら、2015より）
水平方向への移動距離（沿面距離）は約415km，垂直方向への移動距離（累積標高差）は上り下りとも約28kmに達する。

◆レースの特性

図6-3-1はこのレース（以下、TJAレース）のコース概要である。日本海から太平洋まで、ツエルトで露営を重ねながら北・中央・南アルプスを縦走し、8日以内に到達するのが条件である。山小屋や山麓の商店で食料の調達はできるが、物資の補給は指定された1カ所でしか許可されていない。

持ち物は、3000mを超える日本アルプスで1～2泊のビバークに耐えられる装備・食料を想定し、必須の所持品が指定されている。これらの重量は6～7kgとなる。

水平方向へは415km、垂直方向へは上り下りとも28km移動する。日本山岳耐久レースの約6倍の距離と高低差がある。

8日間ちょうどで完走する場合、1日で水平方向に52km、垂直方向には上下ともに3500m移動することになる。休憩や睡眠もとらなければならないので、実際の移動速度は時速3km前後となる。

参加資格も厳しい。フルマラソンを3時間20分以内、または100kmウルトラマラソンを10時間30分

2014年のレースで3連覇を達成した望月将悟選手（藤巻翔氏撮影）。彼は2016年に4日23時間52分という新記録で、4連覇を成し遂げた。

以内で完走できる能力や、20時間以上の登山コースを標準タイムの55％以下の速さで行動できる体力を有すること、という条件がある。このような資格を持った選手が参加するにもかかわらず、完走率は65〜75％程度である。

◆選手の特性

ここでは2014年に行われた第7回大会での調査結果を紹介する。この年は、序盤から台風の影響を受けてコースが一部変更され、制限時間も3時間延長された。台風が過ぎた後も雨天が続き、例年よりも厳しい条件となった。

30名の出場者のうち完走者は15名だった。以下に紹介するのは、完走者14名、リタイア者10名から得られた回答である（それぞれ1名と2名の女性を含む）。完走者は7名ずつ上位群と下位群に分け、リタイア者も加えて3つの群で比較してみる。

表6-3-1は各群の身体特性である。年齢は32〜52歳で、全員の平均値は40歳となる。BMIは20.5〜21.0で、日本山岳耐久レースの上・

第6章 登山における人間の可能性と限界

中位群と似た値である（P585）。

体脂肪率（男性のみ）は各群とも11%台である。フルマラソンを3時間程度で走る人は10%未満のことが多いので、それよりもやや高い。ただしレース中に体脂肪を燃料として使うことや、低体温症に対する耐性も必要なことを考えると、むしろこのレースに適合した値とも考えられる。

表6-3-1：選手の身体特性
（髙山ら、2015；森ら、2015の資料をもとに作成）

上位群のゴールタイムは5日12時間57分～7日02時間36分、下位群は7日15時間18分～8日02時間32分。台風の影響でゴールタイムが3時間延長されているので、上位群は通常の条件であれば7日以内で踏破できたものと考えることにした。リタイア群の到達地点は、北アルプスの立山～静岡県の富士見峠まで幅広く分布している。

身体特性	上位群 （7名）	下位群 （7名）	リタイア群 （10名）
年齢 （歳）	38±6 (32～48)	36±3 (32～40)	43±8 (32～52)
身長 （cm）	169±2 (166～172)	171±5 (163～177)	170±6 (160～181)
体重 （kg）	60±6 (49～66)	60±6 (52～69)	60±5 (55～72)
BMI	21.0±1.9 (17.6～23.1)	20.5±1.3 (18.3～22.0)	20.9±1.1 (19.8～23.5)
体脂肪率* （%）	11.6±2.6 (8.1～15.7)	11.2±2.1 (8.7～13.9)	11.4±1.9 (9.2～14.8)

＊体脂肪率については男性のみの値を示している（上位群7名、下位群6名、リタイア群8名）

ゴール時の選手の体重を計る。
写真は石田賢生選手。

◆走能力の特性

TJAレースは厳しい山岳環境の中で行われるため、どんなに体力に優れていても、判断ミスをすれば即刻リタイアにつながる。したがってレースの最終成績と体力との相関は、下界のスポーツほどはっきりとしたものではない。だが基礎体力に優れる人では、行動に余裕を持たせたり、いざというときにより迅速な行動ができるので有利である。

表6-3-2は選手たちの、①フルマラソン、②100kmウルトラマラ

ソン、③日本山岳耐久レースでの自己記録である。3群全体の平均値でいうと、①は3時間強、②は10時間半あまり、③では11時間弱のレベルである。

①で3時間を切ること（サブスリー）、②で10時間を切ること（サブテン）が市民マラソンランナーの目標とされる。③で10時間を切ることはトレイルランナーの目標といえる。選手たちはそれに近い体力を持っていることがわかる。

完走群とリタイア群とで比べると、①での差は小さいが、②と③では前者が優れる傾向にある。たとえば、②で10時間以内の人は上位群には60%、下位群にも60%いるが、リタイア群では22%しかいない。③で10時間以内の人は、上位群には71%、下位群には40%いるが、リタイア群では0%である。

「1000mの標高差の登山道を何分くらいで上ることができますか？」という質問に対しては、上位群で62分、下位群も62分、リタイア群では82分という回答だった。

以上の結果から、本レースで完走を果たしたり、よい成績を出すためには、山岳環境での行動能力に優れることが重要なことがわかる。

表6-3-2：耐久系レースでの自己記録（森ら、2015より）
完走者では②や③の成績に優れている。上位群では特に③の成績に優れる傾向にある。

レースの種別	記録	上位群	下位群	リタイア群
①フルマラソン (42.195km)	参加者数	7/7名 (100%)	7/7名 (100%)	10/10名 (100%)
	自己記録	2:58:39±0:14:49 (2:38:18～3:15:11)	3:20:12±0:30:36 (2:53:37～4:24:00)	3:06:59±0:11:42 (2:48:57～3:20:56)
②ウルトラマラソン (100km)	参加者数	5/7名 (71%)	5/7名 (71%)	9/10名 (90%)
	自己記録	10:15:39±1:15:11 (9:07:28～11:53:48)	10:16:33±1:16:35 (8:50:00～11:59:47)	11:02:44±1:12:55 (9:22:12～12:53:00)
③日本山岳耐久レース (71.5km)	参加者数	7/7名 (100%)	5/7名 (71%)	6/10名 (60%)
	自己記録	9:30:44±1:11:38 (7:47:00～11:25:16)	12:14:17±3:42:47 (8:24:37～17:55:00*)	11:27:36±0:49:25 (10:27:40～12:20:40)

*17時間台の選手もいるが、この選手も実際にはもっと速く走る能力を持っている。

column 6-3-1
上位者の行動パターン

　このレースの創始者である登山家の岩瀬幹生氏が、3群の行動パターンを細かく分析しているので、それを簡単に紹介する。なお岩瀬氏は、2002年に行われた第1回大会で、唯一の完走者でもある（タイムは7日5時間7分）。

　各選手とも、1日あたりの休憩・睡眠時間は計4～5時間で、行動には19～20時間をあてている。ただし成績のよかった人と悪かった人とではそのパターンが違う。

　リタイア群や下位群では、休憩や睡眠の時間が細切れになっている（2時間＋2時間＋1時間など）。その結果、長時間行動による心身の疲労が回復しないまま次の行動をすることになり、移動速度の低下、故障や怪我、幻覚や幻聴を招きやすくなっていると推測している。

　これに対して上位群では、睡眠と休憩を深夜にまとめて取る傾向がある。後半の要所となる三伏峠や聖平では7時間程度、リフレッシュのための休憩・睡眠をとり、その後はまる1日、あるいは40時間以上も眠らずにゴールした選手も数名いる。

　1時間あたりの移動距離は、上位群では3.1～3.9kmだが、下位群やリタイア群では2.3～2.6kmである。つまり上位群の方が高い行動能力を持っている。

　結論として上位群は、①明るい時間帯は体力を生かして速いスピードで長い距離を移動する、②パフォーマンスの低下する深夜には良質の睡眠と休憩をまとめてとり、疲労をできるだけ回復させている、と総括している。

　下界では、十数日あるいは数十日をかけて数千マイル走に挑むランナーがいる。彼らが用いる行動パターンもこれと似ている。休憩や睡眠時間を削ってその分ゆっくり走るわけではなく、休憩や睡眠はしっかりとって、行動時にはある程度のスピードで走るのである。

　岩瀬氏はこの他に、故障をしたら直ちにまとまった時間の休憩をとって手当をすること、単独で行動するよりも複数で行動する方が精神的に楽で、安全性の向上にもつながるとしている。

表6-3-3：トレーニングの状況（森ら、2015より）
ロードでの練習量には明瞭な差は見られないが、トレイルでの練習量は上位群で多い。

トレーニング内容		上位群	下位群	リタイア群
ロード練習	実施頻度 （回/月）	16±9 (0～24)	22±14 (8～48)	15±5 (8～24)
	月間の走行距離 （km/月）	231±165 (15～500)	261±129 (100～500)	213±78 (100～370)
トレイル練習	実施頻度 （回/月）	10±7 (3～23)	5±3 (1～10)	5±5 (1～15)
	月間の練習時間 （時間/月）	50±26 (20～90)	30±11 (12～40)	30±13 (10～50)

◆トレーニング状況

　表6-3-3は、本レースに先立つ半年間のトレーニング状況を、ロードとトレイルに分けて尋ねた結果である。ロード練習は1カ月あたりの頻度と走行距離で尋ね、トレイル練習は頻度と練習時間で尋ねた。

　ロード練習の方は、3群とも月間走行距離が200km以上で、レース成績との間には明瞭な関係は見られない。月間200km程度のロード練習は必要条件ではあるが、レースの成績を左右する要因ではないことがわかる。

　一方、トレイルでの練習量はレース成績と相関している。上位群は月に10回行っているが、下位群やリタイア群では5回である。練習時間も上位群では50時間だが、他の群では30時間と大きな開きがある。

　上位群と下位群とを比べると、前者はトレイル、後者はロードでの練習量が多い。この結果からも、よい成績を出すにはトレイルでの練習量が重要なことが窺える。

　なお、トレイルでの練習量をロードでの走行距離に置きかえたとすれば、上位・下位・リタイア群によらず、月間走行距離は300kmを優に超えるだろう。

◆パフォーマンスの制限要因

　図6-3-2は、TJAレースでパフォーマンスを制限しそうな16の要因を提示し、①ほとんど影響なし、②少し影響あり、③はっきり影響あり、④大きな影響あり、の4段階で尋ねた結果である。図には②＋③＋

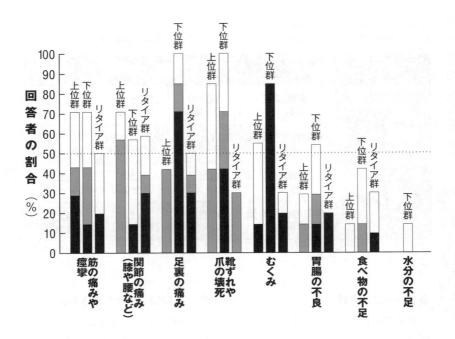

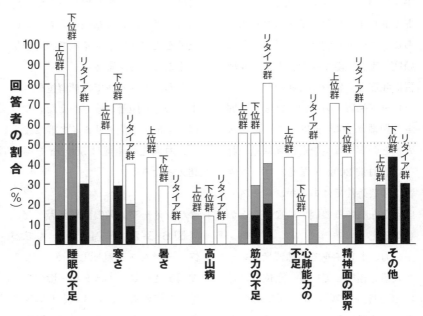

図6-3-2：レース中のパフォーマンス制限要因（森ら、2015の資料をもとに作成）
□は少しあり、■ははっきりあり、■は大きくあり、を意味する。

④の割合（％）を示した。

②＋③＋④の値が、上・下位群ともに50％以上となった項目は、筋の痛みや痙攣、関節の痛み、靴ずれや爪の壊死、むくみ、睡眠不足、寒さ、筋力不足だった。

また③＋④、つまり強く影響を受けた要因に絞ると、上位群では関節の痛み、睡眠不足の2つとなった。下位群では、足裏の痛み、靴ずれや爪の壊死、むくみ、睡眠不足の4つとなり、特に足裏の痛みとむくみには大きな影響を受けていた。

食料や水の不足をあげた人は少なかった。これは山小屋等で十分に食べたり飲んだりした上で、必要な食料や飲料を携行するというやり方で、特に問題は生じないということだろう。

環境の影響では、暑さよりも寒さをあげた人が多かった。本レースが雨天続きだったためで、晴天続きであれば逆になった可能性もある。高山病をあげた人も少なかったが、これは事前に高山で試走をして、順応を身につけていた人が多かったためだろう。

体力的な制限要因としては、心肺能力の不足よりも筋力の不足をあげた人が多い。「その他」で④だったものは、転倒による打撲、腸脛靱帯炎、腱鞘炎だった。

これらの要因ごとの影響度は、個人による差も大きい。その年のレース環境にも左右される。自分の弱点を発見したり予想して、それを予防するトレーニングや行動適応が必要といえる。

第6章　登山における人間の可能性と限界

真夜中に富山県の早月川河口をスタートする選手たち（藤巻翔氏撮影）

column 6-3-2
下界での6日間走の作戦

　下界でのウルトラランニングには、24時間走、48時間走、6日間走といった途方もない種目がある。これらのレースについて、運動生理学やトレーニング学の観点から詳しく解説した『ランニング事典』（T.ノックス著）という本がある。

　6日間走については次のような作戦を示している。平地での走りと山道での歩行という違いはあるが、日数はTJAレースとほぼ同じなので、参考になる部分もあるだろう。

　初めの16時間は走り続ける。ただし20分ごとに100〜200mほど歩いて、休憩をとりつつエネルギーや水分の補給もする。16時間経ったら食事をしっかり摂って2時間ほど眠る。それ以後は毎日、正午と真夜中の2回を小休止にあてて軽い食事を摂る。また午後4時と午前4時にはしっかりした食事と2時間の睡眠をとる。

　この作戦を用いると、1日あたりの睡眠時間が4時間となる。夜間にまとまった休憩や睡眠をとることは、P608で紹介した岩瀬氏の指摘とも共通している。

　オーストラリアではシドニー〜メ

ルボルン間で耐久レースが行われている。距離は900km前後で、上位者では6日間前後のレースとなる。通常のランナーでは1日のうち約18時間走り、6時間を休養や睡眠に当てるという。

　一方で1983年に、同国で農夫をしている61歳のC.ヤングが、ゆっくりだが寝ずに走って5日15時間4分という新記録で優勝した例もある（走距離は875km）。他の若い選手は日中には彼を引き離すが、夜寝ている間にその差を縮められ、最終日に逆転されたという。まるでウサギとカメのような話である。

真夜中のロードを走る選手たち（藤巻翔氏撮影）

第6章 登山における人間の可能性と限界

◆リタイアの原因

リタイア者にはその原因を尋ねたところ、環境要因の影響が強いものと、身体要因の影響が強いものとの2通りがあった。前者では、身体的には問題はなかったが、暴風雨や濃霧のために制限時間に間に合わなかった、というものが多い。

後者には、疲労によりスピードが出なくなった、低体温症気味となりビバークしたため制限時間に間に合わなかった、大腿部が腫れて膝が曲がらなくなり歩行速度が落ちた、腸脛靱帯炎、睡眠不足による幻覚や意識の消失などがあげられていた。

後者については、基礎体力や歩行技術のよしあしに加えて、休憩や睡眠の不足、エネルギーや水分補給の不足、防寒対策の不良など、置かれた状況に対する行動適応の不良（判断ミス）が関係するケースが多い。

◆エネルギー補給

登山時のエネルギー消費量を推定する式（P129）を本レースにも適用してみると、体重60kgの人が8日間で完走する場合（ザック重量は6kg、睡眠時間は1日4時間と仮

定する)、1日あたりのエネルギー消費量は約6100kcalと計算できる。同じく6日間で完走する場合には7300kcal、5日間ならば8200kcalくらいになる。

1日あたりの脱水量は、上記のkcalをmlに読みかえて、それぞれ6100ml、7300ml、8200mlと予想できる。

前節で紹介した山岳耐久レースでは、レース中に補給すべきエネルギーは消費するエネルギーの3割弱と、かなり少なかった(P593)。これは運動が1日で終わってしまうので、エネルギー負債が大きくても持ちこたえられるからである。

一方、何日もの行動をするTJAレースでは、負債には頼れなくなる。運動強度が高いので、体脂肪を利用できる割合も限られる(P647)。このため外部から大量の炭水化物の補給が必要となる。

このレースで優勝の経験もある田中正人氏によると、レース開始から2〜3日目になると、食べなければ動けなくなる(＝食べた分だけ動ける)ようになるという。選手たちのエネルギー摂取量の調査結果(P625)も考えあわせると、前記の式で求めたエネルギー消費量の、少なくとも7〜8割の補給は必要だろう。

厳しいレース中に多量の食料補給

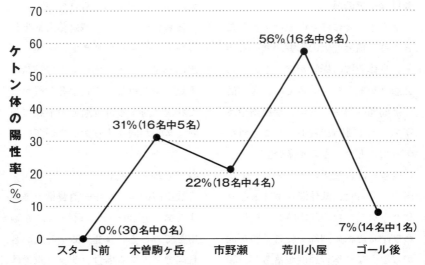

図6-3-3：各地点での尿中ケトン体の陽性率（山形ら、2015の資料をもとに作成）
ケトン体が陽性になる時には、炭水化物の補給が不足している可能性がある。

ゴール直前の望月将悟選手。彼はこのレースに向けて、ロードでは月間300キロの走行、トレイルでは1ヵ月に23回（50時間程度）の練習を積んだ。（辻啓氏影）

をすることは容易ではない。しかし足りなければ、筋の疲労（ハンガーノック）や脳神経系の疲労（集中力の欠如、眠気、意識障害など）が起こり、リタイアや事故の引き金にもなる。

図6-3-2を見ると、食べ物の不足を制限要因としてあげた人は少ないが、実際に不足がなかったのかを確認するため、5地点で尿中のケトン体を測定してみた。これは炭水化物の補給が不足し、脂肪へのエネルギー依存度が高まると増加する物質である。

図6-3-3はその結果である。木曽駒ヶ岳では3割、南アルプス山中の荒川小屋では5割以上の選手が陽性反応を示しており、炭水化物不足と判定された人は多かった。

これには2通りの解釈が可能である。一つは、炭水化物の不足で身体に何らかの影響が出てはいるが、多くの選手はそれに気づいていないという見方、もう一つは、本レースのような特殊な状況下では、軽度の陽性ならば支障は出ないという考え方である。

どちらが正しいのかは断言できないが、ケトン体が増える状況では、前記のような炭水化物の欠乏によるトラブルが起こりやすいことは認識しておくべきである。特に山中の区間では、エネルギー消費量が増加する一方で、その補給はしづらくなるので、より積極的に補給する意識が必要だろう。

第6章 登山における人間の可能性と限界

◆睡眠不足と幻覚・幻聴体験

 このレースでは1日に4～5時間の睡眠時間は確保したいと言われている。だが休憩や睡眠の時間を十分に確保しようとすれば、記録が低下したり制限時間に間に合わなくなるというジレンマがあり、実際にはもっと切りつめざるを得ない。

 完走者の1日あたりの睡眠時間は平均で3.2時間だった。少ない人では2時間、多い人で4.5時間である。特に下位群では、制限時間に追われて眠くても行動せざるをえなかった（特にレース後半）と答えた人が多い。

 睡眠時間が足りないため、多くの選手は行動中に幻覚・幻聴を体験している。最も早く体験した人は、槍ヶ岳付近（2日目の夜）からである。中央アルプス以降まで参戦した18名については15名（83％）が体験していた。体験する時刻も昼夜を問わない。

 1位でゴールした望月将悟選手は睡眠時間が平均2時間で、3日目以降は常時幻覚を見たという。その内容は木が動物に見えるというものだった。他の選手の答えも見ると、①人間の姿が現れたり声が聞こえる、②人工物が現れる、というものが多い。

 ①の中には、石が動物や人に見える、木や枝が観客に見える、数時間先行しているはずの選手のザックの一部が見える、大勢の人の話し声が聞こえる、熊よけの鈴の音が絶えず聞こえる、ラジオの音が聞こえる、などがある。

 ②では、森の中なのに人工物が見える、樹木の幹の部分が全て平らな寝やすいベンチに見える、車輪の付いたスリッパが転がってくる、導く光が見える、選手のための休憩所や関門ゲートが現れる、などである。

南アルプスが終わると静岡市まで約100kmの長いロード区間が続く。写真は大原倫選手。

column 6-3-3
エネルギー不足と幻覚・幻聴の関係

尿中ケトン体	幻覚・幻聴体験	
	あり	なし
陽性（1+ または 2+）	6人	2人
陰性（−）	2人	5人

（山本ら、2016）

　幻覚・幻聴が頻発するのはレース後半の南アルプス山中である。この付近ではケトン体の陽性率も高いので（図6-3-3）、睡眠不足だけではなく、脳神経系の働きを司る炭水化物の不足が関連している可能性も考えられる。

　表は、荒川小屋でのケトン体の陽性／陰性と、その付近（南アルプスの中〜後半）での幻覚・幻聴体験のあり／なしとの関係を見たものである。幻覚・幻聴を体験した人ではケトン体が陽性を示していることが多く、体験しなかった人では陰性の場合が多い。

　下界でウルトラマラソンをする人に尋ねると、24時間走で幻覚・幻聴が起こることはないが、2日間以上のレースになると体験する人も出てくるという。特に、著しい睡眠不足の時に「追い込む」、つまり走スピードを上げようとすると現れやすいようである。

　走スピードを上げようとすれば、筋でも脳神経系でも高い活動を求められる。このため炭水化物のエネルギーに依存する傾向が強まる。その際に炭水化物の補給が足りていないと、幻覚・幻聴が起こりやすいと説明できるのかもしれない。

第6章　登山における人間の可能性と限界

◆ヒヤリハット体験

運動そのものが過酷な上に、睡眠時間も切りつめざるを得ない。体力だけでなく、脳神経系の能力も限界付近で酷使され続けるので、事故の危険とも隣り合わせとなる。

ヒヤリハットは24名のうち半数の12名が体験していた。環境要因の影響が強いものとして、暴風雨・濃霧・暗闇の影響による転倒や転落、道迷い、低体温症未遂などがある。

一方で、身体要因の影響によるものには、眠気による転倒や転落、睡眠不足で居眠り状態となり車への接触未遂や崖下への転落未遂、睡眠不足で幻覚を起こし彷徨、睡眠不足による精神的な不穏状態や思考能力の低下など、眠気を原因とするものが多い。

レースの報告書を読むと、気がついたら飲食を摂っていなかった、気がついたら身体のケアをしていなかったといった記述も散見される。これも眠気による脳の働きの低下が原因と考えられる。

このような些細なミスも、蓄積すれば大きなトラブルや事故につながる。睡眠不足に陥らないようにすることは、本レースの最も重要な課題といえる。

◆ゴール直後の状況

図6-3-4はレースの前後で測定した握力である。上・下位群を問わず、レース後にはほとんどの人が低下していた。上位群では平均15%、下位群では14%の低下である。

握力は脳の活性度を反映する指標

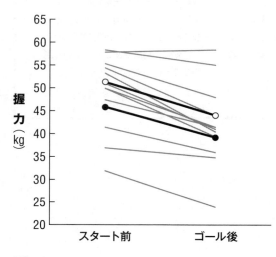

図6-3-4：レース前後での握力の変化（山本ら、2016）
太い線のうち●は上位群、〇は下位群の平均値を示す。細い線は個人の値。握力の低下は、脳神経系が疲労していることを窺わせる。最も低下した人は、上位群で25%、下位群で24%だった。

図6-3-5：皮下脂肪の測定
身体の8つの部位で厚さを測ることで、全身の体脂肪率を推定できる。
写真はゴール直後の阪田啓一郎選手。

となる。5〜8日間をかけて不眠不休に近い行動を続けてきたことで、脳神経系の活動能力が低下していることが窺える。1日以内に終わる日本山岳耐久レースでは、握力はほとんど低下しないこと（P592）とは対照的である。

男性の完走者については、レース前後で皮下脂肪厚を測ってみた（図6-3-5）。8部位の計測値から全身の体脂肪率を推定したところ、レース前では11.4%だったものが10.5%と、約1ポイント減っていた。

下界で行われる数日間のウルトラマラソンでは皮下脂肪は減らないという報告が多い。これは補給所が適所にあるおかげで、エネルギー補給が随時できるからである。一方、本レースではそれが制限されるため、体内の脂肪を積極的に燃料として使うのだろう。

なお選手の体重も測ってみたが、スタート時は61.7kg、ゴール時は61.6kgと、ほとんど変化がなかった。脂肪が減っているのに体重が変化していない理由は、水分が過剰に蓄積して身体がむくんでいるからである（P623参照）。

第6章 登山における人間の可能性と限界

column 6-3-4
血液・尿性状から見たレースの負担

仙波憲人選手（35歳）は7日目に静岡県の富士見峠まで到達したが、大腿部の腫れと痛みが原因でスピードが低下し、制限時間も考慮してリタイアを決断した。だが9割方の行程を踏破しているので、完走者に近い負担を経験していたと見ることができる。

表は、彼がリタイアした直後（3.5時間後）の血液・尿検査の結果である。基準値に比べて高い（あるいは低い）項目を抜き出してみた。

CKの値は1781U/ℓと高く、筋が多量に損傷していることがわかる。他の競技では、日本山岳耐久レース直後のCKは1500〜2100U/ℓ、市民マラソン後では1500U/ℓ、100kmウルトラマラソン後では1500〜9000U/ℓという報告がある。これらと比べると、8日間という極めてハードなレースの割には、意外なほど低いという見方もできる。

CRPが著しく高いことから、体内で炎症が起こっていることがわかる。これは筋の損傷や靴ずれによる炎症が原因と考えられる。

赤血球数が低くDダイマーが高いことから、溶血が起こっていたことが窺える。足が地面に着地するたびに、足裏の血管を流れる赤血球が圧迫される。本レースではこのような機械的なストレスが無数に繰り返されるために、赤血球が壊れてしまうのだろう。

アルブミンが低値であることは栄養状態が悪かったことを意味する。ケトン体が高値であることは、炭水化物が不足し、脂肪への依存度が高まっていたことを物語っている（P614）。

項目 （単位）	仙波選手の値	基準値	備考
CK (U/ℓ)	1781 ↑	60〜200	筋が壊れた時に高値を示す
CRP (mg/dℓ)	3.21 ↑	0.1〜0.3	炎症が起こった時に高値を示す
赤血球数 (万個/$\mu\ell$)	418 ↓	427〜570	溶血が起こったときに低値を示す
Dダイマー (μg/mℓ)	3.8 ↑	0.5以下	溶血が起こったときに高値を示す
アルブミン (g/dℓ)	3.4 ↓	4.0〜5.2	エネルギーや蛋白質の不足など、栄養状態が悪い時に低値を示す
ケトン体 （尿中）	陽性 ↑ (1+:10mg/dℓ)	陰性	炭水化物が不足し、脂肪へのエネルギー依存が高まると陽性を示す

仙波憲人氏提供（山本ら、2016）

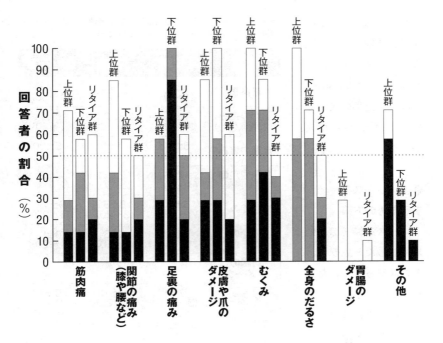

図6-3-5：レース後に身体に残ったダメージ（森ら、2015の資料をもとに作成）
□は少しあり、■ははっきりあり、■は大きくあり、を意味する。

◆レース後のダメージ

図6-3-5はレース後に残った身体のダメージである。8項目を提示し、①ほとんどなし、②少しあり、③はっきりあり、④大きくあり、で回答してもらった。

図には②＋③＋④の割合（%）を示した。胃腸のダメージ以外の項目については、半数以上の人がありと答えている。

③＋④、つまりダメージがより大きかった項目に絞ると、50%以上の該当者があったのは、上位群では足裏の痛み、むくみ、全身のだるさ、その他だった。下位群では、足裏の痛み、皮膚や爪のダメージ、むくみ、全身のだるさだった。

「その他」で④とされていたものは、眠気、発熱、体温調節機能の失調、頻尿、足指の感覚麻痺、腱鞘炎である。

表6-3-4はダメージからの回復に要した日数である。その日数は、ダメージの種類によっても違うし、3群の間でも違いがある。

個人差も大きい。全身のだるさに

ついては長い人では20日、関節の痛み、皮膚や爪のダメージ、むくみについては30日、筋肉痛、足裏の痛みでは50日もかかった人がいた。

◆よいレースをするための方策

レースを終えて、効果的だったと思う（あるいはやっておいた方がよかったと思う）トレーニングについて尋ねてみた。多かったのは、山の中で本番同様のシミュレーションをするという回答だった。特別なことはしておらず、地道な努力の積み重ねが重要だと答えた人も多かった。

表6-3-4：ダメージからの回復に要した日数（山本ら、2016）
項目間の差、群間の差、そして個人差も大きい。

ダメージの内容	上位群	下位群	リタイア群
筋肉痛	3±2 (1〜5)	11±8 (3〜21)	13±21 (1〜50)
関節の痛み (膝や腰など)	7±4 (2〜12)	3±3 (1〜7)	10±11 (3〜30)
足裏の痛み	5±4 (1〜10)	11±9 (5〜30)	15±20 (3〜50)
皮膚や爪の ダメージ	10±6 (4〜20)	12±11 (2〜30)	7±5 (2〜14)
むくみ	6±4 (1〜12)	8±6 (3〜20)	9±12 (1〜30)
全身の だるさ	5±4 (1〜14)	5±3 (2〜10)	8±9 (1〜20)
胃腸の ダメージ	7＊	1＊	1＊
その他	10±6 (3〜21)	16±13 (7〜25)	5±4 (2〜7)

＊胃腸のダメージを訴えた人は各群とも1人のみだった

1) 山でのトレーニング

試走をするという回答が多かった。アルプスで数泊の縦走を数回行う、本番と同じスケジュールでの試走、などである。

2000mの上りや下りに耐えられる脚づくり、重い荷物で歩く、足裏を鍛えるための林道ランニング、空腹でも行動する練習、睡眠時間を削って行動する練習など、本番で直面するブレーキ要因を念頭に置いた対策もあげられていた。

高地順応をしておく、様々な気象条件を体験しておく、雨中での生活を体験する、荒天時のビバーク練習など、環境要因に対処するための練習もあげられていた。

2) 下界でのトレーニング

上下方向への移動や長時間の行動を意識したロード走を行うと答えた人が多い。巡航速度を上げるための走力アップ、上り下りを取り入れたロード走、100km（またはそれ以上）のロード走、7kgの荷物を背負った長距離ロード走、限界状況でのロード走練習などである。

column6-3-5
むくみの原因と対策

ゴール時の選手を見ると、むくみがひどい人が多い。レース中のむくみは下位群の方が著しいが（図6-3-2）、上位群でもレース後にはむくみが出た人が多い（図6-3-5）。つまりむくみ対策はレベルに関係のない課題といえる。

本レースでむくみが起こる要因として、次のような様々な可能性が考えられる（むくみのことについてはP380も参照していただきたい）。
①重力により体液が下垂する
②脱水、激しい運動、低酸素が原因で、尿量を減らすホルモンが分泌される
③下り歩行（伸張性の筋活動）で筋の損傷が起こり、それにより生じた多量の老廃物（窒素化合物）が腎臓の機能を低下させ、水分の排出が低下する
④炭水化物が不足した状態で行動することで、筋蛋白がエネルギー源として分解され、③と同様に老廃物が過多となり、腎臓の機能が低下してしまう。

対策としては、本番では余裕を持った行動ができるように体力を十分に強化しておくこと、高地順応をしておくこと、エネルギーや水分を欠乏させないこと、上手な歩行技術（特に下り）、休憩時に脚を挙上すること等だが、全てを満たすことは困難な課題でもある。

多くの選手では靴ずれやまめだけではなく、むくみがひどいことが特徴である。写真は、三伏峠で約7時間の睡眠と休憩をとった後、43時間の連続行動により、6日21時間4分でゴールした大西靖之選手。

第6章 登山における人間の可能性と限界

このほか、体幹の筋力強化、足裏の強化、胃腸の強化といった体力や耐久力の強化をあげた人、むくみや怪我の対策といった行動適応の練習をあげた人、睡眠の質を上げるために自宅でツエルトによる露営訓練をすると書いた人もいた。

◆トレーニングの考え方

本レースでのパフォーマンスを改善するためのトレーニングや行動適応のあり方については、これまでにも述べてきた。以下はいくつかの追加である。

フルマラソンやウルトラマラソンのようなロード走の場合、月間走行距離がレース成績を決める大きな要因となる（P567〜568）。山岳レースも同じで、山での練習を（過度にならない範囲内で）多く積むことが重要と考えられる（P586）。

ロード走に換算して月間走行距離が300km以上となるようなトレーニング量を、山での練習に重点を置いてこなすことが必要だろう。具体的な数値を明示することは難しいが、山での「月間行動時間」「月間行動距離」「月間登下降距離」といった指標を設け、PDCAサイクル（4章-7）を用いて自分で評価と改善を行うとよい。

本レースではロードの区間も3割近くある。トレイルとロードでは走り方が違い、パフォーマンスの制限要因や身体へのダメージも異なる可能性がある。両者の能力をバランスよく向上させることも必要である。

よく食べ、よく眠ることがよい成績につながる、というのが本レースの経験知である。だが現実には、時間の制約や山という制約を受け、どちらも十分には実現できない。また筋、関節、皮膚など、身体の物理的な耐久性も大きな制限要因となる。したがって、これらの制限を受けた状況下でのシミュレーション練習も重要になる。

上位群の一人である松浦和弘選手によると、本レースの成績には出場回数が関連するという。特に、7日以内で完走するためには、レースに何度か出場し、その実体験をもとに詳細な計画を立てることが重要だという。

上記のようなパフォーマンスの制限要因が顕在化してくるのはレースの後半だが、普段の練習でそこまで追い込むことは難しい。本番のレースで極限的な経験を積み、それを反省材料として戦略・戦術を洗練していくことが必要条件となるのだろう。

column 6-3-6
山岳レースの可能性と限界

下界のウルトラランニングで圧倒的な強さを発揮した人にギリシャのY.クーロスがいる。彼は1980～90年代に12時間走、24時間走、48時間走、6日間走などの世界記録を打ち立て、今でもそれを保持している。

P612でシドニー〜メルボルン間の耐久レースを紹介した。彼は1985年のこのレースで、5日5時間7分という記録で優勝した（走行距離は960km）。2位以下とは1日以上の大差がついた。

彼は当時32歳で、身長は171cm、体重は64kg、BMIは21.9、体脂肪率は8％である。また最高心拍数は180拍で、最大酸素摂取量は63mlである。この値だけを見れば、普通のウルトラランナーやトレイルランナーと変わらない。

表はこのレースでの様子である。走行距離は、初日の270kmから5日目の135kmへと、徐々に落とす作戦を用いている。1日の休憩は2時間、睡眠は1時間未満である。エネルギーは1日あたりで約11000kcal（そのうち96％は炭水化物）、水分は20ℓ近くも補給している。

彼の優れている所は、エネルギー源をたくさん摂取して筋の動力に転換できる能力と、ほとんど眠らずに運動を続けられる能力である。これをTJAレースに当てはめると次のような予想もできる。

2014年のTJAレースで6日21時間4分でゴールした松浦和弘選手は1日平均で5792kcal、7日2時間36分だった朽見太朗選手は4869kcalのエネルギーを補給していた。これはクーロスの5割前後の摂取量である。またエネルギーの充足率は松浦選手が79％、朽見選手が69％であるのに対し、クーロスは102％である。

人体はエネルギー機関である。もっとたくさんエネルギー源を補給し、エンジンとなる筋でさらに大きな動力を産み出せるような身体を作れば、補給所が限定されているという不利を考慮したとしても、まだまだ高い能力発揮も可能と考えられるのである。

項目	1日目	2日目	3日目	4日目	5日目	6日目 (5.1時間)	1〜5日目の平均値
運動時間	23.0h	22.8h	21.0h	16.9h	21.8h	5.1h	21.1h
休憩時間	1.0h	1.3h	2.2h	3.3h	2.3h	なし	2.0h
睡眠時間	なし	なし	0.8h	3.8h	なし	なし	0.9h
走行距離	270km	193km	152km	165km	135km	45km	183km
走行速度	11.7km/h	8.5km/h	7.2km/h	9.8km/h	6.2km/h	8.8km/h	8.7km/h
エネルギー摂取量	13770kcal	8600kcal	12700kcal	7800kcal	12500kcal	550kcal	11074kcal
水分摂取量	22.0ℓ	19.2ℓ	22.7ℓ	14.3ℓ	18.3ℓ	3.2ℓ	19.3ℓ

（Rontoyannisら、1989より作成）

第6章　登山における人間の可能性と限界

厳しいレースの中、研究に協力してくださった皆さん
(辻啓氏撮影)

SUMMARY
まとめ

■ このレースの参加者は、ロード走に換算すると月間300km以上に相当する練習を、山とロードに分配して行っている。山での練習割合は上位者の方がより多い傾向にある。

■ 上位者は、日本山岳耐久レースでは10時間を、100kmマラソンでも10時間を切る人が多く、トレイル走・ロード走のいずれに対しても優れた体力を持っている。

■ 体重60kgの人が8日ちょうどで完走する場合、1日あたりのエネルギー消費量は6000kcalあまり、脱水量は6ℓあまりと推定される。

■ パフォーマンスの制限要因は多様だが、特に影響が大きいのは、筋肉痛、足裏の痛み、靴ずれ、むくみ、睡眠不足などである。

■ 1日の休養と睡眠の時間は4〜5時間で、睡眠不足による幻覚・幻聴やヒヤリハットの体験者も多い。これには炭水化物のエネルギー不足も関係している可能性がある。

■ 強い体力を持っていても、行動適応の失敗がブレーキやリタイアの原因となる。山での模擬練習や実際のレース体験により、経験知を増やすことが重要となる。

第6章-4

耐乏的な登山・クライミング

　エネルギー源、水、酸素の3つを供給し続ければ、私たちの身体は長時間動き続ける。1～3節でとりあげた各種のレースでは、これらの資源は十分とはいえないまでも、ある程度までは補給でき、その上で体力や耐久力の優劣を競うという性格を持っている。

　一方、隔離された環境で長期間の登山をする場合、重量の制限によりエネルギー源や水の不足はずっと深刻なものとなる。高所であれば酸素も不足する。本節では、このような耐乏的な登山やクライミングに焦点をあて、人間の許容限界と可能性を考えてみたい。

第6章　登山における人間の可能性と限界

クワンデ北壁を登る中川博之氏。酸素が下界の半分以下しかない高度で、わずかな食料と水分補給を頼りに、何日もの厳しい登攀を行う。(伊藤仰二氏撮影)

◆登山とレースの違い

1～3節で考えた各種のレースでは、一定のエネルギー源や水の補給が受けられる状況下で行動能力の高さを競う。このためその成績は、各人の筋でのエネルギー発生能力、言いかえると体力（筋力や持久力）の優劣に左右される。また体力の上限近くで運動を続けるので、筋や関節の物理的な耐久性が制限要因の上位を占める。

これに対して、隔離された山の中で何日も耐乏的な登山をする場合、レースとは異質な制限要因に直面する。厳しい重量制限のために食料や水分の補給が切りつめられ、それが行動能力を制限する最大の要因となる。高所ではこれに酸素の欠乏も加わってくる。

運動生理学の言葉で表すと、①エネルギー源、②水、③酸素という3つの資源のうち、①や②の極度な不足、さらにはそれに③の不足も加えた状態で、どれだけの活動ができるかが試される。

本節ではこのような登山・クライミングの事例を紹介しながら、人間の可能性や限界を検討してみたい。なお、これは特殊な登山者やクライマーだけの問題ではない。遭難をすれば誰もがこのような状況に直面するので、意外に身近な問題ともいえるのである。

スパンティーク・ゴールデンピラー登攀の3日目、21時間の行動をした後、立ったままでビバークをしている（佐藤裕介氏撮影、P645参照）。高所でのアルパインクライミング時には、エネルギー源、水分、酸素、休養、睡眠など、様々な欠乏に耐えつつ、何日にもわたり高度な登山能力を求められる。下界のスポーツ選手が、これらの条件を理想的に整えた上で競技会に臨むのとは対局的である。

図6-4-1：日高山脈の縦走
自分のペースで歩ける登山の場合、高体力者であれば1日に消費するエネルギーの5割程度の補給を行えば、体脂肪を有効活用しながら長期間の行動が可能となる。

◆日高山脈全山縦走（事例1）

1987年の春に、著者（29歳）が日高山脈で単独無補給の全山縦走（楽古岳〜芽室岳）を行った時の、エネルギー補給量と身体の様子を調べてみた。実働14日、停滞1日で、水平には117km、上下にはそれぞれ11km歩いた（図6-4-1）。

行動日には平均で7時間歩き、750mの上り下りをした。衣類や靴も含めた荷物の重さは、入山時38.4kg、下山時23.1kgである。睡眠時間は平均7時間だった。

食料は、1日の摂取エネルギーが行動日2600kcal、停滞日1700kcalとなるように計画し、予備日も含めて25日分用意した。ただし行程がはかどり、予備日の食料も利用できたので、1日あたりで3013kcal（重量が665g）となった。

1日の炭水化物、脂肪、蛋白質の補給量はそれぞれ402g、118g、77gだった。ビタミン類は錠剤で補った。水分補給は行動中も含めて十分に行った。

登山後に体重は5.1kg（6%）減った。その内訳は脂肪量が3.8kg、除脂肪組織量（主として筋の蛋白質）が1.3kgで、75%が脂肪で占められていた（注）。これらの組織はエ

第6章 登山における人間の可能性と限界

ネルギー補給の不足分を補うために、燃料として燃やされたことになる。

登山中に補給したエネルギーに身体組織の喪失分も加味して、1日あたりの消費エネルギーを計算すると5640kcalとなる。1日のエネルギー摂取量は3013kcalなので、充足率は53%である。

消費エネルギーの半分しか補給しておらず、あとの半分は身体組織を食いつぶしながら行動したことになるが、多少のだるさがあるだけで、ひもじさは感じなかった。行動能力は定常状態に入っており、さらに1週間以上の行動にも耐えられそうに感じた。

登山前後で体力測定をしたところ、最大酸素摂取量（有酸素性能力）も筋パワー（無酸素性能力）も6%低下していた。これは体重の低下率と同等である。これらの体力がやや低下した理由は、蛋白質の補給不足により筋が減ったためである。

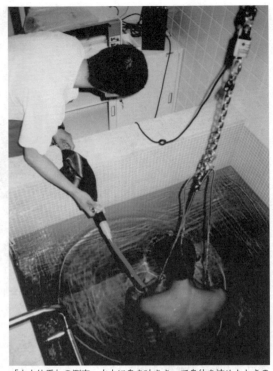

「水中体重」の測定。水中に息を吐ききって身体を沈めたときの体重を計ることで、脂肪量と除脂肪組織量が正確にわかる。その計算にはアルキメデスの原理を用いる。

注）1日あたりの体脂肪の減少量は253gだった。この値は、過去に行われた体脂肪の減量実験の中で最も成績のよかった例（1日に135gの減少量）と比べても、2倍近くの量に相当する。登山を体脂肪の減量に有効活用できる可能性が窺える。

蛋白質の必要量は、①一般人では1日に体重1kgあたりで0.8g、②スポーツ選手で1.0～1.7g、③食事制限により減量する際には1.4～1.8gとされる。この山行は③に該当し、著者の場合は1日に112g以上必要だが、実際の摂取量は77gと足りなかったことによる。

column 6-4-1
食料の軽量化の限界

微量栄養素と呼ばれるビタミンやミネラルは、小粒の錠剤でも十分な補給ができる。炭水化物もこのような形で補給できればありがたいが、水を軽量化できないことと同じで不可能なことである。

炭水化物は1gで4kcal、脂肪は1gで9kcalのエネルギーを出せるので、対重量比では脂肪の方が2倍以上有利である。しかし脂肪は、行動中に補給してもすぐには役立たない。行動中はどうしても炭水化物の補給が必要なのである。

炭水化物系の食料の中で、重さの割に最も有利なのはブドウ糖である。純粋な炭水化物の粉末なので、1gで4kcalのエネルギーを出せる。消化も早い。

1日に2000kcalのエネルギーを補給したければ、500gのブドウ糖を用意すればよい。だがクライマーにとってはそれでも重すぎ、かつ十分といえる量には及ばない。

またブドウ糖だけを食べていると、味覚疲労によりだんだんと受けつけ

カランカ北壁（P645参照）で佐藤・一村・天野氏が使用した登攀用具。この他にも生活用具が加わるため、食料は切りつめざるを得ない。（佐藤裕介氏撮影）

なくなる、という人も多い。人間の身体は非常時でも意外と気難しい。炭水化物を主体としつつも、脂肪や蛋白質も少しは含んだ食料（混合食）が必要なのである。

本節の事例1〜11のうちで計算できるものについて、食料1gあたりのエネルギーを計算してみると3.5〜4.5kcalとなる。この数値が軽量化の限界といえそうである。

ただし見方を変えると、このような二律背反の中から最適解を見つけるところに、アルパインクライミングの面白さがある。軽くて高エネルギーを生み出せる錠剤や、酸素を生み出す錠剤などが開発されたとしても、クライミングの味の方が落ちてしまうだろう。

第6章 登山における人間の可能性と限界

◆断食登山

次に、食物補給を極度に切りつめて長期縦走をした例として、細貝栄氏（48歳）が試みた2回の「断食山行」を紹介する。彼は日高山脈全山縦走、上信越国境縦走などの長期縦走や、谷川岳の冬季単独クライミングなどで知られる登山家である。

彼は毎年のように30〜40日間の単独無補給縦走を行うが、食料の切りつめによる飢餓状態にいつも悩まされていた。それを解決したいという動機から、このような山行を計画したと述べている。

1）南アルプス全山縦走（事例2）

1997年9月11日から19日間、黒戸尾根〜甲斐駒ヶ岳〜光岳〜寸又峡〜静岡市の海岸まで歩いた。雨天日が多く、実働11日、停滞8日だった。断食中は身体の冷えが激しいので、雨天時の行動は極力避けた。

表6-4-1は毎日のエネルギー補給の様子である。最初の3日は漸減食、最後の2日は漸増食とし、その間の14日間を基本的に200kcalとした。1日あたりの平均摂取量は357kcalである。

彼は身体の様子を次のように報告している。初めの3日間は空腹でひどく疲れた。5日目からは空腹感はおさまったが脱力感が激しかった。7日目の夜、脈拍が異常に速くなったので少し増食した。

10日目に体調が急によくなり、その後は標準タイムよりも速く歩くことができた。ただし15日目からは、平地や下りでは快調だが、上り坂では疲れるようになった。

体重は登山後に6.5kg減った。その半分が体脂肪、あとの半分が筋などの蛋白質だったと仮定し、これに登山中に食べたエネルギーを加味して計算すると、行動日・停滞日を平均化した1日の消費エネルギーは2581kcal程度となる。

次に、行動日と停滞日とを区別するために、停滞日のエネルギー消費量を1500kcal（基礎代謝量に相当）と考えて計算し直すと、行動日の消費量は3367kcalとなる。1日あたりのエネルギー摂取量は357kcalなので、行動日の充足率は11%、停滞日では24%となる。

2）秩父山地縦走（事例3）

1998年1月1日から13日間、武甲山〜三ツドッケ〜雲取山〜甲武信岳〜瑞牆山を歩いた。実働11日、停滞2日である。後半は大雪のためかなりのラッセルがあった。1日あたりのエネルギー摂取量は231kcalで、事例2よりもさらに少ない。

事前に下界で漸減食と漸増食の練

習をしたためか、あるいは2カ月前の南アルプスでの断食登山で慣れたためか、疲労感、脱力感、空腹感はずっと少なかったと報告している。ただし毎日、午前中は快調だが、午後になると疲れてペースが落ちた。

登山後に体重は5.5kg減っていた。停滞日のエネルギー消費量を1500kcalと考えて、事例2と同じ方法で計算すると、行動日の消費量は1日あたり3251kcalとなる。1日のエネルギー摂取量は231kcalなので、行動日の充足率は7%、停滞日では15%となる。

細貝氏はこの2回の試みの結果、空腹は決して恐ろしいものではなく、1日分の食料があれば10〜15日程度は行動できる自信がついたと述べている。停滞しているだけであれば、保温と水さえ確保できれば何十

注）じっとしている場合については実際にその通りである（P140を参照）。

表6-4-1：断食登山時のエネルギー補給（細貝、1998）
仙丈小屋では雨天のため6日間の連続停滞をしている。17日夜には夜半に脈拍が異常に速くなったので、様子を見るために3日間にわたり摂取量を増やした。水分については、登山期間全体を通して麦茶と柿茶で多量に摂っている。

日程	宿泊地	食段階	予定量	摂取量	内容
9月11日	前屏風頭	漸減食	800	954	α米70g、凍豆腐19g、すりごま13g、バナナ535g、野菜ジュース480g
12日	仙水小屋	漸減食	600	631	α米100g、凍豆腐38g、すりごま20g
13日	仙丈小屋	漸減食	400	407	α米90g、凍豆腐19g
14日	〃	断食	200	208	すまし汁、黒砂糖60g
15日	〃	断食	〃	〃	〃
16日	〃	断食	〃	〃	〃
17日	〃	断食	〃	313	すまし汁、黒砂糖90g
18日	〃	断食	〃	487	すまし汁、α米90g、凍豆腐38g
19日	〃	断食	〃	298	すまし汁、α米60g、凍豆腐19g
20日	熊ノ平	断食	〃	208	すまし汁、黒砂糖60g
21日	三伏小屋	断食	〃	〃	〃
22日	髙山裏	断食	〃	〃	〃
23日		断食	〃	〃	〃
24日	中盛丸山	断食	〃	〃	〃
25日	上河内岳	断食	〃	〃	〃
26日		断食	〃	〃	〃
27日	寸又林道	断食	〃	〃	〃
28日	奥泉	漸増食	400	663	α米100g、凍豆腐38g、すりごま26g
29日	（列車内）	漸増食	〃	751	α米50g、凍豆腐19g、すりごま13g、トマト300g、大福もち140g

第6章　登山における人間の可能性と限界

日も耐えられるだろうとも書いている（注）。彼はまた、断食登山中は頭が冴え、五感も非常に鋭敏になること、そして心はリラックスしていたとも書いている。

一方で、安易な断食登山は生命の危険もあると述べている。最初の数日間は非常にだるい、からだが冷える、心拍数が突然上昇する可能性もある、などの注意が必要である。

◆積雪期の黒部横断（事例4）

積雪期に長野県側から後立山を越えて、黒部川を横断し、剱岳を経由して富山県側に抜ける登山を黒部横断と称している。多様なルートの取り方が可能で、多量のラッセル、キノコ雪、そしてミックス壁の登攀も出てくる。（図6-4-2）

ここでは様々なルートから10回の横断を行った佐藤裕介氏に伺った話を紹介する。

実働日数は15日程度だが、停滞日も含めると全体の登山期間は20～30日になる。途中にデポを設けず全てを自力で担いでいくので、食料や燃料は切りつめざるをえない。

最初の頃は行動日2000kcal、停滞日1500kcal（食い延ばしのために500kcalとした時もある）として

図6-4-2：積雪期の黒部横断（佐藤裕介氏撮影）
剱沢大滝の左壁を登っているところ。下に見えるのは剱沢ゴルジュ。ルートの取り方にもよるが、大量のラッセル、徒渉、キノコ雪、ミックス壁の登攀など、様々な課題をこなすことが必要になる。

いた。しかし行動日は疲労が激しく、停滞日は寒くて仕方がないので、最近ではそれぞれ2500kcal（628g）と1800kcal（502g）に増やし、ほぼこの値に落ち着いている。

食料の品目は、α米、ベーコン、チーズ、ラード、粉末スープ、粉末スポーツドリンク、チョコ、シリアルバー、柿の種などである。予備日が余れば摂取量を増やせるが、停滞日数が増えた場合には切りつめなければならない。体重は下山後に3〜5kgくらい減る。

エネルギーは1日に3000kcalくらい摂れば十分だが、2200kcal以下では不足を感じる。壁の登攀時よりも、ラッセルをした時にエネルギー切れを感じることが多い。水は1日に3ℓくらい摂る。3ℓあれば十分だが、2ℓだと不足を感じる。

◆高所での耐乏的な登山

次に、海外の高所での登山やクライミングについて考えてみる。高所では重量制限がさらに厳しくなる。食べ物があっても食欲が落ちて食べられない場合や、壁の中では食べたくても食べられないこともある。まず著者の3つの経験から紹介する。

1）シブリン北稜（事例5）

1980年（22歳時）に大学の山岳部でインドヒマラヤのシブリン（6543m）に出かけ、未踏の北稜から固定ロープを使う方法で登頂した。遠征期間は2カ月で、BC以上では45日の活動をした。

初めての高所登山で、海外に行くこと自体も初めてだった。全期間で食欲不振に見まわれ、頭痛や下痢にも悩まされた。著者は子供の頃、偏食傾向で胃腸も弱かった。どちらも克服していたつもりだったが、高所では昔の弱点が甦ってくるように思えた。

上部での登攀中、1日の平均的な食事は、朝がラーメン1袋と紅茶、昼は行動食のビスケットを半分以下しか食べられず、夜は乾燥米を半袋〜1袋、味噌汁、ふりかけ、チーズ1個、そして紅茶だった。1日のエネルギー摂取量は1500kcal程度である。

固定ロープを使った登山であり、悪天による停滞も多かったので、行動に重大な支障を来すことはなかった。だが筋が落ちてしまい、登高時のきつさや慢性的なだるさは顕著だった。下山後に体重は18kg減っていた（図6-4-3）。

図6-4-4はこの登山時のものではないが、関連して紹介する。1984年に後輩たちがカラコルムのK7（6934m）に出かけ、やはり固定ロー

プを使う方法で初登頂した。BC 以上では 56 日の活動をしている。

　この図は、前線でルート工作をすることの多かった神澤章氏（20歳）の大腿四頭筋の筋線維を、登山前後で比べた顕微鏡写真である。その太さは帰国後には 6 割に萎縮していた。体重は 5.7kg（9％）減り、無酸素性能力は 16%、有酸素性能力は 33% 低下していた。

図6-4-3：シブリン登攀後の著者（赤須孝之氏撮影）
45日間の登攀により体重が18kg低下した。

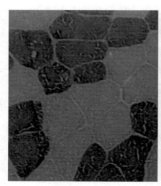 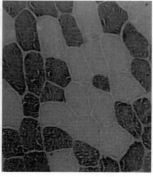

図6-4-4：高所での登攀による筋の萎縮（山本ら、1986の資料より）
日本を出発する前（左）と帰国後（右）に、大腿四頭筋の断面を顕微鏡で見たもの。白い部分が速筋線維、黒い部分が遅筋線維。筋線維1本あたりの断面積は出発前の61%に低下していた。

column 6-4-2
高所登山時のエネルギーと水分の消費量

　高所登山ではどれくらいのエネルギーや水分を消費するのだろうか。エベレストやシシャパンマなど8000m峰の登山時に、精密な方法を用いて調べた海外の研究を見ると、1日あたりで3000〜5000kcalくらいと報告されている。

　これは日本など標高の低い雪山での登山時の値とよく似ている。実際に、エベレストよりもモンブランでの登山の方が、エネルギー消費量は大きかったという報告もある。

　高所では、低酸素の影響で基礎代謝量は上がる。呼吸筋の活動量も増える。しかし逆に、運動の強度や1日あたりの行動量は低酸素の影響で落ちてしまう。テント生活も著しく不活発なものになる。それらの差し引きで、酸素が十分にある日本での雪山登山時と似た値に落ち着くのだろう。

　また0mでも8000mでも、同じ内容の運動をする限り、エネルギー消費量は同じになる、という興味深い性質がある。これはG.ピュー（P535）が発見した法則である。

　高所登山時の脱水量については、1日に3〜5ℓとする報告が多い。この値も、日本の雪山で登山をした時と似ている。高所では脱水を助長する条件は多いが、一方では前述のように、運動時・生活時とも活動量が落ちて相殺されるからだろう。

　以上の性質は次のように説明することもできるだろう。私たちの身体にはそれぞれ許容限界がある。したがって低山でも高山でも、1日に発揮できる作業能力は、その人の許容限界に応じてほぼ同じ値に落ち着くと考えられるからである。

　以上のような理由で、3章の4節と5節で紹介したエネルギーや水分補給の公式は、高所登山の場合でもおおよそ当てはまると著者は考えている。まずはこの式を適用してみて、その様子を見ながら加減していけばよいだろう。

第6章　登山における人間の可能性と限界

2）アコンカグア南壁（事例6）

1981年（22歳時）、故・禿博信氏と二人でアコンカグア（6961m）の南壁を3日間のアルパインスタイルで登ろうと試みた。基部から頂上までの標高差は約3000mである（図6-4-5）。

2日目までは順調だったが、その夜、ガソリンコンロが壊れて水を作れなくなった。水で戻す乾燥食も食べられなくなり、3日目以降はほとんど飲まず食わずとなった。その上、4日目の上部岩壁の登攀中、正規ルートを外れてしまった。

それでも4日目までは支障なく動けたが、5日目の行動中、壁の終了点まで高度差で500mを残すところで脳と筋に変調を来した。一挙手一投足のたびに目が見えなくなり、力が抜け、気が遠くなる。確保時には、手に持ったロープが何をするためのものかもわからない有様だった。

炭水化物の枯渇による低血糖に、脱水や低酸素も加わって、脳も筋も活動が停止しかけた状況といえる。

岩はぼろぼろで、支点は気休めにしかならない。一歩登るごとに意識が遠のくので、その度に数分間壁に身体をはりつけて深呼吸をし、視力と筋力を回復させてからまた一歩登ることを繰り返した。生還できたのは全く禿氏のお陰である（注）。

注）禿氏はアンデスやヒマラヤで優れた登攀を行い、1983年10月8日に鈴木昇己、川村晴一、遠藤晴行、吉野寛氏とともに日本人初のエベレスト無酸素登頂に成功した。しかしその帰途、南峰付近で吉野氏と禿氏は転落死した。

図6-4-5：アコンカグア南壁（近藤和美氏撮影）

表6-4-2：8000m峰の登山による身体の変化 （山本、1995、1998の資料をもとに作成）
チョーオユー登山では体重も体力も大きく低下してしまった（左）。しかし、その反省をもとに準備して出かけたマナスル登山ではその低下を小さくすることができた（右）。

	チョーオユー（1995年）			マナスル（1997年）		
	登山前	登山後	変化	登山前	登山後	変化
身長	177cm	177cm	±0%	177cm	177cm	±0%
体重	83.3kg	71.7kg	-14%	85.5kg	78.5kg	-8%
最大酸素摂取量（有酸素性能力）	4.68ℓ/分	3.50ℓ/分	-25%	4.26ℓ/分	3.64ℓ/分	-15%
筋パワー（無酸素性能力）	1159W	850W	-27%	1042W	963W	-8%

3）チョーオユーでの無酸素登山（事例7）

1995年（37歳時）、チョーオユー（8201m）で14年ぶりの高所登山を行った。BCの高度がかなり高いため（5700m）、食べ物を受け付けなくなり、頭痛、吐き気、下痢、倦怠感、眠気、微熱が長期間続いた。事例5の症状とよく似ていた。

幸い、頂上アタックの頃には体調も回復し、当日には快調に登頂できた（P514）。筋量が大きく減り、行動時のだるさは顕著だったが、特別な支障はなかった。

超高所では低酸素の影響で、運動の強度も1日あたりの運動量もかなり小さくなる。したがって自分のペースで歩く登山であれば、弱った身体でも何とかなるを体感した。

表6-4-2の左側はこの時の身体の変化である。体重が12kg近く減り、その内訳は筋量と脂肪量が半々だった。体力も大きく低下した。出発前に日本で基礎体力トレーニングは積んでいたが、順応トレーニングをほとんど行わなかったことがその原因と考えられる。

この2年後にマナスルに行ったときには、この時の反省から、下界での体力トレーニングよりも順応トレーニング（富士登山）に重点を置いた。体重の増量もしておいた。

悪天のために7600mまでしか登れなかったが、登山期間全体を通して食欲は旺盛で、前回よりも明らかに調子はよかった。身体の変化を見ても、体重や体力の低下率はチョーオユーの時に比べて小さいことがわかる（表の右側）。

◆高峰での頂上アタック（事例8）

表6-4-3は、ヒマラヤの高峰に数多く登頂している山本篤氏が、それぞれの山で頂上アタックをした際の、朝食と行動中の飲食を記録したものである。

朝食は「ラーメン1/2食」という標記が多いが、これは250kcal程度である。出発前と行動中の飲料に含まれるエネルギーを加えても500kcal前後にしかならない。前出の細貝氏の補給量（表6-4-1）よりも少し多い程度である。

水分補給については、アタックキャンプのテント内では1日に2ℓくらい飲む努力をするが、行動中はテルモス1本分（500ml）だという。

山本氏によると、7000m以上では食べようと思っても中々食べられないし、持って行ける水分量にも限りがある。しかし、BCや下部キャンプで十分に食べたり飲んだりしておくことで、特に大きな支障もなく全ての頂上アタックを遂行できたと述べている。

表を見ると、遠征後の体重低下は少ない時で7kg、多い時では17kgに達している。身体組織を多量に分解して、足りない分のエネルギーを補填していたことが窺える。

表6-4-3：ヒマラヤでの頂上アタック時のエネルギーと水分補給（山本（篤）、2003）
BCや下部キャンプで十分に食べたり飲んだりしておくことで、アタック当日はかなり少ない食料と飲料でも耐えることができる。

山名	登山期間	アタック所要時間（AC〜AC）	朝食	行動中	体重の減少量
シシャパンマ（8027m）	1988.10.7〜10.26（20日間）	11.5h（無酸素）	ラーメン1/2食	飲料のみ	12kg
チョーオユー（8201m）	1988.11.3〜11.8（6日間、上記からの継続登山）	10h（無酸素）	ラーメン1/2食	飲料のみ	
エベレスト（8848m）	1989.8.27〜10.19（54日間）	13h（酸素使用）	雑煮少量	飲料のみ	13kg
ナムチャバルワ（7782m）	1992.9.9〜11.7（60日間）	36h（無酸素）	雑煮少量	飲料＋ゼリー飲料2本	13kg
マカルー（8463m）	1995.3.31〜5.26（57日間）	10.5h（酸素使用）	ラーメン1/2食	飲料のみ	17kg
K2（8611m）	1996.6.16〜8.18（64日間）	13h（酸素使用）	ラーメン2/3食	飲料＋ゼリー飲料2本	11kg
マナスル（8163m）	1997.9.8〜10.13（36日間）	7.5h（酸素使用）	ラーメン1/2食	飲料のみ	9kg
リャンカンカンリ（7535m）	1999.4.20〜5.15（26日間）	9.5h（無酸素）	ラーメン1/2食	飲料のみ	8kg
アンナプルナI（8091m）	2003.3.31〜5.20（51日間）	16h（無酸素）	ジフィーズ少量	飲料のみ	7kg

表6-4-4：クワンデ北壁でのエネルギーと水分補給（山本と鈴木、2003）
1人1日あたりの補給量を示している。

中川博之氏提供

- 乾燥調理飯（朝晩半袋ずつ×2回、110g）
- グルコースポリマー・マルトデキストリンゼリー（3袋、150g）
  または棒状のチョコレート菓子（2本、120g）
- 羊羹（親指大、約20g）、または粒チョコレート（5粒：5g）
- ココア（1杯：20g）
- ニンニク（少量）
- 唐辛子（少量）
- アミノ酸サプリメント（2袋：9g）
- 総合ビタミン剤（1個：1g）

★食物の重量：1人1日あたり281g
★摂取エネルギー量：1人1日あたり1216kcal
★水分摂取量：1人1日あたり約2.5ℓ（食品に含まれる水分は含まず）

◆高所でのクライミング

　高所での登攀時には、歩く登山時よりも激しい運動を要求される。このため、エネルギー源、水、酸素ともに補給量を増やさなければならないが、登攀という性格上、現実にはさらに極度な制限を強いられる。このような事例をいくつか紹介する。

1）クワンデ北壁（事例9）

　中川博之（32歳）・伊藤仰二（28歳）の両氏は、2002年にネパールのクワンデ（6187m）の北壁で、新ルートをアルパインスタイルで完登した。壁自体の登攀は6日間で、下山にはさらに2日間を費やした。

　表6-4-4は、6日間の登攀時に補給したエネルギーと水分である。食料の重量は1人1日あたりで281g、エネルギーは1216kcalである。これは基礎代謝量にも足りない量である。水分は1日に約2.5ℓを補給している。

　登攀時は、衣類の切りつめとエネ

ルギー不足で身体が非常に寒く、手足の指に軽い凍傷を負った。ザックを背負ってのユマーリングは地獄のように苦しかった。下山時には25kgあるザックがすさまじく重く感じ、踏ん張りがきかず何度も転びそうになった。

下山後、中川氏の体重は5〜6kg、伊藤氏は4〜5kg減っていた。腕や脚の筋はしぼんだように細くなっていた。帰国直後はクライミング能力が5.12から5.10aに落ちていた。山スキーの登高時にはすぐに心拍数が上がり、中高年に追い抜かれるほどだった。

国内やアラスカでも同様の登攀をしてきたが、身体がこれほどのダメージを受けたのは初めてだという。

2）ギャチュンカン北壁（事例10）

山野井泰史（37歳）・妙子（46歳）夫妻は、2002年にギャチュンカン（7952m）の北壁スロベニアルートをアルパインスタイルで登攀した。2日目までは2人で登攀したが、3日目には妙子氏が体調不良で7500mにとどまり、泰史氏のみがその日のうちに登頂した。

4日目からの下山も困難で、5日目は雪崩に流されるなどして、生死の境をさまようような状況になった。壁を登り始めてから取付点に戻るまで6日を要した。

表6-4-5は、この6日間に補給したエネルギーと水分である。摂取エネルギーは2人あわせて3614kcalである。1日目は2人で

日の当たらない北壁で37ピッチの登攀を行い、6日目にようやく日の当たる稜線に到達した中川・伊藤ペア。

表6-4-5：ギャチュンカン北壁でのエネルギーと水分補給（山本と鈴木、2003）
山野井夫妻が6日間で食べた総量を示している。

山野井泰史氏提供

- 乾燥五目飯（1袋、200g）
- ビスケット（100g）
- ブドウ糖の粒（約50g）
- コーヒーと粉末ミルク（25g）
- 乾燥わかめスープとみそ汁（各2袋、27g）
- 乾燥焼きそば（2袋、200g）
- 乾燥汁粉（2袋、120g）
- 砂糖（50g）
- アミノ酸サプリメント（50錠、50g）

★食物の重量：2人6日間の合計で842g
★摂取エネルギー量：2人6日間の合計で3614kcal
★水分摂取量：6日間で泰史氏は約3ℓ、妙子氏は約1.5ℓ
（食品に含まれる水分は含まず）

均等に食べたが、2日目からはほとんど泰史氏が食べ、しかも最初の3日間でほぼ食べ尽くしている。

したがって泰史氏の方は、最初の3日間は900kcal程度と予想され、それ以後はほぼ0kcalである。妙子氏の場合は1日目が900kcal程度、それ以後はほぼ0kcalである。事例9よりもさらに少量で、中盤以降は絶食状態である。水分補給もわずかで、4日目までは飲めたが、あとの2日間は飲めなかった。

泰史氏は5日目の夕方から目がほとんど見えなくなった（翌日にはやや回復した）。妙子氏の方は5日目の夜から全く見えなくなり、6日目も終日見えなかった。このため水作りも断念せざるをえなかった。

取付点からBCまでは約5時間で歩けるモレーン地帯だが、ほとんど歩けないほど疲弊しており、この区間を歩くのにさらに2日間を要した。2人とも重い凍傷にかかり、帰国後に手足の指を切断した。

第6章　登山における人間の可能性と限界

column 6-4-3
欠乏に対する2つの態度

以前、山野井泰史氏とアメリカのS.ハウス氏とが対談をしたことがある。2人とも高所で高度なアルパインクライミングをしているが、行動中の水分補給に関する見解が正反対で興味深かった。

ハウス氏は2ℓの水を携行し、1時間に1回時計の合図を鳴らし、カップ1杯の水と100kcalのエネルギーを補給すると述べた。これに対して山野井氏は、行動中は水は持ち歩かないと述べていた。

このように、①欠乏を解消する努力をする、②欠乏に耐える、という正反対の方向性がある。前者を選ぶ人は、重い重量を持ち運ぶために一回り強い体力を作らなければならない。後者には、身体組織を犠牲にする覚悟と、低下した身体機能に耐えて行動する能力が必要になる。

①を実行するためにハウス氏が用いているトレーニングの方法論は次節で説明する。ただし彼にしても計算通りにはいかないようである。

彼は自分のベスト登攀の1つとして、2000年に行ったデナリ・スロバキアルートの60時間連続登攀をあげている。3人のチームで48時間で登攀する計画を立て、「グー」というジェルを1時間で1個（100kcalで32g）ずつ補給することにし、1人につき50個（1.6kg）持っていった。

だが結局は計画通りには食べられず、エネルギー切れの疲労を起こしたばかりでなく、食料はかなり余ってしまった。彼はその反省として、

ギャチュンカン北壁で50～60度の雪壁をロープを結ばずに登る山野井泰史氏。ザック重量は5kg未満に抑えている。（山野井妙子氏撮影）

エネルギー消費の度合いに応じて補給量を加減したり、ジェルだけではなく混合食も活用した方がよかったと述べている。

彼はまた、2005年にナンガパルバットで標高差4300mのルパール壁をアルパインスタイルで登攀したが、幻覚を見たり、体重も20kg減ったと書いている。①の方法を採用したとしても、身体機能の低下や身体組織の衰退を食い止めることはできないのである。

一方、山野井氏の方は、ヒマラヤに限らず日本の冬山でも、テント内では十分に摂る努力をするが、行動中は水筒を持たず、食べ物もほとんど食べないという。しかしギャチュンカンの時を除いて、行動に支障をきたした経験はほとんどないという。

多くのクライマーは①と②の中間で、二律背反に悩みながら試行錯誤を重ねているだろう。しかし完全な正解はそもそも存在しない。逆説的な言い方だが、迷い抜いて最終的に決断した量が最も正解に近い、と考えてもよいのではないだろうか。

3）カランカ北壁とスパンティークゴールデンピラー（事例11）

前出の佐藤裕介氏は、一村文隆、天野和明氏らと3人で、2008年にはインドヒマラヤのカランカ（6931m）北壁を、2009年にはカラコルムはスパンティーク（7028m）のゴールデンピラーを登っている。佐藤氏の記録からその内容を紹介する。

カランカでは1人1日1000kcalのエネルギー補給とし、5日分の食料を持っていった。しかし悪天候で3日停滞したこともあって10日間かかり、後半は500kcalに切りつめた。水分は1人1日3.7ℓ（朝1.2ℓ、行動中1ℓ、夜1.5ℓ）と計画したが、後半は2ℓとなった。

6日間の実働日には平均9.5時間の行動をした。うち4日間は12.5〜16.5時間という長時間に及んだ。加えて毎日、壁の中でビバーク地を切り出すために1〜2時間の作業もした（図6-4-6）。だが登攀中、3人とも体調に特別な問題は起こらなかった。

スパンティークでは、食料は1人1日1000kcalとし、4泊5日分（1人あたり1.4kg）を持参した。水分は3.7ℓと計画した。停滞日はなく、5日連続の登攀となった。1日平均で15時間の行動をし、20時間を超えた日も2日あった。

連日の長時間行動の影響で、特に水分補給は予定通りに行えなかった。3日目には21時間行動の後、夜中の3時半に立ったままのビバークとなった。意識が朦朧とする中で水作りをしている時にバーナーを落としてしまい、以後ほとんど飲

図6-4-6：カランカ北壁にて（佐藤裕介氏撮影）
1日目のビバークサイト。16.5時間の登攀後、ビバーク地の整地に1〜2時間をかけ、夜中の2時頃に腰掛けた状態で就寝した。この写真は翌朝撮ったもの。

まずに行動した。

　各人のエネルギーと水分の摂取量は、1日目755kcal+2.3ℓ、2日目1292kcal+2.4ℓ、3日目887kcal+1.4ℓ、4日目847kcal+0.3ℓ、5日目412kcal+0ℓである。

　佐藤氏は3日目、行動水がなくなった頃から目がくらむようになった。緩い傾斜地を無理のないペースで歩く分にはよいが、登攀やユマーリングをすると症状が出た。硬い氷の箇所でリードする際には、2手くらいアックスを振るっただけでも視界が暗くなった。ただし他の2人には問題は起こらなかった。

◆許容限界の性質

　ここまで紹介した11の事例をまとめると、水分補給はともかくとして、食料に関してはかなり切りつめても耐えられることがわかる。体力や経験に乏しい人が安易に行うのは危険だが、いざという時には心強いデータである。なぜこのようなことが可能かを、運動生理学や栄養学の知見も含めて考察してみたい。

　3章-4（P121〜125）で述べた

スパンティーク・ゴールデンピラーの全景（佐藤裕介氏撮影）

ように、私たちが登山をする時の主たるエネルギー源は炭水化物と脂肪である。その性質をもう一度整理してみる。

　1）炭水化物は高いパワーを出せるが、体内の貯蔵はわずかである。一方、脂肪は莫大な貯蔵があるが、低いパワーしか出せない。また脂肪を燃やすには炭水化物が必要になる。

　2）運動強度が低い時には脂肪も一定の割合で燃える。しかし高強度になるほど脂肪の燃焼率は低下し、全力運動になると炭水化物だけしか使えなくなる。

　3）持久トレーニングを積むと脂肪の燃焼比率を高めることができる。

　これらの性質を考慮すると、耐乏的な登山で炭水化物をなるべく節約し、体脂肪を有効活用するには次の3つの配慮が必要となる。

①基礎体力をできるだけ高めておく
②本番での運動はできるだけ追い込まないように行う
③炭水化物は少量でもよいから絶えず補給する

図6-4-7はこれを図で表したものである。低体力者では、低強度の運動時でも脂肪をあまり使えない（c）。中強度の運動になると炭水化物だけしか使えなくなる（b）。高強度の運動についてはそれ自体を遂行できない（a）。このような人には耐乏的な登山は無理である。

一方、高体力者の場合は、低～中強度の運動であれば脂肪を一定の割合で利用できるので、炭水化物の補給を怠らなければかなりの行動ができる。ただし、厳しい登攀時には脂肪は使えないので、炭水化物を十分に補給しなければならない（注）。

注）6章の1～3節で紹介した各種のレースでも、追い込んだ運動をする場合には同様のことがあてはまる。

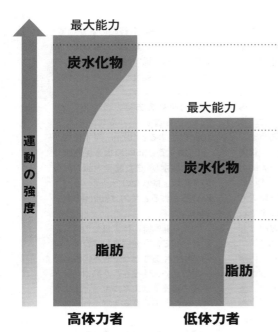

図6-4-7：運動の強度とエネルギー代謝の様相
体力の高い人が、ある程度の余裕を持って運動をする場合に、体脂肪を最も有効活用することができる。

column 6-4-4
非常時のエネルギーと水の自己調達

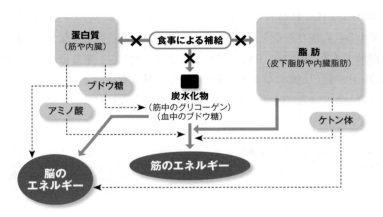

　スポーツ栄養学の常識では、長時間の運動時にはエネルギーの十分な補給が必須ということになっている。だが登山の場合、各事例で見たように、補給不足の状態でもかなりの行動ができることも事実である。このような時、体内ではどのようにエネルギーを調達しているのだろうか。

　図は、食料の補給が途絶え、体内の炭水化物が枯渇してしまった時のエネルギー産生経路である。太い線は食物を正常に補給している時のもので、この経路についてはすでにP122で説明した。一方、破線は非常時に加わってくる経路である。

　炭水化物が枯渇すると、筋や内臓の蛋白質を分解・再合成してブドウ糖を作るようになる（糖新生）。蛋白質を分解した時にできるアミノ酸もエネルギー源として利用できる。脂肪からはケトン体ができてエネルギー源となる。

　これらの多様な経路のおかげで、筋はなんとか活動を続けられる。脳に関しては、通常時はブドウ糖しか使えないが、絶食時にはケトン体も使えるようになる。

　水分補給の方はどうだろうか。P165でも書いたように、脂肪が100g燃焼すると107ml、炭水化物が100g燃えると55mlの水を生み出せる（代謝水）。また筋や内臓の成分の7割以上は水なので、それらが1kg分解されると体内は700mlの水で潤う。

　つまり非常時には、自分の肉や脂肪を食べて自家発電をし、身体を搾って水を作ることができる。厳しい運動のために使役された筋や内臓が、最後の場面ではエネルギーと水になって私たちの命を支えてくれるのである。

　健康によいとは言い難いが、厳しい登山をする限り、身体組織を食い

つぶすことは避けられない。その事実を認め、生理学や栄養学の知識を持ち、許容される限界を確認しておくことが重要である。

副作用としては、蛋白質の分解により窒素化合物（アンモニアなど）が多量にできて腎臓に負担をかける、身体が酸性に傾くので（アシドーシス）頭痛や吐き気の原因となる、などが一般的な注意として知られている。

◆登山とクライミングの可能性

図6-4-7を見ながら、改めて事例1～11を振り返ってみよう。

国内での長期縦走のように、ある程度の余裕を持って歩ける、水分補給が十分にできる、低酸素の影響が少ない、休息や睡眠も十分にとれるという条件では、高体力者ならば体脂肪を活用しながらかなりの行動ができる（図のb）。その際、エネルギーの充足率を50％くらいに保てば、筋の喪失を小さくできるだろう（事例1）。

断食登山のように、エネルギーの充足率を10％程度まで落とす場合には、筋をエネルギー源として分解してしまうことは避けられない。また、このような状況に身体がある程度適応するには数日を要し、それまでは身体機能が低下する。ただし適応が起こってくれば、自分のペースで歩く限り、かなりの行動ができるだろう（事例2、3）。

高所でもほぼ同じことが当てはまる。8000m峰の頂上アタックでも、体力や経験に優れた登山者が、自分のペースで歩き、少量でもエネルギーや水分を補給している限り、筋の喪失は避けられないものの、大きな障害は起こさずに行動できる（事例7、8）。

一方、激しい運動が要求される登攀では体脂肪は利用できない（図のa）。したがって炭水化物を定期的に補給しなければならないが、現実には十分な補給は不可能である。

この場合、必要な炭水化物は筋を分解して産み出すことになる（糖新生）。酸素の少ない高所では、この傾向がさらに強まる。高所で欠乏に耐えながら登攀をする場合、ほとんどのエネルギーは筋を分解して賄われるといってもよく、筋量の低下は不可避と覚悟しなければならない（事例5、6、9、10、11）。

第6章　登山における人間の可能性と限界

◆欠乏に対する対策

　現代のスポーツ栄養学では、このような異常な栄養状態で運動するための対策について答えを出せない（注）。以下は、本節で紹介した事例に加え、他の報告や体験談なども参考にして導いた著者の仮説である。このような点に配慮しつつ、少しずつ模擬体験や本番を積み重ね、慣れや経験知を身につけていくしかないだろう。

1）事前のトレーニング
・基礎体力（筋力や持久力）のトレーニングを積んで、同じ運動をより楽にできるようにするとともに、体脂肪からのエネルギーをより多く使える身体を作っておく。
・必要に応じて筋量や脂肪量を増量しておく。
・エネルギー源や水分の摂取制限を体験して、身体がどうなるのかを把握しておく。ただしそのダメージも残るので、本番に影響のない時期に行う。
・エネルギーや水分摂取の制限に慣れるトレーニングを試みるのもよいだろう（コラム6-4-5）。ただし確立された方法があるわけではない。

・20代であれば、本番で身体が衰退しても身体は元に戻るが、30代以降になると次第にそれが難しくなってくる。次節で述べる「期分け法」によりピークをつくることも考えるべきだろう。

2）現地での行動適応
・行動中は運動強度をなるべく上げない（追い込まない）戦略や戦術を考える。核心部の突破のように追い込まざるを得ない時は、速効性の炭水化物（ジェルなど）を補給する。
・速効性のある炭水化物はエネルギー切れの疲労を起こしやすいという短所もある。遅効性の炭水化物や、脂肪や蛋白質も含んだ混合食を食べることで血糖値がより安定する。
・困難な壁の中よりも比較的容易な箇所（緩傾斜地でのラッセルなど）の方が、運動量がはるかに大きくなりエネルギー切れが起こりやすい。そこで場面に応じて補給量を増減する。
・S.ハウスは、高所では炭水化物を重視して食べる、BCではできるだけ食べておく、登攀中は2時間おきに食べる、の3つを勧めている。水分については1日に4ℓの補給が

注）「異常環境下でのスポーツ栄養学」といった分野の研究が必要となるが、命がけの実験をするわけにはいかないので、今後も科学者が研究を行う見込みはない。本節で紹介したように、登山者やクライマー自身がその様子を記録にとどめておくことが重要で、その事例を集積することが有用な知見を生むための唯一の方法である。

column 6-4-5
飲まない／食べない トレーニング

　事例8で紹介した山本篤氏は明治大学山岳部の出身である。有名な冒険家・植村直己氏を輩出した山岳部で、厳しいトレーニングをすることでも有名である。以下は山本氏が現役であった1980年代の様子である。

　当時、夏山合宿は冬山合宿のための訓練であり、冬山合宿はヒマラヤ登山のための訓練と位置づけていた。このため夏山でも、水分補給が制限される冬山を想定して、飲むことを制限するトレーニングをした。

　夏山合宿では40～50kgの荷物を背負い、10時間程度の行動をすることが多かった。その際、朝は起き抜けに250mlの紅茶、朝食時に300ml程度の汁物、食後にはお茶250mlを飲む。一方で行動中は、昼時に1回、250mlの水の配給があるだけだった。行動終了後は無制限ということになっていた。

　1年生の時は苦しくて仕方がなかった。雨の時などは、雨具のフードの紐にしみた雨水を吸っていた者もいた。しかし上級生の中には、配給される水さえも不要だと言って飲まない人もいた。氏によると、このような欠乏に慣れることができたのは2年生の夏山合宿が終わる頃（1年半後）だったという。

　食べないトレーニングについては、プロの自転車競技選手から次のような話を聞いたことがある。ロード競技では4～5時間も高速で走り続けなければならないが、レース中の炭水化物補給には限度がある。

　そこで体脂肪をより多く使える身体に改造するため、わざと食べずに何時間ものロード練習をする。炭水化物が枯渇すると意識が朦朧とし、激突や落車の危険があるので、周りに何人かの伴走者をつけて走り、危険な時には声をかけてもらいながら走り続ける。そうすることで、少ない炭水化物補給でも持ちこたえられる身体になるという。

　水分やエネルギーを制限して運動をすることは、現代のスポーツ界では禁忌事項になっている。登山者の場合も、安全・快適・健康的に行いたいのであれば不可である。

　だが厳しい登山や登攀をするためには、このような欠乏に耐えられる身体が必要になる。そしてここに紹介した例のように、時間をかけてトレーニングをすれば、そのような身体を作ることも可能なのである。

第6章　登山における人間の可能性と限界

できれば非常によいが、2ℓでも何とかなると述べている。
・飲まず食わずでもまる一日くらいは支障なく行動できる。だがそれが2〜3日続くと、視力障害や意識障害といった脳神経系の障害が起こりやすくなる（特に激しい運動時）。
・遭難時に飴玉を1つ食べただけでも元気が出たという話も多いことから、食べることが難しい状況下でも、全く食べないよりはわずかでも食べた方が有利だろう。
・その場合、わずかな食料だからといって一度に食べてしまうよりは、小分けにして食べた方が身体機能はより高い状態に保つことができるだろう。
・ビタミン、ミネラルは錠剤で補給する。筋の喪失を抑制するために、アミノ酸サプリメントも補給する。これにはエネルギー源としての働きも期待できる。

SUMMARY
まとめ

■ 隔離された環境で長期間の登山やクライミングを行う場合、エネルギー源と水の不足が最大の制限要因となる。高所ではこれに酸素の不足も加わってくる。

■ エネルギー源だけの不足であれば、自分のペースで多少の余裕を持って行動する限り、体脂肪と筋の蛋白質とをエネルギーにあて、かなりの行動に耐えうる。

■ エネルギー源に加えて酸素が不足する高所でも、自分のペースで歩ける登山であれば、少量のエネルギー補給でも行動を続けることは可能である。

■ 登攀のような全力に近い運動では、高所・低所を問わず多量の炭水化物が必要となる。だが現実には十分に補給できないため、代替燃料として筋が著しく分解される。

■ 耐乏的な登山や登攀をすれば、筋の喪失は避けられない。ただし、①基礎体力の強化、②運動強度をなるべく上げない戦略・戦術、②少しでも炭水化物を補給すること、によりダメージを軽減できる。

第6章-5 アルパインクライミング

様々な登山形態の中でも、身体に対して最も厳しい要求を突きつけられるのがアルパインクライミングである。クライミングと登山という性質のかなり違う運動の能力を、高度なレベルで両立することが求められる。しかもそれを、人体エンジンを動かす3つの資源（エネルギー源、水、酸素）が厳しく制限される環境下で行わなければならない。

そのトレーニングは、あちらを立てればこちらが立たずという難しさを持っているが、それだけにやりがいもある。そのヒントは下界のスポーツ選手が用いている方法論の中にある。ここではその「考え方」を紹介して本書全体の締めくくりとしたい。

第6章 登山における人間の可能性と限界

フィッツロイ山群を縦走する横山勝丘氏。高度なアルパインクライミングを実践するためには、現代のスポーツトレーニング理論が参考になる。（増本亮氏撮影）

◆アルパインクライミングの性格

アルパインクライミングを陸上競技にたとえると、全体として見ればマラソンやウルトラマラソンのような持久力や耐久力を求められる。だが要所での難しい登攀時には、中距離走のような高水準の持久能力や、短距離走のような爆発的なパワーも求められる。

つまり万能選手のような体力と技術を求められるのがアルパインクライミングである。だがレベルの高い競技会で、同じ人が100m走とマラソンで優勝できないように、必要とされる多様な能力の全てを高い水準で両立することは難しい問題である。

図6-5-1はこれを概念図で示したものである。いずれか一方の能力を高めようとすれば、そのトレーニング時間を増やさなければならない。だがそうすれば他方に割ける時間が減り、そちらの能力は低下してしまう。この関係をトレードオフという。

このように両立の難しい様々な身体能力を、いずれも高い水準で強化しなければならない例として、下界のスポーツ種目では、陸上の十種競技やスキーのノルディック複合などがある。

ただしクライマーの場合はもっと過酷で、その運動をエネルギー源、水、酸素の供給が制限される環境下で行う必要がある。下界のスポーツ選手では想定する必要のない問題までも解決しなければならないのである。

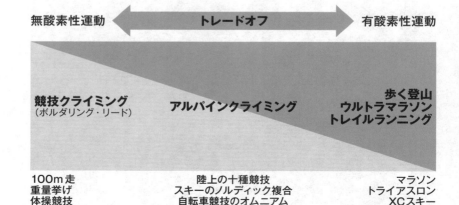

図6-5-1：アルパインクライミングの性格
アルパインクライマーには、両立しにくい多様な能力を両立させることが求められる。この問題解決の鍵は、スポーツ選手が用いているトレーニングの方法論の中にある。

◆トレーニングの考え方

図6-5-1を見ると、アルパインクライマーにとって最も効率のよいトレーニングとは、それ自体をたくさんやること、という考え方もできる。これは初級レベルのクライマーにとっては正しい。初心者であれば、山に行くことで登山やクライミングに必要な体力は自然と身につき、経験知も蓄積できる。

中〜上級のクライマーにとっても山に行くことはもちろん重要で、初心者よりもさらに高度かつ豊富に実践していく必要がある。ただしそれだけでは、能力はやがて頭打ちになってしまう。身体の故障も起こりやすくなる。

これは野球の選手でいえば、野球の練習しかしないのと同じことである。能力をより高めたり、故障を防いだりするには、野球の練習と並行して補助トレーニング（筋力トレーニングなど）を導入したり、年間を通してトレーニングに強弱をつける必要がある。

このような方策は現代のスポーツ界では常識となっており、高校野球の選手でも当たり前のように実行している。また近年、海外のアルパインクライマーの中には、この方法論を導入してめざましい成果を出している人もいる。

日本のクライマーでは、このようなやり方をしている人はまだ少ないように見える。高いレベルのクライミングを目指す人は、現代のスポーツトレーニング理論の要点を理解した上で、現在の自分のやり方と対比させ、見直してみることも無駄ではないだろう。

パタゴニアのティト・カラスコ北壁の新ルートで核心部（5.12b、A0）を登る増本亮氏。アルパインクライミングでは、多種多様な体力や技術がいずれも高水準で求められる。（横山勝丘氏撮影）

第6章 登山における人間の可能性と限界

◆現代のスポーツトレーニング理論

まず、現代のスポーツ選手が用いているトレーニングの考え方を整理してみる。専門種目の練習をたくさん行うことは当然のこととして、それ以外の要諦としては、種目にかかわらず次の3つの共通点があるというのが著者の見方である。

1）補助トレーニングの導入

専門練習を行っているだけでは、体力も技術もやがては頭打ちになってしまう。このような段階で補助トレーニングを導入すると、限界を押し上げることができる。登山者であれば、登山だけではなく下界で筋力や持久力のトレーニングを行うことが相当する。

山での登攀を実践しつつ、下界でも体力を鍛えることで、体力的にも技術的にもそれまでできなかった登攀ができるようになる。そして、ひと回り高度なクライミングができることによって、さらに高い技術や体力の獲得にもつながる、という好循環を生むのである。

2）量と質への配慮

毎日同じ運動をするのでは効果が小さい。低〜高強度までの様々なトレーニング強度を設定し、それらを上手に組みあわせて行う。量（低強度の長時間運動）と質（短時間の高強度運動）とを意識して行うこと、といってもよい。

本番の登攀では身体に高い負荷がかかるので、それを想定した高強度のトレーニングは必須である。ただし、そのようなトレーニングをくり返し行うためには、強靱な耐久力が必要となる。そしてこの能力は、低強度のトレーニングをたくさんしない限り身につかないのである。

3）期分け

1年中同じトレーニングをしているだけでは能力を十分に高められない。下界のスポーツ選手では、その年度の最大の目標を見すえ、それに向けて半年〜1年がかりで運動内容を変化させて能力のピークを作る。これを期分けと呼ぶ。

高度なアルパインクライミングの場合も同じである。多様な体力や技術をいずれも高水準に持っていくために、半年〜1年がかりで期分けの計画を立てる。各期で重点的に強化する能力を絞り、それを積み重ねていくことで、高次元での最適化が可能となる。

なお、目標とした大きな登攀を実行した後には、心身ともに極度に疲弊してしまう。そこで次の周期でも、半年〜1年がかりで再び身体づくりからやり直す。言いかえると、本当に大きな登攀は年に1回あるいは2回しかできないのである。

column 6-5-1
登山のトレーニングを現代化したR.メスナー

　登山やクライミングそのものが最良のトレーニングである、というのがアルパインクライマーの伝統的な考え方だった。一方、これに下界でのトレーニングを付加すればもっと高度な登攀ができることを、初めて明確に意識し、実践したのがR.メスナーである。

　彼は厳しいクライミングと並行して、下界でも徹底したトレーニングを行い、初めは欧州アルプスで単独登攀を含めた高度な登攀を多数行った。後年にはヒマラヤで活躍し、エベレストでの2回の無酸素登頂を含め、14座の8000m峰を全て無酸素で登った。

　初期の著書である『第7級－極限の登攀』には、その考え方と具体的な方法が紹介されている。大学で数学を修めた人らしく、「偉大な初登攀というものは'論理的'な'公式的'な、そして'自由'なものでなければならない。この要請に応えるために懸命にトレーニングした」と述べている。長年にわたる自分の身体の実験記録のようにも読める。

　ランニングをするにしても色々な工夫をしている。「1000mの標高差のある道を、つま先走りで1時間足らずで上る」「時々はスピードを上げて心肺に最大の負荷をかける」といったやり方は、現代のトレイルランナーのトレーニングを先取りしている。

　近郊の小さなゲレンデでは、ドロミテの岩壁の標高差（約500m）を想定し、累積標高差が500mになるまで、単独で休まずに登攀している。単なる岩登りの練習ではなく、より大きな登攀を見すえたシミュレーション練習をしているのである。

　「毎年のシーズン始めには、まず1～2カ月をかけて易しいルートから難しいルートへと、アルピニズムの発展史を辿るような形で登る」「大がかりな登攀をする前には、自分が特に気に入った古典ルートのいくつかを単独で登ることで、調子のよい時の自分を取り戻すことができる」といった記述は、期分けの一環と見ることができる。

　メスナーは登山史・登攀史にも造詣が深い。彼がアルプスやヒマラヤで行った常識破りともいえる登攀も、彼にとっては歴史の流れを検討した結果として、論理的に導かれた必然なのだろう。

　メスナーだけでなく、登山家やクライマーがトレーニングについて書いた記述を見つけたら、本節で紹介した概念と照らし合わせて読んでみるとよい。日本の本では、少し古いものでは小西政継氏（故人）の『ロック・クライミングの本』、最近のものでは横山勝丘氏の『アルパインクライミング考』が興味深い。

第6章　登山における人間の可能性と限界

◆ 'Extreme Alpinism' と 'New Alpinism'

図6-5-2はアルパインクライマーのために書かれた二つのトレーニング書である。1999年にM.トワイトがExtreme Alpinism；Climbing Light, Fast, & High（EA）を上梓した。そして2014年にはS.ハウスらが、これさらに発展させたTraining for the New Alpinism；A Manual for the Climber as Athlete（NA）を著した。

これらの内容をひとことで言えば、大枠としては前述の1）〜3）のような現代のスポーツトレーニングの方法論を導入し、細部をアルパインクライミング用に微調整したものということになる。

トワイトもハウスもアメリカの優れたアルパインクライマーで、一緒にクライミングも行っている。その際にはこれらの著書に書いた通りを実行している。

両者を読み比べると、EAでは下界での方法論を直輸入した感のある箇所もあった。しかし15年後に書かれたNAの方は、その後のハウスたちの実践に基づいて、クライミングにより則した方法論に修正されている。なおNAの序文は先輩であるトワイトが書いている。

どちらにも邦訳はないが、NAの

図6-5-2：アルパインクライマーのためのトレーニング書
左がEA、右がNA。いずれも運動生理学やトレーニング学を基盤として、普段のトレーニング方法から現地での作戦までを詳しく述べている。NAの共著者のS.ジョンストンは、クロスカントリースキーのトップ選手のコーチで、ハウスのトレーニングコーチも務めている。ハウスの著しいクライミングの成果は、ジョンストンのコーチングの成果ともいえる。NAでは写真、イラスト、図、表が豊富に使われているので、本節の内容を理解してから読めば、理解しやすくなるだろう。

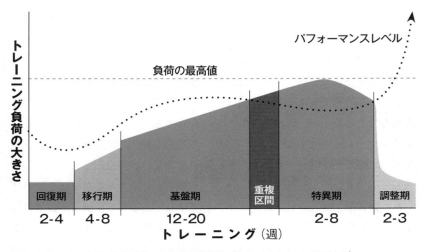

図6-5-3：アルパインクライマーのための期分け（HouseとJohnston、2014より）
年間を通してトレーニングプログラムを段階的に変化させ、能力のピークを作る。期分けは、現代のスポーツトレーニングの最も基本的な概念の一つである。

注）EAについては『岳人』722号（2007年8月号）に著者の抄訳がある。

方はひと通り目を通しておくとよい。その手助けとなるよう、以下にNAの要点をいくつか紹介する（注）。

また、以下の要点を理解した上で、下界のスポーツ選手向けに書かれた様々なトレーニング書を読むことも有意義である。たとえば持久力や耐久力のトレーニングに関しては、P612で紹介したT.ノックスの『ランニング事典』が役立つだろう。

◆トレーニングの期分け

図6-5-3は、NAが示したアルパインクライマーのための期分けの概念図で、5つの期に分けている。それぞれに充てるべき期間を足すと半年〜1年で1周期となる。

1）**回復期**：アルパインクライミングを行うと、肉体的にも精神的にも非常に消耗する。特に中枢神経系の疲労回復には時間がかかる。そこで2〜4週間くらい、登山やクライミングとは別の軽い運動をレクリエーション的に行い、心身をリフレッシュする。

2）**移行期**：次の基盤期で本格的なトレーニングを行えるような身体づくりをする。4〜8週間をかけて

徐々に負荷を上げていく。基礎体力の低い人には特に重要である。

3）基盤期：登山や登攀の基盤となる持久力や筋力を向上させる時期で、この期の充実度により最終的な成果も決まってくる。経験の少ないクライマーにとっては特に重要で、16～24週間くらいを当てる。エキスパートでも最低12週間は行う。

4）特異期：本番を見すえ、クライミングや登山に特化させた形でトレーニングを行う。単に山で登山やクライミングをするのではなく、本番時の運動量や運動強度を模擬した負荷をかける。なお3）と4）の期間は多少重複することになる。

5）調整期：疲労を抜くために休養もとりつつ、最高のコンディションに仕上げる。2～3週間を当てる

が、遠征のための渡航や現地（街）での準備期間も考慮して設定する。

◆トレーニングの量と質

下界で補助トレーニングをするといっても、漫然とランニングをしたり筋力トレーニングをすればよいわけではない。また山でも、単に登山や登攀をたくさんこなせばよいわけではない。運動の「強度」に着目して、量と質をうまく組み合わせることが重要である。

表6-5-1はトレーニング強度の区分である。5つのゾーンを設定してトレーニングを組み立てる。この強度区分は、下界でのトレーニングにも山でのトレーニングにも適用できる。強度設定には心拍数を用いるのが最も正確である（注）。

表6-5-1：運動強度の種別（HouseとJohnston、2014より）
下界でも山でも、トレーニングを行う時には5種類の運動強度（ゾーン）を意識する。ゾーン5は、持久力というよりも最大筋力や最大パワーのトレーニングが該当する。

	運動強度	最高心拍数に対する割合	運動の感覚	呼吸の様子
	回復強度	55%未満	非常に楽	会話が楽にできる
LT→	ゾーン1	55～75%	楽に呼吸できる	鼻だけで息ができる
	ゾーン2	75～80%	中程度	深いが息切れはしない
LT+→	ゾーン3	80～90%	心地よいきつさ	短い言葉しか話せない
$\dot{V}O_2max$→	ゾーン4	90～95%	きつい	しゃべれない
	ゾーン5	－	全力	－

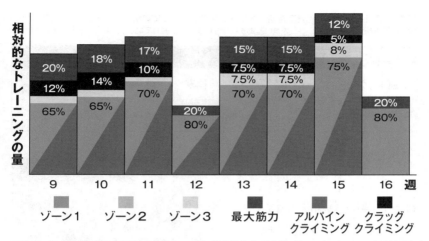

図6-5-4：基盤期（9～16週目）のトレーニングの組み立ての例（HouseとJohnston、2014より）
ゾーン1の割合を多くするが、ゾーン2以上も多少は加える、筋力トレーニングも重視する、アルパインやクラッグでのクライミングもあわせて行う、などに配慮している。この図の場合、アルパインクライミングはゾーン1のトレーニングと兼用させて行っている。

注）NAでは、十分なウォーミングアップをした後、6～10%の坂道で2分間、全力で上り坂走をすることで最高心拍数がわかるとしている。ただし体力のない人や中高年では危険である。

低強度の運動を長時間行えば「量」のトレーニングになる。一方で高強度の運動は、量はこなせないが、短時間でしっかり行うことで「質」のトレーニングとなる。どちらも重要で、一方が欠けてはよいトレーニングにならない。

アルパインクライミングといっても、かなりの部分は歩くことに費やされる。このような場面ではゾーン1の強度となる。一方、登攀時にはゾーン4や5となり、ゾーン2や3の場面も出てくる。そこでトレーニング時にも、それぞれを組み合わせて行う。

4章-3（P312）ではLT、LT+、$\dot{V}O_2max$という3つのトレーニング強度を説明した。LTはゾーン1、LT+はゾーン2～3、$\dot{V}O_2max$はゾーン4に相当すると考えればよい。ゾーン5は短時間の全力運動（無酸素性運動）のことで、筋力や筋パワーのトレーニングを意味する。

◆トレーニングの組み立て方

図6-5-4は、クライミングを含めた各ゾーンの運動の組み立て方である。ここには基盤期の9～16週

表6-5-2：1週間単位で見た基盤期のトレーニングの組み立ての例（HouseとJohnston、2014より）
同じ種目が続かないように、またきつい運動が続かないように配慮している。休養日も適宜はさんでいる。

	月	火	水	木	金	土	日
午前	休み	ゾーン1	ゾーン2	休み	休み	クライミング	ゾーン1（長時間）
午後	筋力トレ	クライミング	回復運動	筋力トレ	休み	休み	休み

目の例を示しているが、NAにはこのような図が多数紹介されている。

　まずゾーン1、つまり「量」のトレーニングの割合を65〜80%とかなり大きくしていることに注目して頂きたい。これは基盤期に限らず、どの期においてもあてはまる原則である。その理由は、この運動をたくさん行うことで耐久力が強化されるとともに、体脂肪をより多く使える身体も作れるからである。

　また、割合としては少ないが、ゾーン2や3の運動、すなわち「質」のトレーニングも行っている。さらに最大筋力のトレーニングにも一定のウエイトを置いている。

　当然のことだがアルパインやクラッグのクライミングも並行して行っている。前者についてはゾーン1のトレーニングと兼用する形で行っている。

　表6-5-2は1週間単位で見たトレーニングの組み立ての例である。7日間を午前と午後に分け、14の

下界のスポーツ選手は、トレーニング効果を高めるために、運動強度、運動の持続時間、休息時間、反復回数などの条件を管理しながら行う。クライミング能力を改善する場合にも、このような発想を適用すれば、より効果的なトレーニングができるだろう。

ブロックと見なして各種のトレーニングをあてはめている。

　同じトレーニングが続かないようにしていることに注意して頂きたい。高強度のトレーニングの次には低強度のトレーニングや休養を入れることで、同じ1週間の中でもより密度の高いトレーニングができるように構成しているのである。

column 6-5-2
長距離走選手のトレーニングの組み立て方

図は、二人の大学生長距離走選手が5000m走の競技会の前に行ったトレーニング内容である。レース前の1ヵ月間、どのような速度でどれくらい走ったかを示している。A選手は合計で488km、B選手は521km走っている。試合で走る距離の約100倍である。

運動強度（ゾーン）は、「遅いジョグ」～「試合よりもかなり速いペース」まで、7つに区分して行っている。二人とも、遅いジョグ＋速いジョグの割合が大きな部分を占めていることが目を引く（A選手は81％、B選手は88％）。

試合でよい成績を出すためには、レースペース付近でのトレーニングは当然重要である。だがこのような高強度練習を反復するには強い耐久力が必要で、それを身につけるにはジョグの量も重要となる。選手たちは後者を「脚づくり」と呼んでいる。

ところでA選手の方はベスト記録に近い成績を出したが、B選手では成績が悪かった。月間走行距離はB選手の方が多いのに、成績は逆になっていることが興味深い。

B選手では低強度運動の量は多いが、レースペース付近での運動量が少なすぎたことが原因と考えられる。つまり量は多いが質には欠けていたのである。

アルパインクライマーのトレーニングにも同じことが当てはまる。図6-5-4と対応させると、遅いジョグや速いジョグは回復強度やゾーン1の運動に相当する。レースペースは実際のクライミングに該当する。レースペースよりも速い速度には、ボルダリングや最大筋力のトレーニングが対応する。

図6-5-4もここに示した図も、低強度運動の量は十分に確保した上で、様々な強度のトレーニングをバランスよく組み入れることが重要であることを示しているのである。

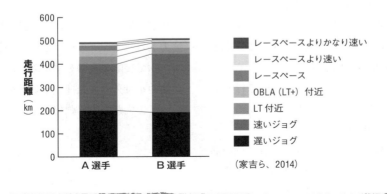

（家吉ら、2014）

◆筋力トレーニング

NAでは筋力トレーニングの重要性を強調している。その理由は、筋力がなければ持久力も、また技術も十分に発揮できないからである。筋力は、さまざまな身体能力や、その能力によって生み出される登山技術の基盤をなしているのである。

筋力トレーニングについても期分けの概念に沿って、1）移行期、2）最大筋力期、3）筋持久力への転換期、の3期を設けて実施する。図6-5-3でいうと、1）は移行期、2）は基盤期、3）は特異期に対応する。

1）移行期

体力に素地のない人や長期間のブランクがある人は、まず4章-2で紹介したような、自体重を負荷した軽めの筋力トレーニングを行う。目的がクライミングなので、下肢や体幹だけでなく上肢もバランスよく鍛える。それらを組み合わせたサーキットトレーニングもよい。

NAでは多数のイラストを用いてトレーニングを紹介している。図6-5-5と図6-5-6はその中から、クライミング動作に近い形で行うトレーニングを示したものである。

2）最大筋力期

本番のクライミングでは、強い筋力を持久的に発揮できることが求められる。だが両者の能力を同時進行で高度なレベルに改善することは難しい。そこで、まず最大筋力を高めておき、次にその筋力に持久性を持たせるという方策を用いる。

筋力を向上させる代表的な方法として10RMトレーニングがある（P300）。これはある動作が10回やっとできる負荷で行う方法で、筋が太くなることによって最大筋力が増加する。下界のスポーツ選手ではこれを用いることが多いが、クライマーにとっては体重が増加するというマイナス面もある。

このためNAでは、より高い負荷である5RMで4〜6セットの運動を推奨している。セット間の休憩時間は3〜5分とする。こうすると筋の肥大を抑えつつ筋力を強化することができる（注）。このようなトレーニングを週に2回の頻度で行う。

3）筋持久力への転換期

2）で高めた最大筋力に持久力を上乗せして、アルパインクライミング仕様の筋を作る。これは下界での筋力トレーニングで行うというよりも、山で実際の登攀をする際に、高い筋力を持久的に発揮する状況をつくって、実践の中で強化する。

....
注）ただし筋が細すぎると故障や怪我をしやすくなるので、ある程度の太さは確保しておくことも必要である。

図6-5-5：筋力トレーニングの工夫（1）（HouseとJohnston、2014より）
岩壁での立ち込み動作を想定した「壁スクワット」。一般的なスクワット運動に慣れてきたら、このような実際のクライミングを模擬した動作も導入するとよい。

図6-5-6：筋力トレーニングの工夫（2）（HouseとJohnston、2014より）
腕による引きつけ動作を強化するための様々な工夫。①は通常の斜め懸垂で、初心者はここから行う。②は足のつま先だけを接地させて行う。体勢が不安定になるので、体幹により大きな負荷をかけられる。③は②を片腕で行っている。負荷が大きくなるだけでなく、実際のクライミング動作にも近づく。④は一方の手はアックスでぶら下がり、もう一方の手には重りを持って行う。最もクライミングの動作に近くなる。負荷の大きさは、移行期では4章-2で述べたような軽めのものとするが、最大筋力期に入ったら5RMとなるような高負荷で行う。

◆基礎体力の目標値

アルパインクライマーには多様な体力が求められ、それらをバランスよく強化しなければならない。ある体力が一定の水準に達しているのであれば、そこをさらに鍛えるよりも、水準に満たない他の能力の改善に取り組んだ方がよい。

このような意味で、各種の基礎体力の目標水準と、そのテスト方法を紹介する。自分で定期的に測定を行い、現在地を確認することで、トレーニング方針も立てやすくなる。

A) NA の推奨値

表 6-5-3 は、NA が示したアルパインクライマー向けの基礎体力テストとその目標値である。1 種類の全身持久力テストと 5 種類の筋力／筋持久力テストで構成されている。

全身持久力テストは実際の山で、1000 フィート（305m）の標高差を、自体重の 20％のザックを背負い、何分で登れるかを計測する。P318 で紹介した空身での 300m 登高能力テストともよく似ている。

20 分未満であれば「非常によい」と評価する。このタイムは 300m 登高テストでは 16 分未満に該当し、$\dot{V}O_2max$ で表すと 50ml 以上となる。

これらのテストを一通りやってみて、相対的に劣っている能力があれば、それを優先的に強化する。全ての体力水準が「非常によい」であれば、体力は維持するだけにして、他の能力（たとえば技術面など）を重点的に鍛える、といった方針も立てられる。

表 6-5-3：NAが示した基礎体力の目標値（HouseとJohnston、2014より）
①は全身持久力、②〜⑥は筋力／筋持久力のテスト。⑤は高さ20〜30cmの台を用いて、両足で飛び上がったり降りたりを繰り返し、60秒間で何回できるかを計る。

テストの種目	劣る	よい	非常によい
① **1000フィート登高能力**（体重の20%のザックで）	40〜60分	20〜40分	20分未満
② **ディップ**（60秒間で）	10回未満	10〜30回	31回以上
③ **上体起こし**（60秒間で）	30回未満	30〜50回	51回以上
④ **懸垂**（60秒間で）	15回未満	15〜25回	26回以上
⑤ **ボックスジャンプ**（60秒間で）	30回未満	30〜45回	46回以上
⑥ **腕立て伏せ**（60秒間で）	15回未満	15〜40回	41回以上

長野県・高瀬川流域でドライツーリングをする佐藤裕介氏。このような運動をするには全身の強靭な筋力に加えて、全身持久力（特に$\dot{V}O_2max$）が必要となる（横山勝丘氏撮影）

B) 全身の筋力

ここからは著者らのデータに戻る。

図6-5-7は、国立登山研修所で講師を務める日本の優れた登山家6名（多くはアルパインクライマー）の体力の様相である。大学生の登山部員の値に対する相対値で表している。登山家は特に筋力系の能力に優れている。背筋力や脚筋力では30%程度も高い。

アルパインクライミングでは、目的の壁の基部まで重い荷物を背負い、長い距離を歩かなければならない。壁の登攀でもやはり、重い装備や衣

優れたアルパインクライマーの脚筋力は、サッカーや陸上競技の一流選手よりも強い。写真は横山勝丘氏。

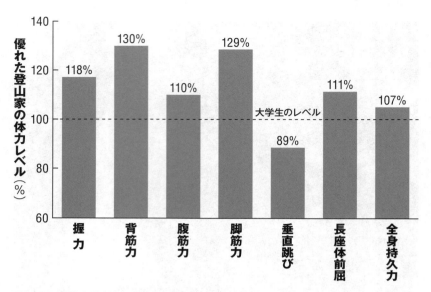

図6-5-7：優れた登山家の体力（宮崎と山本、2013）
優れた登山家の体力を大学生の登山部員との比較で示した（データはいずれも男性）。登山家は脚筋力や背筋力など、筋力系の能力が著しく優れている。

服を身につけて登らなければならない。このためフリークライマーよりも一回り大きな筋力が求められる。

この6名の登山家の筋力値は、握力（体重あたり）が0.78kg/kg、背筋力（体重あたり）が2.83kg/kg、腹筋力は33回/30秒、脚筋力（体重あたり）は1.28kg/kgである（注）。脚筋力以外は簡易な機器で測ることができるので、自分で計って比べてみるとよい。

注）腹筋力はP49の方法で、脚筋力はP667の装置を使って測定した。

C）手指の筋力

高度なアルパインクライミングをするためには、フリークライミングの能力も必要である。そのトレーニング法に関しては他書に譲る（注1）。ここでは著者らがフリークライマーを対象に行った研究の中で、アルパインクライマーにも活用できる体力テストを紹介する。

フリークライミングで最大の制限要因となるのは手指の筋力／筋持久力である。図6-5-8はこの能力を評価するために考案したテストである。トレーニング用のホールドを用いて、両手で何秒ぶら下がれるかを

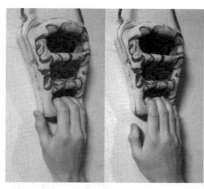

図6-5-8：手指筋力を評価するテスト
（西谷と山本, 2016）
ロックリングス社製のホールドを2個使って、落ちるまでぶら下がった時の耐久時間を計測する。左は指のかけ方を示している。母指はホールドの側面につけて持ってもよいし、離してもよいが、裏側はつかまないようにする。右は佐藤裕介氏がテストを行っているところ。

注1）運動生理学やトレーニング学に基づいて、フリークライマー自身が著したトレーニング書として、W.ギュリッヒらの『フリー・クライミング上達法』（池上玲所訳）、D.ゴダードらの『パフォーマンス ロック クライミング』（森尾直康訳）、E.Horstの 'Training for Climbing' などがある。EAとNAの関係と同様、新旧の本を読み比べてその発展を見るのも興味深い。
注2）図6-5-8に示したホールドは旧型のもので、現在普及している新型のホールドでは2段目（中間部）がほぼ同じサイズに相当する。
注3）横軸は、スポーツクライマーの場合は過去1年間にレッドポイントした最高グレードを用いた。ただしアルパインクライマーの場合は、最高グレードを上げることだけを目的にトレーニングをするわけではないので、現時点で短期に集中的なトレーニングをすることで確実に登れると思われるグレードと考えればよいだろう。

計る（注2）。

図6-5-9は、男女124名のスポーツクライマーの測定結果である。男女や年齢に関わらず、クライミング能力（レッドポイントグレード）とぶら下がり時間との間には高い相関関係がある（注3）。この性質を用いて次のような活用ができる。

たとえば5.12aをレッドポイントできる人の「標準的」な成績はほぼ60秒である。したがって5.12aの能力を発揮したければ、ぶら下がり時間が60秒となるように手指筋力を強化する、というトレーニング目標が立てられる。

60秒以上ぶら下がれるのに5.12aが登れない人（たとえばAさん）は、技術面で劣る、あるいは手指筋力以

外の筋力が足りない、といった可能性が考えられる。反対に、60秒未満しかぶら下がれないのに5.12aを超えて登れる人（たとえばBさん）は、筋力の不足を技術や戦術でカバーしていると予想できる。

アルパインクライマーのデータは少ないが、岡田康（YO）、佐藤裕介（YS）、横山勝丘（KY）の3氏の測定結果を書き込んでみた。3人とも回帰直線のやや下に位置しているが、標準偏差の範囲内（全体の3分の2の人が分布する範囲内）にはおさまっている。

フリークライマーとは体格や筋力の発達傾向が異なる可能性や、最高グレードを上げることだけが目的ではないといった違いもあるので、この図を絶対視する必要はない。ただし、自分の値が回帰直線のどこに位置するかを見れば、弱点や長所がわかり、トレーニングの参考になる。

一般的に、Aさんのように回帰直線から上にかけ離れている人は筋力・筋持久力依存型、Bさんのよう

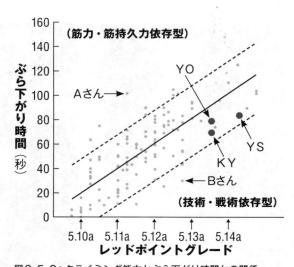

図6-5-9：クライミング能力とぶら下がり時間との関係
（西谷と山本、2016にデータを追加）
うすい色の点は124名のスポーツクライマーの測定値を示している。実線は回帰直線を示し、上下の破線はそこから1標準偏差の範囲を示している。5.10a、5.11a、5.12a、5.13a、5.14aの能力を持つ人の「標準的」なぶら下がり時間は、それぞれ20秒、40秒、60秒、80秒、100秒となる。

に下にかけ離れている人は技術・戦術依存型と考えることができる。上または下にあまりにかけ離れている人では、不自然な登り方をしていたり、指に過剰な負担をかけている可能性があり、怪我をしやすい可能性も考えられる。

このテストを定期的に行い、自分の能力がこの図上でどのように変化するかを見れば、トレーニングの効果を可視化できる。Aさんのような人では技術や戦術を、Bさんのような人では指の筋力／筋持久力を重点的にトレーニングすることで、より効率のよい改善が図れる。

D）持久力

持久力は$\dot{V}O_2max$とLTの2種類に大別できる（P312）。アルパインクライミングの場合、一時的に激しい運動をする場面では$\dot{V}O_2max$、定常的な運動を続ける場面ではLTの能力が重要となる。著者らがこれまでに測定したデータをまとめると以下のようになる。

1）$\dot{V}O_2max$

男性の優れたアルパインクライマーとして山野井泰史、中川博之、伊藤仰二、花谷泰広、天野和明、平出和也氏などの測定をしたが、50ml台前半〜60ml台前半だった。この値はP525で紹介した8000m峰の無酸素登頂者の値や、P672で紹介した優秀な耐久系ランナーの値ともよく似ている。

したがって男性では50ml以上が目標値となるだろう。このことは、NAが示した全身持久力テスト（表6-5-3の①）で「非常によい」と評価される20分未満のタイムが、$\dot{V}O_2max$で

は50ml以上に対応することからもうなづける。女性については資料に乏しいが、40ml以上が目安となるだろう（P525）。

$\dot{V}O_2max$はP318で紹介した全力登高能力テストにより推定できる。

2）LT

同様に、男性の優れたアルパインクライマーのLTを測ってみると、11〜12メッツだった。この能力はP314で紹介したマイペース登高能力テストをすれば評価できる。

体重の10%の荷物を持つ場合であれば、1時間で750〜830mの上昇速度に相当する。普段の登山で、このペースできつさを感じずに登り続けられるかを試してみるとよい。

上り坂のトレッドミルでLTテストを行う岡田康氏。優れたアルパインクライマーは、1時間に700〜800mの上昇ペースで「きつさを感じずに」何時間も運動を続けることができる。

column 6-5-3
優れた耐久系ランナーの持久力

これまでに著者らが測定した優秀な耐久系ランナーの持久力の値を紹介する。

トレイルランニングの第一人者である鏑木毅氏が、ウルトラトレイル・デュ・モンブランで3位入賞を果たした年の$\dot{V}O_2max$は62mlだった（40歳時）。またトレッドミルの坂道走（空身）で彼のLTを測定したところ、1時間あたりで1100mの上昇率だった。

鏑木毅氏のLTと$\dot{V}O_2max$をトレッドミルで測る。

つまり彼は1時間に1100mの上昇ペースで、きつさを感じずに何時間でも運動ができることになる。これは14メッツの運動強度に相当する。トレイルランニングで上位を目指す人の目標値となるだろう。

アドベンチャーレースで活躍している田中正人氏の$\dot{V}O_2max$は55ml（31歳時）、同じく宮内佐季子氏は48ml（24歳時）だった。

中国の西安からトルコのイスタンブールまで、総計9400kmのシルクロードを走って踏破した中山嘉太郎氏の値は53mlだった（46歳時）。また北米大陸横断マラソンでロサンゼルスからニューヨークまで、5000kmを71日で走破した堀口一彦氏では58mlだった（35歳時）。

24時間走の世界選手権で4回、スパルタスロンでも2回優勝している関家良一氏の$\dot{V}O_2max$は60mlちょうどだった（36歳時）。トレッドミルの平地走で測ったLTは分速230mで、12メッツ相当だった。これらの値はウルトラランナーの目標となるだろう。

なお、12時間走、24時間走、48時間走、6日間走の4種目で、長年にわたり世界記録を保持しているY.クーロスの$\dot{V}O_2max$は63mlと報告されている（P625）。

上記の人たちの$\dot{V}O_2max$は、陸上の長距離走の優秀選手の値（70ml程度）と比べるとやや低い。この理由は、耐久系の種目では運動時間が極めて長く、その分だけ運動強度が低くなるので、著しく大きな$\dot{V}O_2max$は求められないからである。

カラコルムのK7山群でアルパインクライミングを行う長門敬明氏（横山勝丘氏撮影）

SUMMARY
まとめ

- ■ 高水準のアルパインクライミングを目指すには、下界のスポーツ選手が用いている方法論を参考に、山でも下界でも長期的な視野で、体系的なトレーニングを行う必要がある。

- ■ 現代のスポーツトレーニングの要諦として、①補助トレーニングの導入、②量と質の上手な組み合わせ、③期分け、の3つがある。

- ■ 1年に1〜2回の大きな登攀に向けて、半年から1年がかりで「期分け」を行い、能力のピークを作る。大きな登攀後には心身共に疲弊するので、最初の身体づくりからやり直す。

- ■ アルパインクライミングで要求される技術をはじめ、持久力や耐久力を十分に発揮するためには、その土台として強い筋力が必要となる。

- ■ 簡易な基礎体力テストを定期的に行うことで、トレーニング方針が立てやすくなり、よりよい方向への修正もしやすくなる。

第6章 登山における人間の可能性と限界

<資料1>

山のグレーディング表とその見方

　右ページの表は、長野県が示している「信州・山のグレーディング」の表から、いくつかのコースを抜粋したものである。参考のために、他県から富士山と高尾山のデータも加えた（★印）。縦軸の体力度は著者らが考案したコース定数（P129）から、また横軸の技術的難易度は当該コースに詳しい関係者の協議により、「無雪期で天候がよい状況」を想定した上でランクづけされている。

　表の左下の領域は高尾山のように歩きやすくて行程も短いコース、右上は槍・穂高の縦走のように技術が要求される上に行程も長いコース、左上は富士山のように整備された道を歩くだけだが行程が長い山、右下は戸隠山のように行程は比較的短いが高度な技術が必要な山、が該当する。

　なお、体力度（＝身体にかかる負担度）については、正確に言うと、①運動の量的な大きさ（エネルギーの消費量）、②運動の強度的な大きさ（エネルギーの消費率）、という2つの要素がある。電力の概念で言うと、①は電力量（ワット時）、②は電力（ワット）に相当する。右ページのグレーディング表の縦軸は、①の体力度を示すものであることに注意していただきたい。

　一方、下に示した図は、グレーディング表と②の体力度との関係を示したものである。難易度が低いコース（A～B）を標準コースタイムで歩く場合には7メッツ程度、難易度が高いコース（C～E）を歩く場合には8メッツ程度の体力が求められる（P67）。

　A～Bのコースでは標準的には7メッツの体力が求められるが、歩行速度を落とせば5～6メッツ程度の運動強度に下げることもできる。したがって低体力者でも、ゆっくり歩いたり、日数を増やすなどの配慮をすれば、比較的安全に歩くことは可能である。

　これに対して、C～Eのコースでハシゴ、鎖場、雪渓、急な登下降、深い藪を通過する際には、ゆっくり歩くといった対処で運動強度を下げることは難しい。このため低体力者では疲労しやすいだけでなく、心肺能力の不足による心臓疾患の発症や、筋力不足による転倒・転落などの危険が増大する。

　グレーディング表の作成経過や使用上の注意点については、長野県山岳総合センターのホームページ（http://www.sangakusogocenter.com/ ）に解説がある。正しく活用するために一読することをお勧めしたい。

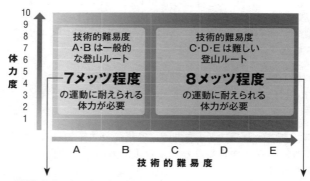

ただし、時間をかけてゆっくり歩いたり、泊数を増やすことで、5～6メッツの運動強度に落とすことも可能

ゆっくり歩くといった対策で運動強度を落とすことは難しく、強い基礎体力（筋力や心肺能力）が不可欠となる

体力度（値が高くなるほど運動の量（＝エネルギーの消費量）が大きくなる）

体力度	泊数	A	B	C	D	E
10	2～3泊以上が適当			裏銀座の縦走（高瀬ダム～上高地）		
9	2～3泊以上が適当			表銀座の縦走（中房温泉～上高地）	塩見～北岳の縦走（鳥倉～広河原）	大キレットの周回（上高地～北穂～槍）
8	2～3泊以上が適当			槍ヶ岳（上高地より）		
7	1～2泊以上が適当		★富士山（静岡県）（御殿場口より）	奥穂高岳（上高地、涸沢より）	北穂高岳（上高地、涸沢より）	穂高岳の周回（上高地～北穂～前穂）
6	1～2泊以上が適当		鹿島槍ヶ岳（扇沢より）	鹿島槍～爺ヶ岳の縦走（大谷原～扇沢）	不帰キレットの縦走（猿倉～八方池山荘）	
5	1泊以上が適当		白馬岳（栂池より）	蝶～常念岳の縦走（三股～一ノ沢）	西穂高岳（上高地より）	
4	1泊以上が適当		常念岳（一ノ沢より）	白馬岳（猿倉より）	前穂高岳（重太郎新道より）	
3	日帰りが可能		唐松岳（八方池山荘より）	赤岳（美濃戸、南沢より）	戸隠山の縦走（奥社～キャンプ場）	
2	日帰りが可能	★高尾山（東京都）（表参道より）	木曽駒ヶ岳（千畳敷より）			
1	日帰りが可能	北横岳（ロープウェイを使用）				

技術的難易度（難易度が高いコースでは運動の強度（＝エネルギーの消費率）が大きくなる）

A
- 登山道はおおむね整備済み
- 転んだ場合でも転落・滑落の可能性は低い
- 道迷いの心配は少ない

B
- 沢、崖、場所により雪渓などを通過する
- 急な登下降がある
- 道がわかりにくい所がある
- 転んだ場合に転落・滑落事故につながる場所がある

C
- ハシゴや鎖場、また場所により雪渓や渡渉箇所がある
- 案内標識が不十分な箇所も含まれる
- ミスをすると転落・滑落などの事故になる箇所がある

D
- 厳しい岩稜や不安定なガレ場、ハシゴや鎖場、案内標識などの人工的な補助は限定的で、転落・滑落の危険箇所が多い
- 手を使う急な登下降がある
- 場所によっては雪渓や渡渉箇所を必要とする

E
- 緊張を強いられる厳しい岩稜の登下降が続き、転落・滑落の危険箇所が連続する
- 深い藪漕ぎを必要とする場合がある

<資料2>

登山者カルテ
自分の身体の理解を深めるために

アンダーライン部には数字や文字を記入し、□には該当するものに✓で印をつけてください
（わからない場合は?としてください）

<身体の特性>
■性別：_____　年齢：_____歳　身長：_____cm　体重：_____kg　体脂肪率：_____%
　肥満指数（BMI）：_____　（BMIの計算方法は、体重(kg)÷身長(cm)÷身長(cm)×10000）

<健康の状態>
■現時点で持っている障害や持病があればチェックしてください
　□特にない
　□膝関節痛　□腰痛　□外反母趾　□心臓病　□高血圧症　□低血圧症　□糖尿病　□胃腸病
　□肝臓病　□白内障／緑内障　□呼吸器の疾患（ぜん息など）
　□その他（具体的に：　　　　　　　　　　　　　　　　　　　　　　　　　　　　　　　　）

■上記の中で、治療・服薬等でコントロールされておらず、日常での生活や運動時に支障を
　及ぼしている（あるいは及ぼしそうな）症状があれば書いてください
　（　　）

■上記のほかに、登山をする上で、身体面での不安があれば書いてください
　（　　）

<登山の実施状況>
■登山の経験年数は、約_____年　（中断していた年数は除いてください）
　途中で中断のある人の場合、再開してから約_____年

■山に出かけるペース（最近の1～2年の状況を書いて下さい）
　□毎週1回かそれ以上　□2週間に1回程度　□1カ月に1回程度　□2カ月に1回程度
　□半年に1～2回程度　□1年に1～2回程度

■年間の山行日数：約_____日

■上記の年間山行日数について、体力レベル別に日数を区分して書いて下さい
　□初心者向けコース：約_____日
　（歩行時間が約4時間以内、上り下りとも約500m以下）

　□一般向けコース：約_____日
　（歩行時間が約5～6時間程度、上り下りとも約500m～1000m程度）

　□健脚向けコース：約_____日
　（歩行時間が約7時間以上、上り下りとも約1000m以上）

＜登山をする上での体力＞

■一般的な登山ガイドブックに記載された「標準タイム」に対して、どの程度の速さで歩けますか
　□標準タイムより早く歩いても苦しくない →約 _____ 割くらいのタイムで歩ける
　□ちょうど同じペースで歩いて苦しくない程度
　□標準タイム通りに歩くと苦しい →約 _____ 割増しくらいのタイムでならば歩ける

■マイペース登高能力：軽装で、余裕を持って登り続けられるペースは、1時間あたり約 _____ m

■荷物を背負う能力：余裕を持って背負える荷物の重さは約 _____ kg

■長時間歩く能力：余裕を持って歩き続けられる時間は、約 _____ 時間

＜登山時によく起こる身体トラブル＞

■登山をしたときによく起こる身体トラブルをチェックしてください
　□トラブルはほとんど起こらない　　□パーティーのペースについていけない
　□上りで肺や心臓が苦しい　　□上りで脚の筋がきつい　　□下りで脚がガクガクになる
　□ひざの痛み　　□腰の痛み　　□ザックの背負いベルトで腕がしびれる
　□筋肉痛（部位：　　　　　　　　　）　□筋の痙攣（部位：　　　　　　　　　　）
　□足首の捻挫　　□靴ずれ　　□肩こり　　□頭痛　　□顔や手のむくみ
　□高山病（1500m以上の山で、頭痛に加えて、吐き気、めまい、脱力感などを伴う症状）
　□その他（具体的に：　　　　　　　　　　　　　　　　　　　　　　　　　　　　）

＜トレーニングの状況＞

■普段から登山を意識した運動をしていますか（スポーツに限らず、日常生活や仕事で行う運動も含めて）
　□している　　□していない

■上の質問で「している」と答えた場合、その具体的なやり方を書いてください
　持久力のトレーニング（メッツの値はP67の表3-1-1を参照してください）
　種目①：_____　　運動強度：___メッツ　実施時間：1回あたり___分　週あたり___時間
　種目②：_____　　運動強度：___メッツ　実施時間：1回あたり___分　週あたり___時間

■筋力のトレーニング：種目、回数、セット数、1週間あたりの実施頻度などを書いてください
　（　　　　　　　　　　　　　　　　　　　　　　　　　　　　　　　　　　　　）

■上記以外の運動（ストレッチング、ラジオ体操、ヨガなど）**をしていれば、実施状況を書いてください**
　（　　　　　　　　　　　　　　　　　　　　　　　　　　　　　　　　　　　　）

＜考 察＞

以上の記述をふまえて、次ページの「診断の手引き」を参考にしながら、①現在の自分の身体の弱点は何か、②目的の山に行く上でのギャップや、現在のトレーニングの問題点はどこにあるか、③その問題点を克服するにはどのようなトレーニングをすればよいのか、を書いて下さい。

■自分の身体の弱点

■目的の山に行く上で身体的に懸念される問題／現在のトレーニングの問題点

■問題点を解決するための具体的なトレーニング方法（種目、強度、時間、頻度など）**や、山での対策**

※拡大コピーをしてご使用ください

<資料3>

登山者カルテ
診断の手引き

( ) 内は、本書でその内容が詳述されているページを示す

＜身体の特性＞

■年齢と性別（P384～420）
　登山の能力は、年齢差や性差の影響よりも、登山状況や下界でのトレーニング状況の影響をより強く受ける。ただし子供、中高年、男女に特有の注意点もあるので把握しておく。

■体脂肪率、BMI（P350～355）
　登山の場合、太りすぎは不利だが、やせすぎも不利となる。BMIでいうと19～25が望ましい。25を超えると「バテやすい」「上りで苦しい」など体脂肪量が多いことによるトラブルが増える。19を下回ると「筋肉痛」「肩こり」など筋量が少ないことによるトラブルが増える。
　体脂肪率は、フリークライマーやトレイルランナーは別として、一般の登山者では寒さへの抵抗力などの関係から10％以上はあった方がよい。なお男性では25％、女性では30％を超えると肥満とされるので、この値は超えないようにする。

＜健康の状態＞

■持病と障害（P403～408）
　中高年登山者の約半数は何らかの持病や障害を抱えている。「膝関節痛」「腰痛」「高血圧症」などが多い。総合的に見ると、女性よりも男性の方が症状を持つ人が多い。
　疾患を持つ人はまず医師に相談する。中高年者では潜在的な疾患（心臓疾患など）を持っている可能性もあるので、メディカルチェックや運動負荷試験も必要である。

＜登山の実施状況＞

■経験年数（P394～397）
　トータルの経験年数は長くても、中断年数が長ければ、体力的な貯金はほとんどない。また登山を続けていても、60代以降になると加齢による体力低下が目立ってくる。

■登山の頻度（P262～282、P331～333）
　2週間に1回以上のペースで山に行けば、登山自体もよい体力トレーニングとなるが、1カ月に1回以下ではその効果は小さい。登山頻度が少ない人は日常でのトレーニングを充実させる。反対に、登山頻度が多い人では日常でのトレーニングは少なめにし、休養にも配慮する。

■年間の山行日数（P416～419）
　1年間に20日以下ではトラブルの発生率が高い。30日以上の登山をしている人では、トラブルは少なくなる。ただし健脚向けコースでは要求される体力水準が高く、ベテランでもトラブル発生率が高くなる（P51）。

＜登山をする上での体力＞

■標準コースタイムに対する歩行能力 (P66～71)
　コースタイムは、初心者でも無理なく歩けるように設定されている。したがって、標準タイム通りに歩けない人は、そのコースを歩く上で体力不足と考える。
　このような人では、山での安全性の確保が難しくなるので、下界や低山で体力を強化する。バリエーション登山を目指す人は、標準タイムの8割程度で歩ける体力を目指す。

■各種の登山体力 (P92～95, P314～318)
　ハイキング（6メッツ）をする人は、軽装（体重の10%の装備）で、1時間あたり標高差で300m程度のペースで余裕を持って上り続けられる体力が必要である。同じく、無雪期の一般的な登山（7メッツ）を目指す人は上記の条件で400m、岩山、雪山、沢登りなどのバリエーション登山（8メッツ）を目指す人は500mくらいのペースで上れる体力が必要になる。
　本格的な登山を目指す人では、7～8メッツ相当の登高能力のほかに、体重の20%程度のザックを背負い、8時間程度は余裕をもって歩けることを必要条件と考える。
　自分の能力がわからない人は、本番の登山に不安を残すことになるので、事前にマイペース登高能力テスト（P314）や、低山で本番をシミュレーションした登山を行って確かめておく。

＜登山時によく起こる身体トラブル＞

■トラブル発生状況 (P361～383)
　高校生山岳部員のトラブルについてはP391～393、大学生山岳部員はP393、エキスパート登山家はP363、中高年登山者はP44とP406を参照。トラブル状況は、初心者向け／一般向け／健脚向けコースという、3つの体力度別に確認しておくとよい。健脚向けコースではベテランでもトラブル発生率が高い（P51）。
　年齢や性別に関わらず多いトラブルは、①下りで脚がガクガクになる、②筋肉痛、③膝の痛み、④上りで心肺が苦しいなどである。①②③は脚筋力、④は心肺能力の不足が原因で起こる。対策については、筋力トレーニング（P283～304）、持久力トレーニング（P305～334）、各種のトラブル対策（P361～383）などを参照する。

＜トレーニングの状況＞

■トレーニングの有無 (P262～282)
　日常生活で登山を意識したトレーニングをしているつもりでも、登山に役立っていないケースが多い（P45）。筋力と持久力の2つのトレーニングに分けて、どちらも実施する。

■筋力トレーニング (P283～304)
　多くの登山者に不足しているのは、大腿四頭筋と腹筋の筋力である。それぞれスクワット運動や上体起こし運動などを実行して強化を図る。この他にも足りない筋力があれば補強する。

■持久力トレーニング (P305～334)
　ハイキングは6メッツ、登山は7メッツ、バリエーション登山は8メッツ相当の運動なので、これにつり合う強度の持久運動を行う。

■その他のトレーニング (P335～360)
　柔軟性、平衡性、敏捷性、筋パワーなどのトレーニングにも配慮する。中高年（特に60代以降）では、これらのトレーニングの重要度が増す。

※拡大コピーをしてご使用ください

<資料4>
登山用QCシート

疲労、痛み、だるさ、むくみなどについて、
1：少しあり、2：あり、3：非常にあり、などと点数化して記入することで、
基礎体力の弱点や登山中の行動適応の良否を可視化できる。
「痛み」については、筋と関節とを区別する。

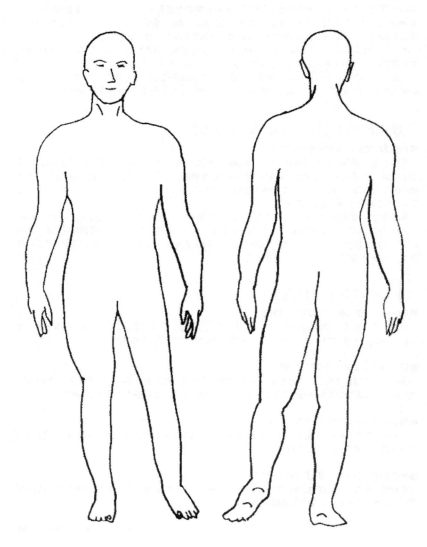

<資料5>

高所での体調記録表

氏名：

*毎日、①起床後と、②就寝前の落ち着いた時間帯に座位安静で測定してください

		1 月 日	2 月 日	3 月 日	4 月 日	5 月 日	6 月 日	7 月 日	8 月 日	9 月 日	10 月 日	<記入例> ○月○日
	時刻											8：00AM
	場所											富士山8合目
	高度	m	m	m	m	m	m	m	m	m	m	3400m
<パルスオキシメーター>	動脈血酸素飽和度(SpO2)	％	％	％	％	％	％	％	％	％	％	72%
ごく普通の呼吸をしながら計ってください（深呼吸などの意識呼吸をすると値が変わってしまいます）	脈拍数(Pulse)	拍	拍	拍	拍	拍	拍	拍	拍	拍	拍	87拍
<高山病(AMS)スコア> それぞれ下のスコア表の0～3から該当するものを1つ選んで、記入してください	1 頭痛											2
	2 食欲不振・吐き気											1
	3 疲労・脱力感											0
	4 めまい・ふらつき											0
	5 睡眠障害（前夜の様子を）											3
	1～5の合計点											6
<備考> 測定時の体調、その日に飲んだ薬、などについて書いてください	身体の様子 飲んだ薬など											夜半から頭痛で眠れず。朝、頭痛薬を1錠飲む。

☆高山病(AMS)スコア *AMSとは急性高山病(acute mountain sickness)の略です

<頭痛>
0：まったくなし
1：軽い
2：中等度
3：激しい（耐えられないくらい）

<食欲不振・吐き気>
0：まったくなし
1：食欲がない、少し吐き気あり
2：かなりの吐き気、または嘔吐あり
3：強い（耐えられないくらい）

<疲労・脱力感>
0：まったくなし
1：少し感じる
2：かなり感じる
3：強い（耐えられないくらい）

<めまい・ふらつき>
0：まったくなし
1：少し感じる
2：かなり感じる
3：強い（耐えられないくらい）

<睡眠障害>の睡眠
0：快眠
1：十分には眠れなかった
2：何度も目が覚めよく眠れなかった
3：ほとんど眠れなかった

*「睡眠障害」は、環境が変わったため目がさえて眠れなかったなどの理由ではなく、体調不良の影響で眠れなかった場合と考えてください。

この期間全体をとおしての行動内容や、体調を振り返っての考察

※拡大コピーをしてご使用ください

〈引用文献・参考文献〉

　各章の内容に関連する文献を体系的に紹介すると膨大な量になる。そこで、本文中で紹介した図、表、コラム、および一部の挿入写真に限定して、関連する文献を示した。直接の引用元がある場合はその文献（引用文献）を、ない場合は参考となりそうな文献（参考文献）を示した。両方を示した箇所もある。本欄に記載がない図表については、複数の文献や著者の資料を参考としながら、著者の責任でまとめたことを意味する。見方は次のとおりである。
・雑　誌→著者名：題名：副題名．雑誌名，通巻号：頁，発行年．
・単行本→著者名：書名．発行元，発行場所，頁，発行年．
・単行本（分担執筆の場合）→分担執筆者名：題名．書名（編著者名）．発行元，発行場所，頁，発行年．
　なお学術論文として描かれた図表は、一般の読者にも理解しやすいように、一部を改変した場合がある。また著者らの図表に関しては、本欄に示した初出文献の発表後に、考えが発展したりデータが増えたりした結果、異なる形で本文中に掲載されているものもある。

1章

図1-1．表1-1．表1-2．コラム1-1．コラム1-3．コラム1-4．①山本正嘉：登山と健康．**山の世界**（梅棹忠夫・山本紀夫編）．岩波書店，東京，33-42，2004．②山本正嘉：ウォーキングから登山へ：健康増進の観点から見た登山の長所と実施上の注意点．**ウォーキング研究**，8：9-15，2004．

表1-3．山本正嘉，大西浩，村越真：全国規模での高校生山岳部員の実態調査：体力科学的な観点からの検討．**登山医学**，35：134-141，2015．

コラム1-2．山本正嘉：登山の運動生理学とトレーニング科学：「私流」の研究をふりかえって（秩父宮記念山岳賞・受賞論文）．**山岳**，97：98-111，2002．

図1-3．山本正嘉：ハイキング・登山．**メタボリックシンドロームに効果的な運動・スポーツ**（坂本静男編）．ナップ，東京，106-117，2011．

図1-4．山本正嘉：手軽にできるウォーキングと山登り．**身体福祉論：身体運動と健康**（宮下充正・臼井永男編）．放送大学教育振興会，東京，92-103，2007．

図1-5．山本正嘉，安藤隼人，安藤真由子，荻裕美子：1週間に1回の軽登山が体脂肪の減量におよぼす効果：1日1回のウォーキング，および食事指導のみとの比較．**登山医学**，29：271-277，2009．

図1-6．山本正嘉：登山の運動生理学．**登山医学入門**（増山茂監修）．山と渓谷社，東京，109-127，2006．

図1-8．Drexel H, Saely CH, Langer P, Loruenser G, Marte T, Risch L, Hoefle G, and Aczel S：Metabolic and anti-inflammatory benefits of eccentric endurance exercise：a pilot study．**Eur J Clin**

Invest, 38：218-226, 2008.

コラム1-6．①リーフ A（香川靖雄・鈴木伝次訳）：**世界の長寿村：百歳の医学．**女子栄養大学出版部，東京，1976．②奥宮清人：**高所と健康・病気：低酸素適応と生活変化．**西村書店，2013．

図1-9．①山本正嘉：登山はエアロビクスの最高峰：健康増進の観点からみた登山の意義と今後の課題．**登山医学**，28：17-21, 2008．②アメリカスポーツ医学会（日本体力医学会体力科学編集委員会監訳）：**運動処方の指針（8版）．**南江堂，東京，157-284, 2011．

図1-10．①山本正嘉：登山の疲労とその防止．**疲労と休養の科学**，16：19-24, 2001．②山本正嘉：生涯スポーツの方法：登山．**体育の科学**，56：106-110, 2006．

2章

図2-1．**長野県警察ホームページ**（山岳情報）：http://www.pref.nagano.lg.jp/police/sangaku/toukei/index.html

図2-2．表2-1．コラム2-1．①杉田浩康：現代登山者に向けた安全登山のすすめ：3つのグレーディング．**登山研修**，31：93-100, 2016．②山本正嘉：「行きたい山」と「行ける山」の体力度を数値化してマッチングさせる試み．**登山白書2016**（ヤマケイ登山総合研究所編），山と渓谷社，196-203, 2016．

図2-3．図2-4．図2-5．山本正嘉，山﨑利夫：全国規模での中高年登山者の実態調査．**登山医学**，20：65-73, 2000．

表2-2．コラム2-2．図2-6．コラム2-3．→図1-1の②と同じ．

図2-7．表2-3．図2-8．①山本正嘉，西谷善子：中高年登山者の体力測定システム構築の試み．**登山研修**，24：22-28, 2009．②山本正嘉，西谷善子：中高年登山者向けの体力評価システム構築の試み（第2報）：164名の体力測定およびアンケート調査からわかったこと．**登山研修**，25：16-20, 2010．

図2-10．①山本正嘉，西谷広大：中高年登山者の身体トラブル防止に対する「ランク制」の有効性：アンケート調査および体力測定による検討．**登山医学**，27：95-102, 2007．②山本正嘉，西谷広大：中高年登山者の身体トラブル防止に対する「ランク制」の有効性．**登山時報**，389：13-19, 2007．

表2-4．**長野県ホームページ**（「信州山のグレーディング」について）：http://www.pref.nagano.lg.jp/kankoki/sangyo/kanko/gure-dexingu.html

図2-11．①宮﨑喜美乃，山本正嘉：山での登高タイムを指標とした登山者の体力評価法に関する研究："六甲タイムトライアル"を対象とした検討．**登山医学**，32：93-102, 2012．②三輪文一：山での登高能力による中高年登山者の体力評価：「六甲タイムトライアル」の試み．**登山研修**，28：40-42, 2013．

図2-12．山本正嘉：現代の中高年登山者の体力不足の実態と今後の課題．**登山医学**，31：37-42, 2011．

3章-1

図3-1-1．①→図1-4と同じ．②山本正

嘉：本格的な登山：歩き方を見直す．**岳人**，712：146-152, 2006.

表3-1-1．Ainsworth BE, Haskell WL, Whitt MC, Irwin ML, Swartz AM, Strath SJ, O' Brien WL, Bassett DR, Schmitz KH, Emplaincourt PO, Jacobs DR, and Leon AS: Compendium of physical activities: an update of activity codes and MET intensity. **Med Sci Sports Exerc**, 32: S498-S516, 2000.

P69の写真．萩裕美子，山本正嘉，安藤隼人，安藤真由子：ウォーキング実践時の脈拍を指標とする機器活用の有効性．**ウォーキング研究**, 14：105-109, 2010.

コラム3-1-2．**厚生労働省ホームページ**（健康づくりのための身体活動基準2013）：http://www.mhlw.go.jp/stf/seisakunitsuite/bunya/kenkou_iryou/kenkou/undou/index.html

図3-1-2．山本正嘉：山でバテないために．**山と溪谷**, 733：187-191, 1996.

3章-2

図3-2-2．前川亮子，島典広，山本正嘉：各種生理応答および歩行様式から見た登山とウォーキングの対応性に関する研究．**ウォーキング研究**, 9：187-194, 2005.

表3-2-1．図3-2-4．山本正嘉：登山を模擬したトレッドミル歩行時の無酸素性作業閾値：速度，傾斜，担荷重量との関連から．**国際武道大学研究紀要**, 9：9-16, 1993.

コラム3-2-1．**長野県山岳総合センターホームページ**（トピックス）：http://www.sangakusogocenter.com/topics/topics.html

図3-2-5．山本正嘉：登山．**スポーツ医科学**（中野昭一編）．杏林書院，東京，684-693, 1999.

表3-2-3．①→図1-6と同じ．②山地啓司：こころとからだを知る心拍数．杏林書院，東京，175-190, 2013.

図3-2-6．Whaley MH, Kaminsky LA, Dwyer GB, Getchell LH, and Norton JA: Predictors of over- and underachievement of age-predicted maximal heart rate. **Med Sci Sports Exerc**, 24：1173-1179, 1992.

表3-2-4．小野寺孝一，宮下充正：全身持久性運動における主観的強度と客観的強度の対応性：Rating of perceived exertionの観点から．**体育学研究**, 21：191-203, 1976.

図3-2-8．宮﨑喜美乃，山本正嘉：乳酸性閾値以下のレベルで登高するための主観的運動強度はどれくらいか：登山の初心者を対象とした検討．**登山医学**, 33：108-113, 2013.

コラム3-2-2．表3-2-5．萩原正大，山本正嘉：歩行路の傾斜，歩行速度，および担荷重量との関連からみた登山時の生理的負担度の体系的な評価：トレッドミルでのシミュレーション歩行による検討．**体力科学**, 60：327-341, 2011.

3章-3

図3-3-1．→コラム3-2-2と同じ

図3-3-2．図3-3-3．図3-3-4．図3-3-5．図3-3-7．山本正嘉：下山の生理学：安全・快適に山を下りるために．山と渓谷，744：172-177，1997．

コラム3-3-1．①萩原正大，中原玲緒奈，山本正嘉：登山における疲労を防止する3つのガイドラインの有効性に関する検討．登山医学，26：107-113，2006．②萩原正大，片山美和，山本正嘉：登山をシミュレーションした長時間の階段歩行時における疲労．登山医学，29：222-231，2009．

図3-3-6．①前大純朗，宮﨑喜美乃，金久博昭，山本正嘉：事前に短時間の下り坂歩行を行うことで長時間の下り坂歩行後の筋機能低下と筋肉痛は軽減する．登山医学，33：99-107，2013．②Wakasa M, Okada K, and Saito A：Protective effects of slow and normal downstairs walking on delayed-onset muscle soreness after mountain climbing. 登山医学，35：55-60，2015．

コラム3-3-2．コラム3-3-3．山本正嘉，前川亮子，中原玲緒奈：登山のバイオメカニクス．バイオメカニクス研究，10：74-85，2006．

図3-3-9．山本正嘉．安全登山と体力：登りと下りの違いに注目して．登山研修，12：129-134，1997．

図3-3-10．→図2-3と同じ

図3-3-11．①Maeo S, Yamamoto M, Kanehisa H, and Nosaka K：Effect of a prior bout of preconditioning exercise on muscle damage from downhill walking. Appl Physiol Nutr Metabolism，40：274-279，2015．②Wakasa M, Okada K, and Saito A：The protective effects of slow downstairs walking against delayed onset muscle soreness after mountain climbing. 登山医学，34：46-51，2014．

3章-4

図3-4-1．山本正嘉：中高年者に対する登山指導と事故防止．Jpn J Sports Sci，13：213-219，1994．

図3-4-2．Sahlin K：Metabolic changes limiting muscle performance. In：Biochemistry of Exercise VI (Saltin B Ed). Human Kinetics, Champaign, 323-343, 1986．

コラム3-4-1．Dill DB, Edwards HT, and Talbott JH：Studies in muscular activity. VII. Factors limiting the capacity for work. J Physiol，77：49-62，1932．

表3-4-1．→前著（47）に加筆

コラム3-4-2．萩原正大，山本正嘉，大澤拓也，片山美和：登山をシミュレーションした階段歩行時の疲労に及ぼすアミノ酸サプリメント摂取の効果．登山医学，28：103-112，2008．

図3-4-4．図3-4-5．図3-4-6．①山本正嘉：登山時のエネルギー・水分補給に関する「現実的」な指針の作成．登山医学，32：36-44，2012．②中原玲緒奈，萩原正大，山本正嘉：登山のエネルギー消費量推定式の作成：歩行時間，歩行距離，体重，ザック重量との関係から．登山医学，26：115-121，2006．

表3-4-2．山本正嘉：運動生理学：トムラウシ山遭難はなぜ起きたのか：**低体温症と事故の教訓**（羽根田治・飯田肇・金田正樹・山本正嘉 著）．山と渓谷社，東京，251-309，2012．

表3-4-3．厚生労働省「日本人の食事摂取基準」策定検討会：**日本人の食事摂取基準（2010年版）**．第一出版，東京，43-61，2009．

P138の写真．山本正嘉，西谷幸一：携帯型呼吸代謝測定装置による登山中のエネルギー消費量の直接測定：心拍数による間接測定法との比較検討．**登山医学**，22：33-40，2002．

表3-4-4．左側の欄は，樋口満編著：**新版・コンディショニングのスポーツ栄養学**．市村出版，東京，2007を参考に作成

コラム3-4-5．①米国陸軍省編（鄭仁和訳）：**米陸軍サバイバル全書（新版）**．並木書房，東京，2011．②ワイズマン J（高橋和弘，友清仁訳）：**最新SASサバイバル・ハンドブック**．並木書房，東京，2009．

3章-5

図3-5-1．Pitts GC, Johnson RE, and Consolazio FC：Work in the heat as affected by intake of water, salt and glucose. **Am J Physiol**, 142：253-259, 1944.

P146の写真．Dill DB：**Life, Heat, and Altitude：Physiological Effects of Hot Climates and Great Heights**. Harvard Univ Press, Cambridge, 107, 1938.

コラム3-5-2．コラム3-5-4．伊藤静夫：長距離走・マラソンレース中の暑さ対策：水分補給あるいは身体冷却の効果について．**ランニング学研究**，7：39-53，1996．

コラム3-5-3．野口いづみ：山での突然死を防ぐ．**登山医学**，25：35-40，2005．

図3-5-2．表3-5-2．図3-5-3．表3-5-3．図3-5-4．図3-5-5．→図3-4-4と同じ

図3-5-6．Montain SJ and Coyle EF：Influence of graded dehydration on hyperthermia and cardiovascular drift during exercise. **J Appl Physiol**, 73：1340-1350, 1992.

表3-5-4．①日本体育協会：**スポーツ活動中の熱中症予防ガイドブック**．日本体育協会，東京，2013．②伊藤静夫：マラソンレース中の適切な水分補給について．**ランニング学研究**，23：57-72，2012．③→コラム3-4-5と同じ．

コラム3-5-5．→コラム3-4-5と同じ

3章-6

コラム3-6-1．図3-6-5．中井誠一，新矢博美，芳田哲也，寄本明，井上芳光，森本武利：スポーツ活動および日常生活を含めた新しい熱中症予防対策の提案：年齢，着衣及び暑熱順化を考慮した予防指針．**体力科学**，56：437-444，2007．

図3-6-2．→前著（59）

図3-6-3．Wilmore JH, Costill DL, and Kenney WL：**Physiology of Sport and Exercise (4th Ed)**.

Human Kinetics, Campaign, 265, 2008.

表3-6-1．P180の図．①→表3-5-4の①と同じ．②日本生気象学会：日常生活における熱中症予防指針（Ver 3）．**日生気誌**，50：49-59，2013．

表3-6-2．American College of Sports Medicine Position Stand：Heat and cold illnesses during distance running. **Med Sci Sports Exerc**, 28：i-x, 1996.

図3-6-6．**環境省ホームページ（熱中症予防情報サイト）**：http://www.wbgt.env.go.jp/

図3-6-7．吉塚一典，山本正嘉：暑熱環境下でのインターバル走トレーニング中における頭部への「水かけ」が鼓膜温上昇の抑制に及ぼす影響．**トレーニング科学**，21：65-71，2009．

3章-7

表3-7-1．飯田肇：気象遭難．**トムラウシ山遭難はなぜ起きたのか：低体温症と事故の教訓**（羽根田治，飯田肇，金田正樹，山本正嘉著）．山と渓谷社，東京，145-175，2012．

表3-7-2．金田正樹：低体温症．**上掲書**，177-249．

コラム3-7-2．P199の写真．①トムラウシ山遭難事故調査特別委員会：**トムラウシ山遭難事故調査報告書**．2010．②山本正嘉：寒冷環境下での運動に関する今後の研究課題：トムラウシ山での低体温症事故の調査結果から．**体育の科学**，61：841-844，2011．

表3-7-3．図3-7-2．ギースブレヒトGG，ウィルカーソン JA（来栖茜訳）：**低体温症と凍傷**．海山社，113，87，2014．

図3-7-1：山崎和彦：風．**人間の許容限界ハンドブック**（関邦博・坂本和義・山崎昌廣編）．朝倉書店，東京，450-457，1990．

コラム3-7-3．①→表3-7-3と同じ（88-89），②山本正嘉：沢登り事故と低体温症：その危険と対策．**登山時報**，258：12-13，1996．

コラム3-7-4．アッシュクロフト F（矢羽野薫訳）：**人間はどこまで耐えられるのか**．河出書房新社，東京，173-219，2002．

3章-8

図3-8-1．①Berghold F（山本正嘉監訳）：高度順化のための実践的指針．**岳人**，615：148-152，1998．②Pollard AJ and Murdoch DR：**The High Altitude Medicine Handbook**. Book Faith India, Dehli, 1-2, 1997．③Hultgren H：**High Altitude Medicine**. Hultgren Publication, Stanford, 4-5, 1997．④山本正嘉：低圧／低酸素および高圧／高酸素環境下での生理応答，高所環境でのスポーツとトレーニング．**スポーツ・運動生理学概説**（山地啓司・大築立志・田中宏暁編）．明和出版，東京，231-240，2011．

図3-8-3．大村靖夫，前川剛輝，山本正嘉，西薗秀嗣：低酸素環境下における人体の生理応答の個人差：動脈血酸素飽和度お

よび心拍数を指標として．**体力科学**，49：892，2000．

図3-8-4．図3-8-5．図3-8-6．①森寿仁，山本正嘉：日本で経験しうる高所および準高所での安静時，運動時，睡眠時の生理応答：常圧低酸素環境下でのシミュレーションを用いた検討．**登山医学**，34：99-106，2014．②宮﨑喜美乃，山本正嘉：高度0～3500m相当の常圧低酸素環境下における登山をシミュレーションした上り坂歩行時の生理・心理応答．**スポーツトレーニング研究**，15：25-31，2014．③奥島大，一箭フェルナンドヒロシ，山本正嘉：高度0m，1500m，2500m，3500m相当の常圧低酸素環境下における運動時の生理応答．**トレーニング科学**，24：203-215，2012．

表3-8-1．日本登山医学会編集（松林公蔵監修）：**登山の医学ハンドブック**（第2版）．杏林書院，東京，97，2009．

図3-8-7．コラム3-8-2．West JB, Shoene RB, and Milledge JS：**High Altitude Medicine and Physiology**（4th Ed）．Hodder Arnord, New York, 40-41, 2007．

図3-8-8．図3-8-11．山本正嘉：低酸素環境下で行う各種の呼吸法が動脈血酸素飽和度の改善におよぼす効果．**登山医学**，19：119-128，1999．

図3-8-9．図3-8-10．①山本正嘉，國分俊輔：腹式呼吸の生理学的研究：通常呼吸および深呼吸との比較から．**武道・スポーツ科学研究所年報**，8：26-33，2003．②山本正嘉，前川剛輝：低酸素環境を利用した呼吸法の効果の解明：呼吸法の様相を定量的に捉えるための実験システムの構築．**武道・スポーツ科学研究所年報**，6：7-11，2001．

コラム3-8-3．花岡正幸，浅川俊，西村良平，川﨑洋一郎，漆畑一寿，久保惠嗣：長野県中学校集団登山における疾病発生状況．**信州医誌**，56：133-140，2008．

3章-9

コラム3-9-2．**富士山測候所を活用する会ホームページ**（研究活動）：http://npo.fuji3776.net/study.html

図3-9-1．図3-9-2．図3-9-3．図3-9-4．図3-9-5．笹子悠歩，山本正嘉：富士登山時の生理的・物理的な負担度：登山経験の豊富な中高年者を対象として．**登山医学**，30：105-113，2010．

図3-9-6．表3-9-1．表3-9-2．笹子悠歩，山本正嘉：登山経験の少ない高齢者における富士登山時の生理応答：運動時，安静時，睡眠時を対象として．**登山医学**，31：132-144，2011．

コラム3-9-3．①安藤真由子，安藤隼人，宮﨑喜美乃，山本正嘉：低酸素環境に対する適性と行動適応能力を判別するための常圧低酸素室を用いた「高所テスト」の開発．**登山医学**，34：107-115，2014．②安藤真由子，安藤隼人，大澤拓也，山本正嘉：民間の低酸素トレーニング施設における高所順化トレーニング：3年間の利用実態と事例．**登山医学**，28：167-172，2008．

4章-1

図4-1-1．浅見俊雄：**スポーツトレーニング**．朝倉書店，東京，11，1985．

コラム4-1-1．McArdle WD, Katch FI, and Katch VL（田口貞善，矢部京之助，宮村実晴，福永哲夫監訳）：**運動生理学：エネルギー・栄養・ヒューマンパフォーマンス（第2版）**．杏林書院，東京，351-354，1992．

図4-1-3．図4-1-4．山本正嘉，山﨑利夫：全国規模での中高年登山者の実態調査：登山時の疲労度，トラブル，体力への自信度に対する年齢，性別，身体特性，登山状況，トレーニング状況の関連について．**体力科学**，52：543-554，2003．

表4-1-1．表4-1-3．山本正嘉：中高年登山者の体力の弱点，トレーニングの盲点，その解決策：とくに転倒事故防止の観点から．**登山研修**，21：40-44，2006．

コラム4-1-2．山本正嘉：データで見る三浦雄一郎さんの身体とこころ：超人は1％の才能と99％の努力の賜物．**岳人**，674：85-91，2003．

コラム4-1-4．①Fujimoto T, Itoh M, Kumano H, Tashiro M, Ido T, and Kitano A：Whole-body metabolic map with positron emission tomography of a man after running．**Lancet**，348（9022）：266，1996．②Oi N, Iwaya T, Itoh M, Yamaguchi K, Tobimatsu Y, and Fujimoto T：FDG-PET imaging of lower extremity muscular activity during level walking．**J Orthop Sci**，8：55-61，2003．③Gondoh Y, Tashiro M, Itoh M, Masud MM, Sensui H, Watanuki S, Ishii K, Takekura H, Nagatomi R, and Fujimoto T：Evaluation of individual skeletal muscle activity by glucose uptake during pedaling exercise at different workloads using positron emission tomography．**J Appl Physiol**，107：599-604，2009．

図4-1-7．→図1-6と同じ

4章-2

図4-2-1．図4-2-2．図4-2-4．**前著**（102，103，128）に加筆

図4-2-3．前大純朗，加根元亘，宮﨑喜美乃，山本正嘉：登山をシミュレーションした上り坂および下り坂歩行時の筋活動水準：傾斜，速度，および担荷重量との関連から．**登山医学**，32：103-115，2012．

図4-2-5．→図2-7と同じ

コラム4-2-1．石井直方：**レジスタンストレーニング**．ブックハウスHD，東京，123，1999．（筋の名称は著者が加筆）

図4-2-8．前川亮子，島典広，山本正嘉：登山中に脚筋にかかる負担度に関する筋電図学的研究：上りと下り，傾斜，ザック重量との関連から．**ウォーキング研究**，11：239-246，2007．

図4-2-9〜図4-2-18．①→図1-6と同じ．②石田良恵：**山筋ゴーゴー体操**．桐書房，東京，26-45，2014．

コラム4-2-2．Takai Y, Ohta M, Akagi R, Kanehisa H, Kawakami Y, and Fukunaga T：Sit-to-stand test to evaluate knee extensor muscle size and strength of the elderly：A novel approach．**J Physiol Anthropol**，28：123-128，2009．

コラム4-2-3．山本正嘉：シヴリン隊，K7隊はなぜ成立できたのか：東大スキー

山岳部の再建を考える手がかりとして．**登山研修**，29：69-81，2014．

表4-2-1．松尾昌文：アイソメトリックスとウエイト・トレーニング．**現代体育・スポーツ体系8：トレーニングの科学**．講談社，東京，148-171，1984．

4章-3

図4-3-3．島岡清：高所登山と体力．**臨床スポーツ医学**，4：657-664，1987．

コラム4-3-1．山地啓司：**改訂・最大酸素摂取量の科学**．杏林書院，東京，74-101，2001．

表4-3-2．山本正嘉，宮﨑喜美乃，萩原正大：山での登高能力を指標とした登山者向けの体力テストの開発．**登山研修**，30：29-37，2015．

コラム4-3-2．→図2-2の②と同じ．

表4-3-3．表4-3-5．コラム4-3-4．→コラム3-2-2と同じ

P325の図とP326の写真．→コラム4-2-3と同じ

4章-4

図4-4-1．①アンダーソンB（小室文恵・杉山ちなみ監訳）：**ストレッチング**．ナップ，東京，146-147，2002．②山本正嘉，山本利春：激運動後のストレッチング，スポーツマッサージ，軽運動，ホットパックが疲労回復におよぼす効果：作業能力および血中乳酸の回復を指標として．**体力科学**，42：82-92，1993．

図4-4-3．山本正嘉，中島永貴，星川雅子：登山を想定した様々な状況下でのバランス能力に関する研究：地面の傾斜，固さ，高度の影響．**登山医学**，23：55-62，2003．

図4-4-9．→図4-1-3と同じ

図4-4-10．山本正嘉：正しい肥満の解消法．**教職研修**，196：123-127，1988．

表4-4-1．浅野勝己：高所登山の問題点と対策．**登山医学**，12：1-4，1992．

4章-5

コラム4-5-1．山本正嘉，大村靖夫，柳澤昭夫，渡邉雄二：登山の運動生理学・体力科学に関する調査研究：1998～1999年度文部省登山研修所大学リーダー研修会における調査研究報告．**登山研修**，15：154-162，2000．

コラム4-5-2．中原玲緒奈，藤田洋子，金高宏文，山本正嘉：下肢サポートタイツの効果に関する研究：運動生理学およびバイオメカニクスの観点から．**登山医学**，25：91-96，2005．

図4-5-4：MacnabⅠ（鈴木信治訳）：**腰痛**．医歯薬出版，東京，1983．

コラム4-5-4．宮脇悠伍，山本正嘉：腹部圧迫ベルトの装着が陸上競技長距離選手のstretch shortening cycle（SSC）能力およびrunning economy（RE）に及ぼす影響．**スポーツパフォーマンス研究**，4：93-104，2012．

図4-5-7．→図4-1-3と同じ

4章-6

図4-6-1．図4-6-6．コラム4-6-3．→図3-6-3と同じ（385, 415, 417）

図4-6-2．**文部科学省ホームページ（体力・運動能力調査）**：http://www.mext.go.jp/b_menu/toukei/chousa04/tairyoku/1261241.htm）

表4-6-1．コラム4-6-2．図4-6-3．→表1-3と同じ

図4-6-4．①→表1-3と同じ，②山本正嘉，柳澤昭夫，渡邉雄二，森田正人：現代の大学山岳部員にみられる基礎体力の低下：過去のデータ，社会人登山家，一般人との比較から．**登山研修**，14：154-160, 1999．③山本正嘉，小林亘：アンケートから見た大学生の山岳系サークルの現状．**登山研修**，22：29-33, 2007.

図4-6-5．→図2-11の①と同じ

図4-6-7．①小林寛道：**日本人のエアロビックパワー：加齢による体力推移とトレーニングの影響**．杏林書院，東京，258-268, 1982．②東京都立大学体力標準値研究会編：**新・日本人の体力標準値**．不昧堂出版，東京，284-288, 2000．③福永哲夫研究室資料．④文部科学省のデータは図4-6-2と同じ．

P399の写真．熊沢正子：95歳坂倉登喜子さんに聞く．**岳人**，706：27-29, 2006.

コラム4-6-4．図4-6-10．①宮﨑喜美乃，安藤真由子，山本正嘉：年齢・性別との関連から見た一般登山者の脚筋力と脚パワーの特性．**登山医学**，35：120-126, 2015．②石田良恵，小川佳代子，池田亜由美，油井直子，萩裕美子，金久博昭：中高年女性登山愛好者の身体組成における加齢の影響．**登山医学**，31：98-103, 2011.

図4-6-8．折茂肇：**骨粗鬆症**．メジカルレビュー社，東京，40, 1987.

表4-6-2．①→図1-6と同じ．②齋藤繁，飯野佐保子編：**山歩きと健康管理の秘訣**．朝日印刷, 2015.

表4-6-3．宮下充正：**あるく：ウォーキングのすすめ**．暮らしの手帖社，東京，112, 1993.

図4-6-9．図4-6-14．図4-6-15．→図4-1-3と同じ

図4-6-11．①山本正嘉，安藤真由子，三浦豪太：70, 75, 80歳でエベレスト登頂に成功した三浦雄一郎氏の体力特性．**登山医学**，34：116-125, 2014．②竹島伸生，宮﨑喜美乃，山本正嘉，Islam MM, 藤田英二：80歳登山家三浦雄一郎氏のバランス能について．**スポーツパフォーマンス研究**，7：90-98, 2015.

図4-6-12．図4-6-13．コラム4-6-5．①山本正嘉：科学の目で見た三浦雄一郎さんのアンチエイジング．**山と溪谷**，851：138-141, 2006．②→コラム4-1-2と同じ．

4章-7

表4-7-5．図4-7-5．→図2-12と同じ

表4-7-6．山本正嘉：登山のトレーニング科学：科学的なトレーニングとは何だろう．**岳人**，704：151-157, 2006.

コラム4-7-4．川原貴：オーバートレー

ニングに対する予防と対策．**臨床スポーツ医学**，9：489-495，1992．

5章-1

図 5-1-2．山本正嘉：高所登山のためのトレーニング：高地トレーニングと呼吸技術トレーニングの重要性．**山岳**，91：A53-A64，1996．

表 5-1-1．コラム 5-1-1．山本正嘉：運動生理学から見た重症高山病の回避対策：基礎体力および高所順化トレーニングの方法論．**登山医学**，29：43-49，2009．

図 5-1-3．安藤真由子，山本正嘉：日本人の高所登山者・トレッカーの実態：身体特性，健康状況，呼吸機能，登山状況との関連から．**登山医学**，33：121-127，2013．

図 5-1-4．山本正嘉：8000m峰登山サポートの科学：トレーニング科学の立場から．**登山医学**，24：35-40，2004．

コラム 5-1-2．Richalet JP, Bittel J, Herry JP, Savourey G, Le Trong JL, Auvert JF, Janin C：Use of a hypobaric chamber for pre-acclimatization before climbing mount Everest. **Int J Sports Med**, 13：S216-S220, 1992.

図 5-1-7．図 5-1-8．上村博道，山本正嘉：高所登山成功へのプロセス．**岳人**，618：147-159，1998．

図 5-1-9．山本正嘉：日本人8000m峰登頂者へのアンケート調査：体力，高所順化，高所技術に関して．**8000m峰登頂者は語る**（日本山岳会高所登山研究委員会編）．日本山岳会，1-135，2002．

5章-2

表 5-2-1．前著（226-230）に加筆

コラム 5-2-1．①前川剛輝，山本正嘉：高度2000mでの4日間の睡眠時低酸素暴露により4000mでの最大有酸素性作業能力は改善する．**登山医学**，21：25-32，2001．②Beidleman BA, Fulco CS, Muza SR, Rock PB, Staab JE, Forte VA, Brothers MD, and Cymerman A：Effect of six days of staging on physiologic adjustments and acute mountain sickness during ascent to 4300 meters. **High Alt Med Biol**, 10：253-260, 2009.

図 5-2-3．①→表 5-1-1 と同じ．②山本正嘉：富士山を利用した高所順応のトレーニング．**登山医学**，17：5-7，1997．③山本正嘉，岸本麻美，烏賀陽信央，鮮于攝，浅野勝己，前川剛輝，平野裕一：富士山を利用した短期間の高所トレーニングに関する研究：登山中の生理応答と登山後における身体能力の変化．**登山医学**，28：145-152，2008．

表 5-2-2．山本正嘉：高所順化の方法に関するアンケート調査結果報告．**ヒマラヤ**，469：18-29，2014．

図 5-2-4．→図 5-1-9 と同じ

図 5-2-5．→図 3-8-4 と同じ

図 5-2-6．→表 5-1-1 と同じ

図 5-2-7．①山本正嘉，前川剛輝，大村靖夫：常圧低酸素室を用いたヒマラヤ登山のための高所順化トレーニング．**登山医学**，21：33-40，2001．②山本正嘉：高所

登山のための低酸素トレーニング：常圧低酸素室の有効性に関する検討．**トレーニング科学**, 17：175-182, 2005. ③山本正嘉, 烏賀陽信央：高所登山・トレッキングのための高所順化トレーニングマニュアル：小型の常圧低酸素テントを利用する場合．**スポーツトレーニング科学**, 7：7-15, 2006.

コラム5-2-3．①柴田幸一, 大澤拓也, 山本正嘉：携帯型の低酸素トレーニング機器を用いたIntermittent Hypoxic Trainingの効果：登山者向けの高所順化を目的として．**登山医学**, 26：123-130, 2006. ②Hellemans J：間欠的低酸素トレーニング．**第8回高所トレーニング国際シンポジウム**, 東京, 2004. （抄録集：20-24, 総集編：33-40）

P480の写真．図5-2-8．①山本正嘉：高所登山期間短縮の可能性を探る：新型低酸素室を利用したアコンカグアのスピード登山．**岳人**, 682：142-149, 2004. ②山本正嘉：常圧低酸素トレーニングがもたらす高所登山の新たな可能性：スピード化と快適・安全化を追求した三つの実験登山．**岳人**, 701：142-148, 2005.

図5-2-9．安藤隼人, 安藤真由子, 山本正嘉：低酸素トレーニングを利用した中高年の高度順応にかかる負担を軽減する試み：カラパタールトレッキングツアーを対象として．**登山医学**, 28：159-166, 2008.

表5-2-4．山本正嘉：常圧低酸素室を利用した高所登山のための順化トレーニング．**高所トレーニングの科学**（浅野勝己・小林寛道編）．杏林書院, 東京, 141-151, 2004.

表5-2-5．山本正嘉：低酸素室を利用したトレーニング：高所登山・トレッキング．**体育の科学**, 62：791-797, 2012.

図5-2-10．①山本正嘉：高所トレーニングの効果を測る．**スポーツ選手と指導者のための体力・運動能力測定法**（西薗秀嗣編）．大修館書店, 東京, 120-127, 2004. ②森寿仁, 宮﨑喜美乃, 山本正嘉：3000m台の高度で重度の急性高山病を発症しやすい登山者の生理的な特性．**登山医学**, 32：127-135, 2012.

コラム5-2-4．①山本正嘉, 岸本麻美：急性高山病にかかりやすい登山者に対する事前の低酸素トレーニングの効果．**登山医学**, 28：116-121, 2008. ②森寿仁, 奥島大, 山本正嘉：3000m台の高度で重度の急性高山病を発症しやすい登山者2名を対象とした低酸素順化トレーニングの効果．**登山医学**, 33：153-162, 2013.

5章-3

図5-3-1．①新井康弘, 増山茂：高所トレッキングにおける標準的動脈血酸素飽和度．**登山医学**, 19：53-58, 1999. ②英国医学登山隊のデータは図3-8-1の②と同じ．③東京農大隊のデータは著者資料．

図5-3-2．ハケット P（栗山喬之訳）：**高山病：ふせぎ方・なおし方**．山洋社, 東京, 12, 1983.

表5-3-1. 表5-3-4．→図5-1-9と同じ

図5-3-3．山本正嘉：超高所での無酸素登山．**高所：運動生理学的基礎と応用**（宮村実晴編）．ナップ, 198-209, 2000.

図5-3-4．山本正嘉：よりよい高所登山の方法を求めて：マナスルでの実験登山（上・下）．**岳人** 608：143-147, 1998. お

よび609：160-164, 1998.

図5-3-5．山本正嘉：高山病の生理学：エベレスト街道での実験．**山と渓谷**, 750：214-218, 1998.

コラム5-3-3．コラム5-3-4．①山本正嘉：八千メートル峰，登山タクティクス解明への試み：運動生理学者のチョーオユー無酸素登山．**岳人**, 578：119-125, 1995．②山本正嘉：8000m峰無酸素登山の運動生理：体力，順応，運動能力．**登山医学**, 16：73-84, 1996.

5章-4

図5-4-1．コラム5-4-1．①山本正嘉：登山．**人間の許容限界事典**（山崎昌廣・坂本和義・関邦博編）．朝倉書店，東京，383-389, 2005．②山本正嘉：高所での人間の運動：低酸素の影響．**体育の科学**, 40：431-436, 1990.

図5-4-2．→コラム5-1-2と同じ

図5-4-3．図5-4-4．①山本正嘉：8000m峰無酸素登山の体験：死の地帯の運動生理 Ⅰ・Ⅱ．**体育の科学**, 45：909-914．および45：985-990, 1995．②→コラム5-3-4と同じ．

コラム5-4-2．①山本正嘉：登山家の体力．**体力とはなにか：運動処方のその前に**（長澤純一編）．ナップ，東京，99-104, 2007．②島岡清，桜井伸二，山本正嘉：エアロビックパワーからみた登山家の体力．**登山医学**, 6：4-9, 1986.

図5-4-5．Salisbury R and Hawley E：**The Himalaya by the Numbers：A Statistical Analysis of Mountaineering in the Nepal Himalaya**．Vajra Publications, Kathmandu, 191-192, 2011.

コラム5-4-3．①山本正嘉：8000m峰の無酸素登山．**からだと酸素の事典**（酸素ダイナミクス研究会編）．朝倉書店，東京，522-530, 2009．②山本正嘉．エベレスト無酸素登山の限界因子．**体育の科学**, 53：127-131, 2003．③Houston CS, Cymerman A, Sutton JR (Eds)：**Operation Everest Ⅱ：Biomedical Studies during a Simulated Ascent of Mt. Everest**．US Army Research Institute of Environmental Medicine, Natic, 1991.

表5-4-1．→図5-1-9と同じ

図5-4-6．→図5-1-7と同じ

表5-4-2．Rivolier J：**Expeditions francaises a l' Himalaya：Aspect medical**．Hermann, Paris, 73-80, 1959.

表5-4-3．増山茂，古野淳，柏澄子：高所登山における突然死を考える．**山岳**, 102：A33-A49, 2007.

5章-5

図5-5-1．→表5-4-3と同じ

コラム5-5-2．山本正嘉：運動生理学から考えるヒマラヤでの中高年登山者活躍の背景．**岳人**, 662：88-91, 2002.

図5-5-3．①**70歳エベレスト登頂：三浦雄一郎・豪太父子の8848m**．双葉社，

東京，2003．②**80歳エベレスト登頂：三浦雄一郎３度目の８８４８ｍへ**．双葉社，東京，2013．

コラム5-5-3．→表5-4-3と同じ

表5-5-1．高山研究所編：**登山のルネサンス**．山と溪谷社，東京，119-163，261-268，1982．

図5-5-5．→前著（196）

図5-5-8．コラム5-5-4．①山本正嘉：低酸素トレーニングと高酸素トレーニング．**バイオメカニクス研究**，6：271-280，2002．②山本正嘉：高所トレーニングのこれまでとこれから：増血パラダイムからの転換を考える．**トレーニング科学**，21：339-356，2009．③山本正嘉：低酸素室を利用したトレーニング：競技力向上．**体育の科学**，62：711-717，2012．

6章-1

表6-1-1．表6-1-2．表6-1-3．図6-1-1．図6-1-2．表6-1-4．図6-1-3．①山本正嘉：さくら道ウルトラマラソン参加者110名に聞く．**観覧舎マガジン**，8：48-54，2003．②山本正嘉，岸本麻美：しまなみ海道ウルトラ遠足で13時間を切るためのポイント．**観覧舎マガジン**，15：52-59，2007．

コラム6-1-1．森寿仁，鍋倉賢治，山本正嘉：市民マラソンの成績を推定する上でどのような回帰式が妥当か？：年齢，体格，経験，練習量を指標として．**ランニング学研究**，27：11-20，2016．

コラム6-1-2．森寿仁，竹内良人，太田敬介，山本正嘉：市民マラソンレースにおけるランナーの疲労特性とパフォーマンスに関連する要因：いぶすき菜の花マラソンを対象とした調査研究．**ランニング学研究**，25：1-10，2014．

コラム6-1-3．①→表6-1-1の①と同じ．②小野木淳：**あぶないランナー**．2004．

コラム6-1-4．山本正嘉：パフォーマンスの男女差が縮まるスポーツ：アウトドアスポーツの世界から．**バイオメカニクス研究**，13：84-95，2009．

6章-2

図6-2-1．表6-2-1．表6-2-2．図6-2-2．図6-2-3．表6-2-3．表6-2-4．表6-2-5．表6-2-6．表6-2-7．表6-2-8．①山本正嘉：第12回日本山岳耐久レース参加者へのアンケート調査：安全性およびパフォーマンス向上のために．**第12回日本山岳耐久レース報告書**．東京都山岳連盟，80-85，2005．②山本正嘉：71.5kmのトレイルを走破する体力と作戦．**トレイルランナー**，2：26-28，2008．

コラム6-2-2．山本正嘉：疲労の生理学：24時間山岳耐久レースへの挑戦から．**山と溪谷**，723：197-201，1995．

コラム6-2-3．許斐真由子，中原玲緒奈，山本正嘉，神尾重則：24時間山岳耐久レースにおける生理的負担度と疲労に関する研究：参加者へのガイドライン作成への試み．**登山医学**，24：51-59，2004．

コラム6-2-4．Stuempfle KJ and Hoffman MD：Gastrointestinal distress is common during a 161km ultramarathon. **J Sports Sci**, 33：1814-1821, 2015.

P598の写真．山本正嘉：トレイルランニング：日常でのトレーニングとレース中の対策．**岳人**, 727：163-169, 2008.

P599の写真．山本正嘉，國分俊輔，楠本恭介，鈴木志保子，神尾重則，大森薫雄：24時間山岳耐久レースの生理応答と疲労に関する研究．**疲労と休養の科学**, 18：47-58, 2003.

表6-2-9．コラム6-2-5．山本正嘉：トレイルランニング：トレーニングの考え方と方法．**岳人**, 726：159-165, 2007.

6章-3

図6-3-1．表6-3-1．表6-3-2．表6-3-3．図6-3-2．図6-3-5．①森寿仁，髙山史徳，安藤真由子，山本正嘉：415kmウルトラマウンテンランニングレース出場者に対する調査研究：出場選手の特性，練習状況およびレース中のパフォーマンス制限要因．**登山医学**, 35：142-150, 2015. ②髙山史徳，森寿仁，安藤真由子，山本正嘉：415kmウルトラマウンテンランニングレース参加者の形態，身体組成の特性およびレース前後における皮下脂肪厚の変化．**体育学研究**, 60：773-782, 2015.

コラム6-3-1．TJAR実行委員会：**TJAR・2014大会報告書**．2014.

図6-3-3．山形哲行，櫻庭景植，森寿仁，山本正嘉，髙山史徳：Trans Japan Alps Race 2014における尿ケトン体の検出率および食事摂取状況との関係．**第35回日本登山医学会学術集会**, 高松, 2015.

コラム6-3-3．図6-3-4．コラム6-3-4．表6-3-4．山本正嘉，森寿仁，髙山史徳，山形哲行：トランスジャパンアルプスレース2014における調査研究．**登山研修**, 31：24-34, 2016.

コラム6-3-6．Rontoyannis GP, Skoulis T, and Pavlou KN：Energy balance in ultramarathon running. **Am J Clin Nutr**, 49：976-979, 1989.

6章-4

図6-4-1．山本正嘉：登山による体脂肪の減量効果：15日間の残雪期登山の場合．**国際武道大学研究紀要**, 5：149-155, 1989.

コラム6-4-1．澤田実：アルパインクライマーの生活装備と食料：選択と活用の実際．**登山研修**, 31：35-42, 2016.

表6-4-1．細貝栄：「断食山行」二つの試み：南ア全山と秩父山地．**岳人**, 611：114-115, 1998.

図6-4-3．山本正嘉：シブリン．**山と友（東大山の会五十周年記念誌）**．東大山の会, 152-164, 1981.

図6-4-4．山本正嘉，島岡清，松田道行，五味邦英，武藤芳照：長期間の高所登山による高所衰退：身体作業能力，形態，身体組成，筋線維断面積，および筋酵素活性の変化．**登山医学**, 6：32-42, 1986.

コラム6-4-2．①Westerterp KR, Kayser B, Brouns F, Herry JP, and Saris WHM：Energy expenditure climbing Mt. Everest. **J Appl Physiol**, 73：1815-1819, 1992. ② Pulfrey SM and Jones PJH：Energy expenditure and requirement while climbing above 6000m. **J Appl Physiol**, 81：1306-1311, 1996.

図6-4-5．山本正嘉：アコンカグア南壁．**輝けるときの記憶（東京大学スキー山岳部75年誌）**．東京大学山の会, 215-222, 2000.

表6-4-2．→図5-3-4と同じ

表6-4-3．山本篤：クライマーからみた登山と栄養．**登山医学**, 23：37, 2003.

表6-4-4．表6-4-5．山本正嘉，鈴木志保子：極限的な登山における栄養素摂取：ヒマラヤ登攀における2つの事例分析．**登山医学**, 23：38-42, 2003.

コラム6-4-3．ハウス S（海津正彦訳）：**垂直のかなたへ**．白水社，東京, 2012.

図6-4-6．P646の写真．①佐藤裕介：高所クライミングの実際とそのトレーニング．**登山研修**, 24：15-21, 2009．②佐藤裕介：ゴールデンピラー登攀記：極限状態でのアルパインクライミングについて．**登山研修**, 25：43-49, 2010.

コラム6-4-5．①→コラム5-4-1と同じ．②→コラム3-7-4と同じ．

6章-5

図6-5-2．図6-5-3．表6-5-1．図6-5-4．表6-5-2．図6-5-5．図6-5-6．表6-5-3．House S and Johnston S：**Training for the New Alpinism：A Manual for the Climber as Athlete**．Patagonia Books, Ventura, 67, 57, 251, 190, 218, 220-221, 178, 2014.

P662の写真．西谷善子，山本正嘉：オーストリアにおけるスポーツクライミングのトレーニングシステム．**登山研修**, 26：5-10, 2011.

コラム6-5-2．家吉彩夏，松村勲，山本正嘉：長距離走選手のトレーニング評価指標としての「ランニングポイント」の提案．**ランニング学研究**, 25：29-37, 2014.

図6-5-7．P667の写真．宮﨑喜美乃，山本正嘉：現代の大学生登山部員および優秀な社会人登山家の体力特性．**登山研修**, 28：30-36, 2013.

図6-5-8．図6-5-9．①西谷善子，山本正嘉：スポーツクライマーのための簡易な手指筋力テストの開発とその活用方法．**登山研修**, 31：19-23, 2016．②西谷善子，山本正嘉：ボルダリングクライマーの手指筋群の筋力・筋持久力特性．**登山医学**, 35：61-68, 2015．③西谷善子：指：最も重要なパーツを検証する．**Rock & Snow**, 45：14-23, 2009．④山本正嘉：フリークライマーの体力特性．**Jpn J Sports Sci**, 10：127-133, 1991.

コラム6-5-3．①→コラム6-1-4と同じ．②ノックス T（ランニング学会訳）：**ランニング事典**．大修館書店，東京, 28-33, 1994.

〈索引〉

注）ページの太字は、その用語の位置づけや定義をしている箇所、または詳しい説明がある箇所を意味する（ただし引用が1カ所のみの場合は細字のままとした）。頁数の後ろに「−」をつけたものは、そのページから10ページ以上、関連する説明が続くことを意味する。

項目	ページ
【あ】	
握力	592,618,668
アコンカグア	447,449,451,**453-454**,480,521,638
脚上げ運動	295
足裏の痛み	574,576,588,611,621
足／脚づくり	**573**,622,663
アシドーシス	649
汗（発汗）	143,148,153,161-162,**171-175**,181-182,188-189,374,497
アセタゾラミド→ダイアモックス	
圧覚→体性感覚	
暑さ	73,83,**167-**,356-358,401
暑さ指数（WBGT）	179
アミノ酸	**127**,648
アミノ酸サプリメント	**127**,641,643,652
アメリカスポーツ医学会	69,181
アライメント	366,369,379
アルコール（酒）	**150**,182,239
アルデステロン	380
アルパインクライミング	631,644,**653-**
アンデス高地住民	230,528

項目	ページ
【い】	
息切れ	50,89,226,239,268,350,406,439
意識呼吸（呼吸技術、呼吸法）	**232-237**,415,483,486,499,506,512,557
意識障害	147,226,615,652
意識性の原則	460
意思力→精神的な活動能力	
胃腸、〜の疲労／障害	123,575,590,**596**
遺伝	83,226
イメージトレーニング	453
岩登り	**66-67**,308,310
飲水→水分補給	
飲水欲	149,497
インソール→中敷き	
インターバルトレーニング	188,**328-330**,472

項目	ページ
【う】	
ウエイトコントロール→減量、増量	
ウエイトトレーニング	**300**,386
ウエットスーツ	204,210,
ウォーキング	17,20,22,23-25,31,42-49,**65**,69-72,76,

	104,113,271-272,278	オーバートレーニング	439
ウォーミングアップ（準備運動）	338-339		
腕立て伏せ運動	**295**,298	**【か】**	
ウルトラマラソン	313,417,**564**-,596,	加圧バッグ	228,**554**
	606,617,620	階段駆け上がり運動	349
運動効率	65,373	階段下り	78,117
運動処方	**22**,32,69	階段昇降	42,**47-49**,104,277,291
運動負荷試験	83,**404**	階段上り	**78**,278
運動不足病→生活習慣病		外発的な動機付け	16
		科学的なトレーニング	436
【え】		かかと上げ運動	**293**,298,375
エアロビクス→有酸素性運動		過換気症候群	235
英仏海峡横断泳	209	可逆性の原則	265
栄養、〜素	17,30,121,**138**,306,	学力、学習能力	385
	353,502,550,646	かくれ肥満	351
栄養補助食品→サプリメント		可視化	**426**,429,437-438,600,
エキスパート	161,363,370		670
エネルギー消費量	56,68,91,**128-134**,	風、強風	73,194,**200-203**,
	202,258,352		206-207
エネルギー補給	125,**133-138**,213,502,	風邪	12,82-83,219,222,
	535,593,613,629,632,		226,357
	640-646	片足立ちテスト（開眼、閉眼）	112,341
エベレスト	415,449,456-457,490,	下腿三頭筋	**284-285**,293
	519,527-537,540-546,	肩こり	269,297,338,351,366,
	557,637		**377**
エベレスト街道、〜トレッキング	450,464,490	肩すくめ運動	297
エンジン	**17-18**,119,142,161,	学校登山（集団登山）	238
	168,306,313,625,631,	滑落、〜事故	38
	648,653	過負荷の原則	**265**,271,280,291,
塩分、〜補給	144,147-148,**163-164**,		297-298
	173,188,374	カモシカ登山	313,583
		カルテ（山の〜、自分の〜）	**426-430**,444
【お】		癌	15
嘔吐	175,226	感覚能力	125

環境、～による影響	29,73,**167-**,**191-**,**217-**179	鋸歯状行動→上下行動	
環境省		許容限界	627,637,**646**
換気量（呼吸量）	150,**228-229**,232-235,239,484,506,557	キリマンジャロ	242,**444**,447,450-453,460,464-465,507,511,521-522
関節可動域（柔軟性）	336		
関節感覚→体性感覚		期分け	**448**,600,650,656-657,659,664
関節痛	299,313,573-576,588-591,609-611	筋感覚→体性感覚	
汗腺	181,192	筋線維	**27**,302,636
感染	82,355	筋持久力、～のテスト	299,302,664-670
乾燥	83,149,153,200,258,460,497	筋電図	25,**284-286**,291
		筋肉痛	44-45,50-51,103,105-106,116-117,127,268,288,313,338,**375-377**,392,406,419,573-575,588-590
寒冷→寒さ			

【き】

気圧	29,218,226,451,468,478,**495**,514,554	筋パワー（動的筋力）	349,**400**,410,412,661
気温	29,**167-**,**191-**	筋肥大	**300**,664
飢餓	125,632	筋力、～のトレーニング	21,47,279,**283-**,364,372,376,400,664
気候療法	29		
基礎代謝量	**131-132**,389,632,637,641	筋力テスト	50,288-290

【く】

基礎体力	58,214,239,256,374,381,392,443,447,459,474,606,647,650,666	空腹感	121,632-633
		クエン酸、～サプリメント	595
拮抗筋	299	下りで脚がガクガクになる	44-52,115,268,288,363,391-392,406,430
きつさ→主観強度			
脚筋力	38,44,50,106,114,345,398,406-407,667-668	口すぼめ呼吸	499
球技スポーツ	18,275,277,326	靴ずれ（まめ）	123,269,313,363,392,573-574,598,611,620
急性高山病（AMS）→高山病			
急速減量	353	クライミング	28,66,328,341,345,**533**,**627-**,**653-**
胸郭	224,500		
極地	451	繰り返し効果	376

グリコーゲン	**165**,594		健康診断	404
グリコーゲン（カーボ）ローディング 139			懸垂運動	298,303,665
クーリングダウン（整理運動） 338-339			倦怠感	226,590-591
グルコサミン	366		減量	24,350,**351**,354,364, 391,630
クレアチン燐酸キナーゼ（CK、CPK）**103**,592, 620				
クロストレーニング 275			【こ】	
			高圧タンク	548,554
【け】			口渇感	144,147,158,181
経験、～知	458,579,650,655		交感神経	218
経口補水液	**164**,173		高血圧、～症	**15**,30,83,149,163,253, 403,408,419,479,577
軽登山	189,406			
痙攣	147-148,173,176,269, 286,338,350,**374**,391, 573,611		高高所	**218**,232,237,242,468, 491-492
			高校生、高校山岳部	12,132,238,**389-393**
血圧	12-13,80-83,148-150, 253-254,299,401-404		交叉適応	357
			高酸素、～トレーニング 561	
血液濃縮	**149**,497		高山病（急性高山病） 149-150,**225-239**,419, 489-508	
血液の粘性	149,497			
血管	**17**,83,149-150,161, 174,199,226		高山病スコア（AMSスコア） **226-227**, 249-253,508-513	
月間走行距離	**331**,567-568,572,579, 586,609,624,663		高脂血症	**15**,27,83
			高所（高山、高地、高度） **217**-,241-,441-	
月間登下降距離	**331**,569,624		高所技術	487,489
月経	381,419		高所順応、～トレーニング 228-230,239, 256-257,443-450,455, **463**-,508-514,521,539-	
血栓	**149**,497			
血糖、～値	**120-121**,125,136,650			
ケトン体	125,**140**,615,617,620, 648		高所衰退	**457**,482,524
			高所に弱い人	237,474,477,**484**,486, 492
腱、～の痛み	313,336,389,576,611			
幻覚、幻聴	227,608,613,**616-617**, 617,644		厚生労働省	72,131
			高地住民	30,225,230
健脚コース	**50-51**,242,406		巧緻性	19
健康	**9**-		行動食	**137**,203,209,258,380

行動体力	398		【さ】	
行動適応	**183**,186-187,192,198,207,232,356,487,500,650		サイクリング→自転車こぎ運動	
			最高心拍数(HRmax)	23,**86-88**,96,248,253,326,452,456,526,589,625
行動変容	13			
公募登山隊	540-541,558-559		最大酸素摂取量($\dot{V}O_2max$)	310,**311**,398,414,578
抗利尿ホルモン	**149**,380			
高齢者	181,252-254,289,**408-415**,540-547		在宅酸素療法	221
			サーキットトレーニング	**302**,353,664
高齢者体験装具	107,112		さくら道ウルトラマラソン	566
呼吸技術→意識呼吸			酒→アルコール	
呼吸循環系	17,492		ザック負け(〜麻痺)	391-392
呼吸体操	235		砂糖	120,136,164
呼吸中枢	224		サバイバル	140,158
呼吸不全	**221**,246		サプリメント	127,**366**,369,504,575,594,652
呼吸法→意識呼吸				
呼吸量→換気量			サポーター	**368**,372,373
国際山岳連合の医療委員会	151,505		サポートタイツ	**367-369**,368,369,597
腰のサポーター	**372**,373		寒け	195
コースタイム	71,90,96,**129**,243,407		寒さ(寒冷)	73,83,**191**-,242,351,357,401,419,497
コース定数	**129-131**,427,674		沢登り	66,92,205,275,301,310
骨粗鬆症	25		山岳レース	313,**581**-,**603**-
骨密度	**25**,28,401,419		酸素、〜の働き	17-18,307,495
子供	134,181,**385-393**		酸素運搬／利用能力	306,312
個別性の原則	265		酸素吸入、酸素補給	233,**531-536**
コルセット→腰のサポーター			酸素欠乏	**219-225**,232-237,246-253,490-491,499,506
コレステロール	577			
転ぶ、〜事故	**38**,45,98,106,112,149,288-289,341,347,375,400			
			酸素発生器、酸素スプレー缶	479,555,556
			酸素ボンベ	451,454,**531-536**,543,555-556
混合食	631,644,650			
コンディション	439,460		残存効果	116,**377**
コンドロイチン	366		3の法則	140

【し】

シェルパ **230**,528,540
塩→塩分
視覚器 **340**,344
視覚（視力）障害 346,638,643,646,652
持久力、〜のトレーニング **305-**,353,375
持久力テスト **314-322**,666
事故（遭難）、〜の防止 **38-41**,53-61
思考力→精神的な活動能力
自己決定理論 16
脂質→脂肪
自重負荷トレーニング **291**,353
思春期 387
事前飲水 162
事前順応トレーニング **463-464**,466,471, 485,508,519,522,524
疾患→病気
失神 175
湿度 29,154,172,177
自転車こぎ運動 17,47,113,**277-279**, 328,353
自発的脱水 144
持病 **403-404**,408,577
脂肪（脂質） 17,27,**121**,307
脂肪量→体脂肪量
しまなみ海道ウルトラ遠足 565
シミュレーション、〜トレーニング **60**,79, 198,256,360,431,460, 537,622,624,657
市民マラソン 158,180,**568,572**,592, 620
芍薬甘草湯 374
シャトルランテスト 388
シャリバテ（ハンガーノック） 121
シャワークライミング 205
10RMトレーニング **299-300**,355,664
重症高山病（肺水腫、脳浮腫） **226**,228, 418,492,554-556
集団登山 238,242,387,**402**
柔軟性、〜のトレーニング 50,105,107,270, **336-**,362,371,375,389, 418,592
12分間走テスト 318
主観強度（RPE） **89**,95,101,159,187,189, 228,248,253,300-302, 314,317,327-330,408, 494
手指筋、〜の筋力テスト 284,668
順化 228-230
準高所 **218**,232,237-239,254, 256,469,474,476,487, 491-492
順応 228-230
準備運動→ウォーミングアップ
常圧低酸素室→低酸素室
障害、〜の予防 **167-**,**191-**,**217-**,286, **361-**,403,491
生涯スポーツ 32-34
消化器系→胃腸
小学生 387-389
衝撃力 **100**,104,107,109,248
上下行動（鋸歯状行動） **454**,468,518, 522-523,540,545, 550-558
上体起こし運動 49,288,292,**295**, 297-298
上体そらし運動 **295**,298
蒸発 153,**171-172**,206

ジョギング	17,22,47,**66-67**,69-71,104
食塩	164
食物繊維	136,596
食欲、〜不振	226-227,249-250,313,492,508
除脂肪組織	**352-354**,629-630
初心者	66,**76-79**,85-90,134,161,252-254,434-436,572
触覚→体性感覚	
女性ホルモン	381,401,417-419
暑熱環境、〜によるストレス	144,**167-**,356-357,389,401
暑熱順化トレーニング	**189**,356
ジョハリの窓	429
視力障害→視覚障害	
心筋梗塞	22,83,149,497
神経→脳神経系	
深呼吸	228,**233**,256,499
心臓、〜の働き	17,307
腎臓	104,**126**,376,381,623,649
心臓突然死	68-69,**83**,149-150,205,254,403,405
心臓病、心臓疾患、心疾患	**15**,30,39,83,149,400,418-419,577
靱帯、〜の痛み	313,576,611,613
身体トラブル	44,61,268,**361-**,391-393,406
伸張性収縮	**102**,106,249,279,375
心肺能力	23,39,45,50,239,276,302,311,447
心拍計	87
心拍数	23,80,**86-87**,95,246-247,252,308-309,323-330
腎不全	104,**126**,376
深部体温	**168**,173,192,195

【す】

水泳・水中運動	47,96,113,**277**,279,353,357
垂直跳びテスト	400,592,668
水難事故	204,210
水分、水分補給	83,130,**142-**,180-182,239,389,493,497,535,637,644,648,650
睡眠時無呼吸症候群	231
睡眠障害	226-227,249-250,492
睡眠不足	83,182,579,598,611,613,616-618
睡眠薬	239
スキー	**28**,99,342,346,412-414
スクワット運動	**290-292**,301,364,369,375-376,413
スケジューリング	281
スタビライゼーション（体幹の固定）	295
頭痛	175,225-227,249-250,297,366,369,492
ステッピング運動	348-349
ストック	**109-110**,297,595
ストレッサー	**355**,357-358
ストレッチング（静的、動的）	174,**336-339**,365,372,374,378,389
スポーツ栄養、〜学	138,648,650
スポーツドクター	408
スポーツドリンク	**163-164**,174,503,575,

	595
スロートレーニング	302,355

【せ】

生活習慣病	**15**,30
制限要因	563,574,579,586,609, 624,628,668
性差→男女差	
精神的な活動能力	**125**,227,618
精神的なストレス	**357-358**,461
成人病→生活習慣病	
成長	387,390
成長痛	389
成長ホルモン	355
整理運動→クーリングダウン	
生理高度	451,486-487,500, **518-519**,523,532-534, 553-558
生理適応	**183**,207,356
世界保健機関	14
積雪期登山→冬山登山	
脊柱（背骨）	370
脊柱起立筋	278,**284-285**,370
積極的回復	**543**,545,554
赤血球	230,497,504,524,620
絶食	125,140,165,643,648
背骨→脊柱	
全身持久力	381,388,398,419
漸進的弛緩法	378
漸増負荷運動	80
前庭器	**340**,344,346
専門トレーニング、〜練習	266,656
全力運動	86,310,322,326,646, 661

全力登高能力テスト	**318**,320,322,671

【そ】

遭難→事故	
増量	**353**,639,650
足底装具	366
速筋線維	**27-28**,104,137,349
ゾーン	**660**,663

【た】

ダイアモックス（アセタゾラミド）	**504**,506, 557
体液	144,147-148,173,623
体温	143,**171**,173,195
体温調節	**175**,182-183,189,**196**, 401
体格	34,387,390,416,419, 498,567-568,585,670
大学生、大学山岳部	298,363,390,**392-393**, 667
体幹	284,**295**,370,373,379, 592,599,624
体感温度	201
耐寒能力	213,215,356
耐久力	123,**313**,456,**564-**, **581-**,**603-**,654,656
体脂肪、〜量	24,124,133,181,209, 351,394,606,614,629, 646-649,651,662
体脂肪計	354
体脂肪率	25,165,204,209,350, 606,619,625
代謝水	**165**,594,648
体重調節→減量、増量	

対症療法	374,382	断眠	255
体性感覚、〜器	**340**,344,346		
大腿四頭筋	100,102,278,**284-292**, 362,376,398-400,407	【ち】	
		遅筋線維	**27-28**,104
体調不良	83,226,392,598	地形療法	29
第二次性徴	387	窒素化合物	**103**,126,381,623,649
体熱	169,**170**,172,180,183, 186,192,203,209	チベット住民	230
		着地衝撃、〜力	**104-111**,372-373
台風	194,583,605	注意力→精神的な活動能力	
対流	**171-172**,199,204,206	中学生	387-389
体力テスト	49,94,321,666-671	中高年	**12-**,**38-**,252-254, 268-269,**394-**,540-
体力テストコース	58,**315**		
体力度	**53-58**,130	昼食→行動食	
体力年齢	**49**,87	中性脂肪	577
タクティクス	**517-**,541-547	超回復	514,**550**,553,557,558
脱順応	471	長距離走	310,397,663
脱水	83,**142-**,638-645, 650-652	超高所	**218**,415,491,529,639
		長寿村	30
脱水係数	**154**,188	頂上アタック	444-446,452-456,496, 514,524-537,543,547, 640
脱力感	226,632-633		
多糖類	136-137		
ダブルプロダクト（二重積）	**80**,254	朝食	83,120,135,**136**,162, 575,640
短期記憶	149		
断食登山	632	腸腰筋	278,**284-285**,295, 371
短縮性収縮	**102**,105,279		
男女差（性差）	181,381,390,392,**416**, 579	チョーオユー	514,519-520,523-527, 535,639
炭水化物（糖質）	18,**121-126**,203,503, 614-617,646-650	貯蔵グリコーゲン	**165**,594
		貯蔵水	**165**,594
炭水化物制限ダイエット	353	【つ】	
単糖類	136-137		
蛋白質	**121**,126-127,136-139, 380,504,630-631,648, 650	ツアー登山（集団登山）	194,**402**
		爪の損傷	313,573,576,611,621
		つらさ→主観強度	

【て】

低圧室	**449**,478
低血圧	403
低血糖	**121**,638
低酸素、〜環境	**217-**,**241-**,**441-**,**627-**,**653-**
低酸素換気感受性（HVR）	**484**,487
低酸素吸入器	478-479
低酸素室、〜でのトレーニング	219,257,444,449,469,**478-487**
低山トレーニング	**275-276**,379,454,460
低体温症	140,150,180,**191-**,259
低地住民	225,230,515
低ナトリウム血症→水中毒	
鉄、〜サプリメント	504
テーピング	367,**368**,380,597
電解質	163,374
殿筋	278,**284-285**,289,365
転地療養→気候療法	
転倒、転倒事故→転ぶ事故	
伝導	**171-172**,199,204
転落、〜事故	38,98,618

【と】

動悸	89,235,311,439
登高能力	92,95,314
登高能力テスト	322
糖質→炭水化物	
凍傷	149,**199**
糖新生	126,648
動的筋力→筋パワー	
糖尿病	**12**,15,27,83,125,403,408,419
動脈血酸素飽和度（SpO2）	**219**,246,443
動脈硬化	**15**,30,149,254
特異性、〜の原則	**265**,268,357
登山者検診ネットワーク	408
登山仕様	**46-49**,275,292,332
登山処方	32
徒渉	194,214
突然死→心臓突然死	
トライアスロン	138,147,312
トランスジャパンアルプスレース	603
トレイルランニング（山岳レース）	160,418,**581**,672
トレードオフ	654

【な】

内転筋	292,**294**,375
内発的な動機付け	**16**,359
中敷き（インソール）	366,369
長野県山岳総合センター	41,317
夏日	**179**,188
ナトリウム	144,147
ナムチェ	465,490,522
難易度、技術的〜	55-57,450,518
軟骨	362,368

【に】

二酸化炭素	18,235,307,478
二重積→ダブルプロダクト	
24時間走	617,625,672
24時間山岳耐久レース→日本山岳耐久レース	
日射病→熱射病	
日周リズム	353
二糖類	136
日本アルプス	58,71,195,218,226
日本山岳耐久レース	123,367,**581**,605,607,

	620
日本体育協会	158,177,180
日本登山医学会	229,408
日本百名山	42,71,131,269
乳酸	**80-81**,90,100,302,312, 324
乳酸閾値	**81**,84,95,312,578
尿	126,146,149,162,376, 380,505,513,620,623
認知能力	149,156

【ぬ】

濡れ	191,194,200,**204-212**

【ね】

熱痙攣	**148**,**173**,176
熱産生	196,209
熱射病（日射病）	148,**175**,187
熱中症	145,148,167-168,**173**, 391,418-419
熱中症予防情報サイト	179
熱伝導率	204
熱疲弊（熱疲労）	148,**174**
眠気	123,196,313,573-574, 578,587-588,601,618
捻挫	293,**379**,391,588,598
燃料	17,**121**,124,168

【の】

脳→脳神経系	
脳神経系、〜の疲労	125,140,149-150,399, 492,615-618,652
脳卒中、脳梗塞	15,149,227,498
脳浮腫	**227**,447,492

上りで苦しい	45,50-51,268,391-392, 417

【は】

肺、〜の働き	17,307
バイオリズム	353
背筋、〜力	**284-285**,371,410,667
ハイキング	24,**66**,70,72,92,275, 288,316,332,396,405, 408,
肺高血圧	**226**,232
肺水腫	**226**,227-228,232,419, 447,469,492
肺塞栓	149
肺動脈	226
ハイドレーションシステム	162
吐き気、嘔吐	174,226-227,238,313, 492,573,574,596
発汗→汗	
8000m峰	451,456,458,519-520, 523-537,540-547,637
8000m峰登頂者アンケート	**458**,472-473, 493,503,520,531
バテ→疲労	
バネ	373
ハムストリングス	110,**284-285**,292, 294,371-372
早歩き	17,23,46,**66-67**,291
バランス能力（平衡性）	28,50,112,127,286, **340-346**,399,592
バリエーション登山（岩、沢、雪、藪）	66, **70**,92,275,301,316, 318,321,323,332
パルスオキシメーター	**219**,487,512,514,533,

558
ハンガーノック（シャリバテ） **121**,615
判断力→精神的な活動能力

【ひ】

冷え	194,200,205,209,211,228,239,374,419,632
皮下脂肪	181,210,619
腓骨筋	**284-285**,293,379
膝、膝関節、〜の痛み	44,50,268-269,**362-363**,369,392,406
非常時	125,648
ビタミン	**121**,138-139,353,504,631,652
ビバーク	32,208,212,645
皮膚温	**199**,201,214
皮膚感覚→体性感覚	
肥満、〜者	15,25,29,83,181,**350-353**,391
肥満指数（BMI）	34,**350-351**,390,418,566,568,585,606
ヒヤリハット体験	392,618
病気（疾患）	12,34,38,415,513
標準コースタイム→コースタイム	
標準値	25,49,132,398,410,418-419,567,585
微量栄養素（ビタミン、ミネラル）	631
疲労	73,**75-**,**98-**,**119-**,**143-**,**167-**,**191-**,**217-**
疲労困憊	80,86,143,175,299,302,355
疲労凍死	193
敏捷性	17,19,28,127,346,**347**,399,410,412

【ふ】

風冷効果	200
腹腔内圧（腹圧）	370-373
腹式呼吸	228,**233**,256,499,502
輻射、〜熱	**171-172**,177,184,199
腹痛	148
富士山、富士登山	11,130-131,195,218,232,237,**241-**,460,464-465,468-474
富士山測候所	392,471
富士山測候所を活用する会	245
浮腫→むくみ	
不整脈	149
腹筋、〜力	49,**284-285**,287,288-290,295,299,370,668
物理高度	487,500,**518-519**,534,554,558
ブドウ糖	**120**,125,631,648
冬山登山	193,200,276,374
ぶら下がりテスト	668
＋2000m仮説	466
フリー／スポーツクライミング	668-670
ふるえ、〜産熱	**195-196**,203,211
フルマラソン（42.195km）	122,331,**568**,572,578,592,606-607
文化的な適応（行動適応）	183

【へ】

閉経	401,419
平衡性（バランス能力）	340,410
平地ウォーキング	25,46,**65-67**,71,76-77,113,272,275,405
ベテラン	39,**51-52**,89-90,197,

	346,362,406,494
ヘモグロビン	228
変形性膝関節症	**362**,364

【ほ】

防衛体力	**355**,401,457,460
放熱	172,180
保温	165,199,211,228,368,633
補助トレーニング、補強〜	**266**, 281, 655-656
歩調	236,495-496
ボッカ、〜トレーニング	117,457,544
北極圏	451
骨	20, **25**,336,352,389,401

【ま】

マイペース	**82-90**
マイペース登高能力テスト	**314**,315,322,402,405,671
マッキンリー	451,519,521,523
真向法（まっこうほう）	233,236
マッサージ	174,199,374,367,377
まめ→靴ずれ	
マラソン→フルマラソン	
慢性高山病	**225**,230
慢性呼吸器疾患	221

【み】

味覚疲労	**596**,631,672
水→水分	
水かけ	187
水中毒（低ナトリウム血症）	**147**,158,498

水負債	163
道迷い	38,82,149
ミネラル	**121**,139,353,504,631,652
脈拍数→心拍数	

【む】

6日間走	612,625
むくみ（浮腫）	126,149,**380**,392,406,513,576,611,621,623
無効発汗	172
無酸素系	18
無酸素性運動（アネロビクス）	17, 661
無酸素登山	514,519-520,**524-529**,532

【め】

メタボリックシンドローム	**15**,25,72,394
メッツ	**66-72**,316,408-409
メッツ時	**72**,331,333
メディカルチェック	404
めまい	175,226-227,235,439,492
免疫能力	12
メンタルトレーニング、〜マネジメント	359

【も】

目標設定技法	359
モンブラン	449,637,672

【や】

夜行登山	182,243,256
やせ	34,204,**350**,353,391
藪山、藪漕ぎ→バリエーション登山	

【ゆ】

有酸素系　　　　　　18
有酸素性運動（エアロビクス）　**17**,22,31,
　　　　　　　　　　121,275,289,577
夕食　　　　　　　　**137**,353

【よ】

腰痛　　　　　　　　13,288,299,336,368,
　　　　　　　　　　370,403,577
腰痛ベルト→腰のサポーター
腰背筋　　　　　　　371
予行登山　　　　　　189,239,377

【ら】

ラジオ体操　　　　　339
ラシックス（フロセミド）　505
ラッセル　　　　　　276,308,632,634-635
ランク制　　　　　　**54**,59
ランジ運動、ランジ歩行　292-293
ランニング　　　　　67,114,187,**276-278**,
　　　　　　　　　　316,326,459,578
ランニング学会　　　158

【り】

リラックス、〜運動　338,377,382

【る】

【れ】

冷水　　　　　　　　164,194,**204-205**,209

【ろ】

労働衛生　　　　　　**222**,490
老廃物　　　　　　　103,126,376,381,623

六甲山　　　　　　　58,153,186,276
六甲タイムトライアル　**58**,322,395

【わ】

【英語記号】

AMS→（急性）高山病
AMSスコア→高山病スコア
BMI→肥満指数
CK（CPK）→クレアチン燐酸キナーゼ
HR→心拍数
HRmax→最高心拍数
HVR→低酸素に対する換気感受性
LT→乳酸閾値
LT+（OBLA：血中乳酸の蓄積開始点）　**313**,
　　　　　　　　　　322-323,325,327,661
Mets→メッツ
PDCAサイクル　　　**423**,425,434,580,
　　　　　　　　　　600-601,624
RM（最高反復回数）　300
QCシート　　　　　　**434**-438
RPE→主観強度
SpO_2→動脈血酸素飽和度
UIAA MedCom→国際山岳連合・医療委員会
$\dot{V}O_2$→酸素摂取量
$\dot{V}O_2max$→最大酸素摂取量
WBGT（暑さ指数）　**177-181**,184-186,188

おわりに

　本書は、著者の3つの体験をもとに生まれた。

　著者は中学時代から40年以上にわたり登山に親しんできた。最初は一人で低山を歩くのが好きだったが、大学で山岳部に入ってからは雪山、岩登り、沢登り、山スキーなど、世界が大きく広がった。大学を出てからも多くの方と出会い、登山とクライミングを続けることができた。

　大学では体育学科で学んだ。いつでも山に行けそうだという理由で選んだのである。実際に山にばかり行っていたが、それでも宮下充正教授をはじめ研究室の多くの方から、人間の身体の仕組みの面白さや、トレーニングの可能性について学ぶことができた。

　その後、2つの体育大学で30年以上にわたり、運動生理学やトレーニング学を教えてきた。講義を聴く学生は私にとって最も厳しい教師だった。彼らは多様な種目に携わっており、レベルも様々である。これら一人一人の学生が、自分の競技力の向上にとって有意義だと思えるような授業をしなければ満足してくれないからである。

　これらの体験のうち、一つでも欠けたら、本書は生まれなかった。それぞれの体験を支えてくださった数え切れないほど多くの方に深く感謝したい。

　本書では前著と同様、可能な限り自分の手で集めたデータに基づいて、自身の考えを体系化しようと試みた。本書で紹介したデータには何万人もの方の協力がある。そこでも実に多くの出会いがあり、それが本書の糧ともなった。

　私のゼミ学生の有志諸君は、自身の研究テーマに登山やクライミングを選んでくれた。彼らの努力により本書のデータが充実したものになった。

その研究成果の全ては紹介できなかったが、主なものを巻末の文献リストに掲げた。
　本にまとめる際には前著と同様、永田秀樹さんと銅冶伸子さんとにたいへんお世話になった。本書は8年前には世に出る予定だった。しかし納得できる文章が書けず、今日まで遅れた。辛抱強く待って頂いただけでなく、著者の好きなように書かせて下さったことに感謝したい。図や表を多用したため、デザイン面では特に苦労をおかけした。
　家族には山に行くたびに心配をかけ続けてきた。それだけではない。私にとって文章を書くことは、今だに苦業である。呻吟の絶え間がない私を近くで見ていた家族には、山に出かけている時よりも大きな負担をかけていたかもしれない。特に、苦労のかけ通しだったにもかかわらず、いかなる時にも私を支え続けてくれた妻にはかける言葉が見つからない。
　ほかにもお世話になった方や、迷惑をかけた方は数知れない。このようにしてようやく生まれた本書が、登山に親しむ方に少しでも役立ってくれることを願うばかりである。
　前書きで、本書は安全、快適、健康的、そしてより高度な登山をするための身体のガイドブックのような存在だと述べた。これに一つ付け加えておきたいことがある。
　自分の身体の仕組みを知ることは、それ自体が非常に面白い。またその知識を活用して、自身の身体を意図した通りに変えることができた時の達成感は何物にもかえがたい。本書が「登山のための」という枠を超えて、自分の身体のすばらしい可能性を発見するための案内書としても役立つならば、これに過ぎる喜びはないと思っている。

59歳の誕生日を前にして
山本正嘉

Exercise Physiology
&
Training for Mountaineering and Climbing

装丁・本文デザイン＝深田崇敬
図版制作＝坂上ケイコ

PROFILE
山本正嘉（やまもと まさよし）

1957年横須賀市生まれ。東京大学大学院修了。博士（教育学）。鹿屋体育大学教授、同スポーツトレーニング教育研究センター長を経て、同大学名誉教授。専門は運動生理学とトレーニング学。アスリートの競技力向上、一般人の健康増進に関する研究および教育を40年間にわたり行うとともに、登山の分野でも同様の活動を行う。2001年に秩父宮記念山岳賞、2021年には日本山岳・スポーツクライミング協会から日本山岳グランプリを受賞。著書に『アスリート・コーチ・トレーナーのためのトレーニング科学』『登山の運動生理学百科』など。登山歴は、黒部別山大タテガビン第二尾根の積雪期初登、日高山脈の単独無補給全山縦走、シブリン北陵の初登攀、アコンカグア南壁のアルパインスタイル登攀、チョーオユーの無酸素登頂、低酸素トレーニングを活用したムスターグアタのスピード登頂など。

登山の運動生理学とトレーニング学

2016年12月23日　第1刷発行
2023年 9月30日　第3刷発行

著　者	山本　正嘉
発行者	岩岡　千景
発行所	東京新聞

　　　　〒 100-8505　東京都千代田区内幸町 2-1-4
　　　　　　　　　　中日新聞東京本社

　　　　電話 ［編集］03-6910-2521
　　　　　　 ［営業］03-6910-2527
　　　　　　 ＦＡＸ 03-3595-4831

印刷・製本　　長苗印刷株式会社

©2016 Masayoshi Yamamoto　　Printed in Japan
ISBN 978-4-8083-1013-4 C0075
定価はカバーに表示してあります。乱丁・落丁本はお取りかえします。

本書のコピー、スキャン、デジタル化等の無断複製は著作権法上での例外を除き禁じられています。本書を代行業者等の第三者に依頼してスキャンやデジタル化することは、たとえ個人や家庭内での利用でも著作権法違反です。